Die anatolischen Provinzen Sinop, Isparta, Urfa, Bayezid und Gaziantep
in den 1920er Jahren

Heidelberger Studien zur Geschichte und Kultur des modernen Vorderen Orients

Begründet von Anton Schall als Heidelberger Orientalistische Studien

Herausgegeben von Michael Ursinus, Christoph Herzog und Raoul Motika

Band 34

PETER LANG

Frankfurt am Main · Berlin · Bern · Bruxelles · New York · Oxford · Wien

Heinrich Sixtus

Die anatolischen Provinzen Sinop, Isparta, Urfa, Bayezid und Gaziantep in den 1920er Jahren

Nach amtlichen Berichten der lokalen Gesundheitsbehörden mit besonderer Berücksichtigung der Provinz Sinop

PETER LANG
Europäischer Verlag der Wissenschaften

Bibliografische Information Der Deutschen Bibliothek
Die Deutsche Bibliothek verzeichnet diese Publikation in der Deutschen Nationalbibliografie; detaillierte bibliografische Daten sind im Internet über <http://dnb.ddb.de> abrufbar.

Zugl.: Heidelberg, Univ., Diss., 2004

Gedruckt auf alterungsbeständigem,
säurefreiem Papier.

D 16
ISSN 1437-5672
ISBN 3-631-54597-5

Printed in Germany 1 2 4 5 6 7

www.peterlang.de

VORWORT

Die vorliegende Arbeit geht auf die Anregungen von Herrn Prof. Dr. Michael Ursinus vom Seminar für Sprachen und Kulturen des Vorderen Orients der Universität Heidelberg zurück, der mir auf meine Anfrage nach einem Promotions-thema eine Anzahl – die Quellengrundlage dieser Arbeit bildenden - osmanischer Berichte zur Untersuchung und Bearbeitung übergab.

Um eventuell vorhandene weitere Informationen über die in den Quellen detailliert beschriebene Periode der Sinoper Geschichte zu erhalten, war ich zwei Mal in Sinop selbst und konnte - durch Vermittlung meines aus Sinop stammenden Bekannten, Herrn Dipl. Ing. Kâzım Tokur (Heidelberg), - der mir dankenswerterweise auch eine große Anzahl weiterer Unterlagen über Sinop besorgte - folgende Einrichtungen des heutigen Sinop besuchen:

das Bürgermeisteramt,
die Verwaltungsdirektion,
die Direktion für Gesundheitsangelegenheiten,
die Direktion für das nationale Erziehungswesen,
die Direktion für Tourismusangelegenheiten,
die meteorologische Station,
die städtische Bibliothek Dr. Riza Nur sowie
das städtische Museum.

Allgemein konnte ich feststellen, dass die Leiter dieser Ämter als Staatsbeamte regelmäßig versetzt werden und über die Vergangenheit ihrer Dienststellen kaum Auskunft geben konnten. Informationen über das Vorhandensein von Archivmaterial aus der in dieser Arbeit behandelten Periode waren kaum vorhanden und für die gegenwärtigen Amtsinhaber auch von geringem Interesse, da sie aufgrund der Tatsache, dass diese Dokumente noch in arabischer Schrift abgefasst sind, diese nicht lesen können. Sie verliehen daher auch ihrer Verwunderung Ausdruck, dass es in Heidelberg einen solch beachtlichen Bestand alter Unterlagen über Sinop gäbe und waren gerne bereit, mir großzügig zeitgenössische Unterlagen zukommen zu lassen, die zwar in erster Linie den heutigen Stand ihrer Tätigkeitsgebiete beschreiben, aber doch auch manche wichtigen historischen Informationen enthielten.[1] Sehr zurückhaltend war man nur in der städtischen Bibliothek *Dr. Riza Nur* bei meinen Fragen nach dem in der republikanischen Türkei sehr umstrittenen Gründer dieser Einrichtung. Ein Blick in die beiden Archivschränke in dem als Museum dienenden Privatraum Dr. Riza Nur's wurde mir verwehrt und hätte, laut Aussage des bisherigen Direktors, einer Sondergenehmigung des Unterrichtsministeriums bedurft. Bei der Durchsicht des Lebenslaufes von Dr. Riza Nur[2] klärt sich diese Zurückhaltung, äu-

---

[1] Siehe Literaturverzeichnis S. 423ff.
[2] Siehe S.20ff.

ßerte sich doch der Bibliotheksgründer in seinen Schriften mehr als nur kritisch über Mustafa Kemal Atatürk.

Die vier Gesamtberichte über die Provinzen Isparta, Urfa, Bayezid und Gaziantep, die mir für das Verständnis der Zustände in anderen Provinzen sehr nützlich waren, hat mir Herr Prof. Dr. Johann Strauss (Freiburg) freundlicherweise zur Verfügung gestellt, wofür ich ihm sehr dankbar bin.

Mein besonderer Dank gilt Herrn Prof. Dr. Michael Ursinus und seinem Assistenten Herrn Dr. Christoph Herzog sowie auch Herrn Johannes Zimmermann, die mich während der ganzen Arbeit mit wertvollen Hinweisen und Verbesserungsvorschlägen mit großer Geduld unterstützt haben. Herrn Prof. Dr. R.Georges Khoury danke ich für seine Mühe als Zweitgutachter der Arbeit.

INHALTSVERZEICHNIS

EINLEITUNG

Das Ministerium für Gesundheit und Sozialfürsorge der nationalistischen türkischen Regierung in Ankara, die unabhängig von den noch bestehenden osmanischen Regierungsstrukturen im von den Siegermächten des Ersten Weltkriegs besetzten Istanbul agierte, forderte Ende 1920 von den Direktoren der Gesundheitsämter aller von ihr kontrollierten Provinzen, Berichte über die hygienischen, gesundheitlichen und allgemeinen Lebensbedingungen dieser Provinzen an. Dr. Riza Nur, der in den Jahren 1922 bis 1923 Gesundheitsminister war, betrieb dieses bis dahin offenbar nur schleppend vorangekommene Unternehmen energisch weiter, so daß bis zum Ende seiner Amtszeit insgesamt acht solcher Berichte vorlagen. Weitere Berichte, die z.T. auch von anderen Ministerien in Auftrag gegeben wurden, entstanden in den folgenden Jahren. Sie wurden zwar gedruckt, waren aber nur für den Dienstgebrauch bestimmt und wurden deshalb nicht veröffentlicht.

Diese Berichte schildern nicht nur die hygienischen, gesundheitlichen und administrativen Zustände und Probleme der jeweiligen Regionen, sondern zeichnen darüber hinaus ein detailliertes Bild der damaligen Lebensumstände und enthalten darüber hinaus Angaben zur Geographie, Geologie, Topographie und zum Klima der behandelten Provinzen. Dieses Quellenmaterial ist also in vielfacher Hinsicht von hohem Interesse. So dokumentiert es zunächst einmal den Blick des sich formierenden türkischen Nationalstaates und ist aus diesem Grund eine wichtige Quelle für die Denkstrukturen innerhalb der Bürokratie, insbesondere da sich auch die Entstehungsgeschichte zumindest eines dieser Berichte, der die Provinz Sinop behandelt, rekonstruieren lässt. Wenn auch nur durch diesen Filter staatlicher Wahrnehmung, bietet das Quellenmaterial auf der anderen Seite sonst für diese Zeit nicht in dieser Fülle und Konzentration verfügbare Detailinformation der behandelten Provinzen.

Für die Provinz Sinop lag mir eine besonders günstige Dokumentationsbasis vor, weshalb diese Provinz in das Zentrum der vorliegenden Arbeit gestellt wurde. Hier liegt nicht nur der gedruckte Abschlußbericht aus dem Jahr 1922 vor, sondern auch insgesamt 15 handgeschriebene Vorberichte aus unterschiedlichen Bezirken der Provinz. Sechs dieser Vorberichte flossen in den Abschlußbericht für Sinop von 1922 ein, die weiteren datieren aus den Jahren 1923 bis 1927. Alle Sinop betreffenden Berichte stammen aus der Sammlung des türkischen Schriftstellers Mehmet Şakir Ülkütaşır (1894-1981)[3] und sind wahrscheinlich nach seinem Tod an einen Buchhändler in Ankara gelangt.

---

[3] In Seyit Kemal KARAALİOĞLU's *Resimli Türk Edebiyatçılar Sözlüğü* (Bebildertes Wörterbuch türkischer Literaten); İstanbul 1982, S.595, wird er als Schriftsteller und Folklorist bezeichnet. Er wurde in Istanbul geboren. Nach seiner Gymnasialausbildung besuchte er 1918-1919 die öffentlichen Vorlesungen, die an der Fakultät für Literatur der Universität Istanbul gehalten wurden. Während des 1. Weltkrieges war er zeitweise als Lehrer an der Mittelschule von Maraş tätig. 1920 begann er, in Zeitungen und Zeitschriften Beiträge zu ver

Außerdem standen mir die gedruckten Abschlußberichte über die Provinzen Isparta (1922), Urfa (1925), Bayezid (1925) und Gaziantep (1926) sowie der Rechenschaftsbericht des scheidenden Gesundheitsministers Riza Nur aus dem Jahr 1923 zur Verfügung. Alle diese Berichte sind in türkischer Sprache und - da vor der Schriftreform von 1928 - im arabischen Alphabet verfaßt. Angesichts der Bedeutung dieser Texte für das genauere Verständnis der Umbruchsphase zwischen Osmanischem Reich und Türkischer Republik[4] habe ich alle mir zur Verfügung stehenden Berichte vollständig transkribiert. Der Schwerpunkt der inhaltlichen Auswertung liegt jedoch, wie bereits gesagt, auf der Provinz Sinop; es wurden aber auch die anderen Berichte zum Zwecke des Vergleichs herangezogen.

An die weiter folgenden einleitenden Bemerkungen schließt sich nach einem Überblick über die Geschichte der Provinz Sinop die genaue Beschreibung des Quellenmaterials und die Auswertung der Sinop betreffenden Berichte an. Sie rekapituliert zunächst mehr deskriptiv die in den Berichten vorkommenden Themen und ergänzt diese anschließend mit zeitgenössischen offiziellen türkischen Publikationen. Es folgen die Transkriptionen, zuerst der gedruckten und dann der handschriftlichen Berichte in jeweils chronologischer Reihenfolge.

Die Umschrift des osmanischen Quellenmaterials erfolgt nach dem System der *İslâm Ansiklopedisi*; alle türkischen Namen und Ausdrücke im Text werden in der heute in der Türkei üblichen Orthographie wiedergegeben.

öffentlichen. 1933 trat er in die „Gesellschaft für die türkische Sprache“ (*Türk Dil Kurumu*) ein, die eine Gründung Mustafa Kemal Atatürk's mit dem Ziel der Reinigung der türkischen Sprache von arabischen und persischen Fremdwörtern war. Hier hat er sich 30 Jahre lang hauptsächlich in der Abteilung für die Zusammentragung des Wortgutes sämtlicher Turksprachen betätigt. Nach seiner Pensionierung 1963 arbeitete er als freier Schriftsteller und übernahm auch Funktionen in türkischen Wohlfahrtseinrichtungen. Ideologisch war er ein Verfechter der nationalistischen Richtung Ziya Gökalp's und Fuat Köprülü's. Die türkische Folklore in ihren verschiedenen Aspekten, die nationale Kultur und insbesondere die lokalen Volkssprachen und Literaturen waren seine wichtigsten Arbeitsgebiete. Besonders intensiv hat er sich auch mit der Geschichte und den Volkssitten von Sinop beschäftigt. Er veröffentlichte viele Artikel zu diesem Thema und hielt Vorträge über die Provinz.

[4] Für eine Auswahl aus der über diese Periode erschienenen zahlreichen Publikationen siehe Literaturverzeichnis S.421ff.

1.1. Die Territorialverwaltung der Osmanischen Reiches

Eine im Reich zwangsläufig notwendige grundlegende Verwaltungsreform[5] wurde 1864 vom damaligen Großwesir Fuat Paşa durchgeführt, der bei seiner Neukonzeption Anleihen beim französischen System der „departements“ machte (*vilayet nizamnamesi).* Angestrebt war durch diese Generalreform eine weitest mögliche Zentralisierung und Vereinheitlichung, deren Durchführung und Lenkung durch die sich entwickelnden Verkehrswege und auch durch die Einführung des Telegrafenwesens erleichtert wurde. Die bisherigen *eyalet*'s wurden in *vilayet*'s (Provinzen) umbenannt, die jeweils von einem *vali* (Gouverneur) mit erweiterten Kompetenzen geführt wurden. Die *vilayet*'s waren in *sancak*'s (Banner), die allerdings mit der bisher üblichen Gliederungseinheit des *sancak* nur noch dem Namen nach zu tun hatten, aufgeteilt. Diese wiederum bestanden aus *kaza*'s (Gerichtsbezirke), welche sich in *nahiye*'s (Kreise) bzw. *köy*'s (Dörfer) unterteilten. Der Leiter eines *kaza* war der *kaymakam* (etwa: Landrat), an der Spitze eines *sancak* stand der *mutasarrıf* (etwa: Regierungspräsident), die Leitung und Verwaltung einer *nahiye* wiederum lag in den Händen eines *nahiye müdürü* (etwa: Kreisvorsteher) und die eines Dorfes wurde dem *muhtar* (etwa: Dorfvorsteher) überantwortet. Diesen leitenden Beamten unterstand jeweils ein Verwaltungsrat (*idare meclisi*), dem je nach Region auch Nichtmuslime angehörten.

Die Reform wurde nicht sofort im ganzen Reich eingeführt. Vielmehr wurde gleichermaßen als Pilotprojekt eine große Donau-Provinz (*Tuna viyaleti*) aus den *eyalet*'s Niş, Vidin und Silistrien zusammengesetzt und dem erfahrenen Staatsmann Mithat Paşa unterstellt. Nachdem sich das neue System in der Praxis bewährt hatte, wurde die Reform nach und nach auch auf die anderen Provinzen des Reiches ausgedehnt. Mit dem am 20. Januar 1921, also noch vor der Gründung der Republik Türkei, von der Großen Nationalversammlung in Ankara erlassenen Grundgesetz wurden schließlich die bisherigen großflächigen *vilayet*'s abgeschafft und die *sancak*'s zu *vilayet*'s erhoben, die nun direkt in *kaza*'s, *nahiye*'s und *köy*'s unterteilt wurden. Im Prozess dieser administrativen Neuordnung des Landes erhielt auch der Raum Sinop den Status einer Provinz.

---

[5] Roderic H. DAVISON: *Reform in the Ottoman Empire 1856-1876*; Princeton, N.J. 1963; Hans Jürgen KORNRUMPF: *Die Territorialverwaltung im östlichen Teil der europäischen Türkei vom Erlass der Vilayetsordnung (1864) bis zum Berliner Kongress (1878) nach amtlichen osmanischen Veröffentlichungen,* (Islamkundliche Untersuchungen; 40); Freiburg 1976; Bernard LEWIS: *Islam et laicité;* Paris 1988., S. 336ff.; Stanford J.SHAW u. Ezel Kural SHAW: *History of the Ottoman Empire and Modern Turkey. Bd.2: The Rise of Modern Turkey 1808-1975;* Cambridge 1977, S. 83ff.

1.2. Die Bevölkerung

Im Laufe seiner Geschichte hat das Osmanische Reich auf seinem Territorium aus politischen, wirtschaftlichen und sozialen Gründen ständig große Bevölkerungsverschiebungen erlebt. Bis etwa Mitte des 16. Jahrhundert, als die großen osmanischen Eroberungen stattfanden, wurden - so z. B. zum Zwecke der Islamisierung der neuen Eroberungen auf dem Balkan - Bevölkerungsgruppen aus den anatolischen Territorien des Reiches in die neu eroberten Gebiete zwangsweise umgesiedelt. Insbesondere ab dem 19. Jahrhundert strömten dagegen als Folge der Niederlagen in den Kriegen von 1878-1879, 1911-1913 und 1914-1918 Hunderttausende von muslimischen Flüchtlingen aus den verlorenen Gebieten zurück in die Zentralregionen, so z. B. Türken aus dem Balkan, Tataren von der Krim, Tscherkessen und Abchasen aus dem Kaukasus. Auf diese Weise entstanden in den verschiedensten Gegenden Anatoliens eine ganze Reihe von neuen Siedlungen und Dörfern.[6] Tscherkessen und Abchasen beispielsweise wurden auch in der Provinz Sinop - allerdings in sumpfige Regionen, wo sie unter der Malaria sehr zu leiden hatten - angesiedelt.[7] Eine eigene Verwaltungsstelle, die *idare-i umumiye-i muhacirin* (Allgemeine Verwaltung für die Einwanderer), war mit diesen Ansiedlungstätigkeiten betraut.[8] Die Struktur und Benennung dieses Ressorts war steten Veränderungen und Korrekturen unterworfen und wurde schließlich während des Unabhängigkeitskrieges (bis zum Jahr 1923) als eine Direktion in das Ministerium für Gesundheit und Volksfürsorge eingegliedert.

Auf der Basis von neu zugänglichem Material aus dem *Başbakanlık Arşivi* in Istanbul kommt der türkische Historiker Fuat Dündar zu dem Schluss, dass das Komitee für Einheit und Fortschritt eine gezielte ethnische Politik verfolgte, „um Anatolien zu islamisieren und zu türkifizieren (*Andadolu'nun müslümanlaştırılması ve türkleştirilmesi*)“.[9]

Diese Säuberungen erstreckten sich bis in die republikanische Zeit. Nachdem die Armenier während des Ersten Weltkriegs größtenteils aus Anatolien verschwunden waren, folgte nach dem Sieg über die griechische Invasionsarmee im Unabhängigkeitskrieg sowie im Rahmen des als Zusatzklausel zum Vertrag von Lausanne (30. Januar 1923) vereinbarten Bevölkerungsaustausches die griechische Bevölkerung.

---

[6] Ausführlich hierzu äußert sich u.a.: Ahmet C. EREN: *Türkiyede Göç ve Göçmen Meselesi* (Das Problem der Völkerverschiebung und der Ein-und Auswanderer in der Türkei); İstanbul 1966.

[7] Siehe Bericht A , S.[12].

[8] Mehmet YILMAZ: "XIX.Yüzyılda Osmanlı Devleti'nin Muhaciri İskân Politikası" (Die Ansiedlungspolitik des Osmanischen Staates im 19. Jahrhundert), in: Güler EREN (Hrsg.): *Osmanlı*, Bd. 4; Ankara 1999, S. 587ff.

[9] Fuat DÜNDAR: *İttihat ve Terakki'nin Müslümanları İskân Politikası (1913-1918)* (Die Besiedelungspolitik des Komitees Einheit und.Fortschritt in Bezug auf die Muslime); İstanbul 2001, S. 11.

Alle statistischen Angaben bezüglich der Bevölkerungszahl und -dichte des Osmanischen Reiches müssen kritisch betrachtet werden.[10] Die von Sultan Mahmut II. in Auftrag gegebene Volkszählung von 1831[11], die nicht in allen Provinzen durchgeführt wurde, betraf nur die Männer. Hauptziel war dabei, unter den muslimischen Männern die Anzahl der möglichen Kriegsdienst-Einberufungen und unter den Nichtmuslimen die Anzahl der Kopfsteuer-Pflichtigen festzustellen. Weitere ausführlichere Zählungen wurden in den Jahren 1844, 1884-89, 1893-94 durchgeführt. Anfang des 20. Jahrhunderts betrug die Fläche des osmanischen Staatsgebietes ca. 1,7 Millionen km^2, während sich seine Einwohnerzahl um 20 Millionen bewegte. In der Volkszählung von 1914 wurden in den 36 administrativen Distrikten eine Einwohnerzahl von ca. 18 Millionen feststellt. Hierbei wurden 22 ethnische bzw. konfessionelle Zugehörigkeiten unterschieden, wobei die Muslime im Gegensatz zu den Nichtmuslimen als eine Einheit betrachtet und mit 81% aufgeführt wurden, obwohl sich die Muslime vielfältig ausdifferenzieren lassen, da es unter ihnen Sunniten, Aleviten, Schiiten, bzw. Türken, Araber, Kurden, Lazen, usw. gab. Unter der nichtmuslimischen Bevölkerung sind dagegen u. a. Griechen (Orthodoxe, Katholiken), Armenier (Gregorianer, Katholiken, Protestanten), Lateiner, Bulgaren, Serben, Wallachen, Juden und kleinere Gemeinden von Syrern, Samaritanern, Drusen, Nestorianern, Jakobiten, Yeziden und Zigeunern aufgeführt.[12]

Wichtige Siedlungsschwerpunkte der Griechen lagen in den westlichen Regionen, an den Küsten des östlichen Schwarzen Meeres und in Istanbul, solche der Armenier in den anatolischen Ostgebieten und in Istanbul. Die Juden konzentrierten sich in Istanbul und Izmir, die Kurden, Nestorianer, Jakobiten, usw. im Südosten Anatoliens. Istanbul als Reichshauptstadt, war - mit ca. einer Million Einwohnern[13] - die bei Weitem größte und in jeder Hinsicht bedeutendste Stadt des Reiches und kann wohl mit Fug und Recht als ein Schmelztiegel der Nationen bezeichnet werden.

---

[10] Diese Vorsicht ist auch für die in mehreren Veröffentlichungen genannten Einwohnerzahlen angebracht. Siehe z. B. Stanford SHAW: "The Ottoman Census System and Population 1831-1914," in: *International Journal of Middle-East Studies*; 9 (1978), S. 3; Cem BEHAR: *Osmanlı İmparatorluğunun ve Türkiye'nin Nüfusu 1500-1927* (Einwohnerzahl des Osmanischen Reiches und der Türkei 1500-1927); Bd. 2, Ankara 1996, S. 46; Kemal KARPAT: *Ottoman Population 1830-1914: Demographic and Social Characteristics*; London 1985, S. 188; Güler EREN (Hrsg.): *Osmanlı*; Ankara 1999, Bd. 4, S. 564; Kemal ÇİÇEK (Hrsg.): *The Great Ottoman-Turkish Civilization*; Ankara 2000, Bd.2, S. 546; Klaus KREISER: *Der Osmanische Staat 1300-1922*; München 2001, S. 226.

[11] Enver Ziya KARAL: *Osmanlı İmparatorluğunda İlk Nüfus Sayımı* (Die erste Volkszählung im Osmanischen Reich); Ankara 1943.

[12] KARPAT: op. cit., S. 188ff.

[13] Daniel PANZAC: "L'Enjeu du Nombre"; in Daniel PANZAC (Hrsg.): *Turquie, la Croisée des Chemins;* Aix-en-Provence 1988, S.55 wird für 1914 folgende Zusammensetzung der Bevölkerung Istanbuls angegeben (wobei die damals in Istanbul lebenden weit über 100.000 Ausländer nicht mitgezählt wurden): Muslime: 560.434 (61,5%), Griechen: 205.375 (22,5%), Armenier: 84.093 (9,2%), Juden: 52.126 (5,7%), Übrige: 7.950 (1,0%).

Bei der Gründung der neuen Türkischen Republik am 29. Oktober 1923 war das Land vornehmlich auf die kleinasiatischen Territorien des ehemaligen Osmanischen Reiches zusammen geschrumpft und bestand aus dem anatolischen Gebiet mit einer Fläche von ca. 744.000 km^2 und dem restthrakischen Gebiet (mit Edirne als Grenzstadt), das sich auf einer Fläche von ca. 24.000 km^2 ausdehnte. Die Einwohnerzahl betrug damals nur mehr 13,3 Millionen.[14] Nach der Deportation der Armenier 1915 und der Griechen 1922/3 aus Anatolien bestand die Bevölkerung nun weitgehend aus muslimischen Gruppen. Man sprach nur noch von etwa 300.000 Griechen, Armeniern und Juden innerhalb der Grenzen der jungen Republik, die in der Mehrzahl in Istanbul lebten. Trotz ihrer geringen Zahl hatten sie allerdings immer noch einen bedeutenden Einfluss vor allem auf die wirtschaftlichen Geschicke des Landes. Rifat Bali behauptet in seiner sehr ausführlichen Untersuchung,[15] dass sich damals immer noch 85% des Handels und der Wirtschaft in den Händen von Persönlichkeiten befand, die diesen ethnischen Minoritäten zugerechnet werden müssen, oder aber am Ort ansässige Ausländer waren. Der öffentliche Dienst dagegen sei zu über 95% mit muslimischen Türken besetzt gewesen. Im Laufe der Jahre wurde allerdings das gewünschte Ziel der Überführung der wirtschaftlichen Macht in türkisch-muslimische Hände erreicht.

Für das 19. Jahrhundert kann eine Art ethnischer Arbeitsteilung im Osmanischen Reich festgestellt werden. Während sich die muslimischen Türken als dominante Gruppe im Reich - abgesehen in der Landwirtschaft - sich überwiegend in der Bürokratie (*mülkiye*), in der Armee (*askeriye* oder *seyfiye*) und in der Geistlichkeit (*ilmiye*) engagierten, lagen Industrie, Handel und Gewerbe größtenteils in den Händen von Nichtmuslimen.[16]

Das Bildungsniveau der Mehrheit der muslimischen Bevölkerung im Reich war, verglichen mit dem der nichtmuslimischen Gemeindemitglieder, die schon lange mit vergleichsweise zahlreichen Schulen, Krankenhäusern, Waisenhäusern, Altersheimen und kirchlichen Einrichtungen ein eher nach Westen gerichtetes Leben geführt hatten, sehr niedrig. Nur ein paar Prozent des muslimischen Bevölkerungsteils konnten lesen und schreiben, wobei die Analphabeten unter den Frauen deutlich zahlreicher als unter den Männern waren.

Eine kleine, gebildete - in erster Linie männliche - muslimische Elite gab es nur in einigen Großstädten und vor allem in der Hauptstadt Istanbul. Ihre Mitglieder wurden in den seit Ende des 19.Jahrhunderts neu errichteten zivilen und militä-

---

[14] SHAW u. SHAW: op. cit., S. 373.

[15] Rifat BALİ: *Cumhuriyet Yıllarında Türkiye Yahudileri: Bir Türkleşme Serüveni (1923-1945)* (Die Juden der Türkei in den Jahren der Republik: Das Abenteuer einer Türkifizierung); Istanbul 1999.

[16] Vgl. hierzu z.B. Fatma Müge GÖÇEK: *Rise of the Bourgeoisie, Demise of Empire: Ottoman Westernization and Social Change*; New York [u.a.] 1996.

rischen Schulen ausgebildet und hatten teilweise auch in Europa studiert. Sie waren zum Großteil im höheren Staatsdienst tätig.

Insgesamt blieb das Bildungs- und Modernisierungsgefälle zwischen Istanbul und der "Provinz" (*taşra*) im Allgemeinen bestehen. Wie bei der Beschreibung der Provinz Sinop zu sehen sein wird, haben viele Veränderungen und Modernisierungstendenzen diese und auch die anderen von der Hauptstadt entfernteren Provinzen viel weniger stark beeinflusst als die großen urbanen Zentren wie Istanbul, Saloniki, usw. Erst nach der Gründung der Republik änderte sich die Lage in den Provinzen deutlich. Diese Veränderungen werden in einem Abschnitt dieser Arbeit speziell für die Provinz Sinop beschrieben.

1.3. Das Gesundheitswesen im Osmanischen Reich

1.3.1. Die Gremien[17]

Ziel der Organisationen und Organe des Gesundheitswesens im Osmanischen Reich war einerseits die Verhinderung der Einschleppung von Seuchen in das Land sowie der Schutz der Bevölkerung vor solchen Krankheiten, und andererseits die Ergreifung von Maßnahmen gegen mögliche Erkrankungen von Einzelpersonen; d.h. die Kontrolle der Beschaffenheit und der Sauberkeit der Nahrungsmittel, der Arbeitsplätze, der Umweltbedingungen, der Wohnverhältnisse, usw., ebenso wie die Pflege von Erkrankten. Entsprechende Bestimmungen für die Gesundheitsvorsorge und öffentliche Einrichtungen der Gesundheitspflege im Osmanischen Reich sind allerdings relativ neueren Datums. Diese späte Entwicklung wohlfahrtsstaatlicher Institutionen ist im Kontext religiös argumentierender Opposition zu sehen: Krankheiten und insbesondere Seuchen galten vielfach als Strafen Gottes für Fehlverhalten, so dass entsprechende Gegenmaßnahmen nicht zulässig sein konnten, stellten sie doch einen menschlichen Eingriff in die Allmacht Gottes dar und waren damit sündhaft.[18]

---

[17] Im Folgenden vergleiche: Nuran YILDIRIM: "Tanzimat'tan Cumhuriyet'e Koruyucu Sağlık Uygulamaları" (Praktische Durchführungen im Gesundheitsschutz in der Periode von den Reformen bis zur Republik); in : *Tanzimat'tan Cumhuriyet'e Türkiye Ansiklopedisi;* Bd. 5, Istanbul 1985, S. 1320-1338.

[18] Die konservative Opposition gegen die Schutzmaßnahmen dauerte bis zur Gründung der Türkischen Republik an: So konnten trotz der in Istanbul in den Jahren 1831,1848 und 1855 aufgetretenen Cholera-Epidemien, die meist von den Mekka-Pilgern eingeschleppt wurden, wegen der scharfen Opposition geistlicher Kreise keine Schutzmaßnahmen getroffen werden (Siehe hierzu: Franz von CAUZIG: *Von Constantinopel nach Istanbul*, unverkäufliche Privatauflage, S. 52ff). Noch bei einer der ersten Sitzungen der Großen Nationalversammlung in Ankara 1920 wurde der Abgeordnete und Arzt Dr. Emin, der einen Gesetzesentwurf für den Kampf gegen die Malaria und die Syphilis und damit zusammenhängend für entsprechende voreheliche ärztliche Untersuchungen auch bei Frauen einbrachte, vom Scheich der großen Hacı Bayram Veli-Moschee von Ankara und weiteren religiösen Würdenträgern im Parlament verprügelt. Ihr Argument: Krankheiten können nicht ansteckend sein, sie liegen nur im Ermessen Gottes. Gegenmaßnahmen sind daher nicht zulässig! Siehe: Şevket Süreyya AYDEMİR: *İkinci Adam* (Der zweite Mann); İstanbul 1966, Bd. 1,

Eine erste entsprechende Institution war das 1838 gebildete „Gremium für die Prophylaxe" (*meclis-i tahaffuz*), das sich um Maßnahmen zur Verhinderung der Einschleppung von Seuchen u.a. durch die Einrichtung eines Quarantänewesens kümmern sollte. Erst 1881 wurde dieses Gremium ausgebaut und unter der Bezeichnung *meclis-i sıhhiye-i umumiye* (Gremium für die allgemeine Gesundheit) mit erweiterten Aufgaben betreut: Untersuchungen über die allgemeine Gesundheitslage im Reich, Ausarbeitung von Empfehlungen für notwendige Maßnahmen insbesondere im Falle auftretender Seuchen, Kontrolle der lokalen und eingeführten Lebensmittel und Arzneien.

Die erste Verordnung zum Schutze der Volksgesundheit betraf die Apotheker und wurde 1860 erlassen: Es handelte sich um die „Verordnung zur Ausübung des städtischen Apothekerberufes" (*beledi ispençiyarlık sanatının icrasına dair nizamname*), der 1861 die „Verordnung für die Ausübung des städtischen Ärzteberufes im Osmanischen Reich" (*memalik-i şahanede tababet-i belediye icrasına dair nizamname*) folgte, die besagte, dass Personen, die keine Diplome einer einheimischen oder ausländischen Medizinschule besaßen, den Beruf des Arztes nicht ausüben durften. 1869 wurde eine „Apothekerverordnung" (*eczacılara dair nizamname*) erlassen, die die Voraussetzungen für die Ausübung des Apothekerberufes und der Errichtung von Apotheken in Istanbul und den drei umgebenden Regionen (*bilad-ı selase*), Üsküdar, Galata und Eyüp, regelte. 1871 wurde dann die „Verordnung für die allgemeine ärztliche Verwaltung" (*idare-i umumiye-i tıbbiye nizamnamesi*) in Kraft gesetzt, deren Artikeln zufolge u. a. (§ 3) in Istanbul und in den anderen Provinzen je eine städtische Apotheke zu errichten sei. Dass diese städtischen Apotheken von diplomierten Apothekern geleitet und von den lokalen Regierungsärzten kontrolliert werden müssten, regelte die „Verordnung betreffend die Leitung der städtischen Apotheken" (*belediye eczahaneleri idaresi nizamnamesi*) von 1876.

Nach dem Auftreten einer erneuten Cholera-Epidemie im Jahre 1891 in Istanbul wurde das „Gremium zum Schutz der Gesundheit" (*hıfz-ı sıhha komisyonu*), das der Vorläufer der späteren „Direktion für die städtischen Gesundheitsangelegenheiten" (*belediye sağlık işleri müdürlüğü*) bildete, gegründet.

Für die Entsendung von Gesundheitspersonal - wie Ärzten, Apothekern, Impffachleuten und Geburtshelferinnen - zu den einzelnen Stadtverwaltungen, für die Erteilung der Genehmigungen zur Berufsausübung für Personen, die ausländische Gesundheitsdiplome inne hatten, existierte seit 1869 die „Staatliche Medizinische Gesellschaft" (*cemiyet-i tıbbiye-i mülkiye*). Dieses Gremium wurde 1908 in „Staatliches Gremium für Medizinangelegenheiten und für die öffentliche Gesundheit" (*meclis-i umur-ı tıbbiye-i mülkiye ve sıhhiye-i umumiye*) umbenannt, das 1912 die „Schule für Gesundheitsbeamte unteren Ranges" (*sıhhiye çavuş mektebi*, ab 1913 *küçük sıhhiye memurları mektebi*) einrichtete. Absolventen dieser Schule wurden auf einzelne Bezirke verteilt, so auch u. a. in die

---

Fußnote Seite 141; KILIÇ ALİ: *Kılıç Ali Hatıralarını Anlatıyor* (Kılıç Ali erzählt seine Er- innerungen); İstanbul 1955, S. 68.

Umgebung Sinops; zwei Berichte dieser Beamten fanden als Quellen Eingang in die vorliegende Arbeit.[19] Diese Schule wurde allerdings 1920 von den Parteien des Waffenstillstandsabkommens geschlossen. Dr. Riza Nur schrieb damals in seinem Abschlussbericht, dass diese Schule für die Ausbildung von entsprechenden Gesundheitsbeamten unbedingt wiedereröffnet werden müsse![20] Die Tätigkeit des o. g. Gremiums war unbefriedigend, und so wurde es 1913 als eine Generaldirektion für Gesundheitsangelegenheiten innerhalb des Innenministeriums (1914 als „Innen- und Gesundheitsministerium" ausgeweitet) neu organisiert: Ihr wurde auch das Quarantänewesen unterstellt. Darüber hinaus wurden Gesundheitsdirektionen in den einzelnen Provinzen sowie Regierungspraxen in den Kreisen (*kaza hükümet tabiblikleri*) eröffnet. 1920 wurden schließlich alle mit Fragen der Gesundheitsvorsorge betrauten Einrichtungen einem einzigen Ministerium unterstellt.

1.3.2. Das Ministerium für Gesundheitsangelegenheiten und Sozialfürsorge

Am 23. April 1920, einem Freitag, wurde in Ankara, während in Istanbul noch die offizielle Osmanische Regierung bestand, mit vielen, auf das Volksempfinden der damaligen Zeit abgestimmten religiösen Zeremonien (Gebete, Tieropfer. usw.) die erste Große Nationalversammlung einberufen. Kurz darauf wurde am 2. Mai 1920 das Gesetz zur Bildung einer Regierung unter der Bezeichnung *icra vekilleri heyeti* (ministerieller Exekutivrat) erlassen. Dieser erste Exekutivrat bestand aus 11 von der Nationalversammlung einzeln gewählten Ressortministern, worunter sich auch zum ersten Mal in der türkischen Geschichte ein „Ministerium für Gesundheitsangelegenheiten und Sozialfürsorge" (*Türkiye Büyük Millet Meclisi Umur-*ı *Sıhhiye ve Muavenet-i İctimaiye Vekaleti*)[21] befand, das sich um alle Probleme der Gesundheit im Land kümmern sollte. Zum ersten Gesundheitsminister wurde der Abgeordnete Dr. Adnan (Adıvar) ernannt, der zunächst mit einem einzigen Mitarbeiter (einem *küçük sıhhiye memuru*) einen Raum im Rathaus von Ankara bezog und sich sogleich mit großen Problemen konfrontiert sah: Die Aufstellung von Tätigkeitsvorschriften, die Registrierung der in den Provinzen vorhandenen Gesundheitsämter und des Gesundheitspersonals, die Eingliederung von ca. 2 Millionen Flüchtlingen und Einwanderern, die Behandlung der vielen Verletzten aus den Kampfgebieten, zu der alle Abgeordneten, die auch Ärzte waren, aufgerufen wurden, usw.[22] Dr. Adnan übergab am 10. März 1921 das Ministerium und sein Amt an Dr. Refik (Saydam), der allerdings nur bis zum 24. Dezember 1921 im Amt blieb. Sein

---

[19] Berichte VI und X.

[20] Bericht F, S. [22].

[21] 1929 umbenannt in *Sıhhiye ve Muavenet-i İçtimaiye Vekâleti;* gegenwärtige neutürkische Bezeichnung*: Sağlık ve Sosyal Yardım Bakanlığı.*

[22] Ekrem Kadri UNAT (Hrsg.): *Dünya'da ve Türkiye'de 1850 yılından sonra Tıp Dallarındaki İlerlemelerin Tarihi* (Die Fortschritte in den medizinischen Fächern nach 1850 auf der Welt und in der Türkei); Istanbul 1988, S. 179ff.

Nachfolger wurde der bisherige Unterrichtsminister Dr. Riza Nur, der seine Tätigkeiten im neuen Amt in seinem Abschlussbericht schildert.[23]

Dr.Riza Nur's Rolle bei der Erstellung der in der vorliegenden Arbeit behandelten Quellen ist so zentral, dass es geeignet erscheint, im Folgenden einen kurzen biographischen Abriss zu geben.

1.3.3. Zur Biographie Dr. Riza Nur's[24]

Dr. Riza wurde am 30. August 1879 in Sinop geboren und besuchte dort die Volksschule. Anschließend kam er nach Istanbul, wo er seine Schul- und Studienzeit an militärischen Ausbildungsstätten verbrachte und am 27. November 1901 als Hauptmann und Arzt seinen Dienst in der osmanischen Armee aufnahm. Anschließend war er im Gülhane-Krankenhaus in Istanbul als Assistenzarzt tätig und gehörte neben einigen deutschen Professoren zum Lehrpersonal für Chirurgie an der militärischen Medizinschule. Hier veröffentlichte er eine Arbeit über die moderne Art der Beschneidung (*fenn-i ḫitān*), die durch die Förderung und Unterstützung von Seiten seiner deutschen Kollegen, die ihn und seine Tätigkeit sehr schätzen, auch in Deutschland in Druck ging. 1908 wurde er zum Major befördert.

Die Militärschulen in Istanbul waren damals als politische Unruheherde gegen die Herrschaft Sultan Abdülhamit's II. bekannt. So ist es nicht verwunderlich, dass auch Dr. Riza Nur bald Interesse an Politik entwickelte und in diesem Bereich aktiv wurde. 1908 wurde er als Abgeordneter Sinops in die damals wiedereröffnete Abgeordnetenkammer gewählt. Hier verließ er bald die Gruppe des „Komitees für Einheit und Fortschritt“ (*ittihat ve terakki cemiyeti*) und wurde zu einem ihrer schärfsten Opponenten. Bei der kurz darauf folgenden zweiten Wahlen im Jahre 1912 zog er als Mitglied der Oppositionspartei „Freiheit und Eintracht“ (*hürriyet ve itilaf partisi*) wieder ins Parlament ein. Als aber 1913 einige Angehörige des Komitees den Überfall auf die Hohe Pforte durchführten und damit ihre diktatorische Herrschaft einleiteten, wurde er zunächst als Opponent inhaftiert und anschließend des Landes verwiesen. Bis nach dem ersten Weltkrieg hielt er sich in der Schweiz, in Frankreich und in Ägypten auf. 1919 kehrte er nach Istanbul zurück, wurde als Vertreter Sinops erneut Mitglied im letzten osmanischen Parlament und war nach der Selbstauflösung dieser Kammer unter den Ersten, die nach Ankara kamen. Dort beteiligte er sich am türkischen Unabhängigkeitskrieg, wurde ab 1920 wiederum als Abgeordneter seiner Heimatstadt Mitglied des ersten Parlaments in Ankara, zunächst als Unter-

---

[23] Bericht F.

[24] Literatur: Rıza NUR: *Hayat ve Hatıratım* (Mein Leben und meine Erinnerungen); İstanbul 1967; Bozkurt Zakir AVŞAR: *Bir Muhalifin Portresi: Dr.Rıza Nur* (Das Porträt eines Opponenten: Dr. Riza Nur); İstanbul 1992; jeweils Stichwort *Rıza Nur* in: *Yurt Ansiklopedisi*; İstanbul 1982-1983, Bd. 9, S. 6826; *Türk Ansiklopedisi*; Ankara 1977, Bd. 25, S. 344-345; *Türkiye 1923 - 1973 Ansiklopedisi*; İstanbul 1974, Bd.3, S.1131; KARAALİOĞLU: op. cit., S. 595; *Grand Larousse Encyclopédique 1964;* Bd. 9, S. 301.

richtsminister sowie stellvertretender Außenminister. In den Jahren 1921-1923 hatte er das Ministeramt für Gesundheit und Sozialfürsorge in den vorrepublikanischen Regierungen Mustafa Kemal's inne. Während dieser Periode gehörte er auch zweimal zu den Mitgliedern der türkischen Delegationen, die mit der neuen Sowjetunion in Moskau ein Freundschafts- und Hilfsabkommen aushandelten. 1923 war er, neben seiner Tätigkeit als Gesundheitsminister, nach Ismet [Inönü] das zweitwichtigste türkische Delegationsmitglied bei den Friedensverhandlungen von Lausanne. 1923 bis 1926 war er Abgeordneter des Parlaments der neuen türkischen Republik in Ankara. In dieser Periode began er auch, sich sehr aktiv schriftstellerisch zu betätigen[25] und verfasste, neben einer Reihe anderer Werke, eine „Türkische Geschichte" in 14 Bänden, die noch in osmanischer Schrift gedruckt wurde. Er ließ nun in seiner Heimatstadt Sinop die nach ihm benannte öffentliche Bibliothek gründen, die heute noch zu den wichtigsten Kultureinrichtungen der Stadt gehört, und vermachte sein gesamtes Einkommen aus seinem dortigen Besitz seiner Stadt zur Errichtung von Bildungseinrichtungen in der Region. In dieser Zeit trat er auch immer mehr als Kritiker der Positionen und Ziele Mustafa Kemal's hervor. So war er zwar mit dem Beschluss zur Abschaffung des Sultanats einverstanden, keinesfalls aber sah er die Aufhebung des Kalifates als einen positiven politischen Schritt an.

Auf nicht detailliert nach zu vollziehende Weise scheint er mit dem Attentatsversuch auf Mustafa Kemal in Izmir in Zusammenhang gestanden zu haben. Aus Angst vor den berüchtigten Unabhängigkeitsgerichten (*istiklâl mahkemeleri*) floh er zunächst nach Frankreich (1926-1933) und anschließend nach Ägypten (1933-1938). Erst nach dem Tode Mustafa Kemal Atatürk's im November 1938 kehrte er in die Türkei zurück, nahm dort nun offiziell den Familiennamen *Nur* an und verbrachte seine letzten Lebensjahre in Istanbul in einer Wohnung im Stadtteil Taksim. Obwohl er hier versuchte, möglichst zurückgezogen zu leben, wurde er von regimetreuen Schriftstellern und Journalisten ständig attakkiert, was ihn 1941 veranlasste, eine Broschüre unter dem Titel *Hücumlara cevaplar* („Antworten auf die Angriffe") zu veröffentlichen. Am 8. Juni 1942 verstarb Dr. Riza Nur in Istanbul und wurde von Freunden und jungen Turanisten auf dem Friedhof *Merkezefendi* zu Grabe getragen.

Während seines Aufenthalts in Paris verfasste er seine ca. 2000 Seiten umfassende Autobiographie, welche u.a. ein beredtes Zeugnis für seine äußert kritische Haltung gegenüber der Person Mustafa Kemal's darstellt. Er verschickte je ein Exemplar seines Manuskripts an das British Museum, an die Pariser Nationalbibliothek und die Berliner Staatsbibliothek mit der Auflage, dieses nicht vor 1960 der Öffentlichkeit zugänglich zu machen. Der türkische Professor Cavit Orhan Tütengil - er wurde am 7. Dezember 1979 ermordet und gehört zu den

---

[25] Eine Reihe dieser Schriften befindet sich im Tübinger Depot der Staatsbibliothek. Siehe: Barbara FLEMMING: "Türkische Handschriften, Teil l, Nr.121, 214, 215, 216" in: Wolfgang VOGT (Hrsg.): *Verzeichnis der orientalischen Handschriften in Deutschland*; Wiesbaden 1968.

zahlreichen Opfern „unbekannter Mörder" (*mechul failler*) der letzten Jahre in der Türkei - fand dieses Manuskript 1965 im British Museum und veröffentlichte es 1967 unter dem Titel *Hayat ve Hatıratım* („Mein Leben und meine Erinnerungen") in 4 Bänden in Istanbul. 1968 wurde das Buch allerdings per Gerichtsbeschluss verboten und vom Buchmarkt entfernt.[26]

Dr. Riza Nur war ein sehr selbstbewusster, Ich-bezogener, extremer Nationalist und Turanist, der auf seine angeblich rein türkische Genealogie stolz war, und alle nichttürkischen Elemente des Landes (Armenier, Griechen, Juden, Kurden, Albaner, usw.) hasste – ein Hass, der ihn in seinen politischen Positionen so weit führte, für ethnische Säuberungen zur Lösung der mannigfachen sozialen und wirtschaftlichen Probleme des Staates zu plädieren. So ist es nicht verwunderlich, dass er bei seinem Dienstantritt als Gesundheitsminister als erste Amtshandlung die Entlassung aller nicht türkischen Ärzte und jedweden arabischen, albanischen und jüdischen medizinischen Personals aus dem Dienst veranlasste, wie er es auch schon bei seinem Amtsantritt als Unterrichtsminister getan hatte. Er scheute sich nicht in seiner Autobiographie zu behaupten, er selbst habe die Hauptrolle bei dem Aufbau der neuen Türkei gespielt. Die von Atatürk selbst in seiner berühmten sechstägigen Rede (*nutuk*), die er in der Zeit vom 15. bis 20. Oktober 1927 vor dem 2. Kongress seiner Republikanischen Volkspartei hielt, geäußerte Auffassung, wonach alle militärischen Erfolge im Befreiungskampf, alle Wohltaten, Reformen und Modernisierungen im Land seine ureigensten Ideen und Taten seien, wies Dr. Riza Nur in seiner Autobiographie aufs Schärfste zurück und bezichtigte Atatürk offen der Lüge.[27]

Die Gründung des neuen Gesundheitsministeriums weist Dr. Riza Nur als das Lieblingskind der nationalen Bewegung (*ḥareket-i millīyenin nevzād-ı ʿazīzi*) aus. Es war dies eine Periode, in der alle Aktivitäten im Land der Devise *her şey cebheye!* („alles für die Front!") untergeordnet werden mussten. Bei seinem Amtsantritt fand er das Ministerium in einem desolaten Zustand vor: Die für die Bewältigung der gewaltigen Aufgaben zur Verfügung stehenden Finanzmittel waren minimal, die interne Organisation des Ressorts war primitiv und unterbesetzt. Bis zur Gründung dieses Ministeriums war das gesamte Gesundheitswesen im Reich einer Generaldirektion innerhalb des Innenministeriums untergeordnet gewesen. Eine „Sozialfürsorge" war nicht existent, ja sogar - wie Dr. Riza Nur hervorhebt - völlig unbekannt; "auch heute noch *[1923]* gibt es unter uns

---

[26] Auf der Titelseite des mir zugänglichen Exemplars steht der Vermerk in deutscher Sprache: Herausgeberin (nâsır) Heide Schmitt, 4100 Duisburg 11; Nachdruck: K.G. Lohse, Frankfurt am Main. Eine Neuauflage erschien 1992 in Istanbul (Verlag *İşaret Yayınları*) .

[27] In der Auflage der französischen Grand Larousse Encyclopédique von 1964 ist unter dem Stichwort „Dr. Riza Nur" ein Beitrag verzeichnet, in dem zu lesen ist, dass der ehemalige Gesundheitsminister im türkischen Geistes- und Kulturleben, aber auch in der Politik des Landes richtungsweisend gewesen wäre. Er hätte die Reinigung der türkischen Sprache dekretiert, er wäre aktiv bei der Laizisierung des Staates gewesen, er hätte den Vorschlag für die Abschaffung der osmanischen Monarchie verfasst.

wenige Leute, die ihre Bedeutung, ihren Gegenstand, ihre Aufgaben kennen."[28] Er musste sich in den wenigen Wochen und Monaten, die ihm seine diplomatischen Aufgaben (Moskau und Lausanne) übrig ließen, intensiv um die Ausarbeitung einer Organisation, um die Entwicklung von Vorgehenskonzepten für die Beamten, die Entsendung von zusätzlichem Gesundheitspersonal in die Provinzen, um den Kampf gegen die in Anatolien sehr verbreiteten Krankheiten Trahoma, Malaria, Syphilis und die hohe Kindersterblichkeit kümmern. All diese Aufgaben mussten mit den minimalen Geldmitteln durchgeführt werden, die seinem Ressort damals zur Verfügung standen. In seinem Abschlussbericht beklagt er sich umfassend über die während seiner Abwesenheiten eingesetzten Vertreter, die die meisten seiner Beschlüsse und Bestimmungen umgangen und beinahe sabotiert hätten, was ihm immer wieder zu ad hoc Reaktionen zwang. Er warb deshalb für den Erlass von Gesetzen und Bestimmungen für die Tätigkeiten der Ministerien, die unabhängig von den personellen Versetzungen und Veränderungen gültig sein müssten. Bei seinem Rücktritt als Minister waren in Anatolien noch 150 Ärztestellen unbesetzt, was, wie er sich beklagte, mit der Weigerung vieler unterbeschäftigter Ärzte Istanbuls in Verbindung stand, die kümmerlich bezahlten Stellen in den anatolischen Provinzen zu übernehmen. Seinen Nachfolgern empfahl er dringend, sich um die Errichtung je eines Krankenhauses in jeder Provinzhauptstadt, je einer Krankenstation in jedem Gerichtsbezirk und die Entsendung von je einem *küçük sıḥḥiye memuru* in jedes fünfte Dorf Anatoliens zu bemühen, um eine stabile gesundheitliche und hygienische Ba-sisinfrastruktur zu schaffen. Das Land benötige an die 5000 solcher Gesundheitsbeamter; zu jener Zeit aber waren nur 815 Personen in diesem Bereich tätig, wovon höchstens 50 als für die einwandfreie Ausübung dieser Tätigkeiten ausreichend qualifiziert angesehen werden konnten. Zur Aufnahme einer Ausbildung zum Gesundsheitsbeamten sollten unbedingt die Knaben aus den Waisenhäusern angehalten werden, die Hebammen- und Krankenschwesternposten sollten von den in diesen Anstalten erzogenen Mädchen übernommen werden.

In der von ihm errichteten Abteilung für Statistik und Publikationen ließ Dr. Riza Nur zunächst den von ihm als mustergültig bezeichneten Bericht des Leiters des Gesundheitsamtes von Sinop (Bericht A), und anschließend nacheinander acht Berichte weiterer Gesundheitsämter drucken. Die Drucklegung und Verteilung dieser Reporte sollte nach seinen Vorstellungen an erster Stelle verhindern, dass die seiner Meinung nach wichtigen Informationen dieser Aufstellungen ungenutzt in den Mühlen der Bürokratie verschwanden. Ende 1923 trat Dr. Riza Nur zurück und übergab sein Amt an seinen Nachfolger Refik,[29] der, wie erwähnt, auch sein Vorgänger gewesen war und der die Veröffentlichung weiterer acht Berichte dieses Typs veranlasste und betreute.[30]

---

[28] Bericht F, S. [1].

[29] Später angenommene Familienname *Saydam*; er war von 1939 bis 1942 Ministerpräsident der Republik Türkei.

[30] Siehe Fußnote 44, S.30.

1.3.4. Der Kampf gegen die Syphilis

Ein Thema, das sich immer wieder in den vorliegenden Berichten findet, ist die Ausbreitung der Syphilis in den Provinzen, weshalb kurz auf dieses Thema hier eingegangen werden soll. Diese Krankheit war nach der Entdeckung Amerikas von dort nach Europa eingeschleppt worden, wo sie sich schnell ausbreitete. Ins Osmanische Reich[31] drang sie erst ein, als das Reich – zu einem relativ späten Zeitpunkt seiner Geschichte – in engeren Kontakt mit Europa trat. Die Krankheit heißt im Türkischen demnach auch *frengi*, also „fränkische" oder europäische Krankheit. Sie machte sich erstmalig nach den osmanisch-russischen Kriegen 1806-1812 und 1828-1829 in den von den Russen eroberten Gebieten bemerkbar und verbreitete sich nach dem Krim-Krieg 1854 und dem osmanisch-russischen Krieg 1877-1878 fast zu einer Epidemie. Etwa 1887 wurde vom damaligen Gouverneur der Provinz Kastamonu, Abdurrahman Paşa, die absolute Notwen- digkeit für die Bekämpfung dieser Krankheit erkannt. 1897 trat die „Verordnung der Organisation für die Bekämpfung der Syphilis in der Provinz Kastamonu und dem Landkreis Sinop" in Kraft. Damals wurde sogar ein deutscher Professor, Ernst von Düring, ins Generalinspektorat für den Kampf gegen die Syphilis, mit Schwerpunkt auf der Region Kastamonu und Umgebung, berufen. Er be-reiste mit einer Mannschaft von 16 Ärzten und 2 Apothekern die Landkreise Anatoliens, hielt Kurse ab und veranlasste, dass in Kastamonu, Artvin, Düzce usw. neue Syphilis-Krankenhäuser errichtet wurden. In der Folge wurde er mit dem Titel *paşa* ausgezeichnet, verließ dann 1902 das Osmanische Reich als er dazu berufen wurde, den Lehrstuhl für Dermatologie in Kiel zu übernehmen. Mit dem Gesetz Nr. 90 der Parlamentsregierung in Ankara von 1921 wurde nun festgelegt, dass alle an Syphilis Erkrankten seitens des Staates unentgeltlich untersucht und behandelt werden sollten. Die Verordnung von 1897 wurde darauf außer Kraft gesetzt, die entsprechenden Krankenhäuser wurden verstaatlicht und - wie später näher erläutert wird - auch diejenigen von Boyabad und Ayancık in Sanitätsstationen umgewandelt.[32]

---

[31] YILDIRIM: op.cit. in:*Tanzimat'tan Cumhuriyet'e Türkiye Ansiklopedisi*, Bd. 5, S. 1320ff.
[32] Bericht A, S. [43].

2. DIE BERICHTE ZUR <SOZIAL-GESUNDHEITLICHEN GEOGRAPHIE > VON SINOP UND EINIGEN ANDEREN[33] PROVINZEN (1915-1927)

2.1. Historischer Überblick über die Region Sinop[34]

Die ältesten Zeugnisse einer Besiedlung der Region Sinop stammen aus der Periode zwischen 1700 und 1200 v. Chr. Damals war der uns in dieser Arbeit interessierende Raum durch die Hethiter besiedelt, die an ihrer Nordgrenze ständig mit einem Volk zu kämpfen hatten, das sie Kaschkäer nannten. Welche Entwicklungen und Bevölkerungsverschiebungen sich in dieser Region bis zum 8. Jahrhundert v. Chr. ereigneten, ist dagegen nicht bekannt.

Im 7. Jahrhundert v. Chr. gründeten die Ionier aus Milet Kolonien in diesen fruchtbaren, bewaldeten, fischreichen Küstengebieten. Unter diesen Neugründungen fand sich auch die Stadt „Sinope" neben Orten wie Amisos (*Samsun*), Kerassos (*Giresun*) und Trapezos (*Trabzon*).

Der Ursprung des Namens *Sinope* ist umstritten: Eine etymologische Deutung führt die Stadtbezeichnung auf den Namen einer Amazonenkönigin namens *Sinova* zurück; wahrscheinlicher ist jedoch die Vermutung, dass die Stadt nach Sinope, einer der Wassernixen Äsops, des Gottes der Flüsse, benannt wurde, die auf einer damals geprägten Münze abgebildet ist.

Diese westliche Region mit der Stadt Sinope trug zu jener Zeit den Namen Paphlagonien. Im Westen schloss sich Bithynien, im Süden Galatien an, im Osten grenzte die Region an Pontus, im Norden direkt an das Schwarze Meer („Pontus Euxinus"). Nach den Griechen kamen die Lydier (607-546 v. Chr.) in diese Gegend und ließen sich hier nieder, gefolgt von den Medern und Persern (546-332 v. Chr.; unter Darius I. war Sinope dem Satrapentum Kappadokien angegliedert). Alexander der Große und die Diadochen (332-301 v. Chr.) waren ihre Nachfolger. Anschließend gehörte Sinope zum Königreich Pontus, das 183 v. Chr. von Mitridates Ktistes gegründet wurde. Von 169 bis 150 v. Chr. war Sinop unter Mitridates IV sogar die Hauptstadt dieses Staates. Von 70 v. Chr. bis 395 n. Chr. herrschten die Römer über Sinop, für die der Hafen der Stadt für die Entladung von Getreide aus der Krim wichtig war. Ab 395 bis zum Anfang des 11. Jahrhunderts war die Region Teil des Byzantinischen Reiches:

---

[33] Ḥamīd Abād (Isparta), Urfa, Bayezid und Ġāzī ᶜAyıntāb.

[34] Literatur: Jeweils Stichwort *Sinop* in: *İslâm Ansiklopedisi*, Bd.10, S.683-689; *Türkiye 1923-1973 Ansiklopedisi*, Bd.4, S.1257-1260; *Türk Ansiklopedisi*, Bd.29, S.108-113; *Yurt Ansiklopedisi*, Bd.9, S.6746-6834; Dündar TOKGÖZ: *Sinop Tarihi, Turizm ve Eski Eserler Rehberi* (Handbuch der Geschichte, des Tourismus und der Altentümer Sinop's); Ankara 1973.

Kaiser Justinian ließ hier Stadtbefestigungen, Burgen, Wasserwege und Kirchen errichten. Anschließend befand sich Sinop im Machtbereich des griechischen Pontus-Staates und fiel 1214 mit Unterbrechungen in die Hand der anatolischen Rum-Seldschuken. In der Periode der anatolisch-türkischen Emirate entstand hier 1277 das Emirat der *Pervaneoğulları* und 1322 das der *Çandaroğulları*. Mitte des 14. Jahrhunderts gründeten die Genueser und Venezier Handelsniederlassungen in Sinop. Kurz nach der Eroberung Konstantinopels durch die Osmanen wurden Sinop und seine Umgebung 1461 vom Emirat Çandaroğlu kampflos an das Osmanische Reich abgetreten und an den Regierungsbezirk (*sancak*) Kastamonu der Provinz Anatolien (*eyalet-i Anadolu*) angegliedert.

Die Stadt Sinop war vor allem als Hafenfestung von Bedeutung. Sultan Mehmed II verfügte, dass die einheimische Bevölkerung den Schutz und den Unterhalt dieser Festung zu übernehmen habe. Dafür wurde sie auch nicht, wie im Falle der Bevölkerung von anderen eroberten Städten üblich, nach Konstantinopel zwangsumgesiedelt (*sürgün*); sie wurde auch von der Sondersteuer *avariz* befreit. Dieser Umstand war für Sinop die Grundlage für eine längere Periode wirtschaftlichen Aufstiegs und Prosperität; der Hafen (eigentlich der einzige von den Unwettern geschützte Naturhafen der Südküste des Schwarzen Meeres) erlangte große Bedeutung, war er doch ein äußerst wichtiger Stützpunkt der osmanischen Flotte. Unter diesen Bedingungen erlebte die Stadt einen großen Bevölkerungszuwachs. Ab Mitte des 16. und im 17. Jahrhundert hatte - genauso wie weite Gebiete Anatoliens - auch die Gegend um Sinop sehr unter den dort operierenden Räuberbanden (*celali, suhte*), aber auch unter Angriffen der Don-Kosaken zu leiden. Kurz vor dem Krimkrieg vernichtete 1853 die russische Flotte die in Sinop ankernde osmanische Flotte und die osmanischen Küstenbatterien. Etwa 2000 osmanische Matrosen kamen dabei ums Leben. Mit den Geldern, die in den Taschen dieser Gefallenen gefunden wurden, wurde in der Stadt die noch heute gut erhaltene Märtyrerfontaine (*şehitler çeşmesi*) erbaut; später wurde auch im Garten des Stadtmuseums ein Mahnmal (*şehitler anıtı*) zu Ehren dieser Matrosen errichtet.

Während des Krimkrieges war Sinop ein wichtiger Stützpunkt für die Flottenoperationen der Alliierten in Richtung Sewastopol. Dr. Riza Nur beklagt sich in seinen Erinnerungen, dass die Franzosen und Engländer zu jener Zeit viele der Altertümer Sinops geplündert und nach London bzw. Paris verbracht hätten.[35] Der anschließende Pariser Vertrag sah nun die Neutralität und die Demilitarisierung des Schwarzen Meeres vor. Alle Militär- und Marinearsenale in den Häfen des Schwarzen Meeres waren zu schließen, so dass auch Sinop in der Folgezeit kein Marinestützpunkt mehr sein konnte.[36] Aufgrund dieser Maßnahmen verlagerten sich auch die bisherigen Handelswege in den folgenden Jahren in Richtung der Häfen Samsun und Trabzon. Sinops Bedeutung nahm stetig ab,

---

[35] NUR: op. cit., S. 62

[36] Alan PALMER: *Verfall und Untergang des Osmanischen Reiches*; München 1994, S. 189.

und so wurde aus dem einstigen Flottenstützpunkt und Warenumschlagsplatz eine relativ unbedeutende Provinzstadt unter vielen.

Handel und Gewerbe lagen in Sinop, wie in den anderen Provinzen des Reiches auch, in den Händen der nichtmuslimischen Bevölkerungsteile, die bis zu ihrer Vertreibung während des türkischen Unabhängigkeitskrieges 1922 ca. 20% der Einwohnerschaft der Stadt ausgemacht hatten. Bei diesen Bevölkerungsgruppen handelte es sich vornehmlich um orthodoxe Christen griechischer Herkunft. Im ersten Weltkrieg gehörte die Gegend zu den wenigen nicht umkämpften und von den Alliierten nicht besetzten Gebieten.

Allerdings zerstörten damals zwei große Feuersbrünste 3/4 der Stadt, was zu einer weiteren Zunahme der Bevölkerungsabwanderung führte. Ein anderer Teil der männlichen Bevölkerung fiel während des Krieges, so dass die Stadt kaum mehr über die menschlichen Ressourcen verfügte, ihren eigenen Unterhalt sicher zu stellen, und zunehmend verfiel.[37] In den letzten Jahrzehnten des Osmanischen Reiches, seit 1883, war die Burg Sinop ein Gefängnis und Verbannungsort, meist für politische Gefangene.[38] So schreibt von Flottwell in seinen Reiseerinnerungen: „Wichtiger als die Festung ist wohl das Gefängnis, das 400 Gefangene beherbergt. In demselben werden sehr hübsche Perlmutterarbeiten angefertigt, von denen wir einige kauften".[39] So verbannte auch Cemal, Militärgouverneur von Konstantinopel, nach dem Attentat auf Mahmut Şevket Paşa am 6. Juni 1913 viele Mitglieder der oppositionellen liberalen Partei, die er für den Mord verantwortlich machte, nach Sinop.[40] Dieses Gefängnis blieb bis vor einigen Jahren im Betrieb. Im Dezember 1997 wurde es geräumt und verfällt seither.[41] Es existiere nun ein Plan, aus diesem Gefängnis, wo auch viele zeitgenössische bekannte Literaten und Journalisten zeitweise inhaftiert waren, ein Touristenhotel (etwa so wie im Falle des ehemaligen Untersuchungsgefängnisses Sultan Ahmet in Istanbul geschehen) oder ein Kulturzentrum zu machen.[42]

Ein Ereignis, auf das die Einwohner Sinops heute noch stolz sind und dem in der Stadt jährlich gedacht wird, ist der Besuch Mustafa Kemal's am 15. September 1928 in Sinop, im Laufe dessen er im Rahmen der Schriftreform zum ersten Mal persönlich das türkisch-lateinische Alphabet unterrichtete. Ein Denkmal zur Erinnerung an dieses Ereignis wurde 1973 im Hof des damaligen Gymnasiums (heute Volksschule *Mehmet Akif Ersoy*) errichtet.

---

[37] NUR: op. cit., S. 61.
[38] NUR: op. cit., S. 75.
[39] v.FLOTTWELL: "Aus dem Stromgebiet des Qyzyl-Yrmaq (Halys)," in: *Dr. A. Petermanns Mitteilungen aus Justus Perthes' Geographische Anstalt*; Gotha 1895, S. 31.
[40] PALMER: op. cit., S. 314
[41] *Hürriyet* vom 10.12.1998.
[42] *Hürriyet* vom 18.3.1998.

2.2. Das Quellenmaterial

Die in diese Arbeit als Primärquellenmaterial eingegangenen Unterlagen umfassen sechs gedruckte (Berichte A-F) und fünfzehn handschriftliche Berichte (Berichte I-XV), die im Folgenden beschrieben werden. Bei Bericht A handelt es sich um den zusammenfassenden Abschlussbericht über Sinop. Er basiert auf den handschriftlich abgefassten Berichten I-VI. Die Berichte VII bis XV sind alle *nach* der Veröffentlichung des Gesamtberichts A, also nach 1922 verfasst worden. So steht zu vermuten, dass die Gesundheitsbehörden die detaillierte Bestandsaufnahme in den jeweiligen Provinzen weiterführten, und auch andere Ministerien in der Folgezeit ein gewisses Interesse an der Erhebung ausführlicher Datensammlungen über die verschiedenen Verwaltungsregionen entwickelten. Die Berichte XI, XIII, XIV, XV sind entsprechende Berichte, die vom Landwirtschaftsministerium veranlasst wurden und mehrere Jahre nach der Drucklegung des Berichtes A dort eingegangen sind.

Bei den Berichten B, C, D und E handelt es sich um Berichte über die Provinzen Isparta, Urfa, Bayezid und Gaziantep. Bericht F ist der anlässlich seines Rücktritts als Gesundheitsminister verfasste Abschlussbericht aus der Feder Dr. Riza Nur's.

Bericht A: Der zusammenfassende Bericht des Leiters des Gesundheitsamtes von Sinop: Bei seinem Dienstantritt als Gesundheitsminister im Jahr 1922 im Kabinett der vorrepublikanischen Regierung der Großen Nationalversammlung (*Büyük Millet Meclisi*) in Ankara hatte Dr. Riza Nur erfahren, dass sein Vorgänger Refik Bey zwecks Untersuchung der sozialen und gesundheitlichen Zustände in den einzelnen Provinzen alle Leiter der Gesundheitsbehörden im Land in einem Rundschreiben aufgefordert hatte, ihm entsprechende Berichte über ihre Gebiete zuzusenden. Dr. Riza Nur stellte nun fest, dass zwar mehrere solcher Berichte aus den Provinzen eingegangen, dass die meisten von ihnen jedoch nicht gründlich genug ausgearbeitet waren, um wirklich verwertbare Informationen über die Zustände in den Provinzen zu erhalten. Der Bericht aus Sinop war seiner Ansicht nach der einzige, den man als mustergültig bezeichnen konnte. Aus diesem Grunde ließ der Minister diesen Bericht an alle Provinzen als Modell für ihre eigenen, jeweils neu auszuarbeitenden Berichte verschicken. Seine Absicht war es, sämtliche mit der Zeit eingehenden Berichte in monatlicher Folge drucken zu lassen und zu veröffentlichen. Der Bericht über die Provinz Sinop, der vom damaligen Leiter der dortigen Gesundheitsbehörde, Dr. Mehmed Saᶜīd, verfasst worden war, wurde als erster dieser Berichte unter dem Titel *Türkiyeniñ Ṣıḥḥī'-i İctimāᶜī Coġrafyası: Sinop Sancaġı* („Sozialgesundheitliche Geographie der Türkei: Provinz Sinop") „in etwas verbesserter Form und in etwas vereinfachter türkischer Sprache"[43] im Jahr 1922 in der Druckerei *Öğüd* in Ankara allen damaligen finanziellen und organisatorischen

[43] Siehe Einleitung zu Bericht A.

Schwierigkeiten zum Trotz gedruckt. Dieser Bericht lag mir für diese Untersuchung in einer qualitativ mangelhaften Fotokopie vor.

Die im Bericht behandelten Themen sind unter folgenden Überschriften in Kapitel eingeteilt. Im Folgenden ist die interne Gliederung von Bericht A wiedergegeben:

1. Teil: Grenzen, Längen- und Breitengrade

   Oberfläche der Provinz
   Berge
   Flüsse
   Seen
   Geologie
   Bodenschätze
   Wälder
   Flora
   Landwirtschaft
   Haustiere
   Wilde Tiere
   Administrative Einteilung der Provinz

2. Teil: Klima

   Jahreszeiten
   Temperaturverhältnisse
   Windarten
   Trockenheits- und Feuchtigkeitsgrade
   Mineralquellen

3. Teil: Einwohner

   Nomaden
   Art der Bekleidung
   Art des Lebensunterhalts
   Beschäftigungsarten
   Moral
   Bildung
   Traditionen
   Lokale Aberglauben
   Stellung des Volkes gegenüber der Medizin
   Hygiene
   Körperbau des Volkes

4. Teil: Krankenhäuser und Krankenstationen

   Apotheken

Staatliche und religiöse Schulen
Herbergen, Hotels und Bäder
Fabriken
Architektur
Offizielle Gebäude
Situation der Städte und der Dörfer
Aborte
Friedhöfe
Sümpfe
Trinkwasser

5. Teil: Übliche und endemische Krankheiten

Jahreszeitliche Krankheiten
Syphilis und Prostitution
Malaria
Tuberkulose
Pocken und die Diphtherie
Weitere auftretende ansteckende Krankheiten
Geistes- und Nervenkrankheiten
Ansteckungsquellen

6. Teil: Todesfälle und Geburten

Kindersterblichkeit

Anlagen: 8 Tabellen mit statistischen Angaben.

Nach der Versendung des inzwischen gedruckten Berichtes A als Muster für alle weiteren Erhebungen dieser Art in die einzelnen Provinzen, trafen nach und nach auch Reporte aus den anderen Verwaltungsregionen des Landes in osmanischer Schrift im Ministerium ein.[44] Sie befinden sich heute überwiegend in der Nationalbibliothek in Ankara. Folgende vier Gesamtberichte aus den Provinzen Isparta, Urfa, Bayezid und Gaziantep habe ich zu Vergleichszwecken ebenfalls untersucht, sie werden in vollständiger Transkription in dieser Arbeit wiedergegeben:

[44] Es handelt sich um folgende Berichte: Ankara Vilâyeti (1922), Isparta Sancağı (1922), Ḳasṭamonı Sancağı (1922), Ḳayṣeri Vilâyeti (1922), Ḳonya Vilâyeti (1922), Niğde Sancağı (1922), Muğla Menteşe Sancağı (1922), Zonguldaḳ Sancağı (1922), Çatalca Vilâyeti (1925), Bayezid Vilâyeti (1925), Urfa Vilâyeti (1925), Kırşehir Vilâyeti (1925), Ḳırḳkilise Vilâyeti (1925), Gelibolu Vilâyeti (1925), Ġāzī ʿAyıntāb Vilâyeti (1926), Kengırı Vilâyeti (1926); aufgeführt in: M. Seyfettin ÖZEGE: *Eski Harflerle Basılmış Türkçe Eserler Kataloğu* (Katalog der in alten Buchstaben gedruckten türkischen Werke); Bd. 4, İstanbul 1977, S. 193ff.

Bericht B: Ḥamīdābād (Isparta) Sancağı; Ankara 1922

Bericht C: Urfa Vilāyeti; İstanbul 1925

Bericht D: Bayezid Vilāyeti; İstanbul 1925

Bericht E: Ġāzī ʿAyıntāb Vilāyeti; İstanbul 1926.

Bericht F: Der Abschlussbericht Dr. Riza Nur's nach seinem Rücktritt als Gesundheitsminister: Nach seiner zweijährigen Dienstzeit als Minister für Gesundheitswesen und Sozialfürsorge 1922-1923 scheint Dr. Riza Nur von seinem Nachfolger im Amt aufgefordert worden zu sein, einen Bericht über die von ihm durchgeführte Inspektion der Waisenhäuser des Landes vorzulegen. Er aber erweiterte diese Aufforderung aus und verfasste einen Gesamtbericht über die Zustände im neu errichteten Ministerium, seine Tätigkeiten und seine diesbezüglichen Gedanken und politischen Konzepte. In selbstbewusstem Sprachduktus beschreibt er in diesem Bericht die Überwindung der finanziellen, organisatorischen und personellen Schwierigkeiten bei der Tätigkeit des Ministeriums, kritisiert die Arbeit seines Amtsvorgängers und insbesondere auch seines Stellvertreters während seiner Auslandsaufenthalte und bringt allgemein gehaltene Vorschläge zur Errichtung eines funktionierenden Staatsapparates, sowie speziell auch eines zeitgemäßen und auf die Erfordernisse seiner Aufgaben ausgerichteten Gesundheitsministeriums vor. Der Bericht wirft dabei durch die Art seiner Darstellung ein Licht auf die Atmosphäre im sich bildenden neuen Staatswesen und ist beredtes Dokument der Persönlichkeit des Autors.

Die handschriftlichen Berichte I-XV: Die Grundlage zur Abfassung des eingangs beschriebenen und zusammenfassenden Berichtes A des Direktors des Gesundheitsamtes von Sinop scheinen hauptsächlich die hier vorliegenden ausführlichen, handschriftlichen Berichte - u. a. der Leiter der einzelnen regionalen Gesundheitsdienste an die ihnen vorgeordnete Behörde - gewesen zu sein. Die Regionen, aus denen diese Einzelberichte stammen, sind die 4 Gerichtsbezirke (*kaza*) Sinop (also der Zentralbezirk selbst), Boyabad, Gerze und Ayancık, aus denen sich die Provinz Sinop damals zusammensetzte. Einige der vorliegenden Berichte befinden sich noch im Konzeptstadium, tragen kein Datum, keine Unterschrift und auch keinen Adressaten. Es kann also davon ausgegangen werden, dass es sich bei ihnen um Präliminararbeiten handelte, die später noch ausgefeilt werden sollten.

Unklar sind die Umstände, wie und aus welchem Grund diese Unterlagen in den Besitz des Schriftstellers Mehmet Şakir Ülkütaşır gelangten. Es steht zu vermuten, dass er sie bei seinen mehrfachen Besuchen der Stadt direkt aus dem

Gesundheitsamt selbst übernahm. Unter diesen Berichten finden sich auch einige fragmentarische Berichte, so dass weiterhin zu mutmaßen ist, dass sie direkt von den Gesundheitsdiensten der entsprechenden Gerichtsbezirke stammen. Mit an Sicherheit grenzender Wahrscheinlichkeit ist zu sagen, dass in den hier vorgestellten Berichten kein Gesamtkorpus vorliegt. Vielmehr ist vom Fehlen einer nicht näher zu bestimmenden Anzahl von anderen Berichten und Fragmenten auszugehen, die ebenfalls Eingang in den abschließenden Bericht gefunden haben. So findet sich unter den in dieser Untersuchung besprochenen Dokumenten kein einziger ausführlicher Bericht über den Zentralbezirk Sinop selbst und über den wichtigsten Gerichtsbezirk Boyabad (entsprechend etwa den Berichten über die Gerichtsbezirke Ayancık und Gerze), über die sich jedoch nähere und nur auf der Grundlage von solchen Vorberichten denkbare Angaben im Abschlussbericht finden.

Nachfolgend finden sich nun in chronologischer Reihenfolge die 15 handgeschriebenen Einzelberichte in Beschreibung:

Bericht I: Verfasst vom Oberarzt des Krankenhauses von Sinop, Aḥmed bin Ṭāhir, und auf den 14. Dezember 1915 datiert, schildert dieser Bericht die damaligen primitiven meteorologischen Messmöglichkeiten im städtischen Krankenhaus im Vergleich zu den erheblich besseren Möglichkeiten in der damals seit dreißig Jahren in Sinop bestehenden russischen meteorologischen Station (Der Bericht umfasst eine Seite und zwei Tabellen),

Berichte II und IV: Diese Berichte behandeln (auf drei bzw. fünf Seiten) die Situation im Gerichtsbezirk Ayancık und weisen dabei in der thematischen Gliederung starke Parallelen zum Abschlussbericht A auf. Bericht II wurde am 18. Dezember 1920 vom lokalen „mobilen" Gesundheitsbeamten zur Bekämpfung der Syphilis (*seyyār frengī ṣıḥḥīye meʾmūrı*) Ḥüseyin (zweiter Name unleserlich) auf drei Seiten verfasst und ist an die Gesundheitsdirektion Sinop gerichtet. Bericht IV ist von einem ehemaligen Regierungsarzt (Name unleserlich) am 3. August 1921 auf fünf Seiten verfasst, trägt keinen Adressaten und zu über der Hälfte identisch mit Bericht II. Von beiden Berichten wurden viele Passagen beinahe wörtlich in den Gesamtbericht A übernommen.

Bericht III: Dieser Bericht besteht aus insgesamt 16 Seiten und fünf statistischen Tabellen und beschreibt detailliert die Situation im Gerichtsbezirk Gerze in den Jahren 1919-1921; er ist undatiert und trägt keinen Hinweis auf einen Adressaten. Als verantwortlich für diesen Bericht zeichnete ein gewisser Dr. Bahāʾeddīn. Auch dieser Bericht ist im Aufbau beinahe identisch mit dem Gesamtbericht A. Auffällig sind, wie bei Bericht II und IV, die vielen wörtlichen Übernahmen aus diesem Bericht bei der Abfassung des Aschlussberichtes A.

Bericht V: umfasst eine zweiseitige Tabelle über Lebensmittelim- und –exporte in der Region im Jahr 1920, die am 9. November 1921 vom Gebühreneinnehmer der Provinz (*rüsūmāt merkez meʾmūrı*) aufgestellt wurde.

Bericht VI: Dieser Bericht hat eine Länge von zwei Seiten und wurde vom *küçük ṣıḥḥīye* me'*mūrı* (im unteren Rang stehender Gesundheitsbeamter) verfasst und laut Datierung am 31. Januar 1923 abgeschlossen. Er trägt keinen Adressaten und stellt einen Gesundheits- und Sozialbericht für das Jahr 1922, den Gerichtsbezirk Zentralsinop betreffend, dar. Das Auftreten und die Behandlung der Malaria, der Syphilis, der Tuberkulose und anderer Infektionskrankheiten werden behandelt.

Bericht VII: Bei diesem Bericht handelt es sich eigentlich um ein Sitzungsprotokoll des Provinzialrates vom 5. Juni 1924, in dem eine Diskussion über die eventuelle Erhebung des Dorfes Helealdı zu einem Kreis (*nahiye*) anstelle des bisherigen Kreises Ayandun[45] diskutiert wurde. Der Bericht vermittelt einen direkten Eindruck von den Verfahrensweisen der Sinoper Bürokratie dieser Jahre und gewährt einen Einblick in die administrativen Verfahrensschritte der Zeit.

Berichte VIII, IX und X: Alle diese Berichte stammen aus dem Jahre 1924. Bericht VIII umfasst drei Seiten und ist vom Regierungsarzt in Boyabad auf den 25. Oktober 1924 datiert. Bericht IX hat eine Länge von einer Seite und wurde am 10. Januar 1924 vom Gesundheitsbeamten der lokalen Krankenstation verfasst. Bericht X schließlich, der eine Länge von zwei Seiten hat, wurde am 13. Januar 1924 vom *küçük ṣıḥḥīye me'mūrı* der Kreise Duragan und Uluköy des Gerichtsbezirks Boyabad geschrieben. Es werden - anscheinend auf Grundlage eines ihnen zugeschickten Fragebogens - die Situationen ihrer Zuständigkeitsgebiete in Bezug auf Malaria, Syphilis und Tuberkulose beschrieben.

Bericht XI: Bei diesem Bericht handelt sich um einen zehn Seiten langen Bericht, gerichtet an das Ministerium für Landwirtschaft, verfasst am 25. Oktober 1925 vom Landwirtschaftsbeamten der Provinz Sinop. Leider fehlen die Seiten 6 und 7, dagegen sind die Seiten 2 und 4 mit identischem Text, aber anderer Schrift, zweimal vorhanden. Es wird die allgemeine Lage der Provinz Sinop nach etwa dem gleichen Gliederungsschema wie in Gesamtbericht A beschrieben, von welchem auch viele Stellen fast wörtlich in diesen Bericht übernommen wurden. Es ist demnach zu vermuten, dass Gesamtbericht A auch an andere Ministerien versandt wurde und dort im Umlauf war. Auf Grundlage dieses Gesundheitsberichtes begannen offenbar auch andere Ressorts mit der Erhebung detaillierter Daten über die einzelnen Provinzen. In diesem Bericht nehmen daher auch landwirtschaftliche Aspekte einen größeren Raum ein. Der Bericht weist zum Abschluss auf insgesamt zwei Seiten intensiv auf die Dringlichkeit der Modernisierung der Bodenbestellung und insbesondere auf den Austausch der bei den Bauern allgemein üblichen Holzpflüge durch Maschinenpflüge hin.

---

[45] Eine Änderung wurde nicht beschlossen.

Bericht XII: Dieser Bericht wurde am 12. September 1927 verfasst; er enthält Eintragungen aus dem Protokollbuch des städtischen Krankenhauses in Sinop (zwei Seiten und drei Inventartabellen), sowie die Bestätigung der Übergabe der Kasse und des Warenlagers durch den bisherigen Sekretär ʿAbīd an seinen Nachfolger M. Şākir. Der Bericht vermittelt einen Eindruck von den internen bürokratischen Vorgängen im Krankenhaus.

Bericht XIII: Bericht XIII ist undatiert und trägt keinen Adressaten. Auch der Verfasser wird nicht genannt. Er ist ein ausführliches, allerdings unvollendetes Berichtskonzept über die Provinz Sinop mit Schwerpunkt auf Landwirtschaft. Seite 1 fehlt. Es könnte sich um die Vorbereitung eines Nachfolgeberichts zu Bericht XI handeln. Ausgehend von seinem Inhalt kann vermutet werden, dass er im Jahre 1927 verfasst wurde.

Bericht XIV: Auch dieser Bericht ist ohne Datum, Verfasser und Adressaten; es handelt sich um ein Berichtskonzept mit Schwerpunkt auf Handel, Gewerbe, Verkehrverbindungen und Jagdwesen in der Provinz Sinop. Auch er wurde wahrscheinlich im Laufe des Jahres 1927 verfasst. Der Bericht umfasst sieben Seiten. Eine Seite ist doppelt vorhanden. Der Bericht enthält eine Tabelle.

Bericht XV: Dieser Bericht ist das Konzept eines Fragebogens, höchstwahrscheinlich erstellt vom Landwirtschaftsministerium, der an die Provinzen zur Ermittlung der Lage der Bauernhöfe, der landwirtschaftlichen Märkte, usw. verschickt wurde.[46]

2.3. Die Provinz Sinop in den Jahren um 1922 nach Darstellung der vorliegenden Berichte

Grundlage der folgenden Paraphrase stellt der in gedruckter Form vorliegende Abschlussbericht A dar. Wichtig erscheinende Informationen aus den ihm zu Grunde liegenden Berichten, sowie aus denjenigen Berichten, die offenbar keinen Eingang in Bericht A gefunden haben, werden annotiert. Die in den Fußnoten in eckigen Klammern angegebenen Seitenzahlen beziehen sich auf die Seitenzahlen der Originaldokumente, nicht auf die der in dieser Arbeit wiedergegebenen Transliteration.

---

[46] Ausser den o.g. Unterlagen habe ich von meinem aus Sinop stammenden und schon lange in Heidelberg lebenden Bekannten eine ganze Reihe von Schriftstücken, die er mir aus Sinop beschafft hatte, erhalten. So z. B. den oben schon aufgeführten Abschlussbericht F des damaligen Ministers Dr. Riza Nur, eine Liste mit den gegenwärtigen Verwaltungseinheiten der Provinz Sinop, Informationen über die Dr. Riza Nur-Bibliothek, ausführliche Landkarten der einzelnen Gebiete der Provinz Sinop, die alle zur Aufklärung einiger Aspekte der vorliegenden Arbeit gedient haben.

2.3.1. Geographische Lage und Topographie

Die Berichte verorten die Provinz Sinop zwischen dem 31. und 33. Längen- und dem 41. und 42. Breitengrad und geben ihre Fläche mit ca. 8620 km^2 an.[47] Als Grenzen der Region werden im Norden das Schwarze Meer, im Osten die Regierungsbezirke (*sancak*) Canik und Amasya, im Süden und Westen die Provinz Kastamonu genannt.

In geologischer Hinsicht weist die Region eine ausgedehnte Kreide- und Juraformation der Sekundär-Periode auf. Stellenweise sind ausgedehnte vulkanische Merkmale sichtbar; so finden sich insbesondere auf der Halbinsel Sinop Lavaanhäufungen, die auf das Vorhandensein eines in Vorzeit aktiv gewesenen Vulkans hindeuten.[48]

Abgesehen von der Region des Gök Irmak-Tales ist die Provinz Sinop geprägt durch bergig-felsige Landschaften, in denen die Gewässer schnell abfließen und sich kaum ansammeln können. Daher stößt man nur selten auf sumpfige Gebiete, die lokal stark begrenzt sind. In den genannten höher gelegenen „Alm"-Regionen (*yayla*) herrscht ein gesundes, trockenes Klima, das sich sehr gut für die Tierhaltung eignet. Hier verbringen laut Angaben der Berichte viele Bewohner der feuchten Küstengebiete und der Ebenen die Sommermonate.[49]

Von der Küste ab steigt das Land nach etwa 3km recht steil an und bildet den Gebirgszug Isfendiyar oder Küre, der sich in West-Ost-Richtung parallel zur Schwarzmeerküste erstreckt und an einigen Stellen Höhen bis zu ca. 1800m erreicht. Dieser Rücken hat seinen Ursprung in der Tertiärperiode und entstand im Zuge der Verwerfungen des Alpen-Himalaya-Gürtels.[50] Er fällt südlich gegen die Tiefebene von Boyabad, südöstlich zur Ebene des Flusses Kızıl Irmak und südwestlich zur Ebene des Bezirks Devrekani in der Provinz Kastamonu hin ab.[51] Dieser Gebirgszug war stets ein Hindernis für den Verkehr und für die Kontakte zwischen den Küstengebieten und dem Landesinneren.

Die Provinz besteht zu ca. 20% aus flachem Land, 40% sind Hügellandschaft, 40% ihrer Fläche nehmen Berge ein. Die sich von der Küste aus nach und nach erhebenden, ehemals sehr waldreichen Berge sind durch die wilde Abholzung stellenweise entblößt; die daher brach liegende Bodenoberfläche ist sich ständig ändernden Witterungsbedingungen ausgesetzt, was zu einer fortwährenden Erosion des Bodens führt; auch die Küsten werden durch die heftigen Wellen des

[47] Diese Zahlenangaben sind im Gesamtbericht A sowie im Bericht XI jeweils im ersten Absatz, enthalten. Nach den mir von den verschiedenen Ämtern in Sinop überlassenen Unterlagen liegt die heutige Provinz Sinop zwischen dem 41,2. und dem 43,5. Breiten- und dem 34,5. - 35,5. Längengrad und besitzt eine Gesamtfläche von ca 5800 km^2. Die Gesamtlänge der Provinzgrenzen beträgt ca. 475 km, wobei die entsprechende Schwarzmeerküste eine Länge von 175 km aufweist. (Sinop, *Il Turizm Envanteri 1995*, Sinop 1995, S. 7).
[48] Bericht A, S. [13].
[49] Bericht A, S. [7].
[50] Jahrbuch *SINOP 93*; Ankara 1993,S. 50.
[51] Bericht A., S. [7].

Schwarzen Meeres beständig abgetragen.[52] Eine gründliche Untersuchung der Bodenbeschaffenheit konnte bis zum Zeitpunkt der Abfassung der Berichte nicht durchgeführt werden.

2.3.2. Klima[53]

Das Klima in der Provinz Sinop ist im Allgemeinen gemäßigt.
Der **Winter** beginnt Anfang oder Mitte Dezember (im Gebiet Gerze sogar erst Ende Dezember) und dauert bis Ende März, manchmal Anfang April an. Der Himmel ist während dieser Jahreszeit stark bewölkt; diese Wolken ergießen sich an den Küsten als Regen, im Landesinneren als Schnee. Ältere Einwohner berichten, dass in früheren Jahren auch an den Küstengebieten starke Schneefälle vorkamen. Die Beobachtungen der letzten 12 Jahre zeigen aber, dass an den Küstengebieten der nur noch selten niedergehende Schnee kaum Höhen bis zu 15cm erreicht und auch diese innerhalb von wenigen Stunden wieder abschmelzen.

Der **Frühling** umfasst den Zeitraum von Mitte April bis Mitte Juni. Abgesehen von Boyabad ist er insbesondere in den Küstengebieten die unangenehmste und für die Gesundheit schädlichste Jahreszeit. Durch die starke Nebelbildung in dieser Periode des Jahres leidet die gesamte Region unter starker Feuchtigkeit. Das Auftreten von Lungenkrankheiten nimmt in dieser Zeit zu, die Situation von bereits erkrankten Personen verschlechtert sich.

Der **Sommer** reicht in der Region von Mitte Juni bis Ende August. In Boyabad, das tiefer liegt als die übrigen Gebiete, wird die Hitze als unerträglich beschrieben. In den Küstengebieten dagegen wird diese Erwärmung aufgrund der ständigen Luftströmungen gebrochen und dadurch gemildert. In diesen Gebieten und in den Gebieten mittlerer Höhen wird die Ernte in dieser Jahreszeit eingebracht.

Der **Herbst** zieht sich von Anfang September bis November, manchmal auch bis Ende Dezember hin. In den Küstengebieten ist er die längste und angenehmste Jahreszeit. In den bergigen Regionen wird die Ernte erst in dieser Jahreszeit eingebracht. In regenreichen Jahren allerdings müssen die Bauern, die die Drescharbeiten usw. bis dahin nicht rechtzeitig beenden können, das Getreide bis zum Frühling des nächsten Jahres zu Garben gebündelt am Ernteplatz selbst möglichst geschützt aufbewahren.

Der Februar ist der kälteste Monat in der Region.
Pro Jahr werden ca. 46-50 Regentage verzeichnet; starke Regenfälle im Herbst und insbesondere im Frühjahr führen in Verbindung mit der Schneeschmelze in

---

[52] Bericht A., S. [7]
[53] Bericht A, S. [23-24].

den Bergen zu Überschwemmungen der Flüsse und Bäche, die große Schäden in der Landwirtschaft verursachen.

In Bericht XI werden zusätzlich die folgenden Temperaturmesszahlen angegeben:

	Durchschnittstemperaturen	Summe der gemessenen Temperaturen
Frühling	Max. 11° C Min. 0° C	950° C
Sommer	Max. 27° C Min. 16° C	2000° C
Herbst	Max. 27° C Min. 15,5° C	1950° C
Winter	Max. 13° C Min. 10°C	1300° C
	Summe:	6200° C

2.3.3. Vorherrschende Winde und Humidität[54]

Das ausgedehnte Küstengebiet der Provinz ist stets den starken Winden des Schwarzen Meeres ausgesetzt. Die Wirkung auf die einzelnen Regionen hängt von der jeweiligen Windrichtung ab. So haben z. B. die Nordwinde *Karayel* und *Yıldız* auf den in nördlicher Richtung geschützten Hafen Sinop keine, auf die nach Norden offene Küste von Ayancık dagegen eine erhebliche Wirkung. Der Ostwind *Gündoğuşu* und der Südwind *Lodos* dagegen beeinflussen den Hafen von Sinop deutlich und können negative Wirkung auf die dort ankernden Schiffe haben; sie erreichen Geschwindigkeiten von 20-25 m/s.

Diese heftig wehenden Winde haben einen erheblichen Einfluss auf die Luftfeuchtigkeit und sind die Ursache trockener Kälteeinbrüche während der Wintermonate. Insbesondere im Landesinneren kann die Temperatur unter solchen Bedingungen auf Temperaturen abfallen, die zu Fällen von Erfrierungstod unter der Bevölkerung führen. Während die Luftfeuchtigkeit im Winter eher niedrig ist, ist das Frühjahr in Sinop durch eine starke Erhöhung dieses Wertes gekennzeichnet; im Sommer erreicht sie vormittags bis ca. 9 Uhr hohe Werte, danach nimmt sie ab, bis im Laufe des Tages ein als trocken zu bezeichnendes Klima erreicht wird. Im Herbst werden die Vormittage als etwas, die Nachmittage dagegen als sehr feuchte Tagesperioden beschrieben; wenn in dieser Jahreszeit dann gegen Abend die Winde *Karayel* und *Yıldız* einsetzen, bringen sie trockene Luft mit sich. Diese Umstände sind hauptsächlich in den Küstengebieten anzutreffen. In Boyabad ist die Feuchtigkeit dagegen im Allgemeinen erheblich geringer. Wie schon erwähnt, ist die kalte Feuchte des Frühjahrs und der Herbstmonate Auslöser von Rheuma- und Lungenkrankheiten.

---

[54] Bericht A, S. [24-25].

2.3.4. Meteorologische Messungen und die Wetterwarte

Der Oberarzt des städtischen Krankenhauses Sinop berichtet seinem Inspektor (*müfettiş*) am l. Teşrīn-i evvel 1331 (13. Dezember 1915),[55] dass in Sinop seit 30 Jahren ein Ableger der Wetterwarte Petersburg, in der unter Aufsicht des Apothekers Altınoğlu Vasil[56] die Wetterbedingungen mittels einiger gut funktionierender Messgeräte dreimal täglich ermittelt und diese 24-stündigen Wetterveränderungen täglich telegraphisch, sowie monatlich in einer entsprechend zusammengefassten Tabelle an die Filiale Istanbul weitergeleitet werden, existiere. Aufgrund der Kriegswirren seien die telegraphischen Mitteilungen jedoch unterbrochen worden. Seitdem würden nur noch die monatlichen Berichte verschickt. In Anbetracht der Tatsache, dass diese Wetterwarte eine „feindliche Einrichtung" sei und angesichts des natürlichen Standortes Sinop sei die Errichtung einer ordentlichen Wetterwarte in „unserem Krankenhaus" notwendig. Gegenwärtig seien hier allerdings nur ein gewöhnliches Thermometer und ein defektes Barometer vorhanden. Die in der Zwischenzeit in Frankreich bestellten Geräte konnten wegen des Krieges[57] nicht mehr eingeführt werden. Es gäbe zwar die Möglichkeit, aus Istanbul einfache metallene Barometer anzufordern, jedoch wäre es angebracht, sich bis zum Ende des Krieges mit den jetzigen Möglichkeiten zu begnügen, dann aber aus Europa ein Quecksilber-Barometer sowie Min.-max.-Thermometer und Feuchtigkeitsmessgeräte bester Qualität zu bestellen.

Im zusammenfassenden Bericht A von 1922[58] werden folgende diesbezügliche Punkte präzisiert: Die Petersburger Wetterwarte unterhielt bis zum 1. Weltkrieg in Sinop eine Zweigstelle. Deren Einkünfte betrugen 2 russische Pfunde pro Monat. Verschiedene gut funktionierende Quecksilber-Barometer, Min.-max.-Thermometer, Wasser-, Feuchtigkeits- und Luftraummessgeräte waren vorhanden. Die täglich dreimal erhaltenen Messdaten wurden mittels chiffrierter Telegramme an die russische Botschaft in Istanbul weitergeleitet. Diese Organisation wurde aber nach dem Weltkrieg aufgelöst. Ab dem zweiten Kriegsjahr wurden die täglichen Messungen in einer von den Deutschen errichteten Wetterwarte weitergeführt, die ebenfalls nach dem Waffenstillstand stillgelegt wurde. Mangels ordentlicher Messgeräte ist es gegenwärtig *[1922!]* nicht möglich, auf

---

[55] Bericht I.

[56] Dr. Riza Nur schreibt in seinen Erinnerungen (op.cit., S. 792-793, 881-882), dass der Apotheker Altınoğlu Vasil ein sehr ehrlicher, gebildeter, von der ganzen Bevölkerung beliebter Mensch und ein alter Familienfreund gewesen sei. Nach dem Überfall (am 15.5.1919) und dem Vormarsch der griechischen Armee in Anatolien wollten die einheimischen Griechen wieder ein Pontus-Reich in Nordanatolien errichten. Der Apotheker Vasil soll der Anführer dieser Initiative im Raum Sinop gewesen sein und wurde schließlich von einem Unbekannten in seiner Apotheke erstochen. Der als Arzt hinzugerufene Dr. Riza Nur konnte nur noch seinen Tod feststellen.Vasils Privatapotheke wurde dann vom Apotheker Naci Bey aus Boyabad übernommen.

[57] Hier verwendet der Berichterstatter für den 1. Weltkrieg den damals üblichen Aus druck *seferberlik* (Mobilisierung).

[58] Bericht A, S. [24].

wissenschaftliche Messungen beruhende Angaben über die atmosphärischen Bedingungen in der Region Sinop zu machen. Es werden nur die mittels der im staatlichen Krankenhaus Sinop vorhandenen Geräte erhaltenen Werte weitergeleitet. Die Errichtung einer Wetterwarte auf der Halbinsel Sinop, die eine der in dieser Hinsicht wichtigsten Standorte am Schwarzen Meer darstellt, wäre äußerst wünschenswert.

In späteren Berichten wird zusätzlich aufgeführt, dass in der Provinzhauptstadt Sinop zum Zwecke meteorologischer Beobachtungen ein Thermograph, ein Min.-max.-Thermometer, sowie ein Regenmessgerät vorhanden seien *[1927?]*;[59] weiterhin erwähnt der entsprechende Artikel der *Türk Ansiklopedisi*, dass seit 1931 Wettermessungen in einer auf 32m Meereshöhe gelegenen Station durchgeführt werden,[60] sowie dass in dieser Wetterstation nun regelmäßige Messungen erfolgen.[61]

2.3.5. Fließende Gewässer[62]

Neben mehreren in den Bergregionen der Provinz entspringenden kleineren Bächen und Flüssen mit einer jeweiligen Länge zwischen 25 und 90 km (Çelevid Çayı, Kanlı Çayı, Sarmısak Çayı, Kırkgeçit Çayı, Boyabad Çayı, Karasu Çayı, Ayancık Çayı, Ayrıca Çayı, Kızıloğlan Çayı) stellen der Kızıl Irmak (ehem. *Halys;* Gesamtlänge ca. 950 km) und der Gök Irmak (Gesamtlänge ca. 200 km) die größten und wasserreichsten Flüsse der Provinz Sinop dar. Aufgrund der allgemeinen Beschaffenheit des Untergrunds, der verschlungenen Läufe der Flüsse und ihrer starken Strömungen ist keiner der Ströme schiffbar. Für die entlang dieser Wasserläufe gelegenen Siedlungen aber sind diese Gewässer lebenswichtig.

In den wenigen relativ flachen Gebieten der Region, also in Küstennähe und im Gök Irmak-Tal, können die Wassermassen insbesondere im Sommer nicht abfließen. Sie sammeln sich daher an und bilden Sümpfe. Da diese sumpfigen Ebenen einen idealen Lebensraum für die Anopheles-Mücke darstellen, die durch ihren Stich die Malaria überträgt, sind die Bewohner der umliegenden Dörfer einem steten Infektionsrisiko ausgesetzt. In den im Norden gelegenen Sumpfgebieten von Karagöl, Aksaz und Sarıkum zeugen stellenweise verfallene Häuser, verlassene Friedhöfe und Obstbaumpflanzungen von der Ernsthaftigkeit dieser gesundheitlichen Bedrohung, die von den Sumpfgebieten ausgeht. Die ehemals recht dicht besiedelten Gebiete wurden durch die Ausbreitung der Malaria teilweise vollständig entvölkert, da große Teile der Bevölkerung an den Infektionen starben, die verbleibenden Bewohner abwanderten.

---

[59] Bericht XIII., S. [2]
[60] Stichwort *Sinop* in: *Türk Ansiklopedisi*; Bd. 29, S. 109.
[61] Stichwort *Sinop* in: *Türkiye 1923-1973 Ansiklopedisi*; Bd. 4, S. 1258. (Zur gegenwärtigen Situation siehe S. 90).
[62] Bericht A, S. [8-10]

Einen besonders tragischen Fall dieser Art stellt, laut Bericht, die im Zusammenhang mit den Massenimmigrationen aus Kaukasien ins Osmanische Reich in den Jahren von 1860-1878 durchgeführten Zwangsansiedlungen von ca. 10.000 Tscherkessen und Abchasen in eben diesen Sümpfen dar, die nach der Gründung ihrer Dörfer bald beinahe vollständig von der Malaria ausgerottet wurden. Bericht A vermerkt hierzu: „Ein typisches Beispiel für die Untaten der früheren Herrschaft!“[63] Auch im Berichtszeitraum war selbst die Bevölkerung der entfernter gelegenen Dörfer gezwungen, den Sommer möglichst in den höher liegenden „Alm“-Regionen zu verbringen, um einer Ansteckung zu entgehen. Zwar waren Versuche unternommen, die Sumpfgebiete trocken zu legen, diese Bemühungen erzielten allerdings nicht die gewünschten Erfolge, obgleich es möglich gewesen wäre, mit relativ geringen Mitteln, ansehnliche Flächen neuen Ackerlandes auf diese Weise urbar zu machen.

2.3.6. Seen[64]

Seen im geographischen Sinn, also stille, ständig Wasser enthaltende Gewässer sind in der Provinz Sinop nicht vorhanden. Nur die aus verschiedenen Richtungen zusammen fließenden Bäche und Flüsse bilden an Stellen mit steilem Profil im Falle von Überschwemmungen aus den organischen Sedimenten und der lehmigen Erde, die diese Gewässer aus ihren Quellregionen mit sich führen, ebene Tonerde-Flächen, in denen das Wasser sich wie in Becken sammelt und Schilf-bewachsene Sümpfe entstehen lässt, die das Volk als „Seen“ bezeichnet. Die wichtigsten dieser Seen sind:

Der *Sülük gölü*, der auf der Halbinsel Sinop auf einer Höhe von ca. 100 m über dem Meeresspiegel gelegen ist und eine Fläche von etwa 1/2 Hektar und eine Durchschnittstiefe von 1-2 m aufweist; diese Zahlen variieren mit den saisonalen Niederschlagsmengen. Es wird angenommen, dass dieser See sich im Krater eines vorgeschichtlichen Vulkans gebildet hat.

Der *Karagöl* ist eigentlich ein Sumpf in der Nähe von Akliman, 40-50 m von der Küste entfernt und bedeckt eine Fläche von ca. 800 Hektar. Seine Ufer sind von dichtem Schilf bewachsen. Im Winter zeigt er in der Tat die Eigenschaften eines Sees, im Sommer allerdings trocknet er fast zur Gänze aus und hinterlässt unter starker Geruchsentwicklung einen faulenden Schilfwald.

Der *Aksaz gölü* liegt im Nordosten in der Nähe des *Karagöl*, hat eine durchschnittliche Fläche von 200 Hektar und wird wie sein Nachbar von Schilf umgeben. Auch er ist im Winter sehr wasserhaltig; im Sommer trocknen allerdings die Ränder aus und hinterlassen einen kleinen, stinkenden See.

Der *Sarıkum* befindet sich im Südosten von İnceburun, dehnt sich auf einer Fläche von ca. 400 Hektar aus und ist von Wäldern umgeben. Im Winter steigt das

---

[63] Bericht A, S. [12].
[64] Bericht A, S. [10-12].

Wasser an und schafft sogar eine Verbindung zum Meer. Im Sommer dagegen verwandelt sich der See in Folge der Austrocknung allerdings in einen Sumpf.

2.3.7. Wälder[65]

Trotz des lange andauernden Raubbaues an Holzressourcen weist die bergige Provinz von Sinop immer noch beträchtliche Waldgebiete auf. So wird speziell für den Bezirk Gerze berichtet,[66] dass etwa 30% der Berge mit dichten Wäldern bedeckt seien, 50% beständen aus Waldabschnitten, die von den Bauern ständig für den Hausbedarf abgeholzt würden; die verbleibenden 20% der Fläche dagegen seien vollkommen kahl und stark erodiert. Statistische Angaben zur Erosion und zum Baumbestand sind allerdings nicht vorhanden, auch Feldmessungen wurden bis dahin nicht durchgeführt, so dass keine Angaben zum wirtschaftlichen Potential dieser Wälder gemacht werden können.

Entlang der Flussläufe befinden sich ca. 15 Sägewerke und zwei Bauholzwerkstätten. Der Verkauf ihrer Erzeugnisse insbesondere nach Istanbul, Samsun, Trabzon und bis vor dem Weltkrieg auch nach Russland, Alexandrien und Marseille, bilden einen wichtigen Teil der Einkünfte dieser Region. Die verarbeiteten Baumsorten sind: Buche, Pappel, Edelkastanie, Kiefer, Eiche, Ulme. Aus dem Buchenholz werden Böttcherhölzer, aus den Kiefern und anderen Bäumen Bretter, Balken, Leisten, usw. hergestellt. Die Abholzung allerdings erfolgt in einer unsystematischen Art und Weise und in unregelmäßigen Abständen. Die Wälder sind an einzelne Unternehmer verteilt; die Bauern müssen die Hölzer in den von den Unternehmern gewünschten Dimensionen an die Schiffsanlegestellen transportieren und sie zu einem äußerst niedrigen Preis abliefern. Der Transport dorthin erfolgt in erster Linie auf Vollrad-Ochsenkarren (*kağnı*), aber auch auf Schlitten, auf dem Ayancık-Fluss sogar in Form von Flößen.

2.3.8. Nutzpflanzen[67]

Infolge des milden Klimas gedeihen in der Provinz Sinop alle möglichen Arten von Bäumen und Pflanzen. Allerdings ist die Bevölkerung kaum in der Baumzucht beschäftigt. Die im Zentrum der Provinz vorhandenen Orangen-, Zitronen-, Olivenbäume sind naturgewachsen und vermögen mit ihren Erträgen nur knapp die Hälfte des lokalen Bedarfs zu decken. Eine Intensivierung der Zucht dieser Bäume könnte nicht nur zu einer Verbesserung der Versorgung der lokalen Bevölkerung, also zur Deckung des Eigenbedarfs, führen, sondern auch durch den Weiterverkauf des Ernteüberschusses eine mehr als nur interessante Kapitalquelle darstellen.

---

[65] Bericht A, S. [14-15].
[66] Bericht III, S. [1].
[67] Bericht A., S. [15-16].

Kastanien, Wallnuss-, Apfel-, Birnen-, Pflaumen-, Quitten- und Pfirsichbäume sind zahlreich vorhanden. Deren Früchte werden hauptsächlich nach Istanbul geliefert und verkauft.

Mangels richtiger Pflege dieser Bäume lässt die Qualität ihrer Früchte allerdings zu wünschen übrig: Der Ertrag für die lokale Wirtschaft könnte bei richtiger Handhabung und Schulung der Bauern erheblich gesteigert werden. Einige Unternehmer in den Bezirken Sinop und Ayancık beschäftigen sich intensiver mit der Zucht von Haselnüssen und Walnüssen. In Gerze wachsen daneben auch Maulbeer-, Granatäpfel-, Dattel- und Kornelkirschbäume, deren Erträge allerdings nur für den Eigenbedarf ausreichen. Außerdem wird berichtet, dass Weintrauben, Haselnüsse, Mandeln und Tee sehr unregelmäßig angebaut werden. Etwa 1200 Olivenbäume sind in der Provinz vorhanden, die aber mangels Pflege einen nur sehr geringen Ertrag liefern. Kastanien- und Walnussbäume erbringen dagegen einen relativ guten Ertrag. So werden jährlich 300-400.000 kıyye[68] Kastanien und 200-250.000 kıyye Wallnüsse aus der Region ausgeführt. Allerdings werden diese Bäume kaum geschützt; sie werden oft von den Bauern für die Herstellung von Bauholz gefällt, so dass mit der allmählichen Dezimierung des Bestandes und in dessen Folge mit einer Abnahme der Erträge zu rechnen ist.[69]

In seinem ausführlichen Bericht vom Dezember 1925 an das Landwirtschaftsministerium beschreibt der zuständige Landwirtschaftsbeamte die Lage in der Provinz wie folgt: Die Baumzucht in der Provinz ist sehr primitiv; Baumschulen existieren bisher überhaupt nicht.[70] Nur in Boyabad wurde kürzlich eine Baumschule mit einer Fläche von 2 1/2 dönüm[71] für die Pflanzung von Maulbeerbäumen eingerichtet. Die hier gezüchteten 1500 Setzlinge sollen für die Zucht und die Verbreitung der Seidenraupe an die Bauern unentgeltlich verteilt werden. In Zukunft soll diese Baumschule ihre Aktivitäten auf die Aufzucht von Obstbaumsetzlingen ausweiten.[72]

Gemüseanbau im eigentlichen Sinne wird in der Provinz nicht betrieben. Jeder Bauer pflanzt Gemüse im eigenen Garten für den Eigenbedarf. Die auf diese Weise kultivierten Gemüsesorten sind hauptsächlich Kohl, Kürbisse, Auberginen, Tomaten, Schnittbohnen, Möhren, Fettkraut, Paprikaschoten, Okraschoten, Gurken, Spinat und Lauch. Eventuelle Ernteüberschüsse werden nach Deckung des Eigenbedarfs auf den lokalen Märkten verkauft.

Die ehemals ausgedehnten Weinberge der Provinz, aus deren Trauben Weine hoher Qualität hergestellt und sogar an den Sultanshof verkauft wurden, sind

---

[68] 1 kıyye = 1 okka = 1283g.
[69] Bericht XIII, S. [2].
[70] Bericht XIII, S. [2].
[71] ca. 2500m^2.
[72] Bericht XIII, S. [2].

durch die Reblaus fast vollkommen vernichtet worden. Die Rebanbauflächen wurden über die Jahre in anderweitig genutztes Ackerland umgewandelt .

In geringem Maße trägt auch die Imkerei zur Landwirtschaft der Provinz bei. Aus einigen Obstsorten, insbesondere aus Weintrauben, wird ein dick eingekochter Most (*pekmez*) hergestellt, eventuelle Überschüsse werden nach Dekkung des Eigenbedarfes weiterverkauft.

2.3.9. Landwirtschaft[73]

Die Bestellung der Felder erfolgt auf primitive Weise ausschließlich mit dem Holzpflug. Aufgrund ihrer konservativen Grundhaltung ist es nicht möglich, die Bauern von dieser tradierten Arbeitsweise abzubringen. Einige Versuche, die Landwirte in der Verwendung von Maschinenpflügen zu unterweisen und deren Einsatz zu fördern, sind fehlgeschlagen. Obwohl der Boden der Provinz sehr fruchtbar ist, übersteigt der Ertrag mangels Weitsicht der Bauern und Festhalten an traditionellen Weisen der Bestellung das Verhältnis von 1 : 5-8 nicht, wo doch Versuche, die im Jahr 1333 *[1921]* im Garten des städtischen Krankenhauses mit einem Maschinenpflug durchgeführt wurden, gezeigt hatten, dass es möglich ist, durch den Einsatz moderner Landmaschinen einen Ertrag von 1 : 20 zu erreichen.

Ein Großteil der Ackerfläche wird durch die Abholzung von Wäldern gewonnen.

Die in der Provinz angebauten Kornfrüchte sind vornehmlich: Weizen, Gerste, Mais, Reis, Hafer; an Hülsenfrüchten werden kultiviert: Saubohnen, Schnittbohnen, Linsen, Kichererbsen; als Wurzelfrüchte werden Kartoffel, Rüben, Zwiebel und Knoblauch angepflanzt; im Bereich der Faserpflanzen gehören Hanf, Flachs und Baumwolle zu den Erzeugnissen der Region; an aromatischen Pflanzen finden sich Anbauflächen mit Tabak. Reis wird ausschließlich im Bezirk Boyabad in den für diese Anbaumethode günstigen Ufergebieten des Gök Irmak-Flusses angebaut. Die Qualität des hier gewonnenen Reises übersteigt die anderer Anbaugebiete. Jährlich werden ein paar hundert Tonnen Weizen, Gerste und Tabak verkauft.

Einen bedeutenden Beitrag zur lokalen Wirtschaft leistet der Tabakanbau in den Gegenden von Sinop, Gerze und Ayancık. Er bildet die größte Einnahmequelle der Region. Für diese mühevolle Feldarbeit setzen die Bauern so genannte *ortakçı*, d.h. Teilhaber, als Feldarbeiter ein, die meist zur Volksgruppe der Lazen gehören. Nach Einbringen der Ernte zieht der Bauer seine Unkosten vom Erlös ab, und der Feldarbeiter erhält die Hälfte des Reinertrages. Es gibt allerdings keinen Feldarbeiter, der durch diese Tätigkeit zu Geld gekommen wäre; der genannte Betrag reicht knapp für die Verpflegung einer Familie aus. Er bleibt stets

---

[73] Bericht A., S. [16-18].

dem Bauern verschuldet; diese Schulden werden sogar vom Vater auf den Sohn vererbt. Der Einkauf der Ernte lag natürlich in der Hand der Tabak-Monopolverwaltung (*Reji*).[74]

Der bebaubare Boden ist in kleine Parzellen aufgeteilt. Höchstens zehn Bauern in der Region besitzen eine Bodenfläche, die ausreicht um einen Ertrag zu erwirtschaften, der das tatsächliche Überleben einer Familie sichern könnte. Aus diesem Grunde ist die Nachfrage nach Tagelöhnern sehr gering; die Bauern kümmern sich auf ihren kleinen Feldflächen meist selbst um ihre landwirtschaftlichen Belange.

Das Verfahren des abwechselnden Anbaus verschiedener Feldfrüchte auf demselben Feld zur Bodenschonung wird nur unsystematisch und unregelmäßig angewandt. Üblicherweise werden im ersten Jahr Weizen und Gerste oder Hafer, im zweiten Jahr Mais und im dritten Jahr Getreide angebaut. In der Region Boyabad wird im ersten Jahr Reis und im zweiten Jahr Getreide oder Gerste angebaut. Da es sich meist um einen mit Holzpflügen nur mühsam zu bearbeitenden, schweren Boden handelt, lässt man ihn nach der Ernte zur Regeneration nicht brachliegen, weil er sich durch eine längere Trockenzeit noch mehr verhärten würde; man pflügt und sät vielmehr sofort für die nächste Ernte. Dieses Verfahren führt zu einer Auszehrung des Bodens und damit zu einem steten Rückgang des Ernteertrages und einer Verunreinigung der ohnehin kargen Ernte durch Fremdkörper. Auf diese Entwicklung ist es auch zurückzuführen, dass von Jahr zu Jahr mehr Saatgut von außerhalb der Provinz eingekauft werden muss, da die Qualität der eigenen Saaten beständig abnimmt. Die Reinigung der Getreideernte von Fremdkörpern verschlingt jährlich größere Ressourcen. Zum Zeitpunkt der Abfassung der Berichte mussten ca. 50 entsprechende Siebmaschinen beschafft und in Betrieb genommen werden.

Die Verwendung von Kunstdünger und von Pflanzenschutzmitteln ist bei den Bauern der Region unbekannt. Die Landwirte müssten, dies ist einhellige Meinung der entsprechenden Berichte, im Umgang mit den entsprechenden Präparaten schnellst möglich geschult werden. Die Bauern verwenden eingesammel-

---

[74] Im Jahr 1884 hatten französische, deutsche und österreichische Banken in Istanbul die Tabak-Monopolverwaltung gegründet, die bis zu ihrer Verstaatlichung im Jahr 1925 die Konzession für den gesamten Tabakhandel in der Hand hatte und den Tabak von den produzierenden Bauern möglichst billig einkaufte, um ihn dann möglichst gewinnbringend zu verkaufen oder zu exportieren. So mussten auch die Tabakerzeuger der Provinz Sinop ihren Tabak dieser *Reji* abliefern. Oktay GÖKDEMIR schildert in seinem Aufsatz "*Osmanlı Tütün Tarımında Reji Kolculuğu ve Sivil Direniş*" (Das Wächterwesen in der osmanischen Tabakwirtsachaft und der zivile Widertstand), in: *Tarih ve Toplum* 32, 1999: „Da dieser billige Einkauf die Tabakbauern zu einem verbreiteten Schmuggel zur Erzielung höherer Preise veranlasste, hatte die Monopolverwaltung zur Unterdrückung dieses Schmuggels eine Privatarmee von ca. 5000 aus Tscherkessen, Albanern, Bosniern, Pomaken bestehenden Armee patroullierender Wächter (*kolcu*) aufgestellt, die im Laufe der Jahre durch ihr grausames Vorgehen zigtausend Bauern umgebracht haben sollen.“

ten Dung. Dies geschieht allerdings auch nur fast ausschließlich im Tabak- und zu einem geringeren Teil im Mais- und Gemüseanbau. Im Jahre 1926 *[?]* wurde in Gerze erstmalig eine Menge von ca. 100 kg Kaliumsulfat-Dünger im Tabakanbau versuchsweise eingesetzt. Notwendigste Maßnahme zur Verbesserung des Gesamtlage wäre nach Meinung des Landwirtschaftsbeamten von Sinop, der in seinem Bericht ausführliche Verbesserungsvorschläge für alle Bereiche der Landwirtschaft macht, der Ersatz der Holzpflüge durch Maschinenpflüge und Traktoren. Damit einhergehend müsste auch eine entsprechende Reparaturwerkstätte in der Provinz eingerichtet werden. Allerdings gibt er zu bedenken, dass aufgrund der klein dimensionierten Felder eine Mechanisierung der Feldarbeit recht langsam vonstatten gehen würde.[75]

In der Provinz konnten nur ca. 20% des landwirtschaftlich nutzbaren Bodens bewässert werden, und zwar in erster Linie im Gök Irmak-Tal der Region Boyabad. Im Zentralbezirk Sinop, in Gerze und Ayancık wurden nur die in den Bachtälern gelegenen Maisfelder bewässert. Die Ernte aller anderen Felder hing demnach gänzlich vom Regen ab.[76]

Ein weiteres Problem stellte das Nichtvorhandensein von ausgewiesenen Weide- und Grasflächen in dieser bergigen und waldreichen Provinz dar. Die Bauern ließen ihre Tiere meist wild weiden, so dass die Tiere oftmals die Felder der Nachbarn beschädigten, was zu großen Spannungen unter der Landbevölkerung führte. Die Einführung einer regulären und kontrollierten Weidewirtschaft gehört nach Ansicht des berichtenden Landwirtschaftsbeamten zu einer der dringendsten Aufgaben für die nahe und mittlere Zukunft.[77]

Ein wichtiger Schritt zur Verbesserung der Lage der Bauern und ihrer finanziellen Entlastung war die Aufhebung der Zehentsteuer (*aşar vergisi*) im Jahre 1925.[78]

2.3.10. Haustierhaltung und entsprechende Erzeugnisse[79]

Durch die Ansiedlung von Einwanderern aus dem Kaukasus nahm in der Provinz neben der traditionellen Tierhaltung auch die Pferdezucht mehr und mehr an Bedeutung zu; in Anbetracht der Tatsache aber, dass kaum auf eine schonende Nutzung der Tiere geachtet wurde, waren die vorhandenen Tiere schwach im Körperbau. Pferde der Araberrasse sind nicht vorhanden. Die Bevölkerung ist nur an einem schnellen Zuwachs der Tiere interessiert, weshalb Stuten, insbesondere Passgänger, bevorzugt werden.

---

[75] Bericht XI., S. [5], Bericht XIII.,S. [3].
[76] Bericht XIII., S. [3].
[77] Bericht XI.,S. [6].
[78] Bericht XI., S. [8].
[79] Bericht A., S. [18-19].

Was die Hühnerhaltung betrifft, wird festgestellt, dass die in der Vergangenheit gezüchteten und sogar am Hofe Sultan Abdülaziz's ausgezeichneten edlen Arten der *Hacıkadın*-Gattung vom Aussterben bedroht sind, und die Tiere nun meist entarteten Mischlingsrassen angehören.

Der Eierhandel spielt eine bedeutende Rolle in der Provinz. Eier werden in großen Mengen weiterverkauft: Allein aus Gerze werden wöchentlich ca. 100-200 Kisten à 1440 Eier exportiert. Die gleiche Menge verlässt auch Ayancık und den Zentralbezirk Sinop. Allerdings wird auch hier nicht mit der nötigen Sorgfalt vorgegangen. Wie im ganzen Osmanischen Reich werden Hühner und Hähne ständig beisammen gelassen, sodass die an die Märkte gelieferten Eier restlos besamt und hitzeempfindlich sind und nicht lange gelagert werden können. Aus diesem Grund sind die europäischen Eierhändler an türkischen Eiern kaum interessiert. Eine der reichen Persönlichkeiten aus Gerze bemüht sich um die Errichtung eines Kühllagers für die Aufbewahrung von Eiern, was den Eierhandel sehr positiv beeinflussen würde.

Die Hochebenen der Provinz stellen günstige Weidegründe für die Rinderzucht dar. Die Tiere sind allerdings im Körperbau untersetzt und meist schwach. Die Nichtbeachtung der empfohlenen Nutzungsmethoden und insbesondere der Einsatz des Viehs in der Beförderung ständig überladener Vollradkarren und bei der Pflugarbeit führen zur allmählichen Degeneration dieses Tierbestandes. Auch in der Schafs- und Ziegenhaltung führt die mangelhafte Pflege zu einem entsprechend schlechten Zustand der Tierbestände.

Molkereien im eigentlichen Sinne sind in der Provinz nicht vorhanden. Die Bauern verarbeiten die Milch ihrer Kühe in Eigenregie zu Butter und Käse. Überschüsse werden kaum produziert. Die insbesondere in der Gegend von Sarıkum und Kirazdağ bei Boyabad hergestellten Butter- und Käsesorten (*tulum peyniri*, das ist weißer Käse im Ledersack) gelten als besonders schmackhaft.

2.3.11. Fauna[80]

In der Provinz sind Bären, Wölfe, Wildschweine, Füchse, Schakale und Steinmarder in großer Anzahl beheimatet. Wildschweine verursachen einen erheblichen Schaden in der Landwirtschaft, insbesondere im Maisanbau. Deshalb sind die Bauern gezwungen, durch Anzünden von Feuern und durch das Erzeugen großen Lärmes mittels Blechkanistern, ihre Maisfelder bis zum Morgengrauen zu bewachen.

Jagd wird von der Bevölkerung kaum betrieben. Im Winter werden allerdings gemeinhin die lokalen Wildschweinbestände bejagt. Dabei kommen Flinten zum Einsatz. Die Wildschweinjagd stellt üblicherweise ein gemeinsames Unternehmen mehrerer ortsansässiger Bauern dar und wird im Treibjagdverfahren

[80] Bericht A., S. [20-21].

durchgeführt. Gelegentlich werden dabei durch Irrtümer oder Fehlverhalten auch Jäger und Treiber verletzt. 1926 wurden in der Provinz insgesamt 2800 Wildschweine erlegt.

Wachteln dagegen werden mittels Habichten (*atmaca*) gejagt. Auch die Jagd auf Wildschnepfen, Fasanen, Haselhühnern, Wildenten und Hasen wird durchgeführt.

2.3.12. Mineralquellen[81]

Zwei Mineralquellen sind in der Provinz vorhanden. Die Unbedeutendere von ihnen befindet sich im Kreis Karasu im Zentralbezirk. Größere Wichtigkeit dagegen kommt der Quelle *Acısu* („bitteres Wasser") zu, die ungefähr 6 km von Gerze entfernt liegt. Seit vielen Jahren sprudelt das Wasser mit einer Temperatur von 11-15^{0} C aus einem mit gewöhnlichen Ziegeln ummauerten, 1 m im Durchmesser und 1,5 m tiefen Brunnen hervor und ist kohlensäurehaltig. Das Wasser gilt als verdauungsfördernd, tonisch und erleichternd und ist bei der Bevölkerung von Gerze sehr beliebt. Allerdings wird es durch die ungenügenden Abdeckungsbedingungen ständig durch Staub und Laub verunreinigt. Vor dem 1. Weltkrieg war diese hoch gelegene und den Nordwinden ausgesetzte Gegend als Kurort für Konvaleszenten und Stärkungssuchenden aus der Umgebung, die sich auch von der heilenden Wirkung des Wassers Linderung für ihre Gebrechen versprachen, sehr beliebt. Thermalquellen sind in der Provinz nicht vorhanden.

2.3.13. Administrative Einteilung der Provinz Sinop und Bevölkerungszahlen[82]

Bis zur Mitte des 19. Jahrhunderts war die Region Sinop ein Gerichtsbezirk (*kaza*) der Großprovinz *Eyalet-i Anadolu*. Später wurde dieser Bezirk der Provinz *Canik livası* mit Samsun als Provinzhauptstadt zugeschlagen. Im Rahmen der *Tanzimat*-Reformen wurde sie im Jahre 1847 als einer von fünf Regierungsbezirken (*sancak*, spätere Bezeichnung *liva*) Kastamonu angegliedert. Anfang des 20. Jahrhunderts bestand dieser Regierungsbezirk aus den vier Gerichtsbezirken Zentralbezirk Sinop, Boyabad, Gerze und Ayancık, bis er 1920 durch die neue Nationalversammlung (*Büyük Millet Meclisi*) zunächst zu einem selbstständigen Regierungsbezirk (*sancak*) und kurz darauf zu einer Provinz (*vilayet*) erhoben wurde.

---

[81] Bericht A., S. [26].
[82] Bericht A., S. [21-22;27].

Provinz: (*liva*, später: *vilayet*, heute: *il*)	**Sinop** (ehem.: *Sinova* bei den Hethitern, *Sinope* bei den Griechen)
Gerichtsbezirke: (*kaza*, heute: *ilçe*)	**Sinop merkez** **Boyabad** (*bos* ➔ *boa* = gr. Weideplatz) **Gerze** (ehem.: *Karusa*) **Ayancık** (ehem.: *İstefan*)

	Wohnviertel *(mahalle)*	**Kreise** *(nahiye)*	**Anzahl der Dörfer** *(köy)*
Sinop merkez:	Varoş Kefevi Cami-i kebir Mizan kapısı Kale yazısı	Karasu	73
Boyabad:	Yanık mescit Kemaldede Cami-i kebir Kerem mescit Akmescit Gökdere Kale bağçesi Cercioğlu Zincirli kuyu Şeyh mahallesi	Durağan	193
Gerze:	Çay Hamidiye Köşk Varoş	Yeni Cuma	82
Ayancık:	Yeni Mahalle Erken günez	Türkili (ehem.: *Ayandun* = *Ayos Andon*) Osmanlı	127
	Gesamtanzahl der Dörfer:		475

Etwa 100 dieser 475 Dörfer befinden sich in den Tiefebenen, der Rest verteilt sich auf Hügel- und Berghänge. Die Ansiedlungen bestehen meist nicht aus zusammenhängenden Siedlungsflächen, sondern sind weit verstreute Wohngebiete. Sie unterstehen jeweils einem Dorfältesten (*muhtar*). Die Entfernung zwischen den einzelnen Wohngebieten übersteigt manchmal die Entfernung eines Marsches von zwei bis drei Stunden.[83] Es existieren kaum Dörfer, in denen die Moschee, die Schule und die Wohnhäuser nahe beieinander liegen. Diese Siedlungsstruktur hat eine negative Auswirkung auf Bildung, Verwaltung und Kontrolle der Gebiete, da die verstreute Siedlungsweise den Zugriff der lokalen Autoritäten erschwert oder kaum möglich macht.

	Einwohnerzahl 1922
Sinop merkez:	33.372[84]
Boyabad:	62.592[85]
Gerze:	36.481[86]
Ayancık:	42.685[87]
Gesamtbevölkerung:	**175.130**

Die Bevölkerung besteht zu 93,1% aus Muslimen und zu einem Anteil von 6,9% aus Christen. Die Muslime wiederum gliedern sich in folgende ethnische Gruppen auf:

94,0% Türken[88]
3,1% Tscherkessen
2,7% Georgier
0,6% Abchasen
0,6% Kurden

Die überwiegende Mehrheit der Bevölkerung der Provinz bestand also aus muslimischen Türken, die gleichzeitig die längste Siedlungstradition unter all diesen Volksgruppen in diesem Raum aufweisen. Angehörige der anderen Gruppen sind erst später eingewandert. In den, dem Berichtszeitraum vorhergehenden 50 Jahren waren viele Griechen aus Karaman und Kayseri nach Sinop gezogen. Bei den Tscherkessen und Abchasen handelt es sich um Einwanderer aus dem Kaukasus. Die hier lebenden Nomaden werden von den Statistiken als

---

[83] In den Berichten werden die Entfernungen in Stunden angegeben.
[84] Bericht VI, S. [1].
[85] Stichwort *Sinop* in: *Yurt Ansiklopedisi,* Bd. 9, S. 6767.
[86] Bericht III, S. [1].
[87] Bericht II, S. [1].
[88] Hier muss es wohl 93,0% heißen.

Kurden bezeichnet, sind aber eigentlich Turkmenen.[89] Sie sind Zeltbewohner und verbringen die Sommermonate in den küstennahen Tälern. Ihren Lebensunterhalt bestritten sie vornehmlich mit Pferde- und Rinderzucht, sowie mit dem Verkauf dieser Tiere. Auch als Tagelöhner in den umliegenden Bauernhöfen waren sie anzutreffen. Oftmals beklagten sich die Einwohner in den von diesen als Weide- oder Durchzugsregionen genutzten Gebiete über Fälle von Viehdiebstahl durch diese nomadischen Gruppen.

Die einheimische Bevölkerung spricht Türkisch, die Mundart ähnelt stark der Lautung des Istanbuler Dialektes. Die Tscherkessen und Abchasen sprechen ihre eigenen Sprachen und zeigten ein großes Interesse am Erhalt dieser kulturellen und ethnischen Eigenheiten. Die wenigen in der Provinz verstreut lebenden Armenier sprechen ein grobes, mit türkischen Ausdrücken durchsetztes Armenisch. Die in den Dörfern lebenden Griechen sprechen Türkisch, wobei sie sich derselben Mundart bedienten, wie die türkische Bevölkerungsmajorität; die in den Städten lebenden Griechen stellten eine im Sinne eines nationalen Griechentums beeinflusstes Bevölkerungselement dar.[90]

2.3.14. Lage der Städte und Dörfer[91]

Die Provinzstadt (*kasaba*) Sinop liegt auf einer schmalen Halbinsel im Norden der Provinz und ist der Wirkung der Ost- und Westwinde beinahe schutzlos ausgesetzt; die Südküste bildet dagegen einen vor den Nordwinden gut geschützten Hafen. Sie zeichnet sich durch eine weit zurück reichende Besiedlungsgeschichte und ihr mildes Klima aus.

Die berühmten Burganlagen Sinops sind heute verfallen, haben inzwischen auch ihre Bedeutung als architektonische Denkmäler eingebüßt und werden von der Stadtverwaltung nach und nach eingerissen. Die Burg der Stadt war von den Osmanen errichtet worden; ihre Vorgängeranlagen waren von den Seldschuken errichtet und nach mehreren Zerstörungen immer wieder erneut in Stand gesetzt worden. Verschiedenste Inschriftenfragmente weisen auf die Besiedlung dieses Raumes durch die Griechen, die Römer und die Angehörigen des Pontus-Reiches hin.

Aus der Periode der Seldschuken sind in der Stadt eine Moschee, eine theologische Schule (*medrese*), einige inzwischen verfallene Fontainen und mehrere großflächige Grabanlagen vorhanden, die auf die Prosperität dieser Periode der Stadtgeschichte verweisen.

---

[89] Bericht A., S. [27].

[90] Nach dem Unabhängigkeitskrieg sind keine Griechen mehr in Sinop geblieben; 1924 brannte das gesamte griechische Wohnviertel Sinops ab (siehe: *Sinop Ili Cumhuriyet Öncesi ve Sonrası Eğitim* (Das Erziehungswesen vor und nach der Republik in Sinop); Sinop 1988, S. 154.

[91] Bericht A., S. [51-53].

Die Stadt Sinop hatte bis vor wenigen Jahren mehr als 2000 Wohngebäude (*han*); die in den letzten Jahren ausgebrochenen großen Feuersbrünste haben die Stadt allerdings stark in ihrer wohnlichen Infrastruktur geschwächt. In Folge dieser Ereignisse ist die Einwohnerzahl auf heute *[1922]* etwa 1000 gesunken.

Die Provinzstadt Gerze liegt auch auf einer sich in Richtung Meer erstreckenden Halbinsel und besitzt etwa 1000 Wohngebäude. Der Hafen ist gegen die Wirkung der Nord-, Süd- und Westwinde geschützt. Die Wassertiefe im Hafen selbst übersteigt kaum fünf Meter, so dass sogar kleinere Schiffe Schwierigkeiten haben, hier vor Anker zu gehen. Die Stadt besitzt ein mildes Klima.

Die Provinzstadt Ayancık besteht erst seit vierzig Jahren und umfasst ca. 300 Wohngebäude. Die Straßen sind aufgrund dieses geringen Alters in gutem Zustand, die Wohnsubstanz in einem relativ gepflegten Zustand. Ayancık besitzt keinen Hafen.

Die Provinzstadt Boyabad liegt am Fluss Gök Irmak auf einer Ebene. Sie umfasst ca. 2000 Wohngebäude. Da es sich bei Boyabad um eine Stadt mit einer langen Siedlungs- und Entwicklungsgeschichte handelt, sind ihre Straßen eng und oftmals unsauber, die überalterte Wohnsubstanz in schlechtem Zustand.

Die Dörfer der Provinz liegen im Allgemeinen an den Berghängen, an den Hügeln und in den Tälern. Die Anbaufelder in diesen meist unebenen Gebieten liegen weit voneinander entfernt. Da die Bauern gezwungen sind, in unmittelbarer Nähe ihrer Felder zu leben, bauen sie ihre Häuser meist alleine stehend und oftmals weit von jeglicher Nachbarschaft entfernt an Hängen oder Waldrändern, wo die Familien ein zurückgezogenes Leben mit wenig Verbindungen zur Außenwelt führen. So erklärt sich auch die oftmals stark traditionalistisch und wertkonservativ geprägte Lebenshaltung der Landbevölkerung. Mangels befestigter Wege ist der Verkehr zwischen den Dörfern bzw. zwischen den Dörfern und den Städten schwierig, so dass die Bauern ihre Produkte nur in günstigen Jahreszeiten zu den zentralen Marktplätzen transportieren können. Ein Transport in den Monaten Februar und März ist fast unmöglich.

2.3.15. Bauweise der Häuser[92]

Er gibt keinen einheitlichen, regional typischen Baustil in der Provinz. Meist sind die Bauherren nicht bereit oder in der Lage, beim Bau eines Hauses oder eines anderen Gebäudes moderne Pläne ausarbeiten zu lassen. Nicht einmal der Rat eines lokalen Zimmermanns wird eingeholt.

Bei den Stadthäusern handelt es sich meist um dreistöckige Holzgebäude. Obgleich die Stadt mehrfach von Feuersbrünsten heimgesucht wurde und Baumaterial in Form der verfallenden Stadtanlagen billig und leicht erhältlich wäre,

---

[92] Bericht A., S. [50-51].

hält sich die Tradition des Holzhauses hartnäckig unter der Bevölkerung. Gemeinhin wird dabei in der Weise verfahren, dass der eigentliche Bauherr einen groß angelegten Plan (etwa 3-4stöckig mit 5-10 Zimmern) ausarbeitet und nach der Fertigstellung von 2-3 Zimmern die Ausführung der verbleibenden Bautätigkeiten seinen Söhnen überlässt. Die älteren Häuser entbehren jeglicher sanitärer Anlagen, haben niedrige Dächer, enge Fenster, lassen nur wenig Licht ins Innere eindringen und werden von den vorliegenden Berichten als „bedrükkend" geschildert. Die neueren Gebäude sind immerhin geräumiger und wohnlicher.

Noch problematischer erscheint die allgemeine Baulage in den Dörfern. Die noch relativ guten Gebäude besitzen ein Wohnzimmer und zwei Nebenräume. Das Erdgeschoss besteht aus einem Stall; der so genannte Wohnraum besitzt ein Herd, mehrere Schränke und ein jeweils 30cm hohes und breites, quadratisches Fenster. Die Deckenhöhe gibt einem normal gewachsenen Menschen meist nicht die Möglichkeit, aufrecht zu stehen, während er sich im Inneren des Hauses aufhält.

2.3.16. Trinkwasserversorgung[93]

In den Städten Sinop und Gerze entnimmt man das Trinkwasser den lokalen Quellen, in Ayancık wird es aus Brunnen geschöpft, in Boyabad dagegen dekken Bäche, Brunnen und Quellen den Wasserbedarf der Bevölkerung. Im Jahre 1337 *[1921]* hat man mit den Budget-Mitteln der Sonderverwaltung (*idare-i hususiye*) eine Wasserleitung aus einer Entfernung von 1200m zur Krankenstation Ayancık verlegt, die man nun bis in das eigentliche Stadtgebiet von Ayancık verlängern will. Ansonsten sind die Wasserrohre oft in schlechtem Zustand, viele Wasserzuführungen sind nicht bedeckt, so dass das Trinkwasser mit Unrat verschmutzt wird. Früher waren in einigen Gebieten spezielle Kommissionen für die Behebung dieser Missstände eingesetzt, sie haben sich aber in den meisten Fällen an den entsprechenden Spenden und Budget-Geldern persönlich bereichert. Bisher konnte nur das Trinkwasser in Sinop selbst einer zeitlich unregelmäßig stattfindenden chemischen oder bakteriologischen Untersuchung unterzogen werden. Die Untersuchungsberichte sind dem Bericht A beigefügt.

2.3.17. Aborte[94]

In den Städten sind die Aborte im Großen und Ganzen in einem annehmbaren Zustand. Allerdings muss festgestellt werden, dass - mit Ausnahme der beiden kleinen Kanäle in Sinop und Gerze - weder in den Städten noch in den Dörfern Abwasser- oder Kanalisationsanlagen existieren. Die Häuser in den Städten haben nur Sickergruben. In den Dörfern gibt es nicht einmal Sickergruben; hier werden die Gärten, die Höfe, das Erdgeschoss als Aborte zweckentfremdet. Der

[93] Bericht A., S. [54-55].
[94] Bericht A., S. [53-54].

aus diesem Verhalten resultierende Gestank ist dort allgegenwärtig. Ab und zu entleeren die Bauern den Inhalt ihrer Abortgruben auf ihre Felder. Die Behörden versuchen nicht, auf diese Praxen irgendwelchen Einfluss zu nehmen.

2.3.18. Friedhöfe[95]

Die Friedhöfe der Region wurden von der Bevölkerung seit alters her an den best gelegenen Stellen der Provinz angelegt. Es erscheint unmöglich, die Bevölkerung zur Aufgabe dieser Friedhöfe zu bewegen. In letzter Zeit hat man allerdings versucht, in Sinop einige auf das gesamte Stadtgebiet verstreute Friedhöfe an einer geeigneteren, zentralen Stelle zu konzentrieren.

2.3.19. Öffentliche Gebäude[96]

In der Stadt Sinop selbst gibt es folgende öffentliche Gebäude: Ein Krankenhaus, zwei Schulen (*idadi* und *ittihat*), ein Regierungsgebäude, eine Stadtverwaltung, ein allgemeines Gefängnis, den Maschinenraum der Quarantänestation, ein Post- und Telegrafenamt, ein Gebäude der Monopolverwaltung (*reji dairesi*), die Moschee Seyyid Bilal. Mit Ausnahme des Krankenhauses handelt es sich bei diesen Gebäuden ausschließlich um Steinbauten.

In der Stadt Boyabad befinden sich eine Krankenstation und die Landwirtschaftsbank. In Gerze findet sich die Moschee Çarşı. In der Stadt Ayancık wiederum sind eine Krankenstation und ein Regierungsgebäude vorhanden.

2.3.20. Lebensunterhalt der Bevölkerung[97]

Die türkischen Bauern der Region werden als sehr genügsam beschrieben. Ihr Leben erscheint entbehrungsreich und von steter Arbeit dominiert. Ihre Lage hat sich während der dem Berichtszeitraum vorangegangenen Jahre aufgrund des bergigen Profils der Region, der ineffizienten Anbaumethoden und der Abnahme der gewerbetreibenden Bevölkerung allerdings stetig verschlechtert. Während laut Berichten früher eventuelle Gäste von den Gastgeberfamilien mit 15-20 verschiedenen, aufwendigen Gerichten bewirtet wurden, ist dieser Brauch inzwischen aufgrund der wirtschaftlichen Notlage meist im Verschwinden begriffen. Da der Bauer gezwungen ist, den Ertragsüberschuss aus Tierhaltung und Feldarbeit fast zur Gänze auf den Märkten zu veräußern, muss er seine eigene Ernährung auf Maissuppe, selbst gebackenes Gersten- und Maisbrot, Sojabohnen und Weizengrütze beschränken. Abgesehen von den wenigen wohlhabenden Bauern ist Mais das Hauptnahrungsmittel für die Mehrheit der Bevölkerung. Dem Maisanbau kommt deshalb große Bedeutung zu. In den Küstenge-

---

[95] Bericht A., S. [54].
[96] Bericht A., S. [51].
[97] Bericht A., S. [29-30].

bieten zählen zusätzlich in Salzbrühe eingelegte Fische (Sardellen, Bonito, Makrelen) und Oliven zu den wichtigsten Lebensmitteln.

2.3.21. Art und Weise der Beschäftigung[98]

Was den Gewerbesektor angeht, kann die Provinz Sinop als rückständig bezeichnet werden. Verschiedenste Berufe, die in den letzten Jahrzehnten maßgeblich zum Wohlstand der Provinz beigetragen hatten, sind inzwischen beinahe oder gänzlich ausgestorben. So fehlt zum Beispiel von den bis vor einigen Jahrzehnten sehr berühmten Juwelieren der Region, die Perlmutt-Einlegearbeiten auf Nuss- und Ebenhölzern herstellten, heute jede Spur. Auch die in Sinop, Gerze und Boyabad gelegenen Gerbereien sind in schlechtem Zustand: Moderne Verfahrensweisen oder Maschinen kommen nicht zum Einsatz, so dass die hier hergestellten Waren im internationalen Vergleich nicht bestehen können.

Dagegen ist das sich seit etwa zwanzig Jahren nach und nach entwickelnde Fischereiwesen und insbesondere der Industriezweig, der in Salzbrühe eingelegte Fischnahrungsmittel produziert, eine wichtige Einnahmequelle für die Region. Diese gesalzenen Fischsorten werden in großen Mengen nach Istanbul, Konstanza und Varna verkauft. Aus gefangenen Delphinen wird außerdem ein Öl gewonnen, das als Maschinenöl eingesetzt wird und wovon jährlich 50-60 Tonnen weiterverkauft werden.

Früher kam dem Schneiderei-Beruf eine wichtige Rolle in Sinop zu. Heute spielt in Gerze und Boyabad das Kunstgewerbe, das sich meist auf die Herstellung von handgefärbten leichten Kopftüchern (*yemeni*) spezialisiert hat, eine ansehnliche Rolle im Wirtschaftsleben der Region.

Was die Dorfwirtschaft angeht, nimmt der Anbau von Feldfrüchten den ersten Platz ein, daneben sind auch die Bauholzherstellung und der sich von Jahr zu Jahr weiter entwickelnde Tabakanbau von Bedeutung. Es gibt mehrere Familien, die in den letzten Jahren durch den Tabakanbau zu ansehnlichem Wohlstand gelangt sind.

Im seit jeher bei den Türken nicht auf großes Interesse stoßenden Manufaktur-, Juwelier-, Schneiderei- und Schustereigewerbe scheint sich die Lage langsam zu verändern.

Unter den von Frauen ausgeübten Tätigkeiten ist die Herstellung von Bekleidungsstücken für die Familie, das Häkeln, die Spitzenherstellung, das Stricken von Wollwesten und Stümpfen von prominenter Bedeutung.

Die Tatsache, dass für jeden einzelnen Bestandteil der Webstühle autochthon türkische Ausdrücke vorhanden sind, beweist, dass der Webkunst schon früher

---

[98] Bericht A., S. [30-31].

ein wichtiger Platz zukam. In vielen Dörfern wird der Eigenbedarf an Stoffen durch Eigenarbeit gedeckt, so dass, mit Ausnahme von geringen Mengen von bedruckten Stoffen, die importiert werden, die Nachfrage nach europäischen Geweben sehr gering ist.

Beinahe alle Frauen der Provinz sind in der Häkelkunst bewandert. Auch hier weist die linguistische Vielfalt, mit der die verschiedenen Häkelarten bezeichnet werden, auf die lange Tradition dieses Verfahrens unter der türkischen Bevölkerung hin. Eine Sammlung aller Häkelmuster wäre wünschenswert, könnte dieser Korpus doch als Grundlage für eine reguläre Ausbildung in diesem Bereich genutzt werden. Das Gleiche gilt für die Spitzenkunst. Die Berichte vermerken es als sehr bedauerlich, dass diese das Gefühl für Ästhetik dieser Frauen aufzeigenden Künste einerseits keinen Schutz und keine Förderung erfahren; andererseits ist aus Sicht der Berichtsautoren kritisch anzumerken, dass die oftmals qualitativ minderwertigen europäischen Spitzen mehr und mehr Einzug auch im dörflichen Bereich halten.

2.3.22. Industrieberiebe[99]

In der Provinz existieren 5 Bauholzbetriebe, 4 Mehlfabriken, 15 gewöhnliche Sägewerke sowie 40 Getreidemühlen. Die Bauholzbetriebe befinden sich in Sinop, nahe der Schiffsanlegestelle *Çakıroğlu*, in Gerze und in Boyabad; die Mehlfabriken liegen in Sinop und in Boyabad.

Zu erwähnen ist auch die im Dezember 1337 *[1921]* durch ein Darlehen in Höhe von 4.000 TL von Seiten der „Sonderverwaltung" gegründete Druckerei, in der die täglichen öffentlichen Mitteilungen gedruckt werden und in Zukunft auch der Druck einer Wochenzeitschrift vorgesehen ist. Die Druckerei ist in jeder Hinsicht gut ausgestattet, so dass als mittelfristige Perspektive auch der Druck jedweder Art von Zeitschriften und Büchern anvisiert werden könnte. Schließlich ist vorgesehen, mit den von der Stadtverwaltung Sinop genehmigten Finanzmitteln eine Anlage zur Schaffung eines elektrischen Beleuchtungssystems zu errichten.

2.3.23. Bekleidung der Bevölkerung[100]

Bei der türkischen Bevölkerungsmehrheit gibt es keine einheitliche Art der Bekleidung. Prinzipiell muss allerdings einerseits zwischen Stadt- und Dorfbewohnern, sowie zwischen armen und reicheren Schichten unterschieden werden.

Männliche Stadtbewohner höherer Klassenzugehörigkeit tragen eine Art Gehrock (*setre*) und Hosen. Abgesehen von den Geistlichen (*hoca*) werden nur selten Turbane angelegt. In Gerze, aber vor allem auch in Boyabad, tragen die

---

[99] Bericht A., S. [50].
[100] Bericht A., S. [28-29].

Männer oft einen längeren Mantel, Pumphosen, einen weichen Leibgurt und wickeln sich einen Baumwoll- oder Katunturban um den Fes. Die Jugend trägt ausschließlich einen engen Fes, Gehrock und Hosen. Seitlich ist an ihren mit silbernen Schnallen versehenen Gürteln oftmals ein Revolver angebracht. Im Unterschied zu früher kleiden sich die Stadtbewohnerinnen in einer einfacheren Art und Weise; die jüngeren unter ihnen bevorzugen, nach Istanbuler Art, das überwurfartige ärmellose, meist schwarze Straßenkleid (*çarşaf*). Die Wohlhabenderen haben eine besondere Neigung für Gehänge aus Fünflira-Goldmünzen; je nach Vermögenslage können sich ein bis 25, ja sogar bis zu 50 dieser Goldmünzen an einer Kette befinden. Ärmere männliche Stadtbewohner versuchen, in ihren Kleidungsgewohnheiten die reichere Oberschicht zu imitieren; allerdings verwenden sie dabei einheimische Stoffe, einheimische Lederschuhe oder grobe Bauernschuhe anstelle von Haftstiefeln. In diesen Schichten ist die Lammfellmütze an die Stelle des Fes getreten. Jüngere Angehörige dieser Schichten ziehen enge Kniehosen den weiten Pumphosen vor; Frauen tragen meist glatte, lose orientalische Gewänder, darüber einen Überwurf aus einheimischem Gewebe und, je nach Vermögenslage, Halbschuhe oder grobe Bauernschuhe.

Reiche Dorfbewohner haben ihre lokale Tracht meist aufgegeben und kleiden sich aus nicht näher zu ermittelnden Gründen nach Art der eingewanderten Tscherkessen und Abchasen: Hohe Mütze, kurze Jacke, enge Kniehosen, weiche Stiefel oder grobe Bauernschuhe, gewebte Gürtel um die Taille, in denen ein Revolver und ein Dolch stecken. Die Älteren unter ihnen wickeln sich zusätzlich dazu noch einen Turban um den Kopf.

Wohlhabende junge Bauersfrauen versuchen, in ihren Kleidungssitten die weibliche Stadtbevölkerung höherer Einkommensschichten zu imitieren, während ältere Landfrauen eher an lokalen, traditionellen Kleidertraditionen festhalten. Auf dem Kopf tragen sie einen auf der Spitze mit Goldstücken verzierten Fes, an dem ein an den Rändern geschlitztes und gefaltetes buntes, leichtes Kopftuch hängt. Darüber wird ein weiteres, in Form eines Dreiecks gefaltetes Kopftuch gezogen, dessen beide Enden unter dem Kinn zu einem Knoten gebunden werden. Sie tragen orientalische Gewänder mit drei Überwürfen. Um die Taille wickeln sie einen, ebenfalls in Form eines Dreieckes gefalteten, persischen Schal dessen eines Ende bis zu den Fersen herunterhängt. Auf der Straße bedecken sich diese Frauen mit einem *çarşaf* oder einer anderen Art von langem Überwurf. Oft tragen sie eine enge Weste aus rotem Stoff, ein mit Taillenbändern versehenes weites Kleid und eine lange Schürze.

Die armen Bauern tragen eine Haube, einen einfachen, kurzen Gehrock anstelle einer Jacke, enge Kniehosen, Wickelgamaschen und grobe Bauernschuhe. Ihre Frauen tragen ein langes Gewand mit drei Röcken übereinander, weiße Hosen und Hemd. Um die Beine wickeln sie, wie die Männer, Gamaschen und tragen weiße Kopftücher.

2.3.24. Moral[101]

Hinsichtlich öffentlicher Sitten besteht kaum ein Unterschied zwischen der Stadt- und der Landbevölkerung. In den Städten herrscht ein allgemein sittliches Klima. Auch die Balkankriege und der 1. Weltkrieg haben die Struktur der öffentlichen Moral kaum beeinflusst. In den Dörfern dagegen hatten diese politischen Einschnitte eine aus Sicht der berichtenden Beamten negative Hinsichtlich öffentlicher Sitten besteht kaum ein Unterschied zwischen der Stadt- und der Landbevölkerung. Auswirkung.

Das Heiratsalter ist nicht auf ein bestimmtes Alter festgelegt. Vermählungen unter Verwandten sind aus wirtschaftlichen Gründen sehr verbreitet.

Obgleich die Gesundheits- und Polizeiakten keine Prostituierten in der Region vermerken, kommt es – vor allem in den Dörfern – immer wieder zu Fällen von außerehelichem Geschlechtsverkehr oder allgemeiner Unzucht. Die Ursache hierfür sieht der Berichtende aber keineswegs in einem allgemeinen Niedergang moralischer Standards oder einer Leichtlebigkeit der Bevölkerung, sondern begründet diese Phänomene vor allem durch die Armut und Ignoranz der Einwohner. Manch eine unglückliche und allein stehende Frau, so der Bericht, die ihren Lebensunterhalt nicht selbst bestreiten kann, verdingt sich als Dienstmädchen oder Feldarbeiterin, und verliert, geblendet von falschen Heiratsversprechen, ihre Jungfräulichkeit an den Bauern oder einen Nachbarn. Bei Nichteinlösen des Versprechens schrecken die meisten dieser Frauen vor einer Anzeige oder einer öffentlichen Benennung der ihnen widerfahrenen Ungerechtigkeit aus Scham und Demütigung zurück.

Die Bauern in den Dörfern haben kaum Zugang zu sittlicher Erziehung. Einzige Bildungsquelle dieser Menschen und einzige Projektionsschablone für sittliche und moralische Konzepte ist ihr persönliches Umfeld. Die Kriege haben die Bauern schweren wirtschaftlichen Problemen ausgesetzt. Dennoch nimmt die Pflicht zur Gastfreundschaft eine wichtige Stellung im moralischen Wertesystem dieser Bevölkerungsgruppen ein. Aufgrund der kleinparzelligen Flurgliederung in der Provinz stellt Grundbesitz die Grundlage für jedwede bäuerliche Prosperität dar. Aus diesem Grunde ist es kaum verwunderlich, dass sich der Heiratswert einer Frau meist durch die Größe der Gründe bestimmt, die ihr gehören. Es kommt nicht selten vor, dass ein 16-18jähriger Junge eine vermögende 45jährige Frau ehelicht, die aufgrund ihres Alters nicht mehr in der Lage ist, Kinder zu gebären, um sich so eine Lebensgrundlage zu schaffen. Daher kommt es unter der Landbevölkerung oft zu Verstoßungen der Ehefrau.

---

[101] Bericht A., S. [32-33].

2.3.25. Traditionen[102]

Folgende traditionellen Bräuche sind bei der Bevölkerung verbreitet:
Geburtsfeierlichkeiten (*doğurmak merasimi*): Eine Frau, die in Kürze ein Kind erwartet, wird den Verwandten und Nachbarn vorgeführt. Bevor die ersten Wehen einsetzen, wird die Familienhebamme herbeigerufen, die das sich nach ihrer Ansicht mit großer Wahrscheinlichkeit in einer ungünstigen Stellung befindliche Kind in die „normale Lage" bringt. Wenn die Wehen nun einsetzen, zieht die Hebamme mitsamt dem Geburtsstuhl und der nötigen Wäsche in die Wohnung der Schwangeren um. (Nachdem aber die großen Nachteile bei der Geburt auf diesem Stuhl endlich eingesehen wurden, ist diese Sitte nun verboten worden und die Geburten finden seit etwa einem Jahr im Bett liegend statt). Alle Bekannten und Nachbarsfrauen werden nun benachrichtigt und versammeln sich im Geburtsraum. Jede Frau streichelt das Gesicht der Schwangeren und sagt: „Ich bin gekommen, nun komm auch du!" Ein Stück der Wurzel des „Hand der Mutter Maria" (*Meryem ana eli*) genannten Baumes wird in Wasser getaucht und der Kopf der Schwangeren mit einem mit dem Glaubensbekenntnis versehenen Gebetstuch bedeckt. So warten die Frauen, indem sie miteinander plaudern, auf die Geburt. Eine Verspätung der Geburt wird meist durch Aberglauben erklärt, wie z.B. das „böse Auge", das Empfinden der Unlust des Kindes, auf die Welt zu kommen, auf die Anwesenheit einer unglücksbringenden Frau. Bei den Geburtsschwierigkeiten wird die oftmals beobachtete Gebärmutterträgheit in den meisten Fällen durch die Hebamme selbst verursacht: Denn gemäß den tradierten Volkssitten halten diese oftmals äußerst schlecht ausgebildeten Frauen es für erforderlich, zur Einleitung einer leichteren Geburt die Fruchtblase vorzeitig zu entleeren, so dass das Kind sozusagen im Wasser gleitend ohne Hindernisse auf die Welt kommen kann. Bei schwierigen Geburten wird die Schwangere oft zum Erbrechen gebracht oder gar zum Hüpfen veranlasst. Das neugeborene Kind wird sofort gewaschen und in saubere Tücher gehüllt.

Windel-Feierlichkeit (*kundak merasimi*): Das Wickeln des Kindes am Tag nach der Geburt erfolgt ebenfalls im Kontext eines tradierten Rituals. Entsprechend dieser Sitte, die meist zum Vorteil der Hebamme gereicht, werden die Verwandten, die Nachbarinnen und andere Frauen eingeladen; die Hebamme wickelt das neugeborene Kind in Windeln und stellt es den Anwesenden und insbesondere dem Vater vor und bekommt für ihre Tätigkeit Trinkgelder von den Anwesenden. Bei einer Erstgeburt wird natürlich ein Sohn ersehnt und erwartet: Die Wöchnerin wird in diesem Fall in ein prunkvolles Bett gelegt, wobei sie eine Woche lang von vielen Bekannten besucht wird, die zu diesem Anlass mit Gewürznelken und Zimtlimonaden bewirtet werden.

---

[102] Bericht A., S. [35-39].

Zeremonie des Bettens des Kindes in die Wiege (*beşiğe yatırmak merasimi*): Auch diese Zeremonie erfolgt auf feierliche Art und Weise und führt meist zu einem wirtschaftlichen Vorteil der Hebamme: Diese legt das Kind in die Wiege und führt es schaukelnd im Raum umher; dabei wird sie von einer der Anwesenden gefragt: „Hebamme, wo gehst du hin?“ Die Hebamme antwortet: „Zur Kaaba“; darauf die Fragende: “So gehe, ohne Hindernissen zu begegnen, hin; Gott gewähre, dass seine Mutter, sein Vater und sieben seiner Ahnen zur Kaaba hingehen und dort hinein- und herausschreiten können!“ Darauf nimmt die Hebamme ein Ei in die Hand, umrundet damit dreimal die Wiege und gibt es einer der groß gewachsenen Frauen unter den Anwesenden, die es auf eine hoch gelegene Etagere legt. Die Hebamme führt die Wiege vor die Anwesenden, schaukelt sie dreimal hin und her und bekommt weitere Trinkgelder. Die Wöchnerin bleibt 8-10 Tage im Bett und verlässt 40 Tage lang das Haus nicht. Darauf geht man mit dem Kind in das öffentliche Bad (*hamam*), wo es mit Wasser gewaschen wird, dem das o. g. Ei untergemischt wurde. Hier führt die Hebamme einige „Possen“ auf und bekommt wiederum Trinkgelder.

Einschulungssitten (*mektebe başlamak merasimi*): Wenn das Kind 5-6 Jahre alt wird, stellt sich die Frage, in welcher Schule es zum Unterricht eingeschrieben werden soll. Früher wurden die Volksschulen von privaten Lehrerinnen geleitet. In diesen Schulen wurde nur der Koran gelehrt. Diese Schulen existieren allerdings nicht mehr; einige wurden geschlossen, andere haben das Programm des Unterrichtsministeriums übernommen.

Ehemals wurde das Kind an einem Montag oder Donnerstag von einigen Frauen in die ausgewählte Schule gebracht und vor das Pult der Lehrerin gesetzt. Die Lehrerin ließ das Kind die „Hamd“-Sure des Koran rezitieren und sprach ein Gebet. Darauf küsste das Kind zunächst die Hand der Lehrerin und dann die der Anwesenden und setzte sich auf seinen Sitzplatz in der Klasse. Besonders wirkungsvoll auf das Gemüt der Bevölkerung war nach Angabe der Berichte der Brauch, nach dem das Kind der Lehrerin von der Mutter mit den Worten: „Sein Fleisch gehöre Ihnen und seine Knochen uns“ übergeben wurde. Die Kinder bekamen saubere Kleidung; den Jungen wurden Perlen und eine Geldbörse an den Fes, den Mädchen um den Hals gelegt. Diese religiös konnotierten Bräuche sind mehr und mehr im Verschwinden begriffen. Heute bringen die Eltern, manchmal in Begleitung von einer oder zwei Bekannten, das Kind einfach in die vorgesehene Schule und schreiben es dort ein.

Beschneidungszeremonie (*sünnet merasimi*): In der Provinz werden die Jungen mit 7-9 Jahren in den Monaten Mai und Juni beschnitten. Spezielle Beschneider gibt es nicht; die Operation wird allerdings von speziellen Barbieren durchgeführt. Es werden, meist an einem Montag oder Donnerstag, viele Verwandte und Freunde eingeladen. Bis vor einigen Jahren wurde das Kind mit einem langen, losen Gewand gekleidet, mit Schmuckstücken behängt und unter religiösen Gesängen auf einem Pferd in die Badeanstalt gebracht und anschließend in den

Straßen der Ortschaft herumgeführt. Diese Sitte ist aber nun im Abklingen begriffen. Der entsprechend gekleidete Junge wird, nachdem die Gäste eingetroffen sind, in den Raum, in dem die Zeremonie stattfinden soll, geführt. Dort schneidet der Barbier unter Benutzung einer Beißzange die Vorhaut des Jungen ab. Im Augenblick der Abtrennung stimmen die Anwesenden das *Allahu ekber* an. Dem Jungen wird türkischer Honig in den Mund gesteckt. Die Wunde wird mit einem nur dem Barbier bekannten und Kümmel enthaltenden Salz bestreut. Der Junge wird dann in ein prunkvolles Bett gelegt, den Anwesenden werden Limonade, Milch und Erfrischungsgetränke gereicht. Mehrere Anwesende beschenken den Jungen mit verschiedenen Gaben oder mit Geld. Darauf kehren die Männer heim; die Frauen versammeln sich, es werden Musiker herbeigerufen und man feiert die ganze Nacht hindurch. Es ist üblich, den Jungen nicht einschlafen zu lassen, damit er sich im Schlaf nicht bewegt. Außerdem wird ihm 24 Stunden lang jedes Getränk verwehrt.

Heirats- und Hochzeitsbräuche (*izdivaç merasimi*): In der Provinz gibt es kein festgelegtes Heiratsalter. So wie oft 12-14jährige Jungen mit 40jährigen Frauen vermählt werden, kommt es auch vor, dass 70jährige Männer 14-15jährige Mädchen heiraten. Ehen werden traditionsgemäß nur mit jungfräulichen Frauen geschlossen. Im Durchschnitt heiraten die Männer mit 15-25, die Frauen dagegen mit 14-18 Jahren. Verlobungsfeiern sind nicht üblich. Hochzeitsfeiern stellten im Allgemeinen eine große finanzielle Belastung für die Familien dar, dienten sie doch auch Repräsentationszwecken. Heute wird viel bescheidener gefeiert. Vor der Hochzeit gibt es für die Frauen den Brauch des „Henna-Abends" (*kına gecesi*). An einem Mittwochabend versammeln sich verwandte und bekannte Frauen in der Wohnung der zukünftigen Braut, feiern mit Musik und bestreichen die Hände der Braut mit Henna; auch anwesende junge Frauen färben sich damit die Hände ein.

Zeremonie der Brautabholung (*gelin almak merasimi*): An einem Donnerstag versammeln sich die weiblichen Angehörigen des Bräutigams und gehen gemeinsam in die Wohnung der Braut. Mit den dort Anwesenden setzt man sich zusammen; die Verwandten streuen Geldmünzen über den Kopf der Braut, und es werden Geschenke überreicht. Diese Versammlung, die nur aus Frauen besteht, bringt nun die Braut aus dem Haus ihres Vaters in das Haus des Bräutigams. Da in den Dörfern die Braut oft von einem entfernteren Ort hergebracht werden muss, sind in so einem Fall zum Schutz der Gruppe auch Männer an dem Zug beteiligt. Beim Eintritt der Braut in das Haus des Bräutigams wird seitens einer Frau Reis vor die Füße der Braut gestreut und Wasser aus einer Schnabelkanne geschüttet. Die Hochzeitsnacht erfolgt im Allgemeinen an einem Freitagabend. Nach dem Nachtgebet (*yatsı namazı*) bringt man den Bräutigam unter Singen von Gebetshymnen und Anzünden von Feuerwerk vor seine Haustür und lässt ihn unter Hieben auf den Rücken hineintreten. Diesen Freitag nennt man den erhabenen Tag (*samet günü*): Tagsüber wird die Braut besonders schön geschminkt und geschmückt; dabei lassen sich gelegentlich auch ältere Frauen schminken.

In den Dörfern sind die Hochzeitsfeiern etwas einfacher; aber es ist Sitte, anstatt der üblichen Musiker auf jeden Fall Oboenspieler und Jünglinge in Frauenkleidung aufspielen zu lassen. An dem folgenden Freitag werden vor dem Hochzeitshaus Ringkämpfe und Pferderennen aufgeführt und Gewehrpatronen abgefeuert.

Wallfahrts- und Versammlungsorte (*ziyaret ve ictima mahalleri*): In bestimmten Jahreszeiten versammeln sich die Stadt- und Dorfbewohner an tradierten Orten, veranstalten Feste und essen Lammfleisch. Bestimmte Orte dagegen, wie z. B. Seyyid Bilal, Cecesultan, Yenicuma sind Wallfahrtsorte, an denen die Gräber verstorbener frommer Derwische verehrt werden.

2.3.26. Lokaler Aberglaube[103]

Oben wurde schon erwähnt, wie die Geburtshelferinnen vor der Geburt die Fruchtblase der schwangeren Frau durchstechen und dadurch eine Trägheit der Gebärmutter verursachen. Bei der Auswahl dieser Hebammen wird nicht auf die Einhaltung der Sauberkeits- und Hygieneregeln geachtet, vielmehr spielt die angenommene „Wunderkraft" ihrer Gerätschaften eine große Rolle bei der Auswahl der richtigen Hebamme. Verschieden volksreligiöse und magische Sitten sind unter den Hebammen verbreitet: So wickeln sie oft ein gewöhnliches grünes Tuch um den Kopf der Schwangeren, auf dessen Rand einige Koranverse geschrieben sind. Die Wirksamkeit dieser Schriftzüge wird nicht etwa durch lange tradierte Überlieferungsketten verbrieft, sondern durch die individuellen Erfahrungen der Hebammen, die je nach Wirkmacht der von ihnen gewählten Koranverse bewertet werden.

Kinder, die innerhalb desselben Zeitraumes von vierzig Tagen (*kırk gün*) zur Welt kommen, werden ein Jahr lang nicht zusammengebracht, um zu verhindern, dass sie eventuelle Gebrechen (*kırık*) voneinander übernehmen.[104] Diese Sitte hat den Vorteil, dass dadurch verbreitete Ansteckungen bestimmter Krankheiten vermieden werden. Bisher wurde auch bei der nach dem vierzigsten Tag erfolgten Waschung des Kindes im *hamam* „schmutziges Blut" aus dessen Rücken entnommen. Eine schmerzvolle Sitte mit hohen Risiken, von der nach und nach abgesehen wird.

Der Glaube an Wunderärzten und Quacksalber ist immer noch weit verbreitet. So lässt man z. B. eitrige Fisteln, Wundrosen, Darmkoliken, rheumatische Gelenkschmerzen und ähnliche Erkrankungen durch Wunderärzte behandeln, die dazu Beschwörungsformeln einsetzen. Immer wenn bei einer Person Fieber auftritt, das als eigentlicher „Ursprung" aller Krankheiten betrachtet wird, wird sofort ein Schaf geschlachtet, sein Fell abgezogen und das Innere dieses Felles mit Salz und mit verschiedenen Gewürzen bestreut. Die kranke Person wird von

---

[103] Bericht A., S. [40-42].
[104] Wortspiel: türkisch *kırk* = vierzig bzw. *kırık* = Gebrechen.

den Zehen bis zum Hals in dieses Fell gewickelt und so teilweise mehrere Stunden liegen gelassen. Nur im Falle einer Ohnmacht wird die Behandlung abgebrochen. Bei dieser Behandlungsmethode kommt es von Zeit zu Zeit zu Todesfällen. Kopfschmerzen versucht man oft durch einen Stich mit einem Messer, dessen Griff schwarz sein muss, zu kurieren. An Malaria erkrankte Personen werden in ein in mit Knoblauch behandelten Essig getränktes Hemd gehüllt. Gegen das „böse Auge“ (*nazar değmesi*) trägt man blaue Perlen oder Kümmelsamen an der Kleidung. Wird jemand dennoch vom „bösen Blick“ heimgesucht, wird versucht, diesen durch Bleigießen (*kurşun dökmek*) wieder zu kurieren.[105]

Die in der Provinz vorhandenen Walnussbäume sind naturwüchsig. Niemand würde es wagen, neue Walnussbäume zu pflanzen, denn die Pflanzung eines solchen Baumes führt nach dem Volksglauben unweigerlich zum baldigen Tod des Pflanzers. In den Städten und Dörfern werden Tauben, die sich in die Häuser verirrt haben, auf keinen Fall verscheucht, denn das würde Unglück bringen. In einigen Gegenden findet man kleine verlassene Waldstücke, die in früherer Zeit Friedhofsfelder gewesen sein sollen. Die Bevölkerung schreckt davor zurück, hier Bäume zu fällen, denn es wird geglaubt, dass gegen dieses Gebot verstoßende Holzfäller noch in derselben Nacht von Albträumen geplagt werden, die oftmals zum Erstickungstod des Betreffenden führen.

Diese und weitere Gewohnheiten prägen das Alltagsleben der Bevölkerung.

2.3.27. Bildungswesen[106]

Wie überall im Land ist auch die edukative Infrastruktur der Provinz Sinop nur unzureichend entwickelt. Der überwiegende Teil der Bevölkerung kann weder lesen noch schreiben. In den wenigen vorhandenen Schulen sind Lehrer, die entsprechende didaktische Fähigkeiten besitzen, selten. Die vorhandenen Schulen mit ihrem derzeitigen Lehrpersonal sind weit davon entfernt, den Schülern eine Ausbildung erteilen zu können, die ihnen Chancen auf dem allgemeinen Arbeitsmarkt eröffnen würde. Dies gilt insbesondere für die Dorfschulen und ihr Personal. In den Städten sind dagegen relativ gute Schulen und Lehrer vorhanden. Der Unterricht erfolgt entsprechend den vom Unterrichtsministerium vorgeschriebenen Programmen. Die Schulpflicht wird je nach wirtschaftlicher Lage der Familien beachtet. Allerdings bezeichnen die Berichte die wenigen

---

[105] ABDÜLAZİZ BEY schildert in seinem zweibändigen Werk *Osmanlı Âdet, Merasim ve Tabirleri* (Osmanische Sitten, Zeremonien und Ausdrücke), İstanbul 1995, Bd. 2, S. 356 das Bleigießen wie folgt: "Das wird üblicherweise von einer Frau durchgeführt. Sie schmilzt in einer kleinen Bratpfanne ein Stück Blei und gießt die Schmelze in einen mit Wasser gefüllten kleinen Topf, den man auf ein dickes Tuch stellt, welches zwei Personen über den Kopf des oder der durch das böse Auge Getroffenen gespannt wird. Je nach den sich im Wasser gebildet habenden vergabelten Formationen beschreibt sie nun die Gestalt des Bösewichts. Die Prozedur wird drei Mal wiederholt.“

[106] Bericht A., S. [33-34].].

Dorfschulen als primitiv und weisen darauf hin, dass auch deren Personal nur selten an einer ernsthaften Wissensvermittlung interessiert ist.
Die Landbevölkerung legt großen Wert auf eine Alphabetisierung ihrer Kinder. Dabei stehen spätere Möglichkeiten des Verfassens von Briefen an Verwandte und Behörden, sowie das Lesen von Zeitungen im Vordergrund. Die derzeit beschäftigten Dorflehrer aber sind nicht nur nicht im Stande diesem Wunsch nachzukommen, sie wirken ihm auch oft bewusst und gezielt entgegen. Des Weiteren darf nicht vergessen werden, dass die verstreute Siedlungsweise den regelmäßigen Schulbesuch vor allem in den harten Wintermonaten stark beeinträchtigt und erschwert. Aus diesen Gründen wäre es notwendig, zuerst die Infrastruktur der ländlichen Räume zu verbessern, um dann in einem zweiten Schritt ein Netzwerk von Dorfschulen aufzubauen, an denen ausschließlich an pädagogischen Hochschulen ausgebildete Lehrer beschäftigt werden sollten, die ihren Pflichten adäquat nachzukommen in der Lage wären.

2.3.28. Schulen[107]

Im Zentralbezirk Sinop gibt es eine Lehrerausbildungsstätte, eine höhere Lehranstalt (*idadi*),[108] eine Mädchen- und eine Knabenschule sowie 16 Dorfschulen; im Bezirk Boyabad eine Knaben- und eine Mädchenschule sowie 23 Dorfschulen; im Bezirk Ayancık eine Knaben- und eine Mädchenschule sowie 22 Dorfschulen; im Bezirk Gerze zwei Knaben- und eine Mädchenschule sowie 10 Dorfschulen. Alle diese Schulen sind öffentliche Schulen, deren Haushaltsmittel ihnen vom Staat zugeteilt werden. Daneben gibt es im Bezirk Sinop noch eine Knabenschule, die einer religiösen Stiftung zugehörig ist, sowie eine private Mädchenschule. Nur die beiden erstgenannten Anstalten sind Steinbauten und aufgrund ihrer vor relativ kurzer Zeit erst erfolgten Gründung in einem guten baulichen Zustand. Alle anderen Schulen sind Holzbauten.

Die meisten der o. g. Dorfschulen wurden zur Zeit Abdurrahman Paşas, des damaligen Gouverneurs der Provinz Kastamonu, errichtet und bestehen meist aus zwei Unterrichts- und einem Lehrerraum; sie besitzen keine sanitären Einrichtungen und sind außerdem seither weder restauriert noch regelmäßig gepflegt worden, so dass der bauliche Zustand dieser Einrichtungen durchweg als schlecht zu bezeichnen ist.

Die Ausbildung an diesen Schulen ist eigentlich durch die Lehrpläne des Unterrichtsministeriums in ihrem Charakter festgelegt. In den Städten bemüht man sich zwar, diese Programme einzuhalten, doch die Dorfschulen sperren sich oftmals gegen die staatlichen Lehrpläne. Der Bildungsgrad der Dorflehrer ist für die adäquate Umsetzung der vorgeschriebenen Lehrinhalte in den meisten Fällen unzureichend. Ein einzelner Lehrer muss in den meisten Dorfschulen oftmals insgesamt 80-90 Schüler in 6 Klassen in ca. 20 Fächern unterrichten. Pro-

[107] Bericht A., S. [46-49].
[108] Etwa zwischen Mittelschule und höherer Lehranstalt.

blematisch erscheint es auch, dass nur ein geringer Teil der derzeitig im Bildungsbereich beschäftigten Personen eine Lehrerausbildung absolviert hat, sondern nur ein „Eignungszertifikat" besitzt, das allerdings nicht ausreicht, um die an die Lehrer gestellten Anforderungen zu erfüllen. Unter den Lehrerinnen der in der Provinz vorhandenen 5 Mädchenschulen haben nur zwei Personen eine pädagogische Schule absolviert; alle anderen besitzen einzig einen allgemeinen Befähigungsnachweis.

In den letzten Jahren waren an den Dorfschulen im Zentralbezirk Sinop 66 Lehrer beschäftigt. Um ihre pädagogischen Kenntnisse zu verbessern, ließ die Grundschulkommission in Sinop in der Ferienperiode Ausbildungskurse abhalten. Allerdings bestanden nur 48 der 66 teilnehmenden Personen die absichtlich einfach gehaltene Abschlussklausur der Fortbildung. Allen anderen wurde die Lehrerlaubnis entzogen, so dass mehrere Schulen bis zur Einstellung geeigneten und qualifizierten Lehrpersonals geschlossen werden mussten.

In den beiden o. g. nicht-offiziellen Schulen ist das Unterrichtsniveau eher als höher anzusetzen als in ihren staatlichen Pendants.

In den Bezirken Sinop, Boyabad, Ayancık und im Kreis Durağan (Bezirk Boyabad) gibt es je eine religiöse Schule (*medrese*). Dort werden jeweils 4-5 Schüler von je einem Lehrer in religiösen Fächern unterrichtet. Die bis vor einigen Jahren geschlossenen Anstalten wurden aufgrund einer Initiative der Provinzverwaltung wieder eröffnet. Es wird allerdings bedauert, dass die Qualität des Unterrichts den gegenwärtigen Anforderungen in keiner Weise angemessen erscheint. Aus diesem Grunde wurde die Angleichung des Unterrichtsniveaus dieser Schulen an das der theologischen Schulen Istanbuls als Ziel formuliert.[109]

Im Allgemeinen kann gesagt werden, dass die Grundeinstellung und Leistungsbereitschaft der Schüler mit durchschnittlich bis gut zu bewerten ist. Die Bevölkerung hat inzwischen ein Bewusstsein für die Wichtigkeit einer fundierten Schulausbildung entwickelt. Auch die Anzahl derjenigen, die sich bisher gegen einen Schulbesuch von Mädchen und jungen Frauen ausgesprochen haben, sinkt. Sogar in den Dörfern werden heute Knaben und Mädchen in den Klassen koedukativ unterrichtet. Im Zentralbezirk bemüht sich die Verwaltung, die Einhaltung der Schulpflicht streng zu kontrollieren. Diesen Bemühungen ist es zu verdanken, dass 80% der schulpflichtigen Kinder auch tatsächlich eine der verschiedenen Bildungseinrichtungen besuchen. Allerdings wurden viele Väter schulpflichtiger Kinder derzeit zur Armee eingezogen oder haben nur unregelmäßige Anstellungen, was einen regelmäßigen Schulbesuch der Kinder dieser Familien erschwert. Auch muss bedacht werden, dass viele Dorfschüler gezwungen sind, einen Schulweg von bis zu zwei Stunden zu bewältigen, um in die nächste Dorfschule zu gelangen, was vor allem in den Wintermonaten nur

[109] Das Verbot dieser religiösen Ausbildungsanstalten im Rahmen des Laizismus-Prinzips Kemal Atatürks war damals noch nicht ausgesprochen.

schwer zu bewerkstelligen ist. Im Zentralbezirk werden mit Unterstützung des Lehrervereins, sowie mit den vom Provinzetat zur Verfügung gestellten Mitteln, Kinder unentgeltlich mit den nötigen Büchern und Lernmaterialien ausgestattet.

Die Landbevölkerung fordert die Einrichtung von Grundschulen in jedem Dorf, da die meisten der Überzeugung sind, dass nur eine gute Grundbildung ihren Kindern die Türen zu Tätigkeiten öffnet, die deren späteres Auskommen sichern: So müssen sie, um einen Brief ihrer Söhne aus dem Militärdienst zu lesen und zu beantworten, auf der Suche nach einer Person, die des Lesens und Schreibens mächtig ist, von Dorf zu Dorf gehen.[110]

2.3.29. Körperbau der Bevölkerung

In Bericht A wird mitgeteilt, dass der stabile Körperbau, der für die derzeitige Eltern- und Großelterngeneration der Provinz charakteristisch war, bei der gegenwärtigen Generation nur noch selten vorkommt, dass die allgemeine Gesundheitslage der Bevölkerung jedoch als befriedigend einzustufen wäre. Im krassen Gegensatz hierzu zeichnen die Berichte II und IV ein durchweg negatives Bild des allgemeinen Gesundheitszustandes der Bevölkerung: Anstelle früher allgemein anzutreffender Eigenschaften wie Ehrlichkeit, Sittlichkeit und Anständigkeit, hätten List, Intrige, Unbeständigkeit, Unbescheidenheit, Hab-

---

[110] Zusätzlich zu den geschilderten, aus dem o.g. Quellenmaterial entnommenen Mitteilungen enthält der mir bei der Direktion für das nationale Erziehungswesen in Sinop übergebene Bericht weitere ausführliche Angaben über die Situation der Ausbildungsstätten in den Jahren 1920 - 1928. Die Angaben stammen aus den Protokollen des Provinzialamtes (*Sinop livası meclis-i umumisi zabıt cerideleri*) jener Jahre, die sich in dem Privatschhrank der Dr. Riza Nur-Bibliothek in Sinop befinden (die ich allerdings mangels Sondererlaubnis nicht einsehen durfte). So wird u. a. berichtet, dass bei der ersten Sitzung des Bezirksrates nach der Erhebung Sinops zu einem *sancak* am 22.10.1920 uner der Leitung des Gouverneurs (*mutasarrıf*) Zihni Bey, vor dem auch der damalige (sich noch im Amt befindliche!) stellvertretende griechisch-orthodoxe Metropolit Papa Yorgi noch eine Grußbotschaft verlesen durfte, der Beschluss gefasst wurde, trotz der damaligen entbehrungsreichen Zustände einen Großteil des an sich schon sehr kümmerlichen Jahresbudgets für Bildungszwecke vorzusehen. In den letzten 12 Jahren seit der Wiedereinführung der Vefassung (1908) wurden nicht einmal in jedem zehnten Dorf des Bezirks eine Schule errichtet. Ein besonders schwerwiegendes Problem war der Lehrermangel. Als eine der ersten Maßnahmen wurde die 1915 eingerichtete Lehrerausbildungsanstalt in Sinop, die 1918 in den Kriegswirren geschlossen worden war, wieder eröffnet und mangels genügender Mittel und Ausbilder mit der höheren Lehranstalt *idadi* verbunden. 1923 absolvierten 5 junge Schüler diese Ausbildung; zwei mussten sofort zum Militär, so dass nur drei der ausgebildeten Lehrer in den Schulen von Sinop und Boyabad eingesetzt werden konnten. Allerdings musste schon 1924 die Lehrerabteilung wieder geschlossen (die Ausbilder waren überlastet und bekamen äußerst niedrige Gehälter) und die Schüler in andere Provinzen des Landes transferiert werden. Auch in mehreren der o.g. Dorfschulen in den vier Bezirken konnte mangels Lehrpersonal nicht unterrichtet werden. Interessant ist auch die Bemerkung, dass im Gefängnis von Sinop 1923 eine kleine Gewerbeanstalt, sowie eine Schule mit drei Klassen für den Unterricht von 150 Gefangenen eingerichtet wurde. (Siehe: *Sinop İli Cumhuriyet Öncesi ve Sonrası Eğitim* (Die Ausbildung in der vor- und nachrepublikanischen *Periode)*; Sinop 1998, S. 71-111).

sucht, Neid, Egoismus, Ungehorsam und vor allem Eigennutz und Hingabe zu Sittenlosigkeit unter der Bevölkerung Einzug gehalten. Diese Entwicklungen gingen mit einem Erstarken und einer Zunahme der Syphiliserkrankungen in der Region einher, was zu einer generellen Schwächung der Bevölkerung führe. Im Vergleich zu früher, so die Berichte weiter, seien die Menschen nun nur noch mittelgroß, abgemagert und dürr. Auch spiele hier die Sitte der viel zu frühen Heirat eine Rolle, was naturgemäß zu Kindern schwacher Gesundheit führe. Hinzu komme die mangelhafte Pflege der Kinder, die oftmals von ihren Eltern kaum erzogen würden, also halbwild aufwüchsen.[111]

[111] Bericht II, S. [2]; Bericht IV, S. [3].

2.3.30. Hygiene[112]

In den Städten werden die Häuser relativ sauber gehalten. Die Straßen und Märkte der Städte sind allerdings stark verschmutzt. Von Seiten der Autoritäten wird diesem Missstand keine Aufmerksamkeit gezollt. Die Dörfer der Provinz befinden sich in einem ausgesprochen schlechten hygienischen Zustand. Die beengte Lebensweise der Landbevölkerung, durch die Schlaf-, Ess- Wohn- und Arbeitsbereich oftmals in einem einzigen Raum zusammenfallen, führt zu diesen katastrophalen hygienischen Grundbedingungen.

2.3.31. Einstellung der Bevölkerung gegenüber der Medizin[113]

Allgemein gültige Aussagen über die Grundeinstellung der Bevölkerung gegenüber modernen medizinischen Behandlungsmethoden können nicht gemacht werden. Obwohl die Vorteile der medizinischen Pflege offensichtlich sind, haben Wunderärzte und religiöse Heiler noch immer großen Zulauf. Seit einiger Zeit versuchen die Provinzautoritäten diesen Einfluss alternativer Heiler durch die Einrichtung moderner medizinischer Einrichtungen, die systematische Bekämpfung der Syphilis und die unentgeltliche und großzügige Verteilung von Chinin gegen die Malaria zu brechen und zurück zu drängen. Die so erzielten Heilungserfolge führen zu einem merklichen Umdenken der Bevölkerung in Fragen der medizinischen Behandlung von Leiden und Gebrechen.

2.3.32. Krankenhäuser[114]

In der Provinz Sinop existieren seit Jahren drei Krankenhäuser, die in erster Linie zur Bekämpfung der Syphilis errichtet worden sind. Es handelt sich bei ihnen um die Krankenhäuser der Landkreise Sinop, Ayancık und Boyabad. Laut Statuten der in der Zwischenzeit aufgelösten Syphilis-Bekämpfungsbehörde von Kastamonu-Bolu galt das Krankenhaus von Sinop als Krankenhaus erster Kategorie, die beiden anderen dagegen wurden als Krankenhäuser zweiter Klasse eingestuft. Im Juli 1337 *[1921]* wurde nur noch das Krankenhaus von Sinop mit seinen 50 Betten als tatsächliches Krankenhaus beibehalten; die beiden anderen dagegen in Sanitätsstationen (*dispanser*) umgewandelt.

Das Krankenhaus von Sinop wurde 1303 *[1887]* während des Kastamonu-Gouvernorats von Abdurrahman Paşa auf einer Anhöhe im Nordwesten der Stadt in einer stabilen Holzbauweise errichtet. Es wurde bis 1315 *[1899]* vernachlässigt und wurde dann - wie alle Krankenhäuser der Provinz - in finanziellen Angelegenheiten - also der Bezahlung der Gehälter und der allgemeinen Unkosten – der Finanzhoheit der „Allgemeinen Ausgleichsbehörde“ (*muvazene-i umumiye*) unterstellt. Seither ist es ein Zentrum zur Behandlung insbesondere der Syphilis. Es besitzt fünf Männer- und zwei Frauenstationen, einen in Ana-

[112] Bericht A., S. [42].
[113] Bericht A., S. [41-42].
[114] Bericht A., S. [43-45].

tolien selten anzutreffenden hygienisch rein gehaltenen Operationssaal, ein Laboratorium für bakteriologische Untersuchungen, einen Untersuchungsraum für Patienten sowie die nötigen Gerätschaften, die ihm eine adäquate Erfüllung seiner Aufgaben als Krankenhaus ermöglichen.

Die Sanitätsstation Boyabad wurde zwar als Krankenhaus mit 20 Betten für die Behandlung der Syphilis mit den im Sinop-Krankenhaus entbehrlichen Bedarfsgegenständen ausgestattet, ist aber Ende 1327 *[1911]* aufgelöst und Anfang 1329 mit den bereits vorhandenen Einrichtungen wieder eröffnet worden. Zwischen 1326 und 1333 *[1910 - 1917]* war die Krankenstation in einem angemieteten Gebäude untergebracht. Darauf ist sie in ein von der Armee dem Finanzamt übergebenen, aus Backsteinen errichteten Militärspeicher verlegt und nach einem Umbau der Innenräume in eine Krankenanstalt umgewandelt worden, bis sie 1337 *[1921]* schließlich in eine Sanitätsstation überführt wurde. Sie befindet sich auf einer Anhöhe außerhalb von Boyabad und besitzt 5 Krankensäle, ein Bad, eine Küche und ausreichende sanitäre Bedarfseinrichtungen.

Die Sanitätsstation Ayancık: 1329 *[1913]* wurde durch die Vermittlung des Generalinspekteurs Suat Bey und die großzügigen Spenden der Bevölkerung als ein 40-Betten-Krankenhaus zur Behandlung der Syphilis errichtet, das vom Jahr 1330 bis 1337 als Krankenhaus zweiter Klasse im Rahmen der Syphilis-Bekämpfungsorganisation Kastamonu-Bolu geführt und anschließend in eine Sanitätsstation umgewandelt wurde. Diese Krankenstation liegt ca. 500m außerhalb von Ayancık auf einer Anhöhe und besitzt einen Garten. 1922 gelang es mit den von der Spezialverwaltung (*idare-i hususiye*) genehmigten Betrag von 400 TL sowie der Unterstützung und Hilfe der örtlichen Stadtverwaltung eine Wasserleitung mit ausreichender Kapazität von einer ca. 1200m von der Sanitätsstation entfernt gelegenen Quelle bis zur Anstalt zu verlegen.

Die neue Sanitätsstation Gerze wurde 1337 eröffnet, untersteht finanziell ebenfalls der „Allgemeinen Ausgleichsbehörde“ und wird vom örtlichen Regierungsarzt geleitet.

2.3.33. Apotheken[115]

In der Provinz Sinop sind eine amtliche (*resmi*), eine halbamtliche, sowie vier private Apotheken vorhanden. Die amtliche Apotheke befindet sich im Zentralkrankenhaus, ist reich bestückt und in einem sehr befriedigenden Zustand. Arzneimittel werden nicht weiterverkauft, sondern an sich in Behandlung befindende Kranke vergeben. Bedürftige Kranke erhalten sie nötigenfalls unentgeltlich. Im Krankenhaus ist auch ein Gesundheitslager vorhanden. Hier werden die für die Provinz benötigten Behandlungsmittel direkt aus Istanbul bestellt und - bei Bedarf - dem Krankenhaus, den Sanitätsstationen, den Regierungsärzten und den Gesundheitsbeamten in vorgefertigter oder unbehandelter Form überstellt.

---

[115] Bericht A., S. [45-46].

Im Lager befindet sich auch eine Abteilung für die von den Provinzbeamten und Gesundheitseinrichtungen benötigten Bürobedarfsartikel. Die Angelegenheiten des Lagers werden von einer Kommission, bestehend aus dem Oberarzt des Zentralkrankenhauses, dem Apotheker und dem Sekretär, verwaltet und unterstehen direkt der Autorität des Gesundheitsdirektors der Provinz.

Die halbamtliche Apotheke gehört zur Stadtverwaltung von Boyabad. Sie befindet sich in schlechtem Zustand und kann den Bedarf des Landkreises nicht decken. Sie wird von einem pensionierten Militär-Apotheker namens Hacı Muhammet Sait Efendi geleitet. Sein Gehalt beträgt 2000 *Guruş* und wird von der Stadtverwaltung bezahlt.

Die Apotheke „Genesung" in Gerze (*Gerze şifa eczahanesi*) gehört dem als Major aus der Armee ausgeschiedenen Apotheker Fevzi Efendi und wird von ihm persönlich geführt. Die vorhandenen Heilmittel können gerade den örtlichen Bedarf decken.

Die Landesapotheke von Gerze (*Gerze memleket eczahanesi*) gehört und untersteht dem Apotheker Hacı Akifefendizade İhsan Efendi und befindet sich in einem besseren Zustand als die Apotheke „Genesung".

Der Beschluss, auch in Ayancık eine Apotheke zu eröffnen, ist bisher nicht in die Tat umgesetzt worden. Der derzeitige Medikamentenbedarf wird von einer primitiv ausgestatteten Apotheke, die der pensionierte Oberst und als Privatarzt tätige Dr. Osman betreibt, soweit als mit diesen Mitteln überhaupt möglich gedeckt.

In der Provinzhauptstadt Sinop befindet sich auch die Quarantäneverwaltung der Provinz. Diese unterhält eine 20 Minuten nördlich der Stadt gelegene Quarantänestation. Das Gebäude der Quarantäneverwaltung wurde im Jahr 1331 *[1915]* durch die Russen bombardiert und zerstört. Seither arbeitet die Quarantäneverwaltung in einem im Hafengebiet gelegenen, eigentlich zur Verwaltung der Frommen Stiftungen gehörenden, für 5 Lira angemieteten Kaffeehaus. Die Quarantänestation, die aufgrund mangelnder Pflege ziemlich verwahrlost ist, wird nun mittels der vom Ministerium für Gesundheit und Sozialfürsorge nach und nach bewilligten Gelder wieder in Stand gesetzt. Die etwa 40 Baracken, die Kranken- und Isolierstation, der Desinfektionsraum, die Anlegestellen und die Absperrungseinrichtungen wurden bereits repariert.

2.3.34. Gasthäuser und Badeanstalten[116]

In den Städten der Provinz gibt es keine ausgewiesenen Hotels, sondern nur einige wenige Gasthäuser, in denen vornehmlich Personen, die zum Verkauf ihrer Erzeugnisse zu den Märkten der Stadt kommen, während ihrer Geschäftstätig-

[116] Bericht A., S. [49].

keit übernachten. Diese Gebäude bestehen im Allgemeinen aus einem Stall im Erdgeschoss und aus 1-2 Räumen im Obergeschoss.

Im Zentralbezirk Sinop gibt es drei, in Gerze zwei, in Ayancık eine und in Boyabad - abgesehen von zwei geschlossenen und inzwischen verfallenen - nur eine sich im Betrieb befindliche Badeanstalt (*hamam*).

2.3.35. Krankheiten[117]

In den Dörfern sind Hautkrankheiten - wie Krätze, Ekzeme, Haarausfall, die hauptsächlich infolge unhygienischer Lebensbedingungen auftreten - neben Bandwurmerkrankungen und Leistenbrüchen sehr verbreitet. Augenkrankheiten, insbesondere Trahoma, sind selten. Im Winter und im Frühling treten oftmals Atemwegserkrankungen wie Bronchitis, Lungenentzündung und Erkältungen auf. Im Jahr 1332 *[1916]* brach auch in Sinop, wie fast in ganz Anatolien, die spanische Grippe aus. Die damalige Infektion entwickelte sich schnell wie andernorts auch zur Epidemie: Mehr als 10.000 infizierte Personen wurden damals gezählt, rund 3000 Erkrankte starben. Tuberkulose tritt hauptsächlich in den sumpfigen Gebieten von Sinop, Ayancık und Gerze auf: Armut und Mangel sind ihre Hauptursachen. Bisher konnten keinerlei staatliche Maßnahmen gegen die Ausbreitung der Tuberkulose getroffen werden. Die strenge Beachtung des kürzlich erlassenen Alkoholverbotsgesetzes könnte hierfür allerdings u. a. eine bedeutende Hilfe darstellen. Ansteckende Krankheiten sind relativ selten. Die Pocken werden durch entsprechende Impfungen stark zurückgedrängt. Trotz Quarantänemaßnahmen werden gelegentlich Cholera und Flecktyphus durch Reisende, die aus Turkestan und Buchara in den Hedschas fuhren, oder durch illegale Bootsleute aus Russland bzw. durch Immigranten aus dem Kaukasus eingeschleppt. Entsprechende Statistiken befinden sich in den Anlagen, die Bericht A beigefügt wurden. Nerven- und Geisteskrankheiten treten sehr selten auf. Besonders verbreitete Krankheiten sind jedoch Syphilis und Malaria, die im Folgenden näher behandelt werden sollen.[118]

2.3.35.1. Syphilis

Die Küstengebiete des Schwarzen Meeres und insbesondere die ehemalige Provinz Kastamonu (die damals den Landkreis Sinop einschloss) sind besonders von dieser Krankheit betroffen. Die landschaftstypischen Gegebenheiten und die mit ihnen zusammen hängenden wirtschaftlichen Umstände zwingen vor allem viele junge Menschen dieser Gegend, ihren Lebensunterhalt in anderen Gebieten zu verdienen. Istanbul, als die nächst liegende Großstadt und besonders aufgrund der sich seit der Jahrhundertwende stark verbessert habenden Verkehrswege dorthin, ist der Hauptanziehungspunkt der vornehmlich im

---

[117] Bericht A., S. [57-62].

[118] Siehe Berichte A, II, III, IV, VIII, IX, X sowie die Angaben im folgenden Kapitel dieser Arbeit.

Boots- und Fischereigewerbe arbeitenden Menschen. Bei ihren regelmäßigen Heimatbesuchen schleppen sie nicht selten Krankheiten ein, die ihren Ursprung in den Bordellen Istanbuls haben. Auch die ihren Militärdienst in verschiedenen Teilen des Landes ableistenden Rekruten bringen u. a. Syphilisinfektionen zurück nach Hause. Eine andere Gruppe von Personen, die einen Risikofaktor hinsichtlich der Ausbreitung der Syphilis darstellen, sind diejenigen Arbeiter, die sich als Bäcker (*fırıncı*) verdingen, und die Krankheit von ihren Arbeitsplätzen hauptsächlich nach Kastamonu und in die Küstenregionen einschleppen.

Beschleunigt wird die Ausbreitung der Krankheit vor allem durch die mangelnde Aufklärung der Bevölkerung über die Risiken der Erkrankung und ihre Eigenschaften, so dass oft nicht einmal bekannt ist, dass es sich hier um eine hoch ansteckende Krankheit handelt. Auch eventuelle Schutzmaßnahmen werden aus Unkenntnis nicht angewandt. Ein weiterer Umstand, die die Verbreitung der Syphilis beschleunigt, ist die an manchen Orten vorhandene Prostitution; auch die mangelnde Untersuchung von Ehepartnern vor der Eheschließung, so dass auch eine Ansteckung im ehelichen Umfeld möglich ist.

Aufgrund der verschiedenen Eintragungen der Gesundheitsbehörden und der Verzeichnisse der erfolgten Behandlungen kann festgestellt werden, dass ca. 4% der Einwohner an Syphilis erkrankt sind, dass im Jahr 1921 über 5000 Personen entsprechend behandelt wurden. 10 % dieser Patienten befinden sich in der aktiven Phase der Erkrankung. Die Zahl der Neuansteckungen blieb über die letzten Jahre vor dem Berichtszeitraum offensichtlich konstant.

Mit Ausnahme der beiden Dörfer Akkirac und Veysel sind alle Ansiedlungen der Provinz in mehr oder minder großem Maße von der Krankheit betroffen.[119] Die Einwohner haben nur wenig Kenntnis von Charakter und Verlauf der Erkrankung, verheimlichen ihre Infektion oft aus Scham und treffen keine Vorsorgemaßnahmen. Um die Ausbreitung der Krankheit zu begrenzen, oder sie sogar zu reduzieren, gibt es nur folgende Möglichkeiten: Sobald ein Verdachtsfall besteht, muss einerseits das Familienoberhaupt oder der Ältestenrat des Dorfes gezwungen werden, den Gesundheitsbeamten, den Kreisvorsteher oder den Chef der Gendarmeriewache zu benachrichtigen. Die benachrichtigten Stellen müssen den Kranken unverzüglich in eine medizinische Einrichtung einweisen. Außerdem müssen Beamtenstellen geschaffen werden, deren Aufgabe es ist, ambulant zu behandelnde Patienten zu betreuen. Die nötige Sorgfalt und die Qualität dieser Behandlungen müssen durch periodische Kontrollen gewährleistet sein.

Des Weiteren wird angemerkt,[120] dass der den offiziellen Eintragungen entnommene Krankenstand von ca. 4% eine Situation beschreibt, die zum Zeitpunkt der Abfassung der Berichte schon 15 Jahre zurücklag. Werden alle er-

---

[119] Bericht VI, S. [1].
[120] Bericht III, S. [15].

folgten Behandlungen in die Berechnung mit einbezogen und auch die inzwischen erfolgte Aufklärungsarbeit in Betracht gezogen, ist von einem derzeitigen Krankenstand von nur noch 3% auszugehen. Im Gegensatz hierzu wird im Bericht aus Ayancık[121] festgehalten, dass der Krankenstand nach den Registern und unter Einbeziehung der inzwischen erfolgten Maßnahmen nunmehr mit 4% zu beziffern sei. Es muss allerdings davon ausgegangen werden, dass eine hohe Dunkelziffer besteht, die sich aus der Tatsache ableitet, dass viele Symptome der Syphilis den Erscheinungsbildern anderer Krankheiten ähneln, was dazu führt, dass die Krankheit oft lange Zeit nicht erkannt und kein Arzt aufgesucht wird.

Eine weitere Ursache für die weite Verbreitung der Krankheit ist auch in dem Umstand zu sehen, dass sehr viele Dörfer in der Provinz weit voneinander entfernt liegen und die einzelnen Häuser in diesen Dörfern ziemlich zerstreut sind. Dieser Zustand gibt mehr Raum zu heimlichen, außerehelichen Beziehungen, die wiederum die Grundlage für eine schnellere Ausbreitung entsprechender Infektionen bilden.

Es wird empfohlen, sofort nach der Diagnose der Krankheit mit der Behandlung zu beginnen. Quecksilber- und Arsenpräparate, Salvarsan, Neosalvarsan und Jodide sind die üblichen Heilmittel, wobei Quecksilberpräparate die Grundlage bilden und vorzugsweise in Form des Salizilats mittels Spritzen nach einem Acht-Wochen-Programm verabreicht werden: Erwachsene erhalten einmal wöchentlich je 1g Quecksilberpräparat, Minderjährige dagegen 15-20g Quecksilbersalbe. Danach erfolgt eine vierwöchige Ruhephase.

In der Stadt Boyabad erfolgt die Behandlung in der Sanitätsstation. Im Jahr 1340 *[1924]* wurden hier nach der Untersuchung und der Behandlung 15 Männern und 27 Frauen, also 42 Einwohnern, in Duragan und Uluköy 53 Männern und 19 Frauen, also insgesamt 72 Einwohnern entsprechende Gesundheitsatteste ausgestellt. In den beiden anderen Regionen suchen Behandlungsbedürftige die in bestimmten Ortschaften tätigen Gesundheitsbeamten auf, die die Behandlung (Spritzen, usw.) übernehmen. Von den Dorfbewohnern werden Schwerkranke sowie Kranke zweiten Grades in die Krankenhäuser und Sanitätsstationen zur stationären Behandlung gebracht.

Auch die allgemeinen Lebensumstände, wie beengte Wohnverhältnisse, die gemeinsame Nutzung sanitärer Anlagen durch Kranke und Gesunde gleichermaßen und gemeinsame Mahlzeiten mit Erkrankten werden als Ansteckungsquellen aufgeführt.

Es wird die Notwendigkeit gesehen, der Bevölkerung die Gefahren und Risiken dieser Krankheit schon ab der Schulzeit in dem Volk verständlicher Sprache und durch bebilderte Gesundheitsbücher vor Augen zu führen.

---

[121] Bericht II, S. [3].

2.3.35.2. Malaria[122]

Die meisten Flüsse und Bäche der Provinz weisen ein hohes Gefälle auf, so dass ihr Wasser mit hoher Geschwindigkeit fließt. In den Küstengebieten verlieren sie allerdings aufgrund der abnehmenden Neigung des Geländes an Geschwindigkeit und bilden an manchen Stellen Sümpfe; außerdem gibt es im Landesinneren im Flusstal des Gök Irmak ausgedehnte Sumpfgebiete. All diese Gebiete sind ideale Brutstätten für die Anopheles-Mücke, was zu einer hohen Anzahl von Malaria-Fällen vor allem im Sommer – aber auch zeitweise während der Wintermonate - führt. Ganze Landstriche wurden im Laufe der Jahre durch die Malaria entvölkert. Auch in neuerer Zeit *[also etwa 1922]* hat es vor allem unter den eingewanderten Tscherkessen und Abchasen Malaria-Epidemien gegeben, die zur Ausrottung ganzer Bevölkerungsgruppen führten. Auch die Bevölkerung in den von diesen Sümpfen entfernteren Gebieten ist stets gezwungen, den Sommer in den Hochebenen zu verbringen, um das Ansteckungsrisiko zu mindern.

Für die Trockenlegung dieser Sümpfe wurde bisher nur sehr wenig unternommen. Die bisher ergriffenen Maßnahmen brachten kaum Ergebnisse. 1911 entwickelten zwei Ingenieure aus Istanbul Kanalisationsprojekte für die Trockenlegung des Sumpfes von Aksaz. Die damalige Regierung entschied sich für die billigere Variante, die zur Durchführung kam. Kurz nach der Fertigstellung der Dämme wurden diese von den aufkommenden Flutwellen wieder überspült.

Die bisher durchgeführten Blutuntersuchungen an Erkrankten ergaben, dass es sich bei den Erkrankungen meist um Infektionen mit Malaria Tertiana handelt. Fälle von Malaria Tropica sind zwar vorhanden, aber selten. Malaria Quartana wurde dagegen überhaupt nicht festgestellt. Die Bevölkerung beachtet zwar bis zu einem gewissen Grad die Verordnungen zur Einnahme von „Sulfato"-Tabletten. Allerdings wird diese Behandlung meist nur bis zur Abnahme der Fieberanfälle beibehalten, da die meisten Erkrankten aufgrund ihres niederen Bildungsstandes glauben, schon nach der Einnahme von 3-5 Pillen geheilt zu sein.

Da an eine Trockenlegung der Sümpfe auch unter Rücksichtnahme auf den Reisanbau derzeit nicht zu denken ist, kann die Bekämpfung der Krankheit nur durch die großzügige Verteilung von „Sulfato"-Tabletten durchgeführt werden. Unter Berücksichtigung dieser Tatsache wurden 1921 mit den vom Allgemeinen Provinzialrat bewilligten 600 TL aus Istanbul 13kg Chinin-Tabletten in die Provinz eingeführt und von den Gesundheitsbeamten unentgeltlich an die Bevölkerung verteilt. Außerdem wurden die vom Gesundheitsministerium zur Verfügung gestellten 6 kg Chinin-Pulver zu 0,2 g-Pillen verarbeitet und zu einem sehr niedrigen Preis verkauft. Diese Maßnahmen hatten einen sehr positiven Effekt auf die Ausbreitung der Krankheit. Auch das trockene Klima dieses

[122] Bericht A., S. [59].

Jahres hat die Vermehrung der Mücken erheblich beeinträchtigt, was zu einem weiteren Rückgang der Malaria-Fälle führte.

Es wird berichtet,[123] dass die Krankheit in allen Dörfern der nördlichen Sumpfgebiete von Sarıkum, Aksaz und Karagöl auftritt und zu 10-15 Todesfällen pro Jahr führt. In diesen Regionen hat es vor 30-40 Jahren noch ca. 300-400 Haushalte gegeben; heute dagegen sind in Folge mehrere Malariaausbrüche nur noch 150 Haushalte vorhanden, deren Bewohner die Epidemien unbeschadet überstanden haben. Durch die Sommerweidewirtschaft in den Tälern und den saisonalen Aufenthalt von Bewohnern auch höherer Bergregionen im Talgebiet wird die Krankheit auch in die relativ sicher gelegenen Bergdörfer eingeschleppt.

Mit den durch die Fürsprache des Direktors des Gesundheitsamtes, Sait Bey, vom Allgemeinen Provinzialrat für die Bekämpfung der Syphilis genehmigten erheblichen Geldsummen konnten aus Istanbul „Sulfato"-Tabletten eingeführt und unter der Bevölkerung der Sumpfregionen verteilt werden, was, zusammen mit einer umfassenden Aufklärungsinitiative, den Krankenstand im Vergleich zu den Vorjahren um 40% reduzierte. Der Berichterstatter selbst, als zuständiger Gesundheitsbeamter, hat 1922 unter 330 an Malaria erkrankten Personen insgesamt 4614 *Sulfato*-Tabletten kostenlos verteilt. Er ist davon überzeugt, dass diese Menschen ohne den direkten staatlichen Eingriff keinen Zugang zu den entsprechenden Medikamenten und Behandlungsmethoden gehabt hätten.[124]

Des Weiteren wird in den Berichten festgehalten,[125] dass die Krankheit in erster Linie bei den im Reisanbau beschäftigten Bauern auftritt. Allerdings kennen die Bauern die Ursache der Krankheit nicht und sind sich auch der Rolle eventueller Mückenstiche nicht bewusst. Die bisherigen Schutzvorkehrungen sind als ungenügend einzustufen. Der Einsatz von mobilen Ärzten ist unbedingt notwendig. Die vorhandenen, wenigen Gesundheitsbeamten können nur innerhalb eines sehr begrenzten Rahmens tätig werden. Über die Anzahl der Erkrankungen und eventuelle Rückfälle bei den Fieberschüben gibt es keine verlässlichen Untersuchungen. Es existiert lediglich ein als Krankenregister dienendes Heft, in das erkrankte Personen und Personen, die mit entsprechenden Medikamenten versehen wurden, namentlich eingetragen werden.

In einem Bericht wird ausgeführt,[126] dass die Malaria hauptsächlich im April eines jeden Jahres am heftigsten auftritt und im September wieder abnimmt. Dieses Phänomen ist vor allem durch den Pflanzzyklus des Reisanbaus bedingt, wird das in die Felder eingeleitete Wasser doch während dieser fünfmonatigen Periode nicht ausgetauscht. Auch dieser Bericht weist auf die Wichtigkeit un-

---

[123] Bericht VI, S. [1].
[124] Bericht VI, S. [1].
[125] Bericht VIII, S. [1].
[126] Bericht IX, S. [1].

entgeltlicher Chinin-Versorgung der Bevölkerung hin. Allerdings betont der berichtende Beamte, dass, solange der Reisanbau mit seinen typischen Kultivationsweisen das Wirtschaftsleben dieser Regionen bestimmt, an eine totale Trockenlegung der Sümpfe nicht zu denken sei. Den Berichten sind Karten mit den jeweiligen regionalen Krankheitsherden beigefügt.

2.3.36. Geburten und Todesfälle[127]

In einer vom Einwohnermeldeamt der Provinz erstellten Liste ist die Anzahl der Geburten und der Todesfälle in der Zeit von Anfang Dezember 1336 *[1920]* bis Ende November 1337 aufgeführt. Aus dieser Liste geht hervor, dass die Anzahl der Geburten nur halb so hoch lag wie die der Todesfälle. Im Gegensatz dazu zeigen die Unterlagen des Gesundheitsamtes eine stetige Erhöhung der Einwohnerzahl. Die Berichte weisen allerdings darauf hin, dass die Eintragungen des Einwohnermeldeamtes aufgrund der Inkompetenz und Nachlässigkeit vieler dort beschäftigter Beamter nicht zuverlässig seien. Die Kindersterblichkeit allerdings läge bei 13,6%. Alle diese Todesfälle betrafen Kleinkinder. Die Ursachen für diese hohen Prozentsätze lägen hauptsächlich im Aberglauben der Bevölkerung, den mangelnden hygienischen Wohnbedingungen und Nachlässigkeiten bei der Pflege der Kinder.

---

[127] Bericht A., S. [63-64].

2.4. Charakterisierung der Berichterstattung

2.4.1. Allgemeine Bemerkungen

Detaillierte statistische Erhebungen über die Zustände des Landes und der Bevölkerung unter einer neuen Regierung unter den Vorzeichen eines grundlegend reformierten politischen Systems bilden die Basis für die ersten Planungsschritte zur Aufhebung oder Veränderung der durch die frühere Verwaltung verantworteten Strukturen und Umstände eines Staates. Auch die neue vorrepublikanische Regierung in Ankara musste diesen Weg beschreiten, wobei Dr. Riza Nur sich in seiner Funktion als Minister in diesem Bereich überdurchschnittlich engagiert hat.

Dass sich diese erste Regierung an die Untersuchung der lokalen, nicht nur der gesundheitsrelevanten, sondern auch der gesamtsozialen Angelegenheiten ihrer Provinzen wagte, zeugt von einer – im Kontext dieser von Nationalismus und wirtschaftlichen Problemen geprägten Periode – mutigen und positiven Zukunftshaltung.

Bei der Drucklegung des Berichtes A wählte Dr. Riza Nur den Titel *Türkiye'nin ṣıḥḥīʾ-i ictimāʿī coġrafyası* und behielt diesen Titel auch bei der Veröffentlichung von Berichten aus anderen Provinzen bei. Wörtlich übersetzt lautet dieser Titel: „Die sozial-gesundheitliche Geographie der Türkei". Gemeint ist hiermit wohl das allgemeine Gesundheitswesen, das in Wörterbüchern und Lexika wie folgt definiert wird: „Gesundheitswesen nennt man das medizinische, soziale und rechtliche System sachlicher und personeller Mittel zur Erhaltung der Gesundheit bzw. Bekämpfung von Krankheiten. Seine wichtigsten Elemente sind heute stationäre Behandlung, ambulante Behandlung, Heilberufe und öffentlicher Gesundheitsdienst".[128] Die Genese dieses recht ungewöhnlichen Titels lässt sich heute nicht mehr nachvollziehen. Es bleibt also unklar, ob es sich dabei um eine direkte Schöpfung des Ministers handelt, oder ob der Titel in seiner vorliegenden Gestalt von Dr. Riza Nur's zahlreichen Kontakten mit europäischen und vor allem deutschen Fachkollegen beeinflusst wurde.

Die allgemeine Auffassung Dr. Riza Nur's, dass eine gründliche und flächendeckende Datenerhebung und Analyse der erste Schritt einer erfolgreichen Modernisierungspolitik sei, ist möglicherweise auf den Einfluss der deutschen Medizinprofessoren Rieder und Deycke zurückzuführen, die während seiner Zeit im Gülhane-Krankenhaus in Istanbul seine Vorgesetzten waren.[129] Diese hatten neben ihrer praktischen ärztlichen Tätigkeit auch statistische Untersuchungen

---

[128] *Lexikon für Medizin - Ethik – Recht*; Freiburg 1989, S.414.

[129] Zum beherrschenden Einfluss der Deutschen auf die osmanische Medizin im späten 19. und frühen 20. Jahrhundert siehe: Hüseyin AĞUİÇENOĞLU: "Die Mediziner als Avangarde der politischen Umgestaltung seit der Tanzimat-Periode." Wird erscheinen im *Sammelband der Internationalen Turkologen-Konferenz 2002 Mainz*. Ich danke Herrn Dr.Ağuiçenoğlu, dass er mir den Artikel vor der Drucklegung zur Einsicht überlassen hat.

durchgeführt.[130] In seinen Memoiren verlieh Dr. Riza Nur seiner Wertschätzung für diese deutschen Wissenschaftler Ausdruck und schrieb: „Auch der Fortschritt in Japan ist den deutschen Wissenschaftlern zu verdanken. Meiner Ansicht nach ist der Aufbau der Türkei nur möglich, wenn wir zunächst deutsche Wissenschaftler unser Land in jeder Hinsicht untersuchen lassen (*tetkik ettirmek*).“[131] Die Datenerhebungen Dr. Riza Nur's während seiner Tätigkeit als Gesundheitsminister müssen wohl in diesem Zusammenhang verstanden werden.

2.4.2. Bericht A, sowie die handschriftlichen Berichte I - XV.

Der zusammenfassende Bericht des Direktors der Gesundheitsbehörde der Provinz Sinop (Bericht A) sowie die u. a. hierfür als Grundlage dienenden handschriftlichen Berichte II - VI der dem Direktorium nachgeordneten Instanzen wurden während des türkischen Unabhängigkeitskrieges verfasst. Die Aufforderung des Ministeriums zur Abfassung dieser Berichte erging im Laufe des Jahres 1920, kurz nach der Bildung der ersten vorrepublikanischen Regierung in Ankara und der Ernennung des ersten Ministers für Gesundheitsangelegenheiten. Diese Periode war kritisch für die Zukunft des Landes: Die griechische Armee stieß damals im Laufe der nächsten Monate beinahe bis Ankara vor, so dass Stimmen in der Nationalversammlung laut wurden, die dafür plädierten, Ankara als Regierungssitz aufzugeben und sich nach Kayseri zurückzuziehen.

Wie schon erwähnt diente Bericht A als Modell für spätere Berichte aus anderen Provinzen. Auch die Berichte aus den anderen Landesteilen[132] folgen derselben Systematik wie Bericht A. Die Berichte sind einerseits in einem wissenschaftlich-deskriptiven Ton gehalten, weisen aber andererseits auch stellenweise wertende Passagen auf, in denen zahlreiche Missstände angeprangert werden.

In Bericht II[133] wird programmatisch formuliert, dass „eine Entwicklung zum Besseren nur durch die Einsicht und das Geständnis der bisherigen - und seien es noch so bitteren - Mängel und Versäumnisse initiiert werden kann“; nach dieser Maxime gingen offensichtlich auch die anderen Beamten bei der Abfassung ihrer Reporte vor - sicherlich in der Hoffnung, die Berichte könnten dazu beitragen, die Dringlichkeit der Korrektur verschiedener Mängel deutlich zu machen. Die durchweg kritische Grundhaltung der berichtenden Beamten wurde sicherlich durch die Erfahrung der osmanischen Niederlage im 1. Weltkrieg und die daraus resultierende, monokausale Schuldzuweisung an die Regierung in Istanbul mitbegünstigt.

---

[130] Vgl. hierzu: WIETING Pascha: *Gülhane Festschrift zum 10jährigen Bestehen des Kaiserlich-Osmanischen Lehrkrankenhauses Gülhane*; Leipzig 1909.
[131] NUR: op. cit., Bd. 3, S. 919.
[132] Berichte B, C, D und E.
[133] Bericht II, S. [3].

Augenfälligstes Merkmal der Berichterstattung ist der eklatante Unterschied zwischen den Lebensbedingungen in Istanbul als der Hauptstadt des Landes und der von der osmanischen Regierung weitgehend vernachlässigten Provinz. Zieht man in Betracht, dass die Beamten als eine Personengruppe, die im Kontext einer Provinz oftmals die einzige Bildungsschicht darstellten, die mangelnde Ausbildung der Gesamtbevölkerung erkennen mussten, so ist es nicht verwunderlich, dass sie in ihrer Kritik vor allem diesen Bereich immer wieder betonten: Denn, „insbesondere die liberale Richtung setzte unendliches Vertrauen auf Bildung als Elixier für alle Krankheiten".[134]

Auf das geringe Bildungsniveau der Bevölkerung wird an mehreren Stellen deutlich hingewiesen. Das Kapitel „Bildungswesen" (*maʿārif*) in Bericht A beginnt mit der Feststellung: „Wie überall (*im Land*) ist auch in der Provinz Sinop das Bildungswesen sehr zurückgeblieben".[135] Hier soll also hervorgehoben werden, dass es sich bei den Missständen im Bildungswesen von Sinop nicht um einen Ausnahmefall handelt, sondern dass das gesamte Land betroffen ist. Bei den wenigen in der Provinz vorhandenen Schulen handelt es sich - mit wenigen Ausnahmen - ausschließlich um Grundschulen. Die einzige höhere Schule ist die *idadi* in Sinop selbst. Bei der Durchsicht der Berichte entsteht der Eindruck, dass einzig die Berichtenden selbst es waren, die in den Genuss einer höheren Schulbildung kamen. Hier darf nicht vergessen werden, dass gebildete Gesellschaftsgruppen ihre Kinder meist zur Ausbildung nach Istanbul schickten. Die dort ausgebildeten Absolventen kehrten meist nicht in ihre Heimat zurück. Dr. Riza Nur selbst ist ein beredtes Beispiel für diesen hohen Grad an Mobilität. Ein Kulturleben gab es zu jener Zeit den Berichten nach zu urteilen in Sinop kaum oder gar nicht: Kino, Theater, Konzerte, Ausstellungen, Vorträge waren unbekannt; soziales und kulturelles Leben vollzog sich nur bei Familien- und Volksfesten. Zu den ersten kulturellen Einrichtungen der Region gehört die 1924 von Dr. Riza Nur gegründete Stadtbibliothek, die heute überwiegend von Schülern besucht wird. Eine Druckerei wurde erst 1921 eingerichtet. Hier sollten zunächst nur offizielle Benachrichtigungen an die Bevölkerung gedruckt werden. Ob Zeitungen oder Bücher gelesen wurden, wird in den Berichten nicht näher erwähnt. Angesichts der geringen Alphabetisierungsrate jedoch ist davon auszugehen, dass es keine tatsächliche Leserschaft für eventuelle Publikationen in der Region gab. Die Tatsache, dass der Direktor der Gesundheitsbehörde von Sinop in dem von ihm verfassten Bericht die lokalen Bauern dafür kritisierte, dass sie daran festhielten, ihre Häuser aus Holz zu bauen, „obwohl man sich doch von der von Jahr zu Jahr verfallenden Burganlage von Sinop billiges Baumaterial in genügender Menge beschaffen kann",[136] zeigt exemplarisch, dass auch die relativ gebildeten Einwohner selbst wenig Sinn für historische Baudenkmäler besaßen. Immerhin handelt es sich bei der Festungsanlage von

---

[134] BERKES: op. cit., S. 401.
[135] Bericht A., S. [33].
[136] Bericht A., S. [50].

Sinop um ein Bauwerk, an dem noch altgriechische, römische, seldschukische und osmanische Spuren und Inschriften festzustellen sind.[137] Der ortsansässigen Bevölkerung zu empfehlen, solche Bauten „auszuschlachten", dürfte aber nicht unbedingt als Beleg für das Vorhandensein eines verfeinerten kulturellen Sinnes gesehen werden dürfen.

Erstaunlicherweise geht aus den Berichten kaum hervor, dass die großen Umwälzungen der Nachkriegsjahre (Ende des Osmanischen Reiches, Besetzung eines großen Teiles des Landes durch die siegreichen Alliierten, die Wirren des Unabhängigkeitskrieges, die Bildung der Großen Nationalversammlung, usw.) die Bewohner der Provinz in größerem Maße tangiert hätten. Es wird nur kurz darauf hingewiesen, dass die beiden Balkankriege und der Weltkrieg die Bevölkerung vor große Probleme gestellt hätten und derzeit der Großteil der männlichen Bevölkerung an der Front seinen Dienst versehen würde. Auch über Modernisierungstendenzen und einen Prozess der Verwestlichung der Lebensgewohnheiten ist selbst im Berichtsteil „Bevölkerung" kaum etwas zu finden; die Bevölkerung in den kleineren Städten und Dörfern der Provinz lebte ziemlich isoliert von den Ereignissen und Entwicklungen des Landes; überlieferte Traditionen und ein System aus Volksreligion und magischem Aberglauben waren es, die die Grundkonstanten ihrer Lebensweise darstellten.

Eine grundsätzliche tendenziöse Haltung der Berichterstatter zeigt sich vor allem in ihrer Behandlung von Fragen, die die Bevölkerungszusammensetzung betreffen. Die grundlegenden Veränderungen, die die Vertreibung nichttürkischer Bevölkerungsteile mit sich brachten, werden kaum erwähnt. In der Schwarzmeerregion lebten zu Beginn des ersten Weltkrieges noch ca. 380.000 Griechen.[138] Diese Volksgruppe war die Keimzelle für diejenigen Bewegungen, die die Schaffung einer Pontus-Republik mit Trapezunt (*Trabzon*) als Hauptstadt durchsetzen wollten. Diese politischen Aktivitäten, sowie die Landung der griechischen Armee im Mai 1919 in Izmir, deren Vormarsch in Richtung auf Mittelanatolien und die Bombardierung des für die türkische Befreiungsarmee wichtigen Nachschubhafens von Inebolu im Juni 1921 veranlassten Mustafa Kemal zu scharfen Reaktionen; so wurden zunächst praktisch alle 15-50 jährigen Griechen (ca. 25.000 Personen) ins Landesinnere deportiert.[139] bis schließlich infolge der Niederlage der griechischen Armee ganz Anatolien, und damit auch die Provinz Sinop, von der griechischen Bevölkerung vollkommen „gesäubert" wurde. In den Berichten wird nun zwar darauf hingewiesen, dass viele Gewerbe- und Handwerkstätigkeiten, wie die Schneider-, Schuster-, Gerber- und Juwelierarbeiten, der Weinanbau etc. in den letzten Jahren stark zurückgegangen und teilweise zur Gänze ausgestorben seien, dass aber der Grund hierfür

---

[137] Bericht A., S. [52].

[138] Justin McCARTHY: *Muslims and Minorities: The Population of Ottoman Anatolia and the End of the Empire*; New York 1983, S.97; MANGO: op. cit., S. 329.

[139] Yılmaz KURT: *Pontus Meselesi* (Die Pontus-Frage); Ankara 1995, S. 407f.

die nach 1920 einsetzende Massendeportation der Griechen und die der überlebenden und nach 1918 in ihre Heimat zurückgekehrten Armenier war, in deren Händen diese Tätigkeiten hauptsächlich lagen, wird an keiner Stelle erwähnt. Es wird allerdings anerkannt und herausgestellt, dass die griechischen Dörfer sauberer gewesen seien als viele türkische Dörfer („es ist zu bedauern, dass die muslimischen Dörfer nicht so sauber und die Reinheit berücksichtigend sind wie die christlichen Dörfer"),[140] und dass griechische Kinder in einer relativ höheren Anzahl Schulen besuchten als Kinder aus türkischen Familien. Die beiden letzteren Beobachtungen fanden allerdings keinen Eingang in den abschließenden Bericht A.

Generell kann also festgehalten werden, dass die Berichte vor allem in Bevölkerungsfragen stark ideologisch beeinflusst und damit tendenziös sind. Bericht A etwa formuliert programmatisch: „Es steht fest, dass die muslimischen Türken seit jeher die autochthone (*yerli*) Bevölkerung der Provinz sind. Die anderen *millets* sind später hinzugekommen."[141] So wird unter anderem behauptet, dass „unter den griechischen Familien viele in den letzten fünfzig Jahren aus den Gegenden von Karaman und Kayseri eingewandert"[142] seien. Zwar werden die ortsansässigen Georgier, Abchasen und Tscherkessen korrekt als Einwanderer aus dem Kaukasus identifiziert, jedoch heißt es, die von der lokalen Bevölkerung als „Kurden" bezeichneten Stämme seien „tatsächlich nicht Kurden, sondern Turkmenen".[143] In anderem Zusammenhang werden sie auch als „persische Turkmenen" (*acem tebası Türkmenler*) bezeichnet. „In der Provinz gibt es keine ursprüngliche Bevölkerung, die nomadisch lebt" heißt es in einem Bericht, der im Weiteren darauf hinweist, dass diese Bevölkerungsgruppen von Viehzucht und ihrer Arbeit als Tagelöhner und Viehdiebstahl lebten.[144] Was die Lazen betrifft, so behauptet der Autor des Berichtes A, dass sich der Begriff auf die im Tabakbau in Sinop beschäftigten Landarbeiter aus der Gegend von Trabzon und Ordu beziehe. Diese seien aber Türken; jedoch würden sie vom ungebildeten Volk fälschlich als Lazen bezeichnet. „Die Lazen," so erklärt er anschließend, „sind ein kleines Volk in der Gegend von Rize".[145]

Diese Aussagen sind nur im politischen Kontext lesbar. Bereits die Jungtürken hatten im Ersten Weltkrieg die Islamisierung und Türkisierung Anatoliens angestrebt. Mustafa Kemal knüpfte an diese türkisch-nationalistischen Programme an. Zwar hatte er durch Ernennung von einigen kurdischen Oberen zu Abgeordneten in die vorrepublikanische Große Nationalversammlung die Kurden für seine Zwecke zu instrumentalisieren versucht, doch gegen Ende des Unabhängigkeitskrieges legte er seine nationalistischen Grundlagen für eine einheitliche,

---

[140] Bericht III., S. [11].
[141] Bericht A., S. [27].
[142] Bericht A., S. [27].
[143] Bericht A., S. [27].
[144] Bericht A., S. [27]
[145] Bericht A., S. [18].

türkische Nation mit einer einheitlichen Sprache vor, in deren Rahmen es keinen Platz mehr für eine kurdische Kulturidentität, ja sogar für das Vorhandensein eines kurdischen Volkes als ethnische Größe gab. So finden sich auch im Lausanner Vertrag, im Gegensatz zum Vertrag von Sèvres, in dem eine mögliche Unabhängigkeit der Kurden Erwähnung findet, keinerlei Bestimmungen zur Zukunft der kurdischen Gruppen. Mustafa Kemal selbst hat auch in seinen vielen späteren Reden niemals das Ethnonym „Kurden" verwendet.[146]

Mit der Durchsetzung des türkischen Nationalismus setzte auch die schrittweise Türkisierung der Namen der ursprünglich von nicht-muslimischen Minoritäten wie Griechen und Armeniern bewohnten Ortschaften ein. Zum Beispiel wurden die drei Gerichtssprengel Karusa, Istefan und Boa in den Berichten kommentarlos und ausschließlich mit den türkischen Namen Gerze, Anyancık und Boyabad identifiziert.

Trotz all dieser Merkmale muss festgehalten werden, dass der in diesen Jahren langsam in alle Lebensbereiche eindringende türkische Nationalismus noch keine dominante Rolle spielt. Dies wird vor allem deutlich, kontrastiert man die untersuchten Berichte mit offiziellen Publikationen der Provinzverwaltung Sinop aus der republikanischen Periode, die eine starke nationalistische Prägung aufweisen. So ist all diesen späteren Publikationen neben dem Porträt und einem nationalistischen Zitat Atatürks auch eine Reproduktion der türkischen Nationalflagge vorangestellt.[147]

Die Missstände, die in den Berichten aufgezeigt werden, lassen sich in drei Themengruppen gliedern. Zum einen ist die Bevölkerung selbst Gegenstand der Kritik: Die überwiegend bäuerliche Bevölkerung betreibe ihre landwirtschaftlichen Arbeiten mit primitiven und rückschrittlich-traditionellen Arbeitsmethoden, wodurch Ertrag und Qualität der Produkte beeinträchtigt würden. Sie sei überdies schwer zur Anwendung modernerer Methoden zu bewegen. Ihre Lebensbedingungen - insbesondere natürlich die der Dorfbewohner - seien durch allgemeine Unsauberkeit, niedrigen Bildungsstand, Vorherrschen von Primitivität und Aberglauben, Fehlen adäquater Schulen und Lehrer sowie unzureichende Kindererziehung in den Familien gekennzeichnet. Vor allem ein Ausbau der edukativen Infrastruktur wird hier als dringend notwendig geschildert.

Zum zweiten wird die Lokalverwaltung kritisiert: Sie vernachlässige fast überall die Sauberkeit und Pflege der Ortschaften, die Sicherstellung der Wasserversorgung, die Trockenlegung von Sumpfgebieten und die Schiffbarmachung von Flüssen. Allerdings wird konzediert, dass die ungünstige Lage der Dörfer und die geographisch bedingte verstreute Siedlungsweise in Verbindung mit man-

---

[146] MANGO: op. cit., S. 415, 421-427, 428.

[147] Siehe z.B. *Sinop Ili Cumhuriyet Öncesi ve Sonrası Eğitim*; Sinop 1998, S. 9, 10, 11.

gelnder Verkehrsinfrastruktur den Zugriff der lokalen Administration stark beschränken würden.

Dritter und dominanter Kritikpunkt der Berichte ist die allgemeine Gesundheitslage der Bevölkerung. Die auftretenden Krankheiten werden detailliert behandelt, wobei Syphilis und Malaria als die gravierendsten Erkrankungen der Region herausgestellt werden. Kritisiert wird das weitgehende Fehlen eines adäquaten öffentlichen Gesundheitswesens. Genaue Vorschläge für die Verbesserung der Lage werden gemacht. Es wird festgehalten, dass die Bevölkerung sich nur langsam daran gewöhne, sich in Krankheitsfällen nicht an Wunderheiler und Quacksalber, sondern einer modernen medizinischen Versorgungsstruktur zuzuwenden. Die hohe Kindersterblichkeit wird auf die Unsauberkeit und auf die sehr ungünstigen Ernährungsgewohnheiten der Bevölkerung zurückgeführt.

Aus den Berichten wird ersichtlich, dass das Modernisierungskonzept der Autoren ein eklatant autoritäres ist. Dem Staat kommt hierbei in seiner Funktion als Exekutivorgan besondere Bedeutung zu. Der Staat hat den Ausbau des Bildungssystems, des Gesundheitswesens und die Erhöhung der Produktivität durch Einführung neuer Wirtschaftsmethoden zu fördern. Dieses Modernisierungskonzept geht einher mit einer verstärkten administrativen Kontrolle der Bevölkerung. Es ist zudem natürlich nicht frei von zeittypischen Vorurteilen, wie sie etwa in Feststellung zum Ausdruck kommt, dass die neu gegründeten Bezirksstädte mit ihren geraden Straßen ordentlicher aussähen als die historischen, verwinkelten und heruntergekommenen Ortschaften.[148]

Charakteristisch für den Modernisierungsbegriff der berichtenden Beamten ist auch ihre weitgehende Vernachlässigung religiöser Themenbereiche in ihren Ausführungen. Religiöse Fragen der Lebensgestaltung, die im vorrepublikanischen Parlament in Ankara mit seinen zahlreichen dem geistlichen Stand zugehörigen Mitgliedern immer wieder lebhaft debattiert wurden, tauchen in den diskutierten Berichten nicht auf. Nur in einem kurzen Absatz in Bericht A wird auf die geringe Studentenzahl und die mangelhaften Ausbildungsmethoden der lokalen *medresen* verwiesen.[149] Man kann durchaus sagen, dass die Berichte im Großen und Ganzen in einem eher - damals noch nicht zum Bestandteil der offiziellen kemalistischen Rhetorik gehörenden - säkularen, ja sogar *laizistischen* Duktus verfasst sind.

Insgesamt hat sich der Gesundheitsdirektor von Sinop bei der Ausarbeitung seines Sammelberichtes sehr eng an die Vorlagen der Einzelberichte seiner Untergebenen gehalten. Die meisten seiner Kürzungen dürften sich so auch dadurch erklären lassen, dass der Gesamtbericht auf eine gewisse Länge beschränkt war. Drei gravierende Ausnahmen, in denen von den Einzelberichterstattern aufgeführtes Material aus ideologischen Gründen in den Gesamtbericht nicht über-

---

[148] Bericht A., S. [53].
[149] Bericht A., S. [47].

nommen wurde, stechen jedoch hervor. Dies sind - wie bereits erwähnt - Bemerkungen über die Ursachen des allgemein schlechten Gesundheitszustandes und deren Ausirkungen auf den Körperbau der Bevölkerung, den kriegsbedingten Verfall von Moral und Sitten, sowie die größere Sauberkeit und die allgemein bessere Schulbildung der griechischen Kinder.

2.4.3. Die Berichte B (Isparta), C (Urfa), D (Bayezid) und E (Gaziantep)

Ein Vergleich zwischen dem Bericht aus Sinop (A) und den Berichten über die Provinzen Isparta (B), Urfa (C), Bayezid (D) und Gaziantep (E) zeigen viele Übereinstimmungen, aber auch gewisse lokal bedingte Unterschiede auf. Die Berichterstatter haben sich alle - wie von Dr. Riza Nur gefordert - im Kapitelaufbau und in der Form an den ihnen als Modell übersandten Sinop-Bericht gehalten. Allerdings sind die Berichte B, C, D und E wesentlich kürzer als der Modellbericht A.

Die chronologisch neueren Berichte aus Gaziantep (1926 gedruckt), sowie die Berichte aus Urfa und Bayezid (beide 1925 gedruckt) sind in einem etwas einfacheren Türkisch verfasst als der 1922 gedruckte Isparta-Bericht. Bericht A allerdings, der ebenfalls 1922 gedruckt wurde, war ursprünglich in einem strengeren Osmanisch verfasst worden, wurde aber - worauf Dr. Riza Nur ausdrücklich hinweist[150] - vor der Drucklegung sprachlich vereinfacht.

Abgesehen von diesen sprachlichen Eigenheiten werden die Zustände in den entsprechenden Provinzen in allen vier Berichten auffallend analog geschildert. Auch in der Art und Weise der Kritik fallen vor allem die Übereinstimmungen zwischen den Einzelberichten auf. Auch die Lebensumstände der Bevölkerung in diesen Provinzen scheinen vergleichbar gewesen zu sein: Immer wieder begegnet uns eine hauptsächlich ländliche Bevölkerung mit geringem Bildungsstand, die, nach Aussage der Autoren, ihrer Tätigkeit mit „rückständigen“ Mitteln und Methoden nachgeht.

Auch ideologisch folgen die Berichte demselben Muster:

So vermerkt Bericht C aus Urfa beispielsweise bei seiner Behandlung der in der Provinz lebenden Stämme: „In der Provinz leben türkische und arabische Nomadenstämme. Obwohl ein Teil der türkischen Stämme ihre Sprache, Sitten und Traditionen gänzlich beibehalten hat, sind bei einem anderen Teil unter dem Einfluss der arabischen, türkischen und persischen Zivilisationen diese Eigenschaften verloren gegangen; sie sind doch eigentlich historisch gesehen Türken, haben aber dann für sich die Bezeichnung ‚Kurden’ übernommen".[151] In Bericht D aus Bayezid wird dagegen klar ausgeführt, dass in den Bezirken Iğdır und

[150] Siehe Vorwort zu Bericht A.
[151] Bericht C.,S. [20].

Kulp 40% der Bevölkerung aus hanafitischen und schafiitischen Kurden beständen, dass dagegen Angehörige anderer Religionen und Ethnien in der Provinz (gemeint sind hier hauptsächlich Armenier) seit der Rückeroberung der Provinz (*istirdād*) nicht mehr ansässig seien.[152]

An anderer Stelle des Berichtes wird auf eine frühere Besiedlung der Region durch die Sumerer, Kaldäer, Babylonier, usw. hingewiesen, aber trotzdem festgestellt, dass „die sich in dieser Gegend aufhaltenden Türken die ältesten Einwohner der Provinz Urfa“ seien.[153]

Unterschiede im Inhalt der Berichte im Vergleich mit Bericht A konzentrieren sich vor allem auf die Bevölkerungsstruktur: In den ostanatolischen Gebieten, also in Bayezid, Urfa und Gaziantep, leben sehr viel mehr Nomaden, die sich aus kurdischen, arabischen und turkmenischen Stämmen zusammensetzen, als in Sinop. Diese Tatsache findet ihren Niederschlag auch in den Berichten. In ihnen werden die Lebensgewohnheiten dieser Stämme - so u. a. der Respekt vor dem Stammesältesten, die Hochzeitssitten, die - als weit verbreitet bezeichnete – Blutrache, etc. - ausführlich beschrieben.[154] Es wird auch darauf hingewiesen, dass die genaue Anzahl der Nomaden unbekannt sei, da sich diese Gruppen einer Registrierung durch die Einwohnermeldeämter entzögen.[155]

Besonders verbreitete lokale Krankheiten sind das Augenleiden Trahoma in der Provinz Urfa, wovon praktisch nur 40% der Bevölkerung nicht betroffen wären,[156] und die bei fast allen Einwohnern zu beobachtende Antep-Warze (*Antep çıbanı*) in der Provinz Gaziantep.[157] Für Sinop werden diese beiden Krankheiten dagegen nicht erwähnt.

Abweichend von Sinop wird außerdem besonders in den Berichten aus Urfa und Gaziantep die Unterdrückung der Bauern durch die Großgrundbesitzer (*ağa*) beschrieben. So heißt es zum Beispiel im Bericht aus Urfa, dass „90% der Bevölkerung in Dörfern leben und mehrheitlich sozusagen grundbuchamtlich eingetragenes Eigentum (*ba-tapu malıdır*) der Reichen und Notabeln (*eşraf*) sind. Der ärmste der Notabeln besitzt 3 Dörfer, andere besitzen 30 bis 40 Dörfer, aus denen sie praktisch alle Erträgnisse und Einkünfte beziehen. Den Bauern fällt nur ganz wenig für ihren Lebensunterhalt ab“.[158]

In kultureller Hinsicht wird nur im Urfa-Bericht erwähnt, dass die zahlreichen Volksdichter und -sänger in der Region durch ihre, allerdings unveröffentlichten

[152] Bericht D., S. [8].
[153] Bericht C.,S. [18].
[154] Bericht D., S. [13], C.,S. [28].
[155] Bericht C., S. [28]., E., S. [17].
[156] Bericht C., S. [39].
[157] Bericht E., S. [36].
[158] Bericht C., S. [21].

Lieder, die Volksseele und das Volksempfinden in vollkommener Weise wiedergeben würden und ihnen für die Entwicklung der türkischen Volksmusik eine besondere Bedeutung zukäme.[159]

Die Berichte sind also zwar alle nach dem gleichen Schema verfasst, aber nicht stereotyp. Eine genauere Untersuchung aller in Fußnote 136, S.66 dieser Arbeit aufgeführten Berichte, von denen Dr. Riza Nur befürchtete, sie könnten ungenutzt in den Aktenschränken der damaligen Bürokratie verschwinden,[160] könnte eine detailreiche Analyse der Lebensverhältnisse der Türkei in den zwanziger Jahren des 20. Jahrhunderts ermöglichen.

---

[159] Bericht C., S. [23].
[160] Jeweils erste Seite der Berichte A und F.

2.5. Wichtige Veränderungen seit dem Abschluss der untersuchten Berichte in der republikanischen Ära

Die von Mustafa Kemal Atatürk veranlassten und im ganzen Land mit großer Energie durchgeführten Reformen haben sich natürlich auch in der Provinz Sinop massiv ausgewirkt. Einige in diesen Jahren erfolgte Veränderungen sollen in diesem Abschnitt beschrieben werden.

2.5.1. Administrative Einteilung der Provinz Sinop

Im Rahmen der zahlreichen administrativen Neuordnungen der republikanischen Türkei wurden im Laufe der Jahre auch in der Provinz Sinop durch Teilungen von bisherigen Gerichtsbezirken 5 weitere Verwaltungseinheiten (*kaza*, gegenwärtige Bezeichnung *ilçe*) geschaffen. Diese sind:

Durağan: (1954); davor ein Teil Boyabad's.
Türkili: (1957); davor ein Teil Ayancık's.
Erfelek: (1960); zuvor ein Teil Zentralsinop's.
Dikmen: (1989); zuvor ein Teil von Gerze.
Saraydüzü: (1990); zuvor unter der Bezeichnung *Kızıloğlan* ein Teil Boyabad's.

Die Provinz besteht demnach heute aus 9 Gerichtsbezirken.

2.5.2. Einwohnerzahl[161]

Im Laufe der Jahre hat sich die Einwohnerzahl der Provinz wie folgt verändert:

Jahr	Einwohnerzahl
1965	266.400
1975	267.500
1980	276.000
1990	265.000

Dabei lebten 1965 92% der Bevölkerung in den Dörfern und nur 8% in den Städten. 1990 waren dagegen nur noch 68% der Bevölkerung im ländlichen Gebiet und 32% in urbanen Zentren angesiedelt.

Im Vergleich zu vielen anderen türkischen Provinzen entwickelte sich die Provinz Sinop ausgesprochen negativ. Die Landflucht insbesondere der jungen Bevölkerungsanteile in die Großstädte und nach Deutschland stellten die Provinz vor große Probleme.[162] Heute gehört Sinop zu den am wenigsten industriali-

[161] Jahrbuch Sinop 1993 , S. 55.
[162] Stichwort *Sinop* in: *Yurt Ansiklopedisi*, Bd. 9, S. 6755-6756, 6774.

sierten und dementsprechend auch zu den einkommensschwächsten Gebieten der Türkei.[163]

2.5.3. Ausbildungs- und Schulwesen

Im Rahmen der durchgeführten kemalistischen Reformen erlebte das Bildungswesen eine grundlegende Reform. 1997 existierten in der Provinz Sinop folgende Lehranstalten:[164]

Schulart	Anzahl	Lehrpersonal	Schüler	Schülerinnen
Vorschule und Kindergärten	1	78	541	505
Volksschulen	518	1.811	16.391	14.259
Mittelschulen (innerhalb der Oberschulen)	(12)	(--)	1.503	942
Allg. Gewerbe- und techn. Oberschulen	35	775	3.158	2.487
Gesamtzahl	554	2.664	21.593	18.193

Außerdem sind folgende dem Ministerium für Nationale Erziehung (*Milli Eğitim Bakanlığı*) unterstehenden Anstalten vorhanden:

Ableger der Universität *19.Mai*, Samsun
- Fakultät für Meeresprodukte in Sinop (Fischereiwesen),
- Hochschule für das Gesundheitswesen in Sinop (Krankenpflege),
- Hochschule für die Berufsausbildung in Boyabad (insbesondere für Bauwesen),

Lehrmittel- und Ausrüstungszentrum der Provinz Sinop,
Direktion des Volkserziehungszentrums des Gerichtsbezirks Sinop,
Amt für das Verlagswesen (Schulbücher usw.),

163 "Hürriyet" vom 14.01.1997.

164 *Sinop İli Cumhuriyet Öncesi ve Sonrası Eğitim* (Erziehung in der Provinz Sinop vor und nach Gründung der Republik); Sinop 1998, S. 153.

Zentrale für die Gesundheitserziehung,
Direktion der Führungs- und Forschungszentrale,
Zentrale für die Gesellenausbildung (in 23 Berufen).
Städtisches Konservatorium (für türkische Musik und Folklore),
Dr. Riza-Nur-Bibliothek,
Direktion der Galerie für bildende Künste.

Mit Ausnahme der Hochschule für Berufsausbildung befinden sich alle anderen Institutionen in der Stadt Sinop selbst.

Im Laufe der Jahre konnte der Analphabetismus auf unter 10% reduziert werden. In allen Anstalten ist die Anzahl der Schüler und Schülerinnen in etwa gleich groß.

2.5.4. Arbeitsleben

Es ist festzustellen, dass die Dorfbewohner (1990: 68% der Gesamtbevölkerung der Provinz) nach wie vor Landwirtschaft, Tierzucht und Holzgewinnung betreiben, und dass aufgrund der begrenzten Beschäftigungsmöglichkeiten die Jugend in die Großstädte der Republik drängt. Die Provinz Sinop ist insbesondere aufgrund ihrer mangelnden Infrastruktur und der ungenügenden Verkehrsverbindungen wirtschaftlich zurückgeblieben. Der Verkehr spielt sich fast ausschließlich auf Landstraßen ab; das Schiffsaufkommen ist sehr gering, Schienenverkehr ist faktisch nicht existent. Erst seit ein paar Jahren besteht eine Flugverbindung zwischen Istanbul und Ankara nach Sinop.

Die früher so bedeutende Fischerei ist aufgrund nachteiliger Fangmethoden und Überfischung stark zurückgegangen. Die Investitionen in Industrie- und Gewerbebetriebe, fast ausschließlich privater Natur, sind gering und aufgrund der allgemein schlechten Wirtschaftslage auch meist kurzlebiger Natur. Die Arbeitslosigkeit liegt höher als im Landesdurchschnitt. Die Provinz ist eher ein Konsum- als ein Produktionsgebiet; ein Großteil der Konsumgüter wird aus den umliegenden Regionen, insbesondere aus Samsun, eingeführt. Besondere Anstrengungen werden gegenwärtig im Tourismussektor unternommen, und man erwartet aufgrund der Schönheit der Landschaften, des günstigen Klimas und der vielen historischen Stätten in der Provinz in Zukunft ein Erstarken dieses Wirtschaftsbereiches.

In 6 der 9 Bezirke Sinops wurden in den letzten Jahren mehrere neue Gewerbebetriebe eingerichtet. Die nun existierenden Industrie- und Gewerbebetriebe verteilen sich auf folgende Sektoren:[165]

---

[165] *Sinop Valiliği Sanayi ve Ticaret İl Müdürlüğü* (Direktion für Industrie und Handel der Provinz Sinop), (Sinop 1999), S. 12.

Sektor	Anzahl der Betriebe	Anzahl der Beschäftigten
Verarbeitung von Endprodukten	33	1.432
Textilien	12	1.118
Waldprodukte	7	230
Metallindustrie	4	77
Lebensmittel-industrie	16	130
Viehzuchtprodukte	4	73
Kalkindustrie	1	13
Glasindustrie	2	64
Fischverarbeitung	9	92
Tabakverarbeitung	2	334
Chemische Industrie	1	17
Gesamtanzahl:	**91**	**3.580**

2.5.5. Gesundheitssektor

Das für die Gesundheits- und Sozialangelegenheiten zuständige Ministerium in Ankara trägt heute den Namen *Sağlık ve Sosyal Bakanlığı*. In den mir bei der Direktion für Gesundheitsangelegenheiten in Sinop in Form von losen Blättern übergebenen Unterlagen wird dargelegt,

> dass in den ersten Jahren der Republik die Kindersterblichkeitsrate im Landesdurchschnitt 300‰ betrug,
> dass bei 4% aller untersuchten Personen Malaria-Erreger festgestellt wurden,
> dass 3 Millionen Einwohner an der Augenkrankheit Trahoma litten,
> dass Tuberkulose, Syphilis, Lepra und Tollwut sehr verbreitete Krankheiten waren.

In der ganzen Republik waren damals insgesamt:

560 Ärzte
554 Gesundheitsbeamten
136 Hebammen
69 Krankenschwestern
4 Apotheker[166]

beschäftigt, und

78 Krankenhäuser sowie
4595 Krankenbetten

---

[166] Diese Zahl scheint nur *diplomierte* Apotheker zu betreffen.

vorhanden. Schon in den ersten Jahren nach der Republiksgründung wurde eine aktive Gesundheitspolitik eingeleitet; die Ausbildung von Gesundheitsbeamten und spezialisierten Beamten für den Kampf gegen die Malaria usw. forciert. Im Jahre 1928 wurde das „Institut für den Gesundheitsschutz“ (*hıfz-ı sıḥḥa enstitüsü*) gegründet.

Als Ergebnis dieser Aktivitäten in Bezug auf die Provinz Sinop existieren seit 1992 folgende Gesundheitseinrichtungen mit entsprechendem Personal:

Einrichtung/ Bezirk	**Zentrum**	**Ayancık**	**Boyabad**	**Durağan**	**Gerze**
Krankenhäuser	1	1	1	1	1
Ausbildungsstätten für Pflegeberufe	1	1	1	1	(--)
Fachärzte	15	2	6	(--)	(--)
Praktische Ärzte	25	14	16	8	14
Zahnärzte	5	1	(--)	(--)	(--)
Hebammen	67	23	29	20	19

Außerdem praktizieren noch ein Zahnarzt, 8 praktische Ärzte und 10 Hebammen in Türkili, 2 praktische Ärzte und 5 Hebammen in Dikmen, 4 praktische Ärzte und 13 Hebammen in Erfelek. In den verschiedenen kleineren Ortschaften sind 34 Gesundheitszentren in Betrieb. Die Gesamtzahl der Krankenschwestern beträgt 178, die der Gesundheitsbeamten 81. Die Anzahl von Krankenbetten in der Provinz wird mit 570 beziffert, was einem Krankenbett pro 388 Einwohnern entspricht (Landesdurchschnitt: 1 Bett pro 405 Einwohner!).

In der Provinz gibt es außerdem noch ein Krankenhaus, eine Sanitätsstation, sowie 3 Sanitätszentren, die von der staatlichen Krankenversicherungsanstalt (*sosyal sağlık kurumu*) unterhalten werden. Die früher so verbreiteten Krankheiten Malaria und Syphilis sollen kaum mehr eine Rolle spielen.[167]

Die meisten in Bericht A beschriebenen, traditionellen Volksbräuche sind allerdings auch heute noch bei der Bevölkerung anzutreffen.

2.5.6 Die meteorologische Station

Bei meinem Aufenthalt in Sinop 1999 habe ich auch die meteorologische Station besucht. Sie liegt auf einem Hügel am Nordrand der Stadt in einem großen, recht verwilderten Gartengelände über dem Schwarzen Meer. Die Station untersteht der Generaldirektion für meteorologische Angelegenheiten in Ankara (*Meteoroloji İşleri Genel Müdürlüğü*). Der damals von der meteorologischen

[167] Jahrbuch Sinop 93; S. 200.

Station in Kars kürzlich hierher versetzte Direktor zeigte mir die gesamte Anlage: Auf dem Gartengelände befinden sich zwei Gebäude. Das große Gebäude, das 1952 errichtet wurde, bildet seit seiner Errichtung die eigentliche Station und beherbergt die Verwaltung; hier und auf dem Gartengelände sind die Messgeräte aufgestellt: Thermometer, Barometer, Geräte zur Messung der Feuchtigkeit, der Niederschläge, der Sonneneinstrahlung, usw. Die Messungen werden von einem jungen Praktikanten durchgeführt und registriert.

Die ganze Anlage macht einen vernachlässigten Eindruck. Interessant war für mich der vordere, alte, kleine, verfallene, verschlossene Steinbau, über dessen Eingang eine Steintafel, auf der in osmanischer Schrift nur ein Datum, und zwar *fi Nisān 10 sene 1305* (23. April 1889) angebracht ist. Der Direktor konnte mir die Auskunft erteilen, dass vor 1952 die Messungen in diesem kleinen Bau durchgeführt wurden. Ich nehme stark an, dass sich die in den Berichten erwähnte und damals von Petersburg abhängige meteorologische Station hier befand.

Abschließend ist festzustellen, dass die positivsten Veränderungen in der republikanisachen Periode hauptsächlich im Bildungs- und Gesundheitssektor stattgefunden haben, dass Sinop aber - insbesondere mangels ausreichender Infrastruktur - im Vergleich zu vielen anderen türkischen Provinzen auch heute noch zu den ärmeren Regionen gehört und der einheimischen Bevölkerung, vor allem aber der Jugend, keine besonders positiven Zukunftsaussichten offeriert.

3. ORIGINALWORTLAUT DER BERICHTE IN TRANSLITERATION[168]

Anmerkungen zur Gestalt der Berichte und zur Transliteration

Die Einzelberichte sind in den jeweils individuellen Handschriften der berichtenden Beamten auf Papieren verschiedenster Qualität und unterschiedlicher Dimensionen abgefasst. Die verwendete Sprache der Berichte spiegelt die kemalistische Sprachpolitik wider. Allerdings wird bereits im Vorwort des zusammenfassenden Berichte A ausgeführt, dass vor dessen Drucklegung das in den Vorberichten verwendete Osmanisch (*münşiane dil*: hochgestochene Autorensprache) „möglichst vertürkischt" wurde; ein deutlicher Hinweis, dass die Tendenz der „Türkifizierung" des Osmanischen schon lange vor den entsprechenden Aktivitäten der von Mustafa Kemal Atatürk 1932 eingesetzten „Gesellschaft für die türkische Sprache" (*Türk dil kurumu*) begonnen hat, für die sich auch Dr. Riza Nur - wie aus dem Vorwort des Bericht A und seinem persönlichen Abschlussbericht F deutlich hervorgeht - persönlich eingesetzt hat.[169]

Es ist schon mehrfach angemerkt worden, dass die im Rahmen der Islamisierung der Türken von diesen übernommene arabische Schrift für die türkische Sprache denkbar ungeeignet sei. Zwar besteht für die zahlreichen persischen und arabischen Fremdwörter ein verbindliches orthographisches System, für Worte türkischen Ursprungs dagegen existieren zahlreiche Varianten. So ist es nicht verwunderlich, dass sich die Schreibung einzelner Lexeme über die Jahre stark verändert hat.

Es ergeben sich folgende Hauptprobleme bei der Verschriftlichung türkischen Wortmaterials mit Hilfe der arabischen Schrift:

Die acht türkischen Vokale *a, e, i, ı, o, ö, u, ü* müssen durch Kombination der nur drei vorhandenen Vokalzeichen des Arabischen (*alif, waw, yā*) realisiert werden.

Der im Arabischen eigentlich den Lautwert [k] bezeichnende Buchstabe *kāf* steht im Osmanischen für die Lautungen *ñ, g, ğ* und *k*.

Der in Transliteration durch *ṭ* wiedergegeben Buchstabe *ṭa* des arabischen

---

[168] mit jeweils Fotografien einiger Seiten der Berichte.

[169] Zur Frage des Beginns der Sprachenpolitik vgl. İlber ORTAYLI: *Gelenek'ten Geleceğe* (Von der Tradition in die Zukunft); 4.Aufl., Istanbul 2001, S. 83ff. Siehe auch: Uriel HEYD: *Language Reform in Modern Turkey*; Jerusalem 1954.

Alphabets kann sowohl als stimmloser dentaler Plosiv [t], als auch als dessen stimmhafte Variante [d] gelesen werden.

Für den türkischen Lautwert [h] ergeben sich durch die Eigenheiten des arabischen Alphabets drei, für den stimmlosen dentalen Frikativ [s] zwei Schreibmöglichkeiten.

Das die Verbindung eines Attributs mit seinem Bezugswort ausdrückende *eżāfet-i* wird in den meisten Fällen in der Orthographie nicht geschrieben.

Diese Eigenarten des Schriftsystems erschweren die Lesbarkeit der Texte erheblich, so dass viele Worte nur aus dem Kontext erschließbar sind.

Auch die aus anderen Dokumenten bekannte Inkonsequenz osmanischer Schreiber findet sich an vielen Stellen der hier untersuchten Berichte. So wird z. B. das Wort *Anatolien* in ein und demselben Bericht manchmal durch *Anaṭolı* und manchmal durch *Anadolu* wiedergegeben, das türkische Wort für *Zimmer* teils als *oṭa* und teils als *oda* realisiert. Was die Vokale anbelangt, so werden bei arabischen und persischen Fremdwörtern nur die Langvokale ausgeschrieben. In türkischen Wörtern gibt es keine Langvokale; für die Schreibung der Kurzvokale existieren aber keine bestimmten Regeln. Im Wortstamm werden üblicherweise Vokale oft, aber nicht immer, ausgeschrieben; auch in den Agglutinationssuffixen begegnet dem Leser teils die Defektiv- teils die Pleneschreibung, wobei in den jüngeren Berichten die Pleneschreibung überwiegt. Einige typische Beispiele für die genannten Unterschiede: *köylü* bzw. *köyli* (der Bauer), *çocuğı* bzw. *çocuğu* (sein Kind), *bul(ı)nur* bzw. *bulunur* (es findet sich), *gör(i)lür* bzw. *görülür* (es wird gesehen).

Worte, deren Entzifferung aus verschiedenen Gründen (meist Verschmierungen des Originals) nicht möglich war, wurden mit drei Auslassungspunkten gekennzeichnet. Die in der Transkription gegebenen Zahlen in eckigen Klammern beziehen sich auf die Seitenzählung der Originaldokumente. Die Transliteration entspricht der Schreibweise in den Dokumenten; eventuelle orthographische Fehler wurden nicht kenntlich gemacht.

BERICHT A

S.[1]

توركيه بيوك ملت مجلسى

امور صحيه ومعاونت اجتماعيه وكالتى

توركيه

نك

صحى اجتماعى جوغرافياسى

١٣٣٨ ش – ١٩٢٢ م

آنقره : اوكود مطبعه‌سى

BERICHT A
S.[2]

سلف عاجزی فیق بك افندی زماننده یوردمزك صحی و اجتماعی تدقیقی كبی مهم بر نقطه
وكالت معاونت اجتماعیه مدیری دوقتور محی الدین جلال بك طرفندن وكالته تكلیف
اولنهرق صحیه مدیرلرندن بو بابده معلومات طلب ایدلمش ، صحیه مدیرلری تدقیقات یاپارق
ایستهنن معلوماتی مهما امكن جمع ایلهمشلر . وكالته كلدیكم زمان بو معلوماتك یاریسنی
كلمش بولدم . بونلرك بر قسمی كوزلجه ، بر قسمی قیمتسز ایدی كه صحیه مدیرلرینك اقتدار
و فعالیتلریله متناسبدی . بونلردن اك مكمل اولانلر سینوب ، نیكده ، قیصری ، قسطمونی ،
ارضروم ، زونغولداق و منتشا صحیه مدیرلكلرندن كلنلردر . بونلرك آرهسنده سینوبككی
برنجیدر . بو حالده سینوب نسخهسنی نمونه اولمق اوزره انتخاب ایدوب بعضی تعدیلات
و تكملات اجراسندن صوكره ـ اكثریا اولدیغی كبی بونلرك ده بر دولاب ایچنده چورومك
و ضایع اولمق طالعندن قورتولمسی و انظار استفادهیه قونولمسی مقصدیله ـ نشر ایدییورم .
اثرده یاپیلان تصحیحلر میاننده بر ده او آلیشلمش اسكی منشیانه دیل ممكن اولدیغی قدر
تورکجهلشدیرلمشدر .

طبعنده بوتون صحیه مدیرلرینه توزیع ایدیلوب ایی اولمایان و یاهنوز كلهمین سنجاقلرككی
بو نمونه اوزره یكیدن ترتیب ایتدیریلهجكدر . و هر سنجاق [ولایت] دن كلدكجه الفبه
و یا دیكر بر ترتیبه باقلمقسزین وكالتجه تصحیحات و اكمالات بعد الاجرا نشر ایدیلهجكدر . بو
حالده بو نسخه « تورکیانك صحی و اجتماعی جوغرافیاسی » نام اثرك برنجی جزؤنی اولویور .

شوراسنی اعتراف ایتملی كه « هر شی جهتیله . . » دستورینك حكم سوردیكی بویله بر
زمانده ، آلات و سائره جهتندن اولان اكسیكلكلر ایچنده بو اثر ایستهنیلن مكملیتده
اولامامشدر . فقط بویله بر اثره اولان احتیاج دوشونیلنجه هیچ یوقدن اییدر . منطقی
قازانیر . هیچ اولمازسه بر اساس اولور ، صوكره مكمللشدیریلیر . هر شی كوچوكدن
و نقصان ایله باشلار . الویریركه باشلاسین .

اثره ، خریطهلر ، قروكیلر ، شمالر ، غرافیكلر ، جدوللر ، بعضی فوطوغرافیلر علاوه ایدلمشدر .

قویاً مأمول ایدییورم كه هر آی بر جزؤ یا صدیریلهبیلهجكدر .

امور صحیه و معاونت اجتماعیه وكیلی
و سینوب مبعوثی د ١٠ مارت ٣٣٨
دوقتور رضا نور

BERICHT A
S.[3]

تورکیه بویوك ملت مجلسی
امور صحیه و معاونت اجتماعیه وکالتی

جزؤ
١
تورکیه نك
صحی و اجتماعی جوغرافیاسی

سینوب سنجاغی

Sa'īd

سینوب صحیه مدیری : دوقتور محمد سعید

آنقره
١٣٣٨-٥-١٩٢٢م

BERICHT A
S.[7]

برنجی قسم

حدود ، طول وعرض درجه‌لری ، مساحهٔ سطحیه :

شمالدن قارادکیز ، شرقدن جانیك و آماسیه سنجاقلری جنوبدن وغربدن قسطمونی ولایتیله همحدود اولان سینوب سانجاغی ۳۱ – ۳۳ نجی طول دائره‌لریله ۴۱ و۴۲ نجی عرض دائره‌لری آراسنده تقریباً « ۸۶۲۰ » کیلو مترو مربعی اراضی‌یی حاوی قسماً طاغاق برساحه‌دن عبارتدر.

طاغلر :

یالیدن ایچری‌یه طوغرو کیتدکجه علی‌التدریج یوکسه‌لن اراضی عمومیت اعتباریله اوچنجی کیلو متروده صوك ارتفاعه واصل اولور . بعده بر طرفدن بوی آباد اووالرینه ، شرقده قیزیل ایرماق ، غربده قسطمونینك دورکانی ناحیه‌سی اووالرینه طوغرو آلچالیر . کوك ایرماق وادیسندن صرف نظر ایدیله‌جك اولورسه سینوب سنجاغی اکثریتله طاغلق وطاشلق اراضیدن عبارتدر .

حادثه‌لرله یوکسه‌لن و اورمانلری مقدما انقراض بولمش اولان طاغلرده درجهٔ حرارتك تحولاتی ایله وقوعه کلن انقباض وانبساط کبی تأثیرات حکمیه ، یاغمور صولری ، الکتریقیت کبی علائم جویه صولرك وهوانك ترکیباتنده‌کی مولدالحموضه‌نك تأثیراتیله حامض قاربون ، بوصون و نباتات سفلیه‌نك تشکلی کبی حیاتی وکیمیوی حادثات طوپراغك قشرینی بر دوزی‌یه تفتیت و تحویل ایله‌مکده و بو تأثیراته ضمیمةً بتون ساحل بو نجه دالغه‌لرك شدتلی تماسی اراضینك حسن اولور برصورتده تغیر ویا دکزه منقلب اولمسنه سببیت ویرمکده‌در .

اراضینك یوکسلدیکی قسملرده صولر دورغونلق پیدا ایده‌مامکده اولدیغندن رطوبت وتفسخ اوجاقلری حصوله کلمز . بوسببدن حفظ صحته موافق بر زمین و صفته بحق شایان بولنان و (یایلا) دینیلان بو منطقه‌لرده علی‌العموم حیوانات ییله نیز ویاز موسمنده جوار قریه‌لر اهالیسی کلیر اوطورور .

مشهور طاغلرك اسملریله موقع وارتفاعلری شریطه‌ده کوسترلمشدر.

Bericht A

Türkiye Büyük Millet Meclisi
Umūr-i Ṣıḥḥīye ve Muʿāvenet-i İctimāʿīye Vekāleti

Türkiyeniñ
Ṣıḥḥīʾ-i İctimāʿī Coġrafyası

1922 m. - 1338 h.[170]

Anḳara: Öğüd maṭbaʿası

(*Stempel*: Ankara Millî Kütüphane-1946. 1966A1296)

[170] Anstatt "h." (hicrī) müsste es hier "r." (rūmī) heißen.

.....selef-i ᶜâcizi Refîḳ beğefendi zamānında yurdımızıñ ṣıḥḥī ve ictimāᶜī tedḳīḳi gibi mühimm bir noḳṭa vekālet muᶜāvenet-i ictimāᶜīye müdīri doḳtor Muḥyeddīn Celāl beğ ṭarafından vekālete teklīf olınaraḳ ṣıḥḥīye müdīrlerinden bu bābda maᶜlūmāt ṭaleb edilmiş, ṣıḥḥīye müdīrleri tedḳīḳāt yaparaḳ istenen maᶜlūmātı mehmā emken cemᶜ eylemişler. Vekālete geldiğim zamān bu maᶜlūmātıñ yarısını gelmiş buldım. Bunlarıñ bir ḳısmı güzelce, bir ḳısmı ḳıymetsiz idi ki ṣıḥḥīye müdīrleriniñ iḳtidār ve faᶜālīyetleriyle mütenāsibdi. Bunlardan eñ mükemmel olanlar Sinob, Niğde, Ḳayṣeri, Ḳasṭamonı, Erżurum, Zonġuldaḳ ve Menteşa ṣıḥḥīye müdīrliklerinden gelenlerdir. Bunlarıñ arasındada Sinobıñki birincidir. Bu ḥālde Sinob nüsḫasını nümūne olmaḳ üzere intiḫāb edüb baᶜżı taᶜdīlāt ve tekemmülāt icrāsından ṣoñra - eks̱erīyā oldığı gibi bunlarıñda bir dolab içinde çürümek ve żāyiᶜ olmaḳ ṭāliᶜinden ḳurtulması ve enẓār-i istifādeye ḳonulması maḳṣadıyla - neşr ediyorum. Es̱erde yapılan taṣḥīḥler meyānında birde o alışılmış eski münşīyāne dil mümkin oldığı ḳadar türkçeleşdirilmişdir.

Ṭabᶜında bütün ṣıḥḥīye müdīrlerine tevzīᶜ edilüb iyi olmıyan veya henūz gelmeyen sancaḳlarıñki bu nümūne üzere yeñiden tertīb etdirilecekdir. Ve her sancaḳ (vilāyet)den geldikce elifba veya dīğer bir tertībe baḳmaḳsızın vekāletce taṣḥīḥāt ve ikmālāt-i baᶜdü'l-icrā neşr edilecekdir. Bu ḥālde bu nüsḫa "Türkiyanıñ Ṣıḥḥīʾ-i İctimāᶜī Coġrafyası" nām es̱eriñ birinci cüzʾi oluyor.

Şurasını iᶜtirāf etmeli ki "herşey cebheye..." düstūrınıñ ḥüküm sürdiği böyle bir zamānda ālet ve sāʾire cihetinden olan eksiklikler içinde bu es̱er istenilen mükemmelīyetde olamamışdır. Faḳaṭ böyle bir es̱ere olan iḥtiyāc düşünilince hiç yoḳdan iyidir manṭıḳı ḳazanır. Hiç olmazsa bir esās olur, ṣoñra mükemmelleşdirilir. Her şey küçükden ve noḳṣān ile başlar. Elverir ki başlansın.

Es̱ere ḫariṭalar, ḳrokiler, şemalar, ġrafikler, cedveller ve baᶜżı foṭoġrafiler ᶜilāve edilmişdir.

Ḳavīyyen meʾmūl ediyorum ki her ay bir cüzʾ baṣdırılabilecekdir.

Umūr-i Ṣıḥḥīye ve Muᶜāvenet-i İctimāᶜīye vekīli
ve Sinob mebᶜūs̱ı:
Doḳtor Rıżā Nūr
10 Mārt 338

Türkiye Büyük Millet Meclisi

Umūr-i Ṣıḥḥīye ve Muʿāvenet -i İctimāʿīye Vekāleti

Cüzʾ I

Türkiyeniñ
Ṣıḥḥīʾ-i İctimāʿī Coġrafyası

Sinob Sancaġı
Sinob ṣıḥḥīye müdīri: Doḳtor Meḥmed Saʿīd

Anḳara

1922 m. - 1338 h.

Anḳara: Öğüd maṭbaʿası

[7]**Birinci ḳısım**

Ḥudūd, ṭūl ve ʿarż dereceleri, mesāḥaʾ-i saṭḥīye
Şimāldan Ḳara Deñiz, şarḳdan Canik ve Amasya sancaḳları, cenūbdan ve ġarbdan Ḳasṭamonı vilāyetiyle hemḥudūd olan Sinob sancaġı 31 - 33inci ṭūl dāʾireleriyle 41 - 42nci ʿarż dāʾireleri arasında taḳrīben 8620 kilometro murabbaʿı ʿarāżīyi ḥāvī ḳısmen ṭaġlıḳ bir sāḥadan ʿibāretdir.

Ṭaġlar
Yalıdan içeriye ṭoġru gidildikce ʿalā't-tedrīc yükselen ʿarāżī ʿumūmīyet iʿtibārıyla üçinci kilometroda ṣoñ irtifāʿa vāṣıl olur. Baʿdehu bir ṭarafdan Boyābād ovalarına, şarḳda Ḳızıl Irmaḳ, ġarbda Ḳasṭamonınıñ Devrekani nāḥiyesi ovalarına ṭoġru alçalır. Gök Irmaḳ vādīsinden ṣarf-i naẓar edilecek olursa Sinob sancaġı eks̱erīyetle ṭaġlıḳ ve ṭaşlıḳ arāżīden ʿibāretdir.

Ḥādd-i meyillerle yükselen ve ormanları muḳaddeman inḳırāż bulmış olan ṭaġlarda derece-i ḥarāretiñ taḥavvülātı ile vuḳūʿa gelen inḳıbāż ve inbisāṭ gibi teʾs̱īrāt-i ḥikemīye, yaġmur ṣuları, elektrikīyet gibi ʿalāʾim-i cevīye ṣularıñ ve havānıñ terkībātındaki müvellidü'l-ḥumūżanıñ teʾs̱īrātla ḥāmıż-i ḳarbon, yoṣun ve nebātāt-i süflīyeniñ teşekküli gibi ḥayātī ve kīmyevī ḥādis̱āt ṭopraġıñ ḳışrını bir düziye teftīt ve taḥvīl eylemekde ve bu teʾs̱īrāta żamīmeten bütün sāḥil boyınca dalġalarıñ şiddetli temāsı arāżīniñ ḥiss olınur bir ṣūretde taġayyur veya deñize münḳalib olmasına sebebīyet vermekdedir.

Arāżīniñ yükseldiġi ḳısımlarda ṣular durġunlıḳ peydā edemamaḳda oldıġından ruṭūbet ve tefessüḫ ocaḳları ḥuṣūle gelemez. Bu sebebden ḥıfẓ-i ṣıḥḥata muvāfıḳ bir zemīn vaṣfına biḥaḳḳin şāyān bulınan ve "yayla" denilen bu mınṭıḳalarda ʿalā'l-ʿumūm ḥayvānāt beslenir ve yaz mevsiminde cıvār ḳaryeler ahālīsi gelir oṭurur.

Meşhūr ṭaġlarıñ isimleriyle mevkiʿ ve irtifāʿları ḫariṭada gösterilmişdir.

[8]**Nehirler**
Ufaḳ derelerden ṣarf-i naẓar olındıġı taḳdīrde livāda başlıca Ḳızılırmaḳ, Gökırmaḳ nāmında iki nehir ile Çelevid çayı, Ḳanlı çayı, Ṣarmısaḳ çayı, Ḳırḳgeçid çayı, Ḳaraṣu çayı, Ayancıḳ çayı, Boyābād çayı, Ayrıca çayı, Ḳızıloġlan çayı gibi çaylar mevcūddır. Bu çaylardan ẕikre şāyān olanları şunlardır:

1.- **Ḳızılırmaḳ**: Sivasıñ şarḳındaki Ḳızılṭaġ nām maḥallden ẓuhūr ederek <950> kilometro ṭūlında bir mesīr taʿḳīb eyledikden ṣoñra evvelā Vezīrköpri ile Boyābād, baʿdehu Gerze ile Bafra ḳażāları ḥudūdlarını temdīd eylemek ṣūretiyle devām eder ve Bafra şehri cıvārında Ḳaradeñize munṣabb olur. Mecrāsı fevḳü'l-ʿāde ʿārıżalı ve bu nisbetde serīʿü'l-cereyān bulındıġı içün bu ḥāliyle gemi işletmeğe ḳābilīyeti yoḳdır. ᶜUmūmī ḥarb senelerinde Avusturya mühendislerinden bir heyʾet ṭarafından nehriñ mecrāsında tedḳīḳāt yapılmış oldıġı ve Bafradan ᶜOs̱māncıġa ḳadar müteᶜaddid bendler inşāsı ṣūretiyle ve pek az bir maṣrafla gemi işletmeğe elverişli bir ḥāle getirilebileceği söylenmiş idi.

2.- **Gökırmaḳ**: Ḳasṭamonı vilāyatine tābiᶜ Ṭaṭay ḳażāsında ḳāʾin Ballıṭaġ eteklerinden ṭoplanan dereler Ṭaṭay çayını teşkīl ederler. Bu çay Ṭaşköpri ḳażāsınıñ Gölveren mevḳiᶜinde Ḳasṭamonı şehrinden geçen ufaḳ bir dere ilede birleşerek Ṭaşköpri ḳażāsını başdan başa ṣuladıḳdan ṣoñra Boyābād arāżīsine girer; buradan iᶜtibāren geniş bir ova taᶜḳīb ederek taḫmīnen onbeş sāᶜatlıḳ bir mesāfe ḳaṭᶜ eyledikden ṣoñra Boyābād Ṭuraġan nāḥiyesine bir sāᶜat mesāfede (Ḥasandiken Çerākise) ḳaryesi öñinde Ḳızılırmaġa ḳarışır. Gökırmaġıñ ṭūlı taḳrīben <200> kilometrodır. Gölveren mevḳiᶜinden Ḳızılırmaġa ḳadar ḳısmı oldıḳca ehemmīyetlidir. Mecrāsınıñ iki ṭarafında bulınan ḳaryeler nehirden pek çoḳ istifāde ederler. Boyābād başlıca ticāreti olan buġday ve pirinç zerᶜīyātı bi'l-ḫāṣṣa Gökırmaḳ ovasına teṣādüf eden ḳaryelerde icrā edilür. Nehriñ mesīrinde birer ufaḳ baṭaḳlıḳ ve ḳumsallıḳlar vardır. Pirinç tarlalarınıñ mevcūdīyeti işbu baṭaḳlıḳları ṣıḥḥata mużırr bir şekle ṣoḳar. Gemi işletmeğe müsāᶜid değildir.

[9] 3.- **Çelevid çayı**: Bafra ḳażāsınıñ Alaçam nāḥiyesiyle Gerze nāḥiyesine tābiᶜ Yeñicumᶜa nāḥiyesi ḫaṭṭ-i fāṣılında bulınan bu çay Beşçam tepelerinden çıḳar ve ṣaġdan ṣoldan ḳatılan ḳollarla oldıḳca vüsᶜat peydā eyledikden ṣoñra Çelevid nām mevḳiᶜde deñize dökilür. Çayıñ mecrāsı ġayr-i muntaẓam ve ṭaşlıḳ oldıġı gibi ṣuyıda bol olmadıġından mecrāsı ne genişlemeğe nede gemi işletmeğe elverişli değildir. Ṭūlı taḫmīnen 30 kilometrodır.

4.- **Ḳanlıçay**: Uzunöz ṭaġlarınıñ eteklerinden çıḳar ve Çayaġzı nām maḥallde deñize dökilür. Gerze ḳażāsınıñ eñ zengin bir ṣuyıdır. Menbaᶜına yaḳın yerlerde ilkbahārda geçid vermediği günler vāḳiᶜdir. Mecrāsı ṭaşlıḳ oldıġından ne genişlemeğe nede gemi işletmeğe ḳābilīyetli değildir. Munṣabbında ḥarbden evvel muntaẓam bir keraste fabriḳası mevcūd iken ᶜumūmī ḥarb es̱nāsında Rus ṭorpidoları ṭarafından taḫrīb edilmişdir.

5.- **Ṣarmısaḳ çayı**: Ḳanlıçay gibi Uzunöz ṭaġlarından terāküm ve Ḳanlıçayıñ ᶜaksine şimāl-i şarḳīye tercīh istiḳāmetle seyrederek Dereyeri nām maḥallde deñize dökilür. Ṣuyı az, mecrāsı ṭaşlıḳ ve çevrānī oldıġı içün gemi işletmeğe ḳābilīyeti yoḳdır.

6.- **Ḳırḳgeçid çayı**: Bu çayıñ yataġı ziyāde münḥanī ve yılanḳāvī oldıġı içün bu isim verilmişdir. Ṣarnıc ve Ṣorḳun ṭaġlarından çıḳar, Çaḳıroġlı iskelesinden deñize dökilür. Munṣabbında bu ṣu ile çevrilen iki ẕaḫīre ve bir keraste fabriḳası vardır.

7.- **Ḳaraṣu çayı**: Gündüzli ormanlarından çıḳar, Aḳviren nāmındaki ufaḳ bir şecenide aldıḳdan ṣoñra Ḳaraṣu nāḥiyesi merkezinden geçerek Aḳlatmıyan mevḳiᶜinde deñize dökilür. Ṭūlı seksan kilometrodır. Gemi işletmeğe elverişli değildir.

8.- **Ayancıḳ çayı**: Ḳaraṭaġ eteklerinden nebeᶜān eder, ṣaġından, ṣolından birçoḳ ḳollarla birleşdikden ṣoñra Ayancıḳ ḳaṣabası cıvārında deñize dökilür. Ṭūlı 90 kilometrodır. Gemi işletmeğe elverişli değildir. Kerasteᶜmālıyla meşġūl olan civār ḳurā ahālīsi yolsızlıḳ yüzinden pek ziyāde meşaḳḳat çekmekde oldıḳlarından iᶜmāl eyledikleri kerasteleri birbirine baġlayaraḳ ufaḳ ṣallar ḥālinde Ayancıḳ çayında yüzdirmek ṣūretiyle ve pek ziyāde güçlikle sāḥile naḳl ederler.

[10] Bālāda uzun uzadıya yazılan ırmaḳ ve çaylarıñ hemān kāffesi fażla bir meyle ve bi'n-netīce büyük bir sürᶜat-i seyre mālik oldıḳlarından seyirlerinde baṭaḳlıḳ ḥāṣıl eylemezler. Yalñız Gökırmaġıñ münḥaṭṭ bir vādīden az bir meyil ile cereyān eylemesi yer yer baṭaḳlıḳlarıñ ẓuhūrına sebeb olur. Bu ırmaġıñ mesīrinde bulınan ḳurā ahālīsi ᶜalā'l-ekṡer pirinc zirāᶜatı ile iştiġāl eylemekde oldıḳlarından mevcūd ve maḥdūd baṭaḳlıḳlara ṣunᶜī baṭaḳlıḳlarda inżimām eder. Bu sebebden ırmaġıñ hemān bütün ṭūlca mevcūd olan arāżī merzaġī mıntıḳalar meyānına dāḫildir. Sevāḥil ᶜumūmīyet iᶜtibārıyla münḥaṭṭ olub derece derece yükseldiğinden münḥaṭṭ olan işbu sāḥil ḳısımlarda aḳan dere ve çaylarıñ bi'l-ḫāṣṣa sāḥile yaḳın olan ḳısımlarında ufaḳ tefek baṭaḳlıḳlar vardır. Dere ve çay munṣabblarınıñ taṭhīri sāyesinde izāle edilebileceği muḥaḳḳaḳ bulınan şu ufaḳ baṭaḳlıḳlar cıvār ḳaryeler ahālīsiniñ ṣıḥḥatlarını dāʾimī ṣūretde tehdīd altında bulındırmaḳdadır. Bi'l-ḫāṣṣa İnceburundan ve Ṣarıḳumdan başlayan işbu baṭaḳlıḳlar ṣırasıyla: Ṣarıḳum, Aḳsaz, Ḳaragöl, Sazlı İmām, Ṭaşbāġı, Çobanlar, Çaḳıroġlı, Dereyeri gibi mevḳiᶜlere münḥaṣırdır. Livādaki ehemmīyetli baṭaḳlıḳlar bālāda ᶜarż olundıġı vecihle yalñız sāhil ḳısımlarda mevcūd olub dāḫilde Gökırmaḳ vādīsinden başḳa ẕikre şāyān baṭaḳlıḳ yoḳdır. Ehemmīyetlerine naẓaran Ḳaragöl, Aḳsaz ve Ṣarıḳum baṭaḳlıḳları ḥaḳḳında göller baḥṡında mufaṣṣal maᶜlūmāt verilecekdir.

Göller

Coġrafya kitāblarında [göl] nāmıyla tavṣīf olınan ṭurġun ve dāʾimī ṣu kitleleri buralarda yoḳdır. Ancaḳ muḫtelif yerlerden aḳan dere ve çaylar ṭaşdıġında ḥādd-i meyillerdeki ᶜużvī rusūbātı ve balçıḳlı ṭopraġı berāber alaraḳ düz maḥallere bıraḳmaḳda oldıḳlarından gerek münḥaṭṭ aḳsām gerekse kil ṭabaḳātına zemīn olan maḥallerde ḫalḳ dilinde <göl> ismi verilan baṭaḳlıḳlar ve sazlıḳlar peydā olmışdır. Göl nāmı verilen şu baṭaḳlıḳlarıñ başlıcaları şunlardır:

1.- **Sülük göli**: Sinob yarımaṭasınıñ ẕirvesinde ve taḳrīben deñizden yüz metro irtifāᶜında yarım hektar vüsᶜatında sazlarla dolı bir baṭaḳlıḳdır. Derinliği vusṭā olaraḳ 1 - 2 metrodır. ᶜUmūmīyet iᶜtibārıyla bürkānī ṣuḫūrdan ᶜibāret bulınan Sinob yarımaṭası eski [11]zamānda feverān eylemiş oldıġı ẓann olınan bir yanarṭaġ mevḳiᶜi farż edilecek olursa ẕirvesinde taḥaṣṣul eden şu gölcüğinde yanarṭaġıñ krateri oldıġında hiç şübhe yoḳdır. Yaġan yaġmurlar nisbetinde göliñ vüsʿatı artar, eksilir. Sinob ḳaṣabasında ṣarf ve istihlāk edilmekde olan ṣularıñ kāffesiniñ menbaʿı yarımaṭa üzerinde oldığından kāffesiniñ menbaʿı Sülük göli oldığına dāʾir ḫalḳ arasında büyük bir ḳanāʿat mevcūd isede bu ṣularıñ çoḳlığı göz öñine getirilirse menbaʿın yalñız Sülük gölinden ʿibāret oldığı maydāna çıḳar. Fī'l-ḥaḳīḳa Sinob yarımaṭasından çıḳan menbaʿ ṣularından birçoḳlarınıñ taḥtu'l-arż mevcūd ṣu ṭabaḳātınıñ muvāzenet-i māyiʿāt ḳānūnına tevfīḳan aṭanıñ ẕirvesine ḳadar çıḳmaḳda oldığına ḥükm edenler vardır. Göl cıvārı mezruʿ tarlalarla muḥāṭdır, ġayr-i meskūndır. Ḳurutılması pek ehemmīyetsiz bir maṣrafla olabilir isede bālāda ʿarż olındığı vecihle ḳaṣaba ṣularınıñ menbaʿı olması mülāḥaẓasına ve cereyān-i havāya maʿrūż bulınması ḥasebiyle Anofelleriñ neşv olınmasına ġayr-i müsāʿid bir mevḳiʿde bulınmasına mebnī şimdīye ḳadar hiç bir zamān merzaġīyet kesb etmediğinden ḳurıtılmasına teşebbüs̱ edilmemişdir.

2.- **Ḳaragöl**: Aḳlimān civārında sāḥile <40 - 50> metro mesāfede taḫmīnen <800> hektar vüsʿatında sazlarla mestūr bir baṭaḳlıḳdır. Deñizden baʿż-i niḳātında bir metrodan ziyāde alçalan arāżī civār ormanlardan tereşşüḥ ve terāküm eden ṣularla dolaraḳ ḳış mevsiminde ʿādetā göl olur, yazın ise tamāmıyla ḳuruyaraḳ yalñız sazlardan ʿibāret müteʿaffin bir orman ḥāline girer.

3.- **Aḳsaz**: Ḳaragöliñ şimāl-i şarḳīsinde ve hemān cıvārında münḥaṭṭ ikinci bir ḳısım daha var ki 200 hektar vüsʿatında taḫmīn olınan ve bütün imtidādınca sazlarla mestūr bulınan şu arāżī daḫi ḳışın terāküm eden ṣularla büyük bir göl ḥālini alır, yazın kenārları ḳuruyaraḳ küçülür ve ortasında ṭurġun ve müteʿaffin bir gölcük peydā olur. Saṭḥ-i baḥirden iki metro ve daha ziyāde münḥaṭṭ olan maḥalleri vardır. Eṭrāfı ormanlarla muḥāṭdır.

4.- **Ṣarıḳum**: İnceburunıñ cenūb-i şarḳīsine müṣādif olan bu göl, cıvārındakileriñ büyüğidir. Taḳrīben <400> hektar vüsʿatındadır. Eṭrāfı ormanlarla muḥāṭdır. Ḳışın [12] ṣuyı çoġalaraḳ deñiz ile ḫāricen iştirāḳ peydā edersede yazın şu iştirāḳ daḫi zāʾil oldığından dāʾimī bir baṭaḳlıḳ ḥālini iktisāb eder.

Ḫariṭanıñ daḫi tedḳīḳinden añlaşılacağı vecihle Ḳaragöl, Aḳsaz ve Ṣarıḳum baṭaḳlıḳları yekdīğerine yaḳın ve deñiz ile cereyānı muvaḳḳat iştirāklara mālikdirler. ʿAlā'l-eks̱er ṭurġun ṣularla dolan işbu baṭaḳlıḳlara cıvār olan arāżī bütün maʿnāsıyla merzaġīdir. Anofelleriñ neşv-ü-nemāsına fevḳü'l-ʿāde müsāʾid bulınan bu sāḥada ṣıtma olanca şiddetiyle yazın ve ʿalā'l-eks̱er ḳışın bile devām eder. Cıvār ḳaryeler ahālīsiniñ tevātüren vāḳiʿ olan ifādātı ve mārrü'l-arż baṭaḳlıḳlarda ve cıvār ormanlar derūnında el-yevm teṣādüf edilmekde olan ḫāne ḫarābeleri, mezārlıḳlar, şose, ḳaldırım ve emākin-i cesīme enḳāżı, elma, armud, nar, portoḳal ve limon gibi eşcārıñ mevcudīyeti vaḳtiyle buralarda büyük ḳaṣaba ve ḳaryeler mevcūd oldığını is̱bāt ediyor. Evvelce yaşamaġa müsāʿid olan bu maḥalleriñ bi'l-āḫare vuḳūʿ bulan taḥavvülāt-i arāżī ḥasebiyle inḥiṭāṭa dūçār olaraḳ merzaġīyet peydā eylediği ve sekenesiniñ ṣıtma taḫrībātı yüzinden tamāmiyle maḥv ve nābūd oldığı muḥaḳḳaḳdır.

Taḫmīnen biñ sene evveline āʾid olub āsārı görülen maʿmūrīyetden ṣarf-i naẓar yakın senelerde bile taḫrībāt vardır. 1277 tārīḫinden 1295 tārīḫine ḳadar Ḳafḳas ve Ṣuḫum ṭaraflarından muhāceret eden Çerkes ve Abaza muhācirlerinden onbiñe ḳarīb nüfūsıñ iskān edilmiş oldıḳları Ṭopçıoğlı, İncirpuñarı, Çobanlar, Saraycıḳ, Ṣoğucaḳ, Ḳızılʿabalı, Diken, Yağcı, Dibekli, Satcar, Kürtoğlı ve Ḳaragöl gibi eñ aşağı ellişer ḫāneli muntaẓam, menbaʿ ṣularına, cāmiʿ, mekteb ve ḫānelere mālik maʿmūr ḳaryelerden birçoğı ahālīsiyle berāber el-yevm tamāmiyle mahv olmış ve bir ikisinde (ḳaşkesyā-yi merzaġī)ye mübtelā beş on nüfūs ve o nisbetde ḫāne ḳalmışdır. Maḥv ve ḫarāb olan nüfūs kāmilen Ḳafkas ve Ṣuḫum muhācirlerinden ʿibāretdir. Yerli ahālī bu cıvārıñ veḫāmetini çoḳdan idrāk eylemiş oldıḳlarından ṣıtmadan ḳurtulabilenler bu cıvārdan uzaḳlaşmaġa mecbūr olmışlardır. Bināʾen ʿaleyh esāsen merzaġī ve metrūk olan şu arāżīye muhācirīn iskān eylemek ve bi'n-netīce bīçārelerin maḫvına sebebīyet vermek idāre-i sābiḳeniñ seyyiʾātından bir nümūnedir. El-yevm baṭaḳlıḳlarıñ pek uzaḳlarında bulınan ḳurā ahālīsi bile yaz mevsimini behemeḥāl yaylalarda imrār eylemek mecbūrīyetindedirler.

[13] Baṭaḳlıḳlarıñ ḳurutulması żımnında şimdiye ḳadar pek ufaḳ ve netīcesiz bir teşebbüsden başḳa birşey yapılmamışdır. 327 senesi Dersaʿādetden gönderilen iki mühendis Aḳsaz baṭaḳlıġınıñ ḳurutulması içün iki proje yapdılar. Projelerden birisi biñ lira ile, dīğeri yiğirmiyedibiñ lira ile ḳābil-i taṭbīḳ ve icrā idi. Mühendisleriñ tafṣīlāt ve īżāḥātlarına raġmen ḥükūmet ʿalā'l-ʿāde ḳanalizasyondan ʿibāret olan birinci projeyi ḳabūl eyledi. ʿAmelīyāt biñ lira muḳābilinde bir müteʿahhide iḥāle olındı. Fī'l-ḥaḳīḳa proje mūcibince ḳanal ḥafr edildi. Lākin baṭaḳlıġıñ ḳuruması içün hiçbir fāʾideyi intāc edemedikden başḳa ḫitām-i inşāʾātı müteʿāḳib ẓuhūr eden büyük dalġalar açılan ḳanalı tamāmiyle imlā ederek eski ḥāline getirdi. Mühendisleriñ ḥāżırladıḳları ikinci proje cidden maʿḳūl, fenn ve manṭıḳa muvāfıḳ ve eñ ʿamelī bir proje idi. Zīrā mühendisler bu projelerinde Ḳaraṣu çayınıñ mecrāsını hendeḳ küşād eylemek ṣūretiyle Aḳsaz baṭaḳlıġına aḳıdıyorlardı. Şu ṣūretle baṭaḳlıḳda dāʾimī bir cereyān teʾmīn eyledikden başḳa beş on sene ẓarfında çayıñ sürükleyerek getirdiği teressübāt ve enḳāż ile münḥaṭṭ olan arāżīniñ kendiliğinden ṭolacaġı aşikār idi. Herne ṣūretle olursa yekdīğerine yaḳın bulınan şu üç baṭaklıġıñ ḳurutulması sāyesinde biñlerce hektar arāżī ḳābil-i zirāʿat bir ḥāle geleceği gibi onbiñlerce insānıñ ḥayāt ve ṣıḥḥatı daḫi teʾmīn edilmiş olacaḳdır.

Teşekkülāt-i jeʾolojīye

Sinob livāsı teşekkülāt-i jeʾolojīye noḳṭaʾ-i naẓarından zamān-i s̱ānīye āʾid tebāşīrī ve jurazīdir. Terkībāt-i arżīyesi tebāşīr ve ḳloritli tebāşīrler, kil, ḳum, maren ve demir maʿdeni ṭabaḳaları, baʿż-i ṭaraflarda sīmli kurşun, linyit, petrol, pirid, ḳalḳopirid, ḳalḳozen (nüḥāslı pirid) ḳrom maʿdenlerinden ʿibāretdir. Arāżī ʿumūmīyet iʿtibāriyle tebāşīrī ve jurazī olmaḳla berāber yer yer baʿż-i ʿalāʾim ve emārāt-i volkanīyeyede teṣādüf olınmaḳdadır. Nitekim Sinob ḳasabasınıñ mebnī bulundıġı Sinob yarım aṭası şekil ve vażʿīyet-i jeʾolojīye iʿtibārıyla muḳaddeman ḥāl-i feverānda bulınmış olan bir volḳanıñ āsār ve ʿalāʾimi ʿarż eden lav enḳāzını göstermekdedir.

Maʿādin

Boyābād ḳażāsına iki buçuḳ sāʿat mesāfede (Ekinveren) nām ḳarye cıvārında [14] zengin bir petrol maʿdeni keşf edilmiş ve işletme imtiyāzı Sinoblı Altunoġlı birāderler ṭarafından alınmış isede bu güne ḳadar işletilememiş ve işletmek içünde hiçbir teşebbüs̱de bulunılmamışdır. Ḥarbden evvel bir İngiliz şirketi ṭarafından iʿzām olınan hey'et-i fennīye maʿdeniñ pek zengin oldıġını ve sāḥile ḳurbīyeti ḥasebiyle (maʿden maḥalli Çaḳıroġlı iskelesine ondört sāʿatdır) ve ilerüde vāsiʿ mü'essesāt vücūda getirilmek şarṭıyla (Baku) petrol ḳuyularına reḳābet eylemek iḥtimāli ġūyā mevcūd oldıġını dermiyān ediyordı. Boyābādıñ Ṭuraġan nāḥiyesiniñ Çerçiler ḳaryesine on daḳīḳalıḳ bir mesāfede ve yine ʿaynı nāḥiyeniñ Yuḳarıçerkesler nām ḳaryesi cıvārında Aġırlıḳ denilen maḥallde Arsenik maʿdeni keşf edilmiş isede ne taḥarrī, nede işletmek içün hiçbir ṭarafdan teşebbüs̱ātda bulunılmamışdır.

Ormanlar

Sinob livāsı ormanları noḳṭa'-i naẓarından çoḳ zengindir. Merbūṭ ḫariṭa başlıca ormanlarıñ mevḳiʿ ve saṭḥ-i baḥra naẓaran irtifāʿları işāret olındıġı gibi ḫuṣūṣī bir cedvelde her ormanıñ mestūr oldıġı eşcārıñ cinsi gösterilmişdir.

Senevī iḫrāc olınan küllīyetli mıḳdārda kereste livānıñ mühimm bir vāridātını te'mīn eylemekdedir. Ormanlarda işlenen eşcār: ḳayın aġacı, kökġiller, çam, mişe, kestane, dişbudaḳ, ḳaraaġaç, aḳçaçamdır. Ḳayın aġacından fuçı taḫtası, burdana yaparlar, çam ve dīğer aḳsāmdan taḫta, late ve direk iʿmāl ederler.

Livānıñ kereste iḫrācātı başlıca İstanbul, Ṣamsun ve Ṭrabzon şehirlerine yapılır. ʿUmūmī ḥarbdan evvel İskenderīye, İzmir ve Marsilyayada küllīyetli kereste iḫrācātı yapılırdı. 327 senesi ẓarfında bir Fransız şimendöfer şirketi Ṣarıḳum iskelesinden beşyüzbiñden ziyāde travers ṣatın almışdır.

Ḳaṭʿıyāt ġayr-i muntaẓamdır. Köyli bir ṭaḳım müteʿahhidlere iḥāle edilmiş olan ormanlardan keresteyi tedārik eder, müteʿahhidiñ istediği şekilde ḳaba ṭaslaḳ yontar ve yine müteʿahhidiñ ārzū eylediği iskeleye müşkülātla naḳl eyler. Muḳābilinde pek cüz'ī bir para alır, veyāḫūd babasından ḳalan borcına maḥsūb eder. Bu sebebden muntaẓam ʿamele ḥayātı yoḳdır.

[15] Naḳlīyāt (ḳaġnı) denilen iki tekerlekli maʿhūd arabalarla icrā olınur. Ḳaġnılarıñ işlemediği maḥallerde, ezcümle Ayancıḳda naḳlīyāt sürgi ḥālinde ve ḳızaḳ ile yapılır. Ḳızılırmaḳda dā'imī bir ṣūretde kereste naḳlīyātı yapılabilir. Ayancıḳ çayından daḫi kereste naḳlīyātı ḫuṣūṣında istifāde edilürsede şu istifāde ilk ve ṣoñ bahārlara inḥiṣār eder. Köyli ḳaba ṭaslaḳ olaraḳ iʿmāl eylediği beş on aġacı yekdīğerine güzelce baġlayaraḳ bir ṣal yapar, üzerinde kendisi ayaḳda ṭurur, eline uzun bir aġaç alır, şu aġacı muḫtelif ṣūretlerle istiʿmāl ederek ṣalı ṣu üzerinde yüzdirmeğe ġayret eder. Pek müşkil ve yorucı bir naḳlīyātdır.

Livāda el-yevm faʿālīyetde iki kereste fabriḳasıyla on beş ḳadar ḥādī ṣu ḥiżarı vardır. Kereste iḫrācātına müsāʿid olan iskeleler ṣırasıyla: Çelevid, Çayaġzı,

Körsefet, İydemli, Gerze, Dizeyeri, Çaḳıroğlı, Ṭaşyağı, Aḳliman, Gebelid, Ḳuzaḳ, Ayancıḳ ve Ortalıḳ mevḳiᶜleridir. ᶜUmūmī ḥarbdan evvel kerasteden başḳa bi'l-ḫāṣṣa Rusya ve İstanbula küllīyetli mıḳdārda odun iḫrācātı yapılırdı. Ṣoñ senelerde şu odun iḫrācātı yeñiden uyanmaġa başlamışdır.

Nebātāt

Tabīᶜatan muᶜtedil bir iḳlīme mālik olan Sinob livāsında ᶜumūmīyet iᶜtibāriyle her nevᶜi eşcār neşv-ü-nemā bulursada eşcār yetişdirmeğe rağbet olmadığından mevcūd olanlar ḫüdā-yi nābit ve ecdāddan ḳalma şeylerdir. Nitekim merkez-i livāda ötedenberi ecdāddan ḳalmış olan portoḳal, limon, zeytūn aġaçlarınıñ maḥṣūlı iḥtiyācāt-i maḥallīyeyi yarıya idāreye kāfīdir. Ahālīde aġaç yetişdirmeğe rağbet olsada şu eşcār teks̱īr edilse iḥtiyācāt-i maḥallīye defᶜ edildikden māᶜadā ḫārice bile iḫrācāt yapılacağı muḥaḳḳaḳdır.

Filoḳsera yüzinden ḫarāb olan bāğlarıñ el-yevm (Çuḳurbāġ), (Gerze bāğları) gibi yalñız mevḳiᶜleriñ ismi dillerde ṭolaşmaḳdadır. Evvelce Gerze bāğları pek meşhūr imiş. Senevī küllīyetli mıḳdārda şarāb iᶜmāl ve iḫrāc edilirmiş. Gerzeniñ (Nardeng)i saray sofralarına bile girmişdir. Rivāyet edildiğine göre Nardengi saraya beğendirebilmeğe muvaffaḳ olan bir bāğcı derḥāl irādeᵓ-i senīye ile Gerze nāḥiyesine müdīr taᶜyīn edilmişdir. Bu bāğlar el-yevm tamāmiyle tarla ḥāline münḳalib olmışdır.

[16] Ayancıḳ ḳażāsınıñ fażlaca olan kestanesiyle Boyābād cevizi; Sinobıñ seneden seneye revāc olan elması ile zeytūn, limon, portoḳal, mandalinası istis̱nā edilecek olursa livāda elma, armud, erik, ayva, şeftali gibi eşcār-i müs̱mireye kes̱retle teṣādüf olınur. Sinob ve Ayancıḳ ḳażālarında baᶜżı müteşebbis̱ kimseler ṭarafından fındıḳ, ceviz yetişdirilmekdedir.

Sinob ve Ayancıḳ ḳażālarından senevī iḫrāc olınan elma, armud oldıḳça bir yekūn teşkīl ediyor. Boyābāddan İstanbula senevī birḳaç biñ çuval ceviz gönderilmekdedir. Yalñız şāyān-i teᵓes̱sür olan bir cihet varsa o da bi'l-ḫāṣṣa elma ve armud memleketi olan Sinob livāsında bu meyvelere ᶜāᵓid eşcārıñ ḫüdā-yi nābit bir ḥālde ve ᶜalā'l-eks̱er yabānī nevᶜinden olmasıdır. İyi baḳılacaḳ ve mütenevviᶜ aşılarla aşılanacaḳ olursa meyveciliğiñ memleketiñ iḳtiṣādīyātı üzerinde mühimm ve müfīd roller oynayacağı şübheden vārestedir. 337 senesi ẓarfında idrāk olınan meyve mıḳdārı ḫuṣūṣī cedvelde gösterilmişdir.

Zirāᶜat

Livāda zerᶜīyāt ibtidāᵓī ve bilā istis̱nā ḳaraṣapan iledir. Rencberi ecdādından görmiş oldığı uṣūldan vaz geçirmek mümkin değildir. Nādirātdan olmaḳ üzere biricik pulluġa mālik olan çiftlik ṣāḥibleri bile şu pulluḳlarını istiᶜmāl etmiyerek eski uṣūlda ḳaraṣapan ile zerᶜīyāt yaparlar. Arāżīniñ büyük bir ḳısmı mevcūd ormanlarıñ taḫrībi netīcesinde elde edilmekde oldığından ḳuvveᵓ-i inbātīye noḳṭaᵓ-i naẓarından fevḳü'l-ᶜāde denilecek bir ḳudrete mālik isede rencberiñ görgüsinden vaz geçirilememesi ḥāṣılātıñ bire (5 - 8) geçmemesini mūcib olmaḳdadır.

Livāda zerʿīyāt ber-vech-i ātī ṭarzda icrā edilmekdedir:
1.- Ṣoñbahār zerʿīyātı: Bu mevsimde bi'l-ḫāṣṣa mıṣır maḥṣūlı idrāk edilmiş olan tarlalara buğday ekilir. Mıṣır tarlaları bir ḳaç defʿa ḳazılmaḳ ṣūretiyle oldıḳça yumuşaḳ bir ḥāle getirilmiş oldığından bir yağmurı müteʿāḳib daha ziyāde yumuşayan tarlaya toḫumlar serpilir, baʿdehu üzerine ağacdan bir ṭaraḳ çekilir. Rencber tenbellik etmezde toḫumdan ṣoñra birde ṣapan gezdirirse maḥṣūl bereketli olur. (Bire beş) mıṣırdan başḳa ḥubūbāt ekilmiş olan [17] tarlalar evvel emirde bir defʿa sürüldikden ṣoñra toḫum atılır ve ṭaraḳ gezdirilir.

2.- İlkbahār zerʿīyātı: Bu mevsimdeki zerʿīyāta (yarlıḳ) taʿbīr olınur. Bu es̱nādaki zerʿīyātda pek basīṭdir. Zīrā ḳışın yağmur ve ḳarlarla yumuşayan tarlalar kamā fī's-sābıḳ bir defʿa ṣaban veya ṭaraḳ çekilmek ṣūretiyle zerʿīyāt yapılır.

333 senesi ẓarfında rencbere pullığıñ fevāʾidi merkez ḫastaḫānesi bāğçesinde bi'ẕ-ẕāt gösterilmiş oldığı ḥālde ṭopraġıñ ḳuvveʾ-i inbātīyesine, toḫumıñ iyiliğine ḥaml olınaraḳ pullığa alışdırmaḳ mümkin olamamışdı. Zīrā pullıḳ ile ekilen ḫastaḫāne bāğçesinde yetişen maḥṣūl bire <20>yi tecāvüz eylediği ḥālde ʿaynı ḳuvveʾ-i inbātīyeye mālik ve ʿaynı toḫum zerʿ olınan ve faḳaṭ ḳaraṣaban ile sürülmiş olan cıvār tarla ṣāḥibleri bire (8)den fażla alamamışlardır. Ḥayvān içün, rencber içün daha kolay bulınan pullığıñ ḳaṣaba içerisinde bile taʿmīmi mümkin olamadığı düşünülürse köylerde taʿmīm ve intişārınıñ ne derece güçlikle ḥuṣūle geleceği añlaşılır.

Livādaki zerʿīyāt başlıca: ḥubūbāt, baḳlīyāt, kökli mevādd-i ġıdāʿīye, nebātāt-i nescīye ve ʿıṭrīyeye münḥaṣırdır. Ḥubūbātdan: buğday, arpa, mıṣır, pirinc, ... , gernik, yulaf; baḳlīyātdan: baḳla, faṣulya, mercimek, noḫud; kökli mevādd-i ġıdāʿīyeden: patates, pancar, ṣoġan, ṣarmısaḳ; nebātāt-i nescīyeden: kendir, ketan, pamuḳ; nebātāt-i ıṭrīyeden: tütün livāda başlıca ekilen şeylerdir. Pirinç zerʿīyātı yalñız Boyābād ḳażāsında yapılır. Boyābādı başdan başa iki ḳısma tefrīḳ eden Gökırmaḳ vādīsi pirinc zirāʿatı içün pek münāsibdir. Boyābādıñ pirinci pek maḳbūldır. İstanbulda Ṭosya pirincinden ṣoñra ikinci dereceyi ḳazanmışdır. Maʿa mā fīh Boyābādıñ iki sāʿat mesāfesinde bulınan Gāzīdere ḳaryesinde çıḳan pirinciñ Tosya pirincine bile fāʾiḳ oldığını naḳl ediyorlar. Tütün zerʿīyātı livāda başlıca menbaʿ-i vāridāt teşkīl ediyor. Muḳaddeman baṭmanı (altı oḳḳası) on ġuruşa yiğirmi ġuruşa Reji ṭarafından ʿādetā müṣādere ḳabīlinden mübāyaʿa olınan yapraḳ tütün meşrūṭīyeti müteʿāḳib fevḳü'l-ʿāde revāc bulmış, baṭmanı <100 - 200>i geçmişdir. Ḥarb senelerinde bir baṭman tütüniñ Reji piyasasında <1500> ġuruşa ṣatıldığı vāḳiʿ olmuşdır. Şu fiyāta ṭemaʿ eden [18] zürrāʿ ḳaç senedenberi bütün ḳuvvetini tütün zerʿīyātına ḥaṣr ederek küllīyetli tütün yetişdirmişlersede dīğer senelere nisbetle fażla rağbet bulamamışlardır. Livāda tütün zerʿīyātı başlıca Sinob, Gerze, Ayancıḳ ḳażālarında yapılır. Tütün zerʿ etmek isteyen çiftlik ṣāḥibleri yalñız tütün ile iştiġāl eylemek üzere <Laz> taʿbīr olınan tütün ortaḳcıları ṭutmaġa mecbūrdır. O Laz denilen insānlar Ṭrabzon ve Ordu ṭarafından gelen insānlardır. Bunlar Türk isede cehl-i ʿumūmī bu adı yañlış ḳullandırmaḳdadır. Lazlar Rizeniñ şarḳında küçük bir milletdir. Bütün meṣārif çiftlik ṣāḥibi ṭarafından yapılır. Ortaḳcı boyına çalışır, maḥṣūl erdiği zamān çiftlik ṣāḥibi bütün mesārifi yekūnden tenzīl ederek ḥāṣılāt-i ṣāfīyeniñ nısfını Laza verir. Ortaḳlığı ḥasebiyle para ḳazanmış bir ortaḳcıya teṣādüf olınamaz. Ortaḳcı seneniñ bütün günleri fīde yetişdirmek, tütün dikmek, tütün ḳırmaḳ, yapraḳ dizmek ṣūretiyle geçirir. Ḳazandığı şey ancaḳ boğazını, çoluḳ çocuğını zorlıḳla doyurabilmekdir. Bütün ortaḳcılar çiftlik ṣāḥiblerine borclıdır. Şu borc senelerdenberi devām eder, babadan oğıla mīrāṣ ḳalır. Senelerle çalışır, netīcede borc bitmez, ḥattā seneden seneye fażlalaşır.

336 senesi ẓarfında idrāḳ edilmiş olan ḥubūbāt bu yandaki cedvelde gösterilmişdir.

Ḥayvānāt-i ehlīye

Livānıñ muḫtelif mıntıḳalarında Ḳafḳas ve Ṣuḫum muhācirlerinden Çerkes ve Abazalar iskān edilmiş oldığından bunlardan görmek ṣūretiyle ḥayvānāt-i feresīyeye gerçi büyük bir ehemmīyet ve rağbet gösterilmekde isede bu ḫuṣūṣda iṣṭifā uṣūlına hiçde riᶜāyet edilmediğinden mevcūd ḥayvānāt-i feresīye cüs̱sesizdir. ᶜArab cinsi yoḳdır. Ahālī döl yetişdirmek içün daha ziyāde ḳıṣrağa heves ediyorlar. Bunlarıñda eñ maḳbūlı rāhvān olanlarıdır.

Gerzeniñ Hācīḳadın cinsi ṭavuḳ ve ḫoroslarınıñ eskiden her ne ḳadar bir ḳıymet ve maᶜrūfīyeti var idi isede maᶜa'l-esef bugün bu cinsiñ nesli inḳırāż bulmaḳ üzeredir. Cüs̱seli, uzun bacaḳlı, ġaġası ḳefseli, büyük ṣaḳallı, boynuzvārī iki ibikli, lekesiz beyāż, faḳaṭ gözleri ḳoyu siyah olan ve heyʾet-i ᶜumūmīyesiyle mücessem ve müşkil bulınan bu cinsiñ ḫoroslarınıñ sesleri pek meşhūr imiş; dāvūdī bir sese mālik olan bu ḥayvān ötdiği zamān o ḳadar uzanırmış ki nefesi kesilerek bu es̱nāda düşüb ʾölenleri bile olurmış! Bu cins Avrupacada ṭanınmışdır.

[19] Ḥayvānāt-i ehlīyeye merāḳlı olan sulṭān ᶜAzīziñ bi'l-ḫāṣṣa Gerzeden getirtdiği Ḥācīḳadın cinsi ṭavuḳ ve ḫorosları nişānlarla talṭīf eylediği meşhūrdır. Bālāda ᶜarż olındığı vecihle el-yevm ḫāliṣ Ḥācīḳadın cinsi yoḳdır. Mevcūd olanlar hep melez, azmandır.

Livāda yumurṭacılıḳ günden güne teraḳḳī ediyor. Yalñız Gerze ḳażāsında beherinde <1440> yumurṭa bulınan ṣandıḳlardan haftada <100den 200>e ḳadar iḫrācāt yapılmaḳdadır. Bu ḳadarda merkez ve Ayancıḳ ḳażāları iḫrācāt yapıyor. Lākin köyli yumurṭacılıḳ ile yaḳından iştiġāl etmez. Mevcūd olan ṭavuḳlar hemān ḫüdā-yi nābit gider. Memālik-i ᶜOs̱mānīyeniñ her ṭarafında oldığı gibi buradada ṭavuḳlarla ḫoroslar dāʾimā bir arada bulındıḳlarından pazar-i ticārete sevḳ olınan yumurṭalar kāmilen toḫumlıdır, mulaḳḳaḥdır. Ṣıcağa taḥammül etmez, müddet-i medīde ḥıfẓ olunamaz. Bu sebebden Avrupa tüccārları Türkiya yumurṭalarına pek o ḳadar rağbet göstermiyorlar. Gerze ḳaẓāsında zenginlerden bir ẕātıñ yumurṭaları muḥāfaẓa içün bir ṣoğuḳ havā maḥzeni yapdırmaḳ teşebbüs̱ündedir. Şu teşebbüs̱ ḳuvveden faᶜala çıḳarsa Gerze ḳażāsı yumurṭacılıḳ yüzinden pek ziyāde teraḳḳī edecekdir.

Livādaki ḥayvānāt-i baḳarīyede boysız ve cüs̱s̱esizdir. Genc ḥayvānātıñ taḥammülinden fażla yüke ḳoşulması ve ıṣṭıfā uṣūlına riʿāyet edilmemesi eşkāliñ günden güne tereddīsini mūcib olmaḳdadır. Bi'l-ḫāṣṣa ḳağnı arabaları ve ḳaraṣabanlar cins-i baḳarı fenaya ṭoğrı sürüklemekdedir. Ḥayvānāt-i ġanamīyedeki cisimsizlik ve baḳımsızlıḳda göze çarpar. Boyābād ḳażāsında Anḳara tiftik keçilerine beñzeyen keçiler varsada tiftiği Anḳaranıñki gibi parlaḳ ve yumuşaḳ değildir.

Bāğcılıḳ ve peynircilik ṣanʿatı müteraḳḳī değildir. Peynir iʿmālinde Avrupa mayaları istiʿmāl edilmez. Ahālī bi'l-ḫāṣṣa küçük yaşlı ve dana gibi ḥayvānātıñ şīrdānını ṭuzlı ṣuda bir müddet terk ederek elde eyledikleri şeyʾi maya muḳābilinde ḳullanırlar ki bunıñ ḳuvveti Avrupa mayalarından azdır. Boyābād ḳażāsında Ṭrabzon ve Ḥaleb yağları derecesinde yaġ iʿmāl olunıyorsada mıḳdārı azdır, iḫrācāt yapılamaz. İʿmāl olınan peynirlerde ancaḳ maḥallī iḥtiyācātına yetişebilir. Ṣarıḳum cıvārında ḳışlayan ve Yarıçangal, Ḳaraṭaġ ve Gündüzli gibi ormanlarda geçiren ve (çobanlar) tesmiye olınan bir ḳısım ahālīniñ iʿmāl eyledikleri yaġ ve peynirler cidden nefīs ve lez̠z̠īz̠dir. Boyābād [20] ḳażāsınıñ Kiraz ṭağı ṭaraflarından getirilen ṭulum peynirleri nefīsdir.

Vaḥşī ḥayvānāt

Livāda başlıca ayı, ḳurd, domuz, tilki, ḳaraca, çaḳal, ṣanṣar mebẕūlen mevcūddır. Domuzlarıñ zerʿīyāta bi'l-ḫāṣṣa mısır maḥṣūlına īrās̱ eyledikleri żarar ẕikre şāyāndır. Bu sebebden köyliler mısır tarlalarını ṣabāḥlara ḳadar ateşler yaḳaraḳ, tenekelerle gürültiler yaparaḳ beklemek mecbūrīyetindedirler.

Ḳış mevsiminde müctemiʿan ormanlarda domuz avına çıḳarlar, bu avcılar iki ḳısma ayrılır; bir ḳısmı geçid noḳṭalarında <bek> denilen yerlerde tüfenkle tetikde oldığı ḥālde nöbet beklerler. <Hayāncı> taʿbīr olınan dīğer ḳısmı ise orman içerisine yayılaraḳ bağırub çağırmaḳ ṣūretiyle ḥayvānātı ürküdürler. Orman içerisinde ḥuṣūle gelen gürültiden ürken ḥayvān bekçileriñ öñine teṣādüf edince derḥāl telef edilir. Nöbetci maḥalleri atılan tüfenklerden bir żarar gelmemek üzere muntaẓaman taʿyīn olur. Ḳış eğlenceleri meyānında cidden ẕevḳli olan şu orman avcılığınıñ maḥẕūrlarıda vardır. Nitekim telāşa düşerek nöbet <bek> maḥallini muḥāfaẓa edemeyen avcılarıñ ḳażāʾen vurulması ve hayāncıları vurması tehlikesi vardır. Ara ṣıra bu ṣūretle ḳażālar vuḳūʿ bulmaḳdadır.

Livāda avcılıḳ o ḳadar müteʿammim değildir. Tüfenk avcılığı domuza münḥaṣırdır. Ḳaṣabalarda baʿż-i merāḳlılara teṣādüf olınur. Boyābādıñ keklik avı, Sinob ve Gerzeniñ bıldırcın avı meşhūrdır. İlkbahārda Anaṭolı içerilerinden Rusyaya, ṣoñbaharda Rusyadan tekrār Anaṭolı içerilerine hicret eden bıldırcınlar yağmurlı ve rūzgārlı zamānlarda deñizden ḳurtulur ḳurtulmaz ḳaraya düşerler, uçamazlar. Bu ḥayvānlar ʿalā'l-ʿāde tüfenk ile avlandığı gibi gece meşʿale ile, gündüz atmaca ile canlı olaraḳda avlanılır. Atmaca ile bıldırcın avı yapan merāḳlılar pek çoḳdır. Ḳolında atmaca, elinde değnek günlerce aç ve ṣusız tarlaları ṭolaşan yetmişlik, seksanlik iḫtiyārlar vardır. Çalılar altından ḳalḳan bıldırcın arḳasından atmaca bıraḳılır. Alışmış olan ḥayvān bıldırcını yaḳalayub ṣāḥibine getirir. Lākin ᶜacemī olanlar yakaladığı bıldırcını kapub kaçarlar. Atmacası kaçan [21] avcılarla alay ederler. Zevkli lākin meşakkatlı bir nevᶜi avcılıkdır. Atalarımızıñ doğanlarla yapdıkları meşhūr avlarıñ eseri Sinobda ḥālā vardır. Bıldırcınlar gibi Rusyaya gidüb gelen ve ḫalkca (ṭoy) taᶜbīr olınan yaban hindileriniñ avlanmasıda merāklıdır. Bu ḥayvānlar pek ḥassās oldıklarından yüksek tepeler üzerinde, Sinob aṭasıyla İnceburunda ḫuṣūṣī ṣūretde inşā edilen kulibelerde gizlenen avcılar ṭarafından avlanır. Bu kulibelere küme derler. Kulibeniñ öñine evvelce telāf edilmiş ve içerisi ṣaman doldırılmış bir yaban hindisi dikilir, hicret eden ḥayvānlar bu mankenleri görerek kulibeniñ öñine inerler ve ᶜādetā mankenlere görülürler. (Ṭoy) ismi verilmesi bu ḥayvānıñ bu derece avanak olmasından kināye olsa gerekdir. Livāda bunlardan başka çulluk, mezkeldek, yaban ṭavuğı, süğlün, ördek ve ṭavşan avlarıda vardır.

Livānıñ taksīmāt-i mülkīyesi:

Sinob livāsı 336 senesi Ḥazīrān ẓarfında tābiᶜ oldığı Kasṭamonı vilāyetinden ayrılarak müstakill olmışdır. Sinob, Gerze, Ayancık ve Boyābād nāmlarında dört każāyı ḥāvīdir. Każālar içerisinde eñ büyüği ve eñ vāridātlısı Boyābād każāsıdır. Merkez każāsınıñ (Karaṣu) nāmıyla bir nāḥiyesi ve 73 köyi vardır. Gerze każāsınıñ (Yeñicumᶜa) nāmında bir nāḥiyesiyle 82 ᶜaded karyesi, Ayancık każāsınıñ (ᶜOs̱mānlı) ve (Türkili) nāmlarında iki nāḥiyesiyle 127 ᶜaded karyesi, Boyābād każāsının (Durağan) nāmında bir nāḥiyesiyle 193 ᶜaded karyesi vardır. Şu ḥālde ḥāl-i ḥāżır teşkīlāt-i mülkīyeye naẓaran Sinob livāsı dört każā, beş nāḥiye ve 475 karyeden mürekkebdir.

Sinob kaṣabasınıñ Varoş, Kefevī, Cāmiᶜ-i Kebīr, Mīzānkapu, Kalᶜeyazısı nāmlarında beş maḥallesi; Gerze kaṣabasınıñ Çay, Ḥamīdīye, Köşk, Varoş nāmlarında dört maḥallesi; Ayancık kaṣabasınıñ Yeñimaḥalle, Erkengünez nāmlarında iki maḥallesi; Boyābād kaṣabasınıñ Yanıkmescid, Kemāl Dede, Cāmiᶜ-i Kebīr, Keremmescid, Akmescid, Kökdere, Kālᶜebāğçesi, Cercioğlı, Zincirlikuyı, Şeyḫ maḥallesi nāmlarında on maḥallesi vardır.

Köy nāmıyla ṣayılanlar resmen ḥükūmetce ṭanınmış muḫtārlıklardır. Bir muḫtārlık, yaᶜnī bir karye ṭoplı olmayub pek ṭağınık bir ṭakım maḥallelerden mürekkebdir. Baᶜżan şu maḥalleleriñ yekdīgerine mesāfeleri [22] iki üç sāᶜatı bile tecāvüz eder. Karye denildiği zamān cāmiᶜi, mektebi, ḫāneleri hepsi bir arada ṭoplı karyeler yokdır. Karyeleriñ bu ṣūretle dağınık ve bir ṭakım maḥallelerden mürekkeb olması maᶜārif, ictimāᶜīyāt, aḫlākīyāt ve idāre noktaᵓ-i naẓarından pek çok mużırrını mūcib olmakdadır.

[23] **İkinci ḳısım**

İḳlīm
Sinob livāsı Asya-yi Türkī taḳsīmāt-i ṣıḥḥīye derecesi olan + 5/15 ilā + 5/25 ḫuṭūṭ-i mütesāvīyü'l-ḥarāretleri arasında kā᾽in olmaḳla berāber fuṣūl-i arbaᶜanıñ müddet-i devāmına ve iklīmiñ gösterdiği ve bizim birḳaç senedenberi vāḳiᶜ olan tedḳīḳāt ve müşāhedātımıza naẓaran daha ziyāde ekālīm-i muᶜtedile meyānında ẕikre şāyān görülmekdedir.

Mevāsim
Ḳānūn-i evveliñ ibtidāsından veya onbeşinden başlayan **ḳış mevsimi** Mārt nihāyetine ve baᶜżan Nīsān onbeşine ḳadar devām eder. Bu mevsimde fażla mıḳṭdarda taḥaṣṣül eden buluṭlar sevāḥilde yağmur, dāḫilde ḳar ḥālinde nüzūl eder. 70 - 80 yaşlarındaki iḫtiyārlardan naḳl edildiğine göre muḳaddeman sāḥillerde pek çoḳ ḳar yağarmış, lākin on iki senelik meşhūdāta naẓaran - 326 ve 336 senelerinden ṣarf-i naẓar - sevāhilde nādiren onbeş santimetreden ziyāde ḳar yağmamışdır. Bu mıḳdār daḫi birḳaç sāᶜat ẓarfında eriyüb maḥv olmışdır.

İlkbahār Nīsān onbeşinden Ḥazīrān onbeşine ḳadar devām eder. Bu mevsim Boyābād ḳażāsında feyiżli eṡerler gösterdiği ḥālde sevāḥilde dört mevsimiñ eñ ṣıḳındılısı ve ṣıḥḥat-i ᶜumūmīye üzerinde vāḳiᶜ olan te᾽ṡīrātı yüzinden eñ mużırrıdır. Bu mevsimde her ṭaraf sis ile mestūrdır; havā-yi nesīmī ruṭūbet ile meşbūᶜdır. Āfāt-i ri᾽evīye bu mevsimde artar, mevcūd olanlar veḫāmetlenir.

Yaz: Ḥazīrān onbeşinden başlar, Ağustos ġāyesine ḳadar devām eder. Boyābād ḳażāsı sāḥile nisbetle daha ziyāde münḥaṭṭ oldığından yaz mevsiminde taḥammülfersā ṣıcaḳlar olursada sevāḥilde dā᾽imī ṣūretde mevcūd olan cereyān-i havādan nāşī o ḳadar te᾽ṡīrini gösteremez. Sāḥil ve vasaṭ ḳısımlardaki ḳara ahālīsi maḥṣūlātını bu zamānda ḳaldırırlar.

Ṣoñbahār: Eylūl ibtidāsından Teşrīn-i s̱ānī, baᶜżan Ḳānūn-i evvel ġāyesine ḳadar devām eder. Livānıñ sāḥil ḳısımlarında seneniñ eñ uzun ve eñ laṭīf mevsimidir. Ṭağlıḳ olan aḳsāmdaki [24] ḳara ḫalḳı maḥṣūlātı bu mevsimde idrāk ederler. Yağmurlı geçen senelerde ṭağlıḳ arāżīde bulınan zürrāᶜ ḫarman vesā᾽ire gibi yaz işlerini bitiremediklerinden başaḳları gelecek seneniñ ilkbahār veya yazına ḳadar yığın ḥālinde ḥıfẓ etmeğe mecbūr olurlar.

Derece-i ḥarāret-i nesīmī

Ḥarb-i ʿumūmīye ḳadar Petersburġ raṣadḫānesiniñ Sinobda bir şuʿbesi var idi. Şehrī iki Rus lirası īrādı olan bu şuʿbe Sinoblı bir eczācı ṭarafından idāre edilirdi. Şuʿbede raṣadḫāne mālı olmaḳ üzere cıvalı bir barometre, aʿẓamī ve aṣġarī derece-i ḥarāretler, mıḳyās-i māʾ, mıḳyās-i ruṭūbet, mıḳyās-i semā gibi birçoḳ ālāt-i muḫtelife ve muntaẓame mevcūd oldığından günde üç defʿa taraṣṣud olınan aḥvāl-i havāʿīye şifreli telġrafnāmelerle Dersaʿādet Rus sefāretḫānesine bildirilirdi. Şu teşkīlāt ḥarb-i ʿumūmīdenberi mülġādır. Ḥarb-i ʿumūmīniñ ikinci senesinde Almanlar ṭarafından teʾsīs olınan raṣadāt-i havāʾīye şuʿbesi yevmī tebeddülāt-i havāʾīyeyi ḳayd eylemekde iken mütārekeyi müteʿāḳib ṭabīʿatıyla ḳapanmışdır.

Elde muntaẓam ālāt-i raṣadīyemiz olmadığı içün livānıñ derece-i ḥarāret-i nesīmīsi ḥaḳḳında ʿilmī tedḳīḳāta müstedd bir fikir verilememekle berāber Sinob mülkīye ḫastaḫānesince yapılan raṣadāt netīcesi elde edilen baʿżı erḳām-i cüzʾiñ ṣevkine derc edilmişdir. Ḳaradeñiziñ eñ mühimm bir noḳṭasını teşkīl eden Sinob şibh-i cezīresi üzerinde bir raṣadāt-i havāʿīye müʾessesesiniñ teʾsīsi şāyān-i ārzūdır.

Rūzgārlar

Sinob livāsınıñ dörtde üçi Ḳaradeñize sāḥil bulundığından deñiz içün mühimm ve meşhūr olan rūzgārlardan bi'ṭ-ṭabiʿ ḳaralarda müteʾes̱s̱ir olur. Yalñız arāżīniñ ṭabīʿī vażʿīyete naẓaran esmekde olan şu rūzgārlar baʿżı aḳsām-i sāḥilīyede şiddet-i ḳuṣvāya vāṣıl olur. Mes̱elā meşhūr olan Sinob limanı Günṭoġuşı rūzgārından müteʾes̱s̱ir olur. Ẓürefādan bir ẓāʾik [her şeyʾiñ ṭoġrisi sevilir, lākin Sinobıñ Günṭoġrisi sevilmez] dediği meşhūrdır. Sinob limanını biraz çalḳayan bu rūzgārlar Gerze limanına hiç teʾsīr etmez. [25] Sinob limanına Ḳarayel, Yıldız gibi şimālden esen rūzgārlar ṭoḳunmaz. Ayancıḳ sevāḥili ise bu gibi rūzgārlara açıḳdır. Sāḥilden dāḫile ṭoġrı gidildikce Lodos ve Batı rūzgārları daha ziyāde teʾs̱īrini gösteriyor. Pek ziyāde şiddetli esdiği zamān Günṭoġuşı rūzgārınıñ s̱ānīyedeki sürʿatı 20 - 25 metreyi tecāvüz eder, limandaki çiftede gemilere demir ṭaratır. Ḳarayelinde bu şiddet ve bu nisbet dāʾiresinde esdiği vāḳiʿ isede Sinob limanı bu rūzgārlardan müteʾes̱s̱ir olmaz.

Şu serīʿ havā cereyānları ruṭūbet-i nısbīyeyi mütemādīyen belʿ eylemekde oldığından ḳışın büyük ve ḳuru ṣoġuḳlarıñ ḥuṣūlına bādī olur. Bu sebebden bi'l-ḫāṣṣa ḳarada ḳar tipileri ve baʿżan incimād vaḳʿaları görilir. İlkbahārda havā-yi nesīmīdeki ṣu buḫārı tekās̱üf etmekle berāber rūzgārlar ʿalā'l-eks̱er az ve ḥarāret-i havāʾīyede taḥavvül-i ġayr-i maḫṣūṣ bulındığından bu sebebden taḥaṣṣül eden sis ruṭūbet-i nīsbīyeyi tezyīd eder. Yazın gündüzleri Günṭoġuşı ve Ḳarayel kertelerinden münāvebe ile ḫafīf bir rūzgār esmekde oldığından ṭopraġı ve havā-yi nesīmīyi taḫfīf eder. Bu sebebden yazın havā-yi cūy ṭoḳuzdan ṣoñra daha ziyāde yābisdir. Geceleri ise saṭıḥları taşaʿʿu-i ḥarāretle ṣoġuyan cisimleriñ neşr eyledikleri ḥarāret ve vādīler boyınca ẓuhūr eden muʿtedil ve latīf havā cereyānları ḳapudanlarıñ (ṭışarı rūzġārları) dedikleri rūzgārları tevlīd eder.

Derece'-i yübūset ve ruṭūbet
Havā-yi cūy ḳışın muʿtedil, ilkbahārda ruṭūbet ile meşbūʿ, yazın öğleden evvel ṭoḳuza ḳadar ziyādece ve ṭoḳuzdan ṣoñra tamāmen yābisdir. Ṣoñbahārda ṣabāḥları daha ḫafīf ve faḳaṭ ikindiye ṭoğrı yine ruṭūbet ile meşbūʿ, aḳşam üzerleri Ḳarayel ve Yaldız esdiği zamān tamāmen kesb-i yübūset eder. Şu ḥāl ʿumūmīyet iʿtibārıyla livānıñ aḳsām-i sāḥilīyesinde cārīdir. Lākin Boyābād ḥavālīsinde ruṭūbet-i nisbīye derecesi sevāḥile naẓaran azdır. Mesrūdāt-i sālifeye naẓaran ilk ve ṣoñbahārda taḥaṣṣül eden ṣoğuḳ ruṭūbet romatizmayı tevlīd eylediği gibi emrāż-i ri'evīyeyide artırır.

[26] **Miyāh-i maʿdenīye**
Livāda başlıca iki maʿden ṣuyı vardır:
1.- Merkez ḳażāsına mülḥaḳ Ḳaraṣu nāḥiyesiniñ Aḳçaçam ḳaryesi cıvārında Bayramyeri nām maḥalldeki maʿden ṣuyıdır. Mıḳdārı pek az ve nisbeten ḥā'iz-i ehemmīyet olmadığı içün evṣāfı müṭālaʿa edilmemişdir.

2.- Gerze ḳaṣabasına <5 - 7> kilometro mesāfede sat̤ḥ-i baḥrdan (200 - 300) metro mürtefiʿ Acıṣu ḳaryesi dāḫilinde (Acıṣu) denilmekle maʿrūf maʿden ṣuyıdır. Bu ṣu ʿaṣırdīde ḳarlağan ağaçlarınıñ cüẕūrı öñinde bir metro ḳaṭrında ve bir buçuḳ metro derinliğinde ʿādī dīvār ṭaşlarıyla örülmiş olan bir ḳuyunıñ ḳaʿrından ve cıdārlarından nebeʿān eder.

Acıṣu yarım ʿaṣırdanberi maʿlūmdır. Yazın ve ḳuraḳ mevāsimde derece-i ḥarāreti [5/12 ilā 5/15] santiğraddır. Ziyāde ḥāmiż-i ḳarbon ġazını ḥāvīdir. Yağmur ṣularıyla ve tereşşüḥāt-i sā'ire ile ṣulandığı zamān ḥāmiżīyeti eksilir. Gerze ḳaṣabasında serin ve iyi bir ṣu olmadığından yazın baʿżı kimseler Acıṣuyı imtizāḥlı fuçılar derūnında Gerze ḳaṣabasına naḳl ile ṣatarlar. Yaz mevsiminde yevmīye yüz litre ḳadar Acıṣu ṣarfiyātı vāḳiʿ olur. Ḳuyunıñ üzeri hernekadar ʿārī bir şekilde örtülmiş isede toz, ṭopraḳ, yapraḳ ve sā'ir enḳāż-i ʿużvīyeden muḥāfaẓa edilmez. Bir iki metro uzunlığında bir değneğiñ ucına ṭaḳılmış olan ağacdan maʿmūl yalaḳ ile ṣuyı ḳuyudan çıḳarır ve ṣuyı çıḳarırken bilā intizām bulandırırlar. Gūyā ṣu neḳadar bulanıḳ olursa o nisbetde mādde-i müʿeṣṣireyi ḥāvī olurmış! Acıṣu hāżım, miʿdevī, muḳavvī ve müferraḥdır; ḫalḳ arasında pek muʿteberdir. İki defʿa yapılan taḥlīl netīcesini müşʿar rapor ṣūretleri ẕeyilde muḥarrerdir.

Mevḳiʿan yüksek ve ṭoğrıdan ṭoğrıya şimāl rūzġārlarına maʿrūż olan Acıṣu ḳaryesine ḥarb-i ʿumūmīden evvel cıvār ḳażā ve livālardan tebdīl-i āb ve havā maḳṣadıyla ve meşhūr olan Acıṣuyıñ şifāsından istifāde ārzū ve hevesiyle yüzlerce żuʿafā ve nuḳahā gelerek ḳarye ahālīsi ṭarafından īcār edilen ḫāne ve oṭalarda bir müddet ārām ederler ve iktisāb-i ḳuvvet eyledikden ṣoñra memnūʿan ʿavdet ederlerdi.

Ḳaplıcalar:
Livāda ḳaplıca yoḳdır.

[27]**Üçinci ḳısım**

ʿUmūmī nüfūs
Nüfūs-i ʿumūmīyeniñ yüzde <87,4>ni Türkler teşkīl eder. Bināʾen ʿaleyh eks̱erīyet-i ʿaẓīme ve ḳāhire Türklerdedir. Merbūṭ cedveliñ tedḳīḳinden añlaşılacağı vecihle nüfūs-i ʿumūmīyeniñ yüzde <93,1>i islām ve (6,9)ı ḫıristyandır. İslāmlarıñda yüzde (94)i Türk, (3,1)i Çerkes, (2,7)si Gürci, (0,6)sı Abaza, (0,6)sı Kürddir.

İslām Türklerin ötedenberi livānıñ yerlisi oldıḳları muḥaḳḳaḳdır. Mevcūd olan ās̱ār-i islāmīyede bunı müʾebbeddir. Dīğer milletler ṣoñradan gelmedir. Rum ʿāʾileler arasında ṣoñ elli yıl içerisinde Ḳaraman, Ḳayṣeri ṭaraflarından gelmiş olanları çokdır. Gürcilerle Abaza ve Çerkesleriñ kāffesi Ḳafḳas muhāciridir. 1293 ve 1273 tārīḫlerinden evvel burada bunlardan pek bir nüfūs yoḳ imiş. Boyābād ḳaẓāsında mevcūd olan ve ḫalḳ arasında (Kürd) taʿbīr olınan ʿaşāʾir ḥaḳīḳaten Kürd değil Türkmendirler. Yazı başḳa, ḳışı başḳa yerlerde geçirmek ṣūretiyle göçebe ḥayātı yaşadıḳları içün bu isim verilmişdir.

ʿAşāʾir
Livāda göçebelikle yaşayan ahālīʾ-i aṣlīye yoḳdır. Vezīrköpri, Ḥavża, Merzifon, Amasya, Sivas, Malaṭya ve sāʾir dāḫilī vilāyetlerde kışlayan ve çoğı ʿacem tebʿası Türkmenlerden ʿibāret olan ḫalḳıñ (Kürd) taʿbīr etdikleri ḫayme-nişīn ahālī yazı livānıñ deñize yakın olan vādīlerinde geçirirler. Onlardan bir ḳısmı Boyābād ḳażāsında yerleşmişlerdir. Türkmenler yetişdirdikleri ḥayvānāt-i feresīye ve baḳarīyeyi ṣatmaḳ veya değişdirmek ṣūretiyle geçinirler ve cıvār çiftliklerde gündelikci ṣūretiyle ḫidmet ederler. Başḳa bir maḥalle göç edecekleri zamān rāst getirebildikleri ḥayvānātı, fırṣat bulurlarsa sürüb götürmekdedirler.

Lisān-i ʿumūmī
Türkcedir. Şīveʾ-i lisān ufaḳ tefek baʿżı farḳlarla İstanbul lehcesinden uzaḳ değildir. Kelime ve maṣdar ṣoñlarında Ḳasṭamonı ṭaraflarında oldığı gibi ağır ve ḳaba edātlar yoḳdır. Mes̱elā [28] (geliyorum) yerine Ḳasṭamonıda (geliyom), Sinobda (geliyim) derler. Bu şīve Mosḳovadaki Yayalarıñ Türkce şīvesiniñ ʿaynıdır.

<1293> ḥarbinde ve bundan evvel iskān edilmiş olan Ḳafḳas ve Ṣuḫum muhācirlerinden Çerkes ve Abaza millī lisānlarıyla görüşirler, lisān ve millīyetlerini muḥāfaẓaya fevkü'l-ʿāde çalışırlar.

Merkez, Gerze ve Boyābād ḳażāsında pek dağınıḳ ve pek az bulınan Ermeniler ḳaba bir telaffuẓ ve Türkce ḳarışıḳ Ermeniceyi añdırır bir dil tekellüm ederler.

Ḳaṣabalarda meskūn olan Rumlara yiğirmi otuz yıldır Yunan propağandası yapılmışdır. Lākin köyliler Rumcayı ḥālā okur ve yazmayub köyli Türkler gibi

ʿaynı şīve ile Türkce ḳonuşurlar. Yaʿnī Yunan propağandası Sinobda ḳaṣabadan dışarı çıḳamamışdır.

Tarz-i telebbüs
Eks̱erīyet-i ʿaẓīmesi ve ḳāhiresi Türk olan Sinob livāsında yeknasaḳ bir ḳıyāfet-i millīye yoḳdır. Bu bābda ḳaṣaba ve köylileriñ zengin ve faḳīrlerinde ṭarz-i telebbüsi ayrı ayrı tedḳīḳ ederek livāda millī bir ḳıyāfet taṣvīrine çalışılabilir:

1.- Zengin ḳaṣabalılar: Erkekler ʿumūmīyet iʿtibārıyla setre, panṭolon giyerler, ẖo(va)calardan māʿadā ṣarıḳ ṣaranlar nādirdir. Gerzede az, Boyābādda daha çoḳ olmaḳ üzere uzunca bir palṭo şalvar, yumuşaḳ bir ḳuşaḳ, fes üzerinde āğābānī ṣarıḳ veya yazma giyerler. Gencler tamāmıyla dar fesli ve setre, panṭolonlıdır. Uclarında gümüş ṭoḳaları ṣallayan bel ḳayışını ve yan ṭarafda bir ṭabancayı ḥāmil bulınurlar. Ḳadınlardan iẖtiyārcaları beş on sene evvel uzunca bir entārī, ḳumāşdan büyük bir don - ṭış ṭonı - ve Ṭrabzon çarşafı denilen yerli ṭoḳuması, beyāżlı ve siyahlı - pöti ḳare - ṭarzında bir car örtünürlerdi. El-yevm ṭış ṭonlarını filān terk ederek daha sāde bir şekle girmişlerdir. İẖtiyārlara nisbetle genc ḳadınlar tamāmıyla İstanbul biçimi çarşaf ve elbise giymekdedirler. Ḥilyāne ẖuṣūṣiyle beşi bir yerde altuna iʿtbār fażladır. Derece'-i s̱ervetine göre bir dāneden yiğirmibeş veya elliye ḳadar ḥamā'ilvārī beşi bir yerde dizisini ṭaşıyan ḳadınlar eksik değildir.

[29] 2.- Faḳīr ḳaṣabalılar: Faḳīrleriñ ḳıyāfetce zenginlerden farḳı yoḳdır. Yalñız mümkin mertebe yerli ṭoḳuması şeylerle idāre ederler. Mes̱elā potin isḳarpin yerine yerli seẖtiyāndan maʿmūl ḳundıra, ya çapula; fes yerine ḳuzı veya ḳoyun derisinden ḳalpaḳ giyerler. Gencler şalvar yerine ṭar bacaḳlı (zıbḳa) giyerler. Ḳadınlar düz entari, bunıñ üzerine büyük bir ṭon - ṭış ṭoni - düz çarşaf, ya yerli ṭoḳuması car, ḥāline göre ḳundıra veya çapula giyerler.

3.- Zengin köyliler: Erkekleriñ ṭarz-i telebbüsi tamāmıyla Çerkes ve Abazalarıñ ṭarz-i telebbüsine beñzer. Türk köylisi millī ḳıyāfetini ihmāl ederek bütün bütün değişdirmiş ve her nedense Çerkes ve Abaza ḳıyāfetine girmeğe heves etmişdir. Belend başlıḳ, ḳıṣa bir caket, ʿaynı ḳūmāşdan (zıbḳa) denilen ṭar bir dizlik, yumuşaḳ bir çizme ve çapula, belde ṭoḳulı bir ḳayış, ṭabanca ve ḳama; iẖtiyārlar ʿumūmīyetle āğābānī ṣarıḳ ṣararlar. Zengin köylileriñ genc ḳadınları şehir ḳadınlarınıñ ḳıyāfetine girmeğe çalışırlar, lākin orta yaşlıları veya iẖtiyārları millī ḳıyāfetlerini muḥāfaẓa etmekdedirler. Başlarına tepesi altun dizilmiş, kenārı oymalı ve ḳatlanmış yemeni bağlanmış fes giyerler. Bunuñ üzerine müs̱elles̱ şeklinde bükülmiş dīğer bir yemeni örterek iki uçlarını çeñe altından bağlarlar. Üç atḳılı entārī giyerler. Bellerine yine müs̱elles̱ şeklinde bükülmiş ve müs̱elles̱iñ bir ẕirvesi ṭopuḳlarına ḳadar indirilmiş ʿacem şālı ve buña beñzer bir şey ṣararlar. Soḳaḳlarda çarşaf veya ferace örterler. Eks̱er ḳırmızī kumaşdan ṣıḳı bir yelek giyerler. Yerli ṭoḳuması, uçḳurlı geniş bir ṭon ve uzunca bir öñlik ḳullanırlar.

4.- Faḳīr köyliler: Erkekleri başlıḳ, caket yerine ḳısa bir setre, zıbḳa, ṭolaḳ ve çarıḳ giyerler. Ḳadınlarıda üç etekli entari, beyāż ṭon, gömlek giyerler. Baçaḳlarına erkekler gibi ṭolaḳ ṣararlar. Başlarına beyāż örtünürler.

Ṭarz-i maʿīşet

Türk köylisi fevkü'l-ʿāde ḳanāʿatkārdır. Bütün bir sene ẓarfında gece gündüz çoluḳ çocuğıyla uğraşmasına muḳābil pek basīṭ olan ġıdāsını alırsa artıḳ başḳa bir şey düşünmez.

[30] Arāżīsiniñ ṭağlıḳ, zerʿīyātınıñ ibtidāʾī ve maḥdūd olması, ṣanāyiʿ ve ticāretiñ nisbeten az olması livādaki ṭarz-i maʿīşeti birḳaç senedenberi ḥiss olınur bir ṣūretde daraltmışdır. Köyli yetişdirdiği ḥayvānātıñ fażlasını ve bunlardan aldığı mevādd-i ġıdāʾīyeyi kāmilen pazara götürmeğe mecbūr oldığından kendi ġıdāsı ʿumūmīyet iʿtibārıyla mışır çorbāsına, arpa ve mışır ekmeğine inḥiṣār eder. Ḳaṣabalılardan bir çoğı ile köylilerden baʿżı zengin ʿāʾileler çıḳarılacaḳ olursa mütebāḳī ahālīniñ başlıca ġıḍāsını mışır teşkīl eder. Bunıñ içün livāda mışır zerʿīyātına fażlaca rağbet gösterilmekdedir. Birḳaç senedenberi ḳaṣabalardada redd-i maʿīşet iyiden iyiye ḥiss olınmağa başlamışdır: Evvelce baʿżı daʿvetlerde onbeş yiğirmi nevʿiden fażla nefīs yemeklerle misāfir ağırlanmaḳda iken bugünki maʿīşet darlığı şu isrāfātıñ bile ortadan ḳalḳmasına sebebīyet vermişdir. Fuḳarā ḳısmı pek basīṭ bir maʿīşete ḳāniʿdir. Sāde ṣoya faṣulya, mışır çorbası, bulġur pilavı; sāḥil ḳısımlarda ṣalamur yapılmış ḫamsī, ısḳumri ve palamuṭ balıḳları, zeytūn başlıca ġıdālardandır. Et ve buğday ekmeği fuḳarā evlerine nādiren girer.

Ṭarz-i iştiġāl

Sinob livāsı ṣanāyiʿ noḳṭaʾ-i naẓarından daḫi geri ḳalmışdır. Daha ṭoğrısı günden güne teraḳḳī etmesi īcāb eden ṣanāyiʿ bi'l-ʿakis tedennī eylemekdedir. Meṡelā yiğirmi sene evvel pek meşhūr olan Sinobıñ ḳuyumcılarından ṣedef işlemeli ceviz ve abanos maʿmūlātından bugün eṡer ḳalmamışdır denilebilir. Sinob, Gerze ve Boyābādda debbāġlıḳ ṣanʿatı oldıḳca mevcūdīyet göstermekde isede pek maḥdūd olan bu ṣanʿat erbābında yeñilik fikri mevcūd olmadığından Avrupa mālı yerini ṭutamıyorlar.

Onbeş yiğirmi sendenberi gitdikce teraḳḳī eylemekde olan balıḳcılıḳ ve bi'l-ḫāṣṣa balıḳ ṭuzlayıcılıḳ ṣanʿatı, Sinob içün senevī küllīyetli bir vāridāt teʾmīn eylemekdedir. Pek nefīs ve temīz bir ṣūretde iʿmāl olınan ṭuzlı balıḳlar ve ḫamsī, ısḳumri, palamuṭ, torik, barbunya, İstanbul, Köstence ve Varnaya iḫrāc edilmekdedir. Burada (diflin) adı verilen yunus balığı ḳurşun ile avlanaraḳ yağı çıḳarılır. Bu yaġ maḳinalarda istiʿmāl olınur. Sinob [31] ve Gerzeden senevī <40 - 50> biñ ḳiyye maḳina yağıda iḫrāc olınur.

Beş on sene evvel Sinobuñ terzi ve ḳundıracılarıda meşhūr idi. Gerze ve Boyābādda yemenicilik ṣanʿatı mevcūd ve ṣanʿatkārları çoḳdır.

Köylerdeki ṭarz-i iştiġāl: rencberliğe, kerasteciliğe ve seneden seneye revāc bulmaḳda olan tütünciliğe inḥiṣār eder. Tütün zirāʿatı yüzinden ṣoñ birḳaç sene ẓarfında zengin olmuş ʿāʾileler pek çoḳdır.

Ötedenberi livāda Türkler manifaṭuracılıḳ, ḳuyumcılıḳ, terzilik, ḳundıracılıḳ gibi ṣanāyiʿe az heves ederlerken yavaş yavaş raġbetiñ artdığı görülmekdedir.

Ḳadınlarıñ iştiġālātı arasında ʿāʾileniñ melbūsātı, oya ve dantela işleri pek ḳıymetlidir. Yüñden fanila, caket, çorab ördikleri gibi ḳaba olmaḳla berāber bir ṭaḳım mensūcātda doḳurlar.

(Düzen) taʿbīr etdikleri destgāhlarınıñ eñ ʿādī bir çivisine varıncaya ḳadar bütün teferruʿātınıñ Türkce isimleri bulunuşı bir zamānlar doḳumacılığıñ pek çoḳ raġbetde oldığına delālet etmekdedir. Birçoḳ köyler kendi iḥtiyāclarını kendileri nesc etdikleri içün Avrupa mālı olaraḳ birḳaç arşun basmadan māʿadā Avrupa mālı hemān almazlar.

ʾOyacılıḳ her ḳadınıñ yemek pişirmek gibi müstaġnī olamayacaġı bir ṣanʿatdır. Her modeliñ Türkce bir adı vardır. Bunlardan baʿżıları o ḳadar māhirānedir ki bugün her nevʿiden bir nümūne alınsa pek ṣanʿatkārāne bir meşḳ nümūnesi olurdı.

Dantelacılıḳda böyledir. Ṣoñ zamānlarda Avrupada pek merġūb olan baʿżı nümūnelere bile köylileriñ maṣnūʿātında teṣādüf mümkindir. Hele eskiden ḳalma elbīselerdeki ʾoya ve dantelalar pek ḳıymetli, pek ziyāde şāyān bir nefāsetdedir.

Ne yazıḳdır ki ḳadınlarımızıñ ḥiss-i bedīʿi oḳşayan ve rūḥlarınıñ inceliklerine delālet eden bu ṣanʿatlar bir ṭarafdan ḥimāye ve teşvīḳ görmemekde, Avrupanıñ süsli, lākin ḳıymetsiz, bedīʿesiz, çürük işleri yavaş yavaş köylerede ṣoḳulmaḳdadır.

[32] **Aḫlāḳ**

Bu baḥsi ḳaṣabalarla köylerde ayrı ayrı tedḳīḳ eylemek lāzımdır.
Ḳaṣabalarda aḫlāḳ iyidir. Ḥarbler bu ḳaṣabalarıñ aḫlāḳına teʾs̱īr edememişdir. Lākin Balḳan ve ʿumūmī ḥarb gibi iki mühimm bādīreniñ teʾs̱īri altında ḳalan köylerde az çoḳ mużırr teʾs̱īrāt görülmekdedir.

Sinn-i izdivāc muʿayyen değildir. Ḳısmete baġlıdır. S̱erveti muḥāfaẓa endīşesiyle aḳrabālar arasında evlenmeler fażladır. Ṣıḥḥīye ve polis defterlerinde muḳayyed fāḥişeler yoḳ isede gizli fuḥşīyāt (elbette) vardır.

Bu fuḥşīyāt köylerde daha ṣıḳdır. Bunıñ sebebide aḫlāḳ süḳūṭı, ẕevḳ-ü-sefāhata inhimāk değil, faḳr ve cehāletdir. Maʿīşetini teʾmīn edemeyen baʿżı zavallı ve kimsesiz ḳadınlar şunıñ bunıñ yanına yanaşma ṣūretiyle ḫidmetciliğe, çiftciliğe giriyorlar; erkek ḳapu yoldāşlarınıñ iġfālına ve eñ ziyāde vaʿd-i izdivāc ile dāmi ḫiyala düşerek ḳızlıḳlarını fedā ediyorlar. Ṣoñradanda erkek izdivāca muvāfaḳat etmeyor ve bīçāre ḳadıncaġız derdini kimseye añlatamadıġı, añlatmaḳdan ṣıḳıldıġı içünde kendi kendisini tesellīyi ve ḳażāya rıżā göstermeġi maḥkeme ḳapularında sürünmeġe, el-ʿāleme rüsvā olmaġa tercīḥ ediyorlar. Bu tesellī ve rıżā bir kerre ʿaṣabīyet ve metānet-i cinsīyesini düçār-i reḫāvet edince artıḳ iş çıġrından çıḳıyor, biride bir, biñide bir felsefesi meydān alıyor.

Görülüyor ki köylerdeki fuḥşıñ sebebi baʿżıları ṭarafından taḳdīr ve taḥsīn olınan ve ḥattā lāzıme'-i ʿiffet telaḳḳī edilen tevekkül ve rıżādır. Efkāra fenā bir ṭarzda telḳīn edilmiş olan (tevekkül) ḫāṣṣe'-i memdūḥesi köyliyi fazla çalışmaḳdan geri alıḳoydıġı gibi tecāvüz ve taṣaddīleriñ cezāsınıda ḳadere ḥavāle etmek ḫuṣūṣında baʿżılarına üss-i ḥareket olmışdır. Bereket versin ki bunlarıñ ʿadedi ḫāne'-i aḥādı aṣlā geçmez ve ne ṣūretle olursa olsun fuḥş irtikāb edenler hey'et-i ʿumūmīyeye ʿindinde menfūrdır.

[33] S̱ānīyen köylerde aḫlāḳ: Köyli fażā'il-i aḫlāḳīye iktiṣābı içün öġredici ve göstericilerden büsbütün maḥrūmdır. Onıñ dimāġı ocaġınıñ yanı başında, ḳomşularınıñ içinde ve nihāyet ḥudūd temellüġi dāḫilindeki vuḳūʿāt cereyānlarından aldıġı tenebbüh ve inṭibāʿa baġlıdır.

Ḥarb seneleri; ḥarb yoḳsulluḳları köyliyi eñ çoḳ ezmişdir.

Köyli ḫilḳaten ve verās̱eten misāfirperverdir. Kendisiniñ ḳıyübde yeyemediġi şeyleri misāfirlerine yedirmeġe saʿy eder ve bundan bir ẕevḳ ṭuyar. Onıñ naẓarında eñ sevgilisi ve ʿazīzi ṭopraġıdır. Bunıñ içün köyliniñ biricik emeli ṭopraġı işlemekdir. Yine bunıñ içündir ki birḳaç dönim tarlası olan bir ḳadın gerçe ḳocasını ġā'ib edebilir, lākin hiçbir vaḳit ṭul bıraḳılmaz. <16 - 18> yaşındaki genceriñ ḳırḳbeş yaşlarında ḥayıżdan, feyiżden kesilmiş ḳadınlarla izdivāc ettirildikleri ʿalā'l-ʿāde görülen şeylerdendir. (Ocaḳ yandırmaḳ): bu köyli naẓarında memdūḥ bir şeydir. Ṭalāḳ vuḳūʿātıda az deġildir.

Maʿārif

Her ṭarafda oldıġı gibi Sinob livāsındaki maʿārifde pek geri ḳalmışdır. Baḥs-i maḫṣūṣında derece ve māhiyetleri taʿrīf edilecek olan mekthebleriñ mevcūdı livā ḫalḳınıñ maʿārife ḳarşı raġbete bir miʿyār olabilir.

Maʿa't-te'essüf bizde mekteb olmadıġı gibi mevcūd mekteblerde ṭalebeye ḥaḳḳıyla ders oḳudacaḳ muʿallim çoḳ azdır. Ne mekteblerimiz, nede muʿallimlerimiz genc dimāġlara fikrī ve irādī bir terbiye vermekden uzaḳdır. Ve bu uzaḳlıḳ sāde köy mektebleri ve köy ḫo(vā)caları ḥaḳḳındadır. Yoḳsa her ḳaṣabada iyi veya fena bir mekteb ve o nisbetde muʿallimler vardır. Maʿārif vekāletiniñ neşr ve teʿmīn eylemekde oldıġı şerā'iṭ ve proġramlara tevfīḳan tedrīsāt yapılıyor. Mecbūrīyet-i taḥṣīl mümkin mertebe taṭbīḳ ediliyor, lākin maʿārifiñ neşr-ü-teʿmīninde vāsıṭa'-i yegāne olan köy mektebleri lüzūmından çoḳ noḳṣān ve mevcūd olanlarıda taʿlīm ve terbiyeye ve neşr-i maʿārife tamāmıyla bīgāne bir ṭaḳım eskiler elinde oldıġı içün livādaki maʿārif ibtidā'ī olan şeklinden ḳurtulamamışdır. Köyli okuma ve yazmaya soñ derece heveskārdır. Yegāne ārzūsı evlādınıñ bir mektūbı, [34] bir gazeteyi okuyabilmesi ve kendi dili ile yazabilmesidir. Lākin ḫo(vā)ca nāmıyla köyliye ve köy mekteblerine musallaṭ olmış olanlar köyliniñ ārzūsını yerine getirmedikden başka ondaki şu ārzū ve heveside kıracak māhiyetdedirler. Bundan ṣarf-i naẓar müteferrik bir ḥālde bulınan köy maḥallaleriniñ mümkin mertebe ortasında yapılmış olan köy mekteblerine ṭalebeniñ muntaẓaman devāmıda güç ve ḥattā baʿżı kış günlerinde ġayr-i mümkin bulındığından köyli ẕāten birkaç sene ẓarfında ancak elifi bile güçlikle seçen evlādını mektebe göndermekden ḥaklı olarak vāz geçiyor. Muntaẓam bir mekteb bināsından ziyāde dārü'l-muʿallimīn meʾẕūnı muktedir bir muʿallime mālik köylerdeki ṭalebeniñ devāmı şu müddeʿāmızı isbāta kāfīdir.

Ötedenberi merkez ve mülḥakāt ķurāsında birçok köy mektebleri ve idāreʾ-i ḫuṣūṣīyeden muḫaṣṣaṣ maʿāşāt ile bir ṭakım köy muʿallimleri istiḫdām ediliyordi. ʿAdedi <66>ya bāliġ olan şu muʿallimleriñ ve mektebleriñ mevcūdīyetine raġmen köylideki okumak hevesiniñ taṭmīn edilemaması esbābını tedkīk eden livā tedrīsāt-i ibtidāʾīye meclisi livāda mevcūd bütün ibtidāʾī muʿallimleriniñ taʿṭīl esnāsında merkeze celbleriyle mümkin mertebe ikmāl-i tahṣīl etdirilmelerine karar verdi, muʿallimler geldi. Ġāyet açık ve basīṭ bir ṣūretde tedrīsāt yapıldı. Netīcede icrā kılınan basīṭ bir imtiḥānda ancak 48 muʿallim ehlīyetnāme alabildiler. Münāsib muʿallim ẓuhūrında mektebi derḥāl küşād eylemek üzere mevcūd mekātibden birkaçı kapanmış ve ehlīyetnāme kazanamayanlarıñ meʾmūrīyetine nihāyet verilmişdir.

İşte livānıñ maʿārifi nāmına ʿarż edebileceğim şeyler bunlardan ʿibāretdir. Ḫalkda ʿumūmīyetle maʿārife raġbet fażladır. Yalñız muktedir ve ehlīyetli muʿallim bulunamaması içündir ki livāda maʿārif yokdır. Dīğer ṭarafdan köyleriñ ṭaġınık bir ḥāl ve şekilde bulınmasıda tedrīsātıñ muntaẓaman icrāsına māniʿdir. Bināʾen ʿaleyh evvelā karye teşkīlātı yapmak, ondan ṣoñrada muktedir muʿallimler yetişdirmeğe ġayret etmek lāzımdır.

ʿAnʿanāt

Ufak tefek ve mevkiʿī baʿżı farklardan ṣarf-i naẓar edildiği takdīrde livāda mevcūd olan ʿādāt ve ʿanʿanāt şu ṣūretle icmāl edilebilir:

[35] 1.- **Doğurmak merāsimi**: Važ-i ḥamli yaklaşmış olan kadın ḫıṣım, akrabā ve konu komşuya götürilmek ṣūretiyle teşhīr edilir. İlk ṣancılarıñ ẓuhūrından evvel ʿāʾile ebesi daʿvet olınarak yañlış vażʿīyetde bulınması muḥtemel olan çocuk gūyā vażʿīyet-i ṭabīʿīyeye getirilir. Ṣancılarıñ ẓuhūrında ʾebe ḫanım maʿhūd ṣandalyasını ve çamaşırlarını alarak loḫūsa evine nakl-i ḫāne eder*,

---

* ʾEbe ṣandalyasınıñ esnā-yi velādetde görilan maḥāẕīri naẓar-i dikkata alınarak ṣandalya ile doğurmak uṣūlı menʿ edilmiş ve ṣandalyalar kāmilen ṭoplandırılmışdır. Bir senedenberi livāda loḫūsalar yatak üzerinde ve iżṭicāʿ-i ẓahrīde olarak vażʿ-i ḥaml ediyorlar.

ḳonu ḳomşu ve ḫışım, aḳrabāya ḫaber gönderilir, kāffesi doġum oṭasında tecemmüᶜ ederler. Her ḳadın geldikce ḥāmileniñ ṣuratını ṣıvayaraḳ (ben geldim, sende gel!) der. (Meryem ana eli) denilen bir aġac ḳöḳi parçası ṣuya ḳonur, çevresinde kelimeʾ-i tevḥīd yazılı bir namāz bezi ḥāmileniñ başına örtilir, ḳadınlarıñ ḳāffesi birden ḳonuşmaḳ ṣūretiyle velādete intiẓār olınur.

Velādetiñ gecikmesi bir çoḳ şeylere ᶜaṭf olınur: Naẓar değmesi, çocuġıñ dünyāya geleceğine pīşmān olaraḳ geriye çekilmesi, ḥāżirūn meyānında uġursız bir ḳadınıñ vücūdı gibi. ᶜUsret-i velādet meyānında eñ çoḳ teṣādüf edilmekde olan ᶜaṭālet-i raḥmīyeniñ başlıca müsebbibi bizdeki ʾebelerdir. Çūnki bu ᶜacūzelerde māyiᶜ amniyos aḳıdılırsa çocuġıñda arḳasından ṣu gibi aḳaraḳ gelivereceği bāṭıl fikri vardır. Onuñ içün şu ġişā-yi amniyosı bi'l-iltizām yırtarlar ve ġişā-yi amniyosıñ tamāmıyla anḳajman taḥaṣṣul etmeden evvel yırtılması ᶜaṭālet-i raḥmīyeye sebebīyet verir. Güç doġumlarda loḫūsa ḳusdırılır, yüksek bir yerden atlatılır, velādet vuḳūᶜ bulınca derḥāl çocuḳ yıḳanır ve iḥżār olınan bezlere ṣarılır. Plasantanıñ düşmesine pek ziyāde ehemmīyet verilir.

2.- **Ḳundaḳ merāsimi**: Velādetiñ ertesi güni çocuġıñ ḳundaḳlanması merāsimide ayruca bir işdir. Her şeyden ziyāde ʾebe ḫanımıñ menfaᶜatına taᶜalluḳ eden bu merāsimde ḫışım, aḳrabā ve īcāb eden ḳadınlar daᶜvet olınur. ʾEbe ḫanım çocuġı ḳundaġa ṣararaḳ ḥāżirūna ve bi'l-ḫāṣṣa babasına taḳdīm eder, baḫşişler alır. İlk doġuran ḳadınlarda çocuġıñ oġlan olmasına [36]intiẓār olınur. Loḫūsa mükellef bir yataġa yatırılır, bir hafta müddetle sürülerle loḫūsa görmeğe gelen misāfirlere ḳaranfīl ve ṭārçīn ḳoḳulı şerbetler verilir.

3.- **Beşiğe yatırmaḳ merāsimi**: Şu merāsimde yine kamā fī's-sābıḳ ḳābile ḫanımıñ menfaᶜatına olmaḳ şarṭıyla ṭanṭanalı olur; çocuḳ beşiğe yatırıldıḳdan ṣoñra ʾebe ḫanım beşiği oṭa içerisinde ṣallayaraḳ gezdirir, ḥāżirūndan birisi ṣuʾāl eder:

- Ebe ḫanım nereye? - Kaᶜbeye.
- Var git, yoluñ açıḳ olsun!
- Allāh anasına babasına ve yedi silsilesine Kaᶜbeye gitmekler, yürüyüb içinden çıḳmaḳlar naṣīb eylesun!

Bu esnāda ʾebe ḫanım eline bir yumurṭa alaraḳ üç defᶜa beşiğiñ eṭrāfında ṭolaşdırır. Baᶜdehu bu yumurṭayı ḥāżirūndan uzun boylı bir ḫanıma verir, bu ḫanımda yüksek bir yere ve meselā rafa ḳor, bu yumurṭayı bi'l-āḫare ḳırḳ ḥamamında çocuġı yıḳadıḳları ṣuyıñ içerisine ḳarışdırırlar. ʾEbe ḫanım beşiği ṣıra ile ḥāżirūnıñ öñine getirerek üçer defᶜa ṣallar ve baḫşişler alır. Loḫūsa bir hafta on gün yataḳda ḳalır. Ḳırḳ gün ṭışarı çıḳmaz. Ḳırḳ gün ṣoñra çocuḳda berāber oldıġı ḥālde ḳırḳ ḥamamına gidilir. Çocuḳ yumurṭalı ṣu ile yıḳanır. ʾEbe ḫanım ḥamamdada bir ṭaḳım şāḳlābānlıḳlar yaparaḳ baḫşişler alır.

4.- **Mektebe başlamaḳ merāsimi**: Çocuḳ beş altı yaşlarına girdiği zamān hangi mektebe gönderileceği mesʾelesi meydāna çıḳar. Eskiden ṣibyān mektebleri, ḫuṣūṣī ḳadın ḫo(vā)caları ṭarafından idāre olunurdı. Bu mekteblerde Kurᶜāndan başḳa bir şey oḳunmazdı. Şimdi bu mektebler ḳalmamışdır. Baᶜżıları ḳapanmış ve baᶜżılarıda maᶜārif vekāleti proġramını ḳabūla mecbūr olmışlardır. Eskiden ḳadınlar ṭoplanaraḳ ᶜalā'l-eks̱er Pazarertesi veya Perşānbe güni çocuġı intiḫāb eyledikleri bir mektebe götürürler, ḫo(vā)ca ḫanımıñ raḥlesi öñine oturturlar, ḫo(vā)ca ḫanım çocuġa sūret-i (ḥamd)ı oḳutur ve duᶜā eder. Çocuḳ evvelā ḫo(vā)canıñ baᶜdehu [37] ḥāżirūnıñ ellerini öper ve çocuḳlar arasında iḥżār edilmiş olan maḥall-i maḫṣūṣına oturtılırdı. Çocuġıñ vālidesiniñ "eti siziñ, kemiği bizim!" taᶜbīriyle çocuġını ḫo(vā)ca ḫanıma teslīm eylemesi pek müʾes̱s̱ir olurdı. Çocuġa mektebe başlatırken temīz elbise giydirilir; erkek ise fesine, ḳız ise boynına elmās ve inciler, işlemeli cüzʾ kesesi ṭaḳılırdı. Şimdi bu ᶜanᶜanāt yavaş yavaş ḳalḳmış gibidir. Çocuġıñ velīsi yalñız veya bir iki arḳadāşıyla intiḫāb eylediği mektebe giderek sādece çocuḳlarını ḳayd etdirmekle iktifā ediyorlar.

5.- **Sünnet merāsimi**: Livāda sinn-i ḫitān <7 - 9> yaş arasındadır. Seneniñ Māyıs ve Ḥazīrān aylarında yapılır. Ḫuṣūṣī sünnetciler yoḳdır. Bu işi bir ṭaḳım berberler icrā ederler. İntiḫāb olınan bir günde (Pazarertesi veya Perşanbe) daᶜvet vuḳūᶜ olur. Birḳaç sene evveline gelinceye ḳadar sünnet olacaḳ çocuḳlar giydirilüb ḳuşadıldıḳdan ve başlarına elmās ve inciler ṭaḳıldıḳdan ṣoñra ḳuşaḳlara ṣarılaraḳ at üzerinde ilāhīlerle ḥamama götürülür, caddelerde gezdirilirdi. Şimdi bu ᶜādet ḳalḳmış gibidir. Daᶜvetliler kāmilen vürūd eyledikden ṣoñra uzun entari giydirilmiş olan çocuḳ meydāna getirilir. Sünnetci uṣūl-i maḫṣūṣa ve basīṭesi üzere ġulfeyi keser. Ḳıṣḳaç ṭaḳılub ġulfe kesileceği zamān hep bir aġızdan tekbīr alır, gürültü yapılır ve çocuġuñ aġzına loḳum şekeri ṣıḳışdırılır. Yara üzerine sünnetcinıñ kendisince maᶜlūm olan bir tuz ekilir. Eks̱erīyā bu tuz içerisinde aġaç çöreği vardır. Çocuḳ iḥżār olınan mükellef yataġa yatırılır. Bu es̱nāda ḥāżırūna limonaṭa, süt ve şerbet verilir. ḥāżırūndan baᶜżıları çocuġa hediye veya para verirler. Evvelce atlarla vāḳiᶜ olan gezintiden ᶜavdetde çocuḳ atdan inmezdi. Onı atdan indirmek içün behemaḥāl babası veya velīsi ṭarafından oldıḳca mühimm bir şey baġışlaması icāb ederdi. Sünnetiñ icrāsından ve şerbetler içildikden ṣoñra erkekler ᶜavdet eder, ḳadınlar ṭoplanırlar, çalġıcılar celb olınur, o gece ṣabāḥa ḳadar düğün yapılır. Çocuġı uyutmamaḳ muᶜtaddır. Zīrā uyḳuya dalaraḳ çocuġıñ yataḳ içerisinde ḳımıldanması muvāfıḳ değildir. Çocuġa yiğirmidört sāᶜat ṣu verilmez.

[38] 6.- **İzdivāc merāsimi**: Livāda evlenme çaġı muᶜayyen değildir. <12 - 14> yaşlarındaki ṣabīylerle ḳırḳ yaşlarındaki ḳadınlar izdivāc etdirildiği gibi yetmiş yaşlarındaki erkekleriñ 14 - 15 yaşlarındaki ḳızlarla izdivācı daḫi vuḳūᶜ bulmaḳdadır. Maᶜa mā fīh merāsim ve ᶜanᶜanāt yalñız bākireleriñ izdivāclarında yapılır. ᶜUmūmīyet iᶜtibarıyla erkekler içün 15 - 25, ḳadınlar içün 14 - 18 yaş sinn-i izdivāc olaraḳ ḳabūl edilmişdir. Nişān ve nikāḥ merāsiminde maḥallī ḫuṣūṣīyet yoḳdır.

7.- **Düğün**: Eski düğünler pek ziyāde maṣraflı ve külfetli bir iş idi. Lākin bütün şu maṣraf ve külfete raġmen zengin ve faḳīr muṭlaḳā ḥāl-ü-vaḳtına göre bir maṣraf yaparaḳ kendini göstermeğe ġayret ederdi. Şimdilerde sessiz ve ṣedāsız düğünler yapılub ṭurmaḳdadır. Her iki ṭaraf içün māddeten ve maʿnen mażarratı derkār olan düğün meṣārifāt ve ısrāfātı yüzinden bal ayını ṣıḳındılı bir ṣūretde geçişdiren ve ḥattā rāḥat yüzi görmeyen ʿāʾileler pek çoḳdı. Zengin olanlar Cumʿa veya Pazar gününden düğüne başlarlar. Cumʿa gecesine ḳadar ṣınıf ṣınıf ḫalḳ daʿvet olınaraḳ yemekler çıḳar. Mütevassıṭ ve faḳīr ṭabaḳalarda bulınanlar Perşanbe güni düğüne başlarlar. Düğün arasında birde <ḳına gecesi> vardır. Çahārşanbe güni aḳşamı Perşanbe gecesi ḫıṣım, aḳrabā daʿvetli ḳadınlar gelin evine giderek icrā-yi āhenk ederler. Geliniñ ellerine ḳına sürerler. Bu ḥāle beyne'n-nās (ḳına yaḳmaḳ) derler. Gelin ile birlikde eḳrān ve emṡāli genc ḳızlarda ellerine ḳına ḳorlar.

8.- **Gelin almaḳ merāsimi**: Perşanbe güni oğlan ṭarafı olan ḳadınlar ṭoplanaraḳ büyük bir cemʿīyet ḥālinde gelin evine giderler. Gelin evinde evvelce ṭoplanmış olanlarla birlikde büyük bir cemm-i ġafīr teşekkül eder. Bu eṡnāda velīleri ṭarafından geliniñ başından para serpilir ve īcāb eden hediyeler verilir. Baʿdehu yalñız ḳadınlardan mürekkeb olan şu cemm-i ġafīr gelini pederiniñ evinden zevceniñ evine götürirler. Başḳa ṭaraflarda bu cemāʿat arasında erkeklerde bulınurmış! Burada ḳaṣabalarda yalñız ḳadınlar gelin almaġa giderler. Köylerde ise gelin uzaḳ maḥallerden getirileceği içün berā-yi muḥāfaẓa erkekler refāḳat ederler.

[39] Gelin zevceniñ ḫānesine gireceği eṡnāda bir ḳadın ṭarafından ayaḳlarınıñ altına pirinc dānesi serpilir, dīğer bir ḳadın ṭarafından ibrīḳ ile ṣu dökülür.

Evvelden livāda ḳoltuḳ merāsimi yapılmazdı. Ṣoñ senelerde ʿādet olmışdır. Faḳīr veya zegin muṭlaḳā ḳoltuḳ yapıyorlar.

Zifāf ʿumūmīyetle cumʿa gecesi icrā edilir. Başḳa gecelerde vuḳūʿ bulması pek enderdir. Cumʿa gecesi yatsu namāzından ṣoñra ilāhīlerle, mehtāblar, havā-yi fişeklerle güveğiyi ḫānesi ḳapusı öñine getirirler. Her yerde ʿādet oldığı üzere duʿādan ṣoñra güveği içeriye girerken arḳasına yumruḳ urmaġa çalışırlar.

Cumʿa güni samet (ṣamed) günidir. Gelin bir köşede oṭurur, yüzini tezyīn ederler. Buña (gelin yazma) denilir. Bu eṡnāda baʿżı hevesgār yaşlı ḳadınlarıñda yazıldıḳları vāḳiʿdir.

9.- **Köylerde izdivāc merāsimi**: Köy düğünleri biraz daha basīṭ olmaḳ üzere şehir düğünleriniñ hemān ʿaynıdır. Yalñız burada çalġı maḳāmına ḳāʾim olmaḳ üzere muṭlaḳā ṭavul zurna ve köçek bulınur. Cumʿa güni düğün evi öñinde güreş yapılır, köçek oynatılır. Silāḥ atmaḳ, at ḳoşdırmaḳ veṣāʾire ṣūretlerle icrā-yi şādmān edilir.

10.- **Ziyāret ve ictimāʿ maḥalleri**: Seneniñ muʿayyen baʿżı günlerinde ḳaṣaba ve köyler ḫalḳı ötedenberi intiḫāb edegelmiş oldıḳları maḥallerde ṭoplanaraḳ icrā-yi şādmānī ederler, ḳuzu yerler. Bu gibi maḥallere (ziyāret yeri) taʿbīr olınur. Livānıñ müteʿaddid maḥallerinde ziyāret maḥalleri vardır. Seyyid Bilāl, Delitepe, Cecesulṭān, Yeñicumʿa eñ meşhūrlarındandır.

11.-**Ṭoruk durma**: Taʿāvün-i ictimāʿī maḳṣadıyla köyli bir ḳış odunınıñ celbi, bir yere keraste naḳli gibi ḫuṣūṣātda (imece) yapar, başa gelene bir ḳoyun veya keçi vaʿd eder. Bu iʿlāna aḥibbā ḳomşular birer ḳoşum odun veya keraste ile muḳābele ederler. İmeceler tamām olunca (ṭoruḳ durma) başlar, dört beş çift ḥayvānıñ zorlıḳla çekebileceği büyük bir s̱ıḳleti bir çifte ḳoşarlar. Çift ṣāḥibi büyük bir şiddet ve ṣavletle ḥayvānları döğmeğe başlar, Ḥayvān bu feciʿ ʿaẕāb altında ağırlığı zorlayabilirse ṣāḥibi baḫtiyārdır. Ṭoruḳ durmada birinciliği ḳazanır. Bu saḳīm ʿādet cins-i baḳarı żaʿyıflatmaḳdadır.

[40] **Yerli iʿtiḳādāt-i bāṭıle**

Ṣancısı üzerinde çağırıldıḳları ḥāmilelerde ʾebe ḫanımlar ilk muʿāyenede ġışā-yi amniyosı deşerek ṣuları aḳıtmaġa ġayret etdiklerini ve bu ṣūretle ʿaṭālet-i raḥmīyeye sebebīyet verdiklerini yuḳarılarda yazmışdıḳ.

ʾEbeleriñ iḳtidārından, neẓāfet ve ṭahārete riʿāyetkār olmasından ziyāde tecrübesine (!) ...ġına (!) diḳḳat ederler. Aṣıl kerāmet ebeden ziyāde mālik oldığı eşyāsındadır. Mes̱elā ʾebeleriñ birçoḳlarında, ḫuṣūṣīyetle Boyābād ḳażāsındakilerde ḥāmilelerininñ başına örtdikleri ʿalā'l-ʿāde bir baş örtüsi vardır; kimi yeşildir, kimi beyāżdır. Çevresinde bir āyet yazılıdır. Bu çevreleriñ baʿżıları mücerrebdir, baʿżıları mücerreb değildir (!). Bir ʾebe ṣağlıḳ verileceği zamān (filānca ʾebe ḫanım çoḳ iyidir) demezlerde (filānca ʾebe ḫanımıñ ās̱īlīsi çoḳ mücerrebdir!) derler.

Ḳırḳ gün içerisinde ṭoġan çocuḳlar ḳırıḳları ḳarışmasun diye bir yaşına ḳadar yekdīğeriyle bir arada bulındırılmaz. Maʿa mā fīh bu iʿtiḳād fena bir şey değildir. Baʿżı emrāż-i sārīyeniñ menʿ-i intişārı noḳṭaʾ-i naẓarından iyidir. Muḳaddeman ḳırḳ ḥamamında, pis ḳanlarını temizlemek içün çocuğıñ ṣırtından ḳan çıḳarırlardı. Pek saḳīm olan şu ʿādeti yavaş yavaş terk ediyorlar.

Üfürükciliğe iʿtiḳād ḥālā birçoḳ kimselerde mevcūddır.
Nāṣūr-i ḳayḥīlerle müterāfıḳ olan kemik ḫastalıḳlarına ʿumūmīyetle (yılancıḳ) nāmı verilir ve tedāvīsi içün yılancıḳcı ḫo(vā)calara, ocaḳlara mürācaʿāt olınur. Ocaḳcı siyah ṣaplı ve ecdādından ḳaldığı içün küfli veya paṣlı bıçağı ile yılancıġa oḳur.

ʿAlā'l-ıṭlāḳ her hangi bir maraż-i ḥadd-i ḥummüvīye başlanġıcında (havā ḫastalığı) derler. Ve ṣanırlar ki her ḫastalığıñ anasıdır. İyi tedāvī edilmezse ḥummāya ve sāʾir ḫastalıḳlara dönebilirmiş. Bu havā ḫastalığını tedāvī içün derḥāl bir ḳoyun keserler, derisini ṣoyarlar, iç ṭarafına ṭuz ve bahārāt ekdikden ṣoñra ḫastanıñ cildi üzerine ṣıcaḳ ṣıcaḳ ṣararlar ve dikerler. Ḫasta boynından yuḳarısı ve diz ḳapaḳlarından aşağısı ḫāricde olmaḳ üzere bu ṭulum içerisinde [41] bayılmaḳsızın kaç sāʿat ḳalabilirse bıraḳılır. Bahārāt ve sāʾire ʿilāvesiyle daha ziyāde ġayr-i ḳābil-i nüfūẕ bir ḥāle vażᶜ edilen bu ṭulum içerisinde fecīᶜ bir ṣūretde terk-i ḥayāt edenler bile vardır.

Ṣıtma baġlamaḳ ᶜādeti buralardada vardır. ᶜAynı zamānda ṣıtmalıya ṣarmısaḳlı sirkeye batırılmış gömlek giydirirler. Ṣarılıḳ olmuş kimseleri derūnında bir mıḳdār ṣu ve beş on dāne iğne bulınan ṣarı bir ṭas içine yaḳıdırlar ve diliniñ altını keserler. Baş ağrısını ḳara ṣaplı bıçaḳla keserek defᶜ etmeğe çalışırlar. Ḳaba ḳulaġı yararlar. Her nevᶜi ḳulunclara oḳurlar. Naẓar değmesin diye māvī boncuḳ, çörek otı toḫumı ṭaşımaḳ; naẓar değdiğinde ḳurşun dökmek bu livādada cārīdir.

(Göze el sürülmez) fikri iyiden iyiye kök ṣalmışdır. Evvelce ḳaṣaba ve köylerde (vaḳıf göz ṣuyı) tevzīᶜ eden ocaḳ ᶜā'ileler varmış. Aġleb-i iḫtimāl kibrīt-i tūtīyā maḫlūlı her gözi ağrıyan bu ṣudan tedārik edermiş. El-yevm şu göz ṣuları tevzīᶜ eden ḥamd olsun ki kalmamışdır. Lākin kamā fī's-sābıḳ (göze el sürülmez) iᶜtiḳādı bāḳīdir.

Livā dāḫilinde neşv-ü-nemā bulan ceviz aġacları kāmilen ḫüdā-yi nābitdir. Kimse bu aġacı dikmez ve dikemez. Zīrā ceviz aġacı yetişdirenleriñ çabuḳ öleceğine ḳaṭᶜīyen iᶜtiḳād vardır. Ḳaṣabalarda ve köylerde ḳısmen ehlī ḫāna girmiş olan güğercin ḳuşlarını avlamaḳda iyi değildir. Baᶜżı maḥallerde pek maḥdūd olaraḳ bıraḳılmış ormancıḳlar vardır. Taḫrībāt netīcesinde muḳaddeman mezarlıḳ oldıḳları taḥaḳḳuḳ eden bu ḳabīl maḥallerden aġac kesenleriñ o gece rü'yāsında ḳorḳutılacaġına veya boġulacaġına ḥükm olınur.

Ḫalḳıñ ṭabābete ḳarşı vażᶜīyeti

Ḫalḳımızıñ ṭabābete ḳarşı vażᶜīyeti pek mütebāᶜiddir. Māddeten ve maᶜnen fā'idesi görülmesi meşrūṭ bulınmaḳla berāber şāyet müdāvāt meccānāne icrā edilecek olursa ḫalḳıñ ṭabābete ḳarşı merbūṭīyet ve ḫidmetini, günden güne artan frengī mücādelesi ve bu bābda küşād edilmiş olan mü'essesāt-i ṣıḥḥīye ḫalḳa ṭabābetiñ ḳudret ve şümūlını pek vāżıḥ bir ṣūretde iṡbāt eylemişdir. Fī'l-ḥaḳīḳa her ṭarafı çıbanlar içerisinde bulınan bir frengīli iki üç şırınġa ile çıbanlarından ḳurtılır, [42] senelerdenberi yılancıḳcı ḫo(vā)calarıñ oḳuyub, oḳuyubda iyi edemedikleri iltihāb-i ...lar; ötedenberi ḥamallar gibi taşınan fıtıḳlar bi'l-ᶜamelīye şifā bulursa ve günden güne ḳaşkesiye ṭoġrı giden ṣıtmalılar meccānī Kinin tevziᶜātı sāyesinde ṣıtmalarından ḳurtılırlarsa artıḳ ṭabābete ḳarşı ḫalḳdaki raġbetiñ artacaġına şübhe yoḳdır. Yapılan taᶜḳībāt-i şedīde ḳarşusında yer yer baş gösteren bir ṭaḳım mutaṭabbibler ve ocaḳcılarda terk-i ṣanᶜata mecbūr edilmişlerdir.

Neẓāfete riᶜāyet

Ḳaṣaba evlerinde āşikār bir ṣūretde neẓāfete riᶜāyet vardır. Faḳaṭ çarşı ve maḥallāt aralarında süprünti mevcūd ve neẓāfet-i memleket ile ᶜalāḳadār olan belediyeler lāḳayd ve ᶜāṭıldır. Köylerde temizlik hemān yoḳ gibidir. Köyliniñ biricik oṭası birḳaç nüfūsıñ ᶜaynı zamānda yataḳ oṭası, anbarı, yemek oṭası, çamaşırḫānesi, ḫülāṣa her şey'i oldıġı içün artıḳ yalñız bir oṭaya mālik olan köylide neẓāfet ve ṭahāret aramaḳ bir az ifrāṭ ile uġraşmaḳ gibi gelir. Baᶜżı köyler daha ziyāde pisdir. Bunlarda Türk köylisiniñ evinde olmayan müzᶜic bir ḳoḳu mevcūddır.

Ahālīniñ bünyece teşekkülātı

Atalarımızıñ mālik oldıġı ṣıḥḥat-i kāmileye mālik bünyelere pek az teṣādüf olınmaḳdadır. Maᶜa mā fīh ṣıḥḥatları yolındadır.

[43]**Dördinci ḳısım**

Ḫastaḫāne ve dispanserler
Livāda ötedenberi üç ḫastaḫāne var idi. Bi'l-ḫāṣṣa frengī mücādelesi içün teʾsīs ve küşād edilmiş olan bu ḫastaḫānelerden birisi Sinob ḳażāsı merkezinde, dīğerleri Ayancıḳ ve Boyābād ḳażāları merkezinde idi. Mülġā Ḳasṭamonı-Bolı frengī mücādele teşkīlātı niẓāmnāmesine naẓaran Sinob ḫastaḫānesi birinci ṣınıf, Ayancıḳ ve Boyābād ḫastaḫāneleri ikinci ṣınıf idi. <337> senesi Temmūzı ibtidāsından iʿtibāren yalñız Sinob ḫastaḫānesi elli yataḳlıḳ bir ḫastaḫāne ḥālinde ibḳā edilmiş, Ayancıḳ ve Boyābād ḫastaḫāneleri dispanser şekline ḳalb olınmışdır.

1.- **Sinob ḫastaḫānesi**: <303> tārīḫinde ʿAbdu'r-raḥmān paşanıñ Ḳasṭamonı vālīliğinde bulındığı esnāda inşā edilmişdir. Ḫastaḫāne şehriñ şimāl-i ġarbīsinde deñize nāẓır yüksek bir mevḳiʿde aḫşāb ve faḳaṭ pek metīn bir ṣūretde inşā edilmişdir. <315> senesine ḳadar sönük bir ṣūretde idāre edilmiş olan bu müʾessesenin maʿāşāt ve maṣārifātı bu tārīḫden iʿtibāren muvāzeneʾ-i ʿumūmīyeye ḳabūl etdirilmişdir. <315> senesinden iʿtibāren ḫuṣūṣī bir ehemmīyet ʿaṭf edilmiş olan frengī mücādele teşkīlātınıñ günden güne teraḳḳī ve tevessüʿ eylemekte olması ḥasebiyle ḫastaḫānelerde şu teraḳḳīden fażlaca istifāde eylemişlerdir. Bu meyānda ötedenberi teşkīlātıñ (lüks ḫastaḫānesi) şerefini iḥrāz eylemiş olan Sinob ḫastaḫānesi: beş ẕükūr, ikisi ināṣa maḫṣūṣ yedi ḳoğuşı, Anaṭolıda emsāline nādir teṣādüf olınan muntaẓam bir ʿamelīyātḫānesi, bir baḳteriyoloji laboratuvarı, muʿāyeneḫānesi ve teferruʿāt ve müştemilāt-i sāʾireleriyle ḥaḳīḳaten ḫastaḫāne taʿbīrine māṣadaḳ bir ḥāle gelmişdir. Ḫastaḫāneniñ bi'l-ʿumūm maʿāşāt ve maṣārifātı muvāzeneʾ-i ʿumūmīyeden teʾmīn ve tesvīye olınur.

2.- **Boyābād dispanseri**: <1326> tārīḫinde Sinob ḫastaḫānesinden ifrāz olınan mālzeme ile yiğirmi yataḳlı bir frengī ḫastaḫānesi olaraḳ teʾsīs edilmiş isede <327> [44] senesi evāḫirinde ilġā ve <329> senesi ibtidāsında esāsen mevcūd olan mālzemesiyle tekrār iḥyā edilmişdir. <326> senesinden <333> senesine ḳadar ḫastaḫāneniñ kendine maḫṣūṣ bir bināsı yoḳ idi. Ḫūṣūṣī īcārḫānelerde idi. <333> senesi ẓarfında cihet-i ʿaskerīyeden mālīyeye devr olınan kārgīr bir ʿaskerī deposı taḳsimāt-i dāḫilīyesinde icrā ḳılınan baʿżı taʿdīlāt sāyesinde ḫastaḫāne ittiḫāz ḳılınmışdır. Maʿa hāẕā iki senelik bir taʿṭīlden ṣarf-i naẓar <326> senesindenberi faʿālīyetde bulınan bu müʾessese <337> senesi Ḥazīrānı ġāyesinde dispansere ḳalb edilmişdir. El-yevm dispanser şeklindedir. Boyābād ḳaṣabasınıñ ötesinde ve yüksek bir mevḳiʿde bulınan dispanser kārgīr bir binā dāḫilinde beş ḳoğuş, ḥamam, muṭbaḫ ve kāfī mıḳdārda mālzemeʾ-i ṣıḥḥīyeye mālikdir. Maʿāşāt ve maṣārifātı muvāzeneʾ-i ʿumūmīyeden tesviye olınur.

3.- **Ayancıḳ dispanseri**: <329> senesi ẓarfında teşkīlāt müfettiş-i ʿumūmīsi Ṣuʿād beyiñ delāleti ve ahālīʾ-i ḥamīyetmendānıñ iʿāneleri ile müceddeden ḳırḳ yataḳlı bir frengī ḫastaḫānesi ḥālinde inşā ve teʾsīs olınmış olan bu müʾessese <330> tārīḫinden <337> senesi Ḥazīrānı ġāyesine ḳadar Ḳasṭamonı - Bolı frengī mücādele teşkilātınıñ ikinci ṣınıf ḫastaḫānesi olaraḳ ḥāl-i faʿālīyetde bulınmış ve seneʾ-i ḥālīye Temmūzı ibtidāsından iʿtibāren dispansere taḥvīl edilmişdir. Boyābād dispanseri gibi Ayancıḳ dispanseride yüksek bir mevḳiʿde ve ḳaṣabanıñ taḳrīben beşyüz metro ḫāricindedir. Meʾmūrīne maḫṣūṣ oṭalardan māʿadā dört ḳoġuş, ḥamam, tecrīdḫāne, muʿāyeneḫāne gibi müştemilātı ḥāvī aḥşāb bir binādır. Mıḳdār-i kāfī bāġçesi vardır. Bu sene idāreʾ-i ḫuṣūṣīyeden ifrāz olınan dörtyüz lira ile ve maḥallī belediyesiniñ muʿāvenet ve himmeti ile dispansere <1200> metro mesāfede bulınan bir menbaʿdan mıḳdār-i kāfī ṣu isāle edilmişdir. Müʾessesenıñ maʿāşāt ve maṣārifātı muvāzeneʾ-i ʿumūmīyeden tesviye olınur.

[45] 4.- **Gerze dispanseri**: Bu müʾessese <337> senesi Temmūzından iʿtibāren küşād olınmışdır. Maṣārif-i teʾsīsīyesi idāreʾ-i ḫuṣūṣīyeden alınan mebāliġ ile teʾmīn edilmişdir. Maḥallī ḥükūmet ṭabībiniñ idāresindedir. Merkez ḫastaḫānesinden firār edilmiş olan ḫademe ile ḫuṣūṣāt-i ʿādīyesi teʾmīn olınmaḳdadır.

Eczāḫāneler

Livāda birisi resmī, birisi nīm-resmī ve dördi ḫuṣūṣī olmaḳ üzere altı eczāḫāne vardır.

1.- **Resmī eczāḫāne**: Bu eczāḫāne merkez mülkīye ḫastaḫānesine ʿāʾid ġāyet muntaẓam ve zengin bir ḥāl ve şekildedir. Ḫārice eczā fürūḫt edilmez. Yalñız ḫastaḫānede taḥt-i tedāvīde bulınan ḫastegānıñ muʿālecātı iʿmāl ve iḥżār olınur. Lüzūm-i ḥaḳīḳī görüldikce fuḳarā ve muḥtācīniñ ʿilāclarıda meccānen iʿmāl ve iʿṭā edilir.

Ḫastaḫāne derūnında birde ṣıḥḥīye deposı vardır. Livā içün lüzūmı olan bi'l-ʿumūm muʿālecāt ṭoġrıdan Dersaʿādetden depo nāmına sipāriş olınur ve icābında depodan ḫastaḫāne ve dispanserlere, ḥükūmet eṭıbbāsına, ṣıḥḥīye meʾmūrlarına maʿmūl veya ġayr-i maʿmūl bir şekilde irsāl olınur. Depo derūnında ʿaynı zamānda livā meʾmūrīn ve müʾessesāt-i ṣıḥḥīyesine ʿāʾid levāzım-i ḳırṭāsīye içünde bir şuʿbe vardır. Depo muʿāmelātı merkez ḫastaḫānesi ser ṭabībi ile eczācısı ve kātibinden mürekkeb bir heyʿet idāre ve mesʾūlīyeti, livā ṣıḥḥīye müdīriniñ neẓāreti taḥtında tedvīr olınur.

2.- **Nīm-resmī eczāḫāne**: Boyābād belediye eczāḫānesidir. Muntaẓam değildir. Memleketiñ iḥtiyācāt-i ṣıḥḥīyesini defʿ edemez. Maḥallī belediyesinden muḫaṣṣaṣ <2000> ġuruş ücret-i şehrīye ile ʿaskerī eczācılıġından müteḳāʿid Ḥācī Muḥammed Saʿīd efendi ṭarafından idāre olınur.

3.- **Gerze şifā eczāḫānesi**: Gerze ḳaṣabasınıñ Müṣellā maḥallesindedir. Biñbaşılıḳdan müteḳāᶜid eczācı Fevzī efendiniñ mālıdır ve kendi idāresindedir. Mevcūd edvīyesi iḥtiyācāt-i maḥallīyeye ancaḳ kifāyet edebilmekdedir.

[46] 4.- **Gerze memleket eczāḫānesi**: Gerze ḳaṣabasınıñ Müṣellā maḥallesindedir. Mülkīye eczācılarından Ḥācī ᶜĀkif efendizāde İḥsān efendi idāresindedir. Eczāḫāne mūmāileyhiñ kendi mālıdır. Şifā eczāḫānesinden daha fażla bir intiẓāma mālikdir.

Vākiᶜ olan teşvīḳ üzerine Ayancıḳ ḳaṣabasındada belediye nāmına bir eczāḫāne küşādı teḳerrür eylemiş isede henüz ḳuvveden faᶜāla çıḳarılamamışdır. Ḳażāʾ-yi meẕkūr iḫtiyācātını, Ayancıḳ ḳaṣabasında ḫuṣūṣī olaraḳ icrā-yi ṭabābet eylemekde olan mīr-alaylıḳdan müteḳāᶜid ṭabīb ᶜOs̱mān bey küşād eylemiş oldığı ibtidāʾī bir eczāḫāne ile mümkin mertebe teʾmīn edebilmekdedir.

5.- **Ḳarantinaḫāne ve taḥaffuẓḫāne**: Merkez-i livāda bir ḳarantinaḫāne ve ḳaṣabanıñ yiğirmi daḳīḳa şimālinde bir taḥaffuẓḫāne vardır. Ḳarantinaḫāne bināsı <331> senesinde Ruslarıñ bombardımanı ile taḫrīb edilmişdir. El-yevm ḳarantina idāresi liman dāḫilinde beş lira īcār-i şehrī ile tedārik olınan evḳāfa ᶜāʾid bir ḳahveḫānede tedvīr-i ömür eylemekdedir. Taḥaffuẓḫānede bundan altı ay evveline gelinceye ḳadar her dürlü teferruᶜātıyla berāber muntaẓam bir ʾetüv dāʾiresinden başḳa bir şey yoḳ idi. ᶜAdedi otuzı mütecāviz baraḳalar ḫastaḫāne ve tecrīdḫāneler, iskeleler baḳımsızlıḳ yüzinden ᶜumūmīyet iᶜtibārıyla ḫarāba yüz ṭutmış idi. Ṣıḥḥīye ve muᶜāvenet-i ictimāᶜīye vekāletinden peyderpey gönderilmekde olan taḫṣīṣāt ile baᶜżı noḳṣānları görilen ʾetüv dāʾiresiyle baraḳalardan baᶜżıları ᶜumūmī ve ḫuṣūṣī ḳordonlar kāmilen taᶜmīr edilmişdir. Taᶜmīrāta devām olınmaḳdadır.

Mekātib ve medāris

Sinob merkez ḳażāsı dāḫilinde bir dārü'l-muᶜallimīn ve mekteb-i iᶜdādī, bir ẕükūr ve bir inās̱ merkez mektebi ve 16 köy mektebi, Boyābād ḳażāsı dāḫilinde bir ẕükūr ve bir inās̱ mektebi ile 23 köy mektebi, Ayancıḳ ḳażāsı dāḫilinde bir ẕükūr ve bir inās̱ merkez mektebi ile 22 köy mektebi vardır. Gerze ḳażāsındada iki ẕükūr, bir inās̱ merkez mektebi ile 10 köy mektebi vardır. Bunlar, muḫaṣṣaṣātı büdceden verilen mekātib-i resmīyedendir. Sinob ḳażāsında ayruca bir vaḳf-i ẕükūr ve bir ḫuṣūṣī inās̱ mektebide vardır.

[47] Mekātibiñ kāffesinde maᶜārif neẓāretince muḳaddeman tanẓīm edilen proġramlara tevfīḳan icrā-yi tedrīsāt ediliyor. Ḳaṣaba mekteblerinde oldıḳca taṭbīkine çalışılan bu proġram köy mektebleriniñ eks̱erīsinde ḥaḳḳıyla taṭbīḳ olınamıyor. Eks̱er muᶜallimleriñ sevīyeʾ-i ᶜilmīyeleri proġramda taᶜdād edilen mübāḥas̱ı tedrīse kāfī değildir. Dīğer ṭarafdan vesāʾiṭ-i tedrīsīyede yoḳdır. Köy mektebleriniñ ḳısm-i aᶜẓamı birer muᶜallimi oldığından bir muᶜallimiñ aṣġarī 80 - 90 mevcūdı olan bir mektebiñ ṣıbyān ṣınıflarını ve üç dereceyi iḥtivā eden altı ṣınıfıñ yiğirmiye bāliġ olan derslerini ne ṣūretle muntaẓaman taᶜḳīb ve tedrīs edebileceği cā-yi mülāḥaẓadır.

Medreseler: Sinob, Boyābād, Ayancıḳ, Gerze ḳaṣabalarında ve Boyābād ḳażāsına tābiᶜ Durağan nāḥiyesinde birer medrese vardır. Şimdiye ḳadar mesdūd olan medreseler geçen sene livāca yapılan teşebbüs̱āt üzerine bu sene açıldı. Seneʾ-i dersīye ibtidāsında ṭalebe ḳayd ve ḳabūla başlandı. İbtidāları ᶜadedleri pek çoḳ olan ṭālibīn mıḳdārı bi'l-āḫire medreseye dāḫil olacaḳlarıñ sinnleriniñ taḥdīd edilmesi üzerine el-yevm medresede dört beşe münḥaṣır ḳaldı. Şimdiki ḥālde el-yevm daḫi mesdūd bulınan Durağan nāḥiyesindekinden māᶜadā dört medresede müderris efendiniñ üçer beşer ṭalebeye taᶜlīm-i ᶜulūma çalışıyorlar. Kemāl-i teʾes̱sürle söylemek lāzım gelirse medreselerdeki tedrīsāt ḳaṭᶜīyen iḥtiyācāt-i ḥāżireyi teʾmīne kāfī değildir. Göñül çoḳ ārzū eder ki İstanbulda ve baᶜżı vilāyetde teşkīl edilmiş olan dārü'l-ḫilāfetü'l-ᶜilmīye medreselerinde taṭbīḳ olınan proğramlar livā medreselerindede yer bulsun!

Mekātib-i ḫuṣūṣīye: Yuḳarıda ᶜarż olundığı vecihle Sinobda evḳāfa ᶜāʾid bir ẕükūr ṣıbyān mektebi birde inās̱a maḫṣūṣ ḫuṣūṣī mekteb vardır. İşbu mekātibiñ her ikisinde resmī proğrama tevfīḳan tedrīsāt yapılır. Ḫuṣūṣī inās̱ mektebinde meşhūd olan intiẓām baᶜżı cihetlerden ṭolayı resmī inās̱ mektebine bile fāʾiḳ ve tedrīsāt daha iyidir.

İslām köylerinde baᶜżan köy ḫalḳı ṭarafından ücret-i senevīye ile ṭutulmış birer ḫo(vā)ca efendi ḫuṣūṣī ṣūretde icrā-yi tedrīsāt ediyor. Faḳaṭ bunlarıñ mıḳdārı el-yevm pek azdır. Bu ḳabil ḫo(vā)calar evlād-i vaṭanı irşād değil, belke iżlāl edeceklerinden bu ḳabīl tedrīsātıda küllīyen menᶜ eylemek daha evlādır.

[48] Ṭālibe ve ṭālibātıñ dereceʾ-i iḳtidārı her mektebiñ heyʾet-i taᶜlīmīyesiniñ dereceʾ-i iḳtidārına göre teḫālüf eder. Maᶜa mā fīh ᶜumūmīyet iᶜtibārıyla bir fikir dermiyān edilmek lāzım gelirse ṭalebe

ve ṭālibātıñ dereceʾ-i istiᶜdādları iyidir. Elverir ki onları iyi muᶜallimler taᶜlīm ve tedrīs etsinler. ᶜUmūmīyetle ḫalḳ artıḳ taḥṣīl-i ᶜilmiñ ḳader ve ḳıymetini añlamışdır. Ḳızlarınıñ taḥṣīl-i ᶜilm ve maᶜrifet etmelerine muᶜārıż olanlarda günden güne azalmaḳdadır. Köylerde bile ḳız çocuḳları erkeklerle berāber muḫteliṭen mekteblere devām ediyorlar. Merkez-i livāda mecbūrīyet-i taḥṣīlīye ḥaḳḳındaki aḥkām-i ḳānūnīye şiddetle taᶜḳīb olunıyor. Bu sebebden sinn-i taḥṣīlde bulınan eṭfālıñ onda sekizi mekteblerdedir. Sinn-i taḥṣīldeki eṭfāldan eks̱erīsiniñ pederleriniñ silāḥ altında bulınması ve bir ḳısmınıñda faḳr ve żarūreti mektebe muntaẓaman devāmlarını işkil ediyorsada merkezde muᶜallimīn cemᶜīyetiniñ muᶜāveneti ve mülḥaḳātda livā būdcesinden verilan taḫṣīṣāt ile bu gibi faḳīr ve bīkes eṭfālıñ kitāb ve levāzım-i dersīyeleri teʾmīn olunıyor.

Köyliler taḥṣīl-i ᶜilm-i maᶜrifete daha ziyāde ḫ(av)āhişgerdirler. Hemān her köyli köyinde bir mekteb bulınmasını ve evlādını oḳutmasını ārzū ediyor. Ḥattā iki sāᶜatlıḳ mesāfelerden mekteblerine ṭalebe geliyor. Bu gibi ṭalebe mevḳiᶜiñ, havānıñ müsāᶜidsizliğine rağmen yine mekteblerinden fāriġ olmayorlar ki şu ḥāli taḳdīr etmemek elden gelmez. Çūnki bu gün cehāletiñ acısını kendisi bi'ẕẕāt gören ve ᶜaskerde bulınan oğlandan gelen bir mektūbı oḳutmaḳ veya cevāb yazdırmaḳ içün köyden köye ṭolaşmaḳ mecbūrīyetinde bulınan köyli artıḳ oḳuma ve yazmanıñ ne demek oldığını çoḳdan añlamışdır.

Mekteb-i iʿdādī ve dārü'l-muʿallimīndeki muʿallimlerden bir ikisinden māʿadāsı meslek mekteblerinden yetişmiş oldıḳları içün muʿallim ve muʿallimeleriñ derece'-i iḳtidārları iyidir. Bütün livā dāḫilindeki merkez ve köy mekteblerinde muʿallimleriñ 16sı ancaḳ dārü'l-muʿallimīnden me'ẕūndır. Dīğerleri kāmilen ehlīyetnāmeli muʿallimlerdir. Dārü'l-muʿallimīn me'ẕūnı olanlar meslek taḥṣīli gördikleri içün bunlarıñ derece'-i iḳtidārları ḥaḳḳında bir şey denemezsede ehlīyetnāmeli muʿallimlerden ḥāl-i ḥāżırda müstaḫdem bulınanlarıñ eks̱erīsi evṣāf, iḳtidār ve şerā'iṭ-i maṭlūbeyi ḥā'iz olmasalar gerekdir. Livāda mevcūd beş ināṡ mektebindede ancaḳ iki dārü'l-muʿallimāt me'ẕūnesi ḫanım vardır, dīğerleri ehlīyetnāmelidir.

[49] Sinobda iʿdādī ve ittiḥād bināları kārgīrdir. Bunlar ṣoñ zamānlarda yapılduğı içün ems̱ālına nādir teṣādüf olınan bināllardandır. Faḳaṭ gerek mülḥaḳ ḳażā merkezlerindeki ve gerek bi'l-ʿumūm köylerdeki mektebiñ kāffesi aḫşābdır. Bi'l-ḫāṣṣa köylerdeki mekteb bināları vaḳtıyla ʿAbdu'r-raḥmān paşanıñ Ḳasṭamonı vālīliği zamānında yapdırdığı binālardır. Bunlarıñ ḳısm-i aʿẓamı iki dersḫāne ve bir muʿallim oṭasından ʿibāretdir. Lākin ẕāten şerā'iṭ-i ṣıḥḥīyeden maḥrūm oldıḳdan başḳa senelerdenberi taʿmīr ve termīm daḫi görmemiş oldıḳlarından ekṡerīsi ḫarāb ve metrūḳ bir ḥāldedir. Bu sene ḫuṣūṣī büdceden verilan taḫṣīṣāt ile bir az taʿmīr etdirilmişlersede yine iḥtiyāca kāfī değildir. Boyābād merkezindeki ẕükūr mektebi ile Ayancıḳ merkezindeki ināṡ mektebi kīrā ile tedārik edilmiş binālarda icrā-yi faʿālīyet eylemekdedir. Bu iki mekteb içün idāre'-i ḫuṣūṣīyeden senevī yüz liradan fażla bedel-i īcār verilmekdedir. Boyābād, Gerze ḳażāları merkezinde altışar dersḫāneli kārgīr birer mekteb inşā edilmekdedir. Bu sene Sinobda bir ināṡ, Ayancıḳda bir ẕükūr olmaḳ üzere iki mektebiñ inşā'ātınada mübāşeret edilecekdir.

Ḫānlar, oteller, ḥamamlar

Livāda belli başlı ve ẕikre şāyān oteller yoḳdır. Boyābād ḳaṣabasında çarşı içinde (Ṭaş ḫān) nāmıyla maʿrūf, zemīni ṭopraḳ, dört ṭarafı ṭaş dīvār, ḳubbeli, eski ṭarzda bir ḫān vardır ki bugün manifaṭura ticāretiyle depolıḳ vaẓīfesini görmekdedir. Tārīḫ-i inşāsı maʿlūm değilsede İsfendiyāroğılları zamānından ḳalma olması ḳavīyen melḥūẓdır. Bundan başḳa ḫān nāmıyla anılan binālar ʿalā'l-ʿāde aḫşāb fevḳānī bir iki oṭadan, taḥtānī büyük bir āḫūrdan ʿibāret şeylerdir. Sinob, Gerze ve Boyābādda otel ismi verilan binālarda bālāda tavṣīf olınan ḫānlar ṭarz ve şeklindedir.

Sinob ḳaṣabasında üç, Gerzede iki, Ayancıḳda mücedded olmaḳ üzere bir, Boyābādda ikisi ḫarāb ve metrūk ve birisi ḥāl-i faʿālīyetde olmaḳ üzere üç ḥamam vardır. Metrūk olan şu ḥamamlardan birisiniñ İsfendiyāroğılları zamānından ḳalma oldığına dā'ir kitābe vardır.

[50] **Fabriḳalar**

Livāda beş keraste fabrịkası, dört un fabrịkası, onbeş ʿādī keraste ḫiżārı, ḳırḳ sekiz ʿādī un değirmeni vardır. Keraste fabrịkaları Sinobda Çaḳıroġlı iskelesinde, Gerze ve Boyābāddadır. Un fabrịkaları Sinobda ve Boyābāddadır. Fabrịkalar meyānında aḫīren yeñiden teʾsīs edilmiş ve Kānūn-i evvel ibtidāsında ḥāl-i faʿālīyete getirilmiş olan Sinob maṭbaʿası daḫi ẕikre şāyāndır. <337> senesi idāreʾ-i ḫuṣūṣīye būdcesine vażʿ edilmiş olan dörtbiñ līrā ile vücūda getirilen maṭbaʿada yevmī ajanslar ṭabʿ edilmekde ve yaḳında haftalıḳ resmī bir gazete neşrine ibtidār edilmek üzere teşebbüs̱ātda bulınılmaḳdadır. Mālzemeʾ-i ṭabʿīye ve bi'l-ḫāṣṣa ḥurūfāt noḳṭaʾ-i naẓarından zengin olan maṭbaʿada ilerüde her nevʿi kitāb ve risāle ṭabʿı mümkin olacaḳdır. Peyderpey yapılmaḳda olan teşvīḳāt netīcesi olmaḳ üzere <338> senesi beledīye būdcesine vażʿı ḳuvveʾ-i ferībeye gelmiş olan mıḳdār-i kāfī taḫṣīṣāt ile Sinobda birde alektrịk tenvīrātı teʾsīsātı vücude getirilmesi ḳavīyen muḥtemeldir.

Mebānīniñ ṭarz-i miʿmārīsi

Livāda yeknasaḳ bir ṭarz-i miʿmārī yoḳdır. Ḫāne ṣāḥibi yapdıracaġı ev içün birḳaç yüz lira (el-yevm birḳaç biñ lira) ṣarf ederde ṣıḥḥata ve şerāʾiṭ-i ḥāżireye göre bir plan yapdırmaḳ içün yiğirmi lirayı fedā edemez. Her ev yapdıran kendisi mühendis ve miʿmārdır. Bu bābda ʿādī dülgerleriñ raʾyından bile istifāde edilmez.

Ḫāneler ʿumūmīyetle aḫşābdır ve iki üç ḳatlıdır. Beledīyeye terk edilan ve el-yevm günden güne hedm edilmekde bulınan ḳalʿe dīvārlarından Sinobda pek mebẕūl ve ucuz ṭaş tedāriki mümkin oldıġı ḥālde ahālī yine aḫşāb ḫāne inşāsından ṣarf-i naẓar etdirilemiyor. Ṣoñ beş sene żarfında vuḳūʿa gelen iki büyük yanġında bir ders olamamışdır. Bināyı pek büyük olaraḳ (mes̱elā üç dört ḳatlı, beş on oṭalı) başlamaḳ ve nihāyet iki üç oṭasını ikmāl etdikden ṣoñra mütebāḳī inşāʾātı evlād ve aḥfādıñ himmetine terk eylemek hemān her ṭarafda ʿādet [51] ḥükmindedir. Livāda ḥıfẓ-i ṣıḥḥat şerāʾiṭine tevfīḳan inşā edilmiş ḫānelere pek nādir teṣādüf olınur. Eskiden mevcūd olanlar alçaḳ ṭavanlı, ṭar pencereli, żiyā-yi şemsden ʿārī ve taʿbīr-i ʿumūmīyesiyle cidden ḳasvetli binālardır. Yeñi yapılanlarda olduḳca ferāḫlıḳ meşhūd olmaḳdadır.

Köy evleri bütün bütün zavallıdır. Eñ ileri gelen bir köyliniñ ḫānesi nihāyet iki oṭa, bir ṣalondan ʿibāretdir. Alt ḳatı kāmilen āḫūrlara taḫṣīṣ edilmişdir. Köyli ḫānesini on santimetro ḳalınlıġında ḫuṣūṣī bir ṣūretde yontulmış aġacların çentilmiş uçlarını yekdīğerine geçirmek ṣūretiyle inşā eder. Oṭa denilen şeyler büyücek bir ocaḳ ile müteʿaddid dolabları ḥāvīdir. Oṭanıñ bir köşesinde hemān otuz santim ṭūl ve ʿarżında bir pencereciği vardır. Ṭavanlar ʿumūmīyetle orta boylı bir insānıñ boyından daha alçaḳdır.

Emākin-i ʿumūmīye

Sinob ḳaṣabasında: Mülkīye ḫastaḫānesi, iʿdādī ve ittiḥād mektebleri, ḥükūmet bināsı, beledīye dāʾiresi, ḥabısḫāneʾ-i ʿumūmī, taḥaffuẓḫāne maḳinaları dāʾiresi, posta ve teleġrafḫāne, Reji dāʾiresi, Sulṭān ʿAlāʾu'd-dīn cāmiʿ-i şerīf ve medre-

sesi, Seyyid Bilāl cāmiʿ-i şerīfi ehemmīyetli mebānī olub mülkīye ḫastaḫānesinden māʿadāsı kāmilen kārgīrdir.
Boyābād ḳaṣabasında: Dispanser bināsı, Zirāʿat banḳası bināsı;
Gerzede: Çarşu cāmiʿ-i şerīfi;
Ayancıḳda: Dispanser bināsı, ḥükūmet bināsıda naẓara çarpar.

Şehirleriñ ve köyleriñ vażʿīyeti
Sinob ḳaṣabası: Sinob yarım aṭasınıñ berzaḫı üzerinde kāʾindir. Şimāl, şarḳ ve ġarb rūzgārlarına tamāmıyla maʿrūżdır. Her ṭarafı deñiz ile maḥdūd olan ḳaṣabanıñ Sinob yarım aṭasına ṭoġrı ṭatlı bir meyil ile uzanışı āb ve havāsı noḳṭaʾ-i naẓarından mevcūd olan leṭāfetine birde manẓaraʾ-i şāʾirāne baḫş eylemekdedir.

Sinob eskidenberi maʿrūf ve meşhūr bir ḳaṣabadır. Tārīḫ-i ḳadīme naẓaran bir zamānlar İran ṣatraplarından olub büyük İskenderiñ Darayı maġlūb etmesi üzerine istiḳlāl peydā eden Pont nāmıyla bir devlet teşkīl eyleyen ve İranīyü'l-aṣl bulınan Mihirdad nām ḳralıñ pā-yi taḫtı imiş; el-yevm icrā ḳılınan baʿżı taḥarriyāt netīcesinde meydāna çıḳan ās̱āra naẓaran eskiden pek [52] maʿmūr bir şehir oldıġı muḥaḳḳaḳdır. Taḥtu'l-arż tüneller, mecrālar, büyük saray, tiyatro enḳāżı, mozaʾiḳ zemīnler ve taḳrīben bir iki milyon ṭon ḥacım istīʿābīsinde ṣu ṣahrıncları enḳāẕı mevcūddır.

Sinobuñ meşhūr olan ḳalʿeleri el-yevm ḫarābdır. Esāsen ṭarz-i inşāsı noḳṭaʾ-i naẓarından hiçbir ḳıymet-i fennīye ve miʿmārīyeyi ḥāʾiz olmayan bu ḳalʿeler belediye ṭarafından hedm edilmekdedir. Dīvārlar arasında kilisesi güzel vażʿ edilmiş mermer sütūnlar, müzeyyen ve terāşīde başlıḳlar vesāʾir mebānīʾ-i cesīmeler mevcūddır. Buña bināʾen ḳalʿeleriñ eskiden maʿmūr olan Sinob şehriniñ enḳāżı ile az bir zamānda ve müstaʿcilen inşā edilmiş olması ḳavīyen melḥūẓdır. Büyük ḳalʿe ʿOs̱mānlılar ṭarafından yapılmışdır. Ḫattā bir maḥallinde temeliñ eñ alt ḳısmında demirden maʿmūl ḳırıḳ bir ṭop çıḳmışdır ki buda bu ḳalʿeniñ ʿOs̱mānlılar ṭarafından yapıldıġına delīldir. Bundan eski olan ḳalʿe ise pek ufaḳ olub ḥiṣār nāmıyla yād edilir. Bu ḥiṣārıñ üzerindeki muḫtelif ve müteʿaddid kitābelere göre ḥiṣār birḳaç kerreler Salçuḳlılar ṭarafından iḥyā ṣūretiyle taʿmīr edilmişdir. Bu kitābeler bir dānesinde ʿarabca yazı ile berāber eski Türk yazısı olan Orḫun yazısına müşābih bir yazıda vardır ki pek büyük bir ḳıymet-i ʿilmīyeyi ḥāʾizdir. İşte bu ḥiṣārıñ baʿżı aḳsāmıdır ki Mihridad veya Romalılar veyāḫūdda eski Yunan ṭarafından yapılmışdır. Yunanlılar Ḳaradeñize geçdikleri vaḳıt Sinobda bu ḥiṣārıñ birinde bir ticāret benderi teʾsīs etmişlerdi. Faḳaṭ sāḥilden içeriye beş kilometroya ḳadar bile nufūẕ edememişlerdi.

Ḳarayel ve poyraz rūzġārlarından sālim olan Sinob limanı Günṭoġuşı ve Lodos rūzġārlarına tamāmıyla maʿrūżdır. Bu rūzġārlar şiddetle esdiği zamān limandaki gemileriñ müşkilātla maḥallerini muḥāfaẓa edebilirler.

Sinobda Salçuḳīler zamānından ḳalma bir cāmiʿ-i şerīf ile bir medrese ve birḳaç ḫarāb ḥālde çeşme, muḫtelif ve şāyān-i diḳḳat mezārlar vardır. Bināʾenʿaleyh Sinob Salçuḳīler zamānındada ḥaḳīḳī bir devr-i ʿumrān geçirmişdir. El-yevm mevcūd olan cāmiᶜ ve medreseler ve yer yer teṣādüf olınan kitābeler bu ās̱ār-i ᶜumrānı bir derece daha tevzīḥ eylemekdedir. Sinob ḳażāsı ikibiñi mütecāviz ḫāneye mālik iken ṣoñ senelerde ẓuhūr eden birḳaç büyük yangın sebebiyle ḫarābezāra [53] dönmiş ve el-yevm süknā mevcūdı biñe tenezzül eylemişdir. Gerze ḳaṣabasıda deñize ṭoġrı uzanmış yarım aṭa üzerinde kāʾin ve taḳrīben biñe yakın ḫāneyi ḥāvīdir. Gerze limanı Ḳarayel, Baṭı, Lodos rūzgārlarına ḳarşı maḥfūẓdır. Limanıñ derinliği beş metrodan ziyāde olmadığı içün küçük gemileriñ bile duḫūlına müsāᶜid değildir. Meşrūṭīyete ḳadar nāḥiye ḥālinde bulınan Gerze ḳaṣabası bu tārīḫden iᶜtibāren ḳażā merkezi olmışdır. Ḳaṣaba ᶜumūmīyet iᶜtibārıyla ṭatlı bir meyil üzerinde kāʾin ve āb ve havāsı cihetiyle laṭīfdir.

Ayancıḳ ḳaṣabası ḳırḳ senelik yeñi bir ḳaṣabadır ve üçyüze ḳarīb ḫāneyi ḥāvīdir. Yeñi olması ḥasebiyle caddeleri muntaẓam, ḫāneleri güzeldir. Limanı yoḳdır.

Boyābād ḳaṣabası: Gökırmaḳ nevābᶜından Boyābād çayı üzerinde ve münḥaṭṭ bir arāżīde kāʾindir. İkibiñi mütecāviz ḫāneyi ḥāvīdir. Eski bir ḳaṣaba oldıġından ḫāneleri ḫarāb, caddeleri ṭar ve mülevves̱dir.

Köyleriñ vażᶜīyeti pek muḫtelifdir. ᶜAlā'l-eks̱er ṭaġ kenārlarında, tepelerde, vādī ve yamaçlarda ḳurulmış olan köyleriñ hiç birisi ṭoplu bir maḥalle ḥālinde değildir. Pek ᶜārıżalı olan arāżīdeki tarlalarda yekdīğerinden uzaḳdır. Bu ᶜārıżāta raġmen köyli içün ṭopraġınıñ yanı başında bulınmaḳ mecbūrīyetide mevcūd oldıġından artıḳ herkes istediği bir tepede, arzū eylediği bir orman içerisinde evini ḳurar, münzevīyāne bir ḥayāt geçirmeğe çalışır. Köylüyi şu fikirden hiçbir şey vāżgeçiremez.

Ḫelālarıñ şekli

Ḳaṣabalarda ḫelālar oldıkca muntaẓamdır. Lākin şāyān-i teʾes̱s̱ürdir ki Sinob ve Gerzede bir iki ufaḳ mecrādan başḳa ne ḳaṣabalarda ve nede köylerde laġım tertībātı yoḳdır. İnşāʾātına her cihetle müsāᶜid bulınan Sinob, Gerze ve Ayancıḳ ḳaṣabalarında bile bu bābda büyük bir ihmāl vāḳiᶜ olmışdır. Her ḥānede çuḳurlar vardır.

Köylerde çuḳurlarda yoḳdır. Köy evleriniñ bāġçesi, avlısı, zemīn ḳaṭı, ḫülāṣa her ṭarafı ḫelā ittiḫāẕ olınabilir. Nede olsa köyli mevcūd olan ḫelā çuḳurlarını taḫliye [54] ederek tarlasına döker. Ḥāl bu ki ḳaṣabalarda şu taḫliye keyfīyetide hemān yoḳ gibidir. Taᶜaffünāt ve taṣāᶜudāt olanca şiddetiyle ḫāne derūnındakileri ve cıvārındakileri bīzār eder ṭurur. Bu bābda vāḳiᶜ olan müdaḫālātdan ve zamān zamān taṭbīḳ edilan cezālardan bir fāʾide istiḥṣāl olınamaz. Neẓāfet ve ṭahārat-i belde ile ṭoġrıdan ṭoġrıya ᶜalāḳadār bulınması īcāb eden belediyeler ötedenberi ᶜaṭālete maḥkūmdır.

Ḳabristānlar

Ḳaṣabalarıñ eñ güzel ve havādār maḥalleri min el-ḳadīm ḳabristān ittiḫāẕ edilmiş oldıġından ḫalḳa kendiliğinden şu ḳabristānları terk etdirmeniñ imkānı yoḳdır. El-yevm Sinobda müteferrik ve mühimm mevāḳiᶜi işġāl eylemiş olan baᶜżı ḳabristānlarıñ münāsib maḥallere naḳli esbābına tevessül edilmişdir.

Baṭaḳlıḳlarıñ vüsᶜatı, mevḳiᶜi, esbābı ve ḳurutulması

Bu bābda birinci ḳısımda mümkin mertebe tafsīlāt verilmiş oldığından burada tekrārından ṣarf-i naẓar edilmişdir.

İçilen ṣular ve ṣūret-i isāleleri

Sinob ve Gerze ḳaṣabalarında istiᶜmāl edilen ṣular ṭoġrıdan ṭoġrıya menbaᶜ ṣuyıdır. Ayancıḳ ḳaṣabasında ḳuyu, Boyābād ḳaṣabasında dere, ḳuyu ve menbaᶜ ṣuyıdır. <337> senesi idāreʾ-i ḫuṣūṣīyeden taḫṣīṣ etdirilen bir mıḳdār taḫṣīṣāt ile Ayancıḳ dispanserine <1200> metro mesāfeden muntaẓam mecrā derūnında bir menbaᶜ ṣuyı isāle edilmiş oldığından dispanserden iᶜtibāren inşāʾātı derᶜuhde ve ṣuyıñ ḳaṣabaya ḳadar isālesi esbābına daḫi tevessül edilmişdir. Boyābād daḫi ṣoñ senelerde bir menbaᶜ ṣuyı bularaḳ ḳaṣabaya ḳadar isālesini teʾmīn eylemiş isede mıḳdārı az oldığından iḥtiyācāta ḳifāyet etmemekdedir.

Ṣularıñ isālesi ᶜādī mecrā ve poyralarladır. Demir borılarla ṣu isālesi ḫuṣūṣī havuz-i livāda taᶜammüm etmemişdir. Ṣu mecrāları ḳısmen açıḳ ve ḫarāb bir ḥālde oldığından içilen ṣular envāᶜ-i müzaḫrefāt ile kirlenmekdedir.

[55] Her ḳaṣaba merkezinde muḳaddeman içilen ṣularıñ isāle ve idāresi içün birer ḳomisyon (nuḳūd-i mevḳūfe ḳomisyonı) var idi. Memleketiñ eşrāf ve aᶜyānından terekküb eden bu ḳomisyon ṣu işiyle meşġūl olurdı. Ṣularıñ isālesinden ziyāde şaḫsī menfaᶜatlar düşünen ḳomisyon teberruᶜāt ve sāʾir ṣūretlerle terāküm eden ṣu paralarını başḳa işlerde işletmekde oldıḳlarından nuḳūd-i mevḳūfe sermāyeleride seneden seneye azalmaḳda idi. Baᶜżı ṭaraflarda nuḳūd-i mevḳūfe ḳomisyonları laġv olınaraḳ sermāyeleri ve vaẓīfeleri evḳāf idāresine alınmış isede şu ṣūret ilede bir fāʾide teʾmīn olınamadıḳdan başḳa evḳāfıñ ḥāl-i ḥāżır vażᶜīyet-i mālīyesi ḳarşusında ṣular daha ziyāde ihmāl ve teseyyübe maᶜrūż ḳalmışdır. Livāda içilen ṣularıñ evṣāf-i ḥikemīye ve kīmyevīyeleri ḥaḳḳında tedḳīḳātda bulınmaġa vesāʾiṭimiz mefḳūd bulındığından bu bābda yalñız Sinob ḳaṣabasındaki ṣularıñ muᶜāyeneʾ-i kīmyevīye ve baḳteriyolojīyelerini müşᶜar bir listeyi cüzʾe rabṭ etmekle iktifā edeceğiz.

[57] **Beşinci ḳısım**

Emrāż-i muᶜtāde ve belediye
Köylerde pek münteşir dāᵓü'l-cereb, ḳerāᶜ-i cild-i müşᶜar, eḳtima, trifoḳis ve hemān her ṭarafda mebẕūl bir ṣūretde dīdān-i üsṭüvānīye ve dīdān-i şerīṭīye mevcūddır. Fıtūḳ-i maġbenīyeye mübtelā olanlar ḫuṣūṣiyle ḳurā ahālīsi meyānında pek çoḳdır. Aḫşā-yi baṭınīyesi nıṣfan ṣaḳata inmiş büyük fıtıḳlılar görilir. Emrāż-i cildīyeniñ ziyādeliği bi'ṭ-ṭabiᶜ neẓāfete riᶜāyetsizliğindendir. Uyuza baᶜżı yerlerde (ḥarāret), baᶜżı yerlerde (eğlence ḫastalığı) ve baᶜżı ṭaraflardada (gecirik) taᶜbīr ederler. Cerebiñ eşkāli ᶜalā'l-eks̱er bis̱revī ve aḳıtmavīdir. İsḳaridleriñ ziyād görülmesi ṣularıñ lağımlar ve sāᵓir mülevves̱āt ile ḳarışmaḳda olmasından ve çiy sebze ekl edilmesindendir. Göz ağrılarına, ḫuṣūṣīyle Traḫoma pek ender teṣādüf olınur.

Mevsim ḫastalıḳları
Livāda başlıca teṣādüf olınan mevsim ḫastalıḳları ḳışın ve ilkbahārda görilen ẕātü'l-ḳaṣabāt, ẕātü'r-riᵓe, ḥummā-yi sarīᶜü'l-zāvil şeklinde inkişāf eden ṣoğuḳ algınlıḳları ve res̱yeᵓ-i mafṣalīyeᵓ-i ḥādde ve müzminelerdir.

Frengī ve fuḥş
Livāda <315> senesindenberi frengī ile mücādele edilmekdedir. Bu tārīḫde frengī mücādele teşkīlātı müfettiş-i ᶜumūmīliğine taᶜyīn olınan Almanyalı Dörniġ paşanıñ ve bundan daha çoḳ evvel <303> tārīḫlerinde vālī ᶜAbdu'r-raḥmān paşanıñ tedḳīḳātı netīcesi olaraḳ Bolı, Keñġri, Zonġuldaḳ ve Sinob livālarınıda şāmil olan Ḳasṭamonı vilāyetinde bu ḫastalıḳla iyiden iyiye mücādele edilmesi esās iᶜtbārıyla ḳabūl edilmişdir.

Tārīḫceᵓ-i maraż ve esbāb-i sirāyeti livānıñ ṭağlıḳ, ṭaşlıḳ ve ormanlıḳ arāżīden terekküb etmiş olması, ahālīsini ḫāricde maᶜīşetini aramaġa sevḳ ve icbār etmiş oldıġı içün ḫalḳıñ ḳurbīyet ḥasebiyle İstanbula giderek teᵓmīn-i maᶜīşete çalışmaları eski zamānlardanberi cārī ve ᶜādet ḥükminde idi. Ṣoñ yiğirmi sene ẓarfında eskisine nisbetle vesāᵓiṭ-i naḳlīyeniñ çoġalması [58] livā münāḳalāt ve münāsebātı daha ziyāde artırdığından böylece İstanbula gidüb ḳayıḳcılıḳ, balıḳcılıḳ vesāᵓir ṣūretlerle teᵓmīn-i mevḳiᶜ ve maᶜīşet edenler zamān zamān memleketlerine ᶜavdetlerinde fuḥşḫānelerden almış oldıḳları ḫastalıḳları ve bu meyānda frengīyi memleketlerine getirirlerdi. Esbāb-i sirāyet ve intiḳāl olmaḳ üzere ᶜaskerliğiñde mühimm roller oynadığı derḫāṭır eylemek lāzımdır. Dīğer eñ mühimm sebeb ve intiḳālda cehālet ve göreneksizlikdir.

Ḫastalıḳ bālāda ẕikr eylediğimiz yollarla bir defᶜa geldikden ṣoñra tevsiᶜ ve intişār edebilmek içün kendisine vāsiᶜ bir zemīn bulmışdır. Çūnki evvelā, ahālīniñ çoġı sirāyetine ḳānīᶜ değillerdi. İkincisi, saḳınacaḳ vāsıṭa ve ḳābilīyete eks̱erīyā mālik değillerdi. Üçincisi, pazar yeri, ḫān ve eylence maḥalleri gibi yerlerde taḥāẓẓ vesāᵓiti yoḳdı. Fuḥşīyātıñ frengīniñ intişārı ḫuṣūṣındaki teᵓsīrātı pek mühimmdir. Ṣıḥḥī teʾehhül muʿāyeneleri sāyesinde bu nevʿi sirāyetiñ bir dereceye ḳadar öñi alınabiliyorsada iẕinnāme almaḳsızın ve binaʾenʿaleyh ṣıḥḥī teʾehhül muʿāyenesi görmeksizin ḳurulan izdivāclar pek çoḳ oldığından bu ḳabīl teʾehhüllerede ḳarı ḳocadan biriniñ dīğerine ḫastalığı naḳl eylediğine dāʾir pek çoḳ müşāhadāt vardır.

Frengīye ḳarşı mücādeleniñ bi'l-ḫāṣṣa <315> senesinden iʿtibāren ḥaḳīḳī bir ṣūretde taṭbīḳine başlanılmışdı. Bu tārīḫden iʿtibāren şaḫıṣlarıñ tebeddüli ḥasebiyle ara ṣıra kesb-i şiddet ve faʿālīyet eden mücādele teşkīlātı <330> senesinden iʿtibāren cidden büyük yararlıḳlar göstermişdir. Ḫastalığıñ el-yevm livādaki mıḳdār-i vasaṭīsi yüzde (3,6)dır. Şu raḳḳam defterlerimizde muḳayyıd ve muntaẓaman taḥt-i tedāvīde bulındırdığımız ḫastegānıñ künyelerinden iḫrāc edilmiş olub pek az bir ḫaṭā ile ḥaḳīḳata ḳarībdir.

Mücādelede taʿḳīb olınan şiddet ve intiẓām sāyesinde el-yevm ḥāl-i faʿālīyetde bulınan frengīlilere pek az teṣādüf olınur. <337> senesi ẓarfında müteʿāḳib tedāvīleri icrā ḳılınan beşbiñi mütecāviz frengīli eşḫāṣdan iʿrāż-i ẓāhiresi mevcūd olanlar, taʿbīr-i dīğerle faʿāl frengīsi bulınanlar yüzde on bile yoḳ idi. Ḫastalıḳ bugün ḥāl-i tevaḳḳufdadır.

Livāda mevcūd olan frengī fuvayeleri ve frengī tedāvīsi noḳṭaʾ-i naẓarından mınṭıḳalar [59] ġurublar ve tedāvī merkezlerini müşar ḫariṭa cüzʾe merbūṭdır.

Malarya

Livānıñ sāḥil ḳısımlarındaki bataḳlıḳalarıñ ve Gökırmağıñ ṣuladığı arāżīdeki pirinc tarlalarınıñ mevcūdīyeti bu ḫastalığıñ livāda ehemmīyetli taḫrībāt vücūde getirmesine sebeb oluyor. Şimdiye ḳadar icrā ḳılınan ḳan muʿāyenātında Plazmodiniñ (Tersiyana) cinsine teṣādüf edilmiş ve bir iki vuḳūʿāt (Tropiḳa)ya ʿāʾid oldığı görülmişdir. (Ḳuvartana) cinsine hiç teṣādüf edilmemişdir. Ahālīde gerçi Sulfatoya riʿāyet ve iʿtimād varsada şu iʿtimād ve riʿāyet ancaḳ nöbetiñ zevālına ḳadar devām eder. Her ṭarafda oldığı gibi buradada üç beş ḥabb yutan bir ṣıtmalı artıḳ ḫastalığı tamāmıyla zāʾil olmuş ʿadd eder.

Livāda ṣıtma yüzinden maḥv olan ḳaryeler vardır. Birinci ḳısımda bataḳlıḳlar baḥṣındada ʿarż olındığı vecihle ḳırḳ elli sene evvel biñlerce nüfūsıñ iskān edilmiş oldıḳları ḥavālīde bugün żaʿyıf, cılız, ḳaşkesyā-yi merzağīye mübtelā beş on ḫāne ḫalḳından başḳa bir şey ḳalmamışdır. Anofelleriñ neşv-ü-nemāsına müsāʿid olan bataḳlıḳlarıñ ḳurutulması ve pirinc zerʿīyātınıñ terk etdirilmesi şu ṣırada imkān ḫāricinde bulındığından ṣıtma ile mücādele ancaḳ bol mıḳdārda Sulfato tevzīʿātı ile ḳābil olabilecekdir.

Şu cihet naẓar-i diḳḳata alınaraḳ <337> senesi meclis-i ʿumūmīʾ-i livā būdcesine vażʿ etdirilmiş olan <600> lira ile Dersaʿādetde Ekrem Necīb eczā ticāretḫānesi vāsıṭasıyla <13> kilo Edhem Pertev Kinin ḳomprimesi mübāyaʿa olınaraḳ meʾmūrīn-i ṣıḥḥīye maʿrifetiyle meccānen tevzīʿātda bulınılmışdır. Ṣıḥḥīye vekālet-i celīlesindende iki defʿada olmaḳ üzere irsāl buyurılan altı kiloya yaḳın toz Kinin 0,20şer santiġramlıḳ ḥabb şekline ḳalb olındıḳdan ṣoñra dūn bir fī'atla ṣatılmışdır ki bunıñda pek çoḳ fā'idesi görülmişdir. Bu sene ṣıtma mevsiminde havālarıñ ḳuraḳ gitmiş olması yüzinden Anofeller neşv-ü-nemā bulamamış ve bu sebebden dīğer senelere nisbetle fażla ṣıtma taḫrībātı görülmemişdir. Vaḳt-ü-zamānında yapılmış olan Kinin tevzīʿātınıñ bu bābda mühimm rol īfā eylemiş oldıġınada şübhe yoḳdır. Livānıñ menāṭıḳ-i merzaġīyesi ḫariṭada gösterilmişdir.

[60] **Verem**

Sinob, Gerze, Ayancıḳ ḳaṣabalarıyla bi'l-ḫāṣṣa merzaġī olan köylerde teṣādüf olınan bu ḫastalıḳ bi'ṭ-ṭabiʿ faḳr ve żarūret ve sefāletden ileri gelmekdedir. Ḫastalıḳ ḥaḳḳında şimdiye ḳadar ehemmīyetli hiçbir tedbīr-i ṣıḥḥī yapılamamışdır. Mevcūd sefālet-i fizyolojīyeden başḳa eskiden ʿişret mübtelālarınıñ daha bu havālīde fażla mıḳdārda bulınması veremiñ ḥuṣūlında başlıca esbāb-i müheyyi'eden ʿadd edilmeğe sezādır. Menʿ-i müskirāt ḳānūnınıñ şiddet-i taṭbīki ile ḫastalıġın menʿ-i tevsiʿ ve intişārı ḫuṣūṣında mühimm bir ḫaṭve'-i teraḳḳī atılmış olacaġı bedīhīdir.

Çiçek, difteri

Bir buçuḳ senedenberi livāda çiçek veya difteriden tek bir vaḳʿa ẓuhūr etmemişdir. Merkez ve mülḥaḳāt eṭıbbāsı nezdinde dā'imā taze difteri seromı bulındırdıġımız gibi çiçek aşısına bi'l-ḫāṣṣa <337> senesi ẓarfında pek ziyāde ehemmīyet ʿaṭf edilmiş; eṭıbbā, me'mūrīn-i ṣıḥḥīye ve aşı me'mūrları ṭarafından bu bābda mütemādīyen telḳīḥāt icrā edilmekde bulınmışdır.

Sā'ir teṣādüf olınan emrāż-i sārīye

<336> senesi Teşrīn-i evveli ibtidāsından <337> senesi Eylūli ġāyesine ḳadar livāda teṣādüf edilmiş olan emrāż-i sārīyeniñ mıḳdār ve maḥall-i vuḳūʿları müşʿar bir cedvel merbūṭdır. Livānıñ ḫaricle iḫtilāṭı nisbeten fazla bulınmasına raġmen bir sene ẓarfında müşāhede edilmiş olan emrāż-i sārīye mıḳdārı ḳayd edilmeğe bile şāyān değildir.

ʿAḳlī ve ʿaṣabī ḫastalıḳlar

Livāda emrāż-i ʿaḳlīye ve ʿaṣabīye mübtelālarına nādiren teṣādüf olınmaḳdadır. ʿAlā'l-ʿāde mātī, Melanġoli gibi emrāż-i ʿaṣabīye ve belāhet-i velādīyelere teṣādüf edilirsede mıḳdārı pek azdır. Ẕikre şāyān değildir.

Emrāż-i sārīyeniñ ve bi'l-ḫāṣṣa Ḳoleranıñ sirāyet yolları ve vuḳūʿ bulmış ṣalġınlar ḥaḳḳında maʿlūmāt

Ṣoñ üç sene ẓarfında livāda görilen emrāż-i sārīye istilāları ber-vech-i ātī ṣırasıyla ʿarż edilmişdir.

[61] 1.- **<326> Sinob Ḳolerası**: Türkistān ve Buḫara ṭarafından Ḥicāza gidenler arasında Ḳolera ḫastalıġı mevcūd oldıġından bunlarıñ Sinob taḥaffuẓḫānesinde ḳarantinaya tābiʿ ṭutulması ḥükūmetce tekerrür etmişdi. Bu münāsebetle ḥāl-i

faʿālīyete getirilmiş olan Sinob taḥaffuẓḫānesinde yevmīyen üç dört vapur tebḫīrāta ve yolcıları ḳarantinaya tābiʿ ṭutılurdı. Taḥaffuẓḫāne ḳordonları jandarmalarla taḥt-i inżibāṭa alınmış oldığından ḳarantina bekleyenleriñ ḫāric ile iḫtilāṭı ḳaṭʿīyen menʿ edilmiş idi. Fī'l-ḫaḳīḳa ḥüccāc arasında Ḳolera ehemmīyetli bir derecede mevcūd oldığından yevmīye üç beş vaḳʿanıñ ẓuhūrı ḫaber alınıyordı. Bir cumʿa güni ḳordon dāḫilindeki ḫüccācdan beş on şaḫsıñ cumʿa namāzı ḳılmaḳ üzere her naṣılsa ḳordonı aşaraḳ ḳaṣabaya gelmiş olmaları ḫastalığıñ Sinobdada ẓuhūrına sebebīyet vermiş ve onbeş yiğirmi gün ḳadar devām eden bir ṣalğında cemʿan <238> muṣāb <193> vefiyāt vuḳūʿ bulmışdır. Bu esnāda ḫastalıḳ Sinobla iḫtilāṭı fażlaca olan Gerze ve Boyābād ḳaṣabalarınada sirāyet ederek epiyice vefiyātı mūcib olmışdır.

2.- **<331> Sinob lekeli ḥummā istīlāsı**: Ḥarb-i ʿumūmī ibtidālarında Ḳafḳasyada mevcūd olan bu ḫastalıḳ oralardan gelen muhācirlerle Sinoba girmişdir. Ḳāfileleriñ şehir ile iḫtilāṭı menʿolınaraḳ ṭoğrıca taḥaffuẓḫāne baraḳalarında iskānı teḳarrür etmişdi. Bu bābda her dürlü tedābīre riʿāyet edilerek beş on gün ẓarfında muhācirīn arasındaki istīlānıñ öñi alınmış isede bundan evvel ḳaṣaba ve ḳaryelere yapılmış olan ḳāfileler vāsıṭasıyla Sinob ḳaṣabası ve köylerinde ve mücāvir bulınan Gerze ḳażāsı mülḥaḳātında ehemmīyetli bir Tifüs ṣalğını baş göstermişdir. Köyleriñ ṭağınıḳ ve müteferriḳ bir ḥālde bulınmaları bu bābdaki mücādeleye māniʿ ve maʿa mā fīh ilk günlerinde olanca şiddetiyle baş göstermiş olan ṣalğın nihāyet bir buçuḳ ay ẓarfında kāmilen mündefiʿ olmışdır. Sinob ḳaṣabasında ikiyüze ḳarīb vefiyāt vuḳūʿına sebebīyet veren ṣalğınıñ ḳurādaki taḫrībātı bi't-ṭabiʿ fazla olmış ve bu esnāda vuḳūʿātı ḫaber almaḳ mümkin olmadığından ḥaḳīḳī bir istatistiḳ ṭutulamamışdır.

3.- **<332> Gerze Ḳolerası**: Ḳaçaḳ ṣūretiyle Rusya sevāḥiline gidüb gelen ḳayıḳcılar vāsıṭasıyla Gerzede baş gösteren Ḳolera bir ay ḳadar devām eylemiş, sekiz yüz ḳadar vefiyātı [62] mūcib olmışdır. O zamānki meʾmūrīn-i ṣıḥḥīyeniñ lüzūmı derecesinde faʿālīyet gösterememiş olmalarıda ṣalğınıñ şiddetlenmesine ve köylere yayılmasına sebebīyet veren esbāb meyānındadır. Ḳaṣabaya on daḳīḳa mesāfede bir düzlikde ittiḫāẕ ḳılınmış olan ḳabristān maḥalli el-yevm (Ḳolera mezārlığı) nāmıyla maʿrūfdır.

<332> senesi ṣoñ bahārında Anaṭolınıñ hemān her köşesinde teṣādüf edilmiş olan İspanyol nezlesi ṣalğını Sinob livāsındada müdḥiş taḫrībāt yapmışdır. Ḫastalıḳ livānıñ hemān her ṭarafına girüb çıḳmış ve onbiñden fażla muṣāb, üçbiñ ḳadar vefiyātı mūcib olmışdır.

ʿArż edilen tārīḫçelerden daḫi müstebān olacağı vecihle Sinob livāsında şimdiye ḳadar görülmiş olan başlıca ḫastalıḳ ṣalğınlarınıñ menbaʿı ve maḥall-i sirāyeti dosyadır.

[63] **Altıncı ḳısım**

Tevellüdāt ve vefiyāt nisbeti
<336> senesi Ḳānūn-i evveli ibtidāsından <337> senesi Teşrīn-i s̱ānī ġāyesine ḳadar oniki aylıḳ vuḳūʿāt ve livānıñ nüfūs dāʾireleri ḳuyūdātıyla ṣıḥḥīye dāʾiresi ḳuyūdātını müşʿar tanẓīm olınan bir ġrafik cüzʾe merbūtdır. Müṭālaʿa ve tedḳīḳinde nüfūs ḳuyūdātına naẓaran her ayıñ tevellüdāt ve vefiyātı yekdīğere nisbet edilemiyecek ve bu bābda sālim bir fikir elde olamıyacaḳ derecede ḳarışıḳ oldıġı ve her ayıñ tevellüdātı vefiyātınıñ ancaḳ nıṣfına ve ḥattā baʿżı aylarda nıṣfından bile dūn bir dereceye tenezzül etmekde bulundıġı görilir. Nüfūs dāʾiresiniñ ġrafīği nüfūs-i ʿumūmīyeniñ büyük bir sürʿatla tedennī eylemekde oldıġını gösterdiği içün cidden mūcib-i teʾes̱s̱ür ve endīşe isede keyfīyetiñ lehü'l-ḥamd hiçbir zamān bu merkezde olmadıġı ve livā nüfūs-i ʿumūmīyesiniñ tedennī değil, bi'l-ʿakis dāʾimā tezāyüd ve teraḳḳīde bulındıġı ṣıḥḥīye dāʾiresince ṭoplanan ḳuyūdāt ile s̱übūt bulmaḳda ve ġrafikdede şu tezāyüdiñ bir nisbet-i muntaẓamede cereyān eylediği vāżıḥan görülmekdedir.

Senelerdenberi tedvīr-i umūr eden nüfūs idāreleriniñ ẓabt-i defter eylemiş oldıġı vuḳūʿātıñ ḥaḳīḳatdan küllīyen uzaḳ oldıġı şu ṣūretle taḥaḳḳuḳ eyledikden ṣoñra vāḳiʿ olan ḫaṭāyı mūcib olan esbāb taḥarrī edilmek lāzım gelirse:

1.- Vuḳūʿāt-i cārīyeniñ (ʿalā'l-uṣūl) tedvīr edilmekde olması,
2.-Vuḳūʿātı güni günine iḫbār eyleyen imām ve muḫtārānıñ tecziʾe edilmemesi,
3.- Teraḳḳī ve tedennīʾ-i nüfūs ḥaḳḳında hiçbir şey düşünülmemesi,
4.- Bu bābda taʿḳībāt ve tedḳīḳātda bulınılmaması,
5.- Nüfūs idārelerine mensūb meʾmūrīniñ ehlīyetsiz ve iḫtiṣāṣsız bulınması gibi ḥāller başlıca naẓara çarpar.

Ṣıḥḥīye dāʾiresiniñ ṭoplamaḳda oldıġı ḳuyūdāt tamāmıyla ḥaḳīḳata maʿālīḳdir, zīrā bi'l-ḫāṣṣa tevellüdāt ve vefiyātı ṭoplamaḳ içün tertīb edilmiş olan maṭbūʿ varaḳalar her ay ḳurā heyʾet-i iḫtiyārīyesi ṭarafından imlā olınaraḳ güni günine jandarma ḳaraġollarına tevdīʿ olınur. Jandarma ḳaraġolları ise ṭoplanmış olan vuḳūʿāt mażbaṭalarını ṭoġrıdan ḳażāʾ-yi ḥükūmet ṭabībine irsāl eder. Şu mażbaṭalardan bir ʿadedi merbūṭdır.

[64] **Eṭfālda vefiyāt**
Üçinci ḳısmıñ ʿanʿanāt ve yerli iʿtiḳādāt-i bāṭıle baḥis̱lerindede ʿarż olındıġı vecihle ṭoġurmazdan evvel, ṭoġururken ve ṭoġurdıḳdan ṣoñra vālide ve çocuġı ḥaḳḳında revā görülmekde olan ʿādāt ve iʿtiḳādāt-i bāṭıle yüzinden eṭfālda vefiyāt çoḳdır. Merbūṭ ġrafīkdende añlaşılacaġı vecihle bir sene ẓarfında vuḳūʿ bulan vefiyātıñ ʿadedi <1524>dir. Şu raḳḳamıñ <209>ı eṭfāla yaʿnī ṣıfır yaşından on yaşına ḳadar olanlara ʿāʾiddir. Bināʾenʿaleyh livānıñ nüfūs-i ʿumūmīyesine naẓaran bir sene ẓarfında yüzde <0,8> vefiyāt vuḳūʿ buldıġı ve vefiyāt-i ʿumūmīyedende yüzde <13,6>sınıñ eṭfāla ʿāʾid oldıġı tebeyyün eylemişdir. Yine ġrafikde görileceği vecihle eṭfāl arasındaki vefiyāt daha ziyāde ṣıfır yaşın-

dan iki yaşına ḳadar olanlara münḥaṣırdır ki baḳımsızlıḳdan ᵓölenler ancaḳ bu yaşdaki eṭfāldır.

Eṭfālda vefiyātı mūcib olan ḫastalıḳlar başlıca tesemmüm-i merzaġī ve ishāl-i ṭiflīdir.

Ṣoñ

Bir sene ẓarfında görülen sārī ḫastalıḳlar:

	Sārī iltihāb-i saḥāyā		ḥummā-yi nifāsī		ḥummā-yi rācᶜa		lekeli ḥummā	
	vefat	musab	vefāt	muṣāb	vefāt	muṣab	vefāt	muṣāb
Mekez każāsı	0	1	1	0	0	0	0	1
Gerze ḳażāsı	0	0	2	0	0	0	0	0
Ayancık ḳaṣabası	0	0	0	0	0	0	0	0
Boyābād ḳaṣabası	0	0	0	0	5	14	0	1
Yekūn	0	1	3	0	5	14	0	2

Nāḫiye müdīrīyet-i ʿumūmīyesi kīmyāḫānesi
Numero 1744
Gerzeniñ Acıṣuyına ʿāʾid raporlar

Berrāḳ manẓarada, milḥī leẕẕetde ve serbest ḥālinde ġaz ḳarboniği ḥāvī olan işbu ṣuyı + 100 dereceʾ-i ḥarāretde 3,925 ġram ḫülāṣaʾ-i yābise terk etdiği ve pek cüzʾī mıḳdārda Florsodyum ile ṣānī faḥmīyet ḥālinde kils, maġnezī, ḥadīd, aluminī, sud, potas ile az mıḳdārda silis iḥtivā edüb ḥāmiżīʾ-i ḳalevī maʿden ṣuları evṣāfında oldığı bi'l-muʿāyene tebyīn eylemişdir.
2 Nīsān 335 Kīmyāger
Ḥulūṣī ʿAzīz

Çelikli, ḥāmiżī ve ṣānī ḳarbonīyetli maʿden ṣuyı
(aṣlı fransızcadan)

Taḥlīl 100 santimetro mükaʿab ṣu üzerine yapılmışdır.
Serbest ve ṣānī ḳarbonīyet ḥālinde ḥāmiż-i ḳarbon:

	ḥacman 75 santimetro mükaʿab
mürekkeb ḥālinde ḥadīd:	72 miliġram
ṣānī ḳarbonīyet-i ḳalsyum:	96 "
manyezi :	44 "
muḫteliṭ kibrītler:	
ḳalevīʾ-i maʿdenīler (mürekkeb ḥālinde sud ve potasyum)	
muḫteliṭ ḳlor mürekkebātı	
mevādd-i s̱ābite rüsūbı:	156 "
ḳoḳusız	

Ḥāvī oldığı mevādd-i ʿużvīye taʿyīn edilmemişdir.

Bu ṣu lītrede 72 miliġram ḥādīdi ḥāvī olması ḥasebiyle bu cihetden zengin oldığı ve kibrītli ve s̱ānī ḳarbonīyetli ve asid... bir maʿden ṣuyıdır. Taʿāmüli ḫafīf ḥāmiżī isede ṭadı ḳuvvetle ḥāmiżīdir.

2 - 14 - Eylül 1307 - 1891
Doktor Muṣṭafā [Bu rapor iḥticāca şāyān değildir]

Weitere beiliegende (allerdings sehr schlecht leserliche) Tabellen:

Sinob ḳaṣabasında mevcūd ṣuların taḥlīl-i baḳteriyolojisini müşʿar cedveldir.
Taḥlīl-i kīmyevī.
Sinob livāsında ormanlar.
337 senesi ẓarfında Sinob sancağında idrāk olınan ḥubūbāt, meyve ve sebze mıḳdārını gösterir cedveldir.
Sinob sancağı nüfūs-i ʿumūmīyesinin ʿırḳ ve dīn üzerine taḳsimātını gösterir cedveldir.
Sinob ḳaṣabasının ... senesi aḥvāl-i cevʾīyesi.

Pläne:

Sinob ḳaṣabası
Gerze ḳaṣabāsı
Boyābād ḳaṣabası
Ayancıḳ ḳaṣabası
Ṭağlar ve nehirleri gösterir ḫariṭadır
Manāṭıḳ ... göl ve baṭaḳlıḳları gösterir ḫariṭadır
Ḫastaḫāne, dispanserler, eczāḫāneler, mekātib ve medārisi gösterir ḫariṭadır.

Bilder:

Sinob köylilerin bir nümūnesi.
39ıncı ṣaḥīfede geçen ṭuruḳ durma.

BERICHT B
S.[1]

توركيه بويوك ملت مجلسی
امور صحيه ومعاونت اجتماعيه وكالتی

جزؤ

٩

توركيه
نك

صحی اجتماعی جوغرافياسی

حميد آباد (اسپارطه) سنجاغی

اسپارطه سنجاغی صحيه مديری : دوقتور ابسنيم زهدی

آنقره

١٩٢٢ - ١٣٣٨

وكالت مطبعه سی

BERICHT B
S.[3]

برنجی قسم

حمید آباد ، (اسپارطه) لواسی حدودی :

شمالاً آفیون قره حصار سنجاغیله قسماً دكزلی لواسی ، وقونیه ولایتی ، شرقاً قونیه ولایتی وقسماً آنطالیه لواسی ، غرباً دكزلی وبوردور لوالری وجنوباً آنطالیه وبوردور لوالریله محاط ومحدوددر .

اسپارطه قبل المیلاد « پیسیدی » « پزیدی » « پیسیدیا » « پیزیدیا » قطعه‌سی نامیله متفرق ادارەلرده بر حكومت جمهوریهٔ متفقه شكلنده اولوب مشهور « استرابون » بو دائره‌یی كشت وگذار و وقوعاتنی تحریره ابتدار ایتدیكنده « ساپورت » نامنی ویرمش اولدیغندن بوندن غلط اوله‌رق اسپارطه نامنی آلدیغی ، دیكر روایته كوره لسان یونانیده متفرق معناسنه اولان « اسپورادا » لغتده « اسپارطه » دینلدیكی واوچنجی برروایتده یونانستانده‌كی اسپارطه‌یی اسكندرك استیلا وتخریبی زماننده اهالیسی ذاتاً یاز موسملرنده بو حوالی یایلالرینه كله‌رك هنكام صیفی بورالرده كچیردكلرندن دولایی مملكتلرینك خراب ایدلمسی اوزرینه بورالرده تمكن و قریه وقصبه‌لر تشكیل ایتدكلری زمانده اسكی مملكتلرینه نسبتله « اسپارطه » تسمیه ایتدكلری جمله تحقیقات وروایاتدندر . بوقطعه‌نك اوزمانكی حدودی شمالاً « فریكیا » قره‌حصار صاحب وشرق وشمال شرقیدن « سؤریا » « سیلسیا » نام وسلفكه وجنوباً « پامفلیا » انطالیه وغرب وجنوب غربیدن « لیسیا » منتشا شهرلریله تحدید اولنمشدر . قاموس الاعلامده بومملكتك اسم قدیمی « باریس » اولمغله رومجه « ایس » ادات ظرفیله تركیبنده « ایس بارتیا » دینلدیكندن بوندن غلط اوله‌رق « اسپارطه » شهرتیاب اولدیغی یازیلیدر : بوقطعه سكنه‌سنك ماثونیلر ادارەسنده ایكن ظهور اسلامله برنجی وایكنجی عصر هجری اوللرنده مدینه وشام مجاهدلرینك ورودیله اهتدا واختلاط ایده‌رك سلجوقیلرك

Bericht B

Türkiye Büyük Millet Meclisi
Umūr-i Ṣıḥḥīye ve Muʿāvenet-i İctimāʿīye Vekāleti

Cüzʾ: 9

Türkiyeniñ
Ṣıḥḥīʾ-i İctimāʿī Coġrafyası

Ḥamīdābād (Isparṭa) Sancaġı

Isparṭa sancaġı ṣıḥḥīye müdīri: Doḳtor Besīm Zühdī

Anḳara

1922 - 1338
Öġüd maṭbaʿası

[3] **Birinci ḳısım**

Ḥamīdābād (Isparṭa) livāsı ḥudūdı:
Şimālan Afyonḳaraḥiṣār sancağıyla ḳısmen Deñizli livāsı ve Ḳonya vilāyeti, şarḳan Ḳonya vilāyeti ve ḳısmen Anṭalya livāsı, ġarban Deñizli ve Burdur livāları ve cenūben Anṭalya ve Burdur livālarıyla muḥāṭ ve maḥdūddır.

Isparṭa ḳablu'l-mīlād <Pisida> <Pizida> <Pisidya> ḳıṭᶜası nāmıyla müteferriḳ idārelerde bir ḥükūmet-i cumhūrīyeʾ-i müttefiḳe şeklinde olub meşhūr <İstrapon> bu dāʾireyi geşt-ü-güẕār ve vuḳūᶜātını taḥrīre ibtidār etdiğinde <Saport> nāmını vermiş oldığından bundan ġalaṭ olaraḳ Isparṭa nāmını aldığı, dīğer rivāyete göre lisān-i yunanīde müteferriḳ maᶜnāsına olan <İsporada> luġatda <Isparṭa> dinlediği ve üçinci bir rivāyetde Yunanistāndaki Isparṭayı İskender istīlā ve taḫrībi zamānında ahālīsi ẕāten yaz mevsimlerinde bu ḥavālī yaylalarına gelerek hengām-i ṣayfı buralarda geçirdiklerinden dolayı memleketleriniñ ḫarāb edilmesi üzerine buralarda temekkün ve ḳarye ve ḳaṣabalar teşkīl etdikleri zamānda eski memleketlerine nisbetle <Isparṭa> tesmiye etdikleri cümleʾ-i taḥḳīḳat ve rivāyātdandır. Bu ḳıṭᶜanıñ o zamānki ḥudūdı şimālan <Frikya> Ḳaraḥiṣar-i Ṣāḥib ve şarḳ ve şimāl-i şarḳīden <Suʾriya> <Silisya> nām ve Silifke ve cenūben <Pamfilya> Anṭalya ve ġarb ve cenūb-i ġarbīden <Lisya> Menteşa şehirleriyle taḥdīd olınmışdır. Ḳāmūsu'l-aᶜlāmda bu memleketiñ ism-i ḳadīmi <Baris> olmaġla rumca "is" edāt-i ẓarfıyla terkībinde <İsbartiya> denildiğinden bundan ġalaṭ olaraḳ <Isparṭa> şöhretyāb oldığı yazılıdır. Bu ḳıṭᶜa sekenesiniñ Maʾūnīler idāresinde iken ẓuhūr-i islāmla birinci ve ikinci ᶜaṣr-i hicrī evvellerinde Medīne ve Şām mücāhidleriniñ vürūdiyle ihtidā ve iḫtilāṭ ederek Selçuḳīleriñ [4] tārīḫ-i istīlāsı olan yedinci ᶜaṣr-i hicrī evāʾiline ḳadar gāh Emevīler, gāh ᶜAbbāsīler idāresinde imrār-i ḥayātla o zamānda bu havālī ḥükūmet-i Selçuḳīye ṭarafından <Ḥamīdoğlı> idāre ve imāretine tevdīᶜ olınmasından dolayı <Ḥamīdeli> ḳaṣabası nāmıyla yād olunmaġa başlamış ve bu sebeble Ḥamīd sancaġı nāmıyla benām olmaḳda bulınmış iken 1307 senesinde bā irāde Ābād iżāfesiyle <Ḥamīd Ābād> ismini almışdır. Ḥamīd Oğılları zamānındaki ḥudūd Beğşehri ve Aḳşehir ve Kütahya ve Menteşa ve Anṭalya sancaḳlarından ᶜibāret oldığı ḥālde ṣoñ zamānlarda <Türkmenḫāṣṣ> denilan Burduriñ 1290 senesinde ayrıca mutaṣarrıflıḳ teşek- külinden merkeziñ şimdiki ḥudūdı şarḳan Ḳaraaġac ve şarḳ-i şimālīden Yalvac ve vasaṭda Eğridir ve şimālen Uluborlu ve ġarb-i şimālca Keçiborlu nāḥiyesinden ᶜibāret ḳalmışdır. Uluborlu ḳaẓāsınıñ ilk bināsında <Ayolonya> şehr-i ḳadīmi mevḳiᶜine yapıldığı daha evvelleri <Marzyum> daḫi denildiği ve Yalvacıñ Maġnisa prensleri ṭarafından ilk bināsında <Ḳolonya> <Ḳabrizya> nāmıyla yād olınub ṣoñra <Pisidya Anṭakyası> <Küçük Anṭakya> nāmı daḫi verildiği ve Eğridire <Felekābād> denildiği mervī ve mütevātirdir.

Ṭūl ve ᶜarż dereceleri
İstanbul nıṣfu'n-nehārı dāʾiresinden iᶜtibāren bir derece ḳırḳ daḳīḳa ṭūl-i şarḳīde, otuz yedi derece altı daḳīḳa ᶜarż-i şimālī ile saṭḥ-i baḥrdan ṭoḳuz yüz altmış

metro ve <Paris> nıṣfu'n-nehārı dā'iresi iʿtibārıylada yine Ḳāmūsu'l-aʿlāmda otuzyedi derece ḳırḳ beş daḳīḳa yigirmi s̱āniye ʿarż-i şimālī ile yigirmisekiz derece dört daḳīḳa onyedi s̱āniye ṭūl-i şarḳīde, irtifāʿı ṭoḳuzyüzseksan metro gösteriliyor; merkez; biñseksan irtifaʿında ve bu merkez mülḥaḳātından Keçiborlu nāḥiyesi merkezi ṭoḳuzyüzon ve Uluborlu ḳażāsı biñ yigirmibeş ve Yalvac ve Eğridir ṭokuzyüz ve Ḳaraaġac tokuzyüzelli metro irtifāʿındadır. Uluborlunıñ ṭūl derecesi 28 1/7 ve ʿarż derecesi 36 1/9 Eğridiriñ ṭūl derecesi 28 1/2 ve ʿarż derecesi 36 1/7 Yalvacıñ ṭūl derecesi 28 3/4 ve ʿarż derecesi 37 1/4 ve Ḳaraaġacıñ ṭūl derecesi 29 1/6 ve ʿarż derecesi 37 1/8 den ʿibāretdir.

[5] **Mesāḥa'-i saṭḥīyesi**
Şimdiki Isparṭa ḳaṣabasını teşkīl eden arāżī aḳṣā-yi ʿumrān iʿtibārıyla şarḳdan ġarba doġrı ṭūlan yedibuçuḳ ve şimāldan cenūba ʿarżan beş kilometredir. Isparṭa ḳażāsınıñ mesāḥa'-i saṭḥīyesi 1750 kilometro murabbaʿı ve Uluborlu ḳażāsınıñ mesāḥa'-i saṭḥīyesi 650 kilometro murabbaʿı ve Eğridir ḳażāsınıñ mesāḥa'-i saṭḥīyesi 4100 kilometro murabbaʿı ve Yalvacıñ mesāḥa-i saṭḥīyesi 1640 kilometro murabbaʿı ve Ḳaraaġac ḳaẓāsınıñ mesāḥa'-i saṭḥīyesi 1690 kilometro murabbaʿı olub Isparṭa ḳaẓāsınıñ beher kilometro murabbaʿına 28 nüfūs, Uluborlu ḳażāsında 30 nüfūs, Eğirdir ḳażāsında 7 nüfūs Yalvac ḳażāsında 18 nüfūs ve Ḳaraaġac ḳażāsında 15 nüfūs ki: hey'et-i ʿumūmīye iʿtibarıyla vusṭā olaraḳ beher kilometro murabbaʿına 15 nüfūs iṣābet etmekdedir.

Ṭaġlar ve irtifāʿları
Merkez ḳażāsınıñ cenūbında Ḥiṣār ṭaġı, Seydere ṭaġı, Aḳ ṭaġ, ve şimālde Gelincik ṭaġı, Tutaz ṭaġı, ġarbında İlyās ṭaġı, şarḳında Ḳarlı ṭaġ, Davras ṭaġı, cenūbında Ṭuta daġları, şimālinde Barla ṭaġı, ve Uluborlu ḳażāsınıñ cenūbında Borlu ṭaġları, Ḳapu ṭaġı, ġarbında Eyleyi ṭaġı, şarḳında Barla ṭaġı, şimālinde Ḥasanlı Kumullı ṭaġları ve müżāfātında Ḳılıncṭaşan ṭaġı ve Yalvac ḳażāsınıñ şimālinde Ḳaraḳusi ṭaġları, cenūb-i ġarbīsinde Aḳṭaġ, Ḳaraaġac ḳażāsınıñ ġarbında Aḳṭaġ, Tekeli ṭaġı cenūb-i ġarbīsinde Çal daġı, ġarbında cenūbdan şimāle doġri Anamas ṭaġları, Tekeli ve Eğiz ṭaġları ve cenūbında Ḳızılṭaġ mevcūddır. Coġrafīyūnıñ Taurus silsilesi taʿbīr etdikleri ṭūlānī ve cesīm bir ṭaġa mülāṣıḳ ve saṭḥ-i baḥrdan 9000 küsūr ḳadem irtifāʿı bulunan Davraz ṭaġına Yeñi Aṭlasda 2100 metro irtifaʿ gösterilmekde ve tercüme'-i Telemaḳa merbūṭ bir ḥāṣiyede daḫi Ḥamīd paşalıġına cıvār <Ṣūfī ṭagı> nāmıyla yine bu Davaz ṭaġına 5000 ḳadar irtifāʿ ḳayd olınmaḳdadır.

Ḥiṣār ṭaġınıñ tepesinde ḳalʿe ās̱ārı olub bunıñ şimāla nāẓır tepecikleri [6] arasında eṭrāfı māşīyan bir sāʿatda ṭolaşılabilir ḳırḳ elli ḳulaç ʿumḳında ṣuyı ṭatlı bir gölceyiz vardır ki adına Gölcik denilür. Bunda pek az mıḳdārda iki nevʿi balıḳ daḫi bulınur. Bütün Isparṭa şehriniñ ve baʿżı köyleriniñ ṣuları menābiʿi bu Gölciğiñ eṭrāfındadır. Erbāb-i fenniñ beyānına göre bu Gölciğiñ vulḳan aġzı oldıġından dolayı eṭrāfı arāżī'-i bürkānīyedendir. <Keven> ketre otından başḳa nebātāt-i sā'ire ve eşcār bulınmaz. Ḳaraaġac ḳażāsı dāḫilindeki Anamas ṭaġlarınıñ irtifāʿı 1200 den 1400 metroya ḳadar müteḥavvildir. Eñ mürtefiʿ noḳṭası <Dip poyraz> ṭaġıdır. Tekeli ve Eğiz ṭaġlarınıñ irtifāʿı taḳrīben 1200 metrodan ʿibāretdir. Yalvaç ḳażāsınıñ Aḳşehirle müşterek Aḳşehrili nāmıyla maʿrūf Sulṭān ṭağları müżāfātından beş altı ṭaġ saṭḥ-i baḥrdan 1150 metro mürtefiʿdir. Uluborlunıñ şarḳında 2097 metro irtifāʿında Ṭoros silsilesi şuʿabātından Şalġamlıḳ tepeleri mevcūddır.

Enhār, güẕergāh ve ṭūlları

Isparṭa ḳażāsı dāḫilinde dāʾimü'l-cereyān enhār olmadığı gibi Gölciğiñ eṭrāfında baṭaḳlıḳ mevcūd değildir. Çūnki feyeżātlı zamānlarında bir ʿaṣır evvel ṣahāb-i ḥayrātdan Ṣavḳaryalı Hācī Ḥüseyin aġa merḥūmıñ açdırdığı tünelden Isparṭa bāġ ve būstānlarına ṣuyıñ fażlası irvā ve isḳā maḳṣadıyla cereyān etdirilür.

Burdur göliniñ şarḳ-i nihāʾīsi mevḳiʿinde bulunan Keçiborlu nāḥiyesine tābiʿ Gölbaşı çiftliğinde daḫi göliñ acı ṣuyından baṭaḳlıḳ es̱eri görülmezsede çiftliğiñ Küçükṭaşı mevḳiʿinden nebeʿān eden bir mıḳdār ṭatlı ṣu ovaya yayılub baṭaḳlıḳ yapdığından meẕkūr çiftlik ve cıvārı ahālīsi ıṣıtma ḫastalığından vāreste ḳalamazlar. Nāḥiyeniñ şimāl cihetinde Dinar ḳażāsına merbūṭ Türkmen köyleri yanında Pıñarbaşı denilen maḥalldeki ṣuda o mevḳiʿdeki göl ve baṭaḳlıḳ teşkīl ederek o cıvārda köylerde vaḫāmet-i havāyı müstelzim olmaḳdadır. Başḳaca ve başluca enhār mevcūd olmayub muḫtelif küçük dereler vardır. Şāyān-i ḳayd bulunanları Isparṭa ḳażāsı dāḫilinde Isparṭa çayı, Eğridir ḳażāsı dāḫilinde Yaġırcıḳ deresi, Eğridir göli ayağı, Pavlu deresi, Aḳṣu ve [7] Uluborlu ḳażāsında Seğirkend deresi ve Eğridir göline münsabb olan ve Şalġamlıḳ ve Borlu derelerinden terekküb eden Yaya çayı mevcūddır. Ḳaraaġac ḳaẓāsı dāḫilinde Sulṭān ṭağları eteklerinden ve Yalvac ḳaẓāsı dāḫilinden gelan Çarḳsaray, Seyvar ṣuyı ile Köpri çayı mevcūd olub her ikiside merkez ḳażā cıvārından bi'l-mürūr Beyşehir göline münsabb olur. Bināʾen aleyh seyr-ü-sefāʾine derece-i ḳābilīyet mesʾelesi Isparṭa livāsında bulınan dereler içün mevẓūʿ-i baḥis̱ olamaz.

Göller, vüsʿatı, mevkiʿi, dāʾimī veya muvaḳḳat oldıḳları, baṭaḳlıḳ yapup yapmadığı

Eğridir ḳaẓāsında taḳrīben tūlı 35 ve ʿarżı 7 ile 15 arasında dāʾireʾ-i muḥīṭı 90 kilometro ve ṣuyı tatlı bir göl olub bunıñ ayağı Eğridir bāğlarına doğrı cereyān edegeldiğinden bāğlar cihetinde ve Yalvacıñ Ḫaviran nāḥiyesiniñ bu göl kenārına teṣādüf eden ḳaryelerinde ve Seğirkend nāḥiyesiniñ baʿż-i ḳurāsında baṭaḳlıḳ yapar ve bu ayaḳ meẕkūr bāğlar semtindeki mağāralara <Devdenlere> girüb Gökdere ḳaryesi yanında meydāna çıḳar ve <Ḳavġāde> göli denilan dīğer bir küçük göli teşkīl eyler. Ḳaraaġaç ḳażāları dāḫilinde perākende ṣulardan teşekkül eden bir nehr-i saġīr Aḳşar nāḥiyesinde bu göle münsabb olur. Vesāʾiṭ-i naḳlīyeye kifāyet ve ḳābilīyeti olmadığından yalñız cereyān etdiği yerlerde baṭaḳlıḳ yapar. Eğridiriñ Pavlu nāḥiyesinde Aḳṣu Gökṣu denilan iki nehir bir noḳṭada birleşüb kes̱retli olan nāḥiye ormanlarında iʿmāl edilen büyük kerasteleri ṣal şeklinde Anṭalya iskelesine naḳl ve tenzīl eyler. Bu nehirleriñ kenārlarında daḫi baṭaḳlıḳlar eksik olmazsada cıvārī ḳurāsı eks̱erīyetle ṭaġ başlarında ve nehirlerden uzaḳ yerlerde olmasından dolayı teʾs̱īrātı o ḳadar görülmez. Eğridir gölinde işleyen vesāʾiṭ-i naḳlīye ṭabanları düz ḳadīm yerli ḳayıḳlarından

ʿibāret oldıġı ḥālde Eğridir şömendöferiniñ işletme tārīḫinden ṣoñra celb edilen iki motör ḫaylī teshīlāt ve tesrīʿāt yapmaḳdadır. Göliñ Yazla nāḥiyesi cihetindeki baʿżı baṭaḳlıḳları nāḥiyeniñ yüksekde olması sebebiyle teʾs̱īr gösteremez. Eğridir göliniñ ṣu seviyesinin saṭḥ-i baḥrdan irtifāʿı 870 metro ve mesāhaʾ-i saṭḥīyesi 624 kilometro murabbaʿı ve 36,0000 *(!)* ʿatīḳ dönimden ʿibāret olub ṣuyınıñ lez̲z̲eti ṭatlıdır. Bu göl Eğridir ve Ḫavran gölleri nāmīyla [8] iki ḳısma münḳasımdır. Derūnında ve Eğridir şehri ḳurbında Benes ve Cān aṭaları olub meskūndır. Şimālde Ḥaviran ḳısmında Iṣsız aṭa denilan bir aṭa mevcūddır. Eğridir göli dāʾimī olub cenūb ve şimālinde vāsiʿ baṭaḳlıḳlar yapmışdır. Ḳavġade göli Eğridir göli ayaġında Sipāhīler, Ḳaradiken, Çukur ḳaryeleri ortasında ṭoplanmasından ḥuṣūle gelan bir göl olub ṭūlı 7 ʿarżı 5 ve mesāḥaʾ-i saṭḥīyesi 60 kilometrodan ʿibāret olub ṣu seviyesiniñ saṭḥ-i baḥrdan irtifāʿı yediyüz metrodır. Ṣuyınıñ lez̲z̲eti ṭatlıdır. Eğridir göliyle Ḳavgade arasında 25 kilometro mesāfe tamāmıyla baṭaḳlıḳ ḥālindedir.

Beyşehri göli - Livānıñ cihet-i şarḳīyesinde nıṣfan Ḳonya vilāyetiniñ Beyşehri ḳażāsı nıṣf-i dīğeri Ḳaraaġac dāḫilindedir. Beyşehri göliniñ muḥīṭi 73 kilometro ve ṭūlı 32 kilometro ve ʿarżı 8 kilometro ve mesāḥaʾ-i saṭḥīyesi 256 kilometro murabbaʿı, 260,000 ʿatīḳ dönimden ʿibāret olub ṣuyınıñ lez̲z̲eti ṭatlıdır. Bu göl daḫi dāʾimīdir. Beyşehri göli cenūbında mücāvereti ḥasebiyle ḳażāsınıñ Sürkme, Belceğiz, Ayaş ḳurāsıyla Yenişār mınṭıḳasında vāsiʿ baṭaḳlıḳ teşkīl etmiş olmasından Sürkme, Belceğiz, Ayaş, Armudlı, Çelitek, Tenkeliler, Ṣalur, Fıḳıhlar ve Yeñişār mınṭıḳasında Kurdlar, Mevme, Yeñice ḳaryelerinde ıṣıtma tevlīd etmekdedir. Bu göl merākib-i ṣaġīreʾ-i baḥrīyeniñ seyr-ü-seferine müsāʾiddir.

Burdur göli - Burdur livāsı şimālinde ve Isparṭanıñ Keçiborlu nāḥiyesi cenūbında kāʾin olub şimāl sāḥasında Keçiborlu nāḥiyesine tābiʿ baʿż-i ḳurānıñ mevcūdīyeti ḥasebiyle şimāl ḥudūdından bir ḳısmı Isparṭa livāsına ʿāʾid bulınmışdır.

Burdur göliniñ muḥīṭi 60 kilometro ve ṭūlı 28 ve ʿarżı 6 kilometro ve ṣu sevīyesiniñ saṭḥ-i baḥrdan irtifāʾı 920 metro mesāḥaʾ-i saṭḥīyesi 110 kilometro murabbaʿı 112,000 ʿatīḳ dönimden ʿibāret olub ṣuyınıñ lez̲z̲eti acı ve arseniklidir. Muḥīṭinde ufaḳ dereleriñ kes̱reti ḥasebiyle baṭaḳlıḳ mevcūddır.

Ḳuleöñi göli - Muvaḳḳat olan bu göle baṭaḳlıḳ nāmı vermek daha münāsibdir. Civār derelerden ḥāṣıl olan bu göl merkez livānıñ onbeş kilometro buʿd ve mesāfesinde ve Ḳule[9]öñi istasyonınıñ hemān şimālindedir. Taḫmīnen Kavġade göli ḳadar bir saṭıḥ işġāl eder. Bu göl ve etrāfı baṭaḳlıḳdır.

Memlaḥa

Isparṭa livāsı merkez ve mülḥaḳātında memlaḥa mevcūd olmayub lüzūm ve iḥtiyācı olan ṭuzı ḫāricden tedārik etmek mecbūrīyetindedir.

Teşekkülāt-i je᾿olojīye

Isparṭa: Ḥamīdābād sancaġınıñ merkezi olan bir şehir olub Toros ṭaġlarınıñ şimāl eteğinde ve iskelesi olan Antalyanıñ 115 kilometro cıvārında ve Eğridir göliniñ 38 kilometro ġarb-i cenūbīsinde vāḳiᶜdir. Isparṭa livāsı merkeziniñ şarḳ, cenūb ve ġarb-i cenūbīsi bir ṭaḳım ṭağlar ile iḥāṭa edilmiş isede bu ṭağlarıñ kāffesi Toros, Balḳanlar cibāl-i mürekkebesiniñ şuᶜabātından değildir. Meselā Ḳaratepeniñ ḳubbevī veyāḫūd maḫrūṭī bir şekilde olması ifᶜāl ve volkanīye᾿-i cedīdeniñ eserleri oldığına şübhe bıraḳmayub cibāl-i basīṭeden maᶜdūddır. Terkībātı bazalt yāḫūd traḫit gibi żuhūrdan ᶜibāretdir. Isparṭa, Burdur, Eğridir, Aḳşehir, Seydişehir gölleriniñ mevcūdīyeti dolayısıyla buraları edvār-i ḳadīmede teşekkül etmeyüb bi'l-āḫare indifāᶜāt ve volḳanīye te᾿sīriyle vücūda gelmiş denilebilirsede bi'l-ḫāṣṣa Isparṭa ve Burdur livālarında kilsiñ fażlalığı ve bi'l-āḫare indifāᶜāt ve volkanīye te᾿sīriyle derūn-i arżdan ḫārice çıḳan kükürt ṣaḥrasıyla kireciñ imtizācı netīcesi kibrītīt ḳalsyum (alçı ṭabaḳaları) vücūda gelmiş bulınmasından Isparṭanıñ şimāl-i ġarbīsı alçı ṣuḫūr-i maksūresiyle muḥāṭ bulınmaḳdadır.

Bi'l-ḫāṣṣa beyāż tebeşīr ve pekmez ṭopraġı denilen ḳarbonit ḳalsyumıñ fażla bulınması Isparṭa, Burdur ve cıvārınıñ üçinci devirde yaᶜnī: arāżī᾿-i s̱ānīyede terpas ṭabaḳasından ṣoñra devr-i tebāşīrī bidāyetlerinde teşekkül etdiği ṭabaḳāt-i je᾿olojīyesinden añlaşılmaḳdadır. Eks̱eriyā ebniye inşāatında ḳullandıḳları maḳām ṭaşı, yaᶜnī ġreleriñ fażla bulınması livānıñ devr-i tebāşīrīde teşekküline bir delīldir. <Ḳayaġan> yaᶜnī arduvaz ṭaşı, bileği ṭaşlarınıñ [10] Keçiborluya tābiᶜ Giresun ḳaryesinde mebẕūlīyeti buna yine bir delīldir. Değirmen ṭaşlarıniñ iᶜmāl olındığı ufaḳ cebeli ġrelere eks̱eriyā devr-i tebāşīrī ṭabaḳātınıñ ṣuḫūr-i rusūbīye᾿-i maksūresi arasında teṣādüf olınmışdır. Birde merkez livānıñ cenūb-i ġarbīsinde ve İġlāsūna ḳarīb bir maḥallde kevefke taᶜbīr olınan tüf kalsinik fażlalığı livā ve cıvārınıñ edvār-i ḳadīmede ve vulḳanlardan çıḳan mevādd-i müteferrikeden taṣallub etmesiyle ḥuṣūle gelüb terāḫīyet-i tüfī, bazalt-i tüfī taᶜbīr olınan delikli sünger ṭaşınıñ fażlalığı, Lağus ḳaryesiniñ bir sāᶜat cıvārında bulınan kükürtiñ silis ile ḳarışmış olacağı, Keçiborlu nāḥiyesi cıvārında aᶜlā kükürt çiçeği taᶜbīr olınan ṭabaḳāt, ve volḳanlardan buḫār ḥālinde intişār eden kükürt ġazātınıñ teberrüdinden ince ve billūrī bir ṭuz ḥālinde müteressib bulınması müddeᶜā-yi vāḳiᶜi te᾿yīd etmekdedir.

Bi'l-ḫāṣṣa livānıñ merkez ve cıvārında ẕātü'l-ilḳāḥ-i ẓāhireden iki filḳalı nebātātdan çalılarıñ mebẕūlīyeti devr-i tebāşīrī bidāyetlerinde teşekkül etmiş bulındığını is̱pāt eder. Arż-i tebāşīrīye ᶜā᾿id ṣuḫūr tedḳīḳ edildiğinde ḳum ṭaşları, kireç ṭaşları, kil ṭabaḳası maren ve ġażārī tebāşīri ve pekmez ṭopraġı ṭaşları, çaḳmaḳ ṭaşlarıdır. Bu ṣuḫūrıñ kāffesi arż-i tebāşīrīniñ ṭabaḳa᾿-i ᶜulyāsında bulındığından ve bu ṣuḫreleriñ ṭabaḳātı eks̱eriyā teṣādüf edildiğinden ve bi'l-ḫāṣṣa <Minasun> <Gökçay> ṭaraflarında çanaḳ ve çömlek yapılan ġażārī killere naẓaran teşekkülāt-i je᾿olojīye iᶜtibārıyla Isparṭa livāsı arāżī᾿-i s̱ānīyeniñ devr-i tebāşīrīde üçinci ṭabaḳa bidāyetlerinde teşekkül etmişdir. Arāżī᾿-i tebāşīrīyeniñ ṭabaḳa᾿-i ᶜulyāsı olan üçinci ṭabaḳada arāżī᾿-i s̱ānīyeniñ ḥayvānātı inḳırāż bulmaḳ üzere oldığından müsteḥās̱elerine teṣādüf edilememişdir. Keçiborlunıñ çayı boyınca ḥāmıżī bir ṣu mevcūd olub henūz taḥlīlātı icrā edilemamişdir.

[11] Livānıñ teşekkülāt-i arżīyesi volḳanik olub baᶜżı yerleri ḳumlı killi ve eks̱erī maḥalleriniñ turāb-i taḥtānīsi ḳalker ve maren ṭabaḳalarından müteşekkil bulındıġı şarḳ ve şarḳ-i şimālī maᶜrażları Toros ṭaġlarınıñ şuᶜabātıyla mümtadd ve cenūb maᶜrazında Gölcik nāmıyla tevsīm olınan küçük bir göli ḥāvīdir. Mez̠kūr göl evvelce indifāᶜāt-i volḳanīye ile ḥuṣūle gelüb baᶜdehu sönmiş bir bürkānıñ ifrāzından ᶜibāret oldıġı şeklinden ve eṭrāfındaki <Ojit> denilan ḳumlardan istidlāl olınmaḳdadır, Mez̠kūr gölden Gökçay nāmıyla küçük bir dere ḳażānıñ tām merkezinden nebeᶜān etmekde yazın herneḳadar ṣuyı azalırsada ḳışın mıḳdārı artmaḳdadır. Bu Gölcik göli ile Gökçaydan yażın ḳażā arāżīsiniñ irvā ve isḳāsı teʾmīn edilmekdedir. Her ne ḳadar Gölcik göliniñ üç dört senedenberi menbaᶜ ile irtibāṭı münḳaṭiᶜ olmış isede bir iki senedenberi ṣuyı gelerek arāżī ṣāḥibleri bundan küllī istifāde etmekdedir.

Ḳaraaġaç ḳażāsı ḳısmen arāżīʾ-i bürkānīye ve rüsūbīyedendir. Yalvaç ḳażāsı killi ve ḳumsal arāżīden ve ṭaġları ḳısmen arāżīʾ-i raṣafīʾ-i mutaṭabbıḳedir. Uluborlu ḳażāsı bürkānī ḳayalıḳ arāżīden müteşekkildir.

Maᶜādin

Ispartanıñ şarḳ-i şimāl maᶜrażlarında maᶜden kömüriyle linyit maᶜdenlerine teṣādüf edilmekde isede henūz tefḫīm keyfīyeti lāyikiyle ḫitām bulmamış oldıġı gibi dereceʾ-i s̱ervetide mechūl bulındıġından istifāde edilemamakdadır. Livānıñ cenūb ve ġarb cihetlerinde ḫuṣūṣiyle Keçiborlu nāḥiyesiniñ cihet-i şimālīyesini ḳaplayan ve hemān ḳaṣabanıñ kenārından başlayan ġāyet zengīn kükürt maᶜdenleriyle jips yaᶜnī alçı, ḳaraboya gibi bu ve buña mümes̱sil daha gayr-i mekşūf pek çoḳ maᶜdenleriñ bulınması meʾmūldır.

Mez̠kūr maᶜdenlerden kükürt zamān-i ḳadīmdenberi bir ḳaç kişi ṭarafından iḫrāc olunaraḳ kibrīt maḳāmında istiᶜmāl olınmaḳ üzere baᶜż-i mevādd iᶜmālinde ḳullanılmış ve ṣoñ ḥarb-i ᶜumūmīde ḥarb iḥtiyāclarınıñ teʾs̱īr-i sevḳiyle maᶜden iḫrācına cihet-i ᶜaskerīyece mübāşeret edilüb pek ḳıymetdār istifādeler teʾmīn edilmişdir. Kez̠ā alçı [12] ve ḳara boyadan daḫī baᶜż-i umūr-i ḫayrīye içün pek az mıḳdārda iḫrācāt yapılmışdır. Yalvaç ḳażāsınıñ Ḳaraḥiṣār ḥudūdını teşkīl eden cibāl aḳsāmında [linyit] kömür maᶜdeni mevcūd olub ḥarb-i ᶜumūmī es̱nāsında onbiñ kiloyı mütecāviz kömür cihet-i ᶜaskerīye maᶜrifetiyle bi'l-iḫrāc Ḳonyaya sevḳ olunmış, ġazınıñ şiddeti ḥasebiyle lokomotif ḳazġanlarını taḫrīb eylediğinden henūz şömendöferlerde istiᶜmāl edilemamakda bulınmışdır.

Ormanlar

Merkez livāsınıñ şarḳ ve şarḳ-i cenūbī maᶜrażlarında kes̱retli mıḳdārda ardıç, çam, yabānī zeytūn, meşe ve şimāl ve şimāl-i ġarbī maᶜrażlarında kez̠ā ardıç, çam ormanlarıyla cüzʾī mıḳdārda dişbudaḳ, gürgen, yabānī armud, alıç, yāsemīn, ḳaraaġaç ormanlarıyla bu ve buna mümās̱il orman eşcārı bulınmaḳda ve tekmīl ormanlarıñ mesāḥaʾ-i saṭḥīyeleri 1,5,000 *(?)* hektar vüsᶜatında bulınmaḳdadır. Ḳaraaġac ḳażāsınıñ Yeñişār mınṭıḳası vāsiᶜ ormanları ve bitaḫṣīṣ çam, ardıç, ḳaṭran, meşe ve sā'ire aġaclarını ḥāvīdir. Bundan mā'adā Ḳaraaġac ḳażāsınıñ her ṭarafında bi'l-cümle ḳurānıñ iḥtiyācını te'mīne kāfī müteferriḳ ḳorulıḳlar mevcūd olub palamuṭlıḳlarıñ mıḳdārı pek azdır.

Yeñişār ormanlarınıñ ḥarb-i ʿumūmīden evvel 12000 metro mükaʿab keraste tüccāra iḥāle olınmış 8 ilā 9 biñ liralıḳ vāridāt istiḥṣāl edilmişdir.

Ḳaraaġaç ḳażāsı dāḫilindeki ormanlarıñ mecmūʿ mesāḥā-yi saṭḥīyesi 50.000 hektardan ʿibāretdir. Isparṭa ḳażāsı cıvārında orman mevcūd değildir. Keçibor nāḥiyesiniñ Ḳuzlıca, ʿUmrānīye, Ḳavaḳalaġı, Beltarla, Ovacıḳ, Çıġrı, Yaḳa, Yaṣıviran, Aḳpıñar, Cedīdḳuyucuḳ, Çaḳalır ḳaryeleri cıvārında ḳısm-i küllīsi çam ve rubbʿ nisbetindeki aḳsāmı ardıç, meşe aġaçlarından mürekkeb ormanlar mevcūd olub bu ormanlarıñ mecmūʿ vüsʿatı dört sāʿatdan ʿibāret ve ḳısmen baltalıḳ ṣūretiyle ahālī'-i ḳurāya maḫṣūṣ mīrīdir.

Giresun ḳaryesi cıvārındaki ormanlar onbeş - onaltı kilometro murabbaʿı mesāḥasında olub ʿumūmīyetle çam ve eñ maḳbūl ve birinci nevʿi ve ġāyet genc ve zengin [13] ve mīrīdir. Keçiborlu nāḥiyesiniñ ġarb cihetine müṣādif Sukūd ṭaġı cibāl-i müteselsilesinde çam ve ardiç ve meşe ve sā'ir eşcār keṣreti ḥāvī bir orman vardır. Bu orman içinde işleyen taḫtacı ʿaşīretiniñ iʿmāl etdikleri keraste ve maḥrūḳāt nāḥiye ve Isparṭa ve Uluborlu erbāb-i iḥtiyācına fürūḫt edilmekdedir. Uluborlu ḳażāsınıñ Ḳarīb mevkiʿinde rubbʿ nisbetinde bir ḳatran olmaḳ üzere ḳısmen çam aġaçlarından müteşekkil ve maʿrūf ve meşhūr Ḳaṭran ṭaġı ormanları mevcūd olub Barla nāḥiyesiyle Ḳarīb ḳaryesi beyninde taḳrīben iki sāʿat terbīʿinde bir maḥall işġāl etmekdedir. Bu ormanda mīrīdir. Yalvaç ḳażāsında Sicillu, Kemiş, Cetence Aḳçeşār, Ḫaviran Aşaġı ve Yuḳarı Kaşıḳara, Ṭarṭar, Körkilere Mübāreġe Aġap, Baḫtiyār, Küstük, Yayıḳḳaya, Elbenkī ḳaryeleri cıvārında ahālī'-i ḳurānıñ bā ṭapuʿahde-i taṣarrufında bulınan palamuṭlıḳ ormanları mevcūddır. Ḳaraaġaç ḳażāsınıñ Afşar nāḥiyesi dāḫilinde [Seviye ova] nāmıyla maʿrūf ve Anamas silsilesi eteklerinde kā'in ve çam aġaçlarından müteşekkil mīrī bir orman mevcūd olub 150 kilometro murabbaʿı mesāḥa'-i saṭḥīyesindedir. Bundan başḳa Afşar nāḥiyesinde Deveboynı, Seyẕel, Ḳaramuḳ nāmıyla ġāyet cesīm çamla ḳaṭran cinsi aġaçlardan mürekkeb ve beheriniñ muḥīṭi dört metro ṭūlında ve 4 ilā 18 metro irtifāʿında ormanlar mevcūddır.

Eğridir ḳażāsı dāḫilinde Toros silsilesinden teşaʿub eden ve şimāl-i şarḳīye müteveccih bulınan müteferriḳ ormanlar mevcūd olub eñ cesīmi on kilometro murabbaʿı mesāḥa'-i saṭḥīyesindedir. Üç kilometro murabbaʿına ḳadar tenezzül eder. Eğridir mınṭıḳasında bundan başḳa çam aġaçlarından müteşekkil ve beher aġacıñ irtifāʿı 18 ilā 25 metroya terfīʿ eden ve derūnında ḥayvānāt-ı vaḥşīyeden ḳaplan ve sā'ire bulınan Ṭuṭa nāmıyla maʿrūf ormanlar vardır.

Bu orman cıvārında birde maʿden ṣuyı mevcūd olub mürekkebātında çelik ve ḳısmen kükürt ve ṣoda mevcūd oldıġı taḥḳīḳ edilmişdir.

Ṭuṭa ormanları beşyüz kilometro terbīʿindedir ve mīrīdir. Pavlu nāḥiyesiniñ Kesme, Ḳarṭoz, İncedere, Şarımeḥmedli, Bidāb, Çoban ʿİsā ḳaryeleri cıvārındadır.

[14] Eğridir ḳażāsındaki Zindān ormanlarınıñ mesāḥaʾ-i saṭḥīyesi onbeş kilometro murabbaʿından ʿibāret olub aġaçlarınıñ cinsi çamdır. Ahālīʾ-i ḳurā müstefīd olmaḳdadır. Bu orman daḫi mīrī ormanlardandır. Eğridir Aḳṭoġan ormanları vasaṭ çapta olub mīrīdir ve çam cinsindendir. Mesāḥaʾ-i saṭḥīyesi ondört kilometro murabbaʿıdır. Bunlardan başḳa Pavlunıñ Çandar, Palanḳoç ormanları daḫi mevcūd olub aġaçlarınıñ ḳısm-i küllīsi ḳaṭran ve ḳısm-i mütebāḳīsi çamdır. Bu ormanlar mīrīdir. Tüccār vāsıṭasıyla ḳaṭʿıyāt icrā edilerek Aḳṣu nehri vāsıṭasıyla Anṭalyaya sevḳ edilür. Ḥarb-i ʿumūmīden evvel bu ormanda senevī 7 ilā 8 biñ lira rāddesinde bir vāridāt istiḥṣāl olınmaḳda ve beher metro mükaʿabınıñ fiʾatı 70 ilā 80 ġuruş meskūkāt-i maʿdīnīyeye tekābül etmekde idi. Çandır ormanları Anṭalyanıñ Ḳuzilli ormanlarına ḳadar imtidād ederek beşyüz kilometro murabbaʿı bir sāḥayı işġāl eylemekdedir. Eğridir mınṭıḳasında Oluḳ boġazı ve Aġşaḳ ormanları daḫi mevcūd olub agaçlarınıñ cinsi çam ve mesāḥaʾ-i saṭḥīyesi onbeş kilometro murabbaʿıdır. Bu ormana Dirsekne ormanı nāmı daḫi verilmekdedir, mīrīdir.

Nebātāt

Livā dāḫilinde tenebbüt eden nebāṭātıñ başlıcaları: Taḫīle faṣīlesinden buğday, arpa, çavdar, yulaf, burçaḳ, mıṣır, darı ve faṣileʾ-i baḳlīyeden: faṣulya, ḳarnı ḳara, noḫud, mercimek, baḳla, ve nebātāt-i zeytīyeden ḫaşḫāş, nebātāt-i darnīyeden: patates, şalġam, nebātāt-i sükkerīyeden: şeker pancarı ve nebātāt-i līfīyeden: kenevir ve cüzʾī pamuḳ ve keten ve sebzevātdan: paṭlıcan, domates, büber, ıspanaḳ, ḳavun, ḳarpuz, ṣalaṭalıḳ, çilek, frenk üzümi, ebe gümeci, sebzevātı, enginar, ṭurp, praṣa, laḥana, pāyādīye, ay çiçeği, ve nebātāt-i sāʾireden: südleğen, ṭāṭūle, çoban çanṭası, deve dikeni, böğürtlen, yabānī ḫardal, baldıran, yılan yaṣdığı, ısırgan otı, ayrıḳ otı, keklik, saʿtır, nane, oğul otı, ḳırmızı ve ṣarı ḳanṭriyon, ḳuzı ḳulağı, yüksü otı, aṭa çayı, acı yavşaḳ ve sāʾire gibi nebātātlardan ʿibāretdir.

[15] Çay ḫāṣṣasını ḥāʾiz <şapla> denilen bir otla <ayvadane> taʿbīr edilen ṣarı çiçekli ot ve beyt otı beyne'l-ʿavām miʿde ve baṭın rāḥatsızlıḳlarına istiʿmāl olınmaḳdadır. Yabānī çay otıda Aġros ve Uluborlu ṭağlarında baʿżan görilürsede cemʿ ve istiʿmāl olınmaz, keklik otından, naneden yaġ ve ṣu ve <dādberānīye> denilen oġıl otından melisa rūḥı istiḥṣāl edilür. Benefşe çiçek ve kökleri ve ıḫlamur ve mürver çiçekleri daḫi terlemek ḫuṣūṣında çay gibi içilmekdedir.

Zirāʿat

Livā dāḫilinde başlıca zirāʿat-i mütevessiʿe olaraḳ buğday, arpa, çavdar, burçaḳ, mıṣır zerʿ edilmekde olub baḳlīye faṣīlesinden faṣulya, ḳarnıḳara, noḫud, baḳla ve keṣretli mıḳtārda mercimek zerʿ edilmekde ve nebātāt-i līfīyeden kenevir zerʿīyātı keṣretli olub keten ve pamuḳ, cüzʾī mıḳdārda zerʿ olınmaḳdadır. Maʿa mülḥaḳāt livā dāḫilindeki mecmūʿ zerʿīyāt 600.000 dönümden ʿibāretdir. Eşcār-i müşmireden erik, elma, vişne, kiraz, şeftali, zerdali, badem, fındıḳ, ceviz, kestane, ḳızılcıḳ, muşmula, armud, ayva gibi meyva aġaçları mevcūddır. Ḳaraaġaç ve Yalvaç ḳażālarında afyon zirāᶜatı mühimm ve afyonı maḳbūldır. Eğridir göli sāḥilinde Afşar nāḥiyesinde pamuḳ zirāᶜatı mevcūd isede henūz ibtidāʾī ve basīṭ bir ḥāldedir. Ḳaraaġaç ḳażāsınıñ zirāᶜata ḳābilīyetli arāżīsi mecmūᶜı 150.000 dönüm rāddesinde olub kuvveʾ-i inbātīyesi vusṭā bire sekizden onikiye ḳadardır. Ḳażānıñ arāżīʾ-i mütebāḳiyesi ṭaġlıḳ ve ṭaşlıḳ olub merᶜā şeklinde istifāde edilmekdedir.

Anaṭolı bir zirāᶜat anbarı olmaḳ mümkin iken ihmāl edilmişdir. Bütün Memālik-i ᶜOs̱mānīye hemān ḥażret-i İdrīsiñ devrindeki zirāᶜatla zerᶜ olınmaḳdadır. Baᶜżı göl ve nehirlerde istiᶜmāl olınmaḳda bulınan ḳayıḳlar ve birçoḳ yerlerdeki ālāt-i zirāᶜīye nümūneleri ancaḳ Avrupanıñ Etnoġrafya müzelerinde, aḳvām-i ibtidāʾīye şuᶜbelerinde görilür. Ālāt-i zirāᶜīye pek ibtidāʾīdir, ḳaġnı arabaları devr-i evvele ᶜāʾid bir yādigārdır. Ṭuruḳ-i ᶜumūmīye ve ḫuṣūṣīyeniñ taḫrībden viḳāyesi ile muvāredāt ve muvāṣalat emr-i mühimminiñ teʾmīni żımnında ḳaġnı ve ems̱āli arabalarıñ menᶜ-i istiᶜmāli elzem [16] oldıġı ḥālde eks̱er maḥalleriñ münāḳalātı ġayr-i muntaẓam ve ḳavāʾid-i fennīyeye muḫālif bir ṭarzda icrā edilmekdedir. Memleket bir çiftci memleketi oldıġı ḥālde çiftciler ne dert içinde yaşamaḳdadır. Köylüler dünyānıñ eñ faḳīr ve çıplaḳ insānlarıdır. Pek ṣulaḳ, maḥṣūldār arāżī ḳuvveʾ-i inbātīyesi nisbetinde ḥāṣılāt vermez. Küçük bir ġayret, küçük bir himmetle şimdikiniñ belki yüz mis̱lī verecek bu arāżī baḳılmadıġı, vesāʾiṭ-i naḳlīyesine ehemmīyet verilmediği içün ᶜāṭil ve ᶜāfir bir ḥālde ḳalıyor. Memleketiñ istiḳbāli zirāᶜatıñ teraḳḳīsinde oldıġı ḥālde köylerimiz vīrān ve perīşāndır, köylüniñ yediği ekmek simsiyah, giydikleri libās pārçapārçadır. Birçoḳ köyler muḥtekirleriñ, aᶜşār mültezimleriniñ elinde ezilmekdedir. Aġalarıñ, eşrāfıñ, müteġallibeniñ ẓulmıda taḥammülfersā bir derecede bulındıġından zirāᶜat teraḳḳī edemiyor.

Ḥayvānāt-i ehlīye ve vaḥşīye

Hayvānāt-i ehlīyeden aygır, ḳısraḳ, iğdiç, ṭay, ester, merkeb, boġa, inek, çift öküzi, ṭosun, döke, manda boġası, manda ineği, ḳoşu mandası, ḳoyun, ḳoç, ḳuzı, keçi, teke, oġlaḳ, tiftik keçisi, deve, kümes ḥayvānātıdır. Mecmuᶜı taḳrīben 200.000 rāddesindedir. Ḥayvānāt-i vaḥşīyeden canavar, tilki, ṣancar, geyik, ḳaraca, ṭavşan, keklik ve şu ṣoñ senelerde kes̱retli ḫınzīr ve cüzʾī ḳaplan gibi ḥayvānāt mevcūddır. Ḳaraaġaç ḳażāsı dāḫilindeki ḥayvānāt-i ehlīye, ḳoyun, keçi, tiftik, ṣıġır, manda, deve, at, merkeb, ṭuyūr-i ehlīyeden ᶜibāret olub Beğşehri göline mücāvir maḥallerde yabānī ṭomuz pek kes̱īrdir ve maḥṣūlāta mühimm ḫasārāt īḳāᶜ etmekdedir. Anamas ṭaġlarında geyik, ayı, tilki, ḳurt, çaḳal ve sāʾir ḥayvānāt-i vaḥşīye mevcūddır. Esāsen Ḳaraaġaç mınṭıḳasında mevsim-i şitā şiddetle icrā-yi aḥkām etdiğinden ḥayvānāt-i ehlīye müşkilātla yetişdirilmekdedir. Yalvaç ḳażāsı dāḫilindeki ḥayvānāt-i ehlīye ḳoyun, keçi, merkeb, ḳara ṣıġır, at, ṭavuḳ, hindi, ḥayvānāt-i vaḥşīyeden ṭavşan, ḳurt, çaḳal, ṣanṣar, ḫınzīr ile Sicillü ḳaryesi ormanlarında nādiren ayı mevcūddır. Yabānī ṭomuzlar Yalvaç ḳażāsındaki mezrūᶜāt [17] ve maḥṣūlāta cālib-i naẓar-i diḳḳat ve ehemmīyet bir şekil ve derecedede īrās̱-i ḫasār etmekdedir. Uluborlu ḳaẓāsınıñ ḥayvānāt-i ehlīyesi ḳoyun, keçi, inek, öküz ve sā'ir av ḥayvānātından, ḥayvānāt-i vaḥşīyeside ḳurt, göl kenārlarında yabānī ṭomuzdan ʿibāretdir. Eğridir ḳaẓāsı dāḫilinde vāḳiʿ Ṭuṭa ormanlarında ḳaplan, ayı mevcūddır.

Livānıñ taḳsīmāt-i mülkīyesi

Isparṭa livāsı: Uluborlu, Eğridir, Yalvaç, Karaağaç ḳażālarından mürekkeb ve teşkīlāt-i esāsīye ḳānūnı mūcibince müstaḳillen idāre olınan bir sancaḳ olub Isparṭa ḳażāsınıñ Keçiborlu ve Ağros; Uluborlu ḳażāsınıñ Sekerkend, ve Yalvacıñ Ḥaviran ve Ḳaraağaçıñ Afşar, Eğridiriñ Barlu, Pavlu nāmıyla nāḥiyeleri mevcūddır. Isparṭa ḳażāsı: 18i merkez ḳażāya 34i nāḥiyelere merbūṭ ḳaryeleri vardır. Uluborlu ḳażāsı onbir ḳaryeden ve Ḳaraağaç ḳażāsı 34i merkez ḳażāya 14i Afşar nāḥiyesine merbūṭ olmaḳ üzere 48 ḳaryeden ve Yalvaç ḳażāsı bir nāḥiye ve otuzdört ḳaryeden müteşekkildir. Eğridiriñ 38i merkez ḳażāya 25i nāḥiyelerine merbūṭ ḳaryeleri mevcūddır.

İkinci ḳısım

İḳlīm

Livā iḳlīmi ʿumūmīyetle eḳālīm-i muʿtedileden olub yayla ve ova olmaḳ üzere ikiye münḳasımdır. Yayla iklīmi şiddetli ve ṣoġuḳ, ova iḳlīmi ise olduḳca muʿtedil ve yābisdir. Ḳaraaġaç ḳażāsınıñ ḳışı yaza nisbetle uzun ve yayla olmaḳ iʿtibāriyle bir az bāriddir. Isparṭa, Uluborlu, Yalvaç, Eğridir ḳażālarında daḫi ḳış mevsimi fażla imtidād etmekdedir.

Mevāsim

Livā dāḫilinde mevāsim-i arbaʿa oldıḳca ḥükmini icrā etmekde isede ilk bahārı pek az, [18] yazı 2 ilā 3 aydan ʿibāret ve ṣoñbahār mevsimi maḥdūd olub ḳış mevsimi 7 - 8 ay ḳadar devām eder.

Derece'-i ḥarāret, vusṭā, asġarī, aʿẓamī mıḳdārları

Ḳaraaġaç ḳażāsında derece'-i ḥarāret-i nesīmī ḳışın aṣġarī fevḳü'ṣ-ṣıfır on ve aʿẓamī taḥtu'ṣ-ṣıfır on sekiz olub vusṭā taḥtu'ṣ-ṣıfır bir ilā dörtdir. Yazın gölgede aʿẓamī 22 ve aṣġarī 14 ve vusṭā 16 dır.

Binā'en ʿaleyh derece'-i ḥarāret aʿẓamī 17 ve aṣġarī 7,5 ve vusṭā 12,25den ʿi-bāretdir.

Rūzgārlar

Rūzgārlar ilk bahār ve yazın keṣretle şarḳ yaʿnī gündoġı ve ṣoñ bahārda ġarb ve cenūb-i ġarbī, gündoġı ve lodos rūzgārları, ḳışın şimāl-i şarḳī yaʿnī poyraz olub bunlar mevsiminde icrā-yi aḥkām etmekdedirler. Uluborlu ḳażāsı dāḫilinde esen rūzgārlar lodos ve poyraz rūzgārları olub eṭrāfınıñ ṭaġlıḳ ve ova ḳısmınıñ ṭar bir boġaz ile müntehī bulınması ḥasebiyle havā cereyānları şiddetli olmaḳda ve ḳışın güneşiñ te'sīrine ḳadar bāḳī ḳalan bir sis ṭabaḳası meşhūd bulınmaḳdadır.

Ḳaraaġaç ḳażāsı dāḫilinde ekṣerīyetle şimāl-i şarḳīden vezān eden poyraz ve baʿżanda cenūb rūzgārları vezān etmekde olub gerek poyraz ve gerek lodos rūzgārlarına küşāde ve maʿrūżdır. Bundan dolayı şiddetli poyraz ve lodos fūrṭınaları ibḳāʿ etmekdedir. Bundan mā aʿdā meltem ve mevżiʿī rūzgārlarda vardır. Bu rūzgārlardan maḥṣūlāt-i arżīye ve zirāʿīyeye īrāṣ-i żarar ve ḫasār eden ḳısmı ilk bahārda keṣretle vezān olan yābis şarḳ rūzgārıdır.

Dereceʾ-i yübūset ve ruṭūbet
Livānıñ yazın eñ ṣıcaḳ bulındıġı mevsim ve zamānlarda aʿẓamī yübūset 30 ilā 34 dereceye ḳadar vāṣıl olub ḳışın ve ṣoñ bahārda mıḳyās-i ruṭūbet aʿẓamī (-8) derecede ilā (-12) ve baʿż-i fevḳü'l-ʿāde senelerde (-18) dereceyi iḥtivā eylemekdedir.

[19] **Bir sene ẓarfında yaġan yaġmurlarıñ irtifāʿı**
Yalvaç ḳażāsında mıḳyās-i maṭar derecesi Kānūn-i s̱ānīde 87 milimetre ve Şubāṭda 22, Mārtda 54, Nīsānda 22, Māyısda 117, Ḥazīrānda 17, Temmūzda 7, Aġustosda, Eylūlde, Teşrīn-i evvelde, Teşrīn-i s̱ānīde 17, Kānūn-i evvelde 80 milimetredir. Ḳaraaġaç ḳażāsı dāḫilinde bir sene ẓarfında yaġan yaġmurlarıñ irtifāʿı (50 ilā 70) santimetreye ḳadardır. Merkez-i livāca bir sene ẓarfında nüzūl eden yaġmurlarıñ mıḳdārı Teşrīn-i evvelde 34, s̱ānīde 45, Kānūn-i evvelde 3, s̱ānīde 7, Şubāṭda 87, Mārtda 6, Nīsānda 15 milimetredir.

Bināʾen ʿaleyh bir sene ẓarfında ʿumūmī livā iʿtibārıyla yaġan yaġmurlarıñ mıḳdārı (378,0) milimetre irtifāʿ peydā eylemekdedir.

Miyāh-i maʿdenīye
Keçiborluda iki nevʿi maʿden ṣuyı ve Pavlu nāḫiyesinde Ṭuṭa ṣuyı ve dīğer bir nevʿi Yaġlı ṣu baʿż-i müdāvāt içün istiʿmāl edilmekdedir. Isparṭanıñ Ṣav ḳaryesinde Sinab ṣuyı denilan bir ṣudan kelb-i ʿaḳūr ledġ etmiş ve ıṣıtma ṭutmaḳda bulunmış olanlar ġusl abdesini alırlar. Livā dāḫilinde başḳaca şāyān-i ḳayd miyāh-i maʿdenīye mevcūd olmadıġı gibi şimdiye ḳadar taḥlīlāt-i kimyevīye icrā edilmediğinden taḥlīl raporınada destres olınamamışdır.

Ḳaplıcalar ve terkībātı
Isparṭa livāsınıñ merkez ve mülḥaḳātı dāḫilinde ḫavāṣṣ-i şifāʾīyeyi ḥāʾiz ve şāyān-i ḳayd ve ehemmīyet ḳaplıca mevcūd olmayub Keçiborluda kükürtli bir ḳaplıca teʾsīsi ḳābildir.

Üçinci ḳısım

ʿUmūmī, tevellüdāt ve vefiyāt nisbeti, eṭfāllerde vefiyāt

Sicillāt-i ḥāżireʾ-i nüfūsīyedeki erḳām ḥaḳīḳat-i ḥālī ifādeden pek baʿīddir. Ḳuyūd-i resmīyeye naẓaran Isparṭa livāsı nüfūs-i ʿumūmīyesiyle sinnīn-i sābiḳeye naẓaran teẓāyüd etmekde isede her sene [20] nisbet-i teẓāyüdi tenāḳuṣ etmekdedir. Vefiyāt-i ʿumūmīye yekūnı tevellüdātdan yüzde sekiz nisbetinde fażladır. Sinīn-i medīdedenberi taḥrīr-i ʿumūmī icrā edilmemiş ve ḥarb-i ʿumūmī mesāʾil-i nüfūsīyede tebeddülāt-i küllīye ḥāṣıl eylemiş oldığından bu bābda daha ṣaḥīḥ ve sālim bir fikir dermiyānı ġayr-i mümkindir. Ḥarb eṣnāsında isnān-i mükellefeniñ ordu ḫidemātıyla ḫānelerinden tebāʿidi sinīn-i meẕkūre maḥṣūlāt-i tevlīdīyesini tenḳīṣ eyliyeceği ṭabīʿī olub ḥādiṣāt-i velādīyede bir tenāḳuṣ meşhūddır. Eṭfālda vefiyāt tevellüdāta musāvī bir mıḳdāra bāliġ olmaḳdadır.

Isparṭa livāsı dāḫilinde tevellüdāt-i ġayr-i meşrūʿe ve isḳāṭ-i cenīn keṣretle teṣādüf olınan vaḳāyiʿ-i ictimāʿīyedendir.

Nüfūs

Isparṭa ḳażāsında 48908, Eğridirde 28156, Karaaġacda 24652, Yalvacda 28482, Uluborlu ḳażāsında 18959 olmaḳ üzere livānıñ nüfūsı 149157den ʿibāretdir.

ʿAşāʾir

Vergüleri merkez livā ḳaẓāsına ve muʿāmelāt-i ʿaskerīyeleri Eğridire merbūṭ Ṣaçıḳaralu nāmındaki beş - on maḥalleye münḳasım ʿaşīret bir fırḳaʾ-i seyyāre ḥālinde yazın Isparṭa sancaġı yaylalarında ve ḳış vaḳti Tekke sancaġı sevāḥilinde yaylaḳ ve ḳışlaḳ-nişīn oldıḳları ḥālde arabalarıñ, şömendöferleriñ taʿammüminden ṣoñra bunlara iş ḳalmayub her biri bir yere iskān ve sevḳ edilmek ṣūretinde bu ʿaşīretiñ mevcūdīyetine nihāyet verilmiş ve yalñız Isparṭanıñ Kevnan ḳaryesinde Ṣarıkeçili ve Keçiborlu ve Uluborlu dāḫillerinde birer taḫtacı ve Yalvacıñ Ḫaviran nāḥiyesinde <Ṭarṭar> ve Karaaġacda bir ḳısım Saçıḳaralu ve Eğridirde Çaḳalveyne taḫtacı ʿaşīretleri nāmıyla daġī-sekene ḳabīlinden faḳaṭ ḫayme-nişīn birer mıḳdār cemāʿat ḳalmışdır.

Ḳaraaġaç ḳażāsında ʿaşāʾir-i seyyāreden olaraḳ Anṭalya ḥavālīsinden gelan ve Anamas ṭaġı yaylalarında yaz mevsiminde bir iki ay müddetle iḳāmet eden Ṣarıkeçili, Żabṭe, Eskiyürük, Ḫavnāmlı, Saçıḳaralu, Ḳaraḳoyunlı ʿaşāʾīri mevcūddır.

Yalvaç mınṭıḳasında yazın Anṭalyadan ḥayvānātıyla gelerek Akşehir ve Sulṭān ṭaġlarına naḳl ve ṣoñbahārda avdet eden Ṣaçıḳaralu ve Timurcıoġlı ʿaşīretleri mevcūd olub [21] mecmūʿı yüz ilā yüz elliyi tecāvüz etmamakdadır. Ve'l-ḥāṣıl livānıñ aḥvāl-i ṭabīʿīye ve ṭopoġrafyası iʿtibārıyla başda Eğridir, Ḳaraaġaç ve Yalvaç, Uluborlu ḥudūdlarında ʿaşāʾir iskān etmekdedir.

ᶜAşāʾir ḳışın Teşrīn-i evvel s̱ānī ġāyelerine ḳadar yaz otlaḳ mınṭıḳalarından Anṭalya mülḥaḳātına çekilmekdedir.

Ṭoros dağları şuᶜabātından Büyük Ṭuṭa, Küçük Ṭuṭa, Dibpoyraz dağlarınıñ eteklerinden Çandar köprisinden geçerek Anṭalyanıñ Kebiz nāḥiyesine ve cevāzına ḳışın yerleşmekdedirler. Bir ḳısmıda Manavġat ve ᶜİlāʾīyeye gitmekdedirler. ᶜAşāʾir millīyet iᶜtibārıyla aṣıl Türk olub kendileride Ḫāndānlar sülālesine mensūbīyetini iddiᶜā etmekdedirler. Anṭalya Kebiz nāḥiyesiyle Aṭana ḥavālīsine ḳadar seyr-ü-sefer eden ᶜaşāʾiriñ başlucaları şunlardır. Ṣarıkeçili ᶜaşīreti olub on maḥalleye münḳasım olub Oṭabaş maḥallesi ve dīğer bir ḳısım maḥallāt Eğridiriñ Dibpoyraz [Yuḳarı Ḳarṭoz, Ḳoçiler, Yaḳa, Terzili, Ḳaraaġacıñ Yeñişārablı] civārında ḳoyunlarını raᶜy etmekdedir. Ṣarıkeçili ᶜaşīretiniñ bir ḳısım maḥallātı daḫi Burdurıñ Ḳaravaḳaz ḳaryesiniñ Ḳaravaḳaz Ṭaşı nāmıyla meşhūr tepede yazı geçirmekde ve nīm meskūte bir ḥāldedirler. Dīğer maḥallātı daḫi Yekyaşar beli cıvārından Silifke ve Aṭana mınṭıḳasına ḳadar perākende olaraḳ bulınmaḳdadır. ᶜAşāʾir-i merḳūme nezdinde küllīyetli mıḳdārda keçi, deve, at, ḳısraḳ mevcūd olub develeriyle kīrācılıḳ ṣūretiyle iştiġāl eylemekde ve maḥṣūlāt-i ḥayvānīyeden yaġ, peynir ve yüñ ve sāʾireyi fürūḫt etmekdedirler. Taᶜaddud-i zevcāt uṣūlı ᶜaşāʾir beyninde pek ziyāde münteşir olub üç dört zevceye mālikdirler. Türkce tekellüm ederler. Ḳadınlarıñ ṭarz-i telebbüsi ḳırmızī başmadan üç etekli entārī ve yüñden maᶜmūl beyāż veya siyah fūṭa ve çarıḳ ve başlarına gümüş meskūḳātla müzeyyen küçük bir fes ve peştemal ve başlarına yemeniden ᶜibāretdir. Erkekleri siyah yüñden maᶜmūl şalvar ve ᶜabā, başlarına fes ve ṣarıḳ ve yaġmurluḳ maḳāmında <kinerek> taᶜbīr olınan yüñden maᶜmūl boydan boya bir şey iktisā ederler.

[22] ᶜAşāʾir-i seyyāre esāmīsiyle mıḳdār-i nüfūsını mübeyyin cedvel bervech-i zīr terḳīm edilmişdir.

Esāmīʾ-i ᶜaşāʾir	Çadır ᶜadedi	Nüfūs ᶜadedi
Ṣaçıḳaralu	175	1400
Ḳaraḳoyunlı	180	1440
Ṣarıkeçili	100	800
Eskiyürük	90	720
Fetāḥlı	50	400
Kebiz	40	320
Ḳaratekeli	20	160
Aḳsıġırlı	15	120
Yekūn	670	5360

Ṭarz-i telebbüs
Isparṭa ḳaṣabası ahālīsiniñ ṭarz-i telebbüsi ḳısmen sivildir. Yüksek ṭabaḳa ḳadınlar ipekli elbīse, Avrupa fabriḳaları maʿmūlātından ince çuḫa fistān, çaket, çarşaf iktisā ederler. Mutavassıṭ ḳısmı ḳadınlar ḳırmızī peştemal, ḳırmızī māḥarāmā, mest ve ḳundura giyerler. Isparṭa köylileri daḫi ʿaynı şekilde telebbüs etmekde olub zerʿīyāt veya umūr ve ḫuṣūṣāt-i sāʾire ile ḥīn-i iştiġāllerinde çarıḳ ve ḳara dīmī şalvar iktisā etmekdedirler. Eğridir ḳaṣabasında cins-i ẕükūr palṭo, şalvar, çarıḳ, mes, ḳundura ve ṭāʾifeʾ-i ināṡ çarşaf, muḫtelif renklerde baṣma fistan, ḳundura, poṭin, baṣma ḫırḳa iktisā etmekde olub Yalvac ve Ḳaraaġac ḳażāları ahālīsiniñ ḳism-i iʿẓamınıñ tarz-i telebbüside buña müşābihdir. Eğridir köylileriniñ erkekleri yerli maʿmūlātı yüñden ḳara ʿabā, ḳara şalvar, alaca bezinden gömlek, ṭon, ḳadınları ise alaca bezden üç etekli entārī, çarıḳ, [23] yüñ çorab, gümüş sikkeler ile müzeyyen tāḳiye başlıḳ giymekdedir. Uluborlu ḳażāsınıñ Sekerkend nāḥiyesinde ḳadınlar tāḳiye üzerine iki ṣıra müzeyyen altun ve boyunlarında göğsüne ḳadar altun ṭaşırlar. Ṣaçlarınada altun ṭaḳarlar, her bir ṣaç ḳuyruġına 5 ilā 8 altun ṭaḳarlar. Çarşaf maḳāmında mavi renkde çuḫadan maʿmūl abdeslik nāmıyla maʿrūf çar iktisā ve pamuḳdan maʿmūl bezden iç çamaşurları iʿmāl ve istiʿmāl ederler. Uluborluda erbāb-i ṡervet ve yesāra mensūb ḳadınlar gerdanına ve ṣaçlarına beşibirlik ṭaḳarlar, düz fistan ve fistan üzerine ḳaṣabada işlemeli palṭo çar olaraḳ Ḥaleb maʿmūlātı ve aḳmeşeʾ-i sāʾireden siyah çarşaf giyerler.

Ḳaryeler ḳadınları üç etekli entārī telebbüs ve peştemalı çar maḳāmında istiʿmāl ederler. Evvelce ṭarz-i telebbüs, icābāt ve iḫtiyācāt-i maḥallīyeʾ-i dāḫilīyeye muvāfıḳ ṣūretde her ṣınıfa göre yeknasaḳ ve yerli emtiʿasına muḫtaṣṣ oldıġı ḥālde tanẓimāt-i ḫayrīyeden ṣoñra bu şekle girmişdir.

Ḳaraaġac ve Yalvaç ḳażālarında erkekler elfiye taʿbīr edilen şalvar ile büyük bel ḳuṣaġı, mintan, ve üste uzunca çaket <ābdestlik> <laṭa> fes üzerine āġābāni ṣarıḳ ve mest ḳundura, ḳadınlarda uzun paçalı yürük biçimi şalvar başlarında üzeri ziynet altunı dizilmiş fes maʿa püskül şāldan bel ḳuşaġı, ḳadife işlemeli ḳıṣa mintan ve ḫāricen başlarına ḥamam omuz ḥavlusı, örtünmek ṣūretiyle tesettür etmekdedirler. Köy ahālīsi hemān buña ḳarībdir. Farḳı ḳumaş yerine yüñden kendi iʿmālkerdeleri olan ḳumaşları ḳullanmaḳdan ʿibāretdir.

Ṭarz-i maʿīşet
Ahālī ʿumūmīyetle denecek derecede mesʿūd değildir. Muddaḫar ṡerveti yoḳdır. Faḳr-ü-żarūreti artdıran esbāb pek ʿamīḳ ve ictimāʿīdir, maʿīşetiñ güçleşmesi, iḥtiyācātıñ artması, menābiʿ-i vāridātıñ azalması, ḳazancları ḳıṣalması ḫalḳı derin bir faḳr-ü-żarūrete ilḳā etmişdir. Zirāʿat, ṣanāʿat, ticāret ḥāl-i tevaḳḳuf ve tedennīde bulındıġından geçinmek iʿtibarıyla ḫalḳ müşkülāta duçār olmaḳdadır. Misāfirperverlik ifrāṭa vardırılmışdır, ʿāʾile teşkīlātı bizde büyük ṭutılmışdır.

[24] Isparṭa livāsı ve mülḥaḳātı ḳaṣabalarında ahālīʾ-i maḥallīyeden ḥāl ve ṡerveti müsāʿid olanlar et, ṭatlı, mevsim-i ṣayfda taze sebze ve ḳışın ḳurı sebze ve ḫamur işi börekler iḥṣār ve teġaddī ederler. Livā köylerinde ḳışın ṭarḫana çor-

bāsı bulġur pilāvı yaġsız çökelek peyniri akl etmekdedirler. Ḳoyun keçiler bir ʿārıżaʾ-i vücūdīyeye maʿrūż ḳalmadıḳca kesilüb yenmez. Köy zenginleri ḳurı sebze, faṣulya, noḫud, bamya ve ḳıyma ve sāʾire, yumurṭa, bal, süt ve yoġurt yerler. Livā ahālīʾ-i ʿumūmīyesiniñ yüzde onı müstes̱nā olmaḳ üzere bir sene ẓarfındaki müktesebāt ve müstaḥṣilāt-i naḳdīye ve ʿaynīyesinden sene-i ātīyeye taṣarruf ve idḫār edemediği gibi yüzde yiğirmibeşide seneʾ-i cedīdeye medyūn olaraḳ dāḫil olur. Yalvaç ḳażāsı ahālīsinden siʿaʾ-i ḥāli müsāʿid olanlar tere ve ḥaşḫāş yaġları ve faḳīr olanlar ḥaşḫāş ve zeyrek yaġı akl etmekde ve buğday ve arpa unından maʿmūl ekmek ġıdā-yi aṣlīyelerini teşkīl eylemekdedir.

Ṭarz-i iştiġāl (ve ṣanāyiʿ)

Ṣanāyiʿden iḥtiyācāt-i beşerīyeniñ her nevʿi dāḫilen tedārik ve iʿmāl ve istiʿmāl olagelmekde iken tanẓīmāt-i ḫayrīyeden ṣoñra maʿmūlāt-i ecnebīyeye heves ve raġbetiñ taʿammüm etmesi ḥasebiyle yerli ṣanāyiʿ ve iʿmālātı metrūk bir ḥāle girerek yalñız ṣoñ zamānlarda teşebbüs̱ edilen debāġat ve ḫalıcılıḳ ṣanʿatları teraḳḳī etmiş ve ḳundıracılıḳ ve terzilik ve ʿalā'l-ʿāde yumurṭacılıḳ, ḳalaycılıḳ, mūytāblıḳ ve semercilik ve naʿlbandlık ve dülgerlik ve dīvārcılıḳ ve ṣıvacılıḳ ṣanʿatları ḳalabilmişdir.

Ispartada ḫalıcılıḳ oldıḳca müteraḳḳīdir. Bu yüzden yüzlerce ʿāʾileler medār-i maʿīşetini teʾmīn etmekdedir. Ispartada gülcilik ṣanʿatı münteşir ve müteʿammim oldıġı ve vāridāt-i ḫuṣūṣīyeden tefrīḳ ve taḫṣīṣ edilen mebāliġ-i kāfīye ile bir nümūne tarlası teʾsīs edilerek fevḳü'l-ʿāde istifādeler teʾmīn ḳılındıġı ḥālde ḥarb-i ʿumūmī dolayısıyla muvāredāt ve münāḳalātıñ kesb-i müşkilāt etmesi ve gül yaġı istiḥṣālı içün muḳteżī maḥrūḳātıñ tedārikinde müşkilāt ve meṣārif-i ʿaẓīmeye maʿrūż ḳalınaraḳ ġālī ve fāḥiş fiʾatlar ile mübāyaʿa mecbūrīyeti ve iḫrācātıñ tevḳīf ve tenezzüli merkez ve mülḥaḳāt ahālīsi bu ṣanʿatı ve gül zirāʿatını tebdīle [25] mecbūr etmiş ve her ṭarafda gül fidānları ḳalʿ ve refʿ olınaraḳ maḥṣūlāt-i arżīyeʾ-i sāʾire zerʿ edilmişdir. Gülcilik ṣanʿatınıñ livā dāḫilinde imrār eylediği edvār ve ṣafḥātıñ ṣoñ şekli pek elīm ve cālib-i teʾessürdir. Gülcilik Isparṭa livāsınca bir ehemmīyet-i ḥayātīyeyi ḥāʾizdir. Bu ṣanʿatıñ indirāsı değil gülcileriñ ileri gelenleri, eşrāf ve müteḫayyizān ve beledī ve meclis-i idāre ve ticāret ve zirāʿat oṭası heyʾetleriniñ ictimāʿiyle bir meclis-i müşāvere ʿaḳdı ve teşvīḳāt-i icrā ve bir sendiḳa teşkīli ve bu sendiḳanıñ bir fabriḳa vücūde getirerek makinalar ve inbiḳler celb ve istiʿmāl ve gül yaġınıñ Avrupa piyasalarına ʿarż etmekdeki uṣūl ve tekāmüle iṭlāʿ ḥuṣūlı ile istiḳbāldaki meşkūkīyetin refʿi şāyān-i temennīdir. Fransada altı yedi ḳıyyeden bir mis̱ḳāl yaġ çıḳarıldıġı ḥālde Ispartada yerli inbiḳler ile on iki ḳıyye gülden ancaḳ bir mis̱ḳāl istiḥṣāl edilmekdedir ki nıṣf derecesindeki farḳ pek mütebārizdir. Ḥarb-i ʿumūmī bidāyetinde Isparṭa ve Burdur livālarında Avrupaya yüzbiñ maʿdenī lira ki rāyīc-i vusṭāʾ-i ḥāżır iʿtibārıyla sekizyüzbiñ liralıḳ gül yaġı iḫrāc edilmekde olmasına naẓaran eşkāl-i istiḥṣālīyede teceddüdāt ve teraḳḳiyātıñ taṭbīḳi ḥālinde mıḳdār-i iḫrācāt tażʿīf ve tezyīd edilmiş olur.

Ispartada kösele iʿmāline maḫṣūṣ bir şirket mevcūd olub Avrupa iʿmālātına ḳarīb bir dereceʾ-i mükemmelīyetdedir. Ḳuvveʾ-i muḥarrekeleri ṣudan iʿbāret olmaḳ üzere Isparṭanıñ Dere maḥallesinde emr-i idāresi bir şirkete mevdūʿ daḳīḳ fabriḳası mevcūd olub ālāt ve edevātı Almanyanıñ <Dresden> şehrinden celb ve mübāyaʿa edilmiş ve geceleri daḳīḳ ṭaḥniyātı bi't-taʿṭīl dinamo vāsıṭasıyla Isparṭa şehri tenvīrāt-i elektriḳīyeden ġayr-i muntaẓam bir ṣūretle müstefīd olmaḳda bulınmışdır. Eğridir ḳaṣabasında daḫi ġazlı moṭor ile müteḥarrik bir daḳīḳ fabriḳası mevcūd olub İzmir ṭarīḳi küşāde bulındığı zamān istiḥṣalāt-i ʿumūmīyesini her ṭarafa sevḳ ve irsāl eylemekde idi. Keçiborlu nāḥiyesinde kükürt taṣfiyesine maḫṣūṣ bir ṭaḳım fabriḳalar mevcūd olub bunlar ḥarb-i ʿumūmī es̱nāsında Ḥarbīye Neẓāreti İʿmālāt-i Ḥarbīye Müdīrīyet-i ʿUmūmīyesi ile Ticāret ve Zirāʿat Neẓāreti ṭarafından teʾsīs olınmışdır. Livā merkez ve mülḥaḳātında bundan başḳa şāyān-i ẕikr bir fabriḳa mevcūd değildir.

[26] Isparṭada debāġlıḳ ṣanʿatı daḫi müteraḳḳī ve ahālīnıñ bir ḳısmı bunıñla müştaġildir. Isparṭa ḳaṣabası ve cıvārında min el-ḳadīm teʾsīs edilen bāġlardan istifāde olınmaḳda isede sinnīn-i aḫīre ẓarfında bāġlara ʿāriż olan emrāż-i nebātīyeniñ ʿadem-i tedāvīsi dolayısıyla istiḥṣālāt-i ʿumūmīyeʾ-i senevīye tenāḳuṣ etmekdedir. Sekerkend nāḥiyesiyle Yalvaç ve Ḳaraaġaç ḳażālarındaki bāġlarıñ mıḳdārı biñlerce dönümden ʿibāret ahālīʾ-i maḥallīye bu şuʿbeʾ-i zirāʿatdan ḫaylī istifādeler teʾmīn eylemekdedir.

Ḳund(ur)acılıḳ, ḥelvācılıḳ, şekercilik daḫi ibtidāʾī bir şekilde olmaḳla berāber fażlaca münteşir bir ṣanʿatdır. Livā ahālīsiniñ ḳısm-i aʿẓamı zirāʿat ile iştiġāl etmekdedir. Aġros nāḥiyesinde tütün zirāʿatı şāyān-i naẓar bir mıḳdārdadır.

Maʿārif

Meşrūtīyetden ṣoñra mekstebleriñ ʿadedi tezāyüd etmiş ve bugün bir iʿdādī, birisi inās̱ olmaḳ üzere altı nümūne ve yetmişiki ibtidāʾīyeden ʿibāret oldığına naẓaran maʿārif-i sābıḳa nisbetle daha esāslı bir ṣūretde taʿammüm etmişdir. Bugün livāda sinn-i taḥṣīlde (7 - 12 yaşına ḳadar) bulınan 7163 erkek çocuḳdan 3850 ve 2234 *(8234!)* ḳız çocuḳdan 677si mektebe devām etmekdedir. Erkekleriñ mektebe devām edenleri yüzde 50 ve ḳızlarıñ ise yüzde 8 nisbetindedir.

Mekteb binālarında şerāʾiṭ-i ḥāżireʾ-i fennīye mefḳūd, temizlik, intiẓām az, terbiyeʾ-i fikrīye ve cismānīye muhmel ve taḥṣīl ġayr-i kāfīdir. Hemān bi'l-ʿumūm mekteblerde edevāt-i tedrīsīye noḳṣān oldığı gibi terbiyeʾ-i bedenīye ve jimnastiḳ ḥarekātına hiç ehemmīyet verilmamakdadır.

ʿAnʿanāt

İzdivāc vuḳūʿında oġlan evi ḳız evine çalġı ile çerez ve ḳına gönderir. Ḳadınlar geline ḳına yaḳar ve ḳına gecesi yaparlar. Yine bu es̱nāda gelin çalġı ile ḥamama götürilür. Bir gün evvel nikāḥ ʿaḳd edilir. Ertesi güni zifāf icrā edilir. Güveği ḫānede iken pabuclarını ṣaḳlamaḳ, geredeğe gireceği zamān arḳasından yumruḳ urmaḳ, düğün ve bayramlarda ve ictimāʿ günlerinde davul çaldırmaḳ, zengin olanlar dügüniñ bidāyetinden nihāyetine ḳadar muʿayyen zamānlarda havāʾī fişenk atdırmak, bayramlarda namāzdan ṣoñra ebeveyin [27] yası taʿalluḳātınıñ ḳabirlerini ziyāret etmek düğünlerde ḳoşu ve cirid oynamaḳ ʿanʿanātı ḳısmen mevcūd oldıġı gibi ʿāʾile rābıṭalarını ṣarṣan ḳarı oynatmaḳ belīyeside eksik değildir. Eskiden her ṣanʿat erbābı yetişdirdiği ṣanʿatkāra yine muḫtelif ṣanʿatkārlardan müteşekkil bir meclis ḥużūrında mevlūd-i nebevī ḳırāʾatı ve duʿā ile peştemal ṣūretiyle icāzet iʿṭāsı müstaʿmel iken ḥāl-i ḥāżırda erbāb-i ṣanʿat ḳalmadıġından işbu ʿanʿane yalñız ḥelvācılıḳ gibi birkaç ṣanʿata münḥaṣır ḳalmışdır.

Yerli iʿtiḳādāt-i bāṭıle

Ṣeferde nikāḥ ʿaḳd etmemek, bütün ḫastalıklar, felāketler içün tekkelerde ulu aġaçlar aḳlarından teʾs̱īr ve şifā beklemek iʿtiḳādı el-yevm müşāhede olınmaḳdadır. Cīnn çarpıḳları, ḳarı, cādū ḥikāyeleri, üfürükcilik baʿż-i türbelerde fażla ḳuvveʾ-i ḳudsīye iżāfesi gibi iʿtiḳādāt daḫi mevcūd oldıġı gibi ḳuşlardan, köpeklerden tifʾal etmek, ḫusūf, küsūf vuḳūʿında ṭabanca atmaḳ, havān çalmaḳ, ez̠ān oḳumaḳ, havā fażla sert ve ṭoñ olaraḳ devām ederse lodosa teḥavvül etmesi içün bir ṭaḳım ḳadınlarıñ ḫāneleri ṭolaşaraḳ poyrazıñ oğluna (!) lodosıñ ḳızını istemek ve bu ṣırada evlerden ṭopladıḳları bulġur ve sāʾireyi aş yapub daġıtmaḳ, çocuḳları olmayan ḳadınlar maʿrūf dedeleriñ merḳadı üzerine yaydıḳları bezleri birḳaç gün ṣoñra alub bellerine baġladıḳları zamān maḳṣada nāʾilīyet çocuġı olmayanlarıñ Yatırḳavaḳ taʿbīr olınan maḥallde ḳurbān kesmeleri ve her hangi bir yol üzerindeki çalıya bir bez parçası baġlamaḳ, ıṣıtma içün ḳollara düğümli oḳunmış ... baġlamaḳ baʿż-i ḫāneleriñ uġursız oldıġını ve cīnnli, perīli bulındıġını, iddiʿā etmek, baʿż-i maḥallerde ıṣıtma ḳuyusı taʿbīr olınan bir ḳuyunıñ ṣuyından ḫastalara içirmek ve ..., köy civārındaki ḳorudan yanar (dede) oldıġından dolayı odun kesmeniñ meşʾūm bulındıġı ve keseniñ başına felāket geleceği gibi baʿż-i ḫurāfāt ve iʿtiḳādāt münteşirdir. Livāya merbūṭ Könan ḳaryesinde Fātiḥī <Bālī> Sulṭān ile ḥaremi ve çocuġı medfūn olındıġından civārında bulınan bir ḳısım ormandan ḳatʿīyen ḳaṭʿıyāt icrā edilmamaḳdadır.

[28] **Ḫalḳıñ ṭabābete ḳarşı vażʿīyeti**

Merkez livā ahālīsiniñ ṭabābete ḳarşı dereceʾ-i temāyül ve inhimākı mülḥaḳāta naẓaran maḫṣūs ve mütezāyid bir şekilde olub ḳażā merākizi ve bitaḫṣīṣ ahālīʾ-i ḳurā mübtelā oldıḳları emrāż-i muḫtelifeyi beyne'l-ʿavām münteşir ve müteʿāmil edvīye ve muʿālecāt ile tedāvīyi iʿtiyād edinmiş ve ḥālet-i nezʿ ve iḥtiżāra vāṣıl olmadıḳca eṭibbāyı daʿvetden müctenib ve muḥteriz bulınmışdır. Bu livā taʿaṣṣub-i dīnīsiyle maʿrūf bulındıġından emrāż-i nisāʾīye eṭibbā-yi maḥallīyeye ḳarşı bu sebebden mechūl ḳalmaḳda ve bu yüzden şāyān-i naẓar ve cāleb-i diḳḳat bir derecede vefiyāt vuḳuʿ bulmaḳda idi. İcrā edilen tedābīr-i ḥekīmāne sāyesinde bu ʿanʿane ve ʿādet-i saḳīmeniñ kesb-i zevāl ve taḥaffüf eylemekde ve yevmen fayevmen mürācaʿat edenler ʿadediniñ tezāyüd eylemekde bulındıġı maʿa'ş-şükrān müşāhede edilmekdedir. Livānıñ teşkīlāt-i ṣıḥḥīyesi iʿtibārıyla her ḳażā merkezinde bir ḥükūmet ṭabībi ile merkez-i livāda resmī birde ḳābile mevcūd oldıġı ḥālde vazʿ-i ḥaml zamānı bunlara mürācaʿat edilmiyerek yiğirminci ʿaṣr-i medenīde ḥāmile ḳadın ayaḳlarından ṭavana aṣılmaḳ ve şāyān-i iʿcāb ve istiġrāb tedābīr-i sāʾireye tevessül ḳılınmaḳ ṣūretiyle tevlīde çalışılmaḳda ve bu yüzden vefiyāt-i eṭfāl tekes̱s̱ür eylemekde bulınmışdır.

Neẓāfete riʿāyet, ahālīniñ bünyece teşekkülātı

Ṣoñ otuz ḳırḳ sene ẓarfında Anaṭolı evlādları kendilerine bir mezār-i ʿadem olan Balḳan şāhiḳlerinde, Arnavudlıḳ derbendlerinde, Yemen çöllerinde muttaṣıl didinir, çırpınır, yaralanır ölür. Baḳīyeʾ-i suyūfda ancaḳ sekiz on sene ṣoñra, bītāb-ü-tüvān, ḫasta ve saḳaṭ bir ḥālde kimsesiz yurdlarına dönebilirlerdi. Bu günki nesil işte bu ḫasta dirileriñ maʿlūl evlādlarıdır, o evlādlar ki, rāṭib bir ḳulübede, çıplaḳ bir ḥālde bir parça ḳurı arpa veya çavdar ekmeği yiyerek bir ṭās ayranla māddī, maʿnevī bu süḳūṭa birde neẓāfete ʿadem-i riʿāyet yüzinden ẓuhūr eden ḫastalıḳlar, emrāż-i sāʾrīye ve zührevīye Anaṭolı içün dāʾimī belīye olan ṣıtma ʿilāve edilirse Anaṭolı Türkiniñ ne gibi şerāʾiṭ altında yetişdiği añlaşılabilir.

İnhizāl-i ʿırḳīniñ öñini almak, ḫalḳı gürbüz, ṣağlam bir ṭarzda yetişdirebilmek [29] içün biri menfī dīğeri müs̱bet iki ṭarz-i faʿāliyete iḥtiyāc-i ḳaṭʿī vardır ḳanāʿatındayım. Faʿāliyet-i münīfe vāsiʿ mıḳdārda ṣıḥḥīye teşkilātıyla ʿavāmil-i inhizālīyeniñ önini almağa maʿṭūf olmalıdır. Bu ṣıḥḥīye teşkīlātı mümkin oldığı nisbetde ḳöylere ḳadar teşmīl edilmek īcāb eder.

Bu ṣūretle ṣıtma, emrāż-i zührevīye ilḫ gibi ḫastalıḳlarıñ defʿi mümkin olacağı gibi baṭaḳlıḳlarıñ ḳurudılması, ṭurġun ṣularıñ izālesi, ciyādet-i havāyı teʾmīn eden ormanlarıñ taḫrībātdan ṣıyāneti esāsātı iḥżār edilmiş olur.

Faʿāliyet-i müs̱beteye gelince: Buda teşkīlāt-i maḫṣūsa icrāsıyla ḫıfẓu'ṣ-ṣıḥḥaya dāʾir herkesiñ anlayacağı her ẕihniñ ḳavrayacağı, bir köyli ḳafasınıñ ürkmiyeceği bir lisānla ve dāʾimā onıñ ḥissiyātını oḳşamaḳ ṣūretiyle ḳonferanslar, vaʿẓlar tertīb, köyli lisānıyla yazılmış ʿaçıḳ ibāreli ḫıfẓu'ṣ-ṣıḥḥa kitābları ṭabʿ ve bunları meccānen köylilere tevzīʿ ederek köy muʿallimlerini bu kitābların muḫteviyātını ḫalḳa añlatmaḳla mükellef ḳılmaḳ ve ʿaynı zamānda köylilere meccānen sulfato tevzīʿ etmek gibi teşebbüs̱āt-i evvelīyedir.

ʿAnʿanāt-i maḥallīyemizden olan cündīliğiñ iḥyāsıda inhizāl-i ʿırḳīyi tevḳīf edecek esbābdandır.

[30} **Dördinci ḳısım**

Ḫastaḫāneler
El-ḥālite hāẕihi livā dāḫilinde ḫastaḫāne mevcūd olmayub muḳaddeman Isparṭa ḳaṣabasında te'sīs ve küşād olınan ḫastaḫāne binası 330 senesinde ḥareket-i arżdan münhedim olmuş isede aḫīren şehir ḫāricinde nezāret-i kāmileyi ḥā'iz bir maḥallde muvāzene'-i ḫuṣūṣīye'-i livāya mevżū' taḫṣīṣāt ile müceddeden bir ḫastaḫāne binası inşāsına mübāşeret edilmiş ve nıṣfına ḳarīb bir kesiminiñ ikmāli ḳuvve'-i ḳarībeye gelmiş isede mevsim-i şitā ḥasebiyle inşā'āt taṭīl olınmışdır. 336 senesi vāridāt-i ḫuṣūṣīyesinden tefrīḳ ve ifrāz edilen mebāliġ ile Yalvaç ḳaṣbasında yiğirmi yataḳlıḳ bir ḫastaḫāne teşkīl ve inżimām-i mu'āvenet-i ahālī ile tefrīş ve techīz olunaraḳ maḥallī ḥükūmet ṭabībiniñ yed-i idāresine tevdī' ḳılınmış isede bi'l-āḫare cihet-i 'askerīyeniñ gösterdiği lüzūm üzerine menzil emrine devr ve teslīm edilmişdir. Merkez-i livāda emrāż-i zühreviye ile ma'lūl fāḫişeleriñ tedāvīsini te'mīnen bir dispanser küşād edilmişdir.

Eczāḫāneler
Isparṭa ḳaṣabasında vāridāt-i belediye ile 327 senesinde te'sīs ve küşād edilmiş bir eczāḫāne ile eşḫāṣ-i ḫuṣūṣīye nāmına icrā-yi ticāret eden dīğer iki eczāḫāne mevcūd olub bunlardan birisi mesdūd, Uluborlu, Yalvaç, Karaaġaç, Eğridirde birer eczāḫāne mevcūddır.

Uluborlu eczāḫānesi belediyeniñ yed-i idāresinde ve Eğridir eczāḫānesi demir yolına Karaaġaç eczāḫānesi eşḫāṣ-i ḫuṣūṣīyeye 'ā'id Yalvaç eczāḫānesi idāre'-i ḫuṣūṣīye'-i livāca tefrīḳ ve taḫṣīṣ olınan mebāliġ ile küşāde bulınmışdır.

Dispanserler
Isparṭa livāsı merkezinde bir frengī dispanseri mevcūd olub mülḥaḳātında ḥālen dispanser mevcūd değildir.

[31] **Mekātib**
Livā dāḫilinde meşrūṭīyetden evvelki mekātib mıḳdārı:
17 ibtidā'ī + 4 rüşdī + 1 i'dādī ; mecmū'ı: 22.
Meşrūtīyetden ṣoñra bu güne ḳadar mevcūd mekātib:
72 ibtidā'ī + 6 rüşdī nümūne + 1 i'dādī; mecmū'ı: 79.

Livā dāḫilinde sinn-i mecbūrī'-i taḥṣīlde bulunan eṭfāl mıḳdārı:
'aded-i ẕükūr: 7163 ināṣ: 8234.
Livā dāḫilinde müdāvimīn mıḳdārı:
'aded-i ẕükūr: 3850 ināṣ: 677; ẕükūr: yüzde 50, ināṣ: yüzde 8.

	İnāṣ	Ẕükūr	İʿdādi	İnāṣ	Ẕükūr	Muʿallime	Muʿallim
Isparta merkez ḳażāsı	0	0	1	3	4	13	16
Isparta mülḥaḳātı	0	6	-	2	13	3	25
Eğridir merkezi	0	0	-	1	2	2	9
Eğridir mülḥaḳātı	0	4	-	2	5	2	11
Yalvaç merkezi	0	0	-	1	1	2	9
Yalvaç mülḥaḳātı	0	2	-	0	5	0	8
Karaaġaç merkezi	0	0	-	1	1	2	11
Karaaġaç mülḥaḳātı	1	5	-	0	6	0	12
Uluborlu merkezi	0	0	-	1	1	2	9
Uluborlu mülḥaḳātı	0	2	-	1	6	1	12
Yekūn	1	19	1	12	43*(!)*	27	122

Medāris
Ipartanıñ İskender mahallesinde ʿAbdu'l-kerīm efendi medresesi mevcūd olub 978 tārīhinde Ispartalı Hişār efendi nām zāt tarafından teʾsīs ve küşād edilmişdir. Bu güne kadar küşāde olub icrā-yi tedrīsāt edilmekdedir. Bir müderrisi mevcūd isede talebeʾ-i ʿulūm mevcūd değildir.

Bundan başka Ispartada Halīl Hamdī paşa tarafından 1050 tārīhinde teʾsīs edilüb el-yevm otuz talebeʾ-i ʿulūm müdāvim bulınan Ispartanıñ Çelebiler mahallesinde kāʾin ve el-yevm müftī efendiniñ dāʾireʾ-i resmīyesini hāvī bir medrese vardır.

Kezālik Ispartanıñ Çelebiler mahallesinde [32] Halīl Hamdī paşa māderi Zeyneb hanım medresesi mevcūd olub 1080 tārīhinde inşā edilmiş ve köhne ve müşrik-i harāb bir hālde bulınmışdır. İcrā-yı tedrīsāt edilmamakdadır.

Ispartanıñ Yaylazāde mahallesinde kāʾin ve 1140 tārīhinde inşā edilmiş olan Taş medrese nām-i dīğer Hüsāmü'd-dīn efendi zāvīyesinde müderrisi mevcūd olmadığı gibi tedrīsāta dahi küşāde değildir.

Yaylazāde mahallesinde 1243 tārīhinde Taşcızāde Hācī Mehmed tarafından inşā edilen Kubbeli ʿAlī İfdā medresesi dahi talebeʾ-i ʿulūmıñ tedrīsātına küşāde değildir. Ispartanıñ Çelebiler mahallesinde 1249 tārīhinde ʿAbdī paşa tarafından teʾsīs ve inşā edilen bir medrese mevcūd isede icrā-yi tedrīsāt edilmemekdedir. Çelebiler mahallesinde kāʾin ve Halīl Mehmed paşa medresesi nāmıyla maʿrūf medrese 1210 tārīhinde Mehmed paşa tarafından inşā edilmiş ve bi'l-āhare hareket-i arżdan münhedim olmışdır. Müderrisi mevcūd olmadığı gibi tedrīsāta küşāde değildir. Ispartanıñ Cāmiʿ-i ʿatīk mahallesinde kāʾin olub 972 tārīhinde Hācī Selīm efendi tarafından inşā edilmiş olan medreseniñ bir müderrisi mevcūd isede müdāvim talebeʾ-i ʿulūm mevcūd değildir.

Ispartanıñ Aġros nāhiyesi merkezinde olub 770 tārīhinde Aġros fātihi Gāzī ʿAta beğ tarafından teʾsīs ve kārgīr olarak inşā edilen Ġāzī ʿAtā beğ medresesinde dört müderris mevcūd olub bu kerre müceddeden talebeʾ-i ʿulūm kaydına mübāşeret edilmiş ve icrā-yi tedrīsāt olınmakda bulunmışdır.

Eğridiriñ Cāmiʿ-i kebīr mahallesinde kāʾin Şeyh ʿAlī Aġa medresesi nāmıyla maʿrūf medrese 1135 tārīhinde inşā edilmiş olub müderrisi ve talebeʾ-i ʿulūmı mevcūd değildir. Eğridiriñ Cāmiʿ-i kebīr mahallesinde āsār-i Selçukīden ve Eğridir fātihi Dīndār beğ tarafından 750 tārīhinde müʾesses Dīndār beğ medresesinde icrā-yi tedrīsāt edilmemekdedir. İşbu medreseniñ kapusı ġāyet muşannaʿ ve Türk tarz-i miʿmārīsinde inşā edilmişdir. Uluborlunıñ Muhtesib mahallesinde Ġārġū Lālā medresesiniñ müderrisi mevcūd olub müceddeden tedrīsāta mübāşeret edilmek üzere [33] bulınmışdır. Yalvaçda Emīr Sultān medresesiniñ müderrisi mevcūd olmayub tedrīsāta küşāde değildir.

Ḳaraaġaç ḳażāsında iki medrese mevcūd isede biriniñ müderrisi mevcūd değildir. Dīğerinde ḳānūn-i cedīd mūcibince tedrīsāta devām olınmaḳda bulınmışdır. Bu medreseler ḥarb-i ʿumūmīniñ bidāyetine ḳadar küşāde olub icrā-yi tedrīsāt edilmekde iken ṭalebeʾ-i ʿulūmıñ mükellefīyet-i ʿaskerīyeye tābiʿ ṭutılaraḳ taḥt-i silāḥa daʿveti üzerine taʿṭīl-i tedrīsāt olınmışdır. Maʿa haẕā aḫīren umūr-i şerʿīye vekāletince tanẓīm ve Büyük Millet Meclisince ḳabūl edilen bir ḳānūn mūcibince medreseleriñ iḥyāsı tekerrür etmiş ve bir ṭarafdan ṭalebeʾ-i ʿulūm ḳaydına mübāşeret edilmiş ve aʿyān ve eşrāfıñ evlādları ṭalebe ṣıfatıyla işbu medreselere devām ile ʿaskerlikden ḳurtulmaḳda bulınmışlardır.

Ḫānlar, oteller, ḥamamlar

Bizde otel ḥayātı maʿa't-teʾessüf, Ispartada ḳurūn-i vusṭā ḥayātınıñ bir nişānesi olan ḫānlarda pek ibtidāʾī döşenmiş oṭalarda cereyān eder. Anaṭolınıñ müslümān şehirlerinde yatacaḳ adam ʿaḳıllı bir oṭa bile bulınamaz. Eğer o şehirde biraz ḫiristyān sākin ise o vaḳit parasıyla hem yemek yiyecek loḳanṭa ve hemde yatacaḳ güzel bir otel bulınabilir. Ekẟerī otel ve loḳanṭalar ḫiristyānlar elindedir. İslāmlarıñ ne bir loḳanṭası ve nede otelimsi bir yatacaḳ yerleri vardır. Kārvānsarāy ḳabīlinden öyle yerleri vardır ki yolcılar orada bir sedir üstinde balıḳ istifi gibi dizilerek yatarlar. Ġāyet az sermāyeler ile bir teşebbüẟ-i icrā ve muḫtelif maḥallerde pansyonlar, oteller, loḳanṭalar, büyük gazinolar, perukarlar, müṭālaʿa ṣalonları, teraḳḳiyāt-i ḥāżireye göre ṣıḥḥī ḥamamlar teʾsīṣ ve küşādı şāyān-i temennīdir.

Isparṭa merkez ve mülḥaḳātında şerāʾiṭ-i ṣıḥḥīye ve fennīyeyi cāmiʿ ḥamamlar yoḳdır, Isparṭa ḳaṣabasında beş ve Yalvaç Ḳaraaġaç ḳażā merākizinde ibtidāʾī şekilde birer ve Uluborluda iki, Eğridirde üç ḥamam mevcūd olub ahālīʾ-i maḥallīye el-ekẟer kendi ḫānelerinde istiḥmām eylemekdedirler.

[34] **Fabriḳalar**

Ṭarz-ı iştiġāl (ṣanāyiʿ) baḥsında fabriḳalar ḥaḳḳında maʿlūmāt ve īżāḥāt-i mufaṣṣala iʿṭā edilmiş olmaḳ dolayısıyla burada muḫtaṣaran ḳayd ve teẟbīt edilmişdir. Isparṭa ḳaṣabasında kösele iʿmāline maḫṣūṣ fabriḳa ile Dere maḥallesinde gündüzleri daḳīḳ istiḥṣālı ve geceleri şehriñ tenvirāt-i elektriḳīyesine ḫidmet eden daḳīḳ fabriḳası ile Eğridir ḳaṣabasında motorlı ġaz ile müteḥarrik daḳīḳ fabriḳası ve Keçiborlu nāhiyesinde kükürt tāṣfīyesine maḫṣūṣ ve iʿmālāt-i ḥarbīye müdīrīyet-i ʿumūmīyesi ile ticāret ve zirāʿat neẓāreti ṭarafından müʾesses fabriḳalardan başḳa livā merkez ve mülḥaḳātında şāyān-i ḳayd-ü-ẕikr bir fabriḳa mevcūd değildir.

Mebānīniñ ṭarz-i miʿmārīsi, emākin-i ʿumūmīye, şehirleriñ ve köyleriñ vażʿīyeti

Ḳaṣaba, nāḫiye, köy meskenleriniñ ekẟerīyeti güneş görmez birer aḫurdan başḳa bir şey değildir. İctimāʿī ḥayātları - yalñız erkeklere maḫṣūṣdır - pis ḳahveḫāneleriñ ibtidāʾī insānlara maḫṣūṣ taḫta peykeleri üzerinde geçmekdedir. Soḳaḳlar ṭar ve muʿvec ḫāneleriñ ṣaçaḳları komşularıñ ṣaçaḳlarına temāsda, aḫşāb ve ṭopraḳdan ve basıḳ bir şekildedir. Soḳaḳ ḳaldırımları pek biçimsiz, yağmur yağdığı zamān ekṣer yerlerinde ufaḳ ufaḳ gölcikler peydā olıyor. Güneş girmiyor. Ḳahveḫāneleriñ mıḳdārı cāleb-i diḳḳat bir şekildedir.

Isparṭa livāsı dāḫilinde bulınan Uluborlu, Yalvaç, Eğridir. Ḳaraaġaç ḳażā merkezleriyle nefs-i Isparṭa ḳaṣabası miyāh-i cārīyeniñ mevcūdīyeti ḥasebiyle büyük bāġçeler, yemyeşil çayırlar, sālḫōrde ve ʿaṣırdīde aġaclar dürlü dürlü naẓar-ferībā ve delirbā çiçekler ile muḥāṭdır. Faḳaṭ bu bāġçeler ibtidāʾī bir şekildedir. Isparṭa, Sekerkend, Yalvaç, Ḳaraaġac ḳaṣabaları cīvārında yüzlerce dönüm bāġ mevcūddır.

Her ṭarafda oldığı gibi Isparṭa, Uluborlu, Eğridir, Yalvac, Ḳaraaġaç ḳaṣabalarıda şerāʾiṭ-i fennīyeye muvāfıḳ bir şekilde teʾsīs ve inşā edilmamişdir. Soḳaḳlar ṭar ve muʿvecdir. Şu ḳadar ki bāġçeleriñ keṣret ve mebẕūlīyeti dolayısıyla ḫāneler beyninde muḫtelif fāṣılalar mevcūddır. [35] Soḳaḳlarıñ ekṣerīsinde ḳaldırım mevcūd olmadığı gibi mevcūd olanları şimdilik taʿmīr edilemamakdadır.

Isparṭa livāsındaki ḫāneleriñ ḳısm-i aʿẓāmı (ṭam) taʿbīr edilen ṭarz-i miʿmārīde olub bir ḳısım binālarıñ, temel aḳsāmı ṭaşdan ve dīvār aḳsām-i sāʾiresi ṭoprāḳdan maʿmūl olub kerpiç ile inşā ve aḳsām-i saḳfīyesine ġāyet cesīm ve s̱aḳīl ve yekdīğerine ḳarīb, müteʿaddid ḳalın aġaçlar vażʿ ve üzeri kes̱īf bir ṭopraḳ ṭabaḳasıyla setr olınur. Isparṭa ḳażāsında bu ḳabīl binālarıñ mıḳdārı şāyān-i naẓar bir derecede iken 330 senesi ḥareket-i arżında bu ṭarz-i mimārīde bulınan binālar hemān kāmilen münhedim olmuş ve kiremid ile mestūr çatılı mebānī mehmā emken teʾs̱īrāt-i meẕkūreden āzāde ḳalmış bulındığından bu uṣūl-i inşāʾat bu fecīʿ ve elīm tecribe netīcesinde terk edilmiş ve kiremidli mebānī inşāsı uṣūl ittiḫāẕ olınmışdır. Isparṭada Çayboyı maḥallesinden başḳa maḥalle denecek bir soḳak yoḳdır. Eğridir ḳaṣabası İzmir şömendöfer ḫaṭṭınıñ noḳṭa-i müntehāsında kāʾin olmak iʿtibārıyla levāzımāt-i inşāʾīye celbinde teshīlāt-i maḫṣūṣaya muẓhir bulındığından ve esāsen keraste tedāriki cihetide sehīl oldığından Eğridir ḳaṣabasını teşkīl eden binālarıñ ḳısm-i aʿẓāmı kerasteden maʿmūl ve Avrupa ve yerli kiremidleriyle mestūrdır.

Uluborlu, Sekerkend, Yalvaç, Ḳaraagaç ḳaṣabalarınıñ mürekkeb bulındığı ḫāneler hemān kāmilen [ṭam] uṣūlı ile inşā edilmiş ve aḳṣām-i saḳfīyesi kiremid ile mestūr mebānīye nādiren teṣādüf olınmaḳda bulınmışdır. Köy ḫāneleri yekdīğerine oldıḳca ḳarīb olub tamāmen [ṭam] uṣūlı üzerine inşā edilmişdir. Merkez ve mülḥaḳāt köyleriniñ ḳısm-i aʿẓamınıñ ḳurb ve cıvārında (palamuṭlıḳ) taʿbīr olınan ormanlar mevcūddır. Ṭam uṣūlı binā inşāʾatı ormanlarıñ taḫrībātını mūcib oldığı gibi kiremidli ve şerāʾiṭ-i fennīye ve ṣıḥḥīyeyi cāmiʿ mebānī inşāʾatından daha fażla meṣārifātı istilzām eylemekdedir. Mevsim-i şitāda kar yaġdığı zamānlarda ḫalḳ ṭamları üzerine çıḳaraḳ kürekler ile ḳarları atmaḳ külfet ve mecbūrīyetine tābiʿ oldığı gibi yağmur zamānlarındada ṭaşdan silindir şeklinde bir ālet-i maḫṣūṣayı ṭabaḳa-i turābīye üzerinde seyr etdirmek żarūretindedir. Bu mecbūrīyet ve żarūrīyete [36] mutābaʿat edilmediği taḳdīrde ḫāneleriñ yağmur ṣuları ve ḳar ṭabaḳalarınıñ erimesinden müteḥaṣṣıl ṣular ḥulūl ve nüfūẕ ederek eşyā-yi mevcūdeyi taḫrīb ve iskān-i ikāmeti işġāl eder. ʿAynı zamānda [ṭam] uṣūlı üzerinde inşā edilen mebānī yüz yüzelli seneden fażla maʿmūrīyetini muḥāfaẓa edemamakda ve ṣıḳ ṣıḳ taʿmīrāta ʿarż-i iḥtiyāc eylemekdedir. Müşkilāt ve meḥāẕīr-i mebḥūṡeye raġmen ahālīʾ-i maḥallīye sāʾiḳaʾ-i cehāletle mebānī ve mesākiniñ uṣūl-i inşāsını iṣlāḥ ve taʿdīl eylemamakdadır.

Emākin-i amīrīye ve ʿumūmīyeden şāyān-i ḳayd mebānī Ispartada mekteb-i iʿdādī, dāʾire-i ḥükūmet ve aḫẕ-i ʿasker şuʿbesi dāʾireleri ve Yalvaç ḥükūmet dāʾiresinden ʿibāretdir.

Ḫelālarıñ şekli
Ḳaraaġaç ḳażāsında ḫelālar ʿumūmīyetle çuḳur şeklindedir. Mecārī yoḳdır. Ḳaraaġaç ḳaṣabası münḥaṭṭ arāżīde kāʾin olmaḳla berāber birbuçuḳ iki metroda ṣu çıḳmaḳda oldıġından mecārīye musāʿid değildir. Zemīni killi arāżī olmasından derin ḳazılamıyan çuḳurlarıñ şekl-i taḫlīyesi ḥayvānāt gübresiyle ḳarışdıraraḳ tarlalara naḳlinden ʿibāretdir.

Uluborlu ḳażāsı dāḫilinde daḫi ḫelālar çuḳur ḥālinde ve şekl-i taḫlīyesi Ḳaraaġaç ḳażāsındaki uṣūl ve taʿāmüle müşābihdir.

Yalvaç ve Eğridir ḳażālarında daḫi ḳanalizasyon yoḳdır, ḫelāları mustaṭīl şeklinde bir baraḳa ile altlarında ḳazılmış çuḳurdan ʿibāretdir. Köylerde ḫelā yoḳdır, açıḳda ḳırlarda defʿ-i ḥācet ederler.

Yalvaçda menbaʿ ṣuyı olmadıġından ḫalḳ değirmen ṣularından istifāde etmekdedirler. Ḫāneden ḫāneye geçmesi ḥasebiyle bir maraż-i sārī vuḳūʿında müdhiş taḫrībāta sebebīyet verileceği bī iştibāhdır.

Eğridir ḳażāsınıñ göl kenārında bulınması dolayısıyla ḫelālar doġrıdan doġrıya göle taḫlīye edilmekdedir. Ahālīde bu göl ṣuyından iḥtiyācāt-i şurbīyesini teʾmīn etmekde oldıġından maʿa haẕā bir ḳolera veya tifo gibi ḫastalıḳ baş gösterse andemik bir şekil [37] alacaḳdır. Ẕāten cıvār ḳaya ve ṭaġlardan boru vāsıṭasıyla naḳl edilen ṣulara tercīḥan bu ṣu istiʿmāl edilmekdedir.

Merkez-i livāda ḫelālar çuḳur şeklinde olub mecārī vesāʾire yoḳdır. Ḳurā ahālīsi serāpā ḳırlara veyāḫūd oṭurdıġı ḫāneniñ, ḳulübeniñ hemān yanında açıġa defʿ-i ḥācet eder. Ḥayvānāt gübresiyle ḳarışdıraraḳ tarlalara naḳl ederler.

Ḳabristān [mevḳiʿi, vażʿīyet-i coġrafyası]
Uluborlu ḳaṣabasında ḳabristān şehriñ ġarb-i cenūbīsindedir. Ḳaraaġaç ḳaṣabasında iki ḳabristān mevcūd olub şehir dāḫilinde bulınmaları ḥasebiyle ḥālen metrūḳ ve eṭrāf-i arbaʿası dīvārla muḥāṭdır. Şehir ḫāricinde ise şimāl, cenūb, şarḳ, ġarbda olmaḳ üzere dört ʿaded vāsiʿ ḳabristān mevcūd olub bunlarıñda eṭrāfı dīvārla muḥāṭ ve aġaçdan ʿārī ve el-yevm emvāt buralara defn edilmekdedir. Yalvaçda şehriñ cihet-i şarḳīyesinde üç ʿaded ḳabristān mevcūddır. Ḳurā ḳabristānları her ḳaryeniñ vażʿīyet-i ṭabīʿīye ve mevḳiʿīyesine naẓaran köye

ḳarīb bir mevḳiᶜde ve cihāt-i muḫtelifede kāʾindir. Isparṭa ḳaṣabasında şehriñ cihet-i şarḳīyesinde iki ve cihet-i ġarbīyesinde maḥallāta maḫṣūṣ ḳabristānlar mevcūddır.

Cīvārdaki bataḳlıḳlarıñ vüsᶜatı, mevḳiᶜi, esbābı, ḳurudılması ḥaḳḳında müṭālaᶜāt

Ḳaraaġaç ḳaṣabası cıvārında ve ġarbında Nedre çayı nāmıyla maᶜrūf Nedre, Çavende, Vīrān, Yaḳaemīr, Ördekçi ḳaryeleri arasında bulınan ve ḳışın Sulṭān ṭaġları eteklerinden gelen yaġmur ṣuları ve selleriñ münḥaṭṭ olan işbu çayıra inerek mecrā bulamadıġından mevḳiᶜ-i mezkūrda tecemmüᶜe müteḥaṣṣıl on sekiz buçuk ḳilometro murabbaᶜı mesāḥaʾ-i saṭḥiyesinde bir baṭaḳlıḳ mevcūddır. Muntaẓam ve geniş bir mecrā vāsıṭasıyla işbu ṣular Beyşehir göline isāle edilmek ṣūretiyle ḳābil-i izāledir. İşbu mecrā ile on sekiz buçuḳ kilometro murabbaᶜı arāżīden zerᶜīyāt ṣuretiyle istifāde ve mücāvir ḳurā ahālīsine beledī bir şekilde ᶜāriż olan ḥummā-yi merzaġī izāle edilmiş olur. Beyşehri göli sāḥilinde Ḳarabaḳa ve cıvārından bedʾ ile Sürtme, Armudlı, Tilkiler, Çeltik, Faḳhur, Ṣalur, Yeçkez Apas, Gedikli, Küre mevḳiᶜlerini muḥāṭ olan baṭaḳlıḳ yüzḳırḳdört kilometro murabbaᶜı olub buradaki baṭakalıḳ gölden müteḥaṣṣıl [38] oldıġından sāḥildeki sazlıḳlarıñ imḥāsı ve münḥaṭṭ olan baṭaḳlıḳ aḳsāma rıḫtım inşāsı ve eşcār ġarsı ṣūretiyle ḳurudulursa hem arāżī ḳazanılmış hemde merzaġīyete nihāyet verilmiş olur. Afşar nāḥiyesinde Eğridir göli sāḥilinde Meḥmedler ḳaryesinde Çalḳı ve Aḳṭar ḳaryeleri cıvārına ḳadar kāmilen sazlıḳ ve bataḳlıḳ olub bu sāḥa ikiyüz kilometro murabbaᶜındadır. Bu mıntıḳanıñ tebyīż-i tefcīri ve sazlıḳlarıñ imḥāsı ve aġaç ġarsı ṣūretiyle iṣlāḥı mümkindir. Bunlardan māᶜadā ḳażānıñ bi'l-cümle ḳurāsında pıñar-i yaġmur ṣularından mütevellid küçük mikyāsda baṭaḳlıḳlar mevcūd isede ehemmīyeti maḥdūd ve mevżiᶜīdir.

Eğridir ḳażāsında göliñ mecrāsınıñ yapmış oldıġı baṭaḳlıḳ sekiz on sāᶜatlıḳ ṭūlda bir ovayı baṭaḳlıḳ ḥāline inkılāb etmişdir, baᶜż-i mevḳiᶜlerde gölcikler teşkīl eylemişdir. Eṭrāfıda serāpā sazlıḳ içindedir. Göliñ mecrāsı temizlenecek olursa eṭrāfda baṭaḳlıḳ yapmayacaḳdır, bu ṣūretle hem ahālīniñ ṣıḥḥatı teʾmīn edilmiş ve hem zürrāᶜa biñlerce dönüm arāżī ḳazandırılmış olacaḳdır.

Yalvaç ḳażāsında vaḫāmet-i havāʾiyesi ḥasebiyle aḥvāl-i ṣıḥḥīyeleri şāyān-i naẓar ve cālib-i diḳḳat bir ḥālde bulınan ḳurā meyānında, Aḳcaşār ve Ulubeyli ḳaryeleri mevcūddır. Bu iki ḳarye beyninde birḳaç senedenberi baṭaḳlıḳ ḥuṣūle gelerek seneden seneye tevessüᶜ etmekde ve bu ḥāl her iki ḳaryeniñde ḥavāsını iḫlāl ederek nüfūsca telefāta bādī oldıġı gibi ġāyet münbit ve maḥṣūldār olan arāżīyide taḥt-i istīlā ve taḫrībāta almaḳda bulınmışdır.

Baṭaḳlıġıñ ḳısm-i aᶜẓamı Übükli ḳaryesi arāżīsine ᶜāʾid olmaḳ üzere taḳrīben ikibiñ dönümlik arāżī istīlā etmişdir. Aḳçaşār ḳaryesi vaḳtiyle ḫaylī cesīm ve nüfūsı keṡīr ve ḥattā bir aralıḳ nāḥiye merkezi iken bu baṭaḳlıġıñ ḥuṣūle getirdiği vaḫāmet-i havā sebebiyle nüfūs-i mevcūde seneden seneye tenezzül etmiş ve bir çoḳ ḫāneler maḥv ve ḫarāb olmışdır. Baṭaḳlıġıñ ẓuhūrına sebeb olan ṣu Aḳcaşār ḳaryesi pīşgāhından nebeᶜān ve ṭar bir mecrā ile müstevī bir arāżī içinde mürūr ederek iki sāʿat mesāfede vāḳiʿ Übükli ḳaryesine müntehī olmaḳda ve oradanda Köpriler denilen mevḳiʿde köpriden bi'l-mürūr Eğerler ḳaryesinde dīğer bir ṣuya ḳarışmaḳdadır. Arāżīniñ münḥaṭṭ olması ve mecrāsınıñ ṭar [39] bulınması Übükli ḳurbındaki meẕkūr köpriniñ bir ṭaḳım teressübāt ile dolaraḳ ṣuyıñ suhūlet-i cereyānına māniʿ oldıġı gibi, esbāne, çayır ve sazlıḳ yetişdirmek maḳṣad-i cāhilānesiyle Übükli ahālīsiniñ bi'l-iltizām mecrāyı bir çoḳ yerden bozmış olmaları gibi baʿż-i sebebleriñ inżimāmı bu baṭaḳlıġıñ ḥuṣūlına başlıca sebeb olmışdır. Fevkü'l-ʿāde ḳuvveʾ-i inbātīyeye mālik olan arāżīʾ-i meẕkūreniñ şu ḥālde bıraḳılması hem istifādeden maḥrūmiyeti ve hemde baḳīyeʾ-i nüfūsıñ daḫi bi't-tedrīc ḫāk-i helāke serilmelerini intāc edeceği gibi bir ḳaç sene ṣoñra bütün arāżīniñ baṭaḳlıġa inkılābını bādī olacaḳdır. Beş altı sene muḳaddem livā sermühendisiyle bir ḳondüktör ṭarafından baṭaḳlıġıñ refʿi içün müceddeden küşād edilecek mecrā ḥaḳḳında maḳṭaʿ-i ṭūlānī ve ʿarżānī planları ile evrāḳ-i keşfīye fıḳdān-i taḥṣīṣāt ve maḥalliniñ noḳṣān-i ġayreti yüzinden ḫayyiz-i faʿale īṣāl edilemamışdır. Yalvaç ḳażāsınıñ Ḫaviran nāḥiyesine merbūṭ ve Ḫaviran göli kenārında vāḳiʿ Genc ʿAlī nāmındaki ḳaryede sinnīn-i vefīredenberi ḥuṣūle gelan baṭaḳlıḳdan ve bir ṭarafdanda şurbe ṣāliḫ ṣu bulınmamasından nāşī ḳaryeʾ-i meẕkūre ahālīsi seneden seneye telefāta dūçār ve o cesīm ve laṭīf ḳarye bugün bir ḥāl-i ḫarābe gereftār olmışdır. Ḳaryeʾ-i meẕkūreyi iḥāṭa eden şu felāket sekiz on sene evvel işidilmiş ve vālīʾ-i esbaḳ Ḥüsnī beğiñ zamān-i velāyetinde bir mühendis iʿzāmıyla keşfīyātda bulınılmış isede keşfīyāt-i vāḳiʿe derecāt ve netāyici mechūl bulınmışdır. Vaḳtiyle ḫaylīce mühimm ve cesīm iken bu baṭaḳlıġıñ nüfūs-i maḥallīye üzerinde īḳāʿ etdiği taḫrībāt sebebiyle şu ḥālde altmış ḫāneye ve ikiyüz nüfūsa ḳadar tenezzül eden ve mücerred baṭaḳlıġıñ tevlīd etdiği veḫāmet-i havā ḥasebiyle heyʾet-i ʿumūmīyesi bir levḥaʾ-i riḳḳat ve sefālet irāʾe eylemekde bulındıġından ḳaryeʾ-i meẕkūreniñ baḳīyeʾ-i nüfūsını olsun helāk ve inkırāżdan taḫlīṣ īcāb etmekdedir. Bu ḳarye arāżīsiniñ taḳrīben yiğirmisekizbiñ dönüm vüsʿatında olmaḳla berāber ḳuvveʾ-i inbātīyeside fevḳü'l-ʿāde denecek bir derecede bulındıġı ve ḳaryeniñ Keklikḳaya mevḳiʿinde veyāḫūd dīğer bir maḥalle naḳli ve arāżīden istifāde keyfīyeti bi't-tedrīc nezʿ edeceği gibi ṣaġ ḳalan ahālīyide meʾvā-yi ḳadīmlerinden geçirmek ḥayātlarına el uzatmaḳ ḳadar müʾes̱s̱ir olacaġından ve bi'l-farż Keklikḳaya mevḳiʿine naḳli ḥālinde oraya celb ve isāle edilecek ṣuyıñ ve bunıñ içün [40] müceddeden yapdırılacaḳ buyūtıñ īcāb etdireceği maṣraf, üçyüz lira ile değil beş biñ lira ilede vücūde gelemediğinden ve bu baṭaḳlıġıñ ḥuṣūlına bādī olan esbābdan birincisi inḥiṭāṭ-i mevḳiʿ ḥasebiyle terāküm eden ṣularıñ imkān-i cereyān bulamamasından mütevellid bulındıġı cihetle keşfiyāt ve tedḳīḳāt-i vāḳiʿeye naẓaren aḥsen-i çāre olmaḳ üzere ḳaryeʾ-i meẕkūreye [600 + 5] kilometro mesāfede ve Ḳaranlı Palamuṭ mevḳiʿinde Ḫaviran göli sāḥilinde keşf edilen ṣuyıñ celbi ve ḳaryeniñ tāmm pīşgāhında bulınan göliñ imlāsı ve ḳaryeninde ġarb cihetinde ve beşyüz metro mesāfedeki <İkiztepe>niñ saṭḥ-i māʾiline naḳli ṣūreti tercīḥ edilmiş ve bu ṣūret ahālīʾ-i maḥallīyecede müstaḥsen görilerek mühendislikce bu ḫuṣūṣa mütedāʾir bir rapor tanẓīm olınmışdır.

Isparṭa ḳażāsınıñ Ḳuleöñi baṭaḳlıġı; bu baṭaḳlıġı teşkīl eden ṣuları muntaẓam ḳanallar ḥafri ṣūretiyle teşkīline māniʿ olmaḳ īcāb eder.

İçilen ṣular: menbaʿ, nehir, ḳuyu

Uluborluda içilen ṣular ʿumūmīyetle manbaʿ ṣularıdır, yalñız ahālī yazın bāġçelerinde bulundıġı zamānlarda bāġçelerini irvā ve isḳā etdikleri çay ṣuyını ṣahrınclarda durultdıḳdan ṣoñra içmekdedirler. Yalvaçda içilen ṣular açıḳda cereyān eden envāʿ-i cerās̱im-i maraẓīye ve mülevves̱āt ile dolu ve ḳışın bulanıḳlıḳdan içilmez bir ḥālde bulunan çay ṣuyıdır. Ḳaraaġaç ḳażāsı merkezinde içilen ṣular menbaʿ ve ḳuyu ṣularıdır. Biri Sulṭān ṭaġı eteklerinden nebeʿān eden Yaḥyā Çelebi, dīğeri ḳażānıñ şarḳında Tāḳiyeci Kızı ṭaġından nebeʿān eden Ḥācī Ḳadīr aġa ṣuyı nāmıyla iki manbaʿ ṣuyı mevcūd ve işbu ṣulardan Yahyā Çelebi menbaʿı ḥaḳīḳī bir menbaʿ ṣuyı isede ḳaṣabanıñ her soḳaḳ ve ḫānesine isāle edilemediğinden ahālī eks̱erīyetle ḳuyu ṣularını istiʿmāl etmekdedir. Ḳurāda ise hemān eks̱erīyetle manbaʿ ṣuları mevcūd olub onlardan istiʿmāl olunmaḳdadır. Afşar nāḥiyesinde ova köyleri ḳuyu ṣuyı ve ṭaġ köyleri menbaʿ ṣuları istiʿmāl etmekdedirler. Ḳuyularıñ derinliği üç ilā beş metro ḳadar olub şerāʾiṭ-i ṣıḥḥīyeye ġayr-i muvāfıḳdır. Eğridir göline cıvār ḳurā ahālīsi mez̲kūr gölden ṣu iḥtiyācını teʾmīn etmekdedirler. Eğridir [41] ḳażāsında bir menbaʿ ṣuyı vardır. Bu ṣuyıñ ṣūret-i isālesi ḳısmen açıḳda olmasından yaġmur zamānlarında bulanmaḳda oldıġı gibi ḳaṣabanıñ mevḳiʿ-i ṭopoġrafisi iḳtiżāsı baʿż-i maḥallāta isāle edilemediği cihetle ahālī göl ṣuyını ḳullanmaḳdadırlar. Ḳuyu ṣuyını pek o ḳadar istiʿmāl etmezler.

Ispart̤a livāsında ṣularıñ eks̱erīsi menbaʿ ṣularıdır. Lez̲z̲ʾeti iʿtibārıyla bütün ṣulara müreccaḥdır. Terkībinde fażlaca demir emlāḥı mevcūddır. Bu ṣular şerāʾiti ḥāʾiz ṣulardır. Bi'l-ḫāṣṣa Pīr efendi ṣuyı nefāseti iʿtibārıyla şöhret bulmışdır. Gölcük ṣuyı, Bereket ṣuyı, Ḥamam ṣuyı nāmıyla bir çoḳ menbaʿ ṣuları vardır. Ṣularıñ kes̱reti ḥasebiyle bir çoḳ ḫāneler derūnında çeşmeler inşā edilmişdir. Ḫülāṣa Ispart̤a ḳaṣabası ṣularıyla meşhūr bir ḳaṣabadır.

Ṣularıñ ṣūret-i isālesi

Ḳaraaġaç ḳażāsındaki iki menbaʿ ṣuyı künkler vāsıṭasıyla isāle edilmekde ve ḳarada ise ḳısmen künk ve ḳısmende mecārī ve ʿādī mecārī ile isāle olınmaḳdadır. Eğridir, Uluborlu merkez ḳażāsı ve ḳurāsında demir boru nādiren istiʿmāl edilmekde olub ʿalā'l-eks̱er künk mecārīler müstaʿmeldir. Uluborlu ḳaṣabasına cārī olan ṣuyın hemān nıṣfına ḳarīb bir ḳısmı demir boruda ve ḳısm-i dīğeri künk içindedir.

Ispart̤a ḳaṣabasına cārī olan ṣularıñ hemān ḳısm-i aʿẓamı demir borular içindedir. Künk boruların eks̱erīsi teʾs̱īrāt ve tebeddülāt-i ḥavāʾīyeden ḳırılmaḳda ve bi'n-netīce yaġmur ṣularıyla ḳarışmaḳda oldığından ahālī demir boruları tercīḥ etmekdedir. El-ān bir çoḳ künkle isāle edilan ṣular yaġmur ṣularıyla ḳarışmaḳdadır. Yalvacda künk ve demir borular yoḳdır. Ṣuları açıḳdır.

İçilen ṣularıñ evṣāf-i ḥikemīye, kimyevīye ve ṣıḥḥīyesi

Uluborlu ḳaẓāsında istiʿmāl edilen ṣularıñ berrāḳ ve bī ṭaʿām olub cüzʾī emlāḥ-i kilsīyeyi muḥtevīdir. Evṣāf-i kimyevīye ve ṣıḥḥīyesi henüz taʿyīn edilmemişdir.

Ḳaraaġaç ḳażāsındaki ṣular berrāk, yazın soġuḳ, ḳışın ṣıcaḳ ve mıḳdārı yaz ve ḳışın ġayr-i mütebeddil olub fennī bir taṣfīyeden imrār edilmemişdir. Evṣāf-i kimyevīyesi, taḥlīl edilmediğinden mechūl [42] ḳalmışdır. Şurbı ġāyet laṭīf ve ṣıḥḥat üzerine fena te'sīri görülmemişdir. Ḳuyu ṣuları berrāḳ isede üzerleri açıḳ ve ʿumḳı az oldığından yaġmurlarla derḥāl bulanıḳlıḳ peydā etdiği gibi esāsen ḳaba ve kireçli ṣular olub āḫūr ve ḫelālara yaḳın olması üzerleriniñ açıḳ ve ṭaşla örülmemiş oldığından şurba ġayr-i ṣāliḥ isede menbaʿ ṣuları ḳolaylıḳla tedārik edilmediğinden ahālī ḳuyu ṣularını içmekdedirler.

Eğridirde göl ṣuyı şimdiye ḳadar taḥlīl edilmamiş isede emlāḥ-i kilsīyeyi muḥtevī bir ṣudır. Mevādd-i ʿużvīyede fażlacadır.

Yalvac ṣuları: Menbaʿ ṣuyı bulunmayub ḫalḳ değirmen ṣularıyla iḥtiyācātını te'mīn etmekdedir. Taḥlīlātı icrā edilmemiş isede soḳaḳlardan ve ḫānelerden mürūr etdiğinden dolayı mevādd-i ʿużvīyesi fażlacadır. Berrāḳ ve ṣāf değildir.

Isparṭa ṣuları: Müteʿaddid menbaʿ ṣuları mevcūd olub yaġmur fażla oldıġı zamānlar ancaḳ bir ikisi cārī ṣularıyla ḳarışmaḳda ve bulanmaḳdadır. Taḥlīlātı icrā edilemamiş isede beyne'l-ʿavāmm emlāḥ-i ḥadīdīye bulındıġı dişler üzerinde ḥāṣıl etdiği tavażżuḥātdan istidlāl edilmişdir. Dīğer ṣular berrāḳ ve laṭīfdirler.

Eğridir ḳażāsı: Ḫāneleriñ göle tebārüz etmiş bir dil üzerinde mütekāsif bir ḥālde olması müteverrimīniñ tezāyüdine sebebīyet vermekdedir. Tedren-i ʿaẓmīye daha fazla teṣādüf olınmaḳdadır. Ḳaraaġaç ḳażāsında verem görilmekdedir. Yalvac ve Uluborlu ḳażālarında maḥsūs derecede değildir.

Beşinci ḳısım

Emrāż-i muᶜtāde ve belediye

Mevsim h̬astalıḳları, frengī [fuh̬ş] malarya, verem, çiçek, difteri, sāʾir teṣādüf olınan emrāż-i sārīye, emrāż-i sārīyeniñ ve bi'l-h̬āṣṣa ḳoleranıñ sirāyet yolları, ᶜaḳlī ve ᶜaṣabī h̬astalıḳları, vuḳūᶜ bulmış ise eski ṣalġınlar ḥaḳḳında bir nebẕe maᶜlūmāt. [43] Merkez livāda görülen h̬astalıḳlar; ṣıtma, romatizm, verem, frengī, dīdānu'l-emᶜā, ġuatr, emrāż-i ᶜaḳlīye ve ᶜaṣabīyeden ᶜibāretdir.

(A) - Iṣıtma: Merkez ḳaṣabada ṣıtma cālib-i diḳḳat bir derecede değil isede ḳurā-yi mülḥaḳada bi'l-h̬āṣṣa Ḳaleöñi bataḳlıġına mücāvir ḳaryeler ahālīsiniñ eks̱erīsinde mevcūddır. 335 senesi bidāyetine ḳadar malaryanıñ ḳuvartana ve tersyana eşkālinden ġayrisine teṣādüf edilmemiş isede bi'l-h̬āṣṣa 336 ve 337 senelerinde muh̬telif muhācirīniñ iskānları ḥasebiyle trobiḳa şeklide görilmişdir.

Merkez ḳaṣabaya merbūṭ Ḳaleöni baṭaḳlıġına mücāvir Ḳuleöni, Bozanöni, Ḳınıḳ, Bayaṭ, Sekerce, Gölbaşı, Könan, Fandaṣ, Baladız, Seker, Ḥamīdīye ḳaryelerinden ᶜibāret olub ḳurā-yi mebḥūs̱ede malaryanıñ eşkāl-i muh̬telifeʾ-i maᶜlūmesi ḥüküm sürmekdedir. Eğridir ḳażāsında; merkez ḳaṣabaya baṭaḳlıḳlarıñ hemcıvār olması ve göliñ maḥallāta ḳurbīyeti ve sazlıḳlarıñ mevcūdīyeti ṭolayısıyla ṣıtma fażladır.

Eğridirde dah̬i malaryanıñ eşkāl-i muh̬telifesi ḥattā Aydın vilāyeti muhācirīniniñ mütekās̱if ve mütemerkiz bir şekilde iskānları hasebiyle tropiḳa şekli görülmekdedir. Göliñ mecrāsı cıvārında mevcūd baṭaḳlıḳlar dolayısıyla mücāvir ḳurā dah̬i malarya muṣābīniyle mālīdir. Manāṭıḳ-i cibālīyeye müṣādif ḳurā ahālīsince malarya henüz ġayr-i maᶜlūmdır. Başlıca ṣıtmalı ḳurā şunlardır: Ṣıġırlaḳ, Selīmler, Melekler, Çaldır, Aşağı Gökdere, Aḳçaşār, Pazar köyi, Çay, Bayḳancıḳ, Tepeli, Cire ḳaryeleridir. Ḳaraaġaç ḳażāsı ve göle mücāvir ḳurāsıda malaryalıdır. Buralarda ṣıtmanıñ tersiyana ve ḳuvartana şekilleri mevcūddır. Mevsim-i ṣayfda ṣıtma bir şiddet-i mütezāyide ile ḥükmini icrā eder, başlıca ṣıtmalı ḳurā şunlardır: Belceğiz, Ayas, Yürüge, Tilkiler, Çavaldır, Çeltik, Armudlı, ᶜIrāḳköpri, Afşar, Gelendüs, Köke, Yeñice ḳaryeleridir.

Yalvaç ḳażāsı ve bi'l-h̬āṣṣa Eğridir göli aḳsāmında Ḫaviran göline mücāvir ḳurāda malarya fażlaca tah̬rībāt yapmaḳdadır. Bu ḳażādaki malaryalı ḳaryeler Genc ᶜAlī, Gökceli, Aḳcaşār, [44] Heyvekli, Ṭarṭar, Ḳaşı ḳara, Eyyübler, Ḳūrā Ṣarsa, Çetince Ṭoḳmacıḳ, Yaġcılar, Ḫaviran ḳaryeleridir.

Uluborlu ḳażāsınıñ saṭḥ-i baḥrdan irtifāᶜınıñ fażlalıġı ḥasebiyle merkez ḳażāda baṭaḳlıḳlarıñ ᶜadem-i mevcūdīyeti ve aḥvāl-i havāʾīye-i maḥallīyeniñ ve rūzġārlarıñ teʾs̱īrāt-i maḥṣūṣesi ṭolayısıyla malarya mevcūd değilsede Ḫaviran göline mücāvir ḳurāda fażlaca malaryaya teṣādüf edilmekdedir.

(B) - Romatizma: Merkez-i livānıñ saṭḥ-i baḥrdan fevḳü'l-ʿāde mürtefiʿ bulınması ve büyük, küçük gölleriñ mevcūdīyetiyle berāber eks̱er ḳaṣaba ve ḳurāsınıñ ṣulaḳ bulınmasından ʿaynı zamānda ṭarz-i ḥayāt ile ṭarz-i maʿīşet ve mesākin ve mebānīniñ ṭarz-i miʿmārīsi ve ḳaṣabanıñ vażʿīyet-i ṭopoġrafisi romatizm tevlīdine sebeb olmaḳdadır. Bi'l-ḫāṣṣa merkez-i livānıñ Ṭoros şuʿabātından olan Ṭavras eteklerine ḳarīb maḥallātı fażla ṣulaḳ oldıġı gibi arāżī daḫi ḳumsal olması, mesākiniñ ṭarz-i inşālarına bināʾen ruṭūbetli bulınması romatizmanıñ ḥuṣūlına bādī olmaḳdadır. Romatizma genclerde bile görüldiği gibi romatizmadan mütevellid taġyīrāt ve sūʾ-i şekl-i mefāsile mübtelā bir çoḳ kimselere teṣādüf olınmışdır. İḫtilāṭāt-i ḳalbīyesi daḫi meşhūd olmaḳdadır. Ahālī bu sebeble İyodür ve İyodlı müstaḥżarātı kendi kendilerine istiʿmāl etmek iʿtiyādındadırlar. Kes̱īretü'l-mefāṣil şekliyle müzmin şekilleri daḫi kes̱retlidir.

Uluborlu ḳażāsıyla Eğridir, Yalvaç, Ḳaraaġaç ḳażālarında daḫi ʿaynı ḥāl mevcūddır.

(C) - Verem: Merkez-i livā āb ve havāsı iʿtibārıyla fena değildir. Veremiñ ancaḳ şekl-i riʾevīsi ṣoñ zamānlarda meşhūd olmaḳda isede eşkāl-i sāʾiresi hemān yoḳ gibidir. Ḳurāda ʿavāmm ḳısmında sefālet-i fīsyolojīye ḥasebiyle verem görülmekdedir. Edvānıñ eşkāli noḳṭaʾ-i naẓarından yüzde nisbet edilecek olursa yüzde iki tedren-i riʾe yüzde bir nisbetinde tedren-i imʿā, yüzde yarım nisbetinde tedren-i ʿaẓām ve lupus şekillerine teṣādüf olunmaḳdadır. Eşḳāl-i sāʾiresi hemān yoḳ gibidir.

(D) - Frengī: Emrāż-i ictimāʿīyemiziñ eñ mühimm ḳısmını teşkīl eden frengī muḳaddeman [45] beyne'l-ʿavāmm hemān ġayr-i maʿlūm ve maḥsūs iken 328 senesi Balḳan ḥarbini müteʿāḳib terḫīṣ olınan efrād-i ʿaskerīyeniñ memleketlerine ʿavdetlerinde tek tük dāʾü'l-efrenc muṣābını sernemā-yi ẓuhūr olmuşdır. Dāʾü'l-efrenc ile ḫurḳatu'l-bölük taʿammüm ve intişārı ʿaynı tārīḫde müṣādif oldıġı taḥḳīḳ edilmişdir. Bi'l-āḫare ʿumūmī seferberlik es̱nāsında menātıḳ-i muḫtelifeye tevzīʿ ve intişār ederek meʾẕūnīyet, esbāb-i ṣıḥḥīye ve ṣuver-i sāʾire ile memleketlerine muvāṣalatlarında ilcāʾāt-i ḥarbīye dolayısıyla o ṣırada fuḥşīyātıñ pek fażla olması dāʾü'l-efrenciñ esbāb-i intişārında ʿāmil-i mühimm olmış ve bir çoḳ memleketler arasında dāʾü'l-efrenciñ ṭarīḳ-i sirāyeti ber vech-i şürūḥ vuḳūʿ bulmışdır. Buña ḳarşı vaḳtiyle ittiḫāẕ olınan tedābīr-i taḥaffuẓīye ġayr-i kāfī ve ḫayālī bir şekilde aḫīren neşr edilen frengīniñ taḥdīd-i sirāyeti ḥaḳḳındaki ḳānūnıñ taṭbīḳāt-i fiʿilīyesi sāyesinde netāyic-i müs̱bete istiḥṣāl olunagelmekde bulınmışdır. Şehirlerden ziyāde köylerde daḫa fażla teṣādüf olınmaḳdadır. Başlıca esbābıda frengīye bir uyuz āzmāsı naẓarıyla baḳaraḳ ʿaṭf-i ehemmīyet etmemesi ve gerek ḫidmet-i ʿaskerīyede gerek ḳaryesinde bulındıġı ṣıralarda fāḫişeleriñ ṭabaḳaʾ-i süflīyesi ile bilā ictināb temāsda bulınması, şehirlerde barınamayan bir ḳısım ālüfteleriñ gizli gizli köylere giderek fuḥşīyāt icrā eylemeleri bütün gencleri tesmīm eylemiş ve köylüniñ tedāvīye havāleʾ-i semmʿ-i iʿtibār etmiyerek efrād-i ʿāʾilesine sirāyet etdirdiği her gün meşhūdımız olmaḳda bulınmışdır. Daʾü'l-efrenciñ seyr-i edvārı noḳṭaʾ-i naẓarından emrāż-i ḫāricīyesinden bir müddet ġāʾib olması köy mutaṭabbībleri içün bir muvaffaḳīyet teşkīl etmekdedir. İzdivāc muᶜāyeneleri ḳısmen taḥdīd-i dāʾireʾ-i sirāyete medār olmaḳda isede bundan müntezir olan fevāʾid-i ḥaḳīḳīyeʾ-i ᶜamalīye maṭlūb vecihle istiḥṣāl olınamamaḳdadır. Çūnki mutaᶜaṣṣıb ḳısım ḳadınları muᶜāyene etdirmekden ictināb etmekdedirler. Bu ḫuṣūṣda köylilerimiz daha medennīdir, uzaḳ mesāfelerden ḳadınlarını, ḳızlarını muᶜāyeneye bilā ictināb getiriyorlar. Merākız-i ṣıḥḥīyeniñ ḳurb ve cıvārında bulınan şehir sekeneleri ḳadını muᶜāyene etdirmemek içün esbāb ve vesāʾil-i muḫtelifeye mürācaᶜat etmekdedirler. Şöyle ki: baᶜżıları soḳaḳda teṣādüf etdikleri erkek ve ḳadını izdivāc muᶜāyenesine tābiᶜ zevc ve zevce maḳāmına iḳāme etmek ṣūretiyle eṭṭibā-yi resmīyeyi iġfāl etmekdedir. Bināʾen ᶜaleyh izdivāc muᶜāyenelerinde zevc ve zevceniñ evvel emirde ṣūret-i [46] ḳaṭᶜīye ve resmīyede teşḫīṣinden ṣoñra muᶜāyeneʾ-i ṭıbbīyeye tābiᶜ ṭutılmaları selāmet-i maṣlahat ve ḥıfẓu'ṣ-ṣıḥḥaʾ-i ᶜumūmīye ve ḫuṣūṣīye noḳṭaʾ-i naẓarından min kulli'l-vücūh kemāl-i cedīd ve ḳaṭᶜīyet ile taᶜḳīb ve taṭbīḳi icāb eden bir uṣūl ve ḳāᶜide ittiḫāẕı şāyān-i temennīdir. Frengīniñ birinci devri ile devr-i s̱ānī iᶜrāżı eşkāli görinürsede devr-i s̱āliṡe nādiren teṣādüf olınmaḳdadır. Devr-i s̱āliṡ iᶜrāżından iltihāb-i ḳarḫīʾ-i efrencīler ile ṣumūġ-i efrencīyeye livāda daha fażla tesādüf olmaḳdadır. Ṣumūġ-i efrencīye eṭrāf-i bedende meşhūd olmaḳdadır. Ḳarḥaʾ-i ākilelere ara ṣıra teṣādüf edilmekdedir. Bizde şanḳreʾ-i efrencīyeye ġaliḳe ve ḫaşfeden mā ᶜadā hemān teṣādüf edilmamiş gibidir. Ḳubbeʾ-i ḥenkeḥe ile ḫançerede devr-i s̱āliṡ, dīğerlerinden fażla olub (tabetik) bir iki şaḫısdan mā ᶜadā (paralizi jeneral) vesāʾir emrāż-i ᶜaṣabeʾ-i efrencīyeye hemān hīç teṣādüf olınmamaḳdadır.

Eğridir, Yalvaç, Ḳaraaġaç ve Uluborlu mülḥaḳāt ḳażālarındada ᶜaynı iᶜrāżı iẓhār eden frengīliler her ay istatistiḳlere derc edilmekdedir. Eğridiriñ Selköşe nāmındaki ḳaryesi serāpā frengī muṣābīni ile mālīdir. Bunlarıñ aᶜżā-yi muḫtelifesinde ḳarḥaʾ-i ākileʾ-i efrencīye ile żumūr-i efrencīyeye daha fażla teṣādüf edildiğine ve yapılan tedḳīḳāta naẓaran esnān-i ᶜaskerīye dāḫilinde bulınan bir ḳaç genciñ vaḳtiyle Ḳasṭamonıda vaẓīfeʾ-i ᶜaskerīyelerini baᶜdu'l-īfā ᶜavdetlerinde ḳaryeʾ-i mezḳūreyi bi'l-vāsıṭa telḳīḥāt-i ᶜumūmīyeye maᶜrūż bıraḳdıḳları añlaşılmaḳdadır. Bu Selköşe ḳaryesi ahālīsiniñ frengīli oldıḳları cıvār ḳarye ahālīsi ṭarafından bilindiğinden bu ḳaryeden ḳız alub vermemeği ḳarārlaşdırmışlardır. Bu köy ḳızlarını kendi ḳaryeleri erkekleri ile izdivāc etdirdiklerinden frengī aralarında taᶜmīm etmemişdir.

S̱ānīyen İstanbul, İzmir gibi merākiz-i medīne ile münāsebetdār olan ḳurā ve ḳaṣabāt ahālīsinde daʾü'l-efrenc muṣābīniñ ᶜadedi şāyān-i ḳayd ve tezkār bir dereceye resīde olmaḳdadır.

Eğridiriñ Pavlu nāḥiyesi ahālīsi ᶜalā'l-eks̱er Dersaᶜādetde sütcilik ile iştiġāl eyledikleri nāḥiyeʾ-i mezḳūre ahālīsi berā-yi ṣıla Dersaᶜādetden ᶜavdetlerinde muṣāb oldıḳları bu ḳabīl emrāż-i zührevīyeyi hemşehrīlerine telḳiḫ ve intiḳāl etdiriyorlar. ᶜAynı zamānda berā-yi ticāret [47] İzmir ve maḥall-i sāʾire ile münāsebet ve ᶜalāḳası mevcūd olan bir ḳısım ḳurā ahālīside şuhūr ve ḳaṣabāt-i mezḳūrede mübtelā oldıḳları daʾü'l-efrenciñ sirāyet ve intişārında ᶜāmil-i mühimm ve esāsīyi teşkīl etmekdedirler. Binā᾽en ᶜaleyh emrāż-i zührevīyeniñ ve bitaḫṣīṣ frengīniñ vesā᾽iṭ-i intişārīyesi meyānında ahālī᾽-i maḥallīyeniñ ticāret ve ṣuver ve esbāb-i muḫtelife᾽-i sā᾽ire ile merākiz-i medenīyeye icrā-yi seyāḥat ve iḫtiyār-i iḳāmet ile fāḥişe ṣunūfınıñ aḳsām-i süflīyesiyle temāsından mütevellid emrāż-i zührevīyelerini masḳaṭ-i rā᾽slarına ḥīn-i muᶜāvedetlerinde hemşehrīleri ile te᾽sīs-i münāsebet eylemeleri keyfīyeti bir mevḳiᶜ-i mühimm işġāl eylemekdedir.

Dīdān-i emᶜā - Sebze baġçeleriniñ evden eve geçen ṣularla isḳā edilmesi ve ṣalaṭa marul gibi sebzeleriñ ekṣerīyetle yıḳanmadan akl edilmesi sebebiyle dīdān-i emᶜā görülmekdedir.

Tenya - Seneniñ hemān sekiz ayında ḳış icrā-yı ḥüküm etmesi sebebiyle ḳoyun eti bulınamamaḳda oldıġından ḫalḳ dana ve ṣıġır etlerinden ṣucuḳ, paṣdırma yaparaḳ eyyām-i şitāda et yerine ḳullanmaḳdadırlar. Bu ṣucuḳlarıñ dana ve ṣıġır etlerinden iᶜmāl edilmesi ve ekṣerīyetle pişirilmeden ṣoġuḳ olaraḳ akl edilmesi sebebiyle tenya ḥāṣıl olmaḳdadır.

Ġuatr - Bu ekṣerīyetle menbaᶜ ṣularından maḥrūm ve dā᾽imā ḳar ṣularıyla idāre etmek mecbūrīyetinde ḳalan daġ köylerindeki ḫalḳda görülmekdedir.

Cihāz-i teneffüsī - Ḥalḳ ḥıfẓu's-ṣıḥḥa ḳavāᶜidine tamāmıyla riᶜāyet edemamakda ve bunıñ lüzūmını ḥiss edemamakda bulındıġından iklīm iᶜtibārīyla ṣoġuḳ olan livāda iḫtiḳān-i ri᾽eler, bronşitler ve iḫtilāṭātı olaraḳ pnömoniler görülmekdedir.

Miᶜde ve emᶜā - Miᶜde ve emᶜā ḫastalıḳlarından müştekī olanlar mıḳdārı pek keṣīrdir.

Emrāż-i ᶜaḳlīye ve ᶜaṣabīye - Isparṭa ḳaṣabasında teṣādüf edilen ᶜaḳlī ve ᶜaṣabī ḫastalıḳlar pek muḫtelifdir. Bunlardan bir ḳısmı tevaḳḳuf-i neşv-ü-nemāya merbūṭ eblehīyet olub dīğerleri basīṭ ᶜath-i şubbānīler, paranoyabīler ve eşkāl-i muḫtelifede cinnet-mania-yi inḫiṭāṭīyeler görülmekdedir. Ruḥī tereddīniñ eşkāl-i muḫtelifesi derecāt-i muḫtelifede ve pek keṣretlidir.

Frengīden mütevellid ᶜāṣabī ve ᶜaḳlī ḫastalıḳlar görülmekde isede faṣl-i maḫṣūṣında ẕikr edildiği vecihle felc-i ᶜumūmī᾽-i müteraḳḳī, yābis görülmamakdadır.

[48] Tevaḳḳuf-i neşv-ü-nemā esbābından olmaḳ üzere ġudde᾽-i dereḳīye taġyirāt-i ifrāzīyesini ittihām eylemek lāzımdır. Çūnki buña merbūṭ (ḳreten)leriñ mıḳdārıda çoḳdır.

327 senesi ḳolerası: Ṣalġınlar ḥaḳḳında maᶜlūmāt-i mühmele.

Ḳaraaġaç ḳażāsında üçyüzyiğirmiyedi senesinde ḳolera ṣalġını olmış isede gerek taḫrībātı ve gerek müddet-i devāmı ḥaḳḳında bir ḳayda teṣādüf edilemamişdir. Fazla taḫrībāt yapdığı mervīdir. ʿAynı sene dāḫilinde Eğridir ve Uluborlu ḳażālarında ḳolera ṣalğını olmış isede muṣāb ve vefiyāt ʿadedi mechūldır. Ahālīden alınan maʿlūmāta naẓaran fażla taḫrībāt yapıldığı añlaşılmaḳdadır. 326 senesi Teşrīn-i s̱ānī ẓarfında Yalvac ḳolerası vuḳūʿa gelmiş ve 12 Teşrīn-i s̱ānī 326 ve 24 Teşrīn-i s̱ānī 326 tārīḫine ḳadar imtidād etdiği ve on muṣāb ve onaltı vefāt vuḳūʿ buldığı ve sebebde seneʾ-i mez̠kūrede Rumelide manövreden ʿavdet eden Yalvac redīf ṭaburınıñ Aḳşehire muvā-ṣalatlarında efrāddan biri vefāt etmiş, fetḥ-i meyyit yapılaraḳ yapılan muʿāyeneʾ-i baḳteryolojide ḳolera oldığı taḥaḳḳuḳ etmişdir. Bu efrād memleketlerine ḥareketlerinde ḳolera vuḳūʿātı ẓuhūr etmişdir. Yalvac ḳolerasına ʿāʾid ḳayda teṣādüf edilmamış isede bu vuḳūʿātıñ Ḳaraaġaç, Uluborlu, Eğridir ḳażālarına sirāyet etdiği muḥtemeldir.

Çiçek: Üçyüzotuzaltı Teşrīn-i s̱ānī ibtidāsında Ḳaraaġaçda Yaḳaemīr ḳaryesinde çiçek ḫastalığı baş göstermiş ve burada sirāyet ederek ṣalğın şeklini almışdır. Aḥvāl-i ḥarbīye dolayısıyla ḳażā-yi mez̠kūrda ol ṣırada ṭabīb bulınmaması ve vuḳūʿāt-i marażīyeniñde iḫbār edilmemesi işbu çiçek ṣalğınınıñ daha evvel başladığı ve bi'l-āḫare ṭabīb vurūdiyle taḥaḳḳuḳ etdiği añlaşılmaḳdadır. Mez̠kūr ṣalğın Şubāt evāsıṭında tamāmen iṭfā edilmiş ve bu müddet ẓarfında üçyüzotuzbeş senesi dāḫil oldığı ḥālde beşyüzi mütecāviz muṣāb ve yüzyetmiş ḳadar vefiyāt vuḳūʿ bulmışdır. ʿAynı tārīḫde Yalvaç ve Uluborluda münferid ṣūretde birḳaç çiçek veḳāyiʿi taḥaddüs̱ etmiş isede onaltı muṣāb, dört beş ʿaded vefiyātla iṭfā edilmişdir. Maḥall-i ẓuhūrı iʿtibārıyla ʿaşāʾiriñ Ḳaraaġaç ve Yalvac ṭarīḳiyle mevāsime göre geşt-ü-güẕār etmeleri ve yaylalarda muvaḳḳat iskān etmeleri ḥasebiyle telḳīḥāt-i [49] ciddīye yapılamamaḳda oldığından bu ṣūretle ḫastalığı sirāyet ve naḳl etdirdikleri añlaşılmaḳdadır. Ḥarb-i ʿumūmīde Yalvaç ve Ḳaraaġaç ḳażālarında bir iki lekeli ḥummā ve ḥummā-yi rāciʿe veḳāyiʿine teṣādüf edilmiş isede münferid ḳalmışdır.

Lekeli ḥummā: 239 senesiniñ Eylūl ibtidāsında mınṭıḳaʾ-i ḥarbden uzaḳlaşan ahālīʾ-i ḫiristyānīye Eğridir ḳażāsında tekās̱üf ederek esāsen ufaḳ olan ḳaṣabanıñ mevḳiʿ-i ṭopoġrafyası iʿtibārıyla ḥāl-i işbāʿa gelmiş ve izdiḥāmdan mütevellid 37 Mārt ibtidāsında muhācirīn-i mez̠kūre arasında lekeli ḥummā ẓuhūr etmişdir.

İlk vaḳʿa ḳaṣaba medḫalında bulınan medresede iskān edilenler meyānında bir erkek ve bir ḳadında görülmişdir. Bunı müteʿāḳib Eğridir ḳaṣabasına on daḳīḳa mesāfede Nis aṭasında ḫastalıḳ baş göstermiş ve aṭadaki izdiḥām ve sefālet-i fisyolojīye ṭolayısıyla bir iki vuḳūʿāt ẓuhūr etmekle mez̠kūr aṭa ḳordon altına alınmışdır. Yüz ḳadar ḫāneden ʿibāret olan aṭada muhācirīniñ mevcūdīyeti istilāʾī bir şekil aldırmış ve bi'n-netīce ḫastalıḳ üç ay ḳadar tedrīcī ṣūretde devām ederek yetmiş ḳadar muṣāb ve yiğirmi otuz arasında vefiyāt vuḳūʿa gelmişdir. Eğridirdeki lekeli ḥummā hemān ufaḳ bir sāḥayı işġāl ederek Nis aṭasına münḥaṣır ḳalmışdır.

Bu müddet ẓarfında Eğridir ḳaṣabasında ancaḳ üç vuḳūʿāt görilmiş ve işbu vuḳūʿāt-i marażīye muhācirīn-i ḫiristiyānīyeye münḫaṣır ḳalaraḳ tecrīd edilmiş ve ahālīye sirāyet ve intişār etmediği gibi ḳażānıñ köylerinede sirāyet etmemişdir.
Eğridir lekeli ḥummāsında laboratuvar muʿāyenesi icrā edilmamiş isede ḫastalığıñ serīriyāt noḳṭa'-i naẓarından lekeleriñ eşkāl-i ḫuṣūṣīyesi, seyr ve müddet-i maraż iʿtibārıyla lekeli ḥummā oldığı taḥaḳḳuḳ etmişdir. Ehemmīyetli bir iḫtilāṭāt-i marażīye görilemamiş yalñız lekeli ḥummā geçiren üç şaḫıṣ devr-i neḳāhatda iḫtilāṭāt-i ḳalbīyeden ve iki şaḫıṣ iḫtilāṭ-i ri'evīyeden vefāt etmişlerdir. Bir iki muvaḳḳat nevresīlerden başḳa iḫtilāṭāt-i ʿaṣabīye ve dimāġīyesi müşāhede edilmemişdir.

[50] Difteri: Bu sene yalñız Yalvaçda bir vaḳʿa ẓuhūr etmiş olub münşā'-i maraż ḥaḳḳında icrā edilen tedḳīḳātında köyli bir çobanda ẓuhūr etdiği ve çobanıñ ḫastalığı nereden aldığı tebyīn etmemişdir. Ḳuyūdātda difteriye ʿā'id bir ḳayda teṣādüf edilemediği gibi icrā edilen taḥḳīḳātlada livāda difteri ṣalġını oldığına dā'ir bir maʿlūmāt elde edilemamişdir.

BERICHT C
S. [1]

برنجی قسم

حدود ، طول ، عرض درجه‌لری ، مساحهٔ سطحیه‌سی

شمالاً سیوه‌رك ولایتی و فرات نهریله تفریق اولنان ملاطیه ولایتی ، شرقاً سیوه‌رك ولایتی ودیرزور منطقه‌سی ، جنوباً دیرزور منطقه‌سی . غرباً غازی‌عینتاب وملاطیه‌ولایتی ایله تحدید ایدیلن اورفه ولایتی تقریباً آلتی بیك آلتی یوز اون سکز کیلو متره ویدی‌یوز اللی متره مربعی [٦٥١٨,٧٥٠] بر مساحه‌دن عبارت اولوب ٩-١٠ نجی طول دائره‌لریله اوتوز آلتنجی و اوتوز یدنجی عرض دائره‌لری آراسنده واقع وسطح بحردن ٥٦١ متره ارتفاعنده‌در .

طاغلر

ولایتك شمال ، شرق وشمال غربی قسمی طاغلق ایسه‌ده ذکره شایان بللی باشلی شرق حدودینه قریب وشمالدن‌جنوبه دوغری ممتد و اولدقجه واسع‌برساحه‌یی اشغال ایدن [تك‌تك] طاغلری و شمال قسمنده [صوسزلق] طاغلری موجوددر . ولایتك یایلاق منطقه‌سنی اشبو داغلر تشکیل ایدرلر . اشبو داغلردن بشقه [نمرود] داغلری دخی مرکز ولایتدن بدأ ایده‌رك یکرمی بش کیلو متره جنوبه قادار امتداد ایتدکدن‌صکره غربه متوجه اوله‌رق نهایت بولور . خریطه‌ده موقعلری کوسترلمشدر .

نهرلر ، کوللر ، باطاقلقلر ، سازلقلر ، مرزغی مناطق

اوفق دره‌لردن صرف‌نظر ایدلدیکی تقدیرده ولایتك شمالندن مختلف‌دره‌لرك اجتماعندن تحصل ایدن دوکر نام دیکرله جولاب چایی وینه سروج منطقه‌سنده مختلف دره‌جکلرك اجتماعندن تحصل ایدن سروج چایی ومنبعی نزیب جوارندن اخذ ایدوب فرات نهرینه دوکیلن نزیب‌چایی وغازی عینتاب منطقه‌سندن داخل‌حدود اولوب نزیبك غربندن بالمرور جنوب حدودندن خروج ایدن صاجور چایی ایله ولایتك شمال غربی حدودینی بالتشکیل ولایتك ثلث غربیسندن مرور ایدن فرات نهری باشلیجه چای و نهرلرینی تشکیل ایدر . فرات نهرندن ماعدا دیکر چای ودره‌لر سیروسفره مساعداولمایوب آنجق دکیرمنلر وجوار تارلالرك اسقاسی کبی خصوصاتده نافع اوله‌بیلور . فرات نهری یازین وسطی یوز سکسان

Bericht C

Türkiye Cumhūrīyeti
Ṣıḥḥīye ve Muʿāvenet-i İctimāʿīye Vekāleti

neşrīyātından

Türkiyeniñ Ṣıḥḥīʾ-i İctimāʿī Coğrafyası

Urfa Vilāyeti

Ṣıḥḥīye ve Muʿāvenet-i İctimāʿīye Müdīri
Doktor Şefīḳ ʿĀrif

İstanbul

Kāğıdcılıḳ ve Maṭbaʿacılıḳ Anonim Şirketi

1925 – 1341

[1] **Birinci ḳısım**

Ḥudūd, ṭūl, ʿarż dereceleri, mesāḥaʾ-i saṭḥīyesi
Şimālan Siverek vilāyeti ve Fırat nehriyle tefrīk olınan Malatya vilāyeti, şarkan Siverek vilāyeti ve Deyr-i Zūr mınṭıḳası, cenūban Deyr-i Zūr mınṭıḳası, ġarban Ġāzī ʿAyıntāb ve Malaṭya vilāyeti ile taḥdīd edilen Urfa vilāyeti taḳrīben altıbiñaltıyüzonsekiz kilometre ve yediyüzelli metre murabbaʿı [6518,750] bir mesāḥadan ʿibāret olub 9 - 10ıncı ṭūl dāʾireleriyle otuzaltıncı ve otuzyedinci ʿarż dāʾireleri arasında vāḳiʿ ve saṭḥ-i baḥrdan 561 metre irtifāʿındadır.

Ṭaġlar
Vilāyetiñ şimāl, şarḳ ve şimāl-i ġarbī ḳısmı ṭaġlık isede ẕikre şāyān belli başlı şarḳ ḥudūdına ḳarīb ve şimāldan cenūba doġrı mümtedd ve oldıḳca vāsiʿ bir sāḥayı işġāl eden [Tektek] ṭaġları ve şimāl ḳısmında [Ṣusızlıḳ] ṭaġları mevcūddır. Vilāyetiñ yaylaḳ mınṭıḳasını işbu daġlar teşkīl ederler. İşbu daġlardan başḳa [Nemrūd] daġları daḫi merkez-i vilāyetden bedʾ ederek yiġirmibeş kilometre cenūba ḳadar imtidād etdikden ṣoñra ġarba müteveccih olaraḳ nihāyet bulur. Ḫariṭada mevḳiʿleri gösterilmişdir.

Nehirler, göller, baṭaḳlıḳlar, sazlıḳlar, merzaġī manāṭıḳ
Ufaḳ derelerden ṣarf-i naẓar edildiġi taḳdīrde vilāyetiñ şimālinden muḫtelif dereleriñ ictimāʿından taḥaṣṣul eden Döker nām-i dīġerle Cevelāb çayı ve yine Suruc mınṭıḳasında muḫtelif dereciklerïñ ictimāʿından taḥaṣṣul eden Suruc çayı ve menbaʿını Nizib civārından aḫẕ edüb Fırat nehrine dökilen Nizib çayı ve Ġāżī ʿAyıntāb mınṭıḳasından dāḫil-i ḥudūd olub Nizibiñ ġarbından bi'l-mürūr cenūb ḥudūdından ḫurūc eden Ṣacur çayı ile vilāyetiñ şimāl-i ġarbī ḥudūdını bi't-teşkīl vilāyetiñ s̱üls̱-i ġarbīsinden mürūr eden Fırat nehri başlıca çay ve nehirlerini teşkīl eder. Fırat nehrinden māʿadā dīġer çay ve dereler seyr-ü-sefere müsāʾid olmayub ancaḳ deġirmenler ve civār tarlalarıñ isḳāsı gibi ḫuṣūṣātda nāfiʿ olabiliyor. Fırat nehri yazın vusṭā yüzseksan [2] metre ʿarżında ve sekiz buçuḳ metre ʿumkında bulınursada ḳışın bi'l-ḫāṣṣa ilk bahāra doġrı gerek ʿarż ve gerek ʿumḳı tezāyüd ederek ʿarżan dörtyüzyiġirmi ve ʿumḳan daḫi onbeş metre ḳadar kesb-i vüsʿat eder. Fırat nehri seyr-ü-sefere ṣoñ derece müsāʾiddir. Ḥālen daḫi altı düz küçük bir yelken gemisi cesāmetinde gemiler seyr-ü-sefer etmekdedir. Seneniñ her mevsiminde ve nehriñ her maḥallinde bilā ʿārıża ḳayıḳlar, kelek taʿbīr etdikleri ṭulumlarıñ şişirilüb baġlanması ile bir nevʿi vāsıṭaʾ-i naḳlīye vaẓīfesini īfā eden ṣallar ve duba ṭarzında iʿmāl olınan dīġer bir nevʿi ṣallar ile naḳlīyāt yapılmaḳadır. Nehriñ mecrāsınıñ müteʿaddid maḥallerinde küçük bir ṭaḳım ḳum aṭacıḳları mevcūddır. Bu aṭacıḳlar izāle edilir ve mecrā daḫi taṭhīr edilirse bu nehirden naḳlīyāt ṣūretiyle aʿẓamī istifāde etmek mümkindir. Fırat nehrinden ṣoñra vüsʿat ve mesāfece ikinci derecede Ṣacur çayı gelir. Bu çay seyr-ü-sefere hiç bir mevsimde müsāʿid deġildir. Yalñız ṣuyıñ cereyānına terk edilen kütükler maḥall-i maṭlūba götürülebilir. Çayıñ mecrāsınıñ her iki ṭarafında bulınan ḳaryeler aʿẓamī istifāde ederler.

Değirmenleriniñ tedvīrinde, tarlalarınıñ isḳāsında ve bi'l-ḫāṣṣa pirinç zerᶜīyātı ḫuṣūṣında Ṣacur çayı ṣoñ derece müsāᶜid bulındığından köylileriñ bu ḫuṣūṣdaki işlerine nāfiᶜ olmaḳda isede maᶜa'l-esef gerek bu çay ve gerek dīğer Cevelāb ve Nizib ve Suruc çayları merzaġī manāṭıḳıñ müvellididir. Vilāyet dāḫilindeki merzaġī manāṭıḳıñ ḫariṭada mevḳiᶜleri işāret edilmiş ve bu mıntıḳaların taḥt-i teʾs̱īrinde ḳalan köyleriñ esāmīside cedvel-i maḫṣūṣında irāʾe ḳılınmışdır. Mevḳiᶜ iᶜtibārıyla merzaġī manāṭıḳı dört ḳısma tefrīḳ etmek īcāb eder. Birinci Urfa mıntıḳasıdır. Eñ ziyāde merzaġī olan ḳısım Fırat nehrine ḳarīb olan ḥavālī ile Türkmen deresi civārı ve Cevelāb çayınıñ mürūr etdiği mıntıḳadır. İkinci Ṣaran ḳażāsı mıntıḳası yine Cevelāb çayı ile bu çaya dökilen müteᶜaddid dereleriñ geçdiği manāṭıḳdır. Üçinci Suruc mıntıḳası Suruç çayınıñ mürūr etdiği manāṭıḳdır. Dördinci Birecik mıntıḳası olub Nizib, Ṣacur çayları ve Fırat nehriniñ geçdiği manāṭıḳdır. Vilāyetiñ dörtde ikibuçuġı ovadır. Bu ova daḫi sevīyeʾ-i ᶜumūmīyesinden dūn bir ṭaḳım münḫaṭṭ ve çuḳur arāżīyi iḥtivā etmekdedir. Yaġmur ṣularınıñ ve gerekse civārından geçen ve ber vech-i bālā ᶜarż olınan çay, nehir ve dere ṣularınıñ taḥt-i teʾs̱īrinde ḳalaraḳ bir ṭaḳım sazlıḳlar, gölcikler ve baṭaḳlıḳlar taḥaṣṣul eden işbu münḫaṭṭ ve çuḳur arāżīde bulınan ḳaryeleriñ bir çoġı merzaġīyetiñ taḥt-i teʾs̱īrinde bulınmaḳdadır. Ḫalḳ kendi ṣıḥḥatlarını iḫlāl eden bu merẓaġī meḫārīḳden çeltik taᶜbīr etdikleri pirinç tarlası yapmaḳ ṣūretiyle istifāde etdikleri gibi gölciklerden daḫi [3] davarlarınıñ ṣulatdırılmasını teʾmīn ederler. Bu meḫārīḳiñ ḳurudılması ḥaḳḳındaki bir mülāḥaẓayı bile derḥāl iᶜtirāżāt ile ḳarşılamışlardır. Ẕikre şāyān büyük baṭaḳlık, büyük sazlıḳ ve göl vilāyet mıntıḳasında mevcūd değildir.

Teşekkülāt-i jeolojīye

Teşekkülātı zamān-i s̱ānīye ᶜāʾiddir. Terkībātı tebāşīr, kil ve ḳumdan ᶜibāretdir. Maᶜādin mevcūd değildir. Meḫārīḳ-i volḳanīyeye teṣādüf olınmadığı gibi ās̱ārı daḫi yoḳdır. Arāżī baᶜżı münferid ve küçük tepeler münḫaṭṭ ve çuḳur aḳsāmı muḥtevī olmaḳ üzere dörtde iki buçuġı ova ve mütebāḳī ḳısmı daġlar ve dalġalı arāżīdir. Daġlar şimāl ve şimāl-i ġarbī ve şarḳī ḳısmındadır. Ovalar baᶜż-i maḥallerde geniş ve baᶜż-i maḥallerde dar bulındığından ṣıḥḥat üzerinde teʾs̱īrātı bulınan dereceʾ-i yübūset ve ruṭūbet daḫi işbu teşekkülāt-i arażīyeye göre teḫālüf etmekdedir. Arāżīniñ suṭūḥ-i māʾilesi eks̱erīyetle cenūba müteveccih bulındığından teşemmüs tehlikesi daḫi bu nisbetde fażladır. Vilāyet mıntıḳasında ormanlar mefḳūd oldığından havāsı aġırdır.

Maᶜādin

Vilāyet mıntıḳasında maᶜādin-i mekşūfe yoḳdır.

Ormanlar

Vilāyetiñ şāyān-i ḳayd ve tezkār ormanları mevcūd değildir.

Miyāh-i maᶜdenīye ve ḳaplıcalar

Harrān ḳaṣabasınıñ cenūb ḥudūdında ḫaṭṭa ḳarīb baᶜż-i maḥallerde kükürtli ve ḥadīdli miyāh-i maᶜdenīye mevcūd isede şāyān-i istifāde derecede değildir. Ḳaplıcalar yoḳdır.

Eşcār-i müs̱mire, bāġlar, nebātlar

İklīm her dürlü nebātıñ yetişdirilmesine müsāᵓiddir. Bāġçecilik ṣanᶜatı burada ḥāl-i ibtidāᵓīdedir. Bu ṣanᶜat ve meslek o ḳadar iᶜtıbār ve revāc bulmadığından her nevᶜi eşcār-i müs̱mire yetişdirilmesi mümkin olabildiği ḫālde mevcūd eşcār ḫüdā-yi nābitdir. Ḳaysı, elma, ayva, yabānī vişne, ceviz, şeftali, armud, portoḳal, limon, kestane, erik, nar, zeytūn, incir, fıstıḳ gibi eşcār-i müs̱mire kes̱retle mevcūddır. Bunlardan bi'l-ḫāṣṣa zeytūncilik mühimm bir mevḳiᶜ-i [4] iḳtiṣādī işġāl eder, narları meşhūrdır. Dāneleri büyük, çekirdeği küçük ve her iki veya üç dānesi bir ḳiyyeᵓ-i ᶜatīḳ gelebilecek derecede büyük ve ġāyet lez̤z̤etlidir. İḫrācātı zeytūn, zeytūn yağı, kestane, nar, erik, ceviz, elma, ve fıstıḳdır. İşbu eşcār-i müs̱mire fennī ellerde terbīye ve ıṣlāḥ edildiği taḳdīrde vilāyet içün ehemmīyetli bir menbaᶜ-i vāridāt teşkīl eder. Ve iḳtiṣādīyātı üzerinde nāfī roller görebilir. Vilāyetiñ üzüm bāġları daḫi meşhūrdır. Her ḳażā civārı hemān kāmilen bāġlar ile muḥāṭdır. Bir ṣalḳımdaki üzüm her ne ḳadar iri dāneli ve mebẕūl mıḳdārda bulınursada ḳabuḳları ḳalın ve çekirdeği mebẕūl taneni fażla ve ekşidir. İḫrācāt meyānında üzümleriñ pek o ḳadar mevḳiᶜi yoḳdır. Rakı ve şarāb gibi müskirāt iᶜmāl olınursada şāyān-i ḳayd ve teẕkār derecede değildir. Yabānī dut bāġları ḫüdā-yi nābit bir ḥālde olub ġāyet kes̱īrdir. İpekcilik taᶜammüm etdiği taḳdīrde büyük bir menbaᶜ-i s̱ervet teşkīl edebilir.

Vilāyet dāḫilinde tes̱bīt edilebilen nebātātıñ başlıcaları neclīye faṣīlesinden buğday, arpa, çavdar, pek az mıḳdārda yulaf, burçaḳ, mısır, darı ve faṣīleᵓ-i baḳlīyeden faṣulya, noḫud, mercimek, baḳla ve nebātāt-i zeytīyeden ḫaşḫāş nebātāt-i līfīyeden kenevir, pamuḳ, keten, nebātāt-i sukrīyeden ḳamış ve şeker pancarı ve sebzelerden domates, paṭlıcan, büber, ıspanaḳ, semizotı, ṣalaṭalıḳ, ḫıyar, ebe gümeci, ḳabaḳ, ṭurub, pırasa, laḥana, bamya, ḳavun, ḳarpuz, yabānī enginar, kengir taᶜbīr etdikleri deve dikeni, acur, bal ḳabağı, nane maydanoz, dereotı, nebātāt-i sāᵓirden südleğen, yılan yastığı, yabānī ḫardal, oğulotı, ḳuzı ḳulağı, aṭa çayı ve sāᵓire nebātātdan ᶜibāretdir.

Zirāᶜat

Urfa vilāyeti zirāᶜat noḳṭa-i naẓarından oldıḳca birbirinden farḳlı dört mınṭıḳaya taḳsīm olınur:

1.- Ḥarrān ovasıdır ki; vāsiᶜ, düz, ṭaşsız ve mütecānis ṭoprağı ḥāvī münbit arāżīdir.

2.- Suruç ovasıdır ki; ṭaşsız ve ġāyet münbit arāżīdir. Suruç ovasınıñ irtifāᶜı Ḥarrān ovasınıñ irtifāᶜından fażla yüksek bulundığından ġarbī rūzgārlarıñ hubūbına daha ziyāde müsāᶜid olduġı içün nisbeten ruṭūbeti fażladır. Bināᵓen ᶜaleyh bu ovadaki mezrūᶜāt [5] içün yağmursızlıḳdan ḳorḳulmaz. Ḥarrān ovası ise münḥaṭṭ bulundığından dāʾimā yābis havāyı iḥtivā etmekdedir. Bu ova iskā edildiği taḳdīrde bu vāsiʿ ve münbit arāżīden aʿẓamī istifāde teʾmīn olunabilir. Ḥarrān ovasınıñ Cevelāb ṣuyınıñ isḳā edebildiği aḳsāmından ziyāde ḳısmına zerʿīyāt yapılmamaḳda olması cidden büyük bir żayāʿdır. Vilāyetde buğday, arpa, mıṣır, darı, baḳla, noḫud, kenevir, sīsām, zerʿ edilir. Tütün zerʿīyātı pek o ḳadar revāc bulmamışdır. Vilāyetiñ tütünleri pek o ḳadar maḳbūl bir cins değildir.

Zirāʿat ibtidāʾī vesāʾiṭ ile ṭarz-i ḳadīm üzere icrā olınur. Yarıcılıḳ uṣūlı eks̱erīyetle cārīdir.

3.- Üçinci mınṭıḳa: Bozābād, Beziği, manāṭıḳdır. Bu manāṭıḳıñ ḳuvveʾ-i inbātīyeleri Ḫarrān ve Suruç mınṭıḳalarına nisbetle o ḳadar iyi değildir. Maḥalliñ mürtefiʿ ve ṭaşlıḳ ve ʿārıżalı bulunması ḥasebiyle maḥṣūlāt pek geç olaraḳ idrāk etdiği gibi Ḫarrān ve Suruç manāṭıḳında bire vusṭā onbeş maḥṣūl verdiği ḥālde Bozābād ve Beziği zirāʿat mınṭıḳalarında ancaḳ bire sekiz maḫṣūl alınabilir. Alınan maḥṣūllar Ḫarrān ve Suruç manāṭıḳından alınan maḥṣullardan daha żaʿyıfdır. Maḥṣūlāt meyānında mevādd-i ecnebīye fażla mıḳtārdadır.

4.- Dördinci mınṭıḳa Nizip ve Carābulus mınṭıḳasıdır. Bu mınṭıḳadaki buġdaylar dīğerlerinden daha az eder. Esāsen buġday ve sāʾire mezrūʿātından ziyāde bu ḥavālī ḫalḳı zeytūncilik ve bāġcılıḳ ile daha ziyāde müşteġil bulunmaḳdadır.

Vilāyet 339 senesi buġday ve arpa maḥṣūlātı yüzḳırḳ milyon kilo mıḳdārına bāliġ olmışdır.

Bozābād ve Yeziği manātıḳında ṣayfī mezrūʿātdan māʿadā bi'l-ḫāṣṣa aḳdarı fażla mıḳdārda zerʿ edilir.

İḫrācātı eks̱erīyetle Birecik Carābulus ṭarıḳiyle Sūriye ḥavālīsinedir. Ẕaḫīre piyasası dāʾimā Sūriye piyasasına tābiʿ bulunmaḳdadır.

Nizib ve Carābulus manāṭıḳında ṣayfī mezrūʿāt ile ḫalḳ o ḳadar mütevaġġıl olmazlar. Tütün ve mıṣır zerʿīyātı bu ḥavālīde daha ziyāde revāc bulmışdır.

Vilāyet tütün ḥāṣılātı: Vusṭā olaraḳ seksanbiñ kilo ḳadar yaş tütün istiḥṣāl olunur.

[6] **Ḥayvanāt-i ehlīye ve vaḥşīye**
Urfa vilāyeti eks̱er maḥalleri mezrūʿ ve mezrūʿ olmayan maḥalleri çıplaḳ ve dāʾimā aġnām raʿylarına taḫṣīṣ olınan tepelerden ʿibāret ve ormanları mevcūd olmadığından ḥayvānāt-i vaḥşīyesi hemān yoḳ gibidir. Mevcūd olanlar tavşan, tilki, çaḳal, ḳurd gibilere münḥaṣırdır. Ḥayvānāt-i ehlīye cihetinden vilāyetiñ mevḳiʿi zirāʿat cihetinden daha medḥ edilse sezādır. Ḥattā denilebilir ki bu cihetden vilāyetiñ mevḳiʿi zirāʿat cihetinden daha yüksek oldığı gibi dīğer

memālikimiziñ cümlesinede fā'iḳdir. Urfa vilāyetiniñ bi'l-ḫāṣṣa ḥayvānāt-i feresīye aġnāmı ʿumūm vāridātınıñ bir ḳısm-i mühimmini teşkīl eder. Aġnām ve bunıñ mevādd ve maḥṣūlātınıñ iḫrācātınıñ ḥāṣıl meblāġ-i senevīsi yüzbiñlerle lirayı tecāvüz etmekdedir. Ve her seneki ḥāṣılātda tezāyüd etmekdedir.

Ḥayvānāt-i feresīye: Vilāyetiñ ḥayvānāt-i feresīyesi bir ḳışım ḫāliṣü'd-dem ʿarab, ḳısm-i aʿẓamı muḫtelif nisbetde ʿarab ḳanıyla melezleşmiş Çuḳurova, Çerkes ve sā'ire gibi Anaṭolı ḳabīlesi ve bir ḳısmıda Anaṭolınıñ muḫtelif ḫāliṣ ḳabīleleridir. Bu ṣoñıncılar pek o ḳadar çoḳ olmayub ancaḳ ḳaṭırcılar ve sā'ire gibi vesā'iṭ-i naḳlīye ḫidemātını īfā edenler ellerinde bulınmaḳda olub miḳdārı pek azdır.

ʿArab ḳabīlesi vilāyetiñ eñ güzel, eñ ʿaṣabī ve çevik ḥayvānlarını teşkīl etmekde olub maʿa'l-esef on senedenberi miḳdārı pek ziyāde tenāḳuṣ eylediği gibi mevcūd olanlarda dūçār-i tereddī olaraḳ aṣālet ve leṭāfetlerini ḳısmen ġā'ib etmişlerdir. Bir zamānlar meşhūr-i cihān olan Urfa ʿarab atları bugün ne ḳadar şāyān-i esef bir mevḳiʿe düşdiklerini īżāḥ etmek insānı müte'eṡṡir eder. O derecedeki bugün beyne'l-ahālī şöhret-i şāyiʿeye mālik bir toḫumlıḳ atıñ bile ya etrāf-i ʿiẓām ve mufāṣılında bir ġayr-i ṭabīʿīlik ṣāġrı düşikliği ve irtifāʿıñ noḳṣānīyeti ve sā'ire gibi muṭlaḳā bir aṣālet ġaybūbeti naẓar-i te'eṡṡüre çarpmaḳdadır. Değil bu memleketiñ menbaʿ-i vāridātı dīğer ʿumūm vilāyetimiziñ tekṡīr ve iṣlāḥ-i ḥayvānāt menbaʿını teşkīl edecek olan bu vilāyet ʿurūḳ-i feresīyesi ʿaẓīm fedāḳārlıḳlar muḳābilinde elde mevcūd ḥārelerde iṣlāḥ ve tekeṡṡürleri pek ḳolay olan bu āṣīl ḥayvānlar iṣlāḥ edilmezse bunıñ ẓararı ʿumūm Türkiye Cumhūrīyeti vilāyātına şāmildir. Vilāyetde mevcūd ʿarab ḳabīlesi muḫtelif familyalara ayrılmışdır ki bunlarıñ başlıcası ḫamdānī, saḳlavī, evbeyānī, celfe, deli ʿuyūş, maʿarkūb, nevāk, meʿnekī, ḥaẕlī, keḥān, hediye, cinsiyān, maṭrabānīye ve sā'iredir. Bu familyalar ḳan iʿtibarıyla āṣlen yekdīğerinden farḳlı olmadığı taḥaḳḳuḳ eylemişdir. Memleketiñ eñ merāḳlı ve eñ çoḳ atdan añlayanları [7] bu familyaları yekdīğerinden tefrīḳ edemediği ve tedḳīḳāt-i fennīye ile meẕkūr familyalarıñ birbirinden tefrīḳi ḳābil değildir. ʿAṣırlarca devām eden işbu familyalarda cüz'ī veya küllī bir farḳ olması her ḥālde īcāb edersede bu gün mevcūd olan işbu familyalar aṣlen ṣāf olmadığından ve küll-i yevm ḳanları birbirine ḳarışmaḳda oldığından bālāda mevcūd olan isimler lafẓī olmaḳdan başḳa hiç bir maʿnā ifāde etmez; o ḥālde bunlarıñ ʿalā'im-i mümeyyizesini bulmaḳ içünde çalışmaḳ beyhūde olur. Bir zamān şecere uṣūlına pek ziyāde diḳḳat eden ahālī ṣoñ zamānlarda terk eylemişdir. Aḫlāḳ-i ʿumūmīyeniñ īcābātından dolayı menbaʿı ve nesli belli olmayan ḥayvānlar içün yalancı şecereler tertīb edilmişdir. Bir ḥayvānıñ ṣāf olaraḳ ḳabūl edilmesi ve toḫumlıkda istiḫdām olınabilmesi içün muṭlaḳā üç beş baṭın beyne'l-ahālī bir şöhrete mālik olmalıdır. ʿAksī taḳdīrde ne ḳadar şecere olsa ve teşekkülāt-i ḫāricīyesi ne ḳadar güzel ve muntaẓam olsa dīğer şöhretli olanlarıñ yanında ahālīce ehemmīyeti yoḳdır. Ḥayvānları yetişdirmek içün ahālīnıñ yalñız bir uṣūlı taʿḳīb etmekde oldıḳları añlaşılmışdır ki ana ve babasınıñ aṣāletine diḳḳat etmekdir. Yavru doğdıḳdan ṣoñra ne ḫuṣūṣāt-i ṣıḥḥīye, ve nede ġıdā'īyesinde muntaẓam bir uṣūl taṭbīḳ edilmemekdedir. Ancaḳ fevḳü'l-ʿāde merāḳlı olanlar ṭayıñ birinci senesinde aṣlā ṣaman vermemeleri keyfīyeti nisbeten iyi bir uṣūldır. Ḫarrān ṭaraflarında deve südi, ayran, bulurlarsa şeker gibi ġıdāda verirler. Vilāyet ahālīsi ḥayvānāt-i feresīye yetişdirmek ḫuṣūṣında şāyān-i ehemmīyet bir derecede heveslidir. Ḥattā buraya gelen me᾿mūrlar bile bu ᶜumūmī cereyāna tābiᶜ olaraḳ fırṣat bulınca muḫtelif sinnde ḥayvān besleyorlar. Ancaḳ bu heves bi'l-ḫāṣṣa ḳısraḳlar içün olub erkek ṭaylar bi'l-ḫāṣṣa Ḫarrān ṭaraflarında aṣlā maḳbūl değildir. Çoḳ defᶜa erkek ṭayları emzirmeksizin terk ederler. Bunıñ öñine geçmek üzere her ḥālde ḥükūmetiñ bir ṭay deposı te᾿sīs etmesi elzemdir.

Ḳoyun: Vilāyetin eñ mühimm ḳazancı ḳoyunlardandır. Laḥmından başḳa yüñ, deri ve sāde ve sā᾿ire gibi mevādd ve maḫṣūlāt-i ḥayvānīyesinden senevī yüzbiñlerle līra vilāyete dāḫil olmaḳdadır. Arāżīniñ ekṡer meḥalleriniñ ġayr-i mezrūᶜ olması ḥasebiyle dāḫil-i vilāyetde aġnāmıñ raᶜyı içün vāsiᶜ ṭabīᶜī merᶜā mevcūd oldıġı gibi ḳışıñda beri taᶜbīr olınan raḳḳa cihetlerine sevḳ etdiklerinden hiç bir maṣraf iḫtiyār edilmeksizin küllīyetli mıḳdārda ḳoyun beslenmekde ve evvelcede ᶜarż olındıġı vecihle şāyān-i ehemmīyet istifādeler te᾿mīn olınmaḳdadır. Vilāyetiñ Ḥaleb ve Sūriye gibi ehemmīyetli pazarları mevcūd oldıḳca her sene elde edilecek istifādeniñ artacaġında şübhe yoḳdır. [8] Nitekim zīrdeki istatistiḳ bunı göstermekdedir. Vilāyetde mevcūd aġnām iki ḳabīle olub birisi Kürd dīġeri ᶜArab nāmıyla maᶜrūfdır. Ṭonları ekṡerīyā beyāż ve alacalı olub mor, siyāh ve diğer muḫtelif ṭonlarda vardır. Kürd ḳoyunları ḳuyruḳlarınıñ iriliğiyle ᶜArabdan tefrīḳ olınur. Dīğer ḳabīleler hemān birbiriniñ ᶜaynı gibidir. Kürdler nisbeten daha iyi olub 12 - 25 kilo ḳadar et verirler ve ḳuyruḳlarıda 3 - 7 kilo ḳadardır. ᶜArab ḳoyunları 10 - 20 kilo ḳadar olub ḳuyruḳları 1 - 3 kilodır. Her ikisi arasında yüzde bir nisbetinde ḳulaḳsızları vardır. Ekṡerīsi boynuzsızdır.

Urfa vilāyetiniñ iki senelik aġnām ᶜadedini müşᶜar istatistiḳdir:

Senesi	Koyun	Keçi	Deve ᶜadedi
337	107.219	84.622	1.017
339	143.429	108.678	1.407

[9] İkinci ḳısım

İklīm
Memālik-i ḥāredendir. Yaylası nisbeten muʿtedildir. Yazı ḳışa nisbetle uzundır.

Mevāsim
Vilāyet dāḫilinde mevāsim-i arbaʿa ḥükmini icrā etmekde isede ilkbahārı az, yazı altı māhdan ʿibāret ve ṣoñbahār mevsimi daḫi iki māh ḳadar devām etdiğine naẓaran ḳış mevsimi ancaḳ iki - iki buçuḳ māh ḳadar devām eder.

Dereceʾ-i ḥarāret; vusṭā, aʿẓamī ve aṣġarī mıḳdārları
Vilāyetde dereceʾ-i ḥarāret-i nesīmīyi her gün ḳayd ve taḥavvülāt-i havāʾīyeyi tesbīt edecek ve bu gibi ḫuṣūṣātla mütevaġġil raṣadḫāne mevcūd değildir. Ṣıḥḥīye dāʾiresi mehmā emken her gün cīvalı barometreniñ işāret etdiği aʿẓamī ve aṣġarī dereceʾ-i ḥarāreti ḳayd etmekde ve mıkyās-i ruṭūbet ile dereceʾ-i yübūset ve ruṭūbet tesbīt edilmekdedir ki bir sene ẓarfında ilkbahār mevsiminde gölgede aṣġarī 17 aʿẓamī 28 ve vusṭā olaraḳ 19 mürūr etmiş ve mevsimiñ onda yedisi yaġmurlı olaraḳ geçmişdir. Yazın gölgede aṣġarī 33 aʿẓamī 44 vusṭā 38 olaraḳ ve güneşde aṣġarī 51 ve aʿẓamī 68 vusṭā 60 santiġrad ḳayd edilmiş ve mevsim ḳuraḳ ve yābis geçmişdir. Ṣoñbahār aṣġarī gölgede 24 aʿẓamī 33 vusṭā 28 olaraḳ ve güneşde aṣġarī 39 ve aʿẓamī 45 vusṭā 39 santiġrad ḳayd edilmiş ve mevsimiñ onda dördi yaġmurlı geçmişdir. Ḳışıñ ḥarāret-i nesīmī aṣġarī fevḳü'ṣ-ṣıfır 17 ve aʿẓamī taḥtu'ṣ-ṣıfır 3 ve vusṭā fevḳü'ṣ-ṣıfır 7 santiġrad ḳayd edilmiş ve mevsim rāṭib onda ṭoḳuz yaġmurlı geçmişdir.

Rūzgārlar
Mevāsim-i arbaʿada eñ ziyāde şarḳ rūzgārı yaʿnī gündoġuşı icrā-yi ḥüküm eder. Baʿżan yazın seyrek fāṣılalar ile cenūb rūzgārı <beyne'l-ʿavāmm Ṣām taʿbīr edilir> icrā-yi ḥüküm etdiği zamān ṣıḥḥat üzerinde fena teʾs̱īrler bıraḳmaḳdadır. Ḳışıñ ve ṣoñbahār mevsiminde şimāl [10] rūzgārı vezān eder. Eñ nāḳiʿ rūzgār ġarbdan vezān eden rūzgādır ki pek ender olaraḳ ẓuhūr etmekdedir. Şimāl rūzgārı maḥṣūlāt ve ḥayvānāt içün mużırr bulınmaḳdadır. Bunlardan māʿadā meltem ve mevżiʿī rūzgārlar daḫi vardır. Cenūbdan vezān eden rūzgār seyri şiddetli ve serīʿ olub ḳum toz ve sāʾireyi ḳaldırır. Gerek emrāż-i ʿaynīye ve gerekse emrāż-i riʾevīyeniñ eñ mühimm ʿāmillerinden birini teşkīl eder. Arāżī açıḳ ve dörtde ikibuçuḳ ova olması ḥasebiyle havā cereyānları şiddetli değildir. Sis hemān yoḳ gibidir.

Dereceʾ-i yübūset ve ruṭūbet
Vilāyetiñ mevāsim-i arbaʿasında dereceʾ-i yübūset ve ruṭūbet teḥālüf eder, ilkbahār rāṭib yaz ṣoñ derece yābis ṣonbahār daha az yābis ḳış tamāmen rāṭibdir. Yazın eñ ṣıcaḳ bulındığı bir zamānda dereceʾ-i yübūset 38 dereceye vāṣıl olub ḳışıñ ve ṣonbahārda mıḳyās-i ruṭūbet aʿẓamī -21 dereceyi iḥtivā etmekdedir.

Bir sene ẓarfında yaġan yaġmurlarıñ irtifāʿı
Mıḳyās-i maṭar cihāzı mevcūd olmadıġından yaġan yaġmurlar irtifāʿı ḥaḳḳında maʿlūmāta mālik değiliz. Faḳaṭ nisbet iʿtibārıyla ḳış mevsiminiñ onda ṭoḳuzı yaġmurlı ve yarımı ḳarlı olaraḳ mürūr eder. Ṣoñbahārda ve ilkbahārda daḫi sürekli yaġmur yaġar; yażıñ pek ender olaraḳ yaġan yaġmurlar ṭopraġıñ saṭḥını bile ıṣlatamıyacaḳ derecede azdır.

[11] **Üçinci ḳısım**

Vilāyetiñ taḳsīmāt-i mülkīyesi
Urfa vilāyeti, merkez ḳażāsıyla berāber Ḥarrān, Suruc, Birecik ḳażālarından ʿibāret olub merkeziñ Baziki, Kabaḫaydar, Ṣumṭarı nāḫiyeleri, Ḥarrān ḳażāsınıñ Naṣretīye, Birecik ḳażāsınıñ Nizib ve Carābulus nām nāḫiyeleri vardır. Suruc ḳażāsınıñ nāḫiyesi yoḳdır. Merkez ḳażāsınıñ maʿa nevāḫī üçyüzyiğirmiyedi, Ḥarrān ḳażāsınıñ maʿa nāḫiye yüzseksandört, Suruc ḳażāsınıñ yüzaltmışyedi, Birecik ḳażāsınıñ maʿa nevāḫī yüzotuziki ḳaryesi mevcūddır.

Urfa ḳaṣabasınıñ tārīḫi
Urfa, el-Cezīreniñ Ur yāḫūd Ur el-Kaldānīn nāmıyla maʿrūf ve āṡār-i ʿatīḳasıyla meşhūr bir şehirdir ki tevrātda [Ur el-Kaldānīn] īncīlde [Ur] nāmıyla ẕikr olınur. Urfa Īdrīs ʿaleyhi's-selāmıñ binā eylediği şehirlerden birisi olduġı ve ṭūfāndan ṣoñra ḥāl-i ṭabīʿīsini muḥāfaẓa etdiği ve Nemrūdıñ ikiyüz sene bir müdetle maḳarr-i ḥükūmet ittiḫāẕ eylediği kutub-i tārīḫīyede mervīdir. Tārīḫlerde nebī'-i müşārün ileyhiñ iḳāmet buyurdıḳları ẕikr olınan [Kuṣa] nām ḳarye bu gün Urfada bir maḥalle ḥālinde mevcūddır. Kuṣadan ġalaṭ olaraḳ Kuṣīler ve ʿavāmm-i ḫalḳca Kutīler nāmı verilmekdedir.

Tārīḫiñ maʿmūr buldıġı bu memleket Hīttīnlerden ṣoñra Bābil ḥükūmetiniñ merākiz-i mühimmesinden birisini teşkīl etmiş, Bābil ḥükümdārlarından ṣoñıncısı olan [Baltazar]ıñ maġlūbīyetiyle Bābil ḥükūmeti münkariż olmuş, bütün el-Cezīre ile berāber Urfa daḫi Keyḫusreviñ eline geçerek İran memleketine ilḥāḳ olınmışdır. Ḳablu'l-hicra 902 tārīḫinde Makedonya ḳralı Büyük İskender ile vuḳūʿ bulan muḥārebede Dara ordusınıñ inhizāmı üzerine Urfa İskender ṭarafından żabṭ olınmış ve İskenderiñ fütūḥātından ṣoñra Makedonyalılar Urfaya [Usi] ismini vermişlerdir. Bi'l-āḫare āb ve letāfetiñ Makedonyada bulınan dīğer bir ḳaṣabaya müşabehetinden nāşī [Ḳali Zo'a] nāmını almış ve ʿArablar daḫi Ḳali Zo'a kelimesiniñ yalnız Zo'asını aḫẕ ederek rev'an ve mürūr-i zamānla [Rūhā] tesmiye etmişlerdir. Baʿdü'l-islām Urfa ḥavālīsine hicret eden Türkler daḫi Rūhā [12] kelimesiniñ evveline ḳadīm ismi olan ve īncīlde muḥarrer olan Ur kelimesinide ʿilāve ederek Urha demişler ve bi'l-āḫare Urhadan ġalaṭ olaraḳ Urfa olmışdır. İskenderiñ vefātından ṣoñra Urfa İskenderiñ ḳumandanlarından Selefküsiñ te'sīs etdiği Sūriye devleti idāresine geçmiş ve bu devletiñ bir müddet ṣoñra dūçār-i żaʿf olmasıyla Romalılar ṭarafından żabṭ olınmışdır. Mīlāddan iki ʿaṣır muḳaddem Roma imparatorı nāmına Urfada te'sīs-i ḥükūmet eden [Alḳayirler] beş ʿaṣra ḳarīb bir müddet Urfada icrā-yi ḥükūmet etmişlerdir. Alḳayir ʿā'ilesinden ḳraliçe [Sāz] Urfanıñ tārīḫī ḳalʿesinde el-ān mevcūd bulınan ṣanʿatkārāne iki sütūn inşā etdirmişdir. Baʿdü'l-islām ḫulefā devrinde Sūriye fātiḥi Abūʿ Abīde ṭarafından el-Cezīreniñ fethine me'mūr edilen [ʿAyyāż ibn Ġanam] Urfayı memālik-i islāmīyeye idḫāl etmişdir.

Ḫulefā-yi ʿAbbāsīyeden ṣoñra 455 senesinde Devlet-i Selçukīyeye tābiʿ ḳalmışdır. Fransız düklerinden [Gofsuvali]*(?)*niñ ḳumandasında şarḳa hücūm eden birinci ehl-i ṣalīb ṭarafından 492 tārīḫinde Urfa istīlā olınaraḳ prenslikle idare olınmış ve Ḳudüs ḳrallıġına rabṭ ve ilḥāḳ olınmış isede Sultan Maḥmūd ibn Muḥammed bin Melikşāhıñ ümerāsından iken Muṣulda Atabeğ devletini teʾsīs eden ʿAmāʾu'd-dīn Zengī ibn Aḳṣunġur ehl-i ṣalīb ile vuḳūʿ bulan bir muḥārebede ġālib gelerek hicretiñ 539 senesi Cemāẕīyü'l-āḫiriniñ yiğirmibeşinci Cumʿaertesi güni Urfada bulınan prens Jüstiniñ elinden ḳurtarmış ve ḳalʿeyi taʿmīr etdirmişdir ki ḥālā ḳalʿeniñ üzerinde mumā ileyhiñ ismi maḥkūkdır. Bi'l-āḫare 578 tārıḫinde Mıṣırda Devlet-i Eyyūbīyeyi teʾsīs eden Ṣalāḥu'd-dīn Eyyūbī nāmına Urfada ḥālā bir medrese mevcūddır. Esāsen ḳadīm bir Türk memleketi iken ḳurūn-i ḳadīmde bir çoḳ milletleriñ istilāsına maʿrūż ḳalan Urfa sekenesi münḳariż olmış ve baʿdü'l-islām Urfa ḥavālīsine hicret eden Türkler ṭarafından işġāl olınmaḳla yeñiden bir Türk memleketi olaraḳ ḳalmışdır. Bu ḥavālīye hicret eden Türklerden Aḳḳoyunlı ve Ḳaraḳoyunlı derebeğleride Urfada uzun müddet icrā-yi ḥükūmet etmişlerdir. İlkbahārda yaġmur ve dere seylleriniñ şehri istilā etmesinden vekāyesi içün ḥafr edilen bir dere ḥālā mevcūd olub Ḳaraḳoyunlı deresi nāmını muḥāfaẓa etmekdedir. Ve yine Aḳḳoyunlı derebeğlerinden Ḥasan pādişāh nāmına inşā edilmiş Ḥasan paşa cāmiʿi Sulṭān Fātiḥiñ ḫaṣımı bulınan Uzun Ḥasan eṣeridir.

Urfada 3500 dükkān ve maġaza, 17 ḫān, bir debāġḫāne, 25 fırın, 10 çeşme ve sebīl ve 13 ḥamam vardır.

[13] **Āṣār-i ʿatīḳası**

Urfa ḳaṣabasına iki sāʿat mesāfede ḫalḳca Nemrūd ṭaġı tesmiye olınan Deyr-i Yaʿḳūb nām ṭaġda bir ḳule ḫarābesi mevcūddır. Ḥażret-i Yaʿḳūbıñ iḳāmet etdiği mervīdir. Kaldānīler ṭarafından inşā olınan Keyḫusrev İskender-i kebīr ʿAmādu'd-dīn Zengī bin Aḳṣunġur ṭaraflarından bir çoḳ taʿmīrāta uġrayan ḳaṣabaya ḥākim münferid bir tepede Nemrūd ḳalʿesi nāmıyla yād olınan bir ḳalʿe mevcūddır. Bu ḳalʿe üzerinde beş ʿaṣra ḳarīb Urfada icrā-yi ḥükūmet eden Alḳarlar ʿāʾilesinden ḳraliçe [Ṣālmāt*] ṭarafından ṭaşdan iki sütūn inşā edilmişdir. Sütūnlar ḳāʿidesinde el-yevm bir kitābe mevcūddır. Ḫalḳ bu sütūnlara māncınīḳ nāmını vermekde ve ḥażret-i İbrāhīmi ateşe atmaḳ içün Nemrūd ṭarafından yapdırıldığı ve māncınīḳ olaraḳ ḳullanıldığı rivāyet edilmekdedir. Ḳalʿe dibinde Azar oğlı ḥażret-i İbrāhīmiñ ḳademnihāde-i ʿālem oldıġı bir maġāra mevcūddır. Beyne'l-ḫalḳ Mevlūd Ḫalīl nāmıyla yād olınur. Bu maġāranıñ yanında bulınan dīğer bir magārada daḫi ḥażret-i İbrāhīmiñ vālidesi [Sāra]nıñ iḳāmetgāhı imiş. Maʿa mā fih maġārada mevcūd nuḳūş ve tezyīnāt Yunan-i ḳadīm medenīyetini göstermekdedir. Ḥükūmet-i Eyyūbīyeniñ maḳām-i İbrāhīmde inşā etdirdiği cāmiʿ-i şerīf ve minàre el-ān mevcūddır. Ḳalʿeniñ irtifāʿı ḳaṣabadan cebhede altmış - yetmiş metrodır. Sütūnlar arasında üçbuçuḳ metre fāṣıla mevcūddır. Ḳalʿe vusṭā on metre derinliğinde bir ḫendeḳ ile muḥāṭdır. Ḳalʿe derūnı moloz ile doludır. Ḥafriyāt yapılır ise āṣār-i ʿatīkaya

----

* Ḳral Mānūnıñ ḳızıdır, ḥażret-i ʿĪsā zamānında ḥükümrān ḳrallardandır

teṣādüf olınması muḫtemeldir. Ḳalᶜede birinci sütūnıñ [İstrangel] yazısınıñ altında ᶜarabī bir kitābe mevcūddır ki ᶜaded hesābıyla 308 tārīḫi çıḳıyor. Şehir bir sūr ile muḥāṭdır. [Ṣāmṣād, Ḥarrān, Beg, S̱āḳıb, Saray, Yeñi] nāmlarıyla altı ḳapusı vardır.

Ḥarrān ḫarābeleri: Urfaya altı sāᶜat mesāfede olub eṭrafı sūr ile muḥāṭdır. Urfa ḳaṣabasından cesīm bir ḫarābedir. Ḳaldānīlere ᶜāʾiddir. Ḳalᶜesi üç metre makᶜabında büyük ve yekpāre ṭaşlar ile yapılmışdır. Derūnında ṭoksandört metre irtifāᶜında bir ḳalᶜesi ve ayrıca bir maᶜbedi vardır. Muntaẓam bir ḥafriyāt icrā edilirse mühim ās̱āra teṣādüf edileceği ṭabīᶜīdir. Ḥarb-i ᶜumūmīde Almanlar netīcesi maᶜlūm olmayan ḥafriyāt icrā etmişler; rivāyet edildiğine naẓaran mozayiḳ heykeller bulmış ve götürmişlerdir. Elde edilebilen āvānī ve vazolarıñ nuḳūş ve tezyīnātı Roma ās̱ārı oldığını göstermekdedir.

[14] Tektek ṭağlarında bir çoḳ ās̱ār ve mebānīʾ-i ᶜatīḳaya ve cesīm kervānsarāyları iḫtivā eden şaᶜīb ḫarābeleri vardır. İşbu ḫarābeden başḳa dīğer bir çoḳ ḫarābelere daḫi teṣādüf olınmaḳdadır. Bunların Romalılara ᶜāʾid oldığı muḫtemeldir. Ḥarrānda ᶜAynu'l-ᶜurūs nām mevḳiᶜde birçoḳ ḫarābeler mevcūddır. Ḥarrān merkez ḳażāsına bir sāᶜat mesāfede Ṭaşbaş mevḳiᶜinde bir şehir ḫarābesi görülmekdedir.

Suruc ḳażāsında Ziyāret, Yaslımezār, Ḳara ḳaryelerinde ās̱ār-i ᶜatīḳaya teṣādüf olınmaḳdadır. Arslantaş ḳaryesinde [ḫaṭṭıñ cenūbındadır] iki sütūn vardır ki hangi devre ᶜāʾid oldığı taḥḳīḳ edilememişdir.

[Bild von Birecik]

Birecik ḳażāsı

Urfa vilāyetine tābiᶜ ve merkez-i vilāyetiñ ṭoḳsan kilometre ġarbında ve onsekiz sāᶜat mesāfededir. Fırat nehri ḳıyısında inşā edilmiş bir ḳalᶜeniñ civārında oldıḳça laṭīf bir ḳaṣabadır. İḳlīmi sıcaḳdır. Merkez-i ḳaṣaba 3000 ḫāne olub onbirbiñ kusūr nüfūsı vardır. Mebānīsi bir veya iki ḳatlı, yumuşaḳ kirecli ṭaşdan iᶜmāl edilir. Soḳaḳları ve cāddeleri [15] Fırata meyillidir. Soḳaḳları dar ve iᶜvicāclıdır. Melik İnṭāhar ṭarafından yapılmış yedi ḳatdan ᶜibāret cesīm bir ḳaᶜlesi vardır. Ḳadīm Romalılarca [Zaᶜmā] nāmıyla yād olınmaḳda idi. Baᶜż-i tārīḫlerde Biʾre ve Biʾretü'l-Fırat nāmı daḫi verilmekdedir. İmām Yūsuf sakākīniñ merḳadı ḳalᶜe derūnındadır. Yavuz Sulṭān Selīm zamānında miᶜmār ᶜÖmer ṭarafından taᶜmīr edilmişdir. Bu gün ḫarābe ḥālindedir. Şehriñ eṭrāfında bir sūr mevcūddır. Mülūk-i Çerākiseden [Kaytay] ṭarafından inşā edildiği ḳapusı üzerindeki kitābeden añlaşılmaḳdadır. Merkez-i ḳażāda onṭoḳuz cāmiᶜ-i şerīf, bir medrese, yedi tekke, üç kilisa mevcūdır. Cevāmiᶜden Cāmiᶜ-i kebīr 902 tārīḫinde sulṭān Ġūrī ṭarafından inşā edilmişdir. Abū Maḥmūd ṭarafından 926da Maḥmūd paşa, 962de Surūblı 1168de es-Seyyid Maḥmūd ṭarafından inşā olınan çarşı cāmiᶜleri ẕikre şāyāndır. Ḳaṣabanıñ ġarbında şeyḫ Cemālü'd-dīn bin Şacāᶜ, şeyḫ Saᶜdü'd-dīni'l-Cebbāvī, şeyḫ Ṣānīyü'l-Ḫorasānī, şeyḫ Ḥasan el-Turanī merḳadları mevcūddır ki ziyāretgāhdır. Merkez-i ḳaṣabada 500 dükkān, 9 ḫān, 4 ḥamam, 20 değirmen, yüzi mütecāviz bāġçe, beşyüzi mütecāviz bāġ vardır. 250.000 dönüm mezrūᶜ arāżī 80.000 biñ dönüm ġayr-i mezrūᶜ arāżī vardır.

Birecik ḳażāsında ḳısm-i maḫṣūṣında tafṣılātı verilen bir ḳalᶜesi Carābulus ve Belkis şehirleri ḫarābeleri mevcūddır. Belkis ḫarābelerinde köyliler ṭarafından icrā edilen ḥafriyātla vazolar, Romalılara ᶜāʾid sikkeler ve kitābeli ṭaşlar bulınmışdır. Ḥafriyāt ciddī bir ṣūretde yapılırsa ḳıymetdār āṣāra teṣādüf olınacaġı ṭabīᶜīdir. Keẕā Carābulus ḫarābesi ḳıymetdār āṣār ile dolı oldığı Almanlar ṭarafından bir müddet Ḳaṣīre ṭarafında ḥafriyāt yapılub çıḳan ḳıymetdār āṣār ile ṣābitdir. Belkis ḫarābesinden çıḳan meskūkātdan birisi üzerinde bu ᶜibāre yazılıdır:

CAMO
NHTPO

Dīğer bir ṭaş üzerinde ātīdeki yazılar görülmüşdir:

ADMPTTIAI
MAPKIAAAYD
EXAIPE

[16,17] Hiyeroglif yazılardan bir nümūne:

(Zwei Seiten Hieroglyph-Zeichen)

[18] **Suruc ḳażāsı**
Tārīḫī hiçbir ḳıymeti yoḳdır. Maḫrūṭī ḳubbelerden ᶜibāret bir köydir. Burada bir cāmiᶜ, bir mescid, bir tekke, 59 dükkān, dört ḫān vardır. Ḥamam yoḳdır.

Nizib
Pek eski bir ḳaṣabadır. Urfa ḳaṣabası gibi bir çoḳ istilālara ve muḥārebelere ṣaḥne olmışdır. Romalılar ile Sāssānīler arasında 304 mīlādī tārīḫinde bu mevḳiᶜde büyük bir ḥarb olduġı tārīḫen mervīdir. Müluk-i Sāssānīyāndan Şābūrşānī ile Roma imparaṭorı ikinci Ḳostans arasında vāḳiᶜ olan muḥārebesiyle meşhūrdır. Carābulus ve Belkis ḫarābeleri bu ḳaṣabanıñ yaḳınındadır. Ḥāfıẓ paşa ordusıyla Mıṣırlı İbrāhīm paşa arasındaki meşhūr ḥarb daḫi burada vuḳūᶜa gelmişdir. Romalılardan ḳalma ikibiñ senelik olduġı mervī bulınan bir kilisası vardır. Hiç bir kitābesi yoḳ isede āṣār-i miᶜmārīsi Romalılara ᶜāʾiddir.

Nüfūs-i ᶜumūmīyesi, sekenesi, millīyeti
Nüfūs-i ᶜumūmīyesi 128.364 olub bunlardan merkez-i vilāyetiñ maᶜa nevāḥī ve ḳurā 87.576, Suruc ḳażasınıñ 20.324, Birecik ḳażāsınıñ 29.464 nüfūsdır. Ḥarrān

ḳażāsınıñ taḥrīr-i nüfūsı henūz icrā edilmediğinden bu ḳażā nüfūsı daḫi ʿilāve edilirse yüzellibiñ nüfūsı tecāvüz edeceği muḥaḳḳaḳdır. Teṡbīt olınan nüfūs ḥaḳīḳī olmayub mektūm nüfūsda pek çoḳdır. Nüfūs-i mektūme daḫi çıḳarıldığı taḳdīrde nüfūs-i ʿumūmīyesi ikiyüzbiñi tecāvüz edebilir. Nüfūsıñ yüzde 61,8ini Türkler teşkīl ederler. Ekṡerīyet-i ʿaẓīmesi Türkdir. Sekenesi Türk, Kürd, ʿArab, Yahūdī, Süryānī ve Ermeniden ʿibāretdir. Tanẓīm ḳılınan cedveliñ münderecātından daḫi müstebān olacağı vecih üzere yüzde ṭoḳsansekizbuçuḳ müslim ve yüzde birbuçuḳ ġayr-i müslim mevcūddır. Ḥāl-i ḥāżır nüfūsıñ taṣnīfi iʿtibarıyla müslim ʿanāṣırıñ daḫi ekṡeryetini Türkler teşkīl eder. Kürd nāmı verilen ʿunṣur yüzde 22,3, ʿArablar yüzde 14,4, yahūdīler yüzde 0,6, Süryānīler ve Ermeniler yüzde 0,9 ḳadar bulınmaḳdadır. Bu ḥavālīde bulınan Türkler Urfa vilāyetiniñ eñ ḳadīm sukkānıdır. Urfa ḥavālīsinde uzun müddet icrā-yi ḥükūmet etmişlerdir. Muhāceret-i ʿumumīye-i ḳadīm devrinde İran ve Kafkas ṭarafıyla ġarba doġrı ṭaşub gelen aḳvām meyānında Hititler, Sümer Akātlar Urfa ḥavālīsine gelerek ḳaṣabayı teʾsīs ve bir ḥükūmet teşkīl etmişlerdir. Uzun müddet ḥükümrān olan bu ḥükūmet Bābil, Ninova, Mıṣır ve Yunan-i[19] ḳadīm mücādelātı arasında siyāsı ve ʿaskerī bir merkez-i ṡiklet olaraḳ ḳalmış olan Hitit ve Sümer Aḳāt ḥükūmeti eñ nihāyet Bābīller ṭarafından istilā olınaraḳ ḥākimīyet-i siyāsīyesine nihāyet verilmiş isede bi'l-āḫare muḫtelif edvār ve zamānlarda ḥākimīyetlerini istirdād ve icrā-yi ḥükūmet etmişlerdir. Baʿdü'l-islām İrandan Türkistandan Urfa ḥavālīsine aḳım eden muhāceret cereyānları meyānında İranīler ve anı müteʿāḳıb Selçuḳ Türkleri, Ḳaraḳoyunlı ve Aḳḳoyunlı Türkleri Urfa ḥavālīsine yerleşmişler ve izler bıraḳmışlardır. Ṣoñ Türk muhāceret ḳāfilesini teşkīl eden Ḳayıḫan ḳabīleside Ḳafḳas, Aḫlāṭ, Diyārbakır ṭarīḳiyle Urfa ḥavālīsine gelmişler ve bu ḥavālīde senelerce dolaşdıḳdan ṣoñra ḳabīlesiniñ bir ḳısmı ġarba ve cenūba müteveccihen ḥareket etdikleri ḥālde dīğer bir ḳısmı ki el-ān Keçeli nām-i dīğerle Ḳarakeçili ismiyle yād olınan büyük bir ʿaşīretdir. Urfa ḥavālīsinde ḳalmışdır. Bu ʿaşīretden māʿadā Devkerli, Bahādırlı ʿaşīretleri daḫi Ḳayıḫanlara mensūb Türklerdir. Urfa ḥavālīsine gelüb yerleşen Türklerle berāber Tatarlar daḫi vardır ki el-ān [Bezemekden] Bezīkī ʿaşīreti nāmıyla yād olınurlar. Timurlenk ordusına mensūb Davaçoġlı laḳabıyla mevsūm Berāzī ʿaşīreti daḫi Türklerdendir.

[Bild]
Bir ʿaşīret çadırı ve ḥayātı

[20] **ʿAşāʾir**

Vilāyet dāḫilinde Türk ve ʿArab olmaḳ üzere iki ḳısım ʿaşāʾir mevcūddır. Türk ʿaşīretleriniñ bir ḳısmı lisān, ʿādet ve ʿanʿanelerini tamāmen muḥāfaẓa etdikleri ḥālde dīğer bir ḳısmı ʿArab, Türk ve İran medenīyetleriniñ teʾṡīri altında ḳalaraḳ lisānlarını, ʿādetlerini, ʿanʿanelerini ve millīyetini ġāʾib edüb ḥaḳīḳatde tārīḫen ve aṣlen Türk oldıḳları ḥālde Kürd nāmını almışlardır. ʿArab ʿaşīretleri Urfa mıntıḳasınıñ şarḳ ve cenūb cihetlerinde meskūndır. Türk ve Kürd ʿaşāʾiri ise şarḳ ve ġarb cihetlerinde mütemekkindir.

ᶜArab ᶜaşāʾiri

ᶜArab ᶜaşāʾiri ve bunlara mensūb ḳabāʾil ber vech-i zīrdir:
Ḥarrān ḳażāsında mütemekkin [Münīf, Abū Cerāre, Davūd] kabilelerinden müteşekkil Bin Muḥammed ᶜaşīreti
" " " [Bin ᶜAcīl, Nevāfile, Abū Cundī, Belenzīn] kabīlelerinden müteşekkil Cemīle ᶜaşireti
" " " [Nevāce, Maṣāṣale, Seyāle] kabāʾilinden müteşekkil Seyāle ᶜaşīreti
" " " [Bin Zeyd, Tamāc, ᶜĪsāde] kabāʾilinden müteşekkil Bin Yūsuf ᶜaşīreti.
Bunlarıñ ᶜumūmına [Kīs] ᶜaşīreti nāmı verilür. Bunlardan māᶜadā seyyār bir ḥālde bulınan ve büyük bir ᶜaşīret olan ᶜAnza ᶜaşīreti daḫi vardır.

Türk ᶜaşāʾiri

Urfa merkez ḳażāsında bulınan: Bāzīkī ᶜaşīreti, Bahādırlı ᶜaşīreti, Devkerli ᶜaşīreti. Ḳabāʾil yoḳdır.

Suruc ḳażāsında Üçoğlı nām-i dīğerle Berrāzī ᶜaşīreti mevcūd olub işbu ᶜaşīret [Dinar, Bicānlar, Şedāde Saḫbānlar, Mudanlı, ᶜAlīdenili, Ketkanlı, Ḫalṭanlı, Didanlı] ḳabīlelerinden mürekkebdir. Aṣlen Türk olub lisān ve ᶜādātını ġāʾib etmiş Kürd ᶜaşāʾiri olaraḳ [Mersāvī, Ḫarṭāvī, Şencānlı] ᶜaşāʾiri vardır. Bundan māᶜadā Ḳayıḫan ḳabīlesine mensūb Süleymān şāh ile berāber gelen ve aṣlen Türk olub ᶜarablaşmış Türkmen ᶜaşīreti daḫi mevcūddır ki yüz ḫāneden ᶜibāretdir.

Ṭarz-i telebbüs

Urfa ahālīsiniñ ṭarz-i telebbüsi yeknasaḳ değildir. Ḳaṣabalılarıñ ve köylileriñ ṭarz-i telebbüsi ayrı ayrı oldığı gibi ḳaṣabalılar daḫi yeknasaḳ bir ṣūretde telebbüs etmezler. ᶜAtīḳ ve ḳadīm Türk ṭarz-i telebbüsi ḥālen eks̱erīyetle ḥākimdir.

[21] Kaṣabalılarıñ ṭarz-i telebbüsi meʾmūrīn, eşrāf ve ᶜamele olmaḳ üzere üç ṣınıfa taḳsīm olınur. Meʾmūrīn çaket, panṭalon, fes, boṭ iskarpin, eşrāf ḳısmı meʾmūrīn mis̱illu telebbüs etmeği ḳabūl etdiği ḥālde ḳısmen daḫi caket, boğazından ve omuzından ilikli ṭūlānī çubuḳlı yerli ḳumaşdan veyāḫūd Ḥaleb veya Bağdādıñ ṣadaḳorından maᶜmūl entārī, şal, bele ipek ḳuşaḳ, entārī üzerinde ḳıṣa bir caket, başa fes, ᶜikāl ve kefiye iksā ederler. ᶜAmele ḳısmı yerli bezden entārī, ᶜabā ve doḳuma ḳuşaḳ keẕā ᶜikāl ve kefiye ve ḳışın daḫi ḳoyun derisinden kürkler, ḳalın meşlaḥ ve ḳırmızī çarıḳ iskā ederler. Ḳaṣabalı ḳadınlar Diyarbaḳır ḳumaşından maᶜmūl, belden büzküli çarşaf daḫlan ipekden veya pamuḳdan maᶜmūl üç etekli entārī, altun ġāzīlerle müzmin başlıḳ taᶜbīr olınan ḳıṣa fes her iki ṭarafda başdan ṭopuḳlara ḳadar uzun ve ḥamāyilī taᶜbīr etdikleri altun ṣaçaḳ ḳullanır ve iksā ederler. Köylileriñ ṭarz-i telebbüsi ḳaṣaba ᶜamelesiniñ ṭarz-i telebbüsine ḳarībdir. Eks̱erīyetle yerli beyāż bezden maᶜmūl uzun bir gömlek ve don ve ᶜādī ḳuşaḳ ᶜikāl ve kefiyedir. Ḳadınlar ṣaçlarınıñ uclarını ince yüñden örüb nihāyetlerine altun, çocuḳlarında alınları ḥiẕāsında bulınan ṣaçlarını örüb ucına altun ṭaḳarlar.

Ṭarz-i maᶜīşet
Ahālī ᶜumūmīyetle refāh ve saᶜādetden maḫrūmdır. S̱ervet pek maḥdūd, eşḫāṣ ve eşrāf yedinde bulındığından köyli ṣoñ derece faḳīrdir. Köyliniñ mesleği yoḳdır. Köyli heyᵓet-i ᶜumūmīyesiyle eşrāf ve aġnīyānıñ bā ṭapu mālıdır. Eşrāfdan eñ faḳīriniñ üç köyi vardır. Otuz ḳırḳ köye ṣāḥib ve köyiñ bütün vāridātını aḫẕ-u-ḳabż eden aġnīyā mevcūddır. Köyli, ᶜamele çalışır. Saᶜīniñ s̱emeresinden ancaḳ yaşamasını pek nokṣān olaraḳ teᵓmīn eden bir ḳısmını alabilir. Mütebāḳī ḳısmı māl ṣāḥibi olan eşrāf veya aġnīyāya ᶜāᵓiddir. Köyliniñ żarūretine çāresiz olacak zirāᶜat ḥāl-i ibtidāᵓīyede, ticāret hāl-i tevaḳḳufda, ṣanāyiᶜ esāsen mefḳūd bir ḥālde bulındığı içün faḳr-ü-żarūret, żayḳ-i maᶜīşet ḫalḳıñ ḥayātınıñ bütün müddetince refīḳidir. Bināᵓen ᶜaleyh vilāyet ahālīsiniñ ṭarz-i maᶜīşeti ᶜumūmī şekilde iki ḳısma ayrılır. Bu her iki ḳısım arasında nisbet ḳabūl etmeyecek derecede farḳ mevcūddır. Zenginler et, yumurṭa, pirinc, sebze, ṭatlı, meyve, ḫamur işleri gibi eñ nāfiᶜ ve eñ maġdā ġidālar [22] ile taᶜīş ve yazın ipek, ḳışın yüñden maᶜmūl elbiseler iksā etdikleri ḥālde zavallı ḫalḳ yaz ve ḳış yaġı alınmış ayran, bulġur ve ṣaç ekmeği ile taᶜīş eder, kendi eli ile ṭoḳudığı bezden maᶜmul entārī, don ve ḳoyun derisinden maᶜmūl kürk iksā ederler. Zengin ṣınıf müsteṣnā oldığı ḥālde ḫalḳıñ yüzde yetmişbeşi senede bir defᶜa ancaḳ et yüzi görebilir. Köyli bütün yaz meṣāᶜīsinden kendi ḥiṣṣesine ifrāz olınan ḳısmıñ pek cüzᵓī bir mıḳdārını iḥtiyācāt-i żarūrīyesine muḳābil ṣatar mütebāḳī ḳısmını gelecek maḥṣūla ḳadar iᶜāşesini teᵓmīn etmek üzere ḥıfẓ eder. Ḳaṣabalılarıñ ġıdālarından eñ mühimm ḳısmını çiğ köfte taᶜbīr etdikleri ḳıyılmış çiğ et, çiğ bulgur, ġāyet bol ḳīrmızī büber, ṣoġandan ᶜibāret bir ḫalīṭa teşkīl eder.

Ṭarz-i iştiġāl
Ḫalḳıñ yüzde ṭoḳsanı zirāᶜatla meşġūldır. Ṣoñ zamānlarda baᶜż-i küçük ṣanᶜatlar revāc bulmaḳdadır. Ezcümle ḳundıracılıḳ, terzilik, tenekecilik, semercilik, maranġozlıḳ, baḳırcılıḳ tedrīcen taᶜammüm etmekdedir. Bāġcılıḳ daḫi ḫalḳıñ iştiġālātı meyānında mühimm bir mevḳiᶜ ṭutar. Bir zamān pek revāc bulan doḳumacılıḳ ḥālen metrūk bir ḥāldedir.

Ṣanāyiᶜ
Büyük bir fabriḳa ve müᵓessesāt yoḳdır. Ḳundıracılıḳ, debāġlıḳ, baḳırcılıḳ, demircilik, şekercilik gibi küçük iş gören ṣanᶜatlar mevcūddır.

Lisān ve edebīyātı
Lisān-i ᶜumūmī Türkcedir. Zāzā, ᶜArab ve Kürd lisānı daḫi tekellüm edilir. Urfada tekellüm edilen Türkce Azerbaycan şīvesine yaḳın bir lehce ᶜarż eder. ᶜAṣırlarıñ terbiye ve tezyīn etdiği Çaġaṭay Türkcesine naẓaran azıcıḳ ḳaba görünür isede millīliği iᶜtibārīyla ḥaḳīḳī ve ana lisānına ḳarībdir. Mülāyim ve mūnis ve Türk rūḥını oḳşayan millī işᶜārı şāyān-i teẕkārdır. İran edebīyātınıñ teᵓs̱īrinde ḳalan ᶜOs̱mānlı Türkleri edibbāsından Nābī merḥūm Urfalıdır. Ġayr-i maṭbūᶜ divānçeleri pek kes̱īr bulınan Urfalı şāᶜirler mevcūddır ki bunlar arasında ḫalḳıñ tamāmıyla rūḥını, ḥissiyātını terennüm etmiş cümlelerinde ebedī birer māhiyet ḳazanmış olanları daḫi vardır. Ẕevḳ ve neşᵓeye tamāmıyla dīğer

Anaṭolı şehirlerine naẓaran Türk mūsīḳīsiniñ tekāmüli iʿtibārıyla daḫi [23] Urfa bir şöhret-i maḫṣūṣayı ḥāʾizdir. Türk mūsīḳīsi ve maḳāmātı arasında ṣırf Urfanıñ maḥṣūlı olan rehāvī maḳāmı ahenkdār, balīġ ve faṣīḥ naġamātı muḫtevīdir. Ḫavīrān tesmiye olınan ve ṣırf Urfa muḥīṭine maḫṣūṣ bulınan taġannīleride Türk rūḥınıñ bedāyiʿ ile dolu ās̱ār-i nefīseye incizābını gösterir.

Ḫalḳ şiʿirlerinden birḳaç parçası liʿalā't-taʿyīn-i ātīye derc olınmışdır:

Seḥer oldı uyan yār
baġrıma ḳan ḳoyan yār
beni berbād eylediñ eyl-i sūzīne uyan yār

başmaḳ baḫtīyārım
koklamak baḫtīyārım
yüzinde göz izi var
kim saña baḫtı (bakdı) yārım

Aḫşamıñ (aḳşam) vaḫtı (vaḳtı) geçdi
bir güzel baḫtı (baḳdı) geçdi
zülfini kemend etmiş
kökleme ṭaḫtı (ṭaḳdı) geçdi

ʿaşıḳ nāçār aġlama
gündir geçer aġlama
bu ḳapuyı ḳapayan
bir gün açar aġlama

gibi işʿār ve baġlamaları bu ḥavālī Türkleriniñ ḥissiyātına tercümān olmışdır. Ṣoñ Fransız istilāsında ṣoñ derece müʾes̱s̱ir bir ṣūretde taġannī edilen:

Fransız Urfaya ayaḳ basıyor
kendi bayraġını yüksek aṣıyor
al sancaḳ yerinde yeller esiyor
ṭaġları ṭaşları mesken etmeli

maṭlaʿı ile başlayan millī şarḳınıñda iḥtivā etdiği rūḥ ve maʿnā ancaḳ Türkleriñ hākimīyetine istiḳlālına merbūṭīyetiñ şiddetini iḥsār eder.

Maʿārif

Vilāyet merkeziniñ eks̱erīyet-i ḳāhiresi Türklerden mürekkeb olub maʿārif ve ʿirfāna ḳarşı olan temāyülleri ḳısmen uyanmışdır. Ḫalḳ istiḳbālleriniñ maʿārifle ḳurtulacaġı ʿaḳīdesinde bulınmaḳadırlar. Faḳaṭ bu meyelānlar, ḳavliyāt sāḥasından henūz kendisini tecrīd edememişdir. [24] Memlektde ḳurūn-i vusṭāʾī bir isḳolastik devri hemān ḥükmini icrā etmekdedir. O devriñ ḥayāt-i ʿirfānı gibi mekteblerde muʿallimler, tāmm ṭalebe bulamayor, ebeveyin tamāmen çocuḳlarını göndermiyorlar. Köşe ve bucaḳlarda örümcek aġı gibi pis ve zindān olan yerlerde maḥalle mekteblerine bir meyelān-i ṭabīʿi vardır. Çünki ḫalḳ gördiğini ve ḥayāt-i ictimāʿīyesine uyġun olanlarını taḳlīd eder; muḥīṭ ve cemʿīyet terbiyesi pek żaʿyıf ve noḳṣān oldıġından ḫalḳıñ saḳīm ve ibtidaʾī bir terbiye devresi henūz istiḥāle geçirememişdir. Esāsen çocuḳlarını taḥṣīl etdiren ve oḳudan, ḫalḳıñ mutavassıṭ ve fuḳarā ḳısımlarıdır. Zengin ṭabaḳanıñ bu nisbetde şevḳ ve hevesi yoḳdır.

Birecik ḳażāsı, maʿārife teşne olub istiḳbālleriniñ ʿirfānla ḳurtulacaġını muʾmīn bulınıyorlar. Ḥırs̱-i millīniñ inkişāfına büyük bir sāḥa olan meẕkūr ḳażā maʿārifi şimdiki ḥālinde taᶜālī ve teraḳḳī edemez. Çūnki maᶜārifiñ icrā ḳuvvetleri olan muᶜallim ve mürebbī ᶜadedi keyfīyetce dūndır.

Suruc ḳaẓāsı merkezi, ḳısmen Türk ve mülḥaḳātda Kürd ᶜaşīretlerinden mürekkeb olub maᶜārif ve bilgiye ḳarşı heveskārdırlar. Maᶜa'l-esef bu ilk mektebler bu günki ḥālleriyle hiç bir ḥālde cehl ḳuvvetlerine mukābelede bulunamazlar. Ḥalḳ, yarınki nesliñ mevcūdiyetini ve idāmesini ᶜilim ḳuvvet ve ḳudretinde görmekdedirler. İlk mektebleri devletleşdirmek bizim gibi [Rönesans] devrinden şimdiye ḳadar bir fikr-i intibāh alamayan bir millet içün şarṭ-i aᶜẓamdır.

H̱alḳıñ ḳısm-i küllīsi eski terbiye ve tedrīse görgüleri iḳtiżāsı olaraḳ pek fażla mütemāyildir. Fiṭreten ḥürr doġan ve ḥürr büyüyen çocuḳlar, vaḳt-i ṣebāvetde muḥīṭiñ [anormal] iᶜtiyādātına tābiᶜ olmaḳdadırlar. Ḥalḳ eski maḥalle mekteblerindeki biñ dürlü medḥ-ü-s̱enālarla yazılan ās̱ārı ve ẖurāfāt nevᶜinden olan māżīniñ maṣallarına, ᶜanᶜanevī efsānelere pek ziyāde raġbet ve muḥabbet göstermekdedirler. Maḥalle mekteblerine olan temāyül, ᶜaynı iḫtisāsātla berāber, dīnī dersleriñ papaġan şeklinde bir emr-i tabīᶜī ṣūretde [manyetizma] edilir derecesinde baṣma ḳalıb olaraḳ taᶜlīm edilmesi cihetide ᶜilāve olınur. Terbiyeniñ eñ mühimm ᶜāmili olan ve ayaḳ ve elfāẓ-i ġalīẓeniñ istiᶜmāllarından ḥuṣūl bulan cehlī bir ḳuvvetdir. Terbiye ve tedrīs uṣūllerinde <sentetik> bir metod taᶜḳīb etdiklerinden tanẓīmātdan evvelki ruḥ ve mefküre bunlarıñ her ferdinde ġālibdir.

Mekātib-i resmīyede; ᶜāṣrī ideal ve taᶜlīm ve terbiye ġāyeleri tedrīcī bir ṣūretde tekāmül ḳāᶜidesine tevfīḳan ilerilemekdedir. Bu ṭarz-i tedrīsde bir ḳudret-i taᶜlīmīyeye mālik bulınan baᶜż-i [25] muᶜallim beğleriñ muvaffaḳiyet ve çocuḳ rūḥīyātı üzerindeki faᶜālīyetleri ᶜirfān menbaᶜlarınıñ ᶜaṣrī techīzātı ḳarşusında fażlaca raġbet ve muḥabbete sevḳ edilmekdedir. H̱alḳ, henūz kendisini maᶜārif iḥtiyācı ḳarşusında tamāmen görememişdir. H̱iristyān eḳallīyetleriñ hicretinden ṣoñra ṣanᶜat ve ticāret iḥtiyācınıñ ḥaḳīḳī memleket evlādına geçdiği gibi; bütün vesāʾiṭ-i māddīye ve maᶜnevīyesiyle temāyüz eden mektebler vilāyetimiziñ her noḳṭasında açılırsa ẖalḳda bu dāʾire dāẖilinde tenevvür ve muḥabbetlerini iẓhār etmiş olacaḳlardır.

Vilāyet merkezinde iki orta mekteb, iki nümūne erkek mektebiyle üç dersẖāneli bir ẕükūr ve tāmm devreli bir ḳız ilk mektebi vardır. Merkeze mülḥaḳ muẖtelif manāṭıḳda dört köyde ilk mekteb vardır. Vilāyetiñ Birecik ḳażā merkezinde: bir nümūne erkek mektebiyle üç ṣınıflı bir ḳız mektebi mevcūddır. Ḳażāya tābiᶜ nevāḥī ve ḳurādan Nizib merkezinde bir erkek nümūne mektebiyle iki ṣınıflı bir ḳız ibtidāʾīsi bulınıyor. Beş köyde mekteb mevcūddır.

Suruc merkez ḳażāsında: tāmm devreli üç dersẖāneli bir ilk erkek mektebiyle mülḥaḳ köylerinden üç ḳurāda birer mekteb vardır. Ḥarrān ḳażāsında: muḳaddeman bir mekteb mevcuddı. Şimdiye ḳadar ḳażā merkeziniñ s̱ābit bir maḥallde bulınmaması ve muvaḳḳaten bir köy dāẖilinde merkez-i ḥükūmetiñ bulınması dolayısıyla mektebiñ devām ve faᶜᶜālīyeti mümkin olamamışdır. Ḳażā ẖalḳınıñ ekṡerīyet-i tāmmesi bedevī ᶜArabān ve ᶜaşāʾirinden ᶜibaret olub mekteb laḳırdısını fevḳü't-ṭabīᶜe bir uᶜcūbe ᶜadd etmekdedirler. ᶜUmūm vilāyet mekātibine devām eden ṭalebe mıḳdārı [1194] olub bunlardan (209)ı ḳız mütebāḳīsi erkekdir. Yüzde 10 nibetinde mekātibde oḳuyub yazmaḳla müştaġil eṭfāl mevcūddır. Şübhesiz bu, ᶜumūmī nüfūs yanında hiç ḥükmindedir.

ᶜAnᶜanāt ve ᶜādetler

Ḳaṣabalılar ile ᶜaşīretleriñ ᶜādāt ve ᶜanᶜanātı yekdīgerine pek yaḳındır. Misāfire ḥürmet, iᶜzāz ve ikrām her iki ṣınıfda cārī ve merġūb bir ᶜanᶜane olaraḳ devām eder. Eñ faḳīri misāfirini iᶜzāz ve ikrām etmek içün büyük fedākārlıḳlara ḳatlanır. Velādet, ḫitān, izdivāc, ölüm ḥādiṡeleri içün ayrı ayrı merāsim-i ḫuṣūṣī ᶜanᶜaneleri vardır. Ḥamli teḳerrüb eden ḳadın ḥamline iki māh ḳala yataġa girer, vażᶜ-i ḥaml müddetine ḳadar gezinmesi ve iş görmesi çocuġıñ bir ᶜārıżaya dūçār olması ḳaṣdiyle menᶜ edilir. Ḥaml iᶜrāżı görüldikde ebe ḫanım mevcūd değilse ebelik ile müştaġil bir veya birḳaç defᶜa eṡnā-yi velādede [26] bulınmış bir ḳadın çaġırılır. Ḥāmileye iki eli ve iki ayaġı üzerinde ḳaldırılaraḳ ġarīb bir vażᶜīyet verilir. Ve ḳadınıñ başı ucında bir ḳılınc veya ḳama ṭutılur ve bu ṭarzda çocuḳ tevlīd etdirilir. Çocuġıñ tevellüdiyle berāber ṭatlı ṣuda yıḳayub ḳundaḳlanır ve ebe ḫanım çocuġı babasınıñ ḳucaġına ḳadar götürür. Oġlan doġmuş ise fażlaca baḫşīş verilir. Bi'l-āḫare eñ yaḳın aḳrabādan bedʾ edilerek ṣıra ile çocuḳ gezdirilüb cümlesinden baḫşīş alınur. Yedi ve ḳırḳ ḥamamı ḳadınlar ṭarafından bir cemm-i ġafīr ḥālinde soḳaḳlarda ẓeylġiyet taᶜbīr etdikleri ve lüleler ile tesᶜīd edilir.

İzdivāc merāsimi

Evlenecek erkek intiḫāb etdiği ḳızıñ çadırına ve erkek aḳārībine bir heyʾet-i maḫṣūṣe gönderir. Bu heyʾet ḳızı velīsinden ve aḳāribinden ṭaleb eder. Ḳızıñ velīsi vuḳūᶜ bulan ṭalebi hiç işitmemiş gibi ses çıḳarmaz. Ṭaleb tekrār iki defᶜa teʾḳīd edilür. Ḥāżır-i meclis olanlardan birisi ḳısmet ise ne diyelim cevābıyla ḳızıñ velīsini īḳāẓ eder. Peder veya eñ yaḳın aḳāribi kendi māl ve mülklerini, dereceʾ-i refāh ve ṡervetlerini ayrı ayrı taᶜdād ve medḥ ederek dāmādıñ dereceʾ-i ṡervet ve iḳtidārını suʾāl ederler. Dāmād ṭarafı daḫi ḳız içün taḳrīr etdikleri meblaġ ve ḥallīyātıñ mıḳdārını bildirirler. Ṭarafeyn pazarlıḳda uyuşdıḳdan eñ nihāyet iki hafta ṣoñra düğün merāsimine mübāşeret olınur. Ḳıza taḳdīr edilen fiʾat eñ faḳīri içün üç beşi birbirde, bir ṭaḳım çamaşır ve elbise ile düğün meṣārifi olaraḳ onbeş ᶜaded altundır.

Güveyiniñ elbise gecesi

Ḳına gecesinden evvel erkek daᶜvetliler güveyiniñ ḫānesinde ṭoplanırlar, tābṣabāḥ icrā-yi aheng ederek güveyiye elbisesini iksā etdirirler.

Ḳına gecesi
Ḳızıñ evine da'vetliler ṭoplanır, ḳadınlar bir ṭarafda erkekler dīğer ṭarafda cem'iyeti tes'īd ederler. Ḳızıñ el ve ayaḳlarına ḳınalar ḳonur. Tābṣabāḥ icrā-yi aheng ve ẕevḳ ederler. Ṣabāḥ namāzı vaḳtından bir sā'at evvel erkekler öñde ḳadınlar arḳada ve eñ arḳada iki üç ḳadın arasında gelin kendi ḫānesinden ḳaldırılaraḳ merāsim-i maḫṣūṣe ile bir çoḳ ṣoḳaḳlar [27] dolaşdırdıḳdan ṣoñra güveyiniñ ḫānesine götürürler. [Ve çocuḳlar müttehiden zīrde ba'żıları muḥarrer olan ebyātı maḳām-i maḫṣūṣ ile taġannī ederler:

Çinili hamam	çarşıda meşe	elinde maşa
ḳabası tamam	oḳḳası beşe	ḳıyyesi tamam
bir gelin aldım	aġlayor gelin	bir gelin aldım
babası imām	şaşdım bu işe	köki paşa
ālā, ālā hey	ālā, ālā hey	ālā, ālā hey

Her bir beytiñ nihāyetinde ḳadınlar ṭarafından ẕeylġiyet ta'bīr etdikleri bu lülülerden merkeb velveleler ḳoparılır] Gelini güveyiniñ ḫānesine getirdikden ṣoñra bir oṭaya ḳapadırlar ve üzerini bir çarşaf ile örterler. Zifāf vaḳtına ḳadar gelin oṭasına hiç bir kimse girmez. Yatsı namāzından çıḳıldıḳdan ṣoñra [girve] ta'bīr etdikleri güveyiniñ öğüdicisi ve arḳadāşları dāmādı ḫānesine ḳadar teşyī' ve ba'du'd-du'ā dağılırlar. Ertesi gün dāmād girvesi, refīḳası ve da'vetlileri ile birlikde berā-yi istiḥmām ḥamama gider, düğünlerde cerīd oynamaḳ uṣūlı cārīdir.

Ḫitān merāsimi
Sünnet edilecek çocuḳ içün her şeyden evvel bir girve bulınur. Girveliği ḳabūl eden ẕāt çocuğıñ ba'żan aḳāribi ba'żan aḥbābı bulınur. Her ne ṣūretle olur ise olsun çocuğıñ elbisesi, da'vetlilerin i'zāzı et'āmı, senetciniñ baḫşīşini ve bi'l-cümle ḫitān meṣārifi girveye 'ā'iddir. Buña mukābil girvelik ḥaḳḳı übüvvet ḥaḳḳından büyük 'add edilir. Ve o çocuḳ bütün ḥayātı müddetince girveniñ hiç bir emrinden ṭışarı çıḳmaz.

Cenāze vuḳū'ında minārede ṣalāt verilür. Meyyit derḥāl ġusl olınaraḳ gece veya gündüz derḥāl cāmı'e ḳaldırılır ve defn edilir. Bi'l-āḫare akāribi, aḥibbāsı ḫāneye ta'ziyeye gelirler. Ta'ziye müddeti bir hafta devām eder. Vefāt eden şaḫıṣ mühimm ve 'aşā'ir ru'asāsından ise bi'l-'umūm 'aşā'ir at, ḳısraḳ, deve, ẕaḫīre gibi hediyeler getirirler.

Aḫlāḳ
Türk lisān ve 'ādetini tamāmıyla muḥāfaẓa edebilmiş olanlar Türk 'ırḳına ḫāṣṣ evṣāf-i ḥasene ile muttaṣıf ve Türk aḫlāḳıyla müteḫallıḳdırlar. Bu ḳısım ḫalḳ ḥuḳūḳa ri'āyetkār, ḥürrīyet-i [28] şaḫṣīye ve istiḳlāl-i ẕātīye ṭarafdār, medenīyü'ṭ-ṭabb' insānlardır. Ḳısmen 'arablaşmış ve ḳısmen kürdleşmiş olanlar ḳabīle ḥayātı ile me'lūf bulındıḳları içün ḳabīlelerini idāre eden ru'asāya köri körine merbūṭ olub bu ru'asā arasında reḳābetlere, iḥtirāṣāta her zamān içün ālet olurlar. İftirā, teżvīr, ḳatl gibi mezmūm ḥālāt 'aḳıl ve manṭıḳıñ ḳabūl edemiye-

ceği derecede bunlar arasında ʿanʿanevī bir vaṣıf ḥālinde cārīdir. ʿAdl ve ḥaḳḳı tevzīʿ ve taḳsīm eden bāb-i ḥükūmet bunlar içün bir mürācaʿatgāh teşkīl etmez. Ḥuḳūḳ-i ʿādīye, ġaṣb-ü-ġāret ve cerḥ ve ḳatl gibi vuḳūʿātı ḥall ve faṣl etmek içün kendi aralarında münteḫib ʿārif nāmı iżāfe edilen ummī ve cāhil bir şaḫṣıñ kendi ʿaḳıl ve manṭıġina göre verebileceği ḥükme mürācaʿatı tercīḥ ederler. ʿĀrif müddeʿī ve müddeʿī ʿaleyhden ḥaḳḳ-i muḥākeme olaraḳ büyük bir meblaġ veya ḳıymetli bir māl aḫẕ eder. Mes̱elā maġṣūb ve mesrūḳ māl ve eşyānıñ iʿādesi içün gerek ġāṣıbdan veya sārıḳdan ve gerekse ṣāḥibinden ḳablu'l-muḥākeme eşyā-yi mesrūḳe değeriniñ nıṣfı derecesinde bir mıḳdārı ʿārif ṭarafından aḫẕ olınur. Ḳatl vuḳūʿında maḳtūlıñ aḳrabā ve taʿliḳātına, ʿārifiñ taḳdīr edebildiği mıḳdāra ve eñ büyük ḥiṣṣe ʿārife ʿāʾid olmaḳ üzere ḳātil ve taʿliḳātı ṭarafından at, ḳısrāḳ, deve, davvar, naḳid, esliḥa gibi eşyā dīyet maḳāmında iʿṭā olınur. Maḳtūl ṭarafı daḫi bi'l-muḳābele bi'l-ʿumūm ḥuḳūḳından ṣarf-i naẓar ile baʿdemā ḳātil ve taʿliḳātı içün hiç bir ḥüsn-i ḫuṣūmet beslemiyeceklerini taʿahhüd ederler. Şāyed ḥükūmet vaḳʿadan ḫaberdār olub ve taʿḳībāt-i ḳānūnīyeye tevessül eder ise vaḳʿa ḥaḳḳında hiçbir serrişte vermezler. Fuḥş hemān yoḳ gibidir. Sevicilik ve ġulāmperestlik ḳaṣabalılarda mevcūd isede köyli ve ʿaşāʾir beyninde eñ meẕmūm ḥālātdan maʿdūddır. Müskirāt eks̱erīyetle istiʿmāl olınur.

İʿtiḳādāt-i bāṭıle

Ṣaferde iki bayram arasında ʿaḳd-i nikāḥ etmemek, tekyelerden, türbelerden ḫastalar içün şifā beklemek, üfürükcilik ve türbelere ḳuvveʾ-i ḳudsīye iżālesi gibi iʿtiḳādāt-i bāṭıle cārīdir. Ḥüsūf veya küsūf vuḳuʿında ṣilāḥ atmaḳ, ṣıtma içün pamuḳ baġlamaḳ cīnnli veya perīli oldıġı ẓann edilen maḥallere gece ḳaranlıḳda ḥelvā ve sāʾir ṭatlı bıraḳmaḳ ṣūretiyle cīnnleriñ perīleriñ teveccühüni celb etmek, yeñi doġmuş bir çocuġıñ üzerine ḳırḳını ikmāl etmemiş dīğer bir çocuġı ḥavāle gelmesun diye getirmemek, ḳuraḳ mevsimlerde yaġmur duʿāsına çıḳmaḳ, çocuḳ doġurmayanları ziyāretgāha götürüb ziyāretgāhıñ ṭopraġını ṣuya ḳoyub içirmek gibi bāṭıl iʿtiḳādāt cārīdir.

[29] Beyne'n-nās Urfada Mevlūd Ḫalīlü'r-Raḥmān nāmını verilen maġarada ḥażret-i İbrāhīmiñ beşiği oldıġı mervī bulınan ṭaş bir beşik eṣḥāb-i mürācaʿatıñ beytiniñ ḳabūl edilüb edilmiyeceği kendine kendine ṣallanmaḳ ṣūretiyle iḫbār edebileceği ḳanāʿatı mevcūddır. Ve keẕā Ḫalīlü'r-raḥmān gölindeki balıḳları ḳuvveʾ-i ḳudsīyeyi ḥāʾiz olduḳları iʿtiḳādıyla ḳaṭʿīyen ekl etmezler.

[Bild]

Nemrūd ḳalʿesi dibinde ʿAyn-i ẕenī nām göl (laḳ)

Ḫalḳıñ ṭabābete ḳarşı vażʿīyeti
Ḳaṣaba ve bi'l-ḫāṣṣa merkez-i vilāyet ahālīsi ṭabābete mütemāyil ve münhemikdir. Mülḥaḳāt ahālīsi pek mużṭar ḳalmayınca ṭabībe mürācaʿat etmezler. Ḫasta ḥālet-i nezʿ ve iḥtiżāra vāṣıl oldıḳda ṭabīb celb olınur. Oḳunmaḳ ṣūretiyle şifāyāb olınacağı ḳanāʿatı mevcūd olduġı içün evvel emirde mürācaʿatgāh üfürükçiler, bi'l-āḫare berberler ve eñ ṣoñ mensūbīn-i ṭıbbdır.

[30] Ḫasta ḳadınlarıñ [nāmaḥrem telaḳḳīyātıyla] doḳtora gösterilmesi maʿyūbātdan maʿdūddır. Ḫasta, ḳadın ise yazucı veya peder veya aḳāribi ṭarafından ḫastalıḳıñ iʿrāżı ḥaḳḳında doḳtora bir az maʿlūmāt verilür ve bu maʿlūmāt üzerine devā ṭaleb olınur. Maʿa mā fih ṣoñ senelerde ḫastalıġıñ muʿāyene edilmeden teşḫīṣ ve tedāvīsi ġayr-i ḳābil bulındıġı ḥaḳīḳatını idrāk etmişlerdir. Ṣıtma içün kininiñ, frengī içün cīva ve Neosalvarsanıñ teʾs̱īr-i şifā baḫşāsını taḳdīr etdikleri içün bu gibi ḫastalıḳlar ẓuhūrında ṭabībe eks̱erīyetle mürācaʿat ederler.

Neẓāfete riʿāyet ve ahālīniñ bünyece teşekkülātı
ʿUmūmīyetle meskenleri gayr-i ṣıḥḥī, ġıdāları nātamām, taʿīşi ġayr-i munṭaẓam, yazın bütün gün güneşiñ şiddetli ḥarāreti, ḳışın ṣoġuḳ rüzgārları ve sürekli yaġmur ṣaġnaḳları altında eñ ibtidāʾī vesāʾiṭ ile ḥayātını teʾmīn etmek içün ḥummālı faʿālīytler ile didinen, uġraşan ve çırpınan köyli yorġun refāh ve saʿādetden her dürlü esbāb-i istirāḥatdan maḥrūm olduġı ḥālde ḳavīyü'l-bünye neşv-ü-nemā-yi bedenīyeleri tāmm, mükemmel, gürbüz ve teşekkülāt-i ʿaẓmīyeleri ḳavīdir. Yalñız merzaġī manāṭıḳda meskūn olanlar esāsen ġayr-i ṣıḥḥī şerāʾiṭ teʾs̱īrindeki yaşayışlarına inżimām eden malarya ile bünyeleri ṣarṣılmış, ḳansız, cılız, mecālsiz ḥāle gereftār olmışlardır.

Ḳaṣabalılar neẓāfet ve ṭahārete riʿāyetleri kāfī derecededir. Bitli ve mülevves̱ elbiseli eşḫāṣa ender teṣādüf olınur. Köylileriñ neẓāfet ve ṭahārete riʿāyetleri hemān yoḳ gibidir. Köylerde bit pek mebẕūl mıḳdārda bulınur.

[31]Dördinci **ḳışım**

Ḫastaḫāneler, dispanserler, eczāḫāneler
Merkez-i vilāyetde idāre'-i ḫuṣūṣīyeye ʿā'id ondört ḫasta ḳoġuşlı yüz yataḳ istiʿābına müsāʿid, ayrıca eczāḫāne, idāre anbar, muʿāyene, eṭıbbā oṭaları ve ʿamelīyātḫāne, pansuman, baḳteryoloji, laboratuvar muṭbaḫ ve ḫademe dā'irelerini muḥtevī iki ḳatlı kārgīr muḥteşem bir ḫastaḫāne mevcūd isede idāre'-i ḫuṣūṣīye vāridātınıñ ʿademi kifāyesi ḥasebiyle ḥāl-i faʿālīyetde bulunmayub cihet-i ʿaskerīyeniñ taḥt-i işġālindedir. Yalñız muḥtācīnden olan ḫastalardan yüzde beş mıḳdārı ḫastaḫāneye ḳabūl ve taḥt-i tedāvīye alınmaḳdadır.

(Bild)
Urfa memleket ḫastaḫānesi

[32] **Eczāḫāneler**
Merkez-i vilāyetde vāridāt-i beledīye ile idāre olunan beledīye eczāḫānesiyle, müstaḳilen idāre olunan ḫuṣūṣī şifā eczāḫānesi olaraḳ iki eczāḫāne mevcūddır. Birecikde ve Nizibde daḫi birer beledīye eczāḫānesi vardır.

Dispanserler
340 senesinde Birecik ve Suruc ḳażālarında beşer yatakalı bir dispanser küşād edilmiş ve bu dispanserlerden Surucdaki ḥükūmet ṭabībiniñ henūz taʿyīn edilememesi ḥasebiyle muvaḳḳaten mesdūd bulınmış, Birecikdeki ise faʿālīyete başlamışdır. Dispanserleriñ te'sīs ve küşādı beyne'l-ḫalḳ ṣoñ derece hüsn-i te'ṡīr ḥāṣıl etmişdir.

Merkez-i vilāyetde ḫastaḫāneniñ mesdūd bulınması ḥasebiyle bir dispanseriñ tehvīn-i iżṭırābına medār olınacaġı ṭabʿīdir.

Mekātib
Maʿārif baḥsında vilāyet mekātibi ḥaḳḳında ʿumūmī maʿlūmāt verilmişdir. Vilāyetiñ ilk tedrīsāt mektebleriyle Urfa tedrīsāt mektebleri ve muʿallim ve muʿallime ʿadedi ṭalabe mıḳdārı ber vech-i zīr līstede gösterilmişdir.

Medāris: Tevḥīd-i tedrīsāt ḳānūnı mūcibince aḳdemce mevcūd olan ve mıḳdārı dörde bāliġ olan işbu mü'esseseler maʿārife devr edildiğinden bu ḫuṣūṣda iʿṭā-yi maʿlūmātdan ṣarf-i naẓar edilmişdir.

[33]

Mevāḳiᶜ	Orta tedrīsāt	İlk tedrisāt		Muᶜallimsizlikden mesdūd mekātib		Muᶜallim ve muᶜallimeler ᶜadedi	
		ẕu.	in.	ẕu.	in.	ẕu.	in.
Urfa merkez ḳażāsında	Urfa orta mektebi	140	0	0	0	14	0
	Urfa esām-i ḫuṭab mektebi	30	0	0	0	7	0
	Erkek vaṭan mektebi	123	0	0	0	7	0
	Erkek turan mek.	81	0	0	0	7	0
	Erkek ᶜirfānīye mektebi	40	0	0	0	3	0
	Kız mektebi	0	93	0	0	0	4
Urfaya-mülhaḳ.	" Cerīn karyesi mek. "	18	0	0	0	1	0
""	" Ḳaṣāṣ "	8	0	0	0	1	0
""	" Yaylaḳ "	30	0	0	0	1	0
""	" Hayik "	31	0	0	0	1	0
Birecik merkez ḳażāsī	Birecik merkez ḳażāsī erkek mektebi	191	0	0	0	7	0

	kız mektebi	0	84	0	0	0	3
Bireciğe mülḥ.	Ṣavriḳ ḳaryesi mek.	5	0	0	0	1	0
""	" "Elifoğlı "	10	0	0	0	1	0
""	" " Çefenlik "	15	0	0	0	1	0
""	" " Mezār "	17	0	0	0	1	0
""	" " Kevrāb "	10	0	0	0	1	0
Nizib nāḥiyesi	Nizib nāḥiyesi erkek mektebi	146	0	0	0	7	0
""	" " ḳız mektebi	0	32	0	0	0	1
Suruc ḳażāsı	Suruc ḳażāsı erkek mek.	60	0	0	0	3	0
[34] Surucа mülḥaḳ	Yaṣılı Mezār ḳry.mek	12	0	0	0	1	0
""	" ᶜAlikör " "	13	0	0	0	1	0
""	" ᶜAṭmanik " "	5	0	0	0	1	0
Yekūn		980	209	0	0	67	8

(* ẕu.: ẕükūr ᶜadedi in.: inās̱ ᶜadedi)

Mekātibde (985) ẕükūr (209) inās̱ talebe tedrīs etdirilmekdedir. Bu mıḳdār sinn-i mecbūrī᾿-i taḥṣīlde bulunan eṭfāle nisbetle ṣoñ derece dūndır. Vilāyet dāḫilinde mecbūrī taḥṣīl sinninde bulunan etfālıñ mıḳdārı (9764) olmasına nażaran yüzde onbuçuḳ eṭfāl taḥṣīl etmekde bulındugı taḥaḳḳuḳ eder.

Ḫānlar, oteller, ḥamamlar
Merkez-i vilāyetde iki, Birecikde bir ʿaded otel vardır. Merkezdeki oteller tefrīşātdan, ṭahāret ve neẓāfetden ʿārī ḳuru birer bināDır. Yolcınıñ portatif yatağı mevcūd değilse istirāḥatını teʾmīn edecek hiç bir vāsıṭa bulamaz. Bu maḥẕūrdan dolayı eks̱erīyetle yolcılar eşrāf ve ağniyā nezdinde misāfireti iḫtiyār ederler. Birecikde belediye ṭarafından Fırat nehri sāḥilinde inşā edilen oniki oṭalı bir otel vilāyetiñ yegāne ʿaṣrī otelini teşkīl eder. Temiz ve her dürlü esbāb-i istirāḥatı cāmiʿdir.

Ḫānlar: Merkez-i vilāyetde onüç ʿādī, dört gümrük ḫānı nāmıyla tevsīm olunan tüccārāna ʿāʾid onyedi ḫān vardır.

Ḥamamlar: Merkez-i vilāyetde onüç, Birecikde üç, Nizibde iki ḥamam mevcūddır. Merkezdekiler bütün vesāʾiṭsizliğine rağmen temiz ve neẓīf olub şerāʾiṭ-i ṣıḥḥīyeyi ḳısmen cāmiʿdir. Ḳaṣaba ahālīsi istiḥmāma ṣoñ dereceye riʿāyet ederler. Köylileriñ ḥamam ile ülfetleri yoḳ gibidir.

Fabriḳalar
Ṣanāyiʿ baḥs̱inde ẕikr edildiği vecih üzere vilāyet büyük ṣanʿat müʾessesātından hemān hemān maḥrūmdır. Yalñız Birecik ḳażāsına tābiʿ Nizib nāḥiyesinde zeytūn yağı ve ṣabun iʿmāline mahṣūṣ ibtidāʾī üç ʿaded müʾessese mevcūddır. Buḫārla müteḥarrik fabriḳa yoḳdır.

[35] Merkez-i vilāyetde ḳısmen ṭoḳumacılıḳ erbāb-i ṣanʿat arasında fażlaca revāc buldığından baʿż-i ḫānelerde elbiselik ḳumaş doḳuyan tezgāhlar vardır.

Mebānīniñ ṭarz-i miʿmārīsi, emākin-i ʿumūmīye, şehirleriñ ve köyleriñ vażʿīyeti
Merkez-i vilāyet ve ḳaṣabalarda ʿalā'l-ʿumūm sekenātıñ ṭarz-i miʿmārīsi ʿarab sīstemi taḳlīdidir. Mürūr-i zamānla miʿmārīdeki inḥiṭāṭ ḥasebiyle naẓara çarpacaḳ her dürlü tezyīnāt ve ās̱ārı ḥāvī olmayub tāmm kemerler, sivri kemerler dört ḳol üzerine inşā edilen rubbʿ dāʾire kemerlerle baṣıḳ iki ayaḳlı kemerler üzerine inşaʾāt yapılmaḳdadır ki bu ṭarz inşāda ṣanʿat-i miʿmārī tamāmen mefḳūd ṭaş ve ṭopraḳ yığıntısından başḳa bir şey değildir. Binālarda metānet yoḳdır. İnşāʾātda ḳullanılan ṭaşlar kilsī ve remlī olması ḥasebiyle ruṭūbeti ceẕb etdiği içün ḳolaylıḳla dağılmaḳda ve ḳābilīyet-i imtizācīyesini ġāʾib etmekdedir. Kirec ve kül maḫlūlından yapılan ʿādī ḫarcıñ imtizācı ṭabīʿatiyle teʾmīn edememesi ve inşāʾātda ʿilmī ve fennī nisbetler gözetilmemesi temeller üzerine taḥmīl edilen s̱ikletiñ ḥesāb edilmemesi gibi sebebler taḥt-i teʾs̱īrinde yapılan bir binā aʿẓamī on sene beḳā bulabiliyor. Binālarıñ zāviyeleriyle ḳapu, pencere kemerleri, anaḫtarlar ṭaşları eñ evvel duçār-i ḫarābī olmaḳdadır. Saḳaflar eks̱erīyetle ṭopraḳ olub ancaḳ yüzde bir buçuḳ nisbetinde çatıya teṣādüf olınabilir.

Binālar ya taḥtānī ve ḳāb taʿbīr etdikleri üsti kemerli ve çatısız veyāḫūd fevḳānī ve çatılı olmaḳ üzere iki ṭarzda inşā edilir. Her iki ṭarz inşāda ḥarāret, żiyā ve havānıñ duḫūlı düşünilmediği içün binālari ʿumūmīyetle ġayr-i ṣıḥḥīdir.

Ḫāneleriñ pencereleri esvāḳa nāẓır olmayub ḫāne ḥavlularına müteveccihdir. Bu iᶜtibārıñ yegāne sāᵓiḳi emnīyet-i şaḫṣīyeyi teᵓmīn ve birde taᶜaṣṣubdır. Soḳaḳlar bu sebebden dolayı yüksek dīvārlarla maḥduddır. Vilāyet belediyesiniñ noḳṣān teşkīlātı, heyᵓet-i fennīyesiniñ mefḳūdīyeti ḥasebiyle mebānīniñ ṣūret-i inşāsında bir disiplin görülmez. Saḳīm bir iᶜtiyād netīcesi baᶜżan yıḳılan dīvārları ḫāne ṣāḥibleri iᶜmār ederken ṭarīḳ-i ᶜāmmdan bir mıḳdār arāżī sirḳatını dāᵓimā iḫtiyār etdikleri içün soḳaḳ ve cāddeler girintili ve çıḳıntılıdır. Şehrin ṭūl-i ᶜumūmīyesini ḳaṭᶜ eden muntaẓam cāddeler yoḳdır. Bināᵓen ᶜaleyh ḳaṣabalarıñ heyᵓet-i ᶜumūmīyesinde ṭarz-i miᶜmārī ᶜilim ve fenn dāḫilinde yapılmadığı içün ṣıḥḥat-i ᶜumūmīye ile fevkü'l-ᶜāde ᶜalāḳadār bulunan ve ḳasabaya eñ nāfiᶜ rūzgārlarıñ serbestce duḫūl ve vezān etmesini teᵓmīn edecek ve żiyā-yi şemsiñ mebẕūlen tevcīhini medār olacaḳ ve şehriñ mevādd-i mülevveṡesiniñ yağmur ṣuları ve sāᵓire ḳaṣaba ḫāricine isāle ve naḳl edecek cāddeleri, ḳanalizasyonı yoḳdır.

[36] Köyleriñ vażᶜīyeti ise cidden acınacaḳ bir ḥāldedir. İnşaᵓātda miᶜmārī ᶜilim ve fenn yoḳdır. Kerpiçden arı ḳovanlarına müşābih ḳubbe ṭarzda binālar yaparlar. Ḳubbeleriñ üst ḳısımlarında ufaḳ menfeẕler vardır. Bu menfeẕler havā ve żiyānıñ duḫūlı teᵓemmülinden ziyāde yaḳılan (tezek) dumanlarınıñ ḫārice çıḳmasını teᵓmīn içün yapılmışdır. Bu ṭopraḳ meskenleriñ içerisi ḳaranlıḳ ruṭūbetli ve müteᶜaffindir. Binālarıñ bu ᶜumūmī ġayr-i ṣıḥḥī şerāᵓiṭine inżimām eden havāsızlıḳ, ruṭūbet, māddī ve rūḥī ġıdāsızlıḳ ve ictimāᶜī ᶜādāt ve ᶜanᶜane dolayısıyla ḳaṣabalılarda bi'l-ḫāṣṣa şerāᵓiṭ-i ḥayātīyeleri erkeklere nisbetle daha ziyāde taḳyīd ve taḥdīd edilmiş bulunan ḳadınlarda verem ḫastalığı münteşir bir ḥālde ḥükümfermādır. Köylilerde ise verem binālarınıñ ġayr-i ṣıḥḥī şerāᵓiṭi cāmiᶜ olmasına rağmen ictimāᶜī ᶜādāt ve ᶜanᶜaneleriniñ serbest ve müsāᶜid olması ḥasebiyle hemān yoḳ gibidir.

Ḫelālarıñ şekli ve ḳanalizasyon
Ḳaṣaba binālarında ḫelā mevcūddır. Yalñız ḫelālar taᶜaffüniñ ᶜadem-i intişārını teᵓmīn edecek olan tertībātdan ve ḳoridordan maḥrūmdır. Ḫelālar ekṡerīyetle ḫāneniñ soḳaḳ ḳapusı cıvārında inşā edilmekdedir. Ṣu isālesi naẓar-i iᶜtibāra alınmadığı içün muṣlıḳ tertībātı yoḳdır. Bu yüzden taᶜaffün ziyādedir. Soḳağa ḳarīb bir mevḳiᶜde inşā edilmesi ḥasebiyle ḫāricden geçen eşḫāṣ taᶜaffünden izᶜāc olınur. Muṭbaḫıñ bulaşıḳ ṣuları ekṡerīyetle ḫelāya dökilür. Ḳanalizasyon olmadığı içün ḳapanan veya dolan lağım muḥteviyātı eñ yaḳın ḫālī bir ᶜarṣaya bi't-taḫlīye naḳl ederler. Bu sebeble esāsen muḫtell olan ḳaṣabanıñ havāsı büsbütün iḫlāl edilmiş olur.

Köylerde ise ḫelā yoḳdır. Zenginleriñ ve eñ büyük ᶜaşīret reᵓīsleriniñ bile inşā etdikleri ḫānelerinde ḫelā mefḳūddır. Ḳadınlar defᶜ-i ḥācet içün dāᵓimā geceyi beklemek mecbūrīyetinde bulındıḳlarından emᶜā ḫastalıkaları ziyādedir. Merkez-i vilāyetde ve Birecik ḳażāsında şehriñ baᶜż-i aḳsāmına ᶜāᵓid olmak üzere aḳdemce saṭḥī lağımlar yapılmış isede mürūr-i zamānla yapılmış işbu lağımlar ḫarāb oldığından ġayr-i ḳābil-i istifāde bir ḥāle gelmişdir.
Cāmiᶜler

Merkez-i vilāyetde yiğirmi iki mināreli, onbir minaresiz, Birecik ḳażāsında beş minareli, ondört minaresiz, Nizib ḳaṣabasında üç minareli yedi minaresiz cāmiᶜ ve mescid vardır. İşbu cāmiᶜler Kebīr ile Ḫalīlü'r-raḥmān ve Ḥasan paşa nāmıyla maᶜrūf olanlardır.

[37] Ḫalīlü'r-raḥmān cāmiᶜi ᶜAyn-i Züleyḫā ve Ḫalīlü'r-raḥmān gölleri arasında olub ḥükūmet-i Eyyūbīye zamānında teʾṣīs edilmişdir. ᶜAyn-i Züleyḫā göli Nemrūd ḳalᶜesiniñ altında yüzyetmiş metre ṭūlında otuzyedi ve ḳırḳ metre ᶜarżında eñ derin maḥalli iki metre ᶜumḳındadır. Ḥalīlü'r-raḥmān göli ise yüzyiğirmi metre ve yüzḳırḳ metre ṭūlında yiğirmibir metre ve yiğirmiṭoḳuz metre ᶜarżında ve eñ derin maḥallide üçbuçuḳ metre ᶜumḳındadır. Her iki <laḳ>da mebẕūl balıḳ mevcūd olub ḫalḳ bir ḳıymet-i ḳudsīye iżāfe edildiği içün ekl etmezler ve bundan dolayı tekeṡṡür etmişdir. Balıḳlar kendilerine dāʾimā yem atıldığı içün insānlara alışıḳdır.

Ḳabristānlar

Gerek ḳaṣabalarıñ ve gerekse köyleriñ eṭrāf-i arbaᶜası dīvār ile ġayr-i maḥdūd aġacdan ᶜārī ḳabristān ile muḥāṭdır. Emvāt derin ḳazılmış mezārlara defn olınur. Bir ḳabre müteᶜaddid emvātıñ defn edildiği müşāhede edilmişdir, Ḳaṣaba dāḫilinde defn-i emvāt akdemce cārī iken menᶜ edilmişdir. Ḫuṣūṣī ḳabristānlar yoḳdır.

Baṭaḳlıḳlar

Vilāyet mıntıḳasında baṭakalıḳ nāmını verebileceğimiz manāṭıḳ, nehirleriñ ve dereleriñ geçdiği ve eṡnā-yi mürūrında civārındaki baᶜż-i küçük ve münḥaṭṭ arāżīyi istilā etmesinden taḥaṣṣul eden gölciklerdir. Büyük sazlıḳlar yoḳdır. Küçük baṭaḳlıḳlarıñ mesāḥası żikr edilmeğe şāyān bir derecede değildir. Bināʾen ᶜaleyh vilāyet merzaġī manāṭıḳınıñ imḥāsı maḥall-i sāʾireye nisbetle daha sehīldir. Sevīyesi cıvārından geçen nehriñ sevīyesinden daha aşāğı bulunan münḥaṭṭ arāżīnıñ doldırılması ile veyāḫūd işbu münḥaṭṭ arāżī ile nehir arasına bir sedd inşā etmek ṣularıñ istilāsından tecrīd etdirildiği taḳdīrde bu merzaġī manāṭıḳ tamāmen imḥā edilebilir.

İçilen ṣular

Vilāyet dāḫilinde müteᶜaddid menbaᶜ ṣuları vardır. Merkez-i vilāyetiñ ṣuları ṭuruḳ-i maḫṣūṣesiyle ḫāricden ve menbaᶜından getirilir. Maᶜa'l-esef ṣu borularınıñ ekṡerīyā açıḳ bulınması ḥasebiyle ḳābil-i şurb olamıyacaḳ derecede televvüṡ etmekdedir. Merkez-i vilāyetde ve ḳaṣabalarda çeşme yoḳdır. Ṣular ḫāneden ḫāneye mecārīʾ-i maḫṣūṣesiyle isāle olınur. Bināʾen ᶜaleyh tifo, ḳolera, dizanteri gibi emrāż-i sāʾireniñ ẓuhūrında ḫalḳ taḥt-i tehdīddedir.

[38] Maᶜa mā fīh ḫalḳ ṣularıñ mülevveṡ oldıġına ḳāniᶜ bulınduḳları içün ekerīyetle ḳuyu ṣuyını içerler. Ḳuyu ṣularınıñ mevādd-i kilsīyesi fażla bulındığı içün bu daḫi maḥẕūrdan ṭabīᶜatıyla sālim değildir. Merkez-i vilāyete gelen ṣular bervech-i zīrdir:

1 - Kenīz ṣuyı: Kaṣabaya iki sāᶜat mesāfede Maᶜşūḳ ḳaryesine ḳarīb bir maḥallden nebeᶜān ederek borularla ḳaṣabaya isāle olınur.

2 - Cavsaḳ ṣuyı: Ḳaṣabaya yarım sāᶜat mesāfede Cavsaḳ nāmıyla maᶜrūf köyiñ ḳurbında nebeᶜān ederek ṭuruk-i maḫṣūṣesiyle ḳaṣabaya isāle olınur.

Bunlardan māᶜadā Ḫalīlü'r-raḥmān ve ᶜAyn-i Züleyḫā göl ṣuları daḫi ḳābil-i şurbdır.

Vilāyet mınṭıḳasında hażmı sehīl, ḳābilīyet-i şurbīyesi fażla Birecik ḳaṣabasına iki sāᶜat baᶜd mesāfeden isāle olunan Keniz ṣuyı eñ iyi ṣudır. Laboratuvar ve vesāʾiṭ bulınmadığı içün ṣularıñ taḥlīli icrā etdirilememişdir. Bināʾen ᶜaleyh evṣāf-i ḥikemīye ve kīmyevīyeleri ve ḳābilīyet-i şurbīyeleri mechūldır.

[39] **Beşinci ḳısım**

Emrāż-ı muʿtāde ve beledīye
Vilāyet dāḫilinde frengī, ḥarḳatu'l-bevl, malarya, verem, çocuḳ ishāli, iltihāb-i emʿā, evrām-i bāṣūrīye, traḫom, dīdān-i emʿā, ḳuş palazı, boġmaca öksürüği gibi ḫastalıḳlara teṣādüf olınur. Bunlardan eñ ziyāde emrāż-i muʿtāde olaraḳ żikr edilebilecek malarya, frengī, ḥarḳatu'l-bevl, çocuḳ ishālidir. Beledī olaraḳ traḫom ḫastalıġı münteşir bir ḥāldedir. Vilayet nüfūs-i ʿumūmīyesine nisbetle traḫom ḫastalıġı yüzde oniki ḳadardır.

Frengī
Vilāyet mıntıḳasında yapılan tedḳīḳāt netīcesinde frengī ḥarb-i ʿumūmīden ṣoñra tezāyüd etmişdir. Vilāyetde fuḥş bi'l-ḫāṣṣa köylerde mefḳūd bulındıġından frengī ḫastalıġı maḥallī olmayub ʿaskerden ʿavdet eden eşḫāṣ vāsıṭasıyla ve vilāyet-i şarḳīye muhācirleri ṭarafından neşr edilmişdir. Vilāyet nüfūs-i ʿumūmīyesine nisbetle yüzde dört ḳadardır.

Malarya
Merzaġī manāṭıḳda bulunan ḳaryelerde münteşir bir ḥāldedir. Muʿāyene edilen ḫastalarıñ yüzde yiğirmisinde dalaḳ büyük bir ḥāldedir. Ḫastalık Kinin tedāvīsine ḳarşı uzun müddet muḳāvemet etmekdedir.

Verem
Eñ ziyāde sillü'r-riʾe şeklinde müşāhede olınmaḳda żātü'l-ʿaẓm-i derenī ve ẕātü'l-ʿuḳadāt-i lenfavīye nisbeten daha az görülmekdedir. Ḫastalıġıñ bi'l-ḫāṣṣa ḳaṣabalarda ekṣerīyetle ḳadınlarda müşāhede olınmasınıñ sebebi ḳaṣaba ḫalḳınıñ temiz ve ṣāf ḥavādan, bol ġıdādan, ṣıḥḥī meskenlerden maḥrūm saḳīm ʿādāt ve iʿtiyādāt ile ṣıḳı bir ṣūretde merbūṭ ve meʾlūf olmalarındadır. Verem köylerde ḳaṣabalılara nisbetle yoḳ gibidir.

{40] **Çiçek**
Vilāyet dāḫilinde telḥīḥ-i cidarīye ṣoñ derecede iʿtinā edilmesi hasebiyle çiçek ḫastalıġı senede bir ḳaç vaḳʿaya inḥiṣār etmekdedir.

Difteri
Vaḳāyiʿ-i münferideden maʿdūd olub ekṣerīyetle menbaʿ-i intānī civār manāṭıḳda oldıġı taḥaḳḳuḳ etmişdir. Ḳızamıḳ, ḳızıl, daḫi vaḳāyiʿ-i münferideye inḥiṣār etmişdir.

Lekeli ḥummā ve şibh-i tifo
Münferid vaḳāyiᶜden ᶜibāretdir. Mevsim ḫastalıkaları olaraḳ żātü'r-riᵓe ve ẓātü'l-cenb bulınur.

Emrāż-i sārīyeniñ bi'l-ḫāṣṣa ḳoleranıñ sirāyet yolları
Emrāż-i sārīyeniñ sirāyet yolları Diyārbakır - Siverek - Urfa; Mardin - Viranşehir - Urfa; Ḥaleb - Carābulus - Urfa; Ḥaleb - ᶜAyıntāb - Urfa; Aṭana - ᶜOs̱mānīye - Maraş -ᶜAyıntāb - Urfa, Baġdād - Deyr-i Zōr - Riḳḳa - Urfa; ḫuṭūṭ-i ᶜumūmīyesidir.

ᶜAḳlī ve ᶜaṣabī ḫastalıḳlar
Nevrasteni, isteri gibi ᶜaṣabī ḫastalıḳlar ender olarak teṣādüf olınur.

Traḫom
Vilāyetiñ eñ mühim ḫastalıḳlarından birisini traḫom teşkīl eder. Bu ḫastalıġıñ taḫrībātı o ḳadar çoḳdur ki traḫoma duçār olmamış sālim eşḫāṣ yüzde ḳırḳ nisbetindedir. Maᶜa'l-esef emrāż-i ᶜaynīye müteḫaṣṣısı vilāyetimiz mınṭıḳasında bulınmadıġı içün bir çoḳ genc, dinc eşḫāṣıñ gözleri kör olmaġa maḥkūmdır. Ṣırf bu ḫastalıḳla mücādele ḫastalıġı imḥā veya teᵓs̱īrini taḥdīd, ve intişārını menᶜ etmek içün göz ḫastalıkaları içün dispanserler teᵓṣīs ve faᶜālīyete ircāᶜı lāzım gelmekdedir.

[41] **Vilāyetiñ 339 senesi tevellüdātıyla vefiyātı**

Urfa vilāyetiniñ 339 senesi tevellüdāt istatistiġi:

Mevāḳiᶜ	müslim			ġayr-i müslim			yekūn	
	zükūr	inās	yekūn	zükūr	inās	yekūn	zükūr	inās
Urfa merkez ḳażāsı	108	91	199	70	62	132	178	153
Birecik ḳa.	129	85	214	2	1	3	131	86
Suruc ḳa.	95	67	162	9	7	16	104	74
Harrān ka	14	8	22	0	0	0	14	8
Yekūn	346	251	597	81	70	151	427	321

Urfa vilāyetiniñ 339 senesi vefiyāt istatistiği

Mevāḳiᶜ	müslim			ġayr-i müslim			yekūn	
	zükūr	inās	yekūn	zükūr	inās	yekūn	zükūr	inās
Urfa merkez ḳażāsı	32	13	45	27	28	55	59	41
Birecik ḳażāsı	79	80	159	2	3	5	81	83
Suruc ḳażāsı	59	33	92	1	1	2	60	34
Ḥarrān ḳażāsı	4	4	8	0	0	0	4	4
Yekūn	184	130	403	30	32	62	204	162

Bu istatistiḳlere naẓaran bir sene ẓarfında biñaltmışṭokuz ẕükūr ve ināṡ tevellüdāta muḳābil beşyüzsekiz vefiyāt vuḳūᶜ bulmışdır. Şu ḫālde tevellüdāt vefiyāta nisbetle üç defᶜa fażla olmasına naẓaran nüfūs-i ᶜumūmīye tezāyüd etmekde bulındığı añlaşılmaḳdadır. Üçyüzaltmışaltı ᶜaded vefiyātdan yüzellialtı ᶜadedi bir ile on yaşları arasında bulınan eṭfāla ᶜāʾiddir. Bu ḫuṣūṣdaki istatistiḳ ber vech-i zīrdir:

[42] **Urfa vilāyetiniñ 339 senesi 1 - 10 yaşına ḳadar eṭfāliñ vefiyāt istatistiği:**

Mevāḳiᶜ	müslim			ġayr-i müslim			yekūn	
	zükūr	ināṣ	yekūn	zukūr	ināṣ	yekūn	zükūr	ināṣ
Urfa vilāyeti	96	29	135	15	16	31	111	45

Vefiyāt-i eṭfāl tevellüdātıñ altıda birini teşkīl etmekde oldıġı istatistikleriñ tedḳīḳinden añlaşılmaḳdadır. Bu daḫi ḥıfẓ-i ṣıḥḥa-i eṭfāl ḥaḳḳında ebeveyniñ hiç vuḳūfı bulınmaması yüzinden taḥaṣṣul etmekdedir. Vefiyāt ekṡerīyetle çocuḳ ishāli netīcesi ẓuhūra gelir. Altı aylıḳ bir çocuġa cıhāz-i hażmīsini taḫrīş edecek ṣoġan, ḳırmızı büber, bahārāt, çiğ bulġur ve çiğ et ve sāʾire ile iᶜmāl edilen çiğ köfte, ekmek, ṣalaṭalıḳ, ācūr gibi mevādd-i ekl etdirdikleri içün çocuḳlar şedīd ishāle maᶜrūż ḳalaraḳ ḳaşkesiden vefāt etmekdedirler.

Eski ṣalgın ḫastalıḳlar ḥaḳḳında maʿlūmāt

310 senesinde ve 327 senesinde ḳolera ṣalġını vuḳūʿa geldiği ve ḥarb-i ʿumūmīde 332 senesinde lekeli ḥummā ṣalġını ẓuhūr etdiği ḳaydan s̱ābitdir.

Tevellüdāt ve vefiyāt ḥaḳḳında müṭālaʿāt

Tevellüdāt ve vefiyātla müşteġil nüfūs dāʾiresiniñ noḳṣān teşkīlātı ḥasebiyle vilāyetiñ bir sene ẓarfında vuḳūʿ bulan gerek tevellüdātı ve gerekse vefiyātı mıḳdār-i ḥaḳīḳīsi mechūldır. Saḳīm bir iʿtiyād netīcesi ḫalḳ tevellüdātını verās̱et veya muʿayyensiz maʿāşātı gibi bir menfaʿat muḳābili olmayınca nüfūs dāʾiresine vaḳt-i zamānında iḫbār-i keyfīyet etmezler. Bināʾen ʿaleyh baʿżan iki üç yaşına girmiş bir çocuġı yeñi doġmış gibi ḳayd etdirirler. Şu ḥāle naẓaran nüfūs dāʾirelerinden esāslı maʿlūmāt elde edilemiyeceği ṭabīʿīdir. Ṣıḥḥīye dāʾiresi meʾmūrīn-i ṣıḥḥīyesi ve polis ve jandarma maʿrifetiyle her maḥalle ve ḳaryeden her ay tevellüdāt ve vefiyāt vuḳūʿātını aramaḳda ve ṭoplanan vuḳūʿātı tes̱bīt ve ḳayd etmekdedir ki bu meyānda nüfūs-i mektūme daḫi bulınsa nisbeten ḥaḳīḳata ḳarībdir.

[43] Maʿa mā fīh tevellüdāt ve vefiyātıñ eñ ḥaḳīḳī mıḳdārlarını tes̱bīt etmeğe ṣıḥḥīye dāʾiresi aʿẓamī faʿālīyetle ġayret etmekdedir.

Malarya ve frengī mınṭıḳaları ḫariṭaları

Vilāyet dāḫilinde frengī münteşir bir ḥālde bulındıġından ayrıca bunıñ içün ḫariṭa tanẓīm edilmemişdir. Ḥummā-yi merzaġīniñ eñ münteşir ve icrā-yi taḫrībāt etdiği ḳaryeler māvī çizgilerle ḫariṭasında işāret edilmişdir. Münferiden işāret edilen işbu ḳaryeleriñ heyʾet-i macmūʿesi merzaġī manāṭıḳı teşkīl eder. Bu bābdaki tafṣīlāt kısm-i maḫṣūṣında ẕikr edilmişdir.

Anlagen : 3 Pläne:

Urfa vilāyetiniñ ʿumūmī ḫariṭası.
Urfa vilāyetinin taḳsimāt-i mülkīyesi ile mekātibiñ mıḳdār ve cinslerini müşʿir ḫariṭadır.
Urfa vilāyetiniñ merzaġī köyleri, dispanserler, ḫastaḫāneler, eczāḫneler mevḳiʿleri ile daġlar, nehirler ve ḥudūd-ı ʿumūmīyesini müşʿir ḫaritadır.

BERICHT D
S.[2]

برنجی قسم

بایزید ولایتنك حدودی

شمالاً آغری — آرارات طاغنك تشكیل ایتدیكی سلسلهٔ جبال ایله آراس نهری، ارین ایالتی [ارمنستان] ، شرقاً آرارات طاغنك بر قسمی ایله ایرانك ماكو واوواجق حاكملكاری ، جنوباً تندرك طاغی ، وان ولایتی ومذكور ولایتك باركیری ، أرجیش ، ملازكرد قضالری ، غرباً ارضروم ولایتی وقارص ولایتی ایله محدوددر .

طول وعرض درجه‌لری

ولایتك طول درجه‌سی ٦٠-٦٥ آره‌سنده ؛ عرض درجه‌سی - ٣٥-٤٠ آره‌سنده‌در.

مساحهٔ سطحیه‌سی

ألده مساحه حقنده تثبیت ایدلمش بر اساس اولمدیغندن بو كره اولچیله‌رك یازلمشدر . تخمیناً اون بیك طقوز یوز اللی كیلومتره مربعی‌در . بو مقدار [$\frac{١}{٢٠٠٠٠٠}$] بیك مقیاسلی بر خریطه‌دن آلنمشدر .

طاغلر وارتفاعلری

آسیای توركینك اك مشهور ویوكسك طاغلری ولایت داخلنده وحدودنده‌در. بونلردن [آرارات - آغری طاغی]نك ارتفاعی ٥١٥٦ متره‌در.

بو طاغ ولایتك ایغدیر قضاسیله بایزید و شرقاً ایرانك ماكو حاكملكی اراضیسنه حدوددر. (تندورك طاغی) ، ارتفاعی ٣٣١٣ متره‌در، وان ولایتی ایله ولایت آره‌سنده‌در. ولایتك بالعموم طاغلری [آغری - آرارات طاغی] شعباتندندر. (آلا طاغ) ، ارتفاعی مراد باشی دینیلن تپه‌سنده ٣٥١٩ متره‌در . (آلا طاغ) ، وان ولایتنك أرجیس قضاسی ایله ولایت بیننده‌در . آلا طاغ شعباتندن (قیزل طاغی) ، ارتفاعی ٢٩١٤ متره‌در . آراراتدن آیریلان (قیزیل زیارت طاغی) ، ارتفاعی ٣٧٢٠ متره‌در . (جنشاكر طاغی) ، ٢٣٦٠ متره ارتفاعنده‌در . (قلعه طاغی) ، ارتفاعی ٣٢٤٣ متره‌در . (حما ، صیچانلی ،

Bericht D

Türkiye Cumhūrīyeti
Ṣıḥḥīye ve Muʿāvenet-i İctimāʿīye Vekāleti

neşrīyātından

Türkiyeniñ Ṣıḥḥīʾ-i İctimāʿī Coġrafyası

Bāyezīd Vilāyeti

Ṣıḥḥīye ve Muʿāvenet-i İctimāʿīye Müdīr Vekīli Merkez Ṭabībi
Doktor İbrāhīm Edhem

İstanbul

Kāġıdcılıḳ ve Maṭbaʿacılıḳ Anonim Şirketi

1925 – 1341

[1] **Birinci ḳısım**

Bāyezīd vilāyetiniñ ḥudūdı
Şimālen Aġrı - Ararat ṭaġınıñ teşkil etdiği silsile'-i cibāl ile Aras nehri, Erin eyāleti [Ermenistan], şarḳan Ararat ṭaġınıñ bir ḳısmı ile İranıñ Māḳū ve Ovacıḳ ḥākimlikleri, cenūban Tendürek ṭāġı, Van vilāyeti ve meẕkūr vilāyetiñ Bārgīrī, Erciş, Malazgird ḳażāları, ġarban Erżurum vilāyeti ve Ḳarṣ vilāyeti ile maḥdūddır.

Ṭūl ve ʿarż dereceleri
Vilāyetiñ ṭūl derecesi 60 - 65 arasında, ʿarż derecesi 35 - 40 arasındadır.

Mesāḥa'-i saṭḥīyesi
Elde mesāḥa ḥaḳḳında teṡbīt edilmiş bir esās olmadıġından bu kerre ölçilerek yazılmışdır. Taḥmīnen onbiñṭoḳuzyüzelli kilometre murabbaʿıdır. Bu mıḳdār [1/200.000] biñ miḳyāslı bir ḫariṭadan alınmışdır.

Ṭaġlar ve irtifāʿları
Asya-yi Türkiyeniñ en meşhūr ve yüksek ṭaġları vilāyet dāḫilinde ve ḥududındadır. Bunlardan [Ararat - Aġrı ṭaġı]nıñ irtifāʿı 5156 metredir.

Bu ṭaġ vilāyetiñ Iġdır ḳażāsıyla Bāyezīd ve şarḳan İranıñ Māḳū ḥākimliği arāżīsine ḥudūddır. (Tendürek ṭaġı), irtifāʿı 3313 metredir, Van vilāyeti ile vilāyet arasındadır. Vilāyetiñ bi'l-ʿumūm ṭaġları [Aġrı - Ararat ṭaġı] şuʿabātındandır. (Alaṭaġı), irtifāʿı Murādbaşı denilen tepesinde 3519 metredir. (Alaṭaġı), Van vilāyetiniñ Erciş ḳażāsı ile vilāyet beynindedir. Alaṭaġı şuʿabātından (Ḳızılṭaġı), irtifāʿı 2914 metredir. Araratdan ayrılan (Ḳızılziyāret ṭaġı), irtifāʿı 3720 metredir. (Canşākir ṭaġı), 2360 metre irtifāʿındadır. (Ḥama, Ṣıçanlı, [2] Ṣulaḫa) ṭaġları 2589 ile 2816 metre arasındadır. (Mevzīḳ ṭaġı), irtifāʿı [1292] metre; (Balıḳgöli ṭaġı], irtifāʿı 3159 metredir. Bu ṭaġıñ Ḳızılziyāret isminde 2395 metre irtifāʿında bir tepeside vardır. Ararat silsilesinden ayrılan vilāyetiñ ġarb-i şimālīsi ḥudūdında (Köse ṭaġı), irtifāʿı 3418 metredir. Alaṭaġı silsilesinden ayrılan (Görireş) ṭaġı, irtifāʿı 2350dır. (Sekir ṭaġı), irtifāʿı 2350 metredir. (Ḳaraġu ṭaġı), irtifāʿı 1850 metre (Ḳaṭadin ṭaġı), irtifāʿı 2150 metredir. Köseṭaġı silsilesinden (Ḳızlarṭaġı), irtifāʿı 2800 metre, (Çaḳmaḳṭaġı) irtifāʿı 3040 metredir.

Enhār, güẕergāh ve ṭūlları
Vilāyetiñ Iġdır ve Ḳulp ḳażāları ile Ḳafḳasya ve Ermenistān arāżīsi arasından geçen ve menbaʿını Erzurum vilāyetiniñ Ḫınıs ḳażāsınıñ Biñgöl ṭaġlarından alaraḳ cereyān eden Aras nehri olub vilāyet dāḫilinde 40 kilometre ṭūlındadır. Enhārıñ kilometre ṭūlları 1/200.000 miḳyāsındaki ḫariṭada ölçilmişdir. Güẕergāhı Ḳulp ḳażāsı ve Iġdır ḳażāsı ḳaryeleri ve Iġdır ḳażāsınıñ Aralıḳ

nāḥiyesi ve Iğdır ḳażāsınıñ ovası. Bundan ṣoñra ikinci derecede cesāmeti ḥā'iz olan Murād nehri olub Alaṭağ ve Tendürek eteklerinden çıḳar. Güẕergāhında Diyadin ḳażāsınıñ Ṭaşlıçay nāḥiyesi, Ṭutaḳ ḳażāsı ve ḳurāları mevcūd olub ṭūlı vilāyet dāḫilinde 200 kilometre ḳadardır.

Vilāyet merkez ḳaẕāsınıñ Balıḳgölinden aḳan Balıkgöli ṣuyı olub ṭūlı 100 kilometredir (vilāyet dāḫilinde), güẕergāhında Mevlun nāhiyesi ve ḳurāları, Bāyezīd ovası ve ḳurāları vardır. Yine bu ṣuya ḳarışan ve Tendürek ṭağı eteklerinden çıḳan Kirnaviḳ ṣuyı olub menbaᶜından Balıkgöli ṣuyına ḳarışdığı maḥalle ḳadar 40 kilometredir, ḳarışdıḳdan ṣoñra birlikde seyr ederler. Bu Kirnaviḳ ṣuyınıñ güẕergāhında daḫi merkez vilāyet ḳurāları ve değirmenleri mevcūddır.

Birde Eleşkird ḳażāsınıñ Çaḳmaḳ ṭağları eteklerinden menbaᶜını alan Şuyuyan ṣuyı olub ṭūlı altmışbeş kilometredir. Güẕergāhında Eleşkird ḳażāsınıñ köyleri ve ovasınıñ cenūb ḳısmı ve Ḳaraköse ḳażāsınıñ ova ḳısmınıñ ġarbī köyleri bulunmaḳda ve Ḳaraköse ḳażāsınıñ bir az cenūbında Murād nehrine ḳarışarak cereyān etmekdedir. Menbaᶜından Murāda ḳarışdığı maḥalle ḳadar [3] ṭūlı ber vech-i bālādır. Bunlardan ġayri bir ṭaḳım küçük enhār ve ṣular mevcūd olub büyük nehirlere cereyān etmekde isede içlerinde ḥā'iz-i ehemmīyet olan Iğdır ḳażāsınıñ Aralıḳ nāḥiyesini irvā eden Ḳaraṣu olub nāḥiyeyi ṣuladıḳdan ṣoñra Arasa ḳarışmaḳdadır. Dīğer çaylarda bulındıḳları ve seyr etdikleri mınṭıḳalar dāḫilindeki köyleri ve ovaları isḳā ederler.

Mesīrlerindeki baṭaḳlıḳlar

Aras nehri Iğdır ḳażāsı ile Ḳulp ḳażāsı ara yerindeki ova köylerinde, kendi arāżīlerini ṣulamaḳ üzere Arasdan getirdikleri ṣular baᶜż-i köy civārlarında baṭaḳlıḳ yapmaḳdadır. Yine Iğdır ḳażāsınıñ kendi tarlalarını ve köyleriniñ tarlalarını ṣulamaḳ üzere getirilen Aras nehri ṣuları aṣıl nehriñ mecrāsı ile ḳażā ara yerinde baᶜż-i maḥallerde baṭaḳlıḳ yapmaḳdadır. Iğdır ḳażāsınıñ Aralıḳ nāḥiyesindeki Ḳaraṣu daḫi nāḥiye merkezinde ve civārındaki köylerde müteᶜaddid baṭaḳlıḳlar yapmaḳdadır.

Merkez-i vilāyetiñ Balıḳgöli ṣuyınıñ daḫi Bāyezīd ovasına gelmeden evvel ve geldikden ṣoñra iki üç maḥallde baṭaḳlıḳ yapdığı ve bu baṭaḳlığıñda sazlıḳ ve ḳamışlıḳ ḥālinde oldığı ve ikinci girmeden evvel Kirnaviḳ ṣuyı ile birleşdiği ve ondan ṣoñrada yine bir maḥallde baṭaḳlıḳ yapdığı görülmekdedir.

Murād nehriniñ Ḳaraköse ḳażāsından geçdiği ṣırada baᶜż-i nehir kenārındaki ḳaryeler civārında ufaḳ sazlıḳlar teşkīl eylediği görülmekdedir.

Seyr-i sefā'ine derece'-i ḳābilīyeti

Vilāyetden ve ḥudūdından cereyān eden nehirlerden hiç birinde seyr-i sefā'ine ḳābilīyeti yoḳdır.

Göller, vüsʿatı, mevḳiʿi, dāʾimī veya muvaḳḳat oldıḳları

Vilāyetiñ merkez ḳażāsı ḥudūdı dāḫilinde Balıḳgöli mevcūddır. Vüsʿatı 2210 kilometre murabbaʿıdır. Mevḳiʿi Bāyezīdiñ Mevṣūn nāḥiyesiniñ şimāl-i garbīsinde Ṣulaca, Mevziḳ, Balıkgöli, Ziyāret ṭağları ile Ḳulp ḳażāsınıñ Percanis nāḥiyesi arasında dāʾimīdir. Göliñ baṭaḳlıġı mevcūd değildir. Yalñız ʿaynı nām ile cereyān eden ṣu bataḳlıḳ yapmaḳdadır.

[4] **Memlaḥalar**

Vilāyetiñ Ḳaraköse ve Ḳulp ḳażālarında damarları büyük memlaḥalar mevcūddır. Ḳulp ḳażāsındaki memlaḥanıñ damarı Ḳarakösedekine nisbetle ziyāde ve büyükdir.

Teşekkülāt-i jeʾolojīye

Vilāyet arāżīsinden eks̱erī ḳısmınıñ volḳanik olduġı görülmekde ve bā-ḫuṣūṣ Aġrı ṭaġı ve Tendürek ṭaġı civārındaki teşekkülāt-i ṭabīʿīye hep bunı göstermekdedir.

Maʿādin

Eleşkird ḳażāsında Rumlar ṭarafından yapılan ḥafriyāt ile meydana çıḳarılmış kömür maʿdeni mevcūddır. Bundan gayri ġayr-i mekşūf bir çoḳ maʿādin oldıġı ẓann ve taḫmīn olunmaḳdadır.

Ormanlar

Vilāyetde hiç orman mevcūd değildir. Yalñız Tendürek ve Aġrı ṭaġlarınıñ ṣarp ṭaşlıḳları arasında yabānī fundalıġa teṣādüf edilmekdedir. Pek eskiden 1270 senesine ḳadar şimdiki vilāyet merkeziniñ şarḳındaki Ḳızılziyāret ṭaġında ve civārındaki ṭaġlarda ara ṣıra ḥafriyāt ile elde edilen aġaç köklerinden oralarñ vaḳtiyle meşelik olduġı ve o ṭaġlar üzerinde ormanlıḳ mevcūd olduġı söylenmekde ve görülmekdedir.

Nebātāt

Evvelce vilāyetde nebātāt olaraḳ ufaḳ bāġçelerde ṣoġan, patates, laḥana, ṭurp, ḳabaḳ gibi nebātāt yetişdirilmekde idi. Bu defʿa vilāyete ilḥāḳ olınan Iġdır ve Ḳulp ḳażālarında pek çoḳ eşcār-i müs̱mire mevcūd olduġı gibi oralarda üzüm baġları ve her neviʿ sebze daḫi yetişdirilmekdedir.

Zirāʿat

Vilāyetiñ zirāʿatı buġday, ziyāde mıḳdārda arpa, çavdar ve az mıḳdārda darı olub yeni yeni patates, ṣoġanlıḳ fażlaca mıḳdārda ekilmekde, Iġdır ve Ḳulp ḥavālīsinde mercimek, noḫūd, faṣulya daḫi zerʿ edilmekde ve buña munżamm olaraḳ pamuḳ daḫi yetişdirilmekdedir.

[5] **Ḥayvānāt-i ehlīye**

Ḥayvānāt-i ehlīyeden ḫalḳıñ, ḥattā eñ faḳīr bir köylüniñ bile vilāyetde yegāne s̱erveti ve ārzūsı ḳoyun ve ṣıġır, at yetişdirmekdir. Bunlardan bi'l-ḫāṣṣa ḳoyun ve at yetişdirmek beyne'l-ʿaşāʾir ʿādet olub büyük bir heves ile eñ muḳaddes bir vaẓīfe bilinmekdedir. ʿAşīretden herhangi bir şaḫṣıñ olur ise olsun yegāne medār-i iftḫārı ḳapusındaki ḳoyun, ṣığır, at ve ems̱āli mallarınıñ kes̱retidir

Ḫalḳda ḳoyun, ṣığır, manda yetişdirmeğe fażla ārzūları vardır. Ṭavuḳ, ḳaz, ördek gibi ḥayvānāt-i ehlīye daḫi yetişdirilmekdedir.

Ḥayvānāt-i vaḥşīye
Tendürek ṭağı ṭaşlıḳlarında eks̱erīyetle büyük ayılara teṣādüf edilmekde, ḳurt ve tilki daḫi vilāyetiñ her ḳażā ve ḳaryesinde mebẕūlan bulınmaḳdadır. Buralarda ḳışın İstrikinin ile tilki avlanması meşhūrdır. Ağrı-Ararat ṭağı eteklerindeki sazlıḳlarda yābān domuzı mevcūddır. Ḳışın Ḳānūn-i s̱ānī ayında ḳurtlarıñ buralarda ṣürü ile gezdikleri dāʾimā görülmekdedir.

Vilāyetiñ taḳsīmāt-i mülkīyesi
Bāyezīd vilāyeti evvelce Erzurum vilāyetiniñ bir sancağı olaraḳ idāre edilmekde idi. Şimdi müstaḳillen idāre edilmekdedir. Vilāyetiñ Bāyezīd, Diyadin, Ḳaraköse, Eleşkird, Ṭutaḳ; ṣoñradan ilḥāḳ edilen Iğdır, Ḳulp nāmında yedi ḳażāsı vardır.

Merkeziñ Mevṣun nāmında bir nāḥiyesi, Iğdır ḳażāsınıñ (Aralıḳ) nāmında bir nāḥiyesi olub merkezi (Ortagine) karyesidir. Ḳulp ḳażāsınıñ (Perçanis) ve (Parnabut) nāmında iki nāḥiyesi, Diyadin ḳażāsınıñ Ṭaşlıçay isminde bir nāḥiyesi, Ḳaraköse ḳażāsınıñ (Ḫamur) ve (Mekezre) nāmında iki nāḥiyesi olub Mekezre nāḥiyesiniñ merkezi (Camıçaṭu) ḳaryesidir. Ṭutaḳ ḳażāsınıñ (Paṭnos) ve (Sibki) nāmında iki nāḥiyesi ve Eleşkird ḳażāsınıñ (Ḫalyaz) nāmında bir nāḥiyesi olub merkezi (Ṭahir) ḳaryesidir.

[6] **İkinci ḳısım**

İklīm
Vilāyetiñ iklīmi eḳālīm-i bārideden maʿdūddır.

Mevāsim
İlkbahār, yaz, ṣoñbahār, ḳış olmaḳ üzere dört mevsim mevcūd isede bunlardan ilkbahār ekṡeriyā yaz ile ṣoñbahārda ekṡerīyetle ḳış ile ḳarışmaḳda üç ay ilkbahār veya ṣoñbahār hemān görilememekdedir.

Ḳışın eñ şiddetli zamānı Ḳānūn-i ṡānī, Şubāṭ aylarıdır. Yaz olduḳca kendini belli etmekde olub Hazīrān ve Temmūzdan Aġustosıñ onbeşine kadar imtidād eder. Ṣoñbahār baʿż-i senelerde yazdan ve ḳışdan kendisini tefrīḳ etdirir. Ḳış baʿż-i seneler Teşrīn-i evvel 15inden iʿtibāren başlayaraḳ Mārt 15ine ḳadar devām eder.

Ḥarāret-i nesīmīniñ vusṭā, aṣġarī, aʿẓamī dereceleri
Derece'-i ḥarāret yazın eñ ṣıcaḳ ayları olan Ḥazīrān, Temmūz aylarıyla Aġustosıñ on beşine ḳadar fevḳü'ṣ-ṣıfır 15 - 30 arasında taḥavvül ve tebeddül eder. Vasaṭīsi 15 - 18, aʿẓamī mıḳdārı 30dır. Ḳışıñ Ḳānūn aylarında taḥtu'ṣ-ṣıfır 8 - 20 arasında taḥavvül eder, aʿẓamī 20, aṣġarī 8, vasaṭīsi 9 - 11dir. Vilāyetiñ saṭḥ-i baḥrdan irtifāʿı 1800 metredir.

Rūzgārlar
Şimālden esen şimāl (poyraz) rūzgārı ile şarḳ ve şimāl-i şarḳīden esen (Ararat) ve gündoġrusı; ve cenūbdan esen (cenūb - lodos) rūzgārlarıdır.

Derece'-i yübūset ve ruṭūbet, bir sene ẓarfında yaġan yaġmurlarıñ irtifāʿı
Vilāyetiñ ḳısm-i aʿẓamında ruṭūbet olmadıġı veya ziyādece yābis bulınduġı görülmekdedir. Derece'-i yübūset aʿẓamī 10°, derece-i ruṭūbet aʿẓamı 6°dir. Yaġan yaġmurlarıñ bir sene ẓarfında irtifāʿ vasaṭīsi 4 - 9 santimetre arasındadır.

[7] **Miyāh-i maʿdenīye taḥlīl raporları**
Miyāh-i maʿdenīyeden maʿdūd olmaḳ üzere merkez vilāyetde sodalı ve kilsli bir menbaʿdan çıḳan bir nevʿi ṣu ile az mıḳdārda ḳarbonat dö sudlı ve müshil maḳāmında istiʿmāl edilen dīğer bir menbaʿ ṣuyıda vardır. Diyadin ḳażāsında Murād nehri kenārında ḳarbonatlı ve kilsli miyāh-i maʿdenīye mevcūd olub ḳarbonatından istifāde etmek içün hāżım olaraḳ ḳullanılmaḳdadır. Yine Diyadin ḳażāsı civārında kaplıcalar müteʿaddid miyāh-i maʿdenīye mevcūd olub Murād nehrine ḳarışmaḳdadırlar.

Ḳaplıcalar ve terkībātı

Vilāyetiñ Diyadin ḳażasında kükürtli ḳarbonatlı kilsli ḳaplıca ṣuları Murād nehri kenārından ve nehre yarım sāᶜat mesāfeden çıḳmaḳda ve nehre ḳarışmamaḳdadır. Bu ṣular ḳaplıca ṣuları isede üzerleri açıḳ ve ṭabīᶜī bir ḥālde bulınmaḳdadırlar. Yazın ve ilk bahārda civār köylileriñ Diyadine gelerek oradan yıḳanmaḳ üzere bu ṣulara gitmekde oldıḳları görülüyor. Yine meẕkūr ḳażānıñ Dāvūd nāmındaki köyinde kükürtli ve ḳarbonatlı bir ḳaplıca ṣuyı çıḳmaḳda ve ḥavużında ḫalḳ yıḳanmaḳdadır. Dīğerleriniñde ufaḳ ḥavużları mevcūddır.

Yalñız kükürtli ḳaplıca denilen ṣu Murād kenārında bir ḳaç maḥallden çıḳaraḳ iki üç metre irtifāᶜına ḳadar çıḳmaḳda, ṣuları fażla mıḳdārda ṣıcaḳ olub ḥavuẓı bulınmamaḳda ve bu ṣuda yıḳanmaḳ ārzū eden kimseleri fıskiye ṭarzında yükselen ṣularıñ altına oṭuraraḳ yıḳanmaḳdadır; bu kükürtli ve kireçli ṣu ḫāricde tekāṡüf etmekde ve bu ṣūretle tekāṡüf eden aḳsāmıñ Murād nehri üzerine ṭabīᶜī bir köpri yapdığı görülmekdedir. Bu ḳaplıcalar ḳażāya ve Diyadine iki sāᶜat mesāfededir (Ḫariṭada ḳaplıcalarıñ maḥalli ve ṭabīᶜī köpri gösterilmişdir). Ḳaplıcalarıñ terkībātı taḥlīl icrā edilemeksizin taḫmīnen ᶜarż ve ḫavāṣṣ-i ḥikemīyeleri ile ẓāhiren görilebilen niḳāṭ teṡbīt edilmişdir.

[8] **Üçinci ḳısım**

ʿUmūmī nüfūs

Vilāyetiñ ḥāl-i ḥāżırdaki nüfūs-i ʿumūmīsiniñ 35.000 ḳadarı erkek ve 40.000 ḳadarı ḳadın olmaḳ üzere 75.000 olduğı taḫmīn edilmekdedir. Taḥrīr-i nüfūs yapılmadığından bu mıḳdār taḳrībīdir.

ʿIrḳ ve dīn üzerine nüfūsıñ taḳsīmātı

ʿIrk iʿtibāriyle ḳażā merkezlerinde %5 nisbetinde Türk; Eleşkird, Ḳaraköse, Ṭutaḳ ḳażā ve ḳaryelerinde nüfūsıñ %10ı yine Türk; Iğdır ve Ḳulp ḳażā ve köyleriniñ %60ı Türk ve şīʿī meẕhebli ve mütebāḳī aḳsāmıda ḥanefī ve şāfiʿī olmaḳ üzere Kürddir. Kürdler arasında ḥanefī meẕhebine sālik pek az olub hemān ʿumūmīyetle şāfiʿīdirler. Dīğer ʿırḳ ve dīn sāliği olan nüfūs vilāyetiñ tekrār istirdādından beri mevcūd değildir.

ʿAşāʾir

Vilāyet nüfūs-i ʿumūmīsiniñ %85i ʿaşāʾirden ʿibāretdir. Kürdleriñ hepsi muḫtelif ʿaşīretlere mensūb olub cümlesiniñ ayrı ayrı ḳabīleleri vardır. Vilāyetde mevcūd ʿaşāʾir: Celālī, Haydarānlı - Adamānlı, Zeylānlı nāmıyla üçe ayrılıyor. Celālīler tekrār, Ḫalīkānlı, Perīḫakānlı, Ṣāḳānlı nāmıyla üçe ve bu ḳabīlelerde tekrār üçe, dörde ayrılaraḳ bu ṣūretle yüze yakın ḳabīle olıyorlar. Ḥaydarānlı ve Zeylānlı ʿaşīretleride ʿaynen Celālīler gibi müteʿaddid ḳabīlelere ayrılmaḳdadır.

Lisān-i ʿumūmī

Türkce olması lāzım gelirken meʾmūrīniñ ekṡerīsiniñ yerli bulınmaları ve Kürdce tekellüm etmeleri ve mektebleriñ fıḳdānı ṭolayısıyla vilāyetde lisān-i ʿumūmī Türkce ve Kürdcedir. Ḥükūmet ve mekātibde lisān-i resmī tamāmen Türkcedir. Iğdır, Ḳulp ḳażālarınıñ sukkānı arasındaki Aẕerī Türkler tamāmiyle Türkce tekellüm etmekde ve o ṭaraflardaki ʿaşāʾir daḫi Aẕerī Türkcesi tekellüm etmekdedirler.

[9] **Ṭarz-i telebbüs**

Vilāyetiñ ṭarz-i telebbüsi bir çok tenevvüʿler göstermekdedir. Merkez-i ḳażā ve vilāyetdeki ahālīniñ ve ḳadınlarıñ ṭarz-i telebbüsi dīğer vilāyetlerdeki (Erżurum) gibidir. ʿAşāʾiriñ ṭarz-i telebbüsi kendi ʿādāt ve ʿanʿanātına göredir. ʿAşāʾirden Celālīler: Bellerinden aşağı ḳısmı büzmeli ve ḳıvrıḳ caket ve camadan giyerler. Camadanıñ etekleri diz ḳapaḳlarına ḳadardır. Bacaḳlarında don (beyāż) ve şalvar ve baʿzılarında panṭalon, baldırlarına tozluḳ maḳāmında yüñden örülmiş ḳıṣa ve baldırı örtecek derecede tozluḳları vardır. Başlarına ḳıṣa keçe külāhlar ve keçeler üzerinde ucları dokumalı mendil, ipekli parçalar ve yüñ parçalar ṣararlar. Adamānlılarıñ kisveleri Celālīlerden farḳlıdır. Serpūşları keçe olub 30 - 35 santimetre uzunlığında ve üstleri ṭablalıdır. Bu serpūşlarıñ üzerine bunlarda ṣarıḳ ṣararlar. Caketleri ḳıṣa, bellerine ḳadar camadan ṭarzında maʿmūlāt-i dāḫilīyedendir. Şalvarları çoḳ genişdir.

Zeylan ʿaşiretiniñ serpūşları Celālīler gibi ḳıṣa keçelerdir, üzerine ṣarıḳ ṣararlar. Üzerine giydikleri palṭoları çerkeskārī ve ayaḳlarına ḳadar uzundır. Bu ṣūretle telebbüs, ḥāli ve vaḳti olanlar içündir. Ḥāli ve vaḳti müṣāʿid olanlar yalñız serpūş başında ḳalmaḳ üzere dīğer elbiselerini Kafḳas ve Türk ṭarzında giymek ve gerek bi'l-ʿumūm ruʾasā ve ruʾaṣānıñ tevābiʿi mümkin oldığı ḳadar kendilerini ʿaşāʾiri içerisinde ṭarz-i telebbüs ile tefrīḳ etdirmeği iltizām ederler. ʿAşīret ruʾasāsı musteṣnā olmaḳ üzere bi'l-ʿumūm ʿaşāʾir ve Akrādıñ yüzde ṭoksanbeşi ʿaẓm-i cebhīlerindeki ṣaçları ṭraş etdirüb ʿaẓm-i cidārīlerdeki ṣaçları uzatmaḳda ve uzanan bu ṣaçları serpūşlarınıñ yanlarından ḳulaḳlarını örtmek üzere çıḳarmaḳdadır. ʿAşāʾir ḳadınlarınıñ ṭarz-i telebbüsleri şu vecihledir ve cümlesinde birdir: Ḳadınlar başlarına ziynet makāmında gümüşden veya baḳırdan ṭas koyarlar. Bu ṭası bir ḫoṭos gibi ḫāricen tezyīn ederler. Ṭas ḳadınıñ başına giydiği fesiñ üzerinde olub üstinde tülbendden örtüleri mevcūddır. Tülbend üzerine boncuḳlar, paralar, boynına altunlar, ḳollarına bilezikler ṭaḳarlar, burunlarınıñ saġ ṭarafdaki deliğine ḫāricen ziynet maḳāmında gümüşden veya altundan Kürdce (būrnītī) denilen bir gümüş ikilik cesāmetindeki cismi geçirirler. Giydikleri entārīler uzun ve büzmeli olub ayaḳlarına ḳadardır. Bu entārīleriñ üzerlerinden ḳıṣa caketlerde giyerler, bellerine ṣıḳıca şallar veya ḳuşaḳlar ile ṣararlar. [10] Çarşaf ḳullanmazlar. Yekdīğerlerinden ḳaçmaları yoḳdır. Yabancı meʾmūr veya ʿaşīret ruʾāsasından baʿż-i ẕevāta teṣādüf ederler ise teʾdiben ve taʿẓīman yüzlerini ḳaparlar. Gözleri açıḳ ḳalmaḳ yalñız burun ve ağızları ḳapalı olmaḳ üzere mevcūd olan tülbendleri çekerler. Saçlarınıñ bir ḳısmını tülbendiñ kenārlarından ḫārice çıḳarırlar. Şalvar şeklinde ve paçaları büzmeli donları entārīleriniñ altından görülür. Rusġu'l-ḳademlerinde boncuḳdan bilezik mevcūddır. Ellerine ḳına ḳonmağı pek büyük bir ʿādet ṣayarlar.

Azerī erkekleriñ ṭarz-i telebbüsi İran ṭarz-i telebbüsüne pek müşābihdir. Başlarına ḳalpaḳ giymek (ḥāli müsāʿid olduğı taḳdīrde) olmaz ise keçe ḳoymaḳ ve arḳası büzmeli irankārī caketler, palṭolar giymek, panṭalon ve şalvar giymek, faḳīr ise bacağına don giymek ve caketi üzerine ḳuşaḳ bağlamaḳ, keçe örtmek (başına), ṣaçlarından ʿaẓm-i ḳafasındakileri uzatmaḳ ve kendilerine maḫṣūṣ ṣūretde kesmek başlıca ʿādetleridir.

Ḳadınları, ṭarz-i telebbüs iʿtibāriyle İran ḳadınlarına müşābihdir. Başları açıḳdır.Yemeni veya tülbend nevʿinden reşi bağlarlar. Ḫoṭoz ḳoyarlar. Ṣaçlarınıñ öñ ḳısmını keserler. Boyunları altına ḥāl ve vaḳtına göre müzeyyen veya boncuḳlı (minceḳ) taʿbīr etdikleri uzun ziynet ḳilādesini çeñeleriniñ altına ve cānibine ʿaẓm-i cidārlarına ḳadar imtidād etmek üzere aṣarlar. Elbiseleri büzmeli, entārīleri fistankārī olub diz ḳapaḳlarına ḳadardır. Zenginler bacaḳlarını örtmek üzere ḳadın çorabları, faḳīr ḳısmı bacaḳ ve baldırlarını örtmek üzere rusġu'l-kademeye mufaṣṣal raḳbeye ve bir az yuḳarısına ḳadar dizlikler giyerler. Şehirli ḳadınlar başlarına yekpāre çarşaf örterler ve yüzlerini yabancılara ḳarşı bu çarşaf ile setr ederler. Köylileriniñ yekdīğerinden ḳaçmaları yoḳdır. Don giymedikleri tevātüren söylenmekdedir. Don maḳāmına ḳā'im olmaḳ üzere eteklik gibi ikinci bir fistan giymekde imişler; ḳına ḳoymaḳ ʿādetleride mevcūdır.

Ṭarz-i maʿīşet

Vilāyet sükkānınıñ geçimi (merkez ve vilāyet ḳażālar dahi dāḫil olduġı ḥālde) merākizde mutavassıṭ, ḳaryelerde pek ibtidā'ī ve basīṭdir. Şehirlerde olsun, köylerde olsun ḫalḳ ʿumūmīyetle ete fażla münhemikdir. Eñ iyi ġıdāları et ile pirinç pilāvıdır. ʿAşā'ir ve Āẕerīler ve dīğer köylüler aḳsāmda dāḫil olduġı ḥālde süt, yoġurt, ayran, yaġı alınmış peynir (şūrūbiylen), bulġur, buġday, arpa ekmeği, bulurlar ise buġday ekmeği yerler. Nebātāt ile taʿayyüşleri hemān pek azdır. İlkbahārda [11] pançar denilen yeşilleri ṭoplarlar. Ḳışın, yazın ṭatlı maḳāmına ḳā'im olmaḳ üzere çay içerler. Çayları maṭbūḫ ḥālindedir. Yazın başlıca ġıdāları ekmek ile ayrandır. Āẕerīler ʿaşā'ire nisbetle nebātāt ile fażlaca taʿayyüş ederler. İçdikleri çay (menḳūʿ)dır. Yaġ başlıca ġıdālarıdır. Ḳaṣabalar ḫalḳından vaḳti ve ḥāli müsa'id olmayanlarıñ maʿīşetleri ʿaşā'iriñkine beñzer. İbtidā'ī bir ḥāldedir.

Ṭarz-i iştiġāl (ṣanāyiʿ)

Ḳaṣabalar ḫalḳınıñ öteden beri iştiġalleri ibtidā'ī derecede ticāret ile oldıḳca vāsiʿ zirāʿatdan ʿibāret olub ṣanāyiʿ ḫuṣūṣında pek geri ḳalmışlardır. Birde ḳaṣabalar ḫalḳınıñ çoġı me'mūrdır.

Vilāyet ve ḳaṣabalarınıñ köyli ḫalḳından ʿaşā'ir ve Kürdler göçebe ḥālinde yaşamaḳdadır. Seneniñ beş buçuḳ ayını köyde, altı buçuḳ ayınıda ḫayme-nişīn geçirirler. Bunlarıñ nıṣfı zirāʿatle iştiġāl ederler isede etdikleri zerʿīyāt çoḳ ibtidā'ī ve maḥdūddır. Ekṣerī ḳoyun ve māl sürüleri yetişdirmek ve yaġ, peynir yapmaḳ üzere yaylalara çıḳarlar. Ṣoñ bahārda köylerine geldikden ṣoñra ḳadınlara mevdūʿ veẓā'if başlar ki bunlarda yüñden çuval, ip, çadır, çorap, ḫalı, kilim, keçe doḳumaḳdır. Ḳadınlarıñ doḳudıġı bu eşyāyı erkekleri pazara götürüb ṣatarlar. ʿAşīret erkekleriniñ ḳışın vaẓīfeleri hemān maḫdūddır. Yalñız ḳoyun ve māllarını (öküz, inek, at) iyi beslemeği ve idāre etmeği düşünürler. Bahārda ve yazda tarla ekmek, biçmek, ṣulamaḳ ve çarşuya pazara gitmekdir. ʿAşā'ir ve Kürd ḳadınlarınıñ veẓā'ifi pek ziyādedir. Ḳoyun, inek ṣaġmaḳ, yaġ, yoġurt, peynir yapmaḳ, ekmek pişirmek, ṣu getirmek, tarlalarda çalışmaḳ, yemek pişirmek, çamaşır yıḳamaḳ, tezek yapmaḳdır. ʿAşīret ve Kürdlerden biriniñ ḥāli vaḳtı müsā'id olur ise ḳapusındaki ḳoyun, inek, öküz, atları ziyāde olunca zevcelerini taʿaddüd etdirmek isterler. Dördiniñ bir arada bulındıġı ekṣerīyā görülmekde ve bu ṣūretle veẓā'if taḳsīm edilmekdedir. Taʿaddüd-i zevcāt ʿādeti ḳaṣaba ḫalḳında daḫi %5 nisbetinde görülür.

Āẕerī erkekler Kürdlere ve ʿaşā'ire nisbetle daha ziyāde ticāret ve zirāʿatla iştiġāl ederler. Zirāʿatları keṣīrdir. Her nevʿi maḥṣūlāt ekerler ve ticāret maḥalline götürerek ṣatarlar ve maʿīşetlerini bu ṣūretle te'mīn ederler. Ticāretleri ekṣerīyetle ḳışındır. Āẕerīleriñ ḳaṣaba sukkānı içerisinde [12] iyi ticāret edenler mevcūddır. Bunlarda ḳoyun, at, inek (manda - camus), keçi beslemek ʿādetleri vardır. Bāġ ve bostān daḫi yetişdirirler. Ḳadınlarınıñ veẓāʾifide erkeklerden ziyāde gibidir. Eviñ bütün ḫuṣūṣātını gördikden ṣoñra tezek yapmak, tarlada erkeği ile birlikde çalışmaḳ, ḫalı, keçe, kilim, çorab, çuval ve sāʾire doḳumaḳ hep ḳadınlarıñ işidir.

Ṣanāyiʿ ḳablu'l-ḥarb vilāyetde Ermenilere münḥaṣır idi, ʿaşāʾirde hemān hiç yoḳ gibi idiysede şimdi ḳaṣabalarda daḫi ṣanʿatkār mevcūd değildir. Yalñız Āẕerīleriñ kendi iḥiyāclarını görebilecek ḳadar ṣanʿatkārları mevcūddır. Ticāret müslümanların elindedir. Faḳaṭ ṣanāyiʿ hemān mefḳūd diyecek bir ḥāldedir.

Aḫlāḳ

Vilāyet ḫalḳında aḫlāḳ muḥārebeden evvelki gibi olmayub muḥārebeden ṣoñra bir az daha tedennī etmiş olduġī görülmekde ve söylenmekdedir. Ḥarb her yerde bāḫuṣūṣ cehli ve cāhilāne taʿaṣṣubı bulınan ḫalḳ üzerinde aḫlāḳ noḳṭa-i naẓarından büyük tebeddüller yapmışdır. ʿAşāʾiriñ ve Kürdleriñ aḫlāḳındada tebeddüller ḥāṣıl olmış olmaḳla berāber bunlarıñ yine esāslarını ġaʾib etmemeğe çalışmaḳda olduḳları ve bunıñla berāber cehāletleri ve maʿārifsizlikleri ve görgüleriniñ maḥdūdīyeti ṭolayısıyla şerre daha ziyāde inhimāk eyledikleri meşhūddır. Āẕerī ḫalḳ ise aḫlāḳ noḳṭasından bizim ḫalḳımıza nisbetle daha dūn bir derecededir. Rumlar Āẕerī ḫalḳıñ (vaṭan, millet, mevcūdīyet, insānīyet, dīn ve ʿırḳ) duyġularını söndürmeğe ve kendilerini cāhil bıraḳmaġa ʿazm etmiş ve bu ārzūlarına muvaffaḳ olmaḳ derecesinde yaḳlaşmışdır.

Maʿārif

Vilāyet dāḫilinde maʿārif ḳablu'l-ḥarb ve baʿdu'l-ḥarb olmaḳ üzere iki devreye taḳsīm ve tefrīḳ edilebilir. Ḳablu'l-ḥarb merkez-i vilāyetde ẕükūra maḫṣūṣ bir ibtidāʾī, bir rüşdī ve bir iʿdādī (iki senelik) mektebi mevcūd idi, ḳızlar içünde birer ibtidāʾī ve rüşdī mektebi mevcūd ve ḳażālarda ayrıca ibtidāʾī ve rüşdī (ẕükūr) mektebleri ve büyük ḳaryelerde birer ibtidāʾī mektebi müʾesses bulınmaka idi. Baʿdu'l-ḥarb vilāyetiñ istirdādından ṣoñra 336 senesine gelinceye ḳadar vilāyet ve mülḥaḳātında mekteb mevcūd değil idi, bu 36 senesiniñ Eylūlinde vilāyetde birer ibtidāʾī ve tālī ẕükūr mektebi ve bir ibtidāʾī inās̱ mektebi, Diyadin, Ḳaraköse, Iġdır ḳażālariñda birer ẕükūr mekteb-i ibtidāʾīsi ile baʿżı köylerde yine ibtidāʾī mektebler teʾṣīs edilmişdir.

[13] Vilāyetiñ maʿārifi hemān yoḳ denecek derecededir. Bu muḥārebeden evvel daḫi böyle imiş. ʿAşāʾir ise ruʾasāsıda dāḫil oldıġı ḥālde tamāmıyla cāhildir. Ḳaṣaba ḫalḳından bir parça oḳumaḳ ve yazmaḳ bilenlere (ibtidāʾī ve rüşdīniñ bir iki ṣınıfı derecesinde) teṣādüf ediliyor. Vilāyetde taḫṣīl-i tālī ve ʿālīyi bitirmiş bir kimse bulmaḳ imkānı yoḳdır. Āẕerī ḫalḳınıñ içinde daḫi oḳumaḳ, yazmaḳ bilenlere ve tālī ve ʿālī taḥṣīl görmişlere pek ender teṣādüf edildiği gibi köyli ḫalḳ daḫi tamāmıyla cāhildir. Ne Türkce ve nede Rusca oḳumaḳ bilmediği gibi görüşmeğide bilmez. Āẕerīleriñ ḳaṣabalar ḫalḳında Türkceyi görüşecek ve bir mektubı (Rusca) güç ḥāl ile oḳuyacaḳ ḳadar Rusca bilenlere eks̱erīyetle teṣādüf edilmekdedir.

ᶜAnᶜanāt

Vilāyet ḫalḳınıñ ᶜanᶜaneleri dīnī ve millī şekildedir. Bunlardan ᶜaşāʾir ḳısmı beynlerinde ḳan bedeli alub verirler. Mes̱elā ᶜaşāʾirde ḳabīle ve ṭāʾifecilik mevcūd olub bir ṭāʾife veya ḳabīle ḫalḳından birini dīğer ḳabīle ve ṭāʾife ḫalḳından herhangi bir şaḫış öldürür ise öleniñ ḳabīlesine mensūb oldıġı kimseler öldüren ḳabīleniñ ᶜumūmına düşman olurlar ve dīğerlerini resmī maḥaller müstes̱nā (ḥükūmet, ve meʾmūrīn-i ḥükūmet yanında) olmaḳ üzere başḳa nerede teṣādüf ederler ise derḥāl öldürmeğe teşebbüs̱ eder ve fırṣat bulurlar ise öldürürler. Aradaki bu ḫuṣūmetiñ ḳalḳması içünde düşman iki ḳabīleniñ iḫtiyārları bir araya ṭoplanaraḳ ölen kimseniñ ḳan bedelini alub ᶜāʾilesine ve ḳārdeşine ve sāʾiresine vermelerinden başḳa çāre yoḳdır. Bu ṣūretle ḳan bedeli verildiği taḳdīrde iki muḫāṣım ṭaraf yekdīğeriyle barışırlar, ᶜaksi taḳdīrde ḫuṣūmetleri devām eder. Ḳan bedelide şaḫṣa göredir. Mes̱elā bir çoban ölürse veya öldürülürse, asġarī elli ḳoyun, bir at, bir tüfenk ve bir ḳaç ḳat elbise verilir. Ölen şaḫış beyne'l-ᶜaşāʾir ḫāṭırlı ve zorba bir adam ise bunıñ ḳan bedeli daha ziyāde olur. Öldüren adam faḳīr ise ḳan bedelini mensūb oldıġı ḳabīleniñ eñ büyüğinden küçüğine ḳadar bütün ḳabīle ḫalḳı öderler. Herkes ḥāline vaḳtına göre verir, ḳātiliñde mālı var ise bir ḳısmı kendi idāresi içün alıḳonılır, fazlası ḳan bedeli içün ayrılır. Almazlarsa barışamazlar. O ḫuṣūmet tevālī ve temādī eder. Yine beyne'l-ᶜaşāʾir kendi tāʾife veya kabīlesi veyāḫūd āḫar ṭāʾife ḫalḳından ḫāṭırı ṣayılur biri faḳīr düşer ise faḳīr düşen şaḫış ḥaḳḳında beyne'l-ᶜaşāʾir (recv - muᶜāvenet taleb etmek) muᶜāmelesi cereyān eder. Bu kimseye herkes hāli ve vaḳtine göre muᶜāvenetde bulınur. Mes̱elā bir köye gelirse [14] o köyiñ büyüği bir öküz, dīğerleri iki koyun, bir keçi, bir çuval, bir ip, ḥāṣılı ev eşyāsı ve sāʾire ṭoplar verirler. Bu her şaḫış içün değildir. Bi'l-ḫāṣṣa ᶜaşīret ruʾasāsı ve oġılları içün yapılır. ᶜAşīret reʾīsi evlenecek ve fakr-ü-ḥāli mevcūd ise yine recvīye çıḳar ve bir şeyler ṭoplar (alacaġı ḳızıñ başlıġına vermek içün). Vilāyet ḫalḳında ve ᶜaşāʾirde olsun ḳızları ve oġıllarını erken evlendirmek ᶜādeti cārīdir. (Erkekler vusṭā: 15 - 16, ḳızlar 12 - 14 arasındadır) Ve ḳızlar içün erkek ṭarafından başlıḳ almaḳda ᶜādetdir. Alınan başlıḳ ile ḳaṣaba ḫalḳı ḳızlarına cihāz (pek az mıḳdārda) verirler. ᶜAşāʾirde ise büsbitün azdır. Bu az cihāza nisbetle aldıḳları başlıḳ pek ziyādedir. Mes̱elā bir ᶜaşīret reʾīsi ḳızınıñ sekizyüz maᶜdenī altun ile 7 - 8 deve, birkaç at, birḳaç tüfenk, bir ḳaç ḳat elbiseye ṣatdıġı görülmişdir. Eñ faḳīr bir ᶜaşīret ḳızı 5 - 6 maᶜdenī altun ve bir iki ḳat elbise ve sāʾireye ṣatılıyor. Ḳızlara mīrās̱ vermek ᶜādet değildir. Beyne'l-ᶜaşāʾir saḳīm uṣūllerden biride budır: Ḳızı evlendirerek ḳocasınıñ evine göndermekdir; iç güveyisi almaḳ ᶜādeti buralarda cārī değildir. Ḳızlarıñ ḳocası vefāt ederse ḳız doġrıca çocuḳları (bāḫuṣūṣ erkek) yoḳsa tekrar babasınıñ evine gelir, babasıda ḳabūl eder ve ikinci defᶜa bir erkek ile tezevvüc ederken yine başlıḳ alır. Babası başlıḳ almadan ḳızını kimseye vermez. Ḳız ḳaçar ise babası yine başlıġını ṭaleb eder ve başlıḳ verilmez ise erkek ṭarafı ile aralarına ḳan girer.

Eyyām-i mubārekeden bayramlarda bi'l-ᶜumūm ḳöy ḫalḳı evvelce büyüklerinden başlamaḳ üzere yekdīğerini ziyāret etmek ve her ziyāret olınan kimseniñ evinde ekmek yemek, iᶜāde-i ziyāret edenlerede ekmek yedirmek, eyyām-i resmīyede oldıġı gibi sāʾir zamānlarda daḫi ᶜaşāʾir beyninde evine gelen misāfire ḥāline vaḳtına göre ekmek yedirmek ve ekmeğiñ ḥāżır olmasına ḳadar bekleyemiyecek bir ḥālde ise çay içirmek, ayran içirmek, ṣu içirmek ve o ṣūretle yolcı etmek ʿādetdir. Bu ʿādet ḳaṣaba ḫalḳında mevcūd değildir. ʿAşāʾirde ata binmek, at ḳoşdırmaḳ (eskiden cerīd oynamaḳ), silāḥ ḳullanmaḳ ve nişān atmaḳ, erkekler ṣaçlarınıñ ḳısm-i cebhīlerini tamāmen kesmek ve cāniblerini uzatmaḳ ve bu uzun ṣaçlarını keçe külahlarınıñ yanlarından ḳulaḳlarına ḳadar üretmek üzere çıḳarmaḳ muʿtāddır. ʿAşāʾir ruʾasāsından veya bir ʿaşīretiñ büyüklerinden olan bir erkek içün beyān-i taʿziyeye gelinirken o ʿaşīretiñ ḳabīlesi ve ṭāʾifesi ḫalḳı (ḳadın, çoluḳ çocuḳ, erkek olmaḳ üzere) bir iki at donataraḳ (ḳıymetli eşyālar ile) ve müteveffāyı medḥ ve s̱enāʾ [15] ederek teʾes̱sür ve teʾessüf ḳaṣīdelerini kendi şīve ve uṣūlleri ile oḳuyaraḳ gelmek ve vefāt eden kimseniñ ḫānesine ḳoç, ḳoyun, öküz gibi emvāl getirmek ʿaşāʾiriñ başluca ʿanʿaneleri ṣırasındadır.

Āẕerī ḫalḳı şīʿa oldıḳları içün Muḥarremiñ birinden onına ḳadar mātem ṭutmaḳ, nevrūz güni bayram yapmaḳ (eñ büyük bayramları) ʿādetdir; o gün eñ yeni ve temiz elbiselerini giyerek yekdīğerini ziyāret eder ve ṭatlılar yerler. Ramażān ve ḳurbān bayramlarını pek basīṭ olaraḳ yapmaḳ, ata binmek, silāḥ atmaḳ (eskiden cirīd oynamaḳ). Bir cenāzeleri vuḳūʿında hemān cenāze tamāmıyla ṣoğumadan ölüyi evden çıḳarmaḳ, gece ise başḳa bir maḥalle ḳoymaḳ ve beklememek, gündüz ise ʿacele yaḳalayub defn etdirmek, erkekleriniñ iḫtiyārları ṣaç ve ṣaḳallarına ḳına ḳoymaḳ, ḳadınları ṣaçlarınıñ ḳısm-i cebhī uclarını kesmek, erkekleri cebheniñ ḳısm-i mütevassıṭını kesmek cānib ve ʿaẓm-i ḳafa üzerindeki ṣaçları başlarına ḳoydıḳları serpūşdan ṭışarı çıḳarmaḳ gibi ʿanʿaneleri mevcūd ve cārīdir.

Yerli iʿtiḳādāt-i bāṭıle

Vilāyet ḫalḳınıñ hemān eks̱erīyetiniñ ʿaşāʾir olması, ḳaṣabalar ḫalḳınında cehāletleriniñ ziyādeliği dolayısıyla iʿtḳādāt-i bāṭıleleri fażla derecededir. Ezcümle ʿaşāʾir ve Kürdlerden biriniñ ḫastası olubda (ḫastalığı herne olursa olsun, ister intānı ister ġayr-i intānī) ḫastalığı birḳaç gün tevālī ve temādī eder ise ḫastayı deriye çekerler. Deriye çekmek ʿamelīyesi şu vecihle icrā olunur: deri semīz bir ḳoç veya ḳoyun veyāḫūd ṣığır derisinden ʿibāretdir; bunı ṣıcaḳ ṣıcaḳ yüzerek ḫastayı ʿüryān bir ḥāle getirir ve ayaḳlarından iʿtibāren baṭın ve ṣadr ile eṭrāf-i ʿulvīye ve süflīyesiniñ bir ḳısmını yalñız raʾs ḫaricde ḳalmaḳ şarṭıyla (deriniñ ḥacm-i istiʿābīsine göre) deriyi ḫastanıñ vücūdına yapışdırdıḳdan ṣoñra diker ve ḫastayı başıda içeride ḳalmaḳ şarṭıyla örtüb baṣdırırlar ve ḫastayı deriniñ içerisinde dereceʾ-i taḥammülüne göre iki sāʿatdan aşağı olmamaḳ üzere (6 - 7) sāʿat ḳadar bıraḳaraḳ terletir ve terden ṣoñra ḫastayı ḫafīf giydirerek yatağına yatırır ve şifāsını beklerler. Bu ṣūretle deriye ṣarılaraḳ üsti baṣdırılan ve başıda yorġan altına ṣoḳulan ḫastalardan yorġan altında ḥāmiż-i ḳarbon ile tesemmüm edenlere teṣādüf edildiği söylenmekdedir. Bu muʿāmeleniñ herhangi bir bāṭıl iʿtikādıñ netīcesi olduġı muḥaḳḳaḳdır. Bundan beklenilen istifāde ḫastanıñ deri içerisinde terlemesi ile şifāyāb [16] olması imiş! Bu saḳīm ʿādet taʿāmül derecesini bulmışdır. Ezik, çıḳıḳ, ḳırıḳ ve dīğer bereler içünde muḥaḳḳaḳ yine ḫastanıñ o maḥalli deriye ṣarılır. Bir ḫastanıñ burunı ḳanar ise veya ḫasta aḳsırır ise bu ḥāli o ḫastanıñ şifāyāb olacağına delīl ᶜadd ederler. Yine bir ḫasta ḫastalığı içerisinde ṣayıḳlar ve baᶜż-i heẕeyānātda bulunur ise o ḫastayı Kürd şeyḫlerinden veya (faḳī) taᶜbīr edilen köy ḫo(va)calarından biriniñ oḳuması ve muṣḳa yazması ve bu muṣḳanıñ ḫastanıñ boynına aṣılması ve yine ᶜaṣabī ve ᶜaḳlī ḫastalıḳlarda (iḥtiḳān-i raḥim ve maniya-yi ḥadd) bu gibi ᶜaṣabī veya ᶜaḳlī ḫastalıkalara, daha ṭogrısı cīnn ve perīlere ḳarşı oḳuyan ḫo(va)calara veya şeyḫe götürmak veya o şeyḫi getirerek ḫastayı oḳutdurmaḳda ḫurāfāt-i cārīyedendir. Cīnn ve perīleri dağıtmaḳ içün ṣuya ḳonularaḳ ḫülāṣası içilen muṣḳalar almaḳ ve ondan ṣoñra ḫastanıñ şifāsını beklemekde ᶜādetdir. ᶜAṣabī ḫastalıḳlarda (isteri, nörasteni, mani, paralizi) ve sāʾirede dāʾimā oḳumaḳ bu gibi cīnn ve perīlere taᶜalluḳ eden ḫastalıḳlarıñ ya oḳumaḳ ile veya ḫastanıñ ölmesi ile nihāyetleneceği ḳanāᶜatinde bulunmaḳ, etibbāya mürācaᶜatı hiç ḫāṭıra getirmemek bu vecihle ḫo(va)calardan ve muṣḳalardan şifā beklemek muᶜtaddır. Gözlerinde ẕātü'l-munżammeʾ-i ḥadd veya traḫomı bulınan ḫasta o gözinüñ ḳaşı üzerine gelmek üzere fesine veya külāhına aṣılmış siyah muṣḳalar ṭaşımaḳ ve ᶜaẓm-i ḳafası üzerine yaḳı yapışdırmaḳ (yaḳınıñ terḳībi: ḳara sakız, iç yağı, balmumı, bir ṭaḳım otlar ve köklerden ᶜibāretdir) ve ḫastanıñ ᶜaẓm-i ḳafası üzerinden ḳan aldırmaḳ ṣūretiyle şifā beklemek, bi'l-āḫara ḫastalıḳ geçmez ise (geçmiyeceği muḥaḳḳaḳ ve pek ṭabīᶜī) ṭabībe mürācaᶜat etmek, yine ḳulağı ağrıyan ḫastalarda Kürdler beyninde (Kürd ḥekīmi - mutaṭabbib) denilenlerden birini getirüb onıñ uzaḳdan baḳması ile tedāvī olınmaḳ muᶜtāddır. Bu mutaṭabbib ḳulaḳ ağrısı ḥaḳḳında bāṣūr diye teşḫīṣ ḳoyar ise bu ḳulaḳ bāṣūrına ḳarşu boz rekli serçe ḳuşlarından bir ḳaç dāne ṭutılaraḳ serceniñ ḳulağa (ağrıyan) taṭbīḳ edilmesi ve ḳuşıñ ölmesi ile dīğer bir ḳuşıñ ve bunında ölmesi ile dīğerinin taṭbīḳi ṣūretiyle o bāṣūrıñ şifāsı aranılır. İltihāb-i uẕn mutavassıṭ-i ḥādd veḳayiᶜinde ḳulaḳlardaki ağrıları̃ ve iltihābıñ ḳulaga ḫāricden her hangi ṣūretle giren ḳurdlar ṭarafından getirilmiş olduğına iᶜtiḳād edildiği içün bu ṭufeylīleri çıḳarmaḳ ve çıḳmıyan ḳurdlar içünde ṭabībe mürācaᶜat ederek çocuğıñ ḳulağınıñ ḳurdlandığından baḥs̱ etmek ve evvelce ḳulağa peynir ve sāʾire ḳoydığını ṣaḳlamaḳ ve şifāsını ṭaleb etmek ve yine baᶜż-i ḫastalarda (ḳarın ağrılarında) bir ekmek veya ḳurı üzüm [17] içerisine ufaḳ yarım noḫud ḳadar kibrītīyet-i nüḥās ḳoyaraḳ ḫastanıñ o ağrısına ḳarşı ḫastaya yutdurmaḳ; çocuḳ doğurmayan ḳadınları ḫo(va)calara oḳutmaḳ, ḥamlini važᶜ eden ḳadınıñ yanına kendi maḥreminden ġayri erkek gitmemesi ve gitdiği taḳdīrde çocuğıñ tersine döneceği ḳanāᶜatında bulunmaḳ ve yine serçe ḳuşı ᶜamelīyesini (bāṣūr) dedikleri evrām-i bāṣūrīyede ḳullanaraḳ ḳuşıñ vefātı ile evrāmıñ tevlīd etdiği evcāᶜı çekmekde olduğına ẕāhib olmaḳ ve bu ṣūretle bu ᶜameliyeden şifā beklemek. Ölen veya öldürülen bir cenāzeniñ lüzūm-i ḳānūnī üzerine ḳabirden çiḳartdırılmasınıñ meymenetsiz oldığını ve eğer cenāze üzerinde fetḥ-i mayyit veya sāʾir bir ᶜameliye yapılır ise o cenāzeniñ tamāmıyla mülevves̱ olacağını ve aḫretdede böyle mülevves̱ olaraḳ ḥażret-i ḥaḳḳa çıḳması münāsib olmayacağını ẓann eylemek ve ḳabristān civārında veya baᶜżı yol üzerlerinde bulınan ağaçlarıñ üzerine bağlanan veya bağlanılan bez parçaları ile ṣıtmanıñ geçeceğine ve murādınıñ olacağına ve böyle bir ağaçdan dal veya budaḳ ve sāʾire ḳoparıldığı taḳdīrde bu düşüncesizliği yapan insānıñ berbād ve perīşān olacağına inanmaḳ ve müzmin ṣūretde eṭrāfında ve baṭn, ṣadr aḳsāmınıñ herhangi bir maḥallinde görülen romatizma ağrılarınıda "yel, rūzgār ṭutdı" zuʿmiyle oḳutmaḳ; leylek ḳuşınıñ yuva yapdığı herhangi bir ağacı veya evi ziyāretgāh bilerek kesmemek ve yıḳmamaḳ, üzerinde cesāret, şecāʿat muşḳaları ṭaşımaḳ, bir mecbūrīyetleri olmaz ise ḫiristyān ḫalḳ ile birlikde yemek yememek ve ḫiristyān ḫalḳıñ yemek yediği ḳabı murdār oldı ẓannına bināʾen ḳırmaḳ veya ḳalaylamaḳ ve iḳtiżā ederse ḫiristyānları bu iʿtiḳādlarınıñ mevcūd olmasına rağmen talān ve yağmā ederek eşyāsını alub ḳullanmaḳ, ḫiristyānlarıñ içdikleri ḳabdan mümkin oldığı derece ṣu içmemek, ḫastalarınıñ tedābīr-i ibtidāʾīyelerini ve bildikleri ʿilāclarını yapdıḳdan ṣoñra şifā ḥāṣıl olmadığı taḳdīrde nāçār ṭabībe mürācaʿat ederek ʿacele ḫastanıñ şifāsını beklemek gibi iʿtiḳādāt-i bāṭıleleri mevcūddır. Āẕerī ḫalḳ daḫi ḫiristyān ḫalḳ ile mümkin olduğı ḳadar bir arada yemek yememeğe ve ṣu içdikleri ḳabdan ṣu içmemeğe ġayret ederler.

Ḫalḳıñ ṭabābete ḳarşı vażʿīyeti
Ḫalḳ ṭabābete ḳarşı ṣoğuḳ değil isede cehāletleri ve muḥīṭlerinde ṭabīb noḳṣānlığı ṭolayısıyla her nevʿi ḫastalıḳlarını evvelce bildikleri ve mutaṭabbibleri ṭarafından söylenilen ʿilācları yapmaḳ ṣūretiyle tedāvī etmek isterler, şifā göremeyince hemān ṭabībe mürācaʿatı münāsıb görürler. Ṭabībe vāḳiʿ [18] olan mürācaʿatlarında kendi fikirlerine münāsib gelmeyen ṭabīb tavṣīyesinide ṭutmazlar. Meṣelā ẕātü'l-ḳaṣabāt-i ḥāddī bulınan bir ḫastaya yoğurt tavṣīye edilir ise yedirmezler ve ṭabībiñ naẓar-i diḳḳatını celb etmek içün ḫasta ṣāḥib ve ṣāḥibelerinden tekrar ṣorarlar "yoğurt verelimmi?" Veriñiz derseñiz, verilmez, çünki bu ḫastalığa yoğurt verilir ise ḫastanıñ nefesi ṭıḳanırmış! Ṣoñra ḳurşun yarası, ḳırıḳ, çıḳıḳ gibi emrāż ve sāʾireyi beynlerindeki cerrāḥ mutaṭabbibler ṭarafından yapılan merhemler, fitiller ve sāʾire ile iyi etmeğe çalışırlar. Ḫāricī yaralar, ekzema, empediġo, fāvus ve daha bu gibi yaraları ve ḫastalıkalarıda bir ṭaḳım nebātī ot ve kökler ile yapılan merhemler ile iyileşdirmeğe uğraşırlar. Bi'l-āḫare iyi olamadığı içün ṭabībe mürācaʿat ederler. Kininiñ ṣıtma ʿilācı oldığını añlayan ḫalḳ mutaṭabbiblere mürācāat etmez, çünki ḫāṣṣeʾ-i şifāʾīyesini pek az zamānda gözi ile görür. Bunıñ içün bi'l-ʿumūm vilāyet ḫalḳınıñ ṭabābete ışınmalarını teʾmīn ḫuṣūṣında muḥīṭde ḳuvvetli bir teşkīlāt-i ṣıḥḥīye yapmaḳ ve köylüye yaḳın maḥallerde muʿāyeneḫāneler açmaḳ ḥattā bi'l-ʿumūm ḫalḳa meccānen ʿilāc vermek ve şehirlerde ḫastaḫāneler açmaḳ ṣūretiyle ḫastaḫāneden şifāyāb olaraḳ çıḳacaḳ ḫastaları ḫalḳıñ görmesi ile ṭabābete ḳarşı mürācaʿatları artmış olacaḳdır.

Neẓāfete riʿāyet
Temizlik bu ḫalḳda hemān hiç yoḳ gibidir. Eñ ufaḳ çocuḳlardan eñ büyük insānlara ḳadar bütün ḫalḳ senede ancaḳ bir ḳaç defʿa yıḳanırlar. Ṭabīʿī maʿẕeret-i şerʿīyesi olduğı zamānki yıḳanmaları ayrıdır. Vücudıñ aḳsām-i sāʾiresi dāʾimā kirli bir ḥaldedir. Ābdest alanları, namāz ḳılanları oldıḳca temizdir. Temizlikleride ḥālet-i ibtidāʾīyededir. Ḳaṣabalar ḫalḳı köylülere ve ʿaşāʾire nisbetle temizliğe daha riʿāyetkārdırlar. Onlarda ṭabīʿī ancaḳ görgüleri nisbetinde temizlik yaparlar.

Ahālīniñ bünyece teşekkülātı

Ahālīniñ bünyece teşekkülātını üçe tefrīḳ etmek lāzımdır: Birincisi żaʿyıf, ikincisi orta, üçincisi ḳavīyü'l-bünye olanlar. Ḳaṣabalar ḫalḳı eks̱erīyetle orta ḳısma dāḫil olabilirler. ʿAşāʾir ve Kürdleriñ içinde daḫi żaʿyıf ve orta olanlar ziyāde olmaḳla berāber ḳavīyü'l-bünye olanlarıda vardır. Bunlardan eks̱erīsiniñ orta ve żaʿyıf olmalarında ʿırḳlarınıñ daḫi teʾs̱īri vardır. Āẕerī ḫalḳ mütevassıṭ bünyede olub çoğı żaʿyıfdır.

[19] **Dördinci ḳısım**

H̱astaẖāneler
Vilāyetde mülkī ve beledī ẖastaẖāneler mevcūd değildir. Yalñız mınṭıḳamızda bulunan onbirinci fırḳanıñ Iğdır ḳażāsında ikiyüz yataḳlıḳ merkez ẖastaẖānesi ve Bāyezīd istasyonı dāẖilinde elli yatakalıḳ dīğer bir ẖastaẖānesi mevcūddır. Bu ẖastaẖāneler, belediyelerin verecekleri fakr-i ẖāl mażbaṭaları ve edilecek muʿāyene netīcesinde verilen raporlar ile mevcūdınıñ %10ı nisbetinde fuḳarā-yi ẖalḳı daẖi (ol bābdaki emre tevfīḳan) meccānen ḳabūl ve tedāvī etmekdedirler.

Eczāẖāneler
Vilāyetde eczāẖāne mevcūd değildir. Yine fırḳanıñ Iğdırdaki merkez ẖastaẖānesiniñ ve Bāyezīd istasyonundaki ʿaskerī ẖastaẖāneniñ birer eczāẖānesi mevcūd olub ahālīye ṭarafımızdan verilen reçeteler ile eczāẖānede mevcūd ʿilāclardan ve fiʾāt-i mīrīsi üzerinden ʿilāc verilmekdedir.

Vilāyetiñ, merkez, Iğdır, Ḳaraköse ḳażālarında açılacaḳ mülkī eczāẖānelerden merkezdekinden iki ḳażā (merkez, Diyadin) ve ikiyüzi mütecāviz ḳarye ẖalḳı, Ḳarakösede açılacaḳ eczāẖāneden üç ḳażā (Ḳaraköse, Eleşkird, Ṭutaḳ) ve iki-yüzi mütecāviz ḳarye ẖalḳı, Iğdır ḳażāsında açılacaḳ eczāẖāneden iki ḳażā ve ikiyüzi mütecāviz ḳarye ẖalḳı istifāde edecekdir.

Dispanserler
Vilāyetde 340 senesi büdcesiyle beşer yataḳlı muvāzeneʾ-i ʿumūmīyeye ʿāʾid biri Bāyezīd dīğeri Ḳarakilisa ve üçinciside Ṭutaḳda olmaḳ üzere üç dipanser küşād edilmişdir.

Mekātib ve medāris
Vilayet merkezinde biri ibtidāʾī ve rüşdī ẕükūr ve bir ibtidāʾī ināṣ mektebi ile Diyadin ḳażāsında bir ibtidāʾī ẕükūr, Ḳaraköse de bir ibtidāʾī ẕükūr ve ināṣ ve Ḳaraköse ḳażāsınıñ Kīle[21]ẖūr ḳaryesinde bir ibtidāʾī ẕükūr, Eleşkird ḳaẕāsında bir ibtidāʾī ẕükūr ve Iğdır ḳażāsında bir ibtidāʾī ẕükūr ve ḳaẕā-yi mezkūrıñ Aralıḳ nāḥiyesinde yine bir ibtidāʾī ẕükūr mektebi ḥāl-i ḥāżırda mevcūddır. Bunlardan ġayri vilāyet encümeni ḳarārıyla merkez ve mülḥaḳātında yiğirmi mekteb küşādı ḳabūl edilmiş isede henūz bu ḳarār icrā edilememişdir*.

H̱ānlar
Vilāyetde ve mülḥaḳātında eskiden mevcūd olan ẖānlar Ermeniler ṭarafından taẖrīb ve iḥrāḳ edilmiş oldığından ẖālen ẖān mevcūd değildir. H̱ān yerine ḳa-hveẖāneler ve ḳahveẖāne oṭaları vardır. Gelen geçen ġarīb yolcılar buralarda ḳalmaḳdadır.

----

* İşbu maʿlumāt 1337 senesi aḥvāline naẓarandır.

Oteller
Vilâyetde otel mevcūd değildir.

Ḥamamlar
Merkez-i vilâyetde beş ḳurnalı olmaḳ üzere bir, Diyadin ḳażāsında iki ḳurnalı bir, Iğdır ḳażāsında daḫi bir ḥamam mevcūddır.

Fabriḳalar
Vilâyetde Bāyezīd istasyonında şömendöfer taʿmīrine maḫṣūṣ bir fabriḳa bināsı mevcūd olub bundan ġayri fabriḳa ve sāʾire yoḳdır. Bu fabriḳada ḥāl-i ḥāżırda metrūḳdır.

Mebānīniñ ṭarz-i miʿmārīsi
Hālet-i ibtidāʾīyededir; şerāʾiṭ-i ṣıḥḥīyeyi cāmiʿ olmadığı gibi gerek merkez-i vilâyetde, gerek ḳaṣabalarıyla ḳaryelerindeki binālar gelişi güzel bir ṭarzda, birer ḳat ve zemīn üzerine ve baʿżıları iki ḳat olmaḳ üzere inşā edilmişdir.

Emākin-i ʿumūmīye
Merkez-i vilâyetdeki ḥükūmet ḳonağı şimāle nāẓır oṭaları güneş görmez bir ḥālde olub devāʾiriñ cümlesini istīʿāb edemeyecek ḳadar küçükdır. Merkez-i vilâyetde bundan ġayri ās̱ār-i [21] ʿatīḳadan büyük bir ḳışla ve cāmiʿ binaları, şāfiʿī cāmiʿi, dīğer bir cāmiʿ, medrese mevcūd olub bu mebānī Ermeniler ṭarafından taḫrīb edilmişdir. Ḥālen bunlardan istifāde edilmemekdedir. Bir mekteb, bir postaḫāne bināsı ḥarbde taḫrīb edilmiş isede ḥükūmet mektebi tekrār yapdırılmışdır. İstikrā edilerek iḳāmet olınan jandarma bölük dāʾiresi ve ḥabısḫāne ve emvāl-i metrūkeden bir belediye dāʾiresi mevcūddır. Bāyezīd istasyonunda bir şömendöfer fabriḳası onbeş parça ḳābil-i isḳān paviyon vardır. İstasyondaki istasyon bināsı ile paviyonlarıñ ʿadedi 80 ḳadar olub Ermeniler firārları es̱nāsında bunlarıñ cümlesini taḫrīb ve iḥrāḳ etmişlerdir. Merkez-i vilâyete merbūṭ Ḳızıldize ḳaryesinde ḫarāb bir ḳarantina bināsı ve bir gümrük dāʾiresi mevcūddır.

Mülḥaḳātda: Diyadin, Ḳaraköse ḳażālarında birer cāmiʿ ve dāʾireʾ-i ḥükūmet, posta ve jandarma dāʾireleri Ḳaraköse ḳażāsında dāʾireʾ-i belediye ve ʿadliye ve her ḳażāda birer mekteb bināsı vardır. Eleşkird ḳażāsında bir dāʾireʾ-i ḥükūmet; Iğdır ḳażāsında Rus metrūḳātında bir

ḥükūmet dāʾiresi, bir jandarma, bir belediye ve bir ʿadliye dāʾireleri, bir mekteb ve Ruslardan metrūk ortodoḳs kilisa, Ḳulp ḳażāsında bir ḥükūmet dāʾiresi mevcūddir.

Şehirleriñ, köyleriñ vażʿīyeti
Şehirleriñ vażʿīyeti ibtidāʾī ve ḥıfẓu'ṣ-ṣıḥḥaya ġayr-i muvāfıḳdır. Coğrafya noḳtaʾ-i naẓarındanda baʿż-i ḳażālar istis̱nā edilir ise dīğerleri iyi bir şekilde ve maḥallde değildir. Merkez-i vilâyet yüksek ḳayalıḳlar arasında ve bir silsile

eteğinde (Ḳızıl ziyāret ṭağı) teʾessüs etmişdir. Şimāle, ġarba ve bir azda cenūba neẓāreti olub şarḳan ḳayalıḳlar ve ṭağlar ile örtülmişdir.

Diyadin ḳażāsı; bir silsileniñ ovaya indiği maḥallde, ovada Murād nehri kenārındadır. Ḳaraköse ḳażāsı; kendi nāmıyla binām olan ova üzerinde ve Murād nehrine on daḳīḳa mesāfede müʾesses olub her ṭarafa nāẓırdır. Murād nehri cenūbından geçer. Eleşkird ḳażāsı; ova üzerinde şimāla ve şarḳa nāẓırdır. Ṭutaḳ ḳażāsı; cenūb-i şarḳīye nāẓır olub düzdedir. Murād nehrine onbeş daḳīḳa mesāfededir.

Iğdır ḳażāsı; Ağrı ṭağınıñ Aras nehrine ṭoğrı teşkīl etdiği ovalıḳ maḥallde ve bataḳlıḳlar ḳurudılması ṣūretiyle ova üzerinde inşā edilmiş olub cihāt-i arbaʿaya neẓāreti vardır. Arāżīsi merzaġī ve bāğlıḳ bāġçelikdir.

[22] Ḳulp ḳażāsı; arāżīsi kilsli ve ṭozlu olub dere içerisinde şimāle, cenūba, ve bir azda ġarba nāẓırdır.

Vilāyetin merkez, Diyadin, Ḳaraköse, Eleşkird, Ṭutaḳ ḳażālarınıñ köyleri hemān yekdīğeriniñ ʿaynı olub şimāle, şarḳa, cenūba, ġarba nāẓır ve baʿżıları yüksek ṭağlar üzerinde ve eteklerinde ve baʿżıları ovada ve çay kenārlarındadır. Yalñız Iġdır ḳażāsı köyleriniñ eks̱erīsi ovada ve Aras kenārında ve bir ḳısmı ṭağlar üzerinde ve ṭağlar eteklerindedir. Ḳulp ḳażāsınıñ eks̱erī köyleri ṭaġ eteklerinde ve bir ḳısmı ovada ve bir ḳısmı Aras kenārındadır.

Bi'l-ʿumūm ḳażālarıñ şerāʾiṭ-i ṣıḥḥīyeyi cāmiʿ olmayub gelişi güzel ve ḫalḳıñ ve sükkānınıñ ārzūsına göre yapılmışdır.

Ḫelālarıñ şekli

Ḫelālar, çuḳurdır. Mecārī mevcūd değildir. Çuḳurlarıñ taḫliyesi mümkin olmayub biri dolunca dīğerini açmaḳ ṣūretiyle ḳullanılmaḳdadır. Ḳurāda ḫelā olmadığı gibi ḫelā çuḳurlarıda mevcūd değildir. Eks̱erī ḳażā merkezlerinde daḫi ḫelā maḥdūd evlere münḥaṣırdır.

Ḳabristān

Merkez-i vilāyetiñ üç maḥallinde ḳabristān mevcūddır: Biri şarḳda, dīğeri şehriñ şimāl-i şarḳīsinde, bir dīğeride ġarbında (Ermenilere maḫṣūṣ). Şarḳdaki ḳabristānıñ şehre ittiṣālı vardır. Şimāl-i şarḳīdeki ise şehriñ bir ḳısmına on daḳīḳa mesāfede ve bir ṣırt üzerindedir. Ġarbdaki Ermeni mezārlığı şehre yiğirmi daḳīḳa mesāfede yine bir ṣırt üzerinde olub ṣağı ve ṣolı ṭarīḳdir. Diyadin ḳażāsında; Şimāl-i şarḳīye nāẓır bir islām ve ġarb-i cenūbında bir Ermeni mezārlığı vardır. Her ikiside düz arāżīde olub şehre on daḳīḳa mesāfededir. Ḳaraköse ḳażāsınıñ ġarbında ve şarḳında birer islām mezārlığı ve şimālinde bir küçük Ermeni mezārlığı vardır, bu mezārlıḳ ova üzerinde şehre on daḳīḳa mesāfededir; Eleşkird ḳażāsında cenūb-i ġarbīde islām kabristānı ve şarḳda bir Ermeni mezārlığı mevcūd olub şehre beşer daḳīḳa mesāfede düz arāżīde kāʾindir. Ṭutaḳ ḳażāsınıñ cenūbında şehre beş daḳīḳa mesāfede bir islām ḳabristānı mevcūddır. Iġdır ḳażāsında, şimāl-i şarḳīsinde şehre muttaṣıl Rusların mezārlıḳları, cenūb-i ġarbīsinde islām mezārlığı ve şarḳında Ermeni mezārlığı mevcūd olub [23] ḳażāya 10 - 20 - 25 daḳīḳa mesāfede ve ova üzerindedir. Ḳulp ḳażāsında cenūb-i şarḳīde Rus ve ġarb-i şimālīde Ermeni mezārlıḳları vardır. Şimālde şimdi yeñi bir islām mezārlığı iḥdās̱ eylemişlerdir. Rus mezārlığı ṣırtda, Ermeni mezārlığı düzde, islām mezārlığı ittiḫāẕ edilen şimdiki maḥall ise düz arāżīde olub ḳażāya 5 - 10 daḳīḳa mesāfededirler.

Vilāyetiñ köy ḳabristānları köyiñ cihāt-i arbaᶜasında oldığı gibi eks̱erīyetle köylere müttaṣıl ve düz, ṭoprağı ḳolaylıḳla ḳazılabilecek bir ḥāldedir. Baᶜżıları arāżī üzerinde, baᶜżılarıda ṣırtlardadır.

Civārdaki baṭaḳlıḳlarıñ vüsᶜatı

Merkez-i vilāyetde bulınan ovada Aġrı dağınıñ ve Zūr ṭağlarınıñ eteklerinde mezkūr ṭağlardan aḳan kar ve yağmur ṣularınıñ birikintileri ile müteşekkil Balıḳgöliniñ Kirnavik ṣularınıñ cereyānı es̱nāsında yapdığı bir baṭaḳlıḳ mevcūd olub vüsᶜatı ḳırḳ kilometre murbbaᶜıdır. Dīğeri bir baṭaḳlıḳda Iġdır ḳażāsı dāḫilinde yine Aġrı dağından aḳan ufaḳ ṣular ile ṭağıñ şarḳ eteğinden çıḳan (Ḳaraṣu)nıñ teşḳīl eylediği sazlıklar olub vüsᶜatlıca bir baṭaḳlıḳ şeklindedir. Vüsᶜatı on kilometre murabbaᶜ ḳadardır.

Mevāḳiᶜleri: Merkez-i vilāyetdeki şimāl ve şimāl-i şarḳī aḳsāmına Aġrı dağınıñ cenūb eteklerine teṣādüf etmekde ve ḳısmen Bāyezīd ovasınıñ şarḳ-i şimālīsine teṣādüf etmekdedir.

Iġdır ve ḥavālīsindeki baṭaḳlık ise yine Aġrı ṭağı etekleriniñ şimāl-i şarḳīsinde ve ḳażānıñ şarḳında ve cenūb-i şarḳī aḳsāmında köyleriñ ara yerlerinde olub vüsᶜatları muḫtelifdir.

Merkez-i vilāyetde Balıḳgöli ṣuyı daḫi Bāyezīd ovasına gireceği maḥallde 30 - 35 kilometre murabbaᶜında bir sazlıḳ ve baṭaḳlıḳ teşkīl eder. Esbāb olaraḳ nehirleriñ cereyānlarınıñ fażla olmaması ve geçdikleri arāżīnıñ çuḳurca olması ve baᶜżı ṣularıñda munṣabba giremiyerek yataḳ ḫaricinde ḳalması ve Murād nehriniñ ṭaşması gibi coġrafī ᶜārıżalar gösterilebilir.

Baṭaḳlıḳlarıñ ḳurudılması: Merkez-i vilāyetdeki baṭaḳlığıñ ḳurudılması pek muvāfıḳ isede Balıḳgölinden ve Tendirek eteklerinden çıḳaraḳ Balıḳgöl ṣuyına ḳarışan ve bi'l-āḫare birlikde seyrederek İran arāżīsine dāḫil olan ṣularıñ mecrālarını tebdīl etmek iḳtiżā eder. Mecrālar tebdīl edilmez ise ṣular birikinti yaparaḳ baṭaḳlık teşkīl eylemekde devām edecekdir. Aġrı ṭağından, Zūr dağından inen ṣular içünde ayruca bir mecrā yaparaḳ nehre aḳmalarını teᵓmīn etmelidir. [24] ᶜAksi taḳdīrde ḳurudılması imkānı olamıyacaġı gibi bu ṣulardan istifāde imkānıda olamaz. Iġdır ḳażāsındaki birikinti ṣularıñ yapdığı baṭaḳlıḳlarıñ ḳurudılması imkānı ḳolay olub Aġrı ṭağından Arasa aḳmaḳ üzere gelecek olan ṣularıñ ovada birikmelerine meydān vermeden Arasa aḳmalarını te'mīn etmek ile olur. Ḳaraṣuyıñ mecrāsını büyütmek ve genişletmek ve şimdiki mecrāsındaki rükūdatları izāle eylemek hüsn-i netīce verir. Bu Ḳaraṣuyıñ pirinç ve pamuḳ ekmek içün nāḥiye ḳurāsına çoḳ fā'idesi var isede baṭaḳlıḳlarınıñ ḳurudulması nāḥiyede yapdığı ṣıtma manbaᶜınıñ daḫi izālesi te'mīn etmiş olur. Bāyezīd ovasındaki baṭaḳlıkda mevcūd ḳamışdan gerek merkez-i vilāyet ve gerek köyleri ḥāl-i ḥāżırda maḥrūḳāt olaraḳ ve köylerdeki damlarıñ evleriñ üzerlerini örtmek üzere istifāde ediyorlar, bu sazlıḳlar başḳa bir şey'e yaramaz. Yazın bu sazlıḳ civārındaki ᶜaşā'ir ve Kürdler Mart ve Nīsānda ḫayme-nişīn bir şekle girerek ṭağlarda ve yaylalarda yaşamağa, ḥayvānātını raᶜy etmeğe ve etdirmeğe başlarlar. Ṣoñ bahārda Eylūl içerisinde yine köylerine ᶜavdet ederek sazlıḳdan getirecekleri ḳamışları ile evlerini örterek içerisine girerler: Maḥrūḳāt ṣuretiyle merkez-i vilāyetde fırunları, ḥamamı sā'ireyi bu ḳamışlar ile ısıdırlar. Evleriñ üzerlerini örterler. Ḳaraköse ḳażasınıñ Murād kenārındaki ufaḳ baṭaḳlıḳlar, meẕkūr nehriñ ṭaşmasına meydān vermemek ṣuretiyle ve eṭrāfını ve kenārlarını doldırmaḳ ile ḳurudulur ise ḫalḳ içün oraları merzağī mıntıḳa olmaḳdan çıkmış bulınur.

İçilen ṣular

Vilāyetde içilen ṣular menbaᶜ ve nehir ṣuyı olmaḳ üzere ikiye ayrılur. Vilāyetiñ merkezinde içilen ṣular tamāmiyle menbaᶜ ṣuyıdır. Merkez-i vilāyet köylerinden ekṣerīsi menbaᶜ kenārına yapılmış olub menbaᶜdan istifāde eder, bir ḳısmıda dere ve nehir kenārlarındadır. Merkez-i vilāyetde ṣularıñ isālesi künkler vāsıṭasıyla olub şehrin beş maḥallinden aḳar. Bunlardan bir menbaᶜ ṣuyı bir maḥallde olub

<Abdīkör> nāmıyla benām olan ṣudır ki, merkeziñ eñ iyi ṣuyıdır. Bir dīğer menbaᶜ ṣuyınıñ üç maḥallde çeşmeleri var, dīğer biride münferid bir maḥallden aḳar. Merkezde bunlardan başḳa dīğer ufaḳ menbaᶜ ṣuları mevcūd isede ṣuları şāyān-i ehemmīyet bir derecede değildir.

Merkezdeki ṣularıñ evsāf-i ḥikemīyesi: ᶜAbdīkör nāmındaki manbaᶜ ṣuyı berrāḳ olub ṣabunı fevkü'l-ᶜāde çabuḳ ve güzel köpürtür. Baḳla, faṣulya ve emṣāli sebzeleri çabuḳ [25] pişirir; ḳoḳusız ve ziyādece müdrirdir. Dīğer menbaᶜ ṣuyıda berrāḳ olub ṣabunı iyi köpürtür. Rāyiḥası kendine maḫṣūṣ olub sebzeleri iyi pişirir; ṭaᶜmı bir az kireçli gibidir. Dīğer bir maḥallde aḳan menbaᶜ ṣuyı bir az acı ve kireçli olub şurba hemān ġayr-i ṣāliḥ gibidir.

Merkez ḳaryelerinde bulunan ṣularıñ ḫavāṣṣ-i ḥikemīyeleride muḫtelifdir. İçerilerinde berrāḳ, ṭaᶜmı güzel, sabunı iyi köpürten ve sebzeyi iyi pişiren ṣular mevcūd oldığı gibi ṣabunı az köpürten, sebzeyi geç pişiren, ṭaᶜmları acı ṣular daḫi mevcūddır. Nehir ṣuları biri Kirnavin ṣuyı dīğeri Balıḳgöli ṣuyı olub merkeziñ maḥdūd köyleri bu ṣulardan istifāde ederler. Bu her iki ṣuyıñ ḫavāṣṣ-i ḥikemīyeleri iyi isede açıḳda cereyān etmeleri ve bir köyden dīğer köye uğrayaraḳ geçmeleri dolayısıyla ne derece ḳadar şurba ve istiᶜmāla ṣāliḥ olduğı bilinememekdedir. Ṭabīᶜī mecbūrīyetler köylileri bu ṣudan istifādeye sevḳ ediyor.

Diyadin ḳażasāınıñ ṣuları: Ḳażāda iki manbaᶜ ṣuyı vardır, demir borular vāsıṭasıyla şehre bir sāᶜat mesāfeden getirilmekdedir. Şehir kenārından geçen Murād ṣuyındanda istifāde edilmemekdedir.

Ḫavāṣṣ-i ḥikemīyeleri: Ṣabunı geç köpürtür, sebzeyi geç pişirir. Berrāḳ, ṭaᶜmı acı, fażla mıḳdārda emlāḥı ve kireci hāvīdir. Ḳaryeleriniñ her birinde Murād kenārındakiler müsteṣnā olmaḳ üzere birer menbaᶜ ṣuyı vardır. Murād nehri kenārındaki köyler nehirden istifāde ederler. Ḳurādaki menbaᶜ ṣuları meyānında ḫavāṣṣ-i ḥikemīyesi iyi olanlarıda mevcūddır. Nehirleriñ ḫavāṣṣ-i ḥikemīyeleri iyi isede açıḳda cereyān etmekde ve müteᶜaddid köylerden geçmekde olmaları mühimm bir maḥẕūr-i ṣıḫḥīdir.

Ḳaraköse ḳażāsı ṣuları: Merkez-i ḳażāda üç yerde menbaᶜ ṣuyı vardır. Her üçinde daḫi kils mürekkebātı ziyādece olub ṭaᶜmları acıcadır, ṣabunı geç köpürtürler. Çıḳdıḳları menbaᶜlar ḳażānıñ civārında olub oralardan alınur. Ḳaryelerdeki ṣularıñ ekṣerīsi menbaᶜ olub bir ḳısım köyler Murād kenārında oldıḳlarından Murāddan istifāde ederler. Ḳurā menbaᶜ ṣularınıñ içerisinde ḳābil-i şurb olanlar olduğı gibi ṭaᶜmı ḫoş olmayanlarda vardır.

Eleşkird ḳażāsınıñ ṣuları: Merkez-i ḳażāda iki menbaᶜ ṣuyı vardır. Ḳābil-i şurbdır, yine çıḳdıkları maḥallden alınurlar, ḫavāṣṣ-i ḥikemīyesi iyidir. Ḳaryeleriniñ ekṣerīsi şiryān, ḥūşyān ṣularından ve bir ḳısmıda köylerden çıḳan menbaᶜlardan istifāde ederler. Menbaᶜlar ekṣerīyetle [26] ḳābil-i şurbdırlar. Nehir ve çay ṣuları ḳābil-i şurb ve ṭatlı iselerde açıḳda cereyān etmekde ve müteᶜaddid köylerden geçmekde olmaları maḥẕūrı vardır.

Ṭutaḳ ḳażāsınıñ ṣuları: Merkez-i ḳażāda iki menbaᶜ vardır. Ṣuları ḳābil-i şurb, berrāḳ, ṭaᶜmı kendisine maḫṣūṣ, ṣabunı çabuḳ köpürtür menbaᶜlardır, sebzeyi iyi pişirir. Murād nehri kaṣabaya onbeş daḳīḳa ḳadar yaḳın oldığı içün ḳaṣabanıñ büyük ṣu iḥtiyācları Murāddan tesviye olınur. Köyleriniñ ekṣerīsinde menbaᶜ ṣuları vardır ve ḳābil-i şurbdır. Baᶜżı köylerde Murāddan ve Murāda ḳarışan ṣulardan istifāde ederler.

Ḳulp ḳażāsınıñ ṣuları: Merkez-i każāda ḳābil-i şurb ṣu mevcūd değildir. Mevcūd olan üç dört menbaᶜ ṣuları acı ve ṭuzludır. Rusları̃ idāresinde iken Aras nehrinden motorlar ile ḳaṣabaya getirilen ṣuyı baᶜdü'l-taṣfiye şehre taḳsīm ederler imiş ve bütün şehir ḫalḳı içecek ṣularını taṣfiye edilmiş ṣudan alırlar imiş. Ḥāl-i ḥāżırda Arasdan gelen ṣu yolları bozuḳ olub motorlar ḳaṣaba ile birlikde Ermeniler ṭarafından taḫrīb edilmişdir. Şimdi ḳażānıñ meᵓmūrīn-i sāᵓiresi ḳaṣabanıñ bir çehārīk mesāfesinden geçen ve Arasa ḳarışan çay ṣuyından istifāde etmekdedirler. Bu çay ṣuyı ḳābil-i şurb, ṭaᶜmı leẕẕīẕ olub sebzeleri çabuḳ pişirir. Ṣabunı iyi köpürtür; dağlardaki köyleriñ birer menbaᶜları mevcūd olub köyler bu menbaᶜlarıñ yanına yapılmışdır. Menbaᶜ ṣularınıñ ekṣerīsi ḳābil-i şurbdır. Bir ḳısım ḳaryeler daḫi Aras kenārında oldığından Aras nehrinden istifāde etmekdedirler. Aras nehriniñ ṣuyı ṭatlı olub baᶜżan bulanıḳ, baᶜżan ḳoḳulu, baᶜẓanda duru aḳmaḳdadır.

Iğdır ḳażāsınıñ ṣuları: Gerek ḳaṣabada ve gerek ova köylerinde menbaᶜ ṣuyı mevcūd değildir. Bütün ḳażā ve ova köyleri (yalñız ḳażānıñ Aralıḳ nāḥiyesi müsteṡnā) arasından açılan ḳanallar ile gelen ṣuyı şehre ve köylere taḳsīm etmekdedirler. Rus idāresi zamānındada böyle imiş; bu ṣuları herkes evlerinde mevcūd olan basīṭ ṭaş süzgeçlerden süzmek ṣūretiyle içerler. Ahālī bütün maḥṣūlātı ve sāʾireyide bu ṣu ile ṣulamaḳdadırlar. Bu ṣudan ġayri Iğdır ḳażā merkezinde ve baᶜżı köylerinde mebẕūl ḳuyu ṣuları var isede ḳābil-i şurb değildir; ziyādece kireçli ve acı olub ağır bir ḳoḳusı vardır. Bāġ ve bāġçe ṣulamaḳ içün bu ḳuyu ṣularından istifāde ediliyor. Ḳażānıñ Aralıḳ nāḥiyesinde Ağrı ṭağı eteklerinden çıḳan ve nāḥiyeyi iskā eyledikden ṣoñra Arasa ḳarışan (Ḳaraṣu) acı olmaḳla berāber nāḥiyeniñ ᶜumūm köyleri bu ṣudan istifāde etmekdedirler. Ḳaraṣu ḳābil-i şurb değildir; ṭaᶜmı acı ve ḳoḳusı kerīhdir. Iğdır ḳażāsınıñ ṭaġ köylerinde ḳābil-i şurb ve leẕẕīẕ menbaᶜ ṣuları mevcūddır.

[27] **Beşinci ḳısım**

Emrāż-i muʿtāde ve belediye
Vilāyetde emrāż-i muʿtāde ve beledī ḫastalıḳlar mevcūd olmayub bu kerre ilḥāḳ edilen Iġdır ve Ḳulp ḳażālarında beledī ḥālinde malarya mevcūddır. Ḥıfẓu'ṣ-ṣıḥḥasızlıḳ ve sūʾ-i teġaddī netīcesi eṭfālde eks̱erīyā ẕātü'l-emʿā görülmekdedir. Dīğer ḫastalıklar ara ṣıra sāʾir maḥallerde oldıġı gibi teṣādüf olınur.

Mevsim ḫastalıḳları
Vilāyetiñ Iġdır ve Ḳulb ḳażālarında yaz ve ṣoñ bahārda kes̱retle ṣıtma mevcūddır.

Frengī ve fuḥş
Vilāyetde, sükkānınıñ %80ini teşkīl eden ʿaşāʾirde hemān teṣādüf edilmemekdedir. Yeni ilḥāḳ edilen Iġdır ve Ḳulp ḳażālarında baʿżı ḳadınlarda evde istilā ve fakr ve sefālet dolayısıyla baʿż-i frengī veḳāyiʿine teṣādüf edilmekdedir. Vilāyet ḫalḳınıñ fengīden mücerred gibi bulunması ʿaşīret ve Ekrāddan hemān hiç biriniñ memleketleri ḫāricine çıḳmamaları ve ḫāricden daḫi içerilerine bu gibi maʿlūm kimseleriñ girmemeleri ṭolayısıyladır. Fuḥş ḫuṣūṣında daḫi bi'l-ʿumūm vilāyet ḫalḳı fevḳü'l-ʿāde mütaʿaṣṣıb bulınmaḳdadırlar.

Malarya
Iġdır ve Ḳulp ḳażālarında ova aḳsāmı kāmilen malarya ile maʿlūldır. Civārda bulınan baṭaḳlıḳlar ve Aras nehrinden alınaraḳ tarla ve sāʾire ṣulamaḳ içün birikdirilen ṣularıñ teʾs̱īriyle bu ḳażālarda malarya geçirmemiş Āẕerī ḫalḳa hemān teṣādüf edilmemekdedir. Yalñız bu ḳażālarıñ ʿaşāʾiri müstes̱nā olub bunlar yazın ḫayme-nişīn olaraḳ Aġrı ve civārındaki ṭaġlara çıḳmaḳ ile kendilerini ḳurtarmaḳda ve ṣoñbahārda ovadaki köylerine gelmekdedirler. Vilāyetiñ dīğer ḳażālarında %3 nibetinde ṣıtma muṣābı ancaḳ bulınabilir.

[28] **Verem**
Eks̱erīyā teṣādüf edilmemekdedir. ʿAşāʾir ve Akrād şerāʾiṭ-i ḥayātīyeleriniñ berbādlıġı ile berāber yazın eñ yüksek ṭaġ ve yaylalardan ve ṣularından etdikleri istifāde kendilerini bu ḫastalıġa ḳarşı muḥāfaẓa etmekde ve verem görilmemekdedir. Şehir ḫalḳında daḫi nādirātdan gibidir, Āẕerī ḫalḳında beyne'l-ḫalḳ verem olur diye söyleniyor isede teṣādüf edilmemişdir.

Çiçek
Taṭbīḳ edilen aşılar ṭolayısıyla görilmemekdedir.

Difteri
Şimdiye ḳadar teṣādüf edilmemişdir (üç senedir). Ondan evvel daḫi ḫalḳ bu ḫastalıġa dāʾir iyi maʿlūmāt verememekdedir.

Sā'ir emrāż-i sārīye
Emrāż-i sārīyede vilāyetde görilmemişdir. Yalñız 335 senesi nihāyetinde Anaṭolınıñ her ṭarafında görülmiş olan İspanyol nezlesi bu vilāyetede girmiş bir buçuḳ ay ṣoñra seyrini itmām ederek çıḳmışdır.

Emrāż-i sārīyeden ḳoleranıñ sirāyet yolları
Bu yollardan eñ birincisi İran ve ikinci derecede Bolşevīk Sovyet ve Ermenistān ḥükūmeti ile Revāndır. İranıñ Tebrīz eyāletine gelen ḳolera ḫastalığı (İranda hiç bir ṣūretde teṣādüf edemiyeceği taḳayyüd ve tadābīr-i ṣıḥḥīyeye binā'en) Tebrīzden Ḫoya ve Ḫoydan vilāyete hemḥudūd olan İranıñ Mākū ḥākimliği ve yine vilāyetimizle hemḥudūd olan Ovacıḳ ḥākimliği arāżīsi ile hemān dā'imā açıḳ bulınan ḥudūdlarımızdan vilāyetimize girebilir. Sovyet Rusyası ve Ermenistān ile aramızda mevcūd olan Aras nehri ḥudūdı tefrīḳ etmekde isede o tarafda ẓuhūr edecek ḳoleranıñ bu ṭarafada geçmesi iḥtimālı ziyāde [Iġdır, Ḳulp ḳażālarına] olduġı ve çūnki bu ḥudūdıñ daḫi eṭrāfıyla ḳapadılamadığı meşhūddır.

ᶜAḳlī ve ᶜāṣabī ḫastalıḳlar
Hemān hiç teṣādüf edilmemekde gibidir. Eğer mevcūd daḫi olsa, ṭabībe değil cīnn ve perīleri dağıdan ḫo(va)calara götürildiği içün teṣādüf edilemiyor.

[29] **Eski ṣalgınlar ḥaḳḳında maᶜlūmāt**
Vilāyetde eski bir ṣalgın olmuş isede eṭrāfıyla maᶜlūmāt alınamamaḳdadır. Olan ṣalġınlardan biri 93 muḥārebesi zamānında tifo (lekeli ḥummā olması aġlab-i iḥtimāl) diye isim verilen ḫastalıḳ olub ᶜasker ve ahālī arasında büyük telefātı mūcib olmış. Birde 315 tārīḫinde yine vilāyetde ᶜumūmī bir ḫastalıḳ görülmiş ve bu ḫastalıḳ ᶜumūmī bir ṭarzda cereyān ederek epiyi żāyiᶜātı bādī olmışdır. Bi'l-āḫare te'sīs eden [Ḳızıldize] ḳarantinaḫānesiniñ faᶜālīyeti ile ḫāricden gelen ṣalġınlara vaḳt-i ṣulḥda mumānaᶜat olınabilinmişdir. 335 senesindeki İspanyol nezlesi ṣalġınıda vilāyetiñ hemān her köyine girmiş, baḳılan ve tedābīr-i ṣıḥḥīyeyi ṭutan ḫastalar ḳurtulmışdır. Yalñız ḫalḳ iᶜtiḳādāt-i bāṭılesiniñ ḳuvvetli bulunması ve tedābīr ve veṣāyā-yi ṣıḥḥīyeye ᶜadem-i riᶜāyet żāyiᶜātı fażla bir mıḳdāra iblāġ eylemişdir.

[30] **Altıncı ḳısım**

Tevellüdāt ve vefiyāt nisbeti

Ṣarf edilen mesāʿīye raġmen elde ḳaṭʿī istatistiḳler mevcūd olmadığından tevellüdāt ve vefiyāt ḥaḳḳındaki erḳām bi't-ṭabiʿ ṣıḥḥata maḳrūn değildir. Zīrā ḳażālarımızda meʾmūr-i mesʾūlımız olmadığı gibi ʿaşīret teşkīlātı olması dolayısıylada ʿumūmī nüfūs istirdāddan şimdiye ḳadar tes̱bīt edilememiş ve nüfūs vuḳūʿātına ʿāʾid ḳuyūd el-ān icrā edilmemekde bulunmışdır. Birde ẖalḳıñ bā-ẖuṣūṣ ʿaşāʾiriñ nüfūs yazdırmaları pek müşkülātlı olmaġla berāber bir çoḳlarınıda nüfūs ḳaydından ṣaḳlamaḳdadırlar.

Ḥükūmet esāsen taḥrīre başlamadığı gibi bitirdikden ṣoñrada vuḳūʿātı yürüdemeyecekdir; çünki vuḳūʿāt ẖaberlerini ʿaşāʾir vermezler. Bunıñ içün her ay istatistiḳlere ḳoydığımız tevellüdāt ve vefiyāt erḳāmı ancaḳ ṭuyabildiğimiz ve baʿżı köylere ʿāʾid nüfūs vuḳūʿātıdır.

Buña naẓaran tevellüdātın (onbiñde on iki), ve vefiyātıñ (onbiñde on) oldığı ve tevellüdātıñ vefiyāta nisbeti onbiñde iki nisbetinde fażla bulındığı añlaşılmaḳdadır.

Eṭfālda vefiyāt

Eṭfālda vefiyāt yine bālāda ʿarż edilen şerāʾiṭe ve ḳuyūd-i iḥtirāzīyeye göre taẖmīnen (onbiñde altı) nisbetindedir.

Malarya mınṭıḳları ẖariṭları: merbūṭdır.
Frengī mınṭıḳları ẖariṭaları: Ferngī mınṭıḳası olmadığı içün ẖariṭası rabṭ edilmemişdir.
Vilāyetiñ ʿumūmī ẖariṭası merbūṭdır.

توركيه جمهوريتى
صحيه و معاونت اجتماعيه وكالتى
نشرياتندن
۲۴

توركيه‌نك

صحى و اجتماعى جغرافياسى

غازى عينتاب ولايتى

صحيه و معاونت اجتماعيه مديرى :

هلال مطبعه‌سى
استانبول : جغال اوغلى حمام سوقاغى نومرو ۱۰
۱۹۲۶

BERICHT E
S.[3]

برنجی قسم

موقع ، حدود ، مساحه ، طول ، عرضه درجه‌لری :

آنادولونك جنوبنده وسوریه‌نك تماماً شمالنده بولونان غازی‌عینتاب ولایتی شمالاً مرعش ولایتی ، ملاطیه ولایتی، شرقاً اورفه ولایتنك بیره‌جك قضاسی وجنوب شرقیسنده فرات نهری ، جنوباً سوریه حدودی وغرباً جبل برکت ولایتی‌ایله محاط اولوب ٤١° درجه طول شرقیده و ٤١° درجه عرض‌شمالیده واقعدر. تقریباً [٢٠,٠٠٠] کیلومتره مربعی اراضی‌یی حاویدر .

داغلر : اساساً جبل‌برکت سلسله‌سندن‌متشعب اولوب جهت شمالی‌یی قاپلایان قاره‌داغ، قیزیل داغ ایله غربده صوف داغلری ولایتك أك مرتفع نقطه‌لرینی تشکیل ایدرلرکه یوکسکلکلری سطح بحردن ١٠٠٠ ـ ١٥٠٠ متره‌در . بو داغلرك نه درجه‌ده مشهور اولدقلری بروجه زیر عرض اولونور :

١ — شمالده کائن وبراوجدن دیکر اوجنه قادار اوزری اورمانلرایله مستور بولونان قاره‌داغ وقیزیلجه‌داغلری رومقلعه قضاسی داخلنده‌در. اوزرلرنده‌کوزل‌مرعالری، صووق صولری اولان بوداغلرك مستور بولوندیغی تقریباً ایکی‌یوز کیلومتره مربعنده‌کی اورمانلرك انتظامه آلنمامسی‌یوزندن وهروقت غیرمنتظم قطعیاته معروض ایدلدیکندن کوندن‌کونه‌تخریباتی تکثر و توسع ایتمکده‌در . مقدما بوداغلرك اوزرلری غایت‌صیق اورمانلرایله مستور ایکن بوکون فرات نهرندن اعتباراً روم قلعه قضاسنه تابع باللق‌قریه‌سنه قادارامتدادایدن تخمیناً ٥ ـ ٦ ساعتلك بر مسافه‌ده‌کی اراضی کاملاً اورماندن عاری اولدیغی‌کورولمکده‌در. بوده شبهه‌سز غیرمنتظم‌قطعیات یاپیلماسندن ایلری‌کلمشدر. مرکز وروم‌قلعه قضالری‌ایله بیره‌جك قضاسنك اودون ، کومور احتیاجاتی بواورمانلردن تأمین‌اولونور. وقتیله غیرمنتظم قطعیات یاپیلمش اولدیغندن کرسته‌یه ألویریشلی آغاچ براقیلمامشدر . باشلوجه آغاجلری ملنکج و آلیجدر . مرعالری ، یایلالری چوق اولان بویرلر هرسنه یاز موسمنده جوار قرا اهالیسنه وکوچه‌به برحالده‌کی بعضی عشیرتلره اجتماعگاه اولدیغندن مشهوردر . اهالی

Bericht E

Türkiye Cumhūrīyeti
Ṣıḥḥīye ve Muʿāvenet-i İctimāʿīye Vekāleti

neşrīyātından: 24

Türkiyeniñ
Ṣıḥḥī ve İctimāʿī Coġrafyası

Ġāzī ʿAyıntāb Vilāyeti

Ṣıḥḥīye ve muʿāvenet-i ictimāʿīye müdīri:

Ḥilāl maṭbaʿası
İstanbul, Caġaloġlı, Ḥamam soḳaġı No.: 1
1926

[3] **Birinci ḳısım**

Mevḳiᶜ, ḥudūd, mesāfe, ṭūl, ᶜarż dereceleri
Anadolunıñ cenūbında ve Sūriyeniñ tamāmen şimālinde bulunan Ġāzī ᶜAyıntāb vilāyeti şimālen Marᶜaş vilāyeti, Malaṭya vilāyeti, şarḳan Urfa vilāyetiniñ Birecik ḳażāsı ve cenūb-i şarḳīsinde Fırat nehri, cenūban Sūriye ḥudūdı ve ġarban Cebel-i Bereket vilāyeti ile muḥāṭ olub 4,1 derece ṭūl-i şarkīde ve 41 derece ᶜarż-i şimālīde vāḳiᶜdir. Taḳrīben 20.000 kilometre murabbaᶜı arāżīyi ḥāvīdir.

Dağlar: Esāsen Cebel-i Bereket silsilesinden müteşaᶜᶜib olub cihet-i şimālīyi ḳaplayan Ḳaradaġ, Kızıldaġ ile ġarbda Ṣūf dağları vilāyetiniñ eñ mürtefiᶜ noḳṭalarını teşkīl ederler ki yükseklikleri saṭḥ-i baḥrdan 1000 - 1500 metredir. Bu dağlarıñ ne derecede meşhūr oldıḳları ber vech-i zīr ᶜarż olunur:

1 - Şimālde kāʾin ve bir ucdan dīğer ucına ḳādār üzeri ormanlar ile mestūr bulunan Ḳaradaġ ve Ḳızılca dağları Rumḳalᶜe ḳażāsı dāḫilindedir. Üzerlerinde güzel merᶜāları, ṣovuḳ ṣuları olan bu dağlarıñ mestūr bulundığı taḳrīben iki yüz kilometre murabbaᶜındaki ormanlarıñ intiẓāma alınmaması yüzinden ve her vaḳit ġayr-i muntaẓam ḳaṭᶜıyāta maᶜrūż edildiğinden günden güne taḫrībātı tekes̱s̱ür ve tevessüᶜ etmekdedir. Muḳaddeman bu dağlarıñ üzerleri ġāyet ṣıḳ ormanlar ile mestūr iken bugün Fırat nehrinden iᶜtibāren Rumḳalᶜe ḳażāsına tābīᶜ Ballıḳ ḳaryesine ḳadar imtidād eden taḫmīnen 5 - 6 sāᶜatlıḳ bir mesāfedeki arāżī kāmilen ormandan ᶜārī oldığı görülkmekdedir. Buda şübhesiz ġayr-i muntaẓam ḳaṭᶜıyāt yapılmasından ileri gelmişdir. Merkez ve Rumḳalᶜe ḳażāları ile Birecik ḳażāsınıñ odun, kömür iḥtiyācātı bu ormanlardan teʾmīn olunur. Vaḳtiyle ġayr-i muntaẓam ḳaṭᶜıyāt yapılmış oldığından keresteye ʾelverişli aġaç bıraḳılmamışdır. Başluca aġacları melengic ve alicdir. Merᶜāları, yaylaları çoḳ olan bu yerler her sene yaz mevsiminde civār ḳurā ahālīsine ve göçebe bir ḥāldeki baᶜż-i ᶜaşīretlere ictimāᶜgāh oldığından meşhūrdır. Ahālī [4] ḥayvānāt-i baḳarīyesini merᶜālara çıḳararaḳ ṣoñ bahāra ḳādār ḳalırlar. Ḥayvānāt iyice beslendiklerinden burada yetişen ḥayvānāt-i baḳarīye ve ġanamīyeniñ etleri semiz ve leẕīẕ olur.

2 - Yılan ḳażāsı civārında Lübnān silsilesinden ayrılan ve merkez ḳażāsınıñ altı sāᶜat mesāfesine ḳādār imtidād eden Ṣūf dağı saṭḥ-i baḥrdan 1000 metre mürtefiᶜdir. Ormanlar ile mestūr olmaḳla berāber, merᶜāları daḫi çoḳdır. Gerek Ḳaradaġ ve Ḳızıl dağları, gerek Ṣūf dağı vilāyetiñ eñ mürtefiᶜ niḳāṭını teşkīl etdiğinden şimāldan cenūba ve ġarbdan şarḳa doğru arāżī ᶜalā't-tedrīc meyil kesb eder. Şarḳdan Fıratda ve cenūbda düz ovalarda Baġdād şömendöfer ḫaṭṭında nihāyet bulur.

Nehirler: - Vilāyetde başluca Fırat nehri, Merzmen, ᶜAryān nām-i dīğerle Ḳaraṣu nehirleri ve Ḳuyuḳ cedveli, Şāb ṣuyı, Balıḳ ṣuyı, Ġāzī ᶜAyıntāb ṣuyı vardır.

Fırat nehri: Bu nehir Erżurum vilāyetinde Diyadin civārındaki eteklerden nebeʿān ederek Rumḳalʿe ḳażāsınıñ şimālinde vilāyete dāḫil olur ve şimāldan cenūba doğru bir mecrā taʿḳīb ile merkez ḳażāsı ile Rumḳalʿe ḳażāları arasından mürūr eder ve Birecik ḳażāsına dāḫil oldıḳdan ṣoñra mecrāsını cenūb-i şarḳīye taḥvīl ve Deyr ez-Zūr sancağına ve baʿdehu Baṣraya doğru geçer ve munṣabbına varmadan Baṣra dāḫilinde Ḳurna ḳaṣabası ḳurbında Dicle ile birleşdikden ṣoñra (Şaṭṭ el-ʿArab) ismini alaraḳ ve Baṣra körfezine dökülür. Bu nehriñ şekli yılanḳāvīdir. Ve serīʿü'l-cereyāndır. ʿĀdī zamānlarda ʿarżı (120) metreden aşağı değilsede ḳış mevsimlerinde (800 - 1000) metreyi tecāvüz eyler. Ṭuğyān zamānlarında pek tevessüʿ ederek iki kilometreye ḳarīb bir genişlik peydā eder. Derinliği (7 - 15) metredir. Vilāyet dāḫilinde cereyān-i ṭūlānīsi 180 kilometredir. Bu nehirde taṭhīrāt ve ʿamelīyāt-i lāzime yapılır ise gemi işletmeğe elverişli olur. Şimidilik <kelek> taʿbīr etdikleri ṣallar ile baʿż-i münāḳalāt yapılır isede pek güç oluyor. ʿUmūmī ḥarb esnāsında Almanlar bu nehirde istimpoṭ işleterek sevḳiyātı ve erzāḳ naḳlīyātını teʾmīn etmişler idi. Ḥarbden ṣoñra mütārekede İngiliz orduları eline geçen mezkūr istimboṭlarıñ bir ḳısmı taḫrīb edilmiş ve bir ḳısmı ṣuya batırılmışdır. Hele her vesāʾiṭi mükemmel olan bir istimboṭ ḥālā Carabulus cıvārında ṣuya baṭırılmış bir ḥālde duruyor. Mezkūr nehir [5] her noḳtasında olṭa ve ḳalın ip örmeleri ile birḳaç cins balıḳ ṣeyd ederler. Çoḳ kerreler yüz ʿatīḳ oḳḳa s̱iḳletinde balıḳ çıḳarılmışdır.

Sacur nehri: Bu nehir Ġāzī ʿAyıntāba tābiʿ Pançarlı ḳaryesinden çıḳar ve ġarbdan şarḳa doğru bir mecrā taʿḳīb ederek Fırat nehrine dökülür. Derinliği az oldığından gemi ṣularında işletilemez. Esnā-yi cereyānında daha meyilli arāżīye teṣādüf etdikce bir ṭaḳım sazlıḳ ve baṭaḳlıḳ peydā etdiğinden muḥīṭi merzağīdir. Mücāviri bulunan ḳarye ahālīsiniñ ṣıtmadan ḳurtulmadıḳlarıda bu sebebdendir.

Ḳaraṣu veyā ʿAryān ṣuyı: Rumḳalʿe ḳażāsınıñ Cengefe ḳaryesinden çıḳar ve ṣağdan ṣoldan bir ṭaḳım dere ṣuları ilede ḳarışdıḳdan ṣoñra menbaʿdan iʿtibāren münṣabbına ḳadar hemān bir ḫaṭṭ-i müstaḳīm istiḳāmetinde ġarbdan şarḳa doğru aḳaraḳ Rumḳalʿe ḳaṣabası ḳurbında Fırata ḳarışır. Kezā esnā-yi cereyānında mücāviri münḥaṭṭ arāżīye ṣular birikdirdiğinden muḥīṭi merzağīdir. Eks̱erī maḥallerinde ṣıtma yapar. Gemi işletmeğe elverişli değildir.

Merzmen ṣuyı: Rumḳalʿeniñ Merzmen ḳaryesi cıvārında aḳan bu nehir evvelā mecrāsını şarḳ-i cenūbīye çevirerek ve baʿdehu Cengefeden çıḳan Ḳaraṣuya muvāzī bir şekilde şarḳ istiḳāmetinde bir mecrā taʿḳīb ederek birleşir. Muḥīṭi merzağīdir. Gemi işletilemez. Gerek Ḳaraṣuyıñ gerek Merzmen ṣuyınıñ ṭūlları taḳrīben 40 kilometredir.

Ḳuyıḳ nehri: Merkez ḳaṣabanıñ iki buçuḳ sāʿat şarḳındaki Cağdīn ḳaryesinden nebeʿān eden bu ṣu, şimāldan cenūba doğru geçdiği arāżīyi irvā ve isḳā ile Ḳara Yūsef değirmeni ḥizāsında ʿÖmeroğlından ḳaynayan Balıḳṣuyı ile birleşdikden ṣoñra Ḥalebe dāḫil olur ve ʿaynı istiḳāmeti taʿḳīb ederek Ḥalebiñ sekiz sāʿat cenūbında [Medīk] kolına dökülür. ʿArżı ve ʿumḳı müsāʿid olmadığından ṣuyında gemi işletilemez. Bu ṣuyıñ ism-i ḳadīmi "Şālūs"dır. Ḳuyıḳ tesmiye edilmesiniñ sebebi dördünci ᶜaṣr-i hicrī ricālından ve Türkmen ᶜaşāᵓiri ruᵓasāsından <Ḳuyıḳ> Aġa nāmında bir ṣāḥibu'l-ḫayrıñ bu ṣuyıñ eṭrāfına tepeler yapub cereyānını teᵓmīn etdiğinden nāmına iżāfeten nehrede Ḳuyıḳ denilmişdir. Meẕkūr ᶜaşīret ḥālā vilāyetde sākindir. Zirāᶜat ve felāḥatları ile meşġūldır.

[6] **Balıḳ ṣuyı:** Kilise tābiᶜ ᶜÖmeroğlı ḳaryesinde nebeᶜān ile şimāl-i ġarbīden şarḳ-i cenūbī istiḳāmetinde cereyān ederek Ḳuyıḳ nehrine ḳarışır. Muḥīṭi noḳṣāndır.

Seynāb ṣuyı: Kilis ḳaṣabasına yaḳın Cercik ḳaryesinden nebeᶜān eyleyen bu ṣu ḳażā-yi meẕkūrıñ ᶜÖmeroğlından çıḳdığı yuḳarıda ᶜarż edilen Balıḳ ṣuyı ile birleşerek Ḳuyıḳ nehrine ḳarışır. Es̱nā-yi cereyānında engin arāżīye uğradıḳca birikinti, baṭaḳlıḳ yapar. Muḥīṭi sazlıḳ oldığından fażlaca ṣıtma tevlīd eder. Gemi işletmeğe ḳābilīyeti yoḳdır.

Ġāzī ᶜAyıntāb ṣuyı: Merkez ḳażāsınıñ iḥtiyācını taṭmīn eden bu ṣu ḳaṣabaya iki buçuḳ sāᶜat mesāfede Espāṭarīn mezraᶜasında düz bir ovadan ve üç metre bir derinlikden nebeᶜān eder. Menbaᶜında iki ṭaş değirmeni işletebilecek ḳadar fażladır. Meẕkūr ṣu, Suᵓn ḳaryesi cıvārında <Sacur başı> nām maḥalldan çıḳan ve Eski ᶜAyıntāb olan Delvek [ḥāl-i ḥāżırda ḳaryedir]e giden ṣu yolınıda kendisine ḳataraḳ ve ġarbdan şarḳa doğru bir mecrā taᶜḳīb ile bir ḳısmı ḳaṣaba yaḳınında ḫuṣūṣī yollar ile ḳaṣaba dāḫiline alınaraḳ ve ḳuyulara, çeşmelere tevzīᶜ olunur. Bu ṣuyı getiren ve üzerini çatdıran bundan üçyüz sene muḳaddem ᶜAyıntāb ḳāżīliği etmiş olan merḥūm Māhir efendidir. Maᶜa't-teᵓessüf ḥāl-i ḥāżırda bu ṣuyıñ yarısı yollar ġayr-i munṭaẓam oldığından yarıḳlardan aḳar isede yine meẕkūr ṣuyıñ menbaᶜından memlekete tevzīᶜ edilinceye ḳadar üzeri ḳapalıdır. Ḳısm-i dīğeri ᶜAyıntābıñ ġarb cihetinde ve yarım sāᶜat mesāfede vāḳiᶜ Ṭaşbend nām maḥalldan geçerek ṣağdan ve ṣoldan çıḳan ḳaynaḳ ve pıñarlarla birleşdikden ṣoñra <ᶜAynü'l-leben> ismini alır ve öñine teṣādüf eden mücāviri bulunan bāġçeleri ṣular ve Caġdīn ḳaryesinden nebeᶜān eden Kuyıḳ ṣuyına bir ḳısmı Ḥacār, Büyük Ḳızılḥiṣār, Zarambu, Sazġīn ve Nīşār ḳaryelerine ḳadar cereyān ve arāżīyi iskā etdikden ṣoñra tekrār Ḳuyıḳ ṣuyıyla birleşir. ᶜAyıntāb ṣuyınıñ ḳısm-i mühimmi ḳaṣaba dāḫilinde ṣarf edildiğinden pek az bir ḳısmı Ḳuyıḳa dökülür. Ḳaṣabanıñ ḫafīf ve şurba ṣāliḥ pek güzel pıñar ṣuları vardır ki baḥs̱-i maḫṣūṣında isimleri ṣıra ile ẕikr edilecekdir.

Fırat nehri serīᶜ bir cereyāna mālik oldığından muḥīṭinde baṭaḳlıḳ ḥāṣıl etmez, faḳaṭ Sacur, Ḳaraṣu, Merzmen, Seynāb ve Ḳuyıḳ ṣuları baṭı bir seyre mālik oldığından dolayı münḥaṭṭ arāżīye uğradıḳca yer yer baṭaḳlıḳ ẓuhūrına sebeb olurlar. Bu ṣularıñ baᶜżı yerleri müstes̱nā ṭutulur ise hemān bütün ṭūlınca mevcūd arāżī [7] merzaġī mınṭıḳadan maᶜdūddır. Bu sebebden merzaġī mınṭıḳalara yaḳın köyler ahālīsiniñ ḥayātları her ān teḥdīd altındadır. Buralarda malaryaya muṣāb olanlarıñ bir ḳısmınıñ ḳanı taḥlīl edilerek <Tropiḳa> ile <Ter-

siyana>ya mübtelā olduḳları görülmişdür. Bu baṭaḳlıḳlarıñ taṭhīri içün şimdiye ḳādār hīç bir kimse ṭarafından bir teşebbüs̱ vāḳiᶜ olmamışdır. Yalñız 337 senesinde merkez ḳaṣabanıñ işġāl altında bulundıġı ve ḥükūmetimiz seyyār bir ḥālde oldıġı bir zamānda ḳurā ahālīsine fevkü'l-ᶜāde bir żarar īrās̱ etdiğini bi'ẕ-ẕāt müşāhede eylediğim Geret ile Ḫayyām ḳaryeleri arasında ufaḳ dere ṣularından ḥāṣıl olan epiyi mühimm bir baṭaḳlıḳ yapdıġım bir ıṣrār üzerine ḳısmen taṭhīr etdirmeğe muvaffaḳ olabildim. Buda cıvār köyler ahālīsinden ᶜamele ṭoplatdırmaḳ ṣūretiyle ḳābil olmuş idi. Bālāda isimleri taᶜdād olunan dağlarıñ mevḳiᶜ ve irtifāᶜları ile, nehirleriñ vażīyet ve şekl-i cereyānīsini bir numerolu ḫariṭada gösterilmişdir.

Göller

Vilāyet dāḫilinde belli başlı bir göl ẕikr edilemez. Merkez ḳaṣabasınıñ beş sāᶜat şimālinde ve Mertenmeke ḳaryesi cıvārında taḳrīben biñ metre murabbaᶜında bir göl mevcūd isede bu göl ḳış mevsiminde yaġmur ve ḳar ṣularınıñ bir yerde ictimāᶜından ḥāṣıl oluyor. Mevḳiᶜiniñ fazla mıḳdārda münḥaṭṭ olmasından dolayı eṭrāfdan ṣızan ṣularıñ birikmesinden bir göl şekline giriyor. Mücāvirī ḳurā ahālīsi mevāşī ve ḥayvānātını mezkūr gölden ṣulamaḳda oldıḳlarından bu ṣūretle vuḳūᶜ bulan ṣarfiyāt ve dāᵓimī tebaḫḫurāt netīcesi yaz mevsiminde ḳurudıġından muvaḳḳatdır. Bu ḳaryeniñ bir sāᶜat ġarbında Sülükli ḳaryesi mevcūd olub orada yüz metre murabbaᶜında bir göl vardır, sülükleriniñ çoḳlıġından buña beyne'l-ahālī Sülükligöl derler. Dizlerinde romatizma olanlar ve daha başḳa baᶜż-i ᶜilel ve emrāża mübtelā bulunanlar uzaḳ mesāfelerden gelerek mezkūr göle girerler ve bi'n-netīce kendi iᶜtiḳādlarınca şifā kesb ederler. Yine merkez ḳaṣabasınıñ iki sāᶜat şimālinde [Etebek] ḳaryesine ikiyüz metre bir mesāfede yaġmur ṣularından taḥaṣṣul eden 100 - 150 metre murabbaᶜında ve herkesce Sülükligöl ismiyle yād edilen bir göl daha vardır ki ḳaṣabaya ḳurbīyeti ḥasebiyle daha fażla işlekdir ve eks̱erīyā ḳaṣaba ve ḳurā ahālīsi yaz bidāyetlerinde ḫāṣṣaten bu göle giderler. Bu mevsimde göliñ baᶜżı yerleri Etebek ḳaryesi ahālīsi ṭarafından ḥissī olaraḳ deñiz ḥamamlarına müşābih bir ṭarzda ḳadın [8] ve erkekler ayrı ayrı çitlerden maᶜmūl bölmeler ḥālinde ifrāġ olunur ve her gelen oralarda ṣoyunaraḳ ṣuya girerler. Ṣuda fażla mıḳdārda sülük oldıġından ṣuya girenleriñ üzerine sülükler yapışır. Ḫastalar bu ṣūretle bir müddet ṣu içinde ḳalır. Ḫārice çıḳınca vücūdlara yapışan sülükler ṣuya dalar ve kendileri bir müddet güneşde oṭurır. Bu ḥāli tekrār ṣuya dāḫil olmaḳ ṣūretiyle bu ḥāli günde bir iki defᶜa tekrār ederler. Senede bir, iki defᶜa buña devām-i şifā buldıḳları rivāyet olunıyor.

Teşekkülāt-i jeᵓolojīye

Vilāyetiñ şimāl ve ġarb cihetlerinde vulḳan ās̱ār ve ᶜalāᵓiminden fażlaca mıḳdārda lav enḳāżına teṣādüf edildiğinden zamān-i ḳadīmde o yerlerde feverān etmiş vulḳanlar mevcūd oldıġı veyāḫūd dahā şimālda bulınan yanar dağlarıñ feverānı es̱nāsında lavlarıñ buralara ḳādār gelmiş oldıġı añlaşılıyor. Vilāyetiñ sāᵓir aḳsāmı ᶜalā'l-iṭlāḳ arāżīᵓ-i rusūbīyedir. Terkībāt-i arżīyesi ᶜumūmīyet iᶜtibārıyla tebāşīrī, ḳısmen kilsī, ḳısmen ḳumlı ve killidir.

Maᶜādin
Vilāyetde ne devr-i sābıḳda, nede zamān-i ḥāżırda taḥarrīyāt yapılmadığından maᶜdeni keşf edilememişdir. Yalñız seyyār bulundığımız ṣıralarda Yoruc nāḥiyesinde, ezcümle Kilisecik ḳaryesinde es̱nā-yi devrimde bir ṭaḳım ince ve siyah maᶜden ṭabaḳalarına teṣādüf etdim ki bu maᶜdeniñ köyliler ṭarafından ṭoplanaraḳ ocaḳlarda maᶜden kömüri gibi yaḳıldığını bi'z-z̠āt müşāhede eyledim. Bunıñ iḫrāc ve istiᶜmāli içün ḥarb-i ᶜumūmīden evvel mebᶜūs̱ ᶜAlī Cenānī beğiñ riyāseti altında bir şirket teşkīl etmeğe teşebbüs̱ edilmiş isede ḥarb-i ᶜumūmī münāsebetiyle bu işde yüz üsti ḳalmışdır. Bu maᶜden yanarken ġāyet kerīh ve kükürt rāyiḥasına müşābih bir rāyiḥa neşr ediyor. Merkez ḳaṣabasına tābiᶜ olub beş sāᶜat ġarbında ve kez̠ā Çarin ḳaryesi cıvārından ḳırmızī mermer ve yine merkeziñ birbuçuḳ sāᶜat cenūbında Ḳaraṭaş taᶜbīr edilen maḥallden ve bir sāᶜat şarḳ-i şimālinden beyāż mermer ve Kilis ḳażāsında ṣarı mermer iḫrāc olınur.

[9] **Ormanlar**
Vilāyetde ṣunᶜī ve ṭabīᶜī ormanlar nāmıyla iki ḳısım orman mevcūddır. Yuḳarıda baḥs̱-i maḫṣūṣındada baḥs̱ edildiği vecihle Ḳaraṭaġ ve Ḳız ṭağı ile Ṣūf ṭağını setr eden ormanlar ṭabīᶜī ormanlardır.

Bu ormanlar mīrī ṭarafından ruḫṣatnāme iᶜṭā edilerek idāre olunur. Ḥükūmete ᵓepiyi vāridāt teᵓmīn eder. Vüsᶜat ve imtidādları z̠ikr edilmiş oldığından tekrārından ṣarf-i naz̠ar edilmişdir. Mez̠kūr ormanlarda intiz̠āmsız ḳaṭᶜıyāt yapıldığı içün fażla taḫrībāt yapılmışdır. Vilāyetiñ odun ve kömür iḥtiyācı buralardan teᵓmīn edilir isede kerastesi Marᶜaş vilāyetinden teᵓmīn edilir. Faḳaṭ köyliler maᶜīşetlerini teᵓmīn maḳṣadıyla ormanlardan kesdikleri odunları 7 - 8 sāᶜat bir mesāfeden merkez ḳaṣabasına getirerek pazarlara ṣatarlar ve kendileri ile ḥayvānlarınıñ idāresini çıḳarmağa çalışırlar. İki günde bir iki odun yüki tedārik eyleyen bir köylüniñ her yüki maᶜdenī yiğirmi ġuruşa ṣatdığı farż olunursa orman resmi çıḳdıḳdan ṣoñra eline pek cüzᵓī bir para ile ᶜāᵓilesini ancaḳ biñ müşkilāt ile besleyebilir.

Ṣunᶜī ormanlar
Ḫuṣūṣī eşḫāsa ᶜāᵓid ormanlardır ki dut, ḳavaḳ, söğüt, çınar, ḳaraağaç, ceviz, z̠aġdaġan ağaçlarını iḥtivā eder. Ġāzī ᶜAyıntāb muḥārebātından evvel ḳaṣaba eṭrāfında fażla mıḳdārda dut, ḳavaḳ ve ceviz ormanları var idi. Ḥarb es̱nāsında müstevlīler ṭarafından cümlesi kesilerek odun yapılmış ve siperlerde, maḥfūz̠ maḥallerde ḳullanılmışdır. Vaḳtiyle aṣḥābına buyük bir īrād getiren bu ormanlarıñ yerleri şimdi tarla ḥāline gelmişdir. Müstevlīler mıntıḳalarına yaḳın bulunan ḳurā ormanlarınada büyük bir żarar yapdı. Evvelleri ahālī bu ormanlarda on onbeş senede bir kemāle gelen ağaçları keser ve yerine tekrār ağaç dikerek ḫaylī istifādeler görirmiş. Bu uṣūl ḥālā bāḳīdir. Yetişdirilen ağaçları aṣḥābı yā taḫta biçdirir veyāḫūd burada biçkici taᶜbīr etdikleri keraste ḥizarında taḫta iᶜmāl edenlere ṭopdan fürūḫt eder. Keresteciler bunlardan meydāna getirdikleri ince taḫtaları gülekcilere ṣatar, onlarda bu taḫtalardan pekmez ḳuṭuları, taḫta ṣu ḳo-

valarıve büyük, küçük muḫtelif ṣu ḳovaları ve süt ve yoğurt ḳoymağa maḫṣūṣ büyük küçük [gülek] iʿmāl ederler.

[10] **Nebātātı**
Vilāyet maʿdenī bir iḳlīme mālik oldığından arāżīsinde her nevʿi eşcār-i müs̱mire yetişiyor. İncir, üzüm, zeytūn, fıstıḳ, nar, ʾelma, armud ağaçları kes̱retle bulunur. Bunlardan incir, üzüm, fıstıḳ pek mebẕūl oldığından ḥāṣılātıñ ancaḳ yüzde onı vilāyetde ṣarf olunur. Ḳalanı ḫārice, Malaṭya, Urfa vilāyetlerine, Ḥaleb ve Şām ve ḥattā Mıṣır ṭaraflarına iḫrāc olunur. Merkez ḳaṣabanıñ bāğları ve üzümleri meşhūrdır. Her cins aʿlā üzüm yetişir ve bu üzümlerden iʿmāl olunan pekmezler beyāż veya ṣarıya māʾil ve ḳatı olmaḳla berāber pek lez̠z̠iẕ oldığından her yerde nefāsetiyle kesb-i iştihār etmişdir. Keẕā bu pekmez Marʿaş, Urfa, Malaṭya ṭaraflarına gönderilir. Ḥaleb ve Şām ṭaraflarınada iḫrāc olunur. Ṣoñ Ġāzī ʿAyıntāb ḥarbinde Ermeniler bir çoḳ bāğlar sökerek tarla ḥāline getirilmiş oldığından bāğcılığa pek merāḳı olan yerli ahālī yerine yeñisini yetişdirmeğe saʿy etmekdedir.

Rumḳalʿe ḳażāsınıñ fıstıḳ ḥāṣılātı çoḳdır. Bu ḥāṣılātıñ ancaḳ yüzde beşi vilāyetde ṣarf olunıyor. Dīğer ḳısmı Haleb, Şām, Beyrūt ve Mıṣır ṭaraflarına ḫuṣūṣī tüccārlar vāsıṭasıyla iḫrāc olunur. Fıstıḳıñ mühimm bir īrād oldığını farḳ eden herkes tarlasında birḳaç fıstıḳ ağacı yetişdirmeğe çalışıyor. Bundan dolayıdır ki fıstıḳ ḥāṣılātı seneden seneye tezāyüd eder. Bu ağaç vilāyet dāḫilinde mebẕūlen ve ḫüdā-yi nābit bir ḥālde yetişen saḳız ağaçları ile ḳolayca aşı ḳabūl eylediğinden tekes̱s̱ür ve taʿmīmi pek zaḥmetsiz olıyor.

Kilis ḳażāsında mebẕūlen zeytūn yetişir. Ṣaf ve berrāḳ olaraḳ taʿṣīr ve iʿmāl edilen zeytūn yağları sāde yağlardan pek az farḳlı oldıḳlarından her yerde maḳbūl ve muʿteber olub memleketiñ her ṭarafında çıḳan zeytūn yağlarına müreccaḥdır. Ḥalebe ve sāʾir maḥallere kes̱retle iḫrāc olunur.

Vilāyetde kes̱retle meyva ağacı yetişdiği gibi dut, ceviz, meşe, ḳavaḳ, söğüd, ḳaraağac, çınar, mezvegī, çammazu, defne ağaçlarıda mebẕūl bulınur. Fażlaca mıḳdārda yetişen ceviz Ḥaleb, Urfa, Malaṭya ṭaraflarına sevḳ olunur. Bu cevizler ince ḳabuḳlı ve iri oldığından her yerde rağbet buluyor. Ḫuṣūṣen merkez ḳaṣabasınıñ şarḳ cihetinde Ceded, Urul, Aḳçakend ve Ḳızılcakend ḳaryelerinde çekirdeksiz iri nar yetişdiği gibi Ḥacar, Büyük Ḳızılḥiṣār ḳaryelerinde ġāyet iri ve nefīs ayvalar yetişmekdedir.

[11] **Zirāʿatı**
Vilāyetde ḥubūbātdan buğday, arpa, mıṣır, aḳdarı, baḳlīyātdan yulaf, mercimek, maş, baḳla, faṣulya, noḫud, kökli mevādd-i ġıḏāʾīyeden patates, pancar, havuç, şalġam, ṣoğan, ṣarmıṣaḳ, nebātāt-i nescīyeden kendir, keten, pamuḳ ve nebātāt-i dahnīyeden sīsām ve ʿıṭrīyeden tütün zerʿ edilir. Tütün ṣırf <Ḥasankeyf> taʿbīr etdikleri deli tütün olub her sene ṣulu tarlalardan buğday arpa maḥṣūlını ḳaldırıldıḳdan ṣoñra buralara tütün ekilir. Mevsiminde Mıṣır ṭarafından ḫuṣūṣī tüccārlar gelir. Tarla ṣāḥibleri ile ḳonṭurat ederler. Tüccārlar eks̱erīyā öñden

peşin para vererek maḥṣūlıñ idrākına ḳādār beklerler. Tütün kemāle erdikden ṣoñra ṣāḥibi sevkīyātını icrā eder. Bu nevᶜi tütünler ġāyet sert oldığından sāʾir tütünler gibi içilmez ve içilemez. Yalñız Mışır ṭaraflarında eṣḥāb-i keyf dişlerine sürmek ve çiğnemek ṣūretiyle istiᶜmāl ederler ve bundan büyük bir ẕevḳ ṭuyarlarmış. Ahālī muḳaddeman bu tütüniñ zerᶜine ehemmīyet vermez ve bilmezdi. Birḳaç senedenberi, ḫuṣūṣiyle 334 senesinden beri zerᶜine her bāġçuvān, her zürrāᶜ ṭarafından fevḳü'l-ᶜāde raġbet gösterilmekdedir. Her baṭmānı yaᶜnī ᶜatīḳ ikibuçuḳ oḳḳası maᶜdenī 50 - 60 ġuruşa ṣatılmaḳdadır ki her bāġçuvān bunıñla senede mühimm bir īrād teʾmīn eder.

Zerᶜīyāt ᶜumūmīyet iᶜtibārıyla atadan ḳalan ḳara ṣabanlar ile yapılıyor. Baᶜżı çiftlik eṣḥābı pulluḳ istiᶜmāl eylemekle ḥāṣılātıñ ziyādeleşdiğini farḳ eylediklerinden pulluḳ ve ḫarman makineleri getirtmiş ve bundan ḫaylī istifādeler görmiş isede bunlar ᶜumūmī ḥarb senelerinde ve bi'l-ḫāṣṣa ṣoñ ᶜAyıntāb muḥārebelerinde maᶜa'l-esef ḳırılmış, dökülmiş ve istiᶜmālı maḥdūd ḳalaraḳ tekeṡṡür ve taᶜammüm edememişdir. Vilāyetde senede iki defᶜa zerᶜīyāt icrā edilir: Ṣonbahār mevsiminde yaġmurlar yaġmaya başlayınca her çiftci yaġmurdan yumuşayan tarlasını sürmeğe başlar. ᶜAlā'l-ᶜāde vusṭā bir iki demir sürdikden ṣoñra güz ekini olan buğday ve arpayı tarlalara ṣaçar ve üzerinden ḫafīf bir ṭaraḳ geçirir. Yaġmurlı senelerde ḥāṣılāt bereketli olur ve vesāʾiṭ-i zerᶜīye nisbetde bire 10 - 15 nisbetini bulur. Ḳuraḳ senelerde ise daha az ḥāṣılāt elde edilmekdedir.

Arāżī ᶜalā'l-ᶜumūm münbit ve maḥṣūldār isede tarlalar ḳara ṣapanlar ile saṭḥī ve ancaḳ [12] aᶜẓamī 15 , 20 santim ḳādār sürülebildiği içün daha fażla ḥāṣılāt elde etmek mümkin olamayor. Pulluḳ ḳullanılan baᶜżı müsteṡnā yerlerde bu ḥāṣılātıñ iki miṡli elde edildiği tecrübe ile ṡābitdir. İlkbahār ve yaz mevsimlerinde aḳdarı, mısır darısı, noḫud, keten, pamuḳ, sīsām, māş, tütün, ḳavun zerᶜīyātı yapılır. Tarlalar ekṡerīyetle şehir ve ḳaṣaba ahālīsince ortaḳcılıḳla maḥṣūlıñ yarısı köylüye bıraḳılmaḳ üzere īcāra verilir. Zavallı köylüler çoluḳ çocuḳları ile bir yıl mütemādīyen tarlalarda çalışır; maḥṣul yetişince bir ḳısmını ortaġından aldığı borca ve sāʾireye muḳābil elden çıḳarır, kendisinde ancaḳ zaḥmetine muḳābil cüzᶜī bir ḳısım ẕaḫīre ḳalır ki bunıñla bir seneyi mümkin değil idāre edemez.

Ḥayvānātı

Vilāyetdeki öküz, inek, manda, deve, at, ester, merkeb, ḳoyun, keçi gibi ḥayvānāt-i ehlīye keṡretle beslenir. Öküz, inek ve manda ekerīyetle Şām cinsi olub ḳuvvetli ve iri cüṡṡeli oldıḳlarından çift sürmekde ḳullanılırlar. Yevmīye ᶜatīḳ yedi oḳḳa süt veren inekleri çoḳdır. Rumḳalᶜe ḳażāsı dāḫilindeki inekler daha ufaḳ cüṡṡelidir. Merkez ḳaṣabasıyla Kilis ḳażāsınıñ ḳoyunları ve keçileri keẕā eyi cinsdir. ᶜAla'l-ḫuṣūṣ Kilisiñ Ġazzāz cihetlerinde yetişen bir nevᶜi uzun ḳulaḳlı ve yevmīye üç oḳḳa süt veren keçiler var ki pek meşhūrdır. Bu ḥayvānātı besleyenler ḥayvānları otlaḳ maḥallerine götürürler ve buralarda süt, yoğurt ṣatmaḳla güz zamānına ḳādār imrār-i evḳāt ederler. Yaġcılıḳ ve peynircilik taᶜammüm etmemişdir. Atadan, ecdāddan öğrendikleri uṣūl-i vecih üzere ḳoyun veya keçi şīrdānlarını ṭuzda veya ṭuzlu ṣularda terbiye etmek ṣūretiyle peynir mayası iʿmāl ederler. Bu mayalar ile yapılan peynirler yaġlı ve nefīs isede ṭuzla terbiye edilmedikce çabuḳ çürür ve ḳoḳarlar. Ḳoḳdıġından dolayı ṣıḥḥīye dāʾiresine berā-yi muʿāyene getirilen peynirler daḫi bunı teʾyīd eylemekdedir. İʿmāl olunan tereyaġları ve peynirler ve ḫuṣūṣan Kilis ḳażāsında ġazzāzda keçi südinden yapılan peynir güzel rāyihalı ve pek nefīsdir. Çıḳan yaġlar memleketiñ her ṭarafına iḫrāc olunur.

Atlar ʿumūmīyetle ʿarab cinsidir. Bu cins her ṭarafda ṭanınmış oldıġından herkes ḳısraḳ beslemeğe merāḳ eder. Ve döl yetişdirmek hevesindedir. Damızlıḳ içün ḫuṣūṣī besleme meşhūr toḫumlar vardır. Meẕkūr atlar mütenāsibu'l-ḳāme ve ġāyet ẓarīf olub ekerīyā vusṭā [13] olaraḳ 1,50 metre irtifāʿındadır. Bunlardan eñ ziyāde ʿAbyān, Aḥmedānīye, Saḳlāvīye, Maʿnakīye, Keḫīlān, Saʿde cinsleri maḳbūl ve meşhūrdır. Yarısı 250 - 300 ve tamāmı 500 maʿdenī lira ḳıymetinde atlara çoḳ teṣādüf olunur. Nāçārlıḳdan dolayı atını ṣatmaġa mecbūr olanlar eks̱erīyā ya ḥayvānıñ yarısını veya bir ayaġını ṣatar ve pek sevgili ḥayvānını bu sebebden elden çıḳarmaḳ istemez. Ḥayvānınıñ tamāmını ṣatanlar pek nādirdir.

Vaḥşī ḥayvānāt

Vilāyetde ayı, ḳurd, tilki, ḳunduz, çāḳāl gibi ḥayvānlara çoḳ ve ḳaplana nādiren teṣādüf olunur.

Köylüler ḳış mevsiminde eñ ziyāde ḳurd ve tilki avına çıḳarlar. Bu ḥayvānları ḫuṣūṣī ve gizli yerlerde gözlemek ṣūretiyle mavzerler ile ya çifteler ile avlayaraḳ derilerini kürkcilere veya tüccārlara ṣatarlar. Bir tilki derisi iyiliğine göre 1,5 - 2 sīm mecīdīyeye, ḳurd derisi üç mecīdīyeye verilir.

Ṭuyūrdan hindi, ṭavuḳ, ḳaz, ördek, bıldırcın, ṣarı aṣma, üveyik, ḳaraṭavuḳ, keklik, güğercin, devrac, ṭurna, aḳbaba, ḳaraḳuş, leylek; ḥaşarāt nevʿinden yılan ve çıyan, ʿakreb bulunur. Bunlardan ḳaz, ördek, bıldırcın, üveyik ḫuṣūṣiyle keklik avcılıġı yapıldıġından ṣūret-i maḫṣūṣada av içün keklik besleyenler çoḳdır. Bunlar kekliği çoḳ bulunan yerlerde ṭaşdan ufaḳ ḳulübeler iʿmāl ederek içine gizlenir ve ḳafes derūnındaki keklikleri ḳulübeniñ öñ ṭarafında yüksekce bir ḳaya üzerine važʿ ederek avlanacaḳ kekliğiñ vurūdına intiẓār eylerler. Esāsen ḳafesdeki terbiye edilmiş keklik ötmeğe ve civārdaki keklikleri çaġırmaġa başlar. O ṣırada ḳafes eṭrāfına ṭoplanan keklikleri avcı ya tüfenkle urur yāḫūd evvelce iḥṣār eylediği ip örmeleri ile diri diri ṭutar. Bundan başḳa, ehlīleşdirerek evlerde beslenen alışdırılmış güğercinlerde vardır. Bunları besleyenlere "ḳuşcı" derler. Bunlar her renkdeki güğercinleri evlerine alışdıraraḳ sürü sürü uçururlar. Her yerden her evden uçurulan bu ḳuşlar birbirine ḳarışdırılır. Kimiñ ḳuşı dīğeriniñkine ḳarışır ve yerini şaşırır ise dīğer ḳuşcı ṭarafından ṭutulur. Ṭutulan [14] bir ḳuşıñ ṣāḥibine iʿādesi içün behemaḥāl muḳābilinde para alınır. Bundan dolayı, bu işi kendisine ṣanʿat edinmiş olaraḳ merkezde ve Kilis ḳażāsında birçoḳ kimseler vardır. Lākin bu iş herkes naẓarında eñ ʿādī ve sefīl bir ṣanʿat ʿadd olundıġından biriniñ kötüliğini vaṣf içün kendisine <ḳuşcıdır> dediklerinden bu iş ḫalḳ naẓarında pek menfūr ve mezmūmdır.

Vilāyetiñ taḳsīmāt-i mülkīyesi
Ġāzī ʿAyıntāb vilāyeti 334 senesinde ʿumūmī ḥarbi müteʿāḳib Ḥaleb vilāyetinden ʿalāḳayı kesdikden ṣoñra müstaḳil livā, bi'l-āḫare vilāyet olmışdır. Kilis ve Ḫalfetī nāmıyla iki ḳażāya münḳasımdır. Merkez ḳażāyada Raşī, Ḥezek, Çekde - Ḳızıḳ, Akçaḳoyun, Tebşār, Örül nāmıyla altı nāḥiye ilḥāḳ olunmışdır. Bunlardan Raşī nāḥiyesiniñ onṭoḳuz ḳaryesi, 10580 nüfūsı, Hezek nāḥiyesiniñ otuzṭoḳuz ḳaryesi, 9365 nüfūsı ve Çekde - Ḳızıḳ nāhiyesiniñ otuzyedi ḳaryesi, 9850 nüfūsı, Aḳçaḳoyununıñ 38 ḳaryesi, 2146 nüfūsı ve Tebşārıñ ḳırḳṭoḳuz ḳaryesi, 9030 nüfūsı, Örül nāḥiyesiniñ onaltı ḳaryesi ve 7800 nüfusı vardır ki cemʿan bu 78897 nüfūs merkez ḳażāsına ʿāʾiddir.

Mülḥaḳ ḳażālar içinde eñ maʿmūrı ve eñ īrādlısı Kilis ḳażāsıdır. Meẕkūr ḳażānıñ Elbeğli, Ḳaramelek, Mūsābeğli nāmında üç nāḥiyesi mavcūddır. Kilis ḳażāsınıñ yiğirmibir ḳaryesi, 41103 nüfūsı, Elbeğli nāḥiyesiniñ otuzbir ḳaryesi, 2210 nüfūsı ve Ḳarameleğin otuzbeş ḳaryesi, 5761 nüfūsı ve Mūsābeğli nāḥiyesiniñ otuzbir ḳaryesi ve 8445 nüfūsı vardır.

Ḫalfetī ḳażāsı ʿArabān, Merzmen, Beziki ve Raşī isminde dört nāḫiyeden ʿibāretdir. Nefs-i Rumḳalʿe ḳażāsı otuzbir ḳaryeden mürekkeb olub 12227 nüfūsı ḥāvīdir. ʿArabān nāḥiyesiniñ ḳırḳ ḳaryesi ve 8333 nüfūsı ve Merzmeniñ otuzdört ḳaryesi ve 4759 nüfūsı ve Beziki nāḥiyesiniñ 6181 nüfūsı, Raşī nāḥiyesiniñde yiğirmi ḳaryesi ve 2941 nüfūsı vardır.

Merkez ḳaṣaba ṭoplu ve epiyi büyük bir ḳaṣaba oldığından 82 maḥallesi, Rumḳalʿe ḳaṣabasınıñda 4 maḥallesi mevcūd olub her maḥalleniñ ayrı ayrı resmen ḥükūmetce ṭanınmış birer muḫtārı vardır.

[15] **İkinci ḳısım**

İklīm - Ġāzī ᶜAyıntāb vilāyeti muᶜtedil bir iklīme mālikdir. Fuṣūl-i arbaᶜa üzerine mevāsim muntaẓaman devām eder. Burada ilk bahār, Mārtıñ bidāyetinde ve nihāyet onbeşinde ḥulūl eder; bu mevsimde çiçekler açar, aġaçlar yeşil bir cāra bürünür; düz ovalar zümrüd gibi çayırlar ile örtülür, her ṭaraf feyż ve bereket ās̱ārından olaraḳ başdan aşaġı yeşil görünür. Faḳaṭ ḳışın fażla derecede yaġan yaġmurıñ teʾs̱īri ile havā-yi nesīmī mevsim bidāyetinde ruṭūbetle meşbuᶜ olur.

Yaz, Ḥazīrānıñ on beşinden başlar, Eylūl bidāyetine veya on beşine ḳādār devām eder. Ekinciler bu mevsimde maḥṣūlı idrāk ederler. Vilāyetiñ şimāl ḳısmı saṭḥ-i baḥrdan epiyi mürtefiᶜ oldıġından serin ve muᶜtedil olur ṣıcaḳlar burada ḥüküm icrā edemez. Bi'l-ᶜakis Kilis ḳażāsı ile merkez ḳażāsınıñ cenūb aḳsāmında yazın derece-i ḥarāret fażla görülür ve baᶜżan taḥammül olunamayacaḳ derecede ṣıcaḳ yapar ve havāda pek az mıḳdārdaki ruṭūbeti izāle eder. Bu mevsimde geceleri dışarıda yatmaḳ ᶜādāt-i maḥallīyeden oldıġından güz evāsıṭına ḳādār devām eden bu ᶜādet sebebiyle kendini muḥāfaẓa edemiyenleriñ eks̱erīyā malaryaya ṭutuldıḳları görülüyor.

Ṣoñbahār; Eylūl evāsıṭında başlar ve Kānūn-i evvel 15ine ḳādār sürer. Herkes bu mevsīmde seneniñ bütün maḥṣūlını idrāk etmiş ve yeñiden ḳışlıḳ ekinlerini ekmeğe başlamış olur. Mevsim ḥasebiyle havā-yi nesīmī sisler ile, yaġmur buluṭları ile meşbuᶜ bulunur.

Ḳış; buralarda eñ ṣıḳıntılı ve zaḥmetli bir mevsimdir. Yaġmurlar bilā fāṣle ve ḳarlar daẖi Kānūn-i s̱ānī, Şubāṭ aylarında seyrek yaġar. Dereceʾ-i ḥarāret taḥtu'ṣ-ṣıfır beş dereceyi bile bulur. Ṣovuḳlarıñ şiddeti ve baᶜżı fenā iᶜtiyādāt sebebiyle bu mevsimde romatizma ẖastalıġı fażla görülür. Yaġan ḳarlar 30 - 40 santim ve baᶜżı senelerde daha fażla olur. Vilāyetde buz fabriḳaları olmadıġından ahālī yaz içün ḳışdan ḳar baṣmaġa mecbūr olur: Ḳarları ṭoplar ve bir yere cemᶜ ederler ki bu ḳar maḥzenlerine "ḳarlıḳ" [16] derler. Bu maḥzenler ḳāᶜidesi yuḳarıya gelmek üzere maẖrūṭīyü'ş-şekil yapılmış ve ṭabanları ṭaş ile döşenmiş bir ṭaḳım çuḳurlardan ᶜibāretdir. Yazın şurūb ve miyān şerbeti satan esnāf müttefiḳen ᶜamele ṭutaraḳ ḳarlıḳları doldurtur ve üzerlerini teʾs̱īrāt-i havāʾīyeden muḥāfaẓa olunmaḳ içün ṣaman ve ṭopraḳ ile baṣdırtaraḳ yaz mevsimine ḳādār açılmaz ve muḥāfaẓa olunur. Yaza ḳādār bu ṣūretle bıraḳıldıḳdan ṣoñra yazın ṣıcaḳ havālarda açar ve ḳalıb keserek ṣatarlar veya kullanırlar.

Dereceʾ-i ḥarāret-i nesīmī - Vilāyetde ne tebeddülāt-i havāʾīyeyi ḳayd edecek bir raṣadẖāne, nede ālāt-i raṣadīye vardır. Bu sebebden dereceʾ-i ḥarāret-i nesīmī muntaẓaman ḳayd edilememekde ve ancaḳ merkez ḳażāda santiġrad ile baᶜżan ḥarāretiñ veya ṣovuḳlarıñ şiddetli zamānda dereceʾ-i ḥarāret alınmaḳda olub ḳışın aṣġarī taḥtu'ṣ-ṣıfır beş ve yaz mevsiminde otuzbeş derece iʿtibār edilmekdedir. Vusṭā olaraḳ derece'-i ḥarāret yiğirmidir.

Rūzgārlar - Ġāzī ʿAyıntāb vilāyetinde bir ṣūret-i munṭaẓamede şarḳ ve ġarb rūzgārı eser; ḳışın pek seyrek poyraz ḳuru ṣovuḳ yapar ve incimād ḥuṣūlına bādī olur. ʿAlā'l-ekṣer ḳışın cihet-i şarḳīden esen rūzgārlar ṣovuḳ ve ḳarlar ile müterāfikdir. İlkbahār ve yaz mevsimlerinde ġarbdan vezān eden rūzgārlar muʿtedil ve laṭīf havā cereyānları tevlīd ederler.

Derece'-i yübūset ve ruṭūbet - Vilāyetiñ şimāl ḳısımlarında kış ve ilkbahār mevsimleri rāṭib, ṣoñbahār muʿtedil ve ḳısmen rāṭib, yaz yābisdir. Cenūb ḳısmında bu ḥāl o ḳādār cārī değildir; buralarıñ ḳışı muʿtedil, ilkbahārı rāṭib, ve yazı yābis, ṣoñbahārıda muʿtedil ve rāṭibdir. Havālarıñ tebeddüli münāsebetiyle ekṣerīyā ḳış ve ilkbahār mevsimlerinde romatizma ḥüküm sürer.

Miyāh-i maʿdenīye - Vilāyetde ne maʿden ṣuları, nede ḳaplıcalar vardır. Ġāzī ʿAyıntāb vaḳtiyle Ḥaleb vilāyetine merbūṭ iken baʿżı ṣınıf Ḥalebiñ şimālinde ve Ḳāṭimeniñ şarḳ-i cenūbīsinde vāḳiʿ olub "ḥamam" taʿbīr edilen ḳaplıca maḥallerine girerek şifā bulıncaya ḳādār bir müddet ovalarda ḳalırlardı. Şimdi bu ḳaplıcalara aḥvāl-i aḫīre ve ḥāżire münāsebetiyle gidenler pek nādirdir.

[17] **Üçünci ḳısım**

Vilāyetiñ nüfūs-i ʿumūmīyesi

Vilāyetde nüfūs-i ʿumūmīyeniñ eks̱erīsini Türk islāmlar teşkīl eder. Vilāyet nüfūsınıñ 199,000i Türk islām ve 2000i yahūdī olub cemʿan 201.000dir. Dāḫil-i vilāyetde dāvārcılıḳla iştiġāl eden ve kürdce tekellüm eyleyen mevcūdı pek az bir ʿaşīret var ki bunlarıñ aṣlı Kürd değil, Türkmendir; ḥattā bunlara Türkmen ʿaşīreti derler. Daha ufaḳ tefek baʿżı ʿaşāʾir ve ḳabāʾil daḫi nüfūs-i ʿumūmīye meyānında isede bunlarıñ mektūm olanları pek çoḳdır.

ʿAşāʾir

Vilāyetiñ cenūb ve şimālinde sākin olub zirāʿāt ve felāḥatla imrār-i evḳāt eden Türkmen ve İlbeğli ve Ḳaraḳoyunlı ʿaşīretleri vardır. Bunlarıñ bir ḳısmı nüfūsa dāḫil isede eks̱erī nüfūs-i mektūme ḥālinde ḳalmış ve ḥālā ḳalmaḳdadır. ʿAşāʾir-i mez̲kūreden Türkmen ve İlbeğli ʿaşīretleri zürrāʿ olmaḳla berāber ḥayvānāt-i ġanamīye ve feresīyeyede merāḳlıdır. Yuḳarıda isimleri taʿdād olunan ʿarab atı cinsiniñ eñ mükemmelleri bu ʿāşīretlerde bulunur. Vilāyetiñ şimālinde sākin Ḳaraḳoyunlı ve Ṣacili ʿaşīretleri mevcūd olub bunlar eñ ziyāde ḥayvānāt-i baḳarīye ve ġanamīyeye heves ederler; peynircilik ve yağcılıḳla uġraşırlar. Bundan māʿadā göcebelikle yaşayan ve seneniñ eks̱er zamānını vilāyet dāḫilinde geçiren <Kiyār> ʿaşīreti nāmında bir ʿarab ʿaşīreti vardır. Bunlarıñ hemān hepsi nüfūs-i mektūmeden olub şimdiye ḳādār hiç biriniñ nüfūsa ḳayd edilmediği muḥaḳḳaḳdır. Mevcūdı taḳrīben ikibiñdir. ʿAşīret-i mez̲kūre ḳış mevsimlerinde Sūriye çöllerine geçer ve ḳışı orada geçirdikden ṣoñra ilkbahārda tekrār vilāyet dāḫiline geçerek ḥayvānāt ve mevāşīlerini raʿy etmek maḳṣadıyla vādīler ve otlaḳ maḥallerinde güz nihāyetlerine ḫayme-nişīn bir ḥālde ḳalır ve ṣovuḳlar başlayınca tekrār Sūriye ṭaraflarına ṣavuşurlar. Vilāyet dāḫilinde bulundıḳları [18] müddetce ahālīniñ mezrūʿātına baʿżan ẓarar īrās̱ eyledikleri vāḳiʿdir. Bu ʿaşīretde daḫi iyi cins ʿarab atlarınıñ değerlileri bulunub başı ḳabaḳ, ayaġı yalın olan ve üzerleri tek uzunca siyah bir gömlekle mestūr bulunan bu ʿarablarıñ eks̱erī 400 - 500 maʿdenī lira ḳıymetinde birer ata mālikdir; atları canlarından ve bütün mülklerinden ḳıymetlidir.

Silāḥ ṭaşımaġa hevesli oldıḳlarından bir çoġında silāḥ bulunur. Vilāyet dāḫilinde bunlardan başḳa göçebe bir ḥālde ʿaşīret yoḳdır.

Lisān-i ʿumūmī

Lisān-i ʿumūmī türkcedir. Şīveʾ-i lisān hemān merkezde ve mülḥaḳāt ve ḳurāda birbiriniñ ʿaynı ve İstanbul lehcesine yaḳındır. Ḳullanılan kelimātıñ nihāyetlerinde ḳaba ve s̱aḳīl edātlar yoḳsada baʿż-i kelimāt ʿarabcadan alınaraḳ ḳullanılıyor ve baʿżısıda es̱nā-yi tekellüminde taġyīr ve taḥrīf edilür. Mes̱elā nerdübāna - derec, pencereye - ṭāḳe, ve <geliyorum> yerine <gelim> denildiği gibi aġabiğim yerine aġam ve ablam yerine abam ve ḳuṣūra baḳma denileceği yerde <ḳayırmaz> gibi isim ve kelimeler ḳullanılır. Yuḳarıda isimleri ẕikr edilen Türkmen, İlbeğli ve Ḳaraḳoyunlı ve Ṣavcılı ʿaşīretleri kürdce ḳonuşdıḳları gibi türkçeyide mükemmel bilirler.

Ṭarz-i telebbüs
Vilāyetde Türkler arasında zengin ve faḳīrleriñ, ḳaṣaba ve köylileriñ ṭarz-i telebbüsi ayrı ayrı oldığından ḳıyāfet-i millīyeleri bir değildir. Her biriniñ ṭarz-i telebbüsleri ber vech-i zīr ʿarż olunur:

1 - Zengin ḳaṣabalılar: Bir ḳısmı setre panṭalon giydiği gibi bir çoğıda entārī üzerine uzunca bir palṭo, başında ābānī ṣarıḳ, belinde ḳalın ve geniş bir şāl ḳuşaḳ ṭaşırlar. Ḳadınları ṣoñ birḳaç sene ẓarfında İstanbul biçimi çarşaflara ve yeñi moda elbiselere ve ḫuṣūṣiyle ḥilyāta daha fażla rağbet etmekde iselerde bir ḳısmı yerli doḳumadan ve māvī ipliklerden maʿmūl çarşaflar giyerler. Muḳaddeman ḳadınlar arasında beşi bir yerdelere sulṭān Maḥmūd meskūkātından ġāzīlere rağbet ziyāde idiysede bu günlerde gerdanlıḳlara, bileziklere iʿtibār daha fażladır. Boynına iki gerdanlıḳ, bileklerine müteʿaddid çift bilezik ṭaḳanlar eks̱erīyi teşkīl eder. [19] Şimdi Maḥmūdīye ile ġāzīler ve beşi bir yerde müzeyyinātı köylileriñ zenginlerine münḥaṣır ḳalmışdır.

2 - Vasaṭ derecede ve faḳīr ḳaṣabalılar: Yerli yüñ doḳumalardan maʿmūl ḳuşaḳdan bir az aşağıya ḳādār bir ʿabā ve yine yerli yün veya iplikden doḳunmış şalvar giyerler. Başlarına iḫtiyārlarda Tūnus fesi olub üzerine ʿabānī ṣarıḳ, gençlerde ʿādī feslere yazma ṣararlar. Ayaḳlarında foṭin ḳundura, yerli saḫtiyandan maʿmūl ḳırmızī renkde yemeni bulunur. ʿAbā giyinmek o ḳādār ʿādet ki yazın eñ ṣıcaḳ havālarda bile bir yüñ ʿabāyı ṣırtlarından çıḳarmazlar. Faḳīr veya zengin baʿżı eski ḳaṣaba veya ḳöylü ḳadınları görülüyor ki ṣarı saḫtiyāndan maʿmūl uzunca ḳonclı buralarda (hadīk) tesmiye etdikleri püskülli çizmeler giyiniyorlar ki bu ḳadınlarıñ melbūsātından imiş. Bunlara şimdi pek ender teṣādüf olunuyor.

Gencler yine yerli doḳumadan öni açıḳ entārī ve başlarına 300 - 500 ġram s̱ikletinde ve omuza ḳādār ṣarḳan püsküliñ ve ḳalıbsız uzunca fesiñ üzerine yazma ṣararlar. Entārīleriniñ ḳıṣa ve öni açıḳ yapılmasından maḳṣad altından giyindikleri don ve gömlek işlemeleriniñ gösterilmesidir. Ḳadınları ʿalā'l-ʿumūm yerli doḳumadan māvī çarşaf örtünür ve bir çoğı yerli doḳuması alacalardan entārī giyinirler.

3 - Zengin köylüler: Ṭarz-i telebbüsleri ḳaṣabada orta ḥālli bulunanlarıñ hemān ʿaynıdır. Yine ṣırtlarında yerli doḳumadan ʿabā ve şalvar, bellerinde şāl ḳuşaḳ, başlarında fes üzerine ābānī ṣarıḳ veya ipekli boşu ṣarar ve ayaḳlarında dereceʾ-i s̱ervete göre yemeni veya ḳundura bulunur. Ḳadınları eks̱erīyā yerli maʿmūlātından ve nādiren ḳumaşlardan olan uzunca entārī ṭopuḳlarına ḳādār genişce ve uzunca bürün, bellerine erkekler gibi şāl bir ḳuşaḳ ḳuşanır ve başlarınada gümüş veya altun ṣırmalı fes giyerler. Şaçlarındada örgü maḳāmında olaraḳ ṣaçaḳlı gümüş ḳaytan bulunur. Öñlerine belden aşağı bir öñlik ve fesleriñ üzerine müs̱elles̱ü'ş-şekil bir yazma ḳoyarlar. Köylerde birbirinden ḳaçmaḳ ve gizlenmek ʿādeti yoḳdır. Her ḳadın, herhangi erkek ḳarşusında bulunursa bulunsun, bu ḳıyāfetde bulunur. Ḳaṣabaya indikleri zamān başlarına fażladan büyücek bir ḥavlu veyāḫūd nādiren doḳuma çarşaf örterler. Genc erkekler çoḳ kerre ʿabā yerine ḳıṣa ve çuḫadan maʿmūl bir fermāne, çuḫa şalvar, ḳıṣa ve öñi açıḳ mintān, ṣırmalı yelek [20] başlarında şehirliler gibi uzun püskülli fes üzerine ya ṣırmalı boşu veyā yemeni ṣararlar. ʾEkli şāl ḳuşaḳları üzerinde fişenklikleri ve ṭabancaları bulunur.

4 - Faḳīr ḳöylüler: Bütün sene tarlalarda çalışub güç belā ḳarnını doyurabilen bu zavallılarıñ ṭarz-i tebellüsi pek basīṭ ve sādedir. Bir ʿabā ile yerli doḳuma içlikden bir dondan ʿibāret başlarında bir kūlāh, ayaḳlarında çarıḳ veya postal bulunur. Ḳadınlarınıñda ṭarz-i telebbüsi zengin köylüleriñ ʿaynı isede daha basīṭ, sāde ve faḳīrānedir. Her senedeki çocuḳlarına fes giydirir ve yazma ṣardırırlar.

Ṭarz-i maʿīşet

Zengin köylüler ḫāric olmaḳ üzere gece gündüz çoluḳ çocuġı ile tarlalarda vaḳit geçiren Türk köylüleri pek ziyāde ḳanāʿatkār olur. Yorġun arġın tarlasından ʿavdet edince ḥāżırlanmış olan ṣıcaḳ mercimek veya baş çorbasını veya bulġur pilavını veyāḫūd ekmekleri ʿumūmīyetle yufḳa oldıġından yufḳa içine durulmış ayran peynirini efrād-i ʿāʾilesiyle iştihā ile yerken kendinde büyük bir memnūnīyet hiss eder. O gün işiñ zaḥmetinden bītāb ḳalan vücūdını diñlendirmek içün derḥāl yataġa uzanır. Ertesi gün erken uyanaraḳ tekrār tarlasını, bāġını sürmeġe ḳoşar yāḫūd kesesinde nādiren para bulundıġından birḳaç ḳoyunından ve keçisinden ḥāṣıl olan süti ve yoġurtları ḳaṣabaya getirir ve pazarda ṣataraḳ sāʾir iḥtiyācātını defʿ eder yāḫūd serbest bulundıġı günlerde ṭaġdan bir iki yük odun ḳırar, ḳaṣabaya götürüb elde etdiġi para ile eviniñ noḳṣānını telāfī eder.

Ṭarz-i iştiġāl

Ġāzī ʿAyıntāb vilāyeti ṣanāyīʿ ḫuṣūṣında 334 senesi nihāyetlerine ḳādār pek geri iken tārīḫ-i meẕkūrdan beri seneden seneye ilerlediġinden teraḳḳī cihetinden ʿaẓīm bir farḳ görülmekdedir. Mes̱elā terzilik, ḳundıracılıḳ, ʿabā, kilim ve alaca doḳumacılıġı ve yaġcılıḳ Türk ve İslāmlarda teraḳḳī etmekdedir.

Yerli maʿmūlātından olan alaca kilim ve ʿabālar Diyarbakıra ve Malatyaya, Ḥaleb, Şām ve Mıṣır [21] ṭaraflarına ṣevḳ ve iḫrāc olunaraḳ her yerde fażla bir raġbet görür. Debbāġḫānelerde çıḳarılub eks̱erīyā Ḥalebe ve sāʾir maḥallāta iḫrāc olunan ṣarı ve ḳırmızī saḫtiyānlar ve ḫuṣūṣiyle Fransız köselesinden az farḳlı bulunan ḳundıra kerestesi şāyān-i taḳdīr bir ṣūretde iʿmāl edilmekdedir. Vilāyetde ḳuyumcılıḳ müteraḳḳī deġildir. Eñ ziyāde oyacılıḳ, gerkef işleri, yüñ örmeler zengin ḳadınlarıñ başluca iştiġālātındandır. Faḳīr ve ṭul ḳalmış ḳadınlar idārelerini teʾmīn maḳṣadıyla pazardan pamuḳ ṣatun alaraḳ evinde çıḳrıḳda ördıkden ve pamuġı ince iplik ḥāline getirdikden ṣoñra pazar maḫṣūṣında bez doḳumacılarına ṣatarlar. Pamuġuñ yüz dirhemini on ġuruşa aldıġına ve örülmüş ipliġiñ yüz dirheminide yiġirmi ġuruşa ṣatdıġına göre kendine on ġuruş ticāret ḳalır ki bunıda ancaḳ ṣabaḫdan aḳşama ḳadar muṭṭaṣıl çıḳrıḳ başından ḳalḳmamaḳ şarṭiyle elde edebilir. Köylü ḳadınlarınıñda başluca iştiġālātı budır. Erkeklerine ya ʿabā veya şalvarlıḳ yüñ veya gömleklik içün pamuḳ bükerler.

Aḫlāḳ

Vilāyetde aḫlāḳ noḳṭa-i naẓarından ḳaṣaba ve köylüler birbirinden çoḳ farḳlıdır. Ḳaṣabalarda ahālīniñ yüzde yetmişbeşi iyi iʿtibār edilebilir isede yüzde yiğirmibeş nisbetinde cāhil ve çapḳın ḳısmı ḳalıyor ki bunlarıñ bir ḳısmı bütün gün serserīyāne dolaşır ve işi, ṣanʿatı oldıġı ḥālde anıñla iştiġāl etmeyereḳ ḳahvelerde, şurada, burada emrār-i avḳāt ederler.

Öyle bildiğim şaḫıṣlar vardır ki kendisi büyük bir baḳḳalīye dükkānına mālik iken evini ve düḳḳānını heyʾetile çıraḳlarına terk ederek haftalarca esrārḫānelerde ḳapanır ḳalırlar. Bu cühelā arasında esrār içen genc yaşında kendini zehirleyenler pek çoḳdır. Bu ḳabīl cāhiller gizli yerlerdeki baʿżı esrār ḳahvelerinde ṭoplanaraḳ Hindistān cevizinden ve ʿalā'l-ʿāde bir şişeden maʿmūl ve ḳamışdan mārpūcı bulunan nārgīle tertībi bir şeyle tünbekü ve esrārı birbirine ḳataraḳ içmeğe başlarlar, evvelā biri nārgīleden birbirini müteʿāḳib bir ḳaç ḳuvvetli nefes çeker ve aġzından ġāyet kesīf bir duman çıḳararaḳ nārgīlāyı dīğerine uzatır; oda ʿaynı ṣūretle tekrār eder ve öbürine teslīm eyler; bu yolda ʿumūm eṣḥāb-i keyf nārgīleyi ṣıra ile elden ele verirler ve bundan büyük bir ẕevḳ duyar ve ṭatlı ṭatlı ḫayālāta dalarlarmış!

[22] Ḳaṣabalarda gizli ṣūretde fuḥşīyātda vardır. Ḥükūmet-i muvaḳḳate zamānında merkez ḳaṣabasına Halebden birḳaç kişi fāḥişe getirilmiş ve bir ʿumūmḫāne küşād edilmiş idi. Ḥükūmet-i millīyemiziñ ḳaṣabayı işġāl etmesini müteʿāḳib ahālīniñ ıṣrārı üzerine ʿumūmḫāne ḳaldırılmış ve fāḥişeler Ḥalebe uzaḳlaşdırılmış isede yerli bir ḳaç fāḥişe bulunmasından dolayı fuḥuş, gizli bir ṣūretde, devām etmekde ve ara ṣıra bu yüzden cerh-ü-ḳatl māddeleride ẓuhūr etmekdedir. Ṣıḳı taʿḳībāta raġmen bu ḥāliñ öñine geçilemeyor. Köylerde fuḥşīyāt yoḳdır. Köyliler ṣoñ derece dürüst ve ʿafīf olmaları dolayısıyla fuḥuş irtikāb edenlere laʿnet ve nefret etdikleri gibi muḥabbet netīcesi bir erkeğe kaçan bir ḳadınıda derḫāl öldürür, itlāf ederler. Nūr-i maʿārifden maḥrūm ḳalan bu köylülere feżāʾil-i aḫlāḳīyeyi belletecek bir kimse olmadıġı ḥālde kendileri yine ṣāf ve ḫulv-ḳaderler.

Köylileriñ, ʿumūmīyet iʿtibārıyla, aḫlāḳları bozulmamışdır. Yalñız köylerde baʿżı ḥāllere teṣādüf olunur ki pek tuḥāfdır. Meṡelā: Bir çocuḳ onbeş yaşını buldımı, ebeveyni ṭarafından evlendirilmek içün ḥāżırlıḳ görülmeğe başlanır. Küfv olmaḳ şarṭiyle ārzū etdiklerinden biriniñ ḳızını isterler. Ḳız ṭarafı vermeğe ya riżā gösterirler yāḫūd redd ederler. Bu müddet ẓarfında ḳız ile erkek arasında münāsebāt-i ʿāşıḳāne mevcūd ise erkek ḳızla sözleşir ve birlikde ḳaçarlar. Öyle bir münāsebet yoḳsa ḳız ṣuya veya oduna gitdiği zamān genc çocuḳ ṭarafından dāʾimā taʿḳīb olundıġından fırṣat düşünce zor ile ḳaçırılır. Ḳız ḳaçırıldıḳdan ṣoñra başḳaları bi'l-āḫare arayı bularaḳ bu iki ʿāşıḳı köye daʿvetle birbirine verirler. Bu gibi ḥāllere çoḳ kerre teṣādüf olınur.

ᶜAnᶜanāt-i tārīḫīye

Kilis ḳaṣabasınıñ ġarbında Yavuz Sulṭān Selīmiñ devr-i salṭanatında [Marcdābıḳ] denilen mevkiᶜde ve vilāyetiñ şarḳ ṭarafında ve Nizip nāḫiyesine ḳarīb bir maḥallde Sulṭān Maḥmūd zamānında yapılan muḥārebeler ile Ġāzī ᶜAyıntābda 1 Nīsān 336 tārīḫinde başlayub 7/8 Şubāṭ 37ye ḳadar cihāna ḥayret verecek bir ṣūretde devām eden muḥārebāt-i aḫīre buraların ᶜanᶜanāt-i tārīḫīye ve millīyesindendir. Keẕā Romalılar vaḳtında inşā edilmiş olan Ġāzī ᶜAyıntāb ḳalᶜesi ile ḳaṣabaya bir sāᶜat meṣāfede <Dölük Baba> nāmıyla mevsūm <Keber> ḳalᶜesi, Rum ḳalᶜe, Betşār ve Burç ḳalᶜeleri ve merkez ḳaṣabasınıñ Kurdtepe denilen mevḳiᶜinde Yūşaᶜ ᶜaleyhi's-selāmıñ ve yine ḳaṣaba dāḫilinde Aydın Baba, Emīn Dede ve Beşinci ḥażretleriniñ, birer çeyrek şimāl ve cenūbındaki Ḥācī Baba ve Ḳūrbān Baba gibi ẕevātıñ [23] merḳadları āṯār-i ᶜatīḳadan ve metrūkāt-i tārīḫīyeden maᶜdūddır. Ahālī arasında mevcūd bir ṭaḳım ᶜādāt ve ᶜanᶜanāt daḫi bervech-i zīr ᶜarż olınur:

1.Çocuḳ doġurtmaḳ merāsimi: Bir ḳadınıñ vażᶜ-i ḥamli teḳerrüb edince ᶜā᾿ile ebesi ve herkes bir ḳaç gün aḳdem daᶜvet olınaraḳ keyfīyet eñ yaḳın aḳrabālara iḫbār olınur. Ḥāmileniñ ṣancıları başlayınca loḫūsa evinde ebe ve ḳadınlar ictimāᶜ ederek loḫūsa kürsīye veya yataġa oṭurtulur ve çocuġıñ doġması beklenir. Tekbīrler getirilerek ilāhī ve naşīdeler söylenir. Vażᶜ-i ḥaml eṣnāsında loḫūsaları kürsīlerde bulundurmanıñ birçoḳ mażarratları görüldiğinden ötedenberi yapılan neṣāyiḥ üzerine bu ᶜādet hemān hemān büsbitün ḳalḳmış gibidir.

Çocuḳ geç doġunca ḥāmileniñ baş ucında ḳurān oḳurlar veya loḫūsanıñ ṣırtını ṣıġayaraḳ duᶜālar ederler. Doġan çocuḳ erkek ise herkesiñ meserreti teżāᶜuf eder. Bebek doġar doġmaz, loḫūsayı evvelce iḥżār edilmiş olan yataġına yatırır ve ateş üzerinde bulundırdıḳları ılıḳ ṣu ile çocuġı yıḳayub temizledikden ṣoñra gūyā çocuġıñ beyāż olmasını te᾿mīn içün başına bir ṭās dolusı ayran veya süt dökerler. Ebe çocuġı ḳundaġa ṣarınca babasından başlayaraḳ yaḳın aḳrabālarınıñ ayrı, ayrı ḳucaḳlarına ḳoyar ve baḫşīş ṭoplar. Velādet güninden iᶜtibāren her gün ebe ya loḫūsa evinde ḳalır veya muntaẓaman devām ederek loḫūsaya ve bebeğe ḫidmet eder. Yedisinde çocuġı ılıḳ ṣular ile yıḳar ve temizler ve loḫūsayı yataḳdan ḳaldırır. Ḳadınlar altun, çiçek ve başḳa hediyelerle loḫūsayı görmeğe gelirler. O günde yaḳın aḳrabāları daᶜvet etmek, yemek yedirmek ᶜādetdir. Yiğirmisinde ve ḳırḳında loḫūsa ḥamama götürülür ve çocuġıñ vücūdına ṭuz, loḫūsanıñkine bahārāt ve baldan mürekkeb ve burada [nefse amī - ᶜilācı - şūdūd] taᶜbīr etdikleri bir maḫlūṭı sürerler; bir müddet öyle ṭutar ve bir az ṣoñra loḫūsayı temizleyerek çıḳarırlar.

Vilāyetde diplomalı ancaḳ iki ebe ve diplomasız birçoḳ ebe mevcūd oldıġından eṣnā-yi velādetde ebeleriñ temizliğe riᶜāyet etmemeleri yüzinden ᶜalā'l-ekṡer ḳadınlarda ḥummā-yi nefāsī müşāhede edilmekdedir ki buña meydān vermemek maḳṣadı ile mevcūd ebelere velādet uṣūlı ve ana ḳarşı yapılacaḳ tedābīr-i ṣıḥḥīye ḥaḳḳında ara ṣıra belediye ḳābilesi vāsıṭasıyla maᶜlūmāt-i lāzime verdirilmekdedir.

[24] **2.Ḫatim merāsimi:** Çocuḳlar mektebde ḳurānı ḫatim edince merāsim yapılır. Bir iki gün evvel çocuğıñ ellerine ḳına ḳonur ve merāsim güni temiz yeñi çamaşırlar giydirilerek fesine altunlar, elmaslar ṭaḳılır ve teşhīr içün mensūb oldığı mekteb ṭalebesi dizildikden ṣoñra çocuḳ öñde ve hepsi bir çocuḳ alayı ḥālinde taḥrīk olınur. Yürürken çocuḳlar neşīdeler oḳurlar; alay çarşuları soḳaḳları gezdirirler çocuḳlarıñ gerisinde ve anı taᶜḳīb eden birḳaç münādīye - dellal ḳadınlar - "mā şāᵓa'llāh, mā şāᵓa'llāh! başa sürer in şāᵓa'llāh, yāhu, yāhu!" deyiye bağırır ve anı müteᶜāḳib birḳaç ḳadın hep bir ağızdan nefes almayaraḳ "ley, ley, ley" çağırırlar. Bu bağırışmalar çocuğıñ gezdirildiği müddetce devām eder. Bu ᶜādet birḳaç sene evveline ḳadar cārī idiysede ṣoñ senelerde bu ḥāllere ender teṣādüf edilmekdedir.

3. Sünnet merāsimi: Sünnet merāsimide ᶜaynı vecihle ḫatim merāsimi gibi icrā olunur. Çocuḳlar sünnet edilmezden muḳaddem tezyīn edilmiş develeriñ ve ḥayvānlarıñ üzerinde soḳaḳlarda ve pazarda dolaşdırılır. Bu iş bitdikden ṣoñra çocuḳ musiḳa ve çalğı ile, yāhu yāhularla sünnet edilir; hediye ve ᶜaṭīyeler ile talṭīf olunur. Yerli faḳīr ᶜāᵓilelerde çocuḳ eks̱erīyā yedi günlik iken sünnet edildiğine göre, ṭoḳuz veya on yaşına ḳādār her sinndeki çocuḳ bahār mevsiminde sünnet edilir.

4. İzdivāc merāsimi: Vilāyetde muᶜayyen bir evlenme çağı yoḳdır. Yaşlı bir ḳadın bir genc çocuḳ ile izdivāc etdirildiği gibi pek genc ḳadınıñda s̱ervetine ṭamaᶜ olınarḳ 50 - 60 yaşındaki bir erkeğe verildiği çoḳ kerre vāḳiᶜdir.

ᶜAlā'l-ᶜumūm erkeklerde 15 - 25 ve ḳadınlarda 14 - 20 yaş sinn-i izdivāc ḳabūl edilmiş isede şu ṣoñ senelerde henūz bülūğa ermeyen oniki yaşındaki ṣabīyleriñ birbirlerine verildikleri ve bi'n-netīce nesilleriniñ cılız ve żaᶜyıf ḳaldığı görülüyor. Eskidenberi izdivāclarda nişān, nikāḥ ve düğün merāsiminde fażla maṣraf ve külfetler iḫtiyār edilerek maᶜlūm oldığı vecihle medᶜuvvlara yemek yapılır; çalğılar çalınır ve eñ faḳīr ᶜāᵓileye varıncaya ḳādār bu ᶜādetler yerine getirilir idi. Faḳat bu ṣoñ birḳaç sene içinde ġalā-yi isᶜār ve maᶜīşet darlığı münāsebetiyle bu isrāfātıñ cümlesi yarı yarıya tenezzül etmiş idi; lākin yine merāsimden ve ᶜanᶜanātdan geri ḳalınmıyordı: mes̱elā, fażla cihāz çıḳarmaḳ, ḳına geceleri yapmaḳ, gelin götürir ve güveği [25] gezdirirken parlaḳ merāsim iᶜtiyādātdan vaz geçmek ḳābil olamayordı. Bu sene menᶜ-i isrāfāt ḳānūnınıñ taṭbīḳi üzerine fażla isrāfātdan ahālī mümkin mertebe menᶜ edilmişdir. Köylerde ise ḥāle göre bir iki hafta evvel düğüne başlanılır; davul, zurna çalınmağa ve uzaḳ köylerden bile adam daᶜvet olınmağa başlanır. Medᶜuvv olanlarıñ düğün evine giderken dereceᵓ-i s̱ervete göre ya bir iki ḳuş, ya dana veya bir ḳaç baṭman pirinc götürmeleri ᶜādeti henūz terk edilmemişdir. Düğün maḥallinde tecemmüᶜ eden ḫalḳ arasında, güreşler, oyunlar tertīb olunur, ḳoşu yapılaraḳ eğlenilir. Düğüniñ ḫitāmında herkes köyine ᶜavdet eyler.

5. İctimāᶜ günleri, eyyām-i maḫṣūṣ, ziyāret maḥalleri: Seneniñ bahār mevsiminde ve muᶜayyen ḫuṣūṣī günlerde merkez ḳaṣabası ile mülḥaḳāt ḳaṣabalarında ictimāʿlar yapılır. Merkez ḳaṣabasınıñ şimāl ve cenūb ṣırtlarındaki Ḳūrbān Baba ve Dülük Baba ziyāretlerine ḳūrbān ve mum götürmek ṣūretiyle merāsim yapılır. Bu merāsime eñ ziyāde ḳadınlar ḫuṣūṣī günlerde devām ve iştirāk ederler. Keẕā haftada üç gün [pazar, ṣalı, pencşanbe] günlerinde merkez ḳaṣabası dāḫilinden geçen (ʿAynü'l-leben) taʿbīr olunan Ġāzī ʿAyıntāb ṣuyınıñ eṭrāfında ḳadınlar ṭoplanaraḳ yemek yapar ve aḳşama ḳadar meẕkūr ṣu kenārında eğlenirler. Bu gibi eğlenti maḥallerinde <çiy köfte> yemek ʿādet-i maḥallīyedendir. Çiy köfte: Hāvānda döğülmiş çiy ḳara etiñ yāḫūd bir parça sāde yağıñ çiy bulgur, ḳımızī biber, ṭuz, maydanoz, ṣoğanla ḳarışdırılub ḫamur gibi yoğurulmasından ḥāṣıl olmış bir maḫlūṭdır. Bulġur ṣu ile bir az ḳarışdırıldıḳdan ṣoñra yoğurula yoğurula yumuşatılır ve loḳma olacaḳ ḳādār ufaḳ, ufaḳ kesilir. Bu işdende netīce ṣuyıñ başında ġurub ġurub birikilerek o köfte kemāl-i iştihā ile yenilir. Bu ictimāʿlar seneniñ Mārt ve Nīsān aylarında olur. Keẕā Nīsān ayında aġac bayramı merāsim-i maḫṣūṣa ile yapılır. Bütün ahālī, eṣnāf o gün dükkānlarını ḳapayaraḳ ḳırlara çıḳarlar ve lüzūmı olan maḥallere aġac dikilir. Ḫalḳ çayırlarda, ṣu kenārlarında yemekler, eğlenceler tertīb ederek güni geçirir.

Ġāzī ʿAyıntāb ḳaṣabasınıñ istirdādından ṣoñra cumʿa günleride bir yevm-i maḫṣūṣ ʿadd edilmeğe ve bu güne daha fażla ḥürmet edilmeğe başlandı. Daha evvelleri cumʿa günide sāʾir günler gibi idi. Bi'l-āḫare yapılan telḳīnāt üzerine dükkānlar ʿumūmen ḳapatdırılmaḳla berāber, herkes cumʿa namāzını behemeḥāl ḳılmaġa eṣnāf şeyḫleri ṭarafından icbār edilir ve meẕkūr günde yalñız kahveler, ḳaṣab ve ekmekciler ile bir iki aşcı dükkānı [26] açıḳ bıraḳılır. Ḫalḳ cumʿa namazını ifā etdikden ṣoñra, kāġıd oyunları, ṭavla ve sāʾire oynamamaḳ şarṭiyle ḳahvede oṭurmaġa müsāʿade ediliyor. Ṭabīʿatiyle o gün bir iş ṭutamayan ahālī, ḳırlara, mesīrelere çıḳıyor, eğleniyor vaḳit geçiriyor. Mülḥaḳ ḳaṣabalardada bir müddetdenberi bu ʿādet cārī olmaḳdadır. Merkez ḳaṣabada mesīre maḥalleri ʿAynü'l-leben denilen ʿAyıntāb ṣuyınıñ bütün imtidādınca ṭarafeyni, İncirlipıñar mevḳiʿi, Ḳırḳ ayaḳ denilen millet bāġçesi ḳavaklıḳ ve dutlıḳdır. Bu mesīre maḥallerinde çayırlar ve müteʿaddid temiz pıñarlar mevcūddır.

Maʿārif

Vilāyetde taḥṣīl ibtidāʾī pek geridir. Ḳaṣaba ve köy ḫalḳınıñ maʿārife ḳarşı raġbeti fażla isede maʿa'l-esef ḥāl-i ḥāżırdaki mekteb teşkīlātı teʾmīn-i iḥtiyāca ḳāfī değildir.

Yerli iʿtiḳādāt-i bāṭıle

Vilāyet ḫalḳınıñ ṭabābete ḳarşı vażʿīyeti pek eyidir. Ṭabābetiñ eñ mühimm ve müşkil ḫastalıḳlar ile mücādele eylediğini idrāk eden ḫalḳ müdāvāt-i lāzime yapılmadan üfürükcilikle, tütüzlemelerle bir ḫastalıġıñ zāʾil olmayacaġını artıḳ taḳdīr etmiş ve günden güne ṭabābete fażla bir merbūṭīyet beslemeğe başlamışdır.

Fuḳarāya meccānen taṭbīk edilen Neʾosalvarsan ile tevzīʿ edilen Kininleriñ teʾs̱īrini müşāhede eyleyenler her ṭarafda ṭabābetiñ ḳudretini añlamış oldıḳlarından nāşīdir ki bir maḥallde sārī bir ḫastalıḳ ẓuhūrı muḥtemel olunca derḥāl ṣıḥḥīye dāʾiresine bi'l-mürācaʿa maʿlūmāt iʿṭā ederler ve onıñ defʿ ve menʿi çārelerini düşünürler. Ḫülāṣa ḳaṣabalılar ile bi'l-ʿumūm köylüleriñ ṭabābete ḳarşı vażʿīyetleri şāyān-i taḳdīr bir derecededir.

Neẓāfet ve ṭahāret

Vilāyetde, ḳaṣaba merkezlerinde evler neẓāfet ve ṭahārete riʿāyet edildiği gibi yapılan taʿḳībāt sāyesinde çarşu ve maḥallātda ve eṣnāf nezdinde neẓāfetiñ teʾmīni içün ṣıḳ, ṣıḳ teftīşāt īfā olundığına bināʾen ḳaṣabalarda nisbeten temizliğe riʿāyet olunıyor. Köyler ise bunıñ ʿaksinedir: Her köylü ḫānesinde çift öküzleri ve idāresi içün beş on ḳoyun, [27] keçi beslemeğe mecbūr oldığından evlerinde dāʾima tezek ve gübre rāyiḥaları duyulur. Ṣuları köy ḫāricindeki eks̱erīyā derin ḳuyulardan ṭulum veya ḳoğalarla ṣuʿūbetle naḳl olındığından çamaşırlarında ve yataḳlarında temizlik görülemez.

Bir çoğı ḫuṣūṣiyle faḳīr köylüler ayda bir çamaşırlarını yıḳamağa muvaffaḳ olursa kendilerini baḫtiyār ʿadd ederler. Zīrā tarlalarda işlemekden veya ṭağda odun ḳırmaḳdan vaḳit bulamaz.

Ahālīniñ bünyece teşekkülātı

Bu vilāyet havāsınıñ muʿtedil ve laṭīf olması ve eks̱er maḥallerinde yaylalar, eyi ṣular mevcūd bulunması ḥasebiyle köylüleri ḳavī ve ṣağlam bünyelere mālikdir. Yedi, sekiz sāʿat bir mesāfeden yaya olaraḳ ḳaṣabaya gelen ve işini bitirdikden ṣoñra takrār köyine ʿavdet eyleyen seksan yaşındaki iḫtiyārlara çoḳ kerre teṣādüf olınur. Buda köylülerde bünyeniñ mükemmel oldığına başḳa bir delīl olabilir.

[28] **Dördünci ḳısım**

Ḫastaḫāneler, eczāḫāneler

Vilāyetde Ġāzī ʿAyıntāb muḥārebelerinden muḳaddem ḳaṣabanıñ ġarb cihetinde eñ havādār ve muʿtenā bir maḥallinde* 312 ve 320 tārīḫlerinde inşā edilmiş Beyāz ve Ṣarı namıyla iki ḫastaḫāne mevcūd idi. Bu müʾesseseler muḥārebāt-i aḫīrede bombardımanlarda hedef olaraḳ yer ile dümdüz olmuş, ālāt-i cerrāḥīye ve levāzım-i sāʾireside müstevlīler ṭarafından yaġma edilmişdir. Bunlarıñ yerine şimdilik bir ḫān bināsı dāḫilinde elli yataḳlı bir belediye ḫastaḫānesi vardır; bu ḫastaḫāne şu ṣırada iḥtiyācı mehmā emken teʾmīn etmekde isede ḫarāb olan ḫastaḫānelerinñ taʿmīr ve inşāsı ile yüz yataġa iblāġı içün belediyece teşebbüṣātda bulunulmışdır. Bundan başḳa, Amerikalılara ʿāʾid yüzelli yataḳlıḳ bir Amerikan ḫastaḫānesi vardır. Ālāt-i cerrāḥīye ve sāʾiresi eski sīstemdir. Kilisdede bir ḫastaḫānesi vardır.

Merkez ḳaṣabasınıñ ḥāl-i ḥāżırda, ikiside ḫuṣūṣī olmaḳ üzere, iki eczāḫānesi vardır. Mülḥaḳāt ḳaṣabalardan Kilisde bir belediye eczāḫānesi vardır.

Dispanserler ve ḫastaḫāneler

Ġāzī ʿAyıntābda 50 yataḳlı belediyeye ʿāʾid bir ḫastaḫāne ile Amerikalılara ʿāʾid 100 yataḳlı bir ḫastaḫāne; Kilisde 20 yataḳlı belediyeye ʿāʾid bir ḫastaḫāne ve 5 yataḳlı muvāzeneʾ-i ʿumūmīyeye ʿāʾid bir dispanser 340 senesi büdcesiyle küşād edilmişdir.

[29] **Mekātib ve medāris**

Merkez ḳaṣabasında taḫṣīṣātını muvāzeneʾ-i ʿumūmīyeden alan ve ticāret idādīsi iken bu sene on senelik liseye ḳalb edilmiş olan bir lise ile maʿāşātı vāridāt-i ḫuṣūṣīyeden teʾmīn olunan altı ẕükūr ibtidāʾīsi, üç ināṣ ibtidāʾīsi, iki ana mektebi ve muvāzeneʾ-i ʿumūmīyeden bir dārü'l-eytām ile Ermeni ve Yahūdī milletlerine ʿāʾid birer ibtidāʾī ve Amerikalılara ʿāʾid bir kollej ve ḳurānıñ baʿżısındada birer dersḫāneli ibtidāʾī mektebi vardır. Kilis ḳaṣabasındada: Bir idādī mektebi, üç ẕükūr ibtidāʾīsi, iki ināṣ ibtidāʾīsi; Rumḳalʿe ḳaṣabasında altı dersḫāneli bir ẕükūr ve bir ināṣ ibtidāʾīleri ve birḳaç köy mektebi mevcūddır. Mekteblerin cümlesinde maʿārif vekālet-i celīlesinin ṣoñ ḳabūl eylediği proġram mūcibince tedrīsi meşrūt olan ʿulūm ve fünūn okutuluyor. Bu sene aḥvāl-i zāʾile münāsebetiyle proġramlarıñ taṭbīḳine pek geç ḳalındıġı içün tedrīsāt ikmāl edilmemişdir. Yalñız merkez ḳaṣabasında maḥallī maʿārif-i ḫuṣūṣīye ṭarafından idāre edilmekde olan altı dersḫāneli

----

* Ẕükūra ʿāʾid olan Beyāz ḫastaḫāne 1312 tārīḫinde vālī Köse Rāʾif paşa ve ḳāʾim maḳām İsmāʿīl beğ zamānında ve ināṣa taḫṣīṣ edilen Ṣarı ḫastaḫāne ise 1320de heyʾet-i ṣıḥḥīye reʾīsi ferīḳ doktor Ḥamdī ʿİzzet paşa zamānında inşā edilmiş ve mezkūr ḫastaḫānenin esāsı müşārünileyh ṭarafından vażʿ ile itmām-i inşāsında ʿAyıntāb eşrāfından Nūrī beğ ṭarafından neẓāret olunmışdır.

Reşādīye ẕükūr ibtidā᾽īsi mevcūd mekteblerin̄ en̄ mükemmeli ve munṭaẓamı olmaḳla berāber, tedrīsāt daḫi maʿārif vekālet-i celīlesinin̄ proġramları dāḫilinde cereyān eder. Vilāyetde mecbūrīyet-i taḥṣīlīye ḳānūnı taṭbīḳ edilmekde ve taḥṣīl sinninde bulunan çocuḳlar mektebe gönderilmekdedir. Veḳāyiʿ-i aḫīre maʿārife epiyi mühimm bir żarbe vurmış ve bir çoḳ köyler mektebsiz ḳalmış isede maʿārife heves ve muḥabbet zā᾽il olmamışdır. Ḫalḳ, en faḳīr ve cāhil bir köylüye varıncaya ḳādār, çocuġını oḳutmaḳ içün her fedākārlıġı yapmaġa ḥāżırdır. Vilāyet dāḫilinde ḫuṣūṣī mektebler yoḳdır.

Vilāyet merkezinde yiğirmi ḳādār medrese var idi; şimdi bunların̄ cümlesi metrūkdır. Yaln̄ız maḥdūd bir ḳaç ṭalebesi bulunan Medresetü'l-küllīye nāmında bir medrese el-ān faʿāldır.

Kilis ḳażāsı merkezinde sekiz ve Rumḳalʿe ḳaṣabasında üç medrese mevcūd isede bunlardan ḳażā merkezlerinde bir ḳaç ṭalebesi olan birer medrese faʿāl olub dīğerleri metrūkdır.

Ḫānlar, oteller, ḥamamlar

Ġāzī ʿAyıntāb ḳaṣabasında bir ḳısmı ṭarz-i cedīd üzerinde inşā edilmiş yiğirmialtı ḫān ile beş otel ve onüç ḥamam vardır. Otellerin̄ ʿumūmīyet üzere zemīnleri ṭaş döşemelerle döşenmiş [30] ve binā kārgīrden inşā edilerek ṭavanları kiremidlenmişdir. Ḫānların̄ baʿżısı munṭaẓam kiremidli, baʿżısının̄ zemīni ve damları ṭopraḳdır. Damları ve zemīnleri ṭopraḳ olan ḫānlarda temizlik görülemediği gibi ruṭūbet ve ʿufūnet eksik değildir. Ḥamamlar pek eski binā oldıḳlarından dāḫilleri ḳaran̄lıḳ ve ḳasvetlidir. Ḥamam ṣuları ocaḳlarda gübre yaḳmaḳ ṣūretiyle ıṣıtılır. Ufaḳ tefek baʿż-i noḳṣānlardan ṣarf-i naẓar edilirse taʿḳībāt ve teftīşāt netīcesinde otel, ḫān ve ḥamamlarda maṭlūb derecede neẓāfet ve ṭahārata riʿāyet edildiği görülmekdedir.

Fabriḳalar

Merkez-i vilāyetde iki, Kilis ḳaṣabasında bir un fabriḳası ile sekiz ṣabunḫāneden başḳa fabriḳa yoḳdır. Evvelce mevcūd olan sekiz on ḳādār müskirāt fabriḳası menʿ-i müskirāt ḳānūnı mūcibince ḳapatılmışdır. Merkez ḳaṣabasında ufaḳ risāleler ṭabʿ ve <Ġāzī Sancaḳ> nāmındaki ġazeteyi neşr eyleyen ufaḳ ḫuṣūṣī bir maṭbaʿa mevcūd isede vesā᾽iṭinin̄ noḳṣānlıġı ḥasebiyle teḳāmül edememişdir. Ṣabunḫāneler nisbeten mükemmel olub iʿmāl olunan ṣabunlar, Malaṭya, Ḫarpūṭ, Diyārbaḳır cihetlerine, Ḥaleb ve Mıṣır ṭaraflarınada sevḳ ve iḫrāc olunur.

Mebānīnin̄ ṭarz-i miʿmārīsi

Merkez ḳaṣabanın̄ ḫāneleri, pek azı ḫāric ṭutulur ise, ʿumūmīyetle munṭaẓam aḥcār-i kilsīyeden inşā edilmişdir; ilk naẓarda ʿumūmīyetle bir yeknasaḳlıḳ müşāhede olunur. Binālarıñ eks̱erīsi iki veya üç ḳatlıdır ve cümlesi kīremīdlidir, ṣıḥḥīdir. Yaln̄ız baʿżı ḫānelerin̄ zemīn ḳatlarında ruṭūbet vardır. Kilis ve Rumḳalʿe ḳaṣabalarında kiremidli ve ṣıḥḥī evlere pek çoḳ teṣādüf olunur; bu evlerin̄ bir ḳısmı kārgīr ve bir ḳısmı kerpiçdir. Ḫānelerin̄ damları ṭopraḳ olub birbirine mülāṣıḳ ve soḳaḳları dardır. Köy evleri ʿumūmīyet üzere kerpiçden iʿmāl olunmış ve ṭavanlarına ağaç dalları dizilerek üzerleri ṭopraḳla örtülmişdir; bu evleriñ ṭavanları alçaḳ ve odalarıñ pencereleri olmadığından dāʾimā żiyā-yi şemsden maḥrūmdırlar. Köy evleriniñ alt ḳatları aḫırlara taḫṣīṣ olunmışdır.

[31] **Emākin-i ʿumūmīye**
Ġāzī ʿAyıntāb ḳaṣabasında iki ḥükūmet ḳonağı, bir ʿaskerī furunı, iki ʿaskerī fırḳa deposı, ondört mekteb-i ibtidāʾī bināsı vardır. Bu müʾesselerden mekteb ve fırḳa bināları ve ʿaskerī depolar ṣoñ ḥarblarda bombardımanlara fażlaca maʿrūż ḳaldıḳlarından ḫarāb olmışlardır. ʿAskerī depo bināsınıñ yapılan himmetler ile bir ḳısmı taʿmīr edilmişdir.

Meẕkūr bināların cümlesi kārgīrdir. Kilis ḳaṣabasında bir ḥükūmet ḳonağı ve bir ʿaskerī deposı ve Rumḳalʿe ḳaṣabasında bir ḥükūmet ḳonağı mevcūddır.

Ḳabristānlar
Vilāyetdeki ḳabristānlar ḳaṣabalarıñ muḥīṭinde ve eks̱erīyā cenūb cihetindedir.

Ḫelālarıñ şekli
Ḳaṣabalarda ḫelālar bināların ṭış ve mücerred bir yerinde bulundurulur. ʿUmūmī lağım tertībātı olmadığından ḫelālarıñ bir ḳısmı ḳuyu ḥālinde çuḳurdır. Cārī lağımlar bir yerde ṭoplanaraḳ bāğçelere aḳıtılır. Çuḳur olan ḫelālarda tefessüḫāt ve taʿaffünāt daha ziyāde oldığından fena ḳokular eksik olmaz. Bu çuḳurlar doldıḳca muḥtevīyātı ücret muḳābilinde geceleyin ḳaṣaba ḫāricindeki būstānlarıñ gübreliklerine naḳl etdirirler. Ve havāyı ifsād etmemek içün üzerini ḳuru topraḳlarla örterler. Köylerde ise hiç bir evde, ḫelāya teṣādüf edilemez. Bir köylüniñ ḥavlīşi, āḫūrı, eviniñ her ṭarafı o köylüniñ ḫelāsıdır; yevmīye biriken pislikleri gübrelere ḳataraḳ tarlalarına naḳl ederler.

İçilen ṣular
Ġāzī ʿAyıntāb, Kilis ve Rumḳalʿe ḳaṣabalarında içilen ṣular menbaʿ, dere ve ḳuyu ṣularıdır. Merkez ḳaṣabasında birçoḳ menbaʿ ṣuları var isede eñ ḳābil-i şurb ve meşhūr olanları İncirlipıñar, Ḳumlıpıñar, Iṣıtmapıñarı, belediye ṣuyı, Ḳaṣarcıpıñarı, Ḫumanuslıpıñarıdır. Bunlardan başḳa, ḳaṣaba dāḫilinde birçoḳ ṣular, pıñarlar varsada yalñız meşhūr olanlarıñ isimleri taʿdād edilmişdir.

[32] Merkez ḳaṣabasındaki ḳuyulara naḳl ve tevzīʿ olunan ṣu, Ġāzī ʿAyıntābıñ iki buçuḳ sāʿat mesāfesinde İspatrin mezraʿasından ḳaynamış oldığı yuḳarıda ʿarż edilen ʿAyıntāb <ṣuyı>dır. Bu ṣu ḳaṣaba ḫāricinde ḫuṣūṣī yollar ile taḳsīm maḥallinde cemʿ ve oradan çeşmelerle ve ḳuyularla tevzīʿ olunur. Kilis ḳaṣabasında menbaʿ ve dere ṣuları o ḳādār çoḳ olmadığından içilen ṣular ʿumūmīyetle ḳuyu ṣularıdır.

Rumḳalʿe ḳaṣabasınıñ ṣuları ṣahrınc ṣuyıdır. Evinde ḳuyusı bulunmayan ahālī Fırāt ṣuyını ḳullanır, bir ḳısmıda onbeş günde veya ayda bir ḫuṣūṣī yollar ile dere ṣularından ṣahrınclara birikdirilen ṣuları içer ve istiʿmāl ederler. Bu ṣahrınclar isti^cmāl es̱nāsında temiz ṭutulmadığından ve neẕāfete ʿadem-i riʿāyet yüzinden içine mevādd-i ecnebīye ḳaçırıldığından ve eks̱erī ṣahrınclarda ḳırmızī ḳurd ḥāṣıl oldığından şurba ṣāliḥ değildir.

Vesāʾiṭiñ bulunmamasından dolayı ṣular taḥlīl edilerek terkībāt-i ḥikemīye ve kīmyevīyeleri añlaşılamamışdır. Bunlardan yalñız beledīye ṣuyı taḥlīl edilebildiğinden terkībāt-i kimyevīyesi cedvel-i maḫṣūṣında ʿarż edilmişdir.

Ġāzī ʿAyıntāb ve mülḥaḳātı ḳaṣabalarınıñ dereceʾ-i maʿmūrīyeti ve şöhretleri

Ġāzī ʿAyıntāb ḳaṣabası; Marʿaşıñ şark-i cenūbīsinde ve saṭḥ-i baḥrdan <875> metre irtifāʿdadır. Bu ḳaṣabanıñ bānīsi ve tārīḫ-i bināsı ḥaḳḳında maʿlūmāt-i tārīḫīye yoḳsada, ḥīn-i fetḥ-i islāmda, ehl-i ṣalīb muḥārebātında bu ḥavālīniñ merkezi olan Dölük [ki ḥāl-i ḥāżırda ḳaṣabaya bir sāʿat mesāfede bir ḳaryedir] ḳaṣabanıñ ḫarāb olmasıyla merkeziñ ʿAyıntāba naḳl oldığı maʿlūmdır ki bu vaḳʿa taḳrīben <800> tārīḫ-i hicrīsine teṣādüf eder. Bināʾen ʿaleyh, bu şehriñ maʿmūrīyet ve iştihārı tārıḫ-i meẕkūrdan iʿtibāren başlar. Ḥāl-i ḥāzırda meẕkūr ḳaṣabanıñ nüfūsı mülḥaḳāt ve ḳurā ile berāber 117.673 ḳādārdır.

Meẕkūr ḳaṣaba muḳaddeman cesāmet ve maʿmūrīyeti ve ḫuṣūṣiyle āb ve havāsınıñ leṭāfeti cihetiyle pek meşhūr idi. Fakaṭ ṣoñ ʿAyıntāb ḥarbi bu meşhūr ḳaṣabayı bir yığın enḳāż ḥāline getirmiş ve bi'n-netīce bir çoḳ ʿāʾileleri meskensiz ve yuvasız bıraḳmışdır. Ġāzī ʿAyıntāb ḳaṣabası dāḫilinde milletiñ istiḳlāli içün yapılan bu ḥarb 1 Nīsān 336 perşenbe güni ṣabāḥı başlayaraḳ 7/8 Şubāṭ 37 gecesi ḫitām bulmışdır. Harbiñ ās̱ār-i taḫrībīyesinden olaraḳ mināreleri tamāmen veya ḳısmen uçurulmış ḫarāb cāmiʿ, mescid ve maʿābediñ ve tepelerinde bayḳuşlar öten enḳāż ḥālinde ḳoca maḥalleriñ manẓarasına baḳılınca insānıñ müteʾes̱s̱ir olma(ma)sı ḳābil değil.

[33] Faḳaṭ ḥarb müddetince ḳoca medennī bir ḥükūmetiñ muḫtelif çapdaki ḳırḳ ṭopına ve her bir vesāʾiṭle mücehhez iki fırḳa ʿaskerine tek bir mavzerle ḳarşı ḳoyan bir avuc Türk, ḳalbinde naḳş olunan bu fecīʿ manẓarayı unutamayacaḳdır.

Merkez ḳaṣabanıñ ḥāl-i ḥāżırda ḫarāb olanlar ile 14.000 ḫānesi, bir ḥükūmet ḳonağı ve ehl-i ṣalīb zamānında inşā edilmiş bir ḳalʿesi, ḳısmen ḫarāb bir ʿaskerī depoyı, bir ḫarāb cebḫāneliği, bütün mināreleri ṭopla uçurulmış ḳırḳ ḳādār cāmiʿi ve elliyedi metrūk ve mesdūd mescidi ve yiğirmibir metrūk medresesi, yedi tekkesi ve üç protestan ve bir ḳatolik ve bir ermeni kilisesi, bir yahūdī havrası, onüç ḥamam ve 2299 dükkānı, dört bedestānı ve yiğirmialtı ḫānı, beş oteli ve otuz furunı ve 2210 alaca bez ve ʿabā destgāhları, seksaniki maḥallesi, altı ṣabunḫānesi ve debāġḫānesi ve ḳırḳ beş ḳādār boyaḫānesi, on maʿṣara ile salḫānesi ve onbir değirmen ile iki un fabriḳası ve ṣoñ defʿa ḳapatılmış olan sekiz müskirāt fabriḳası vardır.

Merkez ḳażāsında her nevʿi meyve aġacı yetişdiği gibi ḥubūbāt daḫi kes̱retle zerʿ olunur. Bāġları ve üzümleri ḫuṣūṣiyle pekmezi her yerde meşhūrdır. Ḳaṣaba dāḫilinde yuḳarıdada ʿarż edildiği vecihle ḳaṣabanıñ şimāl ve cenūb ṣırtlarında Dölük Baba, Ḥācī Baba ziyāretleri ile Ḳurdtepe eteklerinde Yūşaʿ ʿaleyhi's-selām ve ḳalʿede imām Ġazzālī ḥażretleriniñ maḳāmı ve Emīn Dede, Ābidīn Baba ve Beşinci gibi evliyā-yi kerām ḥażretleriniñ merḳadları vardır.

Kurdtepe mevḳiʿinde vaḳtiyle büyük bir orman yeri oldıġı ve mez̲kūr ormandan kesilen aġaçlarıñ ḥālā baʿżı ḫānelerde durdıġı görülüyor.

Kilis ḳaṣabası

Merkez ḳaṣabasınıñ oniki sāʿat ġarbīsinde kāʾin olub ahālīsi kāmilen Türkdir. Mülḥaḳātıyla berāber 57519 nüfūsı hāvīdir. Bu ḳaṣaba yedinci ʿaṣr-i hicrīde <Gelze> tesmīye olunurmış. Timurlenk ṭarafından o ḥavālīniñ merkezi olan İʿzāz ḳaṣabasınıñ taḫrībi üzerine ahālīniñ Gelzede iḫtiyār-i tevaṭṭün eylemiş oldıġı ravīdir. Kilisde mevcūd Canbulat beğ cāmiʿiniñ üzerinde 961 tārīḫli Türkīyü'l-ʿibāre bir yazı olmasına baḳılır ise, Kilisiñ mez̲kūr tārīḫde [34] ḳaṣaba imiş, ḳażā dāḫilinde ehl-i ṣalīb istilāsında şöhret ḳazanan İʿzāz ve Rāvend ḳalʿeleri Vücūm nāḫiyesinde Cendrīs şehriniñ ḫarābesi, ʿİzīye nāḫiyesinde meşhūr Ṣaḥbe ḳalʿesi vardır. Birde üzerinde meşhūr muḥārebeniñ cereyān eylediği <Marcdābiḳ> mevkiʿ ve ḳaryesi bu ḳażā dāḫilindedir.

Kilisiñ arāżīsi fevkü'l-ʿāde bir ḳuvveʾ-i inbātīyeye mālik oldıġından merʿāları çoḳ ve genişdir. Her nevʿi ḥubūbāt ve mezrūʿāt ve ḫāṣṣaten zeytūn yaġı ḥāṣılātı çoḳdır. Ḥayvānāt-i ġanamīye ve baḳarīye, deve, at, mebz̲ulen bulunur. Ḳaṣabada bir ḥükūmet ḳonaġı, ḳırkyedi cāmiʿ, oniki mescid, dört tekke, otuzbeş maḥalle, beş ḥamam, yedi ḫān, yediyüzḳırḳ dükkān sekizbiñ ḫāne, onbir furun, yüzyiğirmi mensūcāt-i muḫtelife destgāhı, onbeş ḳahve, iki ṣabunḫāne, yiğirmi ḳadar değirmen ve birçoḳ zeytūn maʿṣaraları vardır.

Rumḳalʿe ḳaṣabası merkez ḳaṣabasınıñ şimāl-i şarḳīsinde ve ellibeş kilometre mesāfede Fırat nehri kenārında olub merkezi <Ḫalḳatī> ḳaṣabasıdır. Nüfūs-i ʿumūmīyesi <34.441>dir. Bu ḳaṣabanıñ heyʾet-i ʿumūmīyesi bir daġ eteğinde küçük isede Altunṭaş ve Rumḳalʿe nāmlarıyla iki ʿatīḳ ḳalʿesi mevcūd olub muḳaddeman bunlara Ḳāmiyā tesmīye edilirmiş. Bu ḳażā dāḫilinde her nevʿi ḥayvānāt, eşcār, bi'l-ḫāṣṣa fıstıḳ kes̱retle bulunur. Ormanları dört sāʿat mesāfededir. Ḳażā dāḫilinde Ḳaraṣu ve Mezermiş ṣuları cereyān eder.

Ḳażānıñ ʿAribān nāḥiyesindeki Erfil ḳaryesi ve tārīḫde meşhūr olan <Ārdīl> şehri ḫarabesi ve oña bir sāʿat mesāfedeki Kesikbaş nāmındaki ḳuyu meşhūrdır. Kez̲ā bu ḳażā dāḫilinde Alf ve Ḥiṣār ḳaryeleri nāmīyla maʿrūf ve yekdīğerine yarımşar sāʿat mesāfede iki ḳarye mevcūd olub bunlar vaḳtiyle Elif ve Ḥiṣār isminde bir ḳız ve oğlan ṭarafından teşkīl edilmiş maʿrūf ve cesīm birer ḳaṣaba imiş, şimdiye ḳādār pek metīn olan köşk ve ṣalonlarıniñ ās̱ārı cābecā görülür.

[35] **Beşinci ḳısım**

Emrāż-i muᶜtāde ve belediye

Mıntıḳa dāḫilinde ekserīyā göz ḫastalıkları, dizanteri, dīdān-i emᶜā ve envāᵓī, ḥummā-yi şibh-i tifo, emrāż-i ḳalbīye, küllīvīye, cihāz-i hażmī ḫastalıḳları ile romatizma, malarya ve fażla alḳol mübtelālarında emrāz-i kebidīye, ḥarkatü'l-bevl ile yüzde iki nisbetinde frengī bulunur.

Mevsim ḫastalıḳları - Vilāyetde ḳış mevsiminde ᶜalā'l-ekser Kānūn-i evvelden Mārta ḳadar, dizanteri, romatizma, ḥummā-yi şibh-i tifo, zātü'l-ḳaṣabāt, zātü'r-riᵓe ḫastalıḳları ve bunlardan ḥummā-yi şibh-i tifo ḫastalığı merkez-i vilāyetde belедī denecek ḳādār bulunur. Merkez ḳaṣabasınıñ ḳuyularına tevzīᶜ edilen ṣu yolları muḥāfaẓalı isede baᶜżı yerlerde ḳapaḳlar giden ve gelen yolcılar ṭarafından ḳaldırıldığından yağmur yağdıḳca cādde ve şoselerde mevcūd pislik ve mevādd-i ecnebīye ṣuya ḳarışaraḳ ḳuyu ve ṣahrınclarda birikir ve bilinmiyerek istiᶜmāl olunur. Bu yüzden ekserīyā dīdān-i emᶜā daḫi ḥāṣıl oluyor. Bu gibi ḫastalıḳlara muṣāb olanlarıñ ḳāzūrātı derūnındaki bezīrāt ṣularla ḳarışaraḳ ve bi'l-āḫare bāğçeleriñ isḳāsı ile sebze ve sāᵓire üzerinde birleşerek sebzeyi akl edenleriñ cihāz-i hażmīyesine işbu bezīrātıñ duḫūliyle başḳasına sirāyet etmiş bulunur. Bu gibi ḫastalıḳlarıñ öñi alınması ancaḳ ḳaṣaba dāḫiline naḳl olunan mezkūr ṣular ḫuṣūṣī dökme borular(la) vāsıṭasiyle naḳl olununca mümkin olabilir.

Bundan başḳa, Mārt, Nīsān, Māyıs aylarında malarya, zātü'l-emᶜāᵓ, dizanteri, Hazīrān, Teşrīn-i sānī ġāyesine ḳādār dīğer ḫastalıḳlardan başḳa daha fażla emrāż-i ᶜaynīye ve malarya daha çoḳ ḥükminī icrā eder.

Romatizma

Vilāyetde romatizm ḫastalığınıñ eñ mühimm ᶜāmili ᶜādāt-i maḥallīyeden ve ḳış mevsiminde ālāt-i tesḫīn maḳāmında istiᶜmāl edilen <tandır> tesmiye eyledikleri altına ateş vażᶜ olunmış [36] ve üzeri yorganlar ile ortülmiş ᶜalā'l-ᶜāde dört ayaḳlı bir iskemleden ᶜibāret olub ḳış zamānında her ᶜāᵓile iᶜtiyādı vecihle bu tandırlara ayaḳlarını uzatmaḳ ṣūretiyle ışınırlar ve bu ḥāl bütün ḳış müddetince devām eder. Ebniyeniñ bir çoğında ṣofa bulunmadığından ḫārice çıḳıldığı zamān ḥarāret tenezzüli ve tandırlarda oṭurdıḳları ve bulundıḳları müddetce tezāyüdi münāsebetiyle çoḳ geçmeden bu hāl bir çoğında romatizma tevlīd ediyor.

Malarya ve mınṭıḳası

Malarya yaz ve ᶜalā'l-ḫuṣūṣ ṣoñ bahār mevsimlerinde ẓuhūr eder ki buda ahālīniñ bu mevsimlerde dışarılarda açıḳ yatmaları ve vücūdlarını muḥāfaẓa etmemeleri netīcesidir. Evvelcede ᶜarż edildiği vecihle Sacur sevāḥili ile Ḫayyām, Keret ḳaryelerinden geçen dereniñ ve Merzmen ve Ḳaraṣuyıñ eṭrāfında ḥuṣūle gelen bataḳlıḳlardan malarya tekessür etmekdedir. Mezkūr malaryaya muṣāb olanlarıñ ḳanları muʿāyene edildikde <tersiyana> ve <tropiḳa> cinsinden oldığı görülmekdedir.

Ḥaleb çıbanı

Bu Ḥaleb çıbanı **Bouton d'Alep**'iñ nām-i dīğeri ʿAyıntāb çıbanıdır. Her sinnde erkek ve ḳadınlarda peydā olur. Eks̱erīyā ṣoñbahārda yüz gösterir ve ertesi ṣoñbahāra ḳādār imtidād eder. Bu sebebden <yıl çıbanı> ismini almışdır. Mez̠kūr çıban eñ ziyāde aḳsām-i mekşūfeʾ-i bedende müşāhede edilir. Bu çıbanların ʿāmil-i merżīsi <teneripantozoma> ḳarīb bir <piroplazm>dır. Bir defʿa çıban çıḳaranlar behemeḥāl muʿāfīyet kesb edemeyorlar. Bunıñ ṣuyūrı sinekler vāsıṭasıyla sirāyet etdiği iddiʿā olunur. Ekṣerīyā Fırat sevāḥilinde, Rumḳalʿede, Ġāzī ʿAyıntābda, Ḥalebde, Diyārbaḳırda ve Bağdādda görülür. İsimleri taʿdād olunan mınṭıḳalarda herkes muḥaḳḳaḳ bu çıbanı çıḳarır.

Frengī

Evvelce fuḫş netīcesi her ṭarafa sirāyet eyleyen bu ḫastalıḳ ile yapılan mücādeleler sāyesinde şu günlerde mez̠kūr ḫastalığa daha az teṣādüf edilmekdedir. Buda ancaḳ yüzde iki nisbetindedir. Vilāyetde ḫāṣṣaten frengī mınṭıḳası yoḳdır.

[37] **Altıncı ḳısım**

Tevellüdāt ve vefiyāt nisbeti

Her ay yapılan istatistiklere naẓaran vefiyātıñ tevellüdātdan daha az oldıġı ṣıḥḥīye dāʾiresince ṭutulan ḳayıdlarla s̱ābit olmışdır. Yerlileriñ eks̱erī ḥattā yüzde seksanı iki ve üçi müteʾehhil oldıḳlarından, tevellüdāta göre vefiyāt hiç ḥükmindedir. Bināʾen ʿaleyh vilāyetde nüfūs her ay tenāḳuṣ değil, tekes̱s̱ür etmekdedir. Vuḳūʿ bulan vefiyāt erkek ve ḳadınlarda ayrı ayrı taḫāllüf eder. Nisādaki vefiyāt verem, dizanderi, ḥummā-yi nefāsī netīcesidir. Ḥummā-yi nefāsīye ṭutulanlarınıñ sebebi: ahālī yerli diplomasız ebelerden başḳa ebe ṭutmadıḳlarından bunlarıñ ʿalā'l-eks̱er neẓāfete riʿāyersizlik netīcesi loḫūṣalar ḥummā-yi nefāsīye ṭutuluyor. Ve bir vuḳūʿāt ẓuhūrında baʿż-i kerrede gizleniyor. Bundan başḳa, isḳāṭ-i cenīn-i ṣināʿī netīcesindede vefiyāt vuḳūʿ bulıyor. Buda dürlü dürlü vesāʾiṭe mürācaʿat edilerek yapılmaḳdadır; eñ ziyāde ḳullandıḳları şey ṭavuḳ tüyini raḥime ṣoḳaraḳ isḳāṭ-i cenīn etmekdir. Erkeklerdede vefiyātıñ bir çoġı maraż-i ʿużvīʾ-i ḳalb, ẕātü'l-küllīye ve emrāż-i ʿādīyedendir. Eṭfāldaki vefiyāt iḫtilāl-i cihāz-i hażmī netīcesidir ki buda cehālet netīcesi iʿtiyād etdikleri bir şeydir; mes̱elā, bir ḫānede bir ʿāʾile efrādı ne yemek yerse o yemekden çocuġınada, ne sinnde olursa olsun, yalatır. Çocuġında yalamasını büyük bir muvaffaḳīyet ʿadd ederek yüzinde müserret ās̱ārı görülür ve çocuġıñ uġrayacaġı ʿāḳibeti hiç düşünemez. Faḳaṭ netīcede çocuḳ ishāl-i ʿādīye, buda teraḳḳī ederek ishāl-i ḥażarāʾīye, dizanteriye, sūʾ-i taġaddīye uġradıġı gibi müthiş ḥummālar içindede ḳavruldıġı ve öldiği zamān ʿaḳlı başına gelir.

Ahālīye her fırṣatda verilen neṣāyiḥ-i ṭıbbīye nisbeten bu aḥvāliñ öñini almışdır.

Ġāzī ʿAyıntāb ḳaṣabasınıñ şehr-i Mārt 338, Nīsān 338, Māyıs 338, Ḥazīrān 338de teṡbīt edilen derece'-i ḥarāret mıḳdārı

Asāmī'-i şuhūr	Aʿẓamī derece'-i ḥarāret santiġrad	Aṣġarī derece'-i ḥarāret santiġrad	Vusṭā derece'-i ḥarāret santiġrad
şehr-i Mārt	15,10	3,2	9,5
şehr-i Nīsān	17,07	5,05	11,61
şehr-i Māyıs	20,96	11,3	16,06
şehr-i Ḥazīrān	25,96	15,73	20,25
şehr-i Tem-mūz	37	25	30

[38] **Kīmyāger Aḥmed Ḫākī efendīniñ 26 Temmūz 338 ve 35 numerolu raporı mūcibince taḥlīl edilen Ġāzī ʿAyıntāb ṣuyınıñ evṣāf-i ḥikemīye ve kīmyevīyesi**

Nümūneniñ manẓara, renk, rāyiḥa, leẕẕet ve ṭorṭusı:
Manẓarası berrāḳ, renksiz, rāyiḥasız laṭīf leẕẕetli ve cez'ībeti ṭorṭulu
ʿĀdī derecede mıḳyās-i mā' derecesi: 20 yiğirmidir
Baʿdu'l-ġālīyān mıḳyās-i mā' derecesi: 6 altıdır
Bir lītre ṣuyıñ fevḳ-i manġanīyet potasyumdan aldığı müvellidü'l-ḥumūżanıñ mıḳdārı: 0,0028 yiğirmisekiz desimiliġramdır
Bir litre ṣuyıñ ḳlorürleriniñ mıḳdārı Na Cl ḥesābıyla: 0,012 oniki miliġramdır
Bir lītre ṣuyıñ ġaz ḳarbon CO_2: 0,0025 ikibuçuḳ santiġramdır
Bir lītre ṣuyıñ ḳarbonīyet-i ḳalsyum Ca Co_3: 0,17 onyedi santiġramdır
Bir lītre ṣuyıñ kibrītīyet-i maġnezī $MgS0_4$: 0,056 ellialtı miliġramdır
Bir lītre ṣuyıñ azotīyet: 0,003 üç miliġramdır
Azotīyet-i emlāḥī: mefḳūd

Nertīce-i taḥlīl:
Evṣāf-i ḥikemīye ve kīmyevīye iʿtibārıyla şübheli ṣu denilebilecek bir terkībde bulundığı.

BERICHT F

S.[2]

صحیه وکالتنه

ذات دولتلری سکوبده بولوندیغم اثناده دار الایتاملری
صحیه‌سی تلغراف استفسار بیوریورمشدیکز،
بو تشکیلات بالکز دار الایتاملر حقنده اولمیوب وکالته مربوط
کافه مؤسساته شامل اولدیغندن بو بابده‌کی مشهودات
و مطالعاتمی بعض ملاحظات ایله برابر عرض ایدیبورم.

واقعا بر مقامه مرتبه‌نك بالکه موجب فائده اوله‌جغی،
هیچ اولمازسه وکالتك دوسیه‌لرنده بولونمسی لزوم و ضرورتی
درکار واقعاسی درعهده ایتدیکم وظیفه‌نك اتمام و اکمالی
صورتیله‌ده بر طرز و شکل، درست بر وظیفه‌شناسلق
بولونمغله دائما وکالته عرض اولونه‌جقدی. همده بونی
قاعده اتخاذ اولونوب دائما یاپیلمسی هر وکالتك سلامت
و تکمیل معاملاتی ایچین درجه وجوبده اولان نوعیا
بر دوره و تسلیم اولور، بر ضبطنامه یرینه کچر.

بوندن ایکی ییل قدر اول ملت و دولت ایچین
دغدغه‌لی و پك بحرانلی کونلر یاشادیغمز آنلرده صحیه
و معاونت اجتماعیه وکالتنه کلدیکم زمان ـ که یالکز و یالکز:
«هر شی جبهه‌یه» دستوری ـ حکمران ایدی ـ وکالتی
جیلیز بر بودجه، بسیط بر تشکیلات ایله بولمشدم.
معلومکزدرکه بزده صحیه و معاونت اجتماعیه وکالتی پك یکی
و حرکت ملیه‌نك نوزاد عزیزیدر. واقعا حرکت ملیه‌دن
اول هنوز چوجوق چاغنده داخلیه نظارتنه مربوط رشد
و استقلالدن محروم بر صحیه مدیریت عمومیه‌سی وار
ایدیسه‌ده معاونت اجتماعیه مفقود، حتی بر چه آدی بیله
غیر معلوم ایدی. بالآنده مدلول و موضوع و وظائفی
بیلنلر ایچمزده نادردر. واقعا صحیه مدیریت عمومیه‌سنك
وکالته دور و تودیع ایلدیکی تشکیلات، قوانین و نظامات
ناقص، کافی، یکدیکرینی نامتمم، مملکتمزك احتیاجات
حاضره‌سی مواجهه‌سنده غیر کافی، حاصلی بر (رشیم) صحیه
ماصدق اولمقله برابر، بو مدیریت عمومیه‌نك مساعیسنی
شکر و تقدیر ایله یاد ایتمکده بر وظیفه‌در. بو مؤسسه‌دن

بزه بعض یتیم مؤسسه‌لر قالمشدر. حالبوکه معاونت اجتماعیه
شعبه‌سنی عمارلی بر تشکیلات و قوانین و نظامات مفقودی
ایچنده بولمشدم.

وکالته کلدیکم زمانده برنجی آیی نهایتنده دیپلوماتیك
بر وظیفه ایله خارجه اعزام، اوزون سورن بر غیوبتدن
صوکره عودتمده یکیدن دیکر بویله بر وظیفه‌یه تعیین ایدلمش
اولدیغمدن شرق و غربده دیپلوماتیك ساعی ایله کچن ایام آره‌
سنده واقع فاصله‌لرده درکه آنجق وکالتك باشنده بولونمق
نصیب اولمشدر. بو آنلر آقتلری بر وقتله بیکنشر آیدن
عبارت، عادتا تنبیه مقدارلری دینه‌جك مدتلردر.
شوراسنی بیان و ایضاح ایتمك ضروریدرکه وکالتده
بولوندیغم هر فاصله قصیره‌ده ویردیکم وجهه و فکری،
تطبیق ایتدیکم پروغرام، اجرا ایتدیکم معاملات، وکالتدن
ایرلدیکده وجهه و فکر، پروغرام و اجرا آتلری ایله
علی الاکثر متضادا تقابل و یکدیکرینی تعدیل و تعطیل
ایلمشلردر. حقیقتلری اولدیغی کبی سویلمك لازم
و وجیبه‌مزدر. بو صورتله صحیه و معاونت اجتماعیه وکالتی
اموری بیهوده بر مشغله تشکیل ایتمش، برشی یاپیلامامشدر.
بو نتیجه‌یه بودجه خزانه‌نك مهم بر صورتده معاونت
ایتدیکیده علاوه ایدلملیدر. بونکله برابر، هیچ اولمازسه
بارزه‌سز یاپیله‌بیله‌جك ایشلر بیله اکثریتله امکان حصول
بولامامشدر. بو وکالتك یکیلکی جهتیله اك زیاده مساعی‌یه
محتاج اولماسنه رغما، مثمر بر سعیدن واره‌دار اولاماسنی
تأسفله ذکر ایتمك مجبوریتینی تحریك ایتمکده‌در.
بو اینله برزمکه او. حرکت ملیه مؤسساتی آرمسنده اك
اعتناسز قالانیدر. هر کیجه هر نه قدر معلوم بر صحبت
اینسه‌ده بوندن بالعمل وهم و ادراك حقیقی بو وزیله آلدیغم
درس بر ایشده مستمرا بر فکر و پروغرامك حاکم
اولمسی قضیه‌سیدر.

مشار ذات عالیه‌دن متعهدم رفقای کرامی حطه

BERICHT F

S.[3]

دكلدر ، بلكه اونلرسندن ، سبب دوشو نمشلره بر شكايتم آنجق فكرلرك تصادمنك محصول منتظری هيچ ايتمسی كيفيتيدر . دوغريسی آولر نم ، بن اونلرك بنای فكر وعملرينی ييقمش دورمشزدر . چونكه ثابت تشكيلات، قوانين وخط حركت موجود اولمايجه اداره‌ده سائق وعامل اولان شی قناعت ، منطق وذهنيتدر . بونلر ايسه ضد دوشونجه، حاصله تشوش وهيچيدر . ايضاحاً علاوه ايده‌يم كه بلكه‌ده هيچ بر نمز خطاات بر چوغيره كيتمديكمز حالده وكالتلرك شخصی فكر وپروغراملريله ، خابر پروغرامسز اداره ايدلمكده اولمسی بو وضعيته سبب مستقل تشكيل ايتمشدر . بوده الده متأسس ، هر وكيلك مطاوعت وتعقيبه مجبور اولديغی تقرر وتثبيت ايتمش بر وجهه ، تشكيلات ، پروغرام ، قوانين ونظامات اولمامسندن منبعثدر . بزم ايشلر شخصيدر ، قصوراينسه عمومی ماهيتی حائزدر . بونكله اينجه آكلاديغم شی ، بر وكالت ايچين ايی ايش كورمك اولا تشكيلاتی ياپمق ، وجهه (٠٠) نسبينی اساسلی وسالم بر صورتده تعيين وتثبيت ايتمك ، كافه قوانين ونظاماتی وجوده كتيرمك ، اندن صوكره‌ده شخصلرك تبدلی هيچ بر شيئی تبديل ايده‌ميه‌رك ـ شدتله ودمير بر پنجه ايله اونلری تطبيق وتعقيب ايتمكله ممكن الحصولدر . ايشته بو صورتله‌دركه هر تبدل وتوعنده ـ كه طبيعيدر ـ يكی كلن ذات ، اسكيسنك معاملاتی بوزوب احيا ايتمز . بو سايه‌ده مصروف امكلر ومصرفلر هدر اولمازه هر كس ثابت بر چيزكی اوزرنده يورور ، بوندن‌ده محصوللر ، ثمره‌لر ميدانه كلير . بو پروغرامسزلقده بو تموجات مشوشه ضروری الحدوثدر . ايشته بو حال بو دولتك علل واسقامندن الك مهلكيدر . مداويسی بر مسئله حياتيه‌در . بو علت دفع اولمادقچه وظيفه كوروز بر دولت ماكينه‌سی قورلمق محالدر .

بوكی حقيقتلر ، بو دوشونجه‌لر ، بو تجربه‌لر ايله‌دركه باخصوص صلحك تيسر ايدنك بالغ بر امكان بخش ايتمش اولماسيله اساسلی بر صورتده چاليشمغه عزم ايدوب ايشه باشلامشدم . شمدی‌يه قدر كلمش ، اداره مصلحت ، رزق جديد يوم جديد وباليايتيف اولمقدن ايلری يكمه‌نمش اولان اداره‌نك جذری بر صورتده اصلاحی ايچون ايدوب آوروپادن بری حفظ صحت عموميه ومعاونت اجتماعيه شعبه‌لرينه اولمق اوزره ايكی متخصص و آراق وكالتك ايشلرينك توسع ايده‌جكنه باقه مستشارلق وقلم مخصوص تشكيلاتی تخصيصاتی وضع ايدرك بودجه‌سنی حاضرلامشدم . هر وكالتده اولديغی حالده شمدی‌يه قدر مستشارلق كبی تشكيلاتی ياپمديغمك سببی محصول فعاليسز ، ساحه عمليه‌ده بری هنوز اولميان بيهوده بر مصرفی بودجه‌يه بار ايتمه‌مكدر . امور دولتده الك متمسك اولديغم بر عمده‌ده آز مصرفله ايش كورمك ، نظريه لازم اولوب فعلاً وقتی كلمه‌مش اولان تشكيلاتی ياپوب بودجه‌نك مصرف كفه‌سنه برقاچ درهم دها بيهوده علاوه ايتمه‌مكدر .

اعتراف ايده‌لم كه هنوز مملكتمزده حفظ صحت عموميه ومعاونت اجتماعيه متخصصلری يوقدر . واقعا دوقتورلرمز ملتك افتخارينه سزا بر صورتده يتيشمشلردر . لوزانده سويلديكمی تكرار ايدرك ديرم كه اونلر هر هانكی مدنی مملكتك اطباسيله بوی اولچمكه هر آن مهيادرلر . آنجق دوقتورلرمز علوم طبيه‌ده ، تداويجيلكده يتيشمشلردر . مدرس ، كوزل تداويجی اولورلر ، خسته‌خانه اداره ايدرلر . تشكيلات واداره صحيه‌ده يتيشمش متخصصلرمز ، بر مملكت حفظ الصحه عموميه‌سنی اداره ايده‌جكلر آره‌مزده حالا مفقوددر . بونی شخصی تحريلرم و تجربه‌لرم اثبات ايتمشدر .

عين بودجه‌ده نجه يوردمزك الك بويوك آفتی اولان مالاريا ايله مجادله تخصيصاتی موازنه ماليه‌نك مساعده‌سی درجه‌سنده تزييد ايتديكم كبی ملكمزك بالخاصه آطنه‌دن اورفه‌يه دوغری اوزانان منطقه‌سنده اسكيدن بری تخريبات مدهشه‌يه باعث دوام ايدن ترا خوم ايچون بر مجادله وكذا آتی ملت ايچون پك مهم اولان بمه‌ده‌كی چوجقلری تلفاتدن قورتارمق مقصديله ديكر بر مجادله آچمشدم . فاصله‌لرك ويرديكی بو قيصه زمانلرده جمعيات خيريه‌نك معاونت اجتماعيه‌يه رابطی ايچون بر قانون لايحه‌سی تكليف ايتمشدم . سقطلر ، عمله ايشلری كبی بو وكالته عائد

Bericht F

[2] **Ṣıḥḥīye vekāletine** *Stempel: Rıżā Nūr kütübḫānesi 1340; Sinob*

Ẕāt-i devletleri Sinobda bulundığım es̱nāda dārü'l-eytāmları teftīşimiñ netīcesini bā telġraf istifsār buyurmışdıñız. Bu teftīş yalñız dārü'l-eytāmlar ḥaḳḳında olmayub vekālete merbūṭ kāffe᾽-i müʾessesāta şāmil oldığından bu bābdaki meşhūdāt ve müṭālaʿātımı baʿż-i mülāḥaẓāt ile berāber ʿarż ediyorum.

Vāḳiʿ bir muʿāmele᾽-i resmīyeniñ belki mūcib-i fāʾide olacağı, hīç olmazsa vekāletiñ dosyalarında bulunması lüzūm ve żarūreti derkār ve iḳtiżāsını derʿuhde etdiğim vaẓīfeniñ itmām ve ikmālı ṣūretiylede bir ṭarz ve şekil, dürüst ve vaẓīfeşināslıḳ bulunmağla ẕāten vekālete ʿarż olunacaḳdı. Hemde bu ḳāʿide ittiḫāẕ olunub dāʾimā yapılması her vekāletiñ selāmet ve tekemmül muʿāmelātı için derece᾽-i vücūbda olan nevʿimā bir devr-ü-tesellüm olur. Bir żabıṭnāme yerine geçer.

Bundan iki yıl ḳadar ol millet ve devlet için dağdağalı ve pek buḥrānlı günler yaşadığımız ānlarda ṣıḥḥīye ve muʿāvenet-i ictimāʿīye vekāletine geldiğim zamān - ki yalñız ve yalñız: „her şey cebheye" düstūrı ḥükümrān idi - vekāleti cılız bir büdce, basīṭ bir teşkīlāt ile bulmuşdım. Maʿlūmdır ki bizde ṣıḥḥīye ve muʿāvenet-i ictimāʿīye vekāleti pek yeñi ve ḥareket-i millīyeniñ nevzād-i ʿazīzidir.

Vāḳıʿā ḥareket-i millīyeden evvel henūz çocuḳ çağında dāḫilīye neẓāretine merbūṭ rüşd ve istiḳlāldan maḥrūm bir ṣıḥḥīye müdīrīyet-i ʿumūmīyesi var idiysede muʿāvenet-i ictimāʿīye mefḳūd, ḥattā bizce adı bile ġayr-i maʿlūm idi. Elānda medlūl ve mevẓūʿ ve veẓāʾifini bilenler içimizde nādirdir. Vāḳıʿā ṣıḥḥīye müdīrīyet-i ʿumūmīyesiniñ vekālete devr-ü-tevdīʿ eylediği teşkīlāt, ḳavānīn ve niẓāmāt nāḳıṣ, kāhī, yekdīğeri nāḳıṣ, memleketimiziñ iḥtiyācāt-i ḥāżiresi muvācehesinde ġayr-i kāfī, ḥāṣılı bir reşm taʿbīrine māṣadaḳ olmaḳla berāber bu müdīrīyet-i ʿumūmīyeniñ mesāʿīsini şükür ve taḳdīr ile yād etmekde bir vaẓīfedir. Bu müʾesseseden bize baʿż-i yine mīrās̱lar ḳalmışdır. Ḥāl bu ki muʿāvenet-i ictimāʿīye şuʿbesini ayrı bir teşkīlāt ve ḳavānīn ve niẓāmāt mefḳūdīyeti içinde bulmışdım.

Vekālete geldiğimiñ hemānda birinci ayı nihāyetinde diplomatik bir vaẓīfe ile ḫārice iʿzām, uzun süren bir ġaybūbetden ṣoñra ʿavdetimde yeñiden dīğer böyle bir vaẓīfeye taʿyīn edilmiş oldığımdan şarḳ ve ġarbda diplomatik mesāʿī ile geçen eyyām arasında vāḳiʿ fāṣılalardadır ki ancaḳ vekāletiñ başında bulunmaḳ naṣīb olmışdır. Bu antraḳtlar birer veya ikişer aydan ʿibāret, ʿādetā teşehhüd mıḳdārı denecek müddetlerdir. Şurasını beyān ve īżāḥ etmek żarūrīdir ki vekāletde bulundığım her fāṣıla'-i ḳaṣīrede verdiğim veche ve fikir, taṭbīḳ etdiğim proġram, icrā etdiğim muʿāmelāt, vekālet eden ẕevātıñ veche ve fikir, proġram ve icrā'ātları ile ʿalā'l-ekṯer müteżāddan teḳābül ve yekdīğerini taʿdīl ve taʿṭīl eylemişlerdir. Ḥaḳīḳatları oldığı gibi söylemek lāzım ve vaẓīfemizdir. Bu ṣūretle ṣıḥḥīye ve muʿāvenet-i ictimāʿīye vekāleti umūrı beyhūde bir meşġale teşkīl etmiş, bir şey yapılamamışdır. Bu netīceye büdce hüzālınıñ mühimm bir ṣūretde muʿāvenet etdiğide ʿilāve edilmelidir. Bunıñla berāber, hīç olmazsa parasız yapılabilecek işler bile ekṯerīyetle imkān-i ḥuṣūl bulamamışdır. Bu vekāletiñ yeñiliği ḥasebiyle eñ ziyāde mesāʿīye muḥtāc olmasına raġmen, müṯmir bir saʿīdin vāyedār olamamasını te'essüfle ẕikr etmek mecbūrīyeti beni taḥrīk etmekdedir. Bu sebeble derim ki o ḥareket-i millīye mü'essesātı arasında eñ iʿtināsız ḳalanıdır. Herkesce her neḳadar maʿlūm bir ḥaḳīḳat isede bundan bi'l-ʿamel ve fehm ve idrāk-i ḥaḳīḳī ṣūretiyle aldığım ders bir işde müstemirren bir fikir ve proġramıñ ḥākim olması ḳażīyesidir.

Mesrūdāt-i ānīfeden maḳṣadım rüfeḳā-yi kirāmı taḫṭi'e [3] değildir. Belki onlar benden muṣīb düşünmişlerdir. Şikāyetim ancaḳ fikirleriñ teṣādüminiñ maḥṣūl-i muntaẓırı hīç etmesi keyfīyetidir. Doġrusı onlar benim, ben onlarıñ binā-yi fikir ve ʿamellerini yıḳmış durmışdır. Çūnki ṯābit teşkīlāt, ḳavānīn ve ḫaṭṭ-i ḥareket mevcūd olmayınca idārede sā'iḳ ve ʿāmil olan şey ḳanāʿat, manṭıḳ ve ẕihnīyetdir. Bunlar ise żıdd düşünce, ḥāṣıle, teşevvüş vehçidir. Īżāḥan ʿilāve edeyim ki belkide hīç birimiz ḫaṭānāk bir çıġıra gitmediğimiz ḥālde vekāletleriñ şaḫṣī fikir ve proġramlarla, ḫayır proġramsız idāre edilmekde olması bu vażʿīyete sebeb-i müstaḳill teşkīl etmişdir. Buda elde müte'essis, her vekīliñ muṭāvaʿat ve taʿḳībe mecbūr oldığı tekerrür ve teṯbīt etmiş bir veche, teşkīlāt, proġram, ḳavānīn ve niẓāmāt olmamasından münbaʿiṯdir. Bizim işler şaḫṣīdir. Ḳuṣūr ise ʿumūmī māhīyeti ḥā'izdir. Bunıñla iyice añladığım şey, bir vekālet için iyi iş görmek evvelā teşkīlātı yapmaḳ, veche ... nasībini esāslı ve sālim bir ṣūretde temīn ve teṯbīt etmek, kāffe'-i ḳavānīn ve niẓāmātını vücūde getirmek, ondan ṣoñrada - şaḫıṣlarıñ tebeddüli hīç bir şey'i tebdīl edemiyerek - şiddetle ve demir bir pençe ile onları taṭbīḳ ve taʿḳīb etmekle mümkinü'l-ḥuṣūldır. İşte bu ṣūretledir ki her tebeddül vuḳūʿında - ki ṭabīʿīdir - yeñi gelen ẕāt, eskisiniñ muʿāmelātını bozub imḥā etmez. Bu sāyede maṣrūf emekler ve maṣraflar hedm olmaz; herkes ṯābit bir çizgi üzerinde yürür; bundanda maḥṣūllar ṯemereler meydāna gelir. Bu proġramsızlıḳda bu temevvücāt-i müşevveşe żarūrīyü'l-ḥudūṯdır. İşte bu ḥāl bu devletiñ ʿilel ve esḳāmından eñ mühlikidir. Tedāvīsi bir mes'ele'-i ḫayālīyedir . Bu ʿillet defʿ olmadıḳca vaẓīfe görür bir devlet makinası ḳurmaḳ muḥāldır.

Bu ḥaḳīḳatlar, bu düşünceler, bu tecrübeler iledir ki bāḫuṣūṣ ṣulḥıñ teysīriniñ bāliġ bir imkān baḫş etmiş olmasıyla esāslı bir ṣūretde çalışmaġa ʿazm edüb işe başlamışdım. Şimdiye ḳadar gelmiş, idāre'-i maṣlaḥat, rızḳ-i cedīd yevm-i cedīd ve palyatif olmaḳdan ileri geçememiş olan idāreniñ cezrī bir ṣūretde iṣlāḥ ve ikmāline teşebbüṯ edüb Avrupadan biri ḥıfż-i-ṣıḥḥa'-i ʿumūmīye, dīğeri muʿāvenet-i ictimāʿīye şuʿbelerine olmaḳ üzere iki müteḫaṣṣıṣ celb ve artıḳ vekāletiñ işleriniñ tevsiʿ edeceğine binā'en müsteşārlıḳ ve ḳalem-i maḫṣūṣ teşkīlātı taḫṣīṣātını vażᶜ ederek 1340 büdcesini ḥāżırlamışdım. Her vekāletde oldığı ḥālde şimdiye ḳadar müsteşārlıḳ gibi teşkīlātı yapmadığımıñ sebebi maḥṣūl-i fiᶜilīsiz, sāḥaʾ-i ᶜamelīyede yeri henūz olmayan beyhūde bir maṣrafı büdceye bār etmemekdir. Umūr-i devletde eñ mütemessik oldığım bir ᶜumdede az maṣrafla iş görmek, naẓarīyeten lāzım olub fiᶜlen vaḳtı gelmemiş olan teşkīlātı yapub büdceniñ maṣraf kefesine bir ḳaç dirhem dahā beyhūde ᶜilāve etmemekdir.

İᶜtirāf edelim ki henūz memleketimizde ḥıfẓ-i ṣıḥḥat-i ᶜumūmīye ve muᶜāvenet-i ictimāᶜīye müteḫaṣṣısları yoḳdır. Vāḳıᶜā doktorlarımız milletiñ iftiḫārına sezā bir sūretde yetişmişlerdir. Lozanda söylediğimi tekrār ederek derim ki onlar herhangi medennī memleketiñ eṭıbbāsıyla boy ölçmeğe her an müheyyādırlar. Ancaḳ doktorlarımız ᶜulūm-i ṭıbbīyede, tedāvīcilikde yetişmişlerdir. Müderris, güzel tedāvīci olurlar. Ḫastaḫāne idāre ederler. Teşkīlāt ve idāreʾ-i ṣıḥḥīyede yetişmiş müteḫaṣṣıṣlarımız, bir memleket ḥıfẓ-i ṣıḥḥaʾ-i ᶜumūmīyesini idāre edecekler aramızda ḥālā mefḳūddır. Bunı şaḫṣī taḥarrīlerim ve tecrübelerim iṣbāt etmişdir.

ᶜAynı büdcede bence yurdımızıñ eñ büyük āfeti olan Malarya ile mücādele taḫṣīṣātını muvāzeneʾ-i mālīyeniñ müsāᶜadesi derecesinde tezyīd etdiğim gibi mülkimiziñ bi'l-ḫāṣṣa Aṭanadan Urfaya doğrı uzanan mınṭıḳasında eskidenberi taḫrībāt-i müdhişe yapmaḳda devām eden Traḫom içün bir mücādele ve keẕā ātīʾ-i millet içün pek mühimm olan memedeki çocuḳları telefātdan ḳurtarmaḳ maḳṣadıyla dīğer bir mücādele açmışdım. Fāṣılalarıñ verdiği bu ḳıṣa zamānlarda cemᶜīyāt-i ḫayrīyeniñ muᶜāvenet-i ictimāᶜīyeye rabṭı içün bir ḳānūn lāyıḥası teklīf etmişdim. Saḳaṭlar, ᶜamele işleri gibi bu vekālete ᶜāʾid [4] veẓāʾifide cemᶜ eylemek, vekāleti ᶜaṣrī şekline ḳoymaḳ peşinde idim. Yine evvelce ẕāt-i devletleri ṭarafından celb edilübde bir dolabda ġubār-i nisyān altında ḳalan bir ḳaç vilāyet ḥaḳḳındaki maᶜlūmātı mā baᶜdınıda bir sistem ve uṣūl taḥtında ṭoplamaġa devām edüb, „Türkiyānıñ ṣıḥḥīʾ-i ictimāᶜī coġrafyası" adını vererek cüzʾ cüzʾ ve vilāyet, vilāyet ṭabᶜ etdirdim. Bunları taṣḥīḥden geçiriyor, cüzʾlerini güzel yazmış olanlara mükāfāt veriyor idim. Şimdiye ḳadar ṭoḳuz vilāyet basdırılmışdır. İᶜtirāf ederim ki bunıñ bir ḳısım cüzʾleri pek zorlanmama raġmen ġaybūbetim eṡnāsında iyi ṭabᶜ edilememişdir. Ancaḳ ilk Sinob nüsḫası o vaḳit Anḳara maṭbaᶜalarınıñ eñ ṣoñ yapabileceği bir mükemmelīyetle basılmışdır. Güzel çinko ġrafik resimleri, boyalı ḫariṭaları, ġrafikleri vardır. Bu eṡer her ne ḳadar ẓannımca ibtidāʾī isede her ḥālde vesāʾiṭimize göredir ve Avrupa memleketlerinden bile ṭaleb edilmekdedir. Devāmı ārzū olınur. Keẕā her güniñ vaḳāyiᶜ-i ṣıḥḥīyesi bülütenleri neşr edildiği gibi Avrupa müʾessesāt-i ṣıḥḥīyeleriylede vekāleti temāsa ḳoyub aylıḳ vuḳūᶜāt-i ṣıḥḥīye bülütenleri mübādelesinede girişilmişdir ve yine eṭibbā bu ḳādār taḥṣīl-i ᶜālī gördikleri, emekler ve yıllarca ᶜömür ṣarf etdikleri ḥālde on lira gibi bir maᶜāşdan vaẓīfeye başlayorlardı ve ekṡerīyet eṭibbāda bu dereceʾ-i maᶜāşda bulunıyordı. 1338 büdcesinde bu aṣġarī maᶜāşı onbeş līrāya çıḳartdım. Şunı kemāl-i men ve şükür ile söylerim ki Büyük Millet Meclisi o vaḳit hem her ne istedimse vermiş, hemde muḳtaṣıdāne ḥareket etdiğimide ẕikr eylemişdir. ᶜAynı zamānda Anadoluya eṭibbā bulmaḳ vekāletiñ eñ müşkil işlerinden bulunıyordı. Hele şarḳī vilāyetlere hīç kimse gitmeyordı. Bol maʿāş verildiği taḳdīrde gidecek eṭibbā bulunacağı ẓannına düşerek meclisden taḫṣīṣāt ricā etmiş ve meclis-i ʿālīde dirīġ etmemiş isede bu tedbīriñ müs̱mir olmadığını, teşvīḳ ve terġībleriñ, ḥattā İstanbuldaki baʿż-i ṭıbbī cemʿīyetlerede mürācaʿatımız kār etmediğini görerek çāresiz ḳalmışdım. Ḥāl bu ki İstanbulda lüzūmundan fażla doḳtor vardır. Bunlarıñ ḥayātlarını müreffehen ḳazananlarıda azdır. Çoğı ḥayātını ġayr-i kāfī bir ṣūretde ḳazanır. Belkide müżāyaḳada olanları epi bir yekūn teşkīl eder. Buña rağmen İstanbuldan çıḳamamaḳ ẕihnīyeti onlarda ḥükümrāndır. Anadoluya gitmeği ṭıbḳı balığıñ deñīzden çıḳması ṣūretinde ẓann ederler. Böyle bir tevehhümiñ ḳurbānıdırlar. Bu aḥvāl içinde çāresiz kalub eṭibbānıñ ḫidmet-i mecbūrīye ḳānūnını Büyük Millet Meclisine taḳdīm etdim. Ġaybūbetlerimde lāyiḳ vecih ile taʿḳībine imkān vermediğinden bu ḳānūn maʿa't-te'essüf meclisde taḳrīben bir buçuḳ yıl ḳaldı. İkinci meclisiñ küşādında meẕkūr ḳānūn eski meclisiñ ḥıfẓ torbasında aranaraḳ alınmış ve yeñi meclise taḳdīm olunub ṣıḥḥīye ve muʿāvenet-i ictimāʿīye encümeniniñ himmetiyle müẕākeresi sürʿatle yapılmış ve rūznāmeye idḫāl edilmişdi. Vekāletden istifā etdiğim anda Anadoluda yüz elli ṭabābet açıḳ bulunıyor ve bu ḥāl yıllardanberi devām ediyordı.

Her umūrı burada uzun uzun basṭ ve beyāna imkān olmadığından bi'l-ḫaṣṣa şunı söyleyeyim ki memleketimizde ṣıḥḥat ve muʿāvenet-i ictimāʿye ḫuṣūṣında teşkīlāt ve ḳavānīn-i ṣıḥḥīyeyi ikmāl etmek, her vilāyet merkezinde her nevʿi ālet ve müteḫaṣṣısları ile yeñi ṭarzda kārgīr ḫastaḫāneler, her ḳażā merkezinde teraḳḳīyāt-i ḥāżireye muvāfıḳ aletleri, seyyār 'etüv ve buğu ḳazanlarıyla birer dispanser yapmaḳ, her beş köye liyāḳatlı bir küçük ṣıḥḥīye me'mūrı ḳoymaḳ, baṭaḳlıḳları ḳurutmaḳ ve Kinin tedāvīsine revāc vermeḳ, frenġī mücādelesini tevsīʿ etmek, bi'l-ḫāṣṣa havā, ṣu, ġidā, mesken, hamam, mecārī gibi şehir ve köylere maḫṣūṣ ḥıfẓ-i ṣıḥḥa'-i ʿumūmīye mesā'ilini tanẓīm etmek, ḳābilīyetli küçük ṣıḥḥīye me'mūrları yetişdirmek, idealim idi. Ancaḳ bunıñ büyük paralara, mükemmel müteḫaṣṣıslara ve ehil personele muḥtāc oldığı maʿlūmdır. Mes̱elā tavṣīf etdiğim gibi bir ḫastaḫāne 300 - 500 biñ lira ḳādār bir meblağa māl olur. Bu ise bu güniñ ṭāḳatı ḫāricindedir. Ṣıḥḥat-i ʿāmme vesā'iṭiniñ zavallılığını göz öñine alaraḳ hīç olmazsa maṣrafsız bir mıḳdār bir şey yapabilmek içün büdceye hemān debār olmaksızın [5] ḥükümet ṭabīblerini tavẓīf ṣūretiyle 150 dipanser açmağa ḳalḳışdım. Küçük ṣıḥḥīye me'mūrlarınıñ ehemmīyetini ve onlara olan iḥtiyācı görerek mektebiñ yeñiden açılmasını ve kendileriniñ bi'l-ḫāṣṣa ḫastaḫānelerde ʿamelī olaraḳ yetişdirilmesini ġāye edinmiş ve 340 büdcesine bu mektebiñ taḫṣīṣātınıda ḳoymışdım. Maʿlūm-i devletleri olmış olacakdır ki ṣıḥḥīye vekāletiniñ ancaḳ 815 ḳādār küçük ṣıḥḥīye me'mūrı vardır. Bunlarıñda fikrimce ancaḳ 50 dānesi küçük ṣıḥḥīye me'mūrı denecek kābilīyetdedir. Yapdığım bir ḥesāb-i taḫmīnīye göre memleketiñ 5000 ḳadar bu nevʿi me'mūra iḥtiyācı vardır. Eğer her 10 köye bir küçük ṣıḥḥīye memūrı verilirse bu mıḳdār nıṣfına tenezzül eder. Her ḥālde bunları az zamānda yetişdirmek lāzımdır. Yetīmlere dārü'l-eytāmlardan maḫrec tedāriki mes'ele'-i mühimmesiyle memleketimiziñ küçük ṣıḥḥīye me'mūrlarına olan bu büyük ve şedīd iḥtiyācınıñ ikisiniñ birden ḫalli fırṣatı vardır. Bu sebeble erkek yetīmlerden küçük ṣıḥḥīye meʾmūrı, ḳızlardan ebe ve ḫasta baḳıcı yetişdirmek üzere iki dārü'l-eytāmı meʾẕūn derecesine gelen yetīmlere taḫṣīṣ ederek bir mekteb yapmaḳ fikrinde idim. Ḥāl-i ḥāżırda ebe ve ḫasta baḳıcılarıñda müʾessif ḥāli maʿlūmdır. Avrupada bu taḥṣīli yapan ḳızlar ḳolejleri ikmāl etmiş olan ḳızlardır. Bizdeki ṭālibeler ise ummī ḳoca ḳadınlardır. Ḥāżırdaki ebelerimiziñ bir fāʾideleri olmadıḳdan başḳa ḳadınlarımızıñ her gün ṣıḥḥatını iḫlāl ve onları mā dāmu'l-ḥayāt-i ʿalīl veyā ocaġa giriftār edici ḥaddsız, ḥesābsız żararları vardır. Bunlarıñ yetīmlerden yetişdirilmesiniñ eñ ucuz ve ḳolay ṭarīḳ oldıġı şübhesizdir.

Bu ġāyeleri güder ve dīğer işleri görür iken bir ṭarafdan cemʿīyet-i aḳvāmdan ve sāʾir maḥallerden Avrupa devletleriniñ eñ mühimmleriniñ ṣıḥḥīye ve muʿāvenet-i ictimāʿīye teşkīlāt ve ḳavānīn-i mevcūdesini ṭaleb etmiş idim. Bunlar ṣoñ günlerde peyderpey gelmeğe başlamışdı. Maḳṣadım bütün bu ḳānūnları toplayub ve gelecek müteḫaṣṣıṣlara muḳtedir eṭıbbāmızdan bir mıḳdārını terfīḳ ederek memleketimiz aḥvāl-i ṣıḥḥīyesini tedḳīḳ etdirdikden ṣoñra bütün bu ḳānūnları iḳlīmimize, ʿanʿane ve mizācımıza ve her ḫuṣūṣīyetimize, adapte ṣūretiyle yapdırmaḳ ve bunları muṭāʿ birer ḳānūn ve ḥareket ḥāline ḳoymaḳdı.

Ḳānūnlarıñ noḳṣān ve mevcūdlarından baʿżılarınıñ ġayr-i kāfī ve ḥattā çalışmaġa ve icrāʾāta māniʿ oldıġı ḥaḳḳında - ḳavānīniñ yeñi başdan ve ʿācilen tanẓīmi ehemmīyetini tebārüz etdirmek için - iki miṡāl ẕikrine müsāʿadelerini ricā ederim. Lozandan ṣoñ ʿavdetimde Anḳara ekmeğiniñ ḳumlı ve ġayr-i ṣıḥḥī oldıġını görerek gerçi bu iş veẓāʾif-i belediyeden isede ṣıḥḥat-i millet umūrınıñ başında bulınan ṣıḥḥīye vekīli ṣıfatıyla ıṣlāḥına tevessül etmişdim. İlk ʿaḳlıma gelen belediye ḳānūnından istifāde oldı. Oradaki cezā ise beş beşlikden ʿibāretdi; bugünki ḳıymetiyle büsbütün hīç olan bu cezā ile müʾeṡṡir olunamazdı. Her taġşīşci bunı seve seve verirdi. Ḥükūmet cezāsına baş vurdım. Buda ancaḳ beş miṡli artmışı bir cezā idi. Üstinede taḥṣīl ve cibāyeti dört beş aylıḳ bir zamāna müterāfıḳ bulunıyordı. Cezā ḳānūnnāmesine mürācaʿatı düşündim. Ondaki taġşīş cezāsı şedīd idi, faḳaṭ oda maḥkeme ḥükmiyle taṭbīḳ olunabiliyordı. Bu ise şāhidler ve bilmem nelerle ne ṣuʿūbetli, ne uzun işdi! Değirmen, tüccār gibi mevādd ve ʿanāṣıra mürācaʿat ederek iḳtiṣādī ṭarīḳle ḥalle tevessül etdim. Hīç biri çıḳar iş değildi. İstanbuldan bile ekmek getirtmeği düşündim. Gümrük öñime dikildi. Olmadı. Olmadı. Ṣelāḥīyetsizde iş görülmezdi. Ḫülāṣa şiddet-i ārzūma raġmen ʿāciz ḳaldım. Tām bu eṡnāda Sinob mebʿūṡı Yūsuf Kemāl beğ efendi ekmeğe baḳmadıġımdan baña şikāyetde bulındı. Bunı ṣıḥḥīye vekīli ṣıfatıyla sen yaparsıñ deyiverdi. Mā vaḳaʿı hikāye edince ḥuḳūḳşinās olan arkadāşımızda ʿadem-i imkānı taṣdīḳ etmişdir. Bunıñ üzerine vekāleti taġşīşi menʿ için ṣelāḥīyetdār ve ḳeṣīr bir zamānda müʾeṡṡir ḳılacaḳ bir ḳānūn lāyıḥası ḥāżırlamışdım. Keẕā baña, dārü'l-eytāmlara māl hibe etmek isteyen iki kişi mürācaʿatda bulundılar. Biri 30.000 liralıḳ bir dārü'l-ṣināʿa[6]sını, dīğeri - ki bir ḫānımdır - şehrī 400 liralıḳ bir irād getiren ʿaḳāretini veriyordı. Ancaḳ ikiside aç ḳalmamaḳ için ölünceye ḳādār gelirden istifāde etmek isteyorlardı. Bunda ḥaḳları āşikārdı. Ḥāl bu ki bu ṣūretle hībeye ḳānūnlarımız müsaʾid değildir. Vāḳiʿā vaḳf etmek çāresi varsada vaḳʿada mütevellī şeklinede rāżī değillerdi. Çūnki herkes gibi onlarda vaḳıfdan müştekī idi. Ḥāl bu ki böyle ḫayır ṣāḥibi zevāt çokdır ve ḥaḳīḳaten her memleket bunlardan çoḳ istifādeler eder. Avrupada vaṣīyetnāmeleriyle bütün s̱ervetlerini ḫastaḫāneler, mektebler ve sāʾir ḫayırāta verenler her gün görülür. Bizde ise vaṣīyetnāme uṣūlı cārī değildir. Vāris̱ler māl-i mevhūbıñ ḳısm-i aʿẓamına vażʿ-i yed ederler. Mesʾeleniñ ehemmīyetini derpīş ederek bu ḫuṣūṣdada bir ḳānūn lāyıḥası ḥāżırlamaġa teşebbüs̱ etmişdim.

Vekālet yazılarını yazı makinası ile yazmaḳ içün her gün uğraşdım, meʾmūrı yüzinden olmadı. Bizede bu makinanıñ girmesini isteyordum.

Ṣıḥḥīye vekāletiniñ her şeyden mühimm ve aḳdem görerek vekālete ʿilmī bir esās-i teşekkül vermek içün bir istatistiḳ ve neşrīyāt müdīrīyeti iḫdās̱ etmişdim. Nitekim Anḳarada ḥükūmet teşekkül etdiği ve ilk maʿārif veḳāleti teşkīlātını yapdığım zamān oradada ḥars̱ müdīrīyeti ile berāber sicil ve istatistiḳ müdīrīyetini iḥdās̱ eylemişdim. Bunlar devletimizde ilk fennī iḥdās̱lardır ki taʿammüm edeceği meʾmūldır. Çünki vekāletleriñ rūḥ-i ʿilmīyesidir, teraḳḳī ve tekāmüliñ ḥaḳīḳī rehberi bunlardır. İʿtirāf etmeliyim ki ṣıḥḥīye vekāletinde meʾmūrıñ ʿacz ve reḫāveti dolayısıyla bu şuʿbeden umdığım değil ḥattā hīç bir istifāde ḥāṣıl olmadı. Bu bābda bir mis̱āl ẕikrine müsāʿade buyurıñız. Bu şuʿbeye gerek eski ve gerek ḥükūmet-i millīye zamānında ıṣdār olunmış ḳavānīn ve niẓāmāt-i ṣıḥḥīyeyi cedvel ve ʿilim ve ḫaber nümūneleriyle berāber ṭoplayub bir <mecelleʾ-i ḳavānīn-i ṣıḥḥīye> ḥālinde ṭabʿ ve tevzīʿ etmesini on kerre belki yüz kerre emrettim. Ve her ʿavdetimde yine muṣirran ṭaleb etdim. Faḳaṭ olmadı, yapdıramadım! Bundan maḳṣadım bu mecelleyi bütün meʾmūrīn-i vekālete - herne ḳādār nāḳıṣ ve ḳuṣūrlı isede yine bir kār-i mühimm oldığından - tevzīʿ etmekdi. Bunıñladır ki herkes vaẓīfesini bilecekdi. Bugün vaẓīfeleri ve rehber-i ḥareketleri olan ḳānūnları bilen vekālet meʾmūrları ya var ya yokdır. Müfettişler teftīşler yapıyor; faḳaṭ nenin? Meʾmūrlarıñ esās-i teftīş olan mevcūd ḳavānīn ve niẓāmātı taṭbīḳ edüb vaẓīfelerini gördiklerini değildir. Bundandır ki işlerde teraḳḳī olmayor. İş çıḳmayor, müs̱bet adımlar görülmeyor. Şunıda söyleyeyim ki müfettişiñ ḥaḳḳıda yoḳdır. Çünki meʾmūrıñ elinde kendisini mükellef eden, mükellef oldığını bildiren bir şey yoḳdır. Bunıñ vekālet muḫāberātında her gün bir iki delīli vardır. Her ṭarafdan işler ḥaḳḳında merkezden beyhūde taʿlīmāt istenir ki bunlarıñ çoġı ḳānūnlarda vardır. Teftīşler sūʾ-i istiʿmāl ve ẓevāhir-i müʾessesāt üzerine olmaḳdan ileri geçememekdedir. Bu ise ḳontrol müntefī ḳısma münḥaṣır demekdir. Nihāyet şehr-emānetiniñ ṭabʿ kerdesi olan ḳavānīn-i ṣıḥḥīye cildinden 500 nüsḫa iştirāsı ṣūretiyle bu girīve ve ʿuḳbeden çıḳmaġa ṣavaşmışdım.

Vaḳtiyle maʿārif vekāletinde taṭbīḳ etdiğim ilk mekteb, orta mekteb, ilk tedrīsāt ilḫ. gibi ıṣlāḥāt-i resmīyeyi türkceleşdirmek sistemi ṣıḥḥīye vekāletindede taṭbīḳ etmekde idim ki devāma lāyiḳ ḥattā lāzım ve żarūrī bir uṣūl olsa gerekdir.

Bu meyānda dārü'l-eytāmlara pek çoḳ vāridāt getireceğini görerek Anḳarada bir otel inşāsına başlamış idim. Maḳṣadım yalñız vāridātından ʿibāret değildi. Avrupadan acānib ve sāʾir yerlerden misāfirler geliyor, oṭuracaḳ bir otel bulunmayordı. Ḫānlardan kehle ṭoplayub götüren ecnebī vardı. Bu maḥẕūra çāresāz olmaḳ, gelenlere lāyiḳli bir yatacaḳ yer tedārik etmek żarūrī idi. Keẕā memleketimizde Avrupanıñ bütün ḳonforını ḥāvī bir otel bulındırmaḳ elbet iyi bir şeydi. Birde böyle bir binā ile insānlarıñ naṣıl yaşadıḳlarını, naṣıl meskenlerde oṭurdıḳlarını göstermek ḫalḳa bir nümūne vermek pek ehemmīyetlidir. Dīğer maḳṣadımda [7] Türklerden otel müdīri, ḳonsiyerj vesā'ir personeli yetişdirmekdi. Avrupada otelciliğiñ siyasī ve ictimāʿī ne mühimm bir iş, ne kārlı bir ṣanʿat oldığını bildiğimden Türkleri bu ḫuṣūṣda yetişdirecek, böyle bir mekteb te'sīs etmek beni pürneş'e eden emellerimden idi. Hem yetīmleri burada yetişdirerek onlara kārlı ve iyi bir ṣanʿat ḳazandırmaḳ, temiz bir maḫrec iḥdās̱ etmek vardı. İstanbuldaki oteller Rum ve Ermeni elindedir. Bunlarıñ taʿlīm ve terbīyeleride nāḳıṣdır. Ben ise Avrupadan müdīr ve sā'ire personel getirüb Türk çocuḳlarını doğrıdan doğrıya onlarla terbiye etmek, Rum ve Ermeni aşısını ortadan gidermek, Türkleri onlara fā'iḳ ḳılmaḳdı. Bu hırs ile müteḥarrikdim. Eğer bu otel ġırretlerde gördiğim gibi ṣanılmışsa beni pek müte'es̱s̱ir eden bir şey olacaḳdır. Bu emellerden ṣoñra bu otele şaḫṣen verdiğim emekde pek çoḳdır. Planlarını bi'ẕ-ẕāt kendi tertībim ve Avrupanıñ güzel otelleri ṭarzında olaraḳ yapdırdım. Ġaybūbetim es̱nāsında dört ayda yalñız temeli atılabildiği ḥālde ʿavdetimde iki iki buçuḳ ay ẓarfında çatıya ḳadar demir, ṭaş ve betonarme olaraḳ çıḳartdım. Çinisine, kiremidine, elektrik dinamosına ḳādār her şey'i büyük bir saʿy ve taʿeb ile ḥāżırlamışdım. Her gün iki üç defʿa uğrardım. Bu bābda İstanbul ṣıḥḥīye müdīri Ṣadru'd-dīn beğiñ ġayretinide ẕikr etmem lāzımdır. Eğer ṣatın alan maḳām bu ġāyeleri istiḥṣāl ederse bu te'essürüm zā'il olacaḳdır. Aman, canım otel bir ṭaş ḫān olmasın!--Bu otel yetīmleriñ iʿāşe parasınıñ bir pulına ṭoḳunulmadan yapılmışdır. Bu bābda mıḳdār-i kāfī mevcūd parasıda vardır. Fürūḫtınıñ sebebini añlamadım.

İskān-i muhācirīn için yapdıḳlarımıñ, iskānıñ tems̱īl-i fennī ve millī ṣūretinde yapılması için ittiḫāẕ etdiğim tedābīriñ - artıḳ bu vaẓīfeniñ bu vekāletden alınması dolayısıyla - şerḥine lüzūm görmeyorım.

ʿAynı zamānda vekāletiñ her vażʿīyetini biḥaḳḳen bilmekde lāzımdı. Merkezī muʿāmelātı ve me'mūrları iyice tedḳīḳ etmiş ve öğrenmişdim. Vekāletiñ sicil umūrı maṭlūba muvāfıḳ bir ḥāldedir. Buda sābıḳ sicil müdīri Aḥmed Fikrī beğiñ mesaʿīsi es̱eri olub Saʿīd beğ ṭarafından ṣıḥḥīye mülġā müdīrīyet-i ʿumūmīyesi sicilātı ilede tevḥīd edilince mükemmel denecek bir ḥāle gelmişdir. Ṭaşrayıda bilmek lāzımdı. Muḥarrirāt ve muḫāberāt ile bunıñ lāyiḳī vecih ile añlaşılamadığını bi't-tecrübe bildiğim için hīç olmazsa sahlu'l-vuṣūl olan İstanbul, Brusa, İzmir, Aṭana, Ḳayṣeri, Ṣamṣun ve Ṭrabzon mü'essesāt ve me'mūrīni ḥaḳḳında uṣūl-i müreccah olan maḥallinde tedḳīḳ teşebbüs̱ünde bulundım. Bu es̱nāda dārü'l-eytāmlar vażʿīyet-i sābiḳesi Büyük Millet Meclisinde mevżūʿ-i baḥis̱ olmaḳla meclis-i ʿālīye bi'ẕ-ẕāt tedḳīḳāt için seyāḥat etmek niyetinde oldığımı ʿarż etmiş ve İstanbula gelmişdim. Derḥāl ṣıḥḥīye ve muʿāvenet-i ictimāʿīye müdīri Ṣadru'd-dīn, müfettiş Aḥmed Fikrī, Rāsim Ferīd ve Cevdet beğleri refāḳatıma alaraḳ mü'essesātı dolaşmağa başladım. İstiṭrāden söyleyeyim ki teftīşler ānī ve mümkin mertebe ḫabersiz yapılmışdır. Her teftīşi müteʿāḳib gördiğim icrā᾽ātıñ bir ḳısmı derḥāl yapılmış, ʿaynı zamānda vekāletede bildirilmiş, ān-i bülūġ ittiḫāẕı żarūrī olan ḳısmı ḳuvvede ḳalmışdır. Bu tedḳīḳ ve teftīş ber vech-i ātīdir, ʿarż olunur:

A.- Dā᾽ü'l-kelb mü᾽essesi: - Şimdiki binā pek muvāfıḳdır. Mü᾽esseseyi neẓāfet ve vaẓīfe cihetiyle aʿlā derecede buldım. Ancaḳ cemʿīyet-i ʿumūmīye᾽-i belediye nezdinde teşebbüsde bulunub bu bināyı dā᾽imī ṣūretde bu işe taḫṣīṣ etdirmek lāzımdır. Mü᾽essese serṭabībi Hayim beğiñ - emekdār ve münḥaṣıran burada meşġūl oldığı gibi yerini tutacaḳ bir dīğeride bulınmadığından - maʿāşını artırmaḳ lāzımdır. Pek emekdār ve bu işe ehil olan ṭavşan me᾽mūrīnıñ maʿāşıda maḳṭūʿ olaraḳ 40 liraya iblāġ edilmelidir. Bu mü᾽essesede baʿżı bezler üzerinde ṣalīb-i aḥmer işāreti gördim. Sebebi devir esnāsında ḳalmış olan rāhibeleriñ bulunmasıdır. Bezler ṣalīb-i aḥmerden gelmediği ḥālde onlar ṭarafından dikilmişdir. Derḥāl [8] hilāl-i aḥmer işāretine tebdīlini emretdim. Mü᾽essesenıñ yalñız millī bir rūḥla idāre edilmemek ḳuṣūrı görülmişdir.

B.- Ḥıfẓ-i ṣıḥḥa mü᾽essesesi: - Baḳteriyolojiḫāne, telḳīḥḫāne, kīmyāḫāne ve ḳomprime fabriḳası olaraḳ üç şuʿbeyi ḥāvīdir. Ehil ve ġayūr ẕevāt elinde ve mükemmel bir ḥāldedir. Sāde āḫūrları ṭardır. Muḥteriḳ mülkīye bayṭar mektebiniñ metrūḳ āḫūrları bu mü᾽esseseye verilmelidir. Bu ṣūretle bir çoḳ maḳbūl serom ve aşılar fażla mıḳdārda istiḥżār olunub memleketimiziñ iḥtiyācından fażlasını cıvār memleketlere ṣatmaḳ mümkin olur. Mü᾽essese her yerde oldığı gibi bir ticāret fabriḳası ḥāline ḳonaraḳ meṣārifini çıḳartdıḳdan ṣoñra kār daḫi te᾽mīn eder.

Bu mü᾽essesenıñ müdīri doḳtor Refīḳ beğiñ değeri ve mü᾽esseseye ḥaṣr-i vücūd edüb ṭışarda kār ve kesb ile meşġūl olmaması ḥasebiyle maʿāşını artırmalıdır. Böyle değerli bir ʿilim ādamına maʿāş-i ḥāżırı azdır. Keẕā müteḫaṣṣıṣlarda değerli ẕātlardır. Bu günki maʿāşları böyle insānlara lāyıḳ olmayan bir meblağdır. ʿİlmi, iḫtiṣāṣı teşvīḳ için mükāfāt olunmalıdır. Mü᾽esseseye bir evsāṭ-i zerʿīye müteḫaṣṣıṣı, oña bir muʿāvinde vermek lāzımdır.

Kīmyāḫāneniñ pek bir işi olmadığı, vekāletiñ kīmyāḫāneden pekde istifāde etmediği, meṣārifiñ beyhūde yere gitdiği ḳanāʿatındayım. Ancaḳ mevcūd ālāt-i elektrik ile işlediğinden şimdilik onlardan istifāde edilemez. Bu āletleri Anḳaraya celb-i teşebbüsüm bir ḫaṭā imiş. İstanbulda mevcūd ve her biri bir dā᾽ireye merbūṭ kīmyāḫāneler ufaḳ ve işleri bozuḳdır. Bütün bu kīmyāḫāneleri Avrupada oldığı gibi dārü'l-fünūnda ṭoplayub kīmyānıñ her şuʿbesini ḥāvī büyük bir mü᾽essese vücūde getirmelidir. Bir ecnebī müdīriñ emri altında tedvīr olınaraḳ şehriñ resmī, ġayr-i resmī bütün işlerini gördirmelidir. Bu ṣūretle ṭalebede öğrenmek için materyel bulur. Dīğer mekteb ṭalebeleride kīmyānıñ ibtidā᾽ī ḳısımlarını mekteblerinde, dīğer ḳısmını burada öğrenirler. Ṭabīʿī bu iş maʿārif vekāletine ʿā᾽idir.

Çiçek aşısı mü᾽essesesi de pek mükemmeldir. Bu taḳdīrden kendimi alamadım. Burada eski küçük ṣıḥḥīye mektebi eşyāsından baʿżīsıda maḥfūẓdır.

Bütün bunlara āmir olan Refīḳ beğ medār-i iftiḫārdır. Mesāᶜīsini Avrupa merākiz-i ᶜilmīyesine bildirmek için bir mıḳdār taḫṣīṣāt vererek bir mecmūᶜa neşr etdirmek mevcūdīyet-i ᶜilmīyemizi göstermek noḳṭasındanda pek müfīddir.

P.- Ṣıḥḥī müze: - Bu müᵓesseseyide mükemmel buldım. Müdīri doḳtor Ḥikmet beğ artist, vaẓīfe ᶜāşıḳı bir ẕātdır. Burada Avrupadan gelme modeller, resimler mevcūd oldığı gibi ḫastaya baḳaraḳda bi'ẕ-ẕāt mümāileyh ve muᶜāvini ṭarafından yapılmış d'apres nature, yağlı boya levhalar ve alçıdan modeller vardır. Ḥikmet beğiñ modellerinde ḫastalıḳlar ve renkleri o ḳadar güzeldir ki baᶜżīlarına Avrupadan gelen ems̱ālinden bile güzel demek yalan olmaz. Bu müᵓessese ile iftiḫār edilse yeridir. Aṣıl müze ile bu defᶜa müzeye ilḥāḳ etdiğimiz binā taᶜmīre müḥtācdır. Taᶜmīrāt için bir mıḳdār taḫṣīṣāt iᶜṭāsı żarūrīdir. Binānıñ ṭavanınıñ aḳmasınıñ resimlerede żarar vermek iḥtimālı vardır. Bir ṭaḳım modeller yapub Anaṭolıda gezdirüb göstermesi ṭarafımdan kendisine tebliġ edilmişdi. Bu işe devām münāsibdir ẓannındayım. Ḥikmet beğiñ mükāfātan maᶜāşı tezyīd edilmelidir.

T. - Eṭfāl ḫastaḫānesi: - Bu müᵓesseseyide, serṭabībide iyi buldım. Zamān-i ᶜācizīde emlāk-i amīrīyeden bir mıḳdār arāżī daha ᶜilāve olınaraḳ bāġçesi pek büyültilmişdir. Ātīᵓ-i tekemmülātı için serṭabībe bir plan tertīb etmesini ve bunı yıllara taḳsīm ederek her yıl için bir taḫṣīṣāt ṭalebi żımnında keşifnāme yapdırmasını tenbīh etmiş idim. Serṭabībiñ ārzūsı bu olub teklīf esāsen kendi ṭarafından vāḳiᶜ olmuşdı. Müᵓessesenīñ bu ṣūretle tevsīᶜ ve tekemmüli muvāfıḳdır. Kendiside bu işi başarmağa muḳtedirdir.

Şimdiye ḳadar ġāyesi ḫilāfına olaraḳ buraya kehl [9] ḫastalarda yatırılmaḳda idi. Bunı menᶜ ve ṣırf çocuḳlara taḫṣīṣini emretdim. Ārzūm pek mühimm bir şuᶜbe-i ṭıbb olan emrāż-i eṭfāli Avrupada oldığı gibi müstaḳill ve mükemmel bir ḥāle getirmekdi. Mes̱elā eṭfāliñ cerrāḥīyesi büsbütün müstaḳill ve mühimm bir şuᶜbedir. Bunıñ ise bizde henūz mükemmel müteḫaṣṣısları yoḳdır. Bunları yetişdirmek memleketimiz içün bir żarūret-i mübrem ḥālindedir. Eğer müᵓessese ġāyesi gibi ṣırf eṭfāle taḫṣīṣ olunursa hem bu şuᶜbede bizde tekemmül eder, hem mükemmel müteḫaṣṣıṣlar yetişir, hemde çocuḳlarımız ṣoñ teraḳḳīyāt-i ṭıbbīyeden istifāde ederler. İşte bu düşünce ile Arupada fenn-i cerrāḥīᵓ-i ortopedi taḥṣīl etmiş olan Rāsım Ferīd beği būraya operatör ortoped taᶜyīn etdim. Kendimde müteḫaṣṣısı bulundığım bu şuᶜbeniñ operatöriniñ ᶜaynı zamānda ortopedi ḳısmınıda bilmesi lüzūmını bilirim. Bu iki ḳısım ġayr-i ḳābil-i tefrīḳdir. 2775 numero ve 27 Teşrīn-i evvel 339 tārīḫli İstanbul ṣıḥḥīye ve muᶜāvenet-i ictimāᶜīye müdīrliğine vāḳiᶜ ve bir nüsḫası vekālete irsāl edilmiş olan teblīġimde bu bābda ittiḫāẕ olunan tedābīr muṣarraḫdır.

S̱.- Ṭopṭaşı bīmārḫānesi: - Müᵓesseseyi güzel ve temiz buldım. İyi bir iᶜtinā meşhūd idi. Teftīşe ḥāżırlanmış gibi bir hiss veriyordı. Maẓhar ᶜOs̱mān beğ mesleğiniñ ehli ve çalışḳan bir ẕātdır. İdārece baᶜż-i ḳuṣūrları vardır. Binānıñ birçoḳ aḳsāmı ṣoñ ṭarzdadır. Ancaḳ birkaç ḳoğuş zemīnden aşağı ve ruṭūbetlidir. Ḫastada çoḳdır. Binā maḫalle arasında oldığından tevessüᶜede ḳābilīyetli değildir. Anadoluda bīmārḫāne olmayub yegāne müʾessesemiz bu oldığından evḳāfa ʿāʾid olub Mağnisa ve Edirnede bulunan ve mübārek atalarımızıñ pek çoḳda īrād bıraḳdıḳları bīmārḫāneler maʿa'l-esef metrūk bıraḳıldığından ve ʿumūm iḥtiyāc ise şimdilik 1000 yataḳ oldığından bu müʾesseseyi ikiye tefrīḳ ederek izdiḥāmı azaltmaḳ cihetini münāsib gördim. Heyʿet-i vekīleden Ḳulelideki eski mekteb-i ṭıbbīye iʿdādīsi bināsını vaḳtiyle bīmārḫāne için istemiş ve ricām isʿāf olınmışdı. Bīmārḫāne müdīri refāḳatında bulunan dīğer ẕevāt ile mezkūr bināyı gezdim. Eṭrāfı bāğçelik olan binā pek müsāʿiddir. Ancaḳ taʿmīre muḥtācdır. Damlar aḳmaḳdadır. Aḫşāb olan zemīne çini ferş edilmelidir. Taʿmīrātıñ keşifnāmesini yapdırmasını kendisine emretdim. Her yıl verilecek bir mıḳdār taḫṣīṣāt ile bir ḳısım binā taʿmīr ve ḫastalardan bir ḳısmı naḳl olunaraḳ bir deşarj yapılır. Tedrīcen bu müʾessese bir Avrupa müʾessesesi gibi olaraḳ memleket iḥtiyācını taṭmīn ve telāfī eyler. İdāremize çıḳdığı vaḳit mevcūdı 250 ḫasta iken lüzūmına mebnī 400 mıḳdārına iblāğ edilmişdi. 340 büdcesinde 600 ḥastaya iblāğı teklīf edilmişdi.

İstanbul ṣıḥḥīye ve muʿāvenet-i ictimāʿīye müdīrliğine olan bir nüsḫasını vekālete irsāl eylediğim 5659 numero ve 23 Teşrīn-i evvel tārīḫli teblīğimde bu müʾessese ḥaḳḳında tafṣīlāt mündericdir.

C.- Dārü'l-ʿaceze: - Bu müʾesseseyi fena bulmadım. Baʿż-i ufaḳ tefek ḳuṣūrlar varsada bunları müʾessese müdīriniñ ihmālinden ziyāde meʾmūrīyetine yeñi gelmiş olmasına ḥaml etdim. Maʿa mā fīh idāreʾ-i dāḫilīyede ārzū edilir daha bir ṭaḳım işler yapmaḳ lāzım ve mümkindir. Yeñi müdīrıñ meʾmūrīninden biri ḫaylī ṣalāḥ oldığını refāḳatımdakiler söylediler. Müʾessesede mükemmel bir çamaşır makine dāʾiresi vardır. Mükemmel bir ṣūretde işletilirse seyr-i sefāʾin gibi ḳumpanyalar, müʾesseseler, oteller ve sāʾir müʾessesātıñ çamaşırlarını yıḳayaraḳ müʾesseseye mühimm bir vāridāt teʾmīn eder. Maʿa teʾessüf ḥāl-i ḥāżırda çamaşırlarıñ temiz yıḳanmaması, zamānında ṣaḥibine teslīm edilmemesi gibi ʿadem-i intiẓāmlar rağbeti ḳaçırmışdır. Bir şekl-i intiẓāma ifrāğı ḳolaydır. Müʾessese dārü'ṣ-ṣınāʿeleriyle kendi elbise, çamaşır ve ḳundıralarını dikmekdedir. Bu müessesede bir cāmiʿ-i şerīf ile bir ḥavra, ḳatolik, ortodoḳs gibi meẕheblere sālik ve maḫṣūṣ müteʿaddid kiliseler vardı. El-ān ʿanaṣır-i ġayr-i müslime ṭarafından müʾesseseye rağbet gösterilmediğinden ve mevcūd ʿaceze meyānında onlardan hīç bir ferd bulunmadığından, ʿaynı zamānda ḳoğuşada eşedd-i iḥtiyāc oldığından cāmiʿden ġayrīsiniñ ḳoğūşa tebdīlini emretdim ve yapıldı.

[10] Müʾessesenıñ bir şuʿbesi olan irżāʿḫāneyi bināca iyi, faḳaṭ idārece pek fena buldım. Mevcūd 25 ḳadar çocuğıñ hepside atropitik olub żumūr ḥālinde idiler. Bunlarıñ neden böyle oldığını sordığım vaḳit ṭabīb müteḫaṣṣıṣ Raşitizm cevābını vermişdi ki henūz bu iki ḫastalığı birbirinden tefrīḳden bile ʿāciz oldığını göstermişdi. Ḥāl bu ki hīç bir çocuḳda Raşitizm yoḳ idi. Müʾessesede bu şuʿbeniñ tekemmülātından hīç bir eser görmedim. Bütün iş laḳīṭelere ya sütana veya ebeniñ südi vermekden ʿibāret basīṭ ve her ḫānede yapılabilecek şeyden başḳa değildi. Müʾessesenıñ heyʿet-i ʿumūmīyesinden añlaşılıyordı ki müteḫaṣṣıṣıñ

ḳābilīyeti dūn, ihtimām ve iştiġāli ehemmīyetsiz bir rāddede idi. Mesāᶜīsini ᶜilimce ve ġayretce ölçmek içün müşāhede varaḳalarını tedḳīḳ etdim. S̱ikletler muntaẓaman alınmamış, baᶜżan bir ay bir çocuġı ṭartılmamış buldım. Ḥattā verilen ᶜilāclardan Bronḳopnömoni gibi bir marażi-i riᵓevī geçirdiği añlaşılan bir çocuġıñ o zamāna maḫṣūṣ dereceᵓ-i ḥarāreti bile ölçülmemiş bulunıyordı. İrżāᶜ-i ṣināᶜī ve vālidīyi ayırmaḳ ṣūretiyle bir ġrafīk daḫi yapılmamış idi. Ḳonbine olaraḳ yapmaḳ istediği basīṭ bir ġrafīkde nātamām ve fāᵓidesiz bir ḥālde bulunıyordı. Evvelcede teftīşlerde bu gibi aḥvāl meşhūd olub İstanbul ṣıḥḥīye ve muᶜāvenet-i ictimāᶜīye müdīrīyetince kendisine nasīhāt-i ekīdede bulunılmış olmasına raġmen yine bir ṣalāḥ meşhūd olmadıġından mumāileyh ᶜazl edilüb yerine tıbb fakültesini ikmāldan ṣoñra Almanyada memedeki çocuḳlar ḥaḳḳında iḫtiṣāṣ peydā etmiş olan dīğer birini taᶜyīn etdim.

Dārü'l-ᶜacezeniñ vāridātı pek nāḳıṣdır. Tiyatro biletleri es̱mān ḥāṣılası mühimm bir mıḳdār değildir. Hem cibāyeti büyük maṣraf ve sūᵓ-i istiᶜmālı mūcib olmaḳdadır. Seneḍāt-i ḫāḳānīye varaḳa ḳıymeti nāmıyla mevcūd olub müᵓesseseye maḫṣūṣ ve mālīye vekāletince cibāyet edilen 8000 lirayı ṣoñ senede mālīye vekāleti vermemişdir. Sebebide 1338 büdcesiniñ ᶜaynen 339 senesi içün ḳabūl ve devr edilmiş olmasıdır. Ḥāl bu ki 338de İstanbul ḥühūmet-i millīyeden ḫāricdi. Lozandan ᶜavdetimde bu meblaġı mālīye vekāletinden muṣirran ṭaleb etmiş isemde müs̱bet bir netīce ḥāṣıl olamamış; bu mesᵓele meclise sevḳ edilememişdir. Kez̠ā İstanbul idāreᵓ-i ḫuṣūṣīyesi ṭarafından her sene 3000 liralıḳ bir iᶜāne verilir iken sene-i aḫīrede yalñız 1000 lira verilmişdir. Bu parada maᶜārif faṣlından olub münḥaṣıran müᵓessesedeki mektebe maḫṣūṣdır. Bu paraları istemek, daha bir mıḳdār vāridāt teᵓmīn etmek müᵓesseseniñ ṣalāḥı değil ḥatta devāmı içün żarūrīdir.

Binā el-ān baᶜż-i taᶜmīrātada muḥtācdır, bunıñ içünde bir taḫṣīṣāt verilmesi lāzımdır.

Müᵓessesedeki büyümiş laḳīṭeler mesᵓeleside başlı başına ictimāᶜī mühimm bir mesᵓele teşkīl edüb halli żarūrīdir. Maᶜa hāz̠ā bunlar arasında meşrūᶜ babalı olanlarda çoḳdır. Bunlardan el-ān kehl olmuş bir ḳısımda mevcūddır. Bunlara dārü'l-eytāmlaramı devr etmek ṣūreti, ya bir şekl-i dīğermi vermek, büyümişleri çıḳarmaḳmı lāzım mesᵓelesi ḥall olınacaḳ mesᵓelelerdendir. Bundan başḳa küçük laḳīṭeler mesᵓeleside pek mühimmdir. İstanbulda muḫtelif ecnebī ve ġayr-i müslim müᵓesseseler mevcūd olub ele geçirebildikleri laḳīṭeleri ṭoplar, müslümānlıḳdan başḳa bir mez̠hebde büyütürler. Bunıñ şiddetle öñine geçilmesi fikrindeyim ve bu bābda emirde verdim.

5774 numero ve 26 Teşrīn-i evvel tārīḫli bir nüsḫası vekālete gönderilmiş olan teblīġimde bu bābda tafṣīlāt vardır.

Ç.- Ḥaydar paşa emrāż-i intānīye ḫastaḫānesi:- Bunıñ adına emrāż-i sārīye ḫastaḫānesi demek istenmiş isede maᶜlūm-i ᶜālīleri emrāż-i sārīye ve intānīye arasında mühimm farḳ vardır ve ayrı şeylerdir. Binā pek mükemmeldir.

Taᶜmīrede iḥtiyācı yoḳdır. Mıḳdār-i kāfı levāzımda mevcūddır. Bu müʾesseseyi lüzūmsız olan dārü'l-eytām ḫastaḫānesini laġv ederek teʾsīsi teşebbüs̱inde bulunmış, ancaḳ küşādı için 340 büdcesindeki taḫṣīṣātını beklemekde idim. Ġaybūbetimde taḫṣīṣātımız olaraḳ açılmış ve personel ṭabīᶜī maᶜāş [11] alamamış oldıġından ᶜavdetimde büdce ḳānūnına muḫālefetden sedd edilmişdi. İstanbul gibi büyük bir şehrimizde Avrupada oldıġı gibi bir emrāż-i intānīye ḫastaḫānesi żarūrī idi. Mefḳūdīyeti bir noḳṣān-i ᶜilmī ve medennī idi. Dārü'l-eytāmlar için ise ḫastaḫāneye lüzūm yoḳ idi. Çūnki her birine bir revīr kāfī geldiğinden o ṣūretde ḳalb etdirilmişdi. Aġır ḫastaları eṭfāl ḫastaḫānesinde tedāvī olınmaḳdadır. Bu ṣūretle dārü'l-eytāmlar büdcesinde mühimm bir taṣarruf yapılmışdır. Her ne ḳādār bunıda muᶜārıżlar vesīleʾ-i tenḳīd yapmışlarsada mesʾele böyledir. İstanbul için emrāż-i müntene muṣābı naḳline maḫṣūṣ bir otomobīl, birde böyle çaṭana alındıḳda mükemmel ṣūretde bu vaẓīfe īfā ve bu iḥtiyāc taṭmīn edilecekdir. Nitekim iştirālarını emretdim. Bu bābda İstanbul ṣıḥḥīye ve muᶜāvenet-i ictimāᶜīye müdīrliğine vāḳiᶜ olan ve bir ṣūreti vekālete gönderilen 5657 numerolı ve 23 Teşrīn-i evvel tārīḫli teblīġimde maᶜlūmāt vardır.

H.- Verem sanatoryomı: - 340 senesi için memleketimizde mevcūd olmayan ve ehemmīyeti derkār bulunan bir sanatoryom küşādı fikrinde oldıġımdan Heğbeli aṭadaki neḳāhetḫāneyi intiḫāb etmişdim. Büyük ve daha münāsib bir yerde mes̱elā Yaḳacıḳda bir sanatoryom inşāsı taḳrīben yarım milyon liralıḳ bir iş oldıġından, bu günki siᶜaʾ-i mālīyeye görede bunıñ imkānı bulınmadıġından zavāllı veremlilerimize ufaḳ bir ḫidmet olmaḳ, yār-ü-aġyāra ḳarşı bu noḳṣān-i medennīyi telāfī eylemek, hemde bir esās ḳurub böyle bir müʾesseseniñ lüzūm ve devāmını herkese ḳabūl etdirir bir emr-i vāḳiᶜ yapmaḳ, herkesi bi'l-ḫāṣṣa müdīrān-i umūrı ve ḫastaları bu lüzūma ve bu müʾesseseye alışdırmaḳ, bu gün basīṭ ve belkide sāde ġıdādan, rāḥatdan ᶜibāret olan verem tedāvīsi hem ḫastalara, hemde eṭibbāya öğetmek için bir mekteb ḥāline ḳoymaḳ, ḥāṣılı ātī için bir nüve teşkīl edüb bu maḳṣadla az maṣraf ve eldeki mevcūdla bu işi vücūde getirmeğe teşebbüs̱ ile bu ḫuṣūṣda memleketimiziñ eñ ehlīyetdārı olan doḳtor Reşād Rıżā beği berāber alaraḳ dīğer refāḳatımdaki meʾmūrīn ile berāber Heğbeli adaya gitdim. Reşād beğ mevḳiᶜi ve bināyı müsāʾid ve muvāfıḳ bulmışdır. 30 yataḳ olabilecekdir. Planı ve personel nevᶜi ve mıḳdārını kendisiyle berāber tertīb etdik. Mumāileyhden keşifnāmesini yapmasınıda ṭaleb etdim. Kendisinden bu keşifnāmeyi ṭaleb ile taḫṣīṣātınıñ 340 büdcesine ḳonması ẓannımca bir żarūretdir. Serṭabībliğinide mumāileyhe teklīf etmişdim.

Ḫ. - Dārü'l-eytāmlar: - İstanbul idāresi elimize geçdiği zamān evvelā muᶜāvenet-i ictimāᶜīye müdīr-i ᶜumūmīsi vāsıṭasıyla dārü'l-eytāmlarda bir teftīş icrā etdirilmiş, vāḳiᶜ şikāyetler ve iḫbārāt üzerine bir ṭarafdan Anḳarada bir vekālet birde dāḫilīye, mālīye ve maᶜārifden meʾmūrlar ṭaleb olınaraḳ meʾmūrī bir heyʾet-i teḥḳīḳīye teşkīl olınmış, dīğer ṭarafdanda müfettiş Aḥmed Fikrī beğ İstanbulda taḥḳīḳāta meʾmūr edilmişdi. Mumāileyh yalñız Çağlayan teftīşini ikmāl edebilmişdir. Nezdimde olan bu uzun raporı leffen taḳdīm ediyorum. Vālidebāġı müdīri bulındıġı zamān Kāẓım Nāmī beğ ṭarafındanda verilmiş bir rapor vardır. Bütün bunların netāyici dārü'l-eytāmlarıñ eski idāresi ʿaleyhinde bulınıyordı. Vekāletiñ istiḫbārātına göre evvelcede İstanbul ḥükūmeti ṭarafından bu bābda müteʿaddid teftīşāt yapdırılmış ve ʿaynı netīceler istiḥṣāl olınmış bulınıyordı. Eski dāḫilīye neẓāreti dosyaları arasında bu bābda cālib-i diḳḳat raporlar vardır. Bunlarıñ bir ḳısmıda sere ḳadem baṣmışdır, taḥarrīsi lāzımdır. Bunlarıñ bir dāneside dārü'l-eytāmlarda bol bol verilmiş olan żiyāfetler ḥaḳḳındadır. Bu es̱nāda tekrār Lozana gitmişdim. Ġaybūbetimde eski idāre müdīr-i ʿumūmīsi Salāḥu'd-dīn beğ ʿazl edilmiş, faḳaṭ nedense taḥḳīḳāt devām etmemiş idi. ʿAvdetimde tekrār ve bi'ẕ-ẕāt devām fikrinde iken ve bir heyʾet-i taḥḳīḳīye teşekkül eder iken Büyük Millet Meclisi muvāzeneʾ-i mālīye encümeni mesʾeleyi ortaya atmaḳla meclis-i ʿālīye bi'ẕ-ẕāt taḥḳīḳāt yapacağımı ʿarż etmişdim. Taḥḳīḳātıñ müteḫaṣṣıṣlarla ve bīṭarafāne olması içün yalñız vekālet meʾmūrlarıyla iktifā etmeyüb dāḫilīye ve mālīye vekāletlerindende birer müfettiş ṭaleb eylemiş idim. [12] Bir müddet mālīye müfettişiniñ taʿyīni ile geçmiş, bi'l-āḫarede mālīye müfettişiñ bir prensīb mesʾelesi ḥasebiyle heyʾetiñ vaẓīfesi teʾeḫḫür ve sekteyede dūçār olmuşdı. Bugün heyʾet-i taḥḳīḳīyeniñ inḥilāl ḥālinde oldığı mesmūʿım oldı. Devām olınub bu işiñ iyi kötü bitirilmesi lāzımdır. Bu heyʾet-i taḥḳīḳīyeniñ infiṣālından evvel vermiş oldığı maʿlūmāt-i şifāhīye bu işiñ lānaḳl altı aydan evvel bitmesiniñ mümkin olmadığı mūcib-i mesʾūlīyet-i mesāʾil görildiği, sāḫte senedler ẓuhūr etdiği ve taʿmīḳ taḥḳīḳāta lüzūm oldığı merkezindedir.

İstanbula vuṣūlımda olan ṭalebim vecihle heyʾet-i vekīlece dārü'l-eytāmlara taḫṣīṣine müsāʿade edilen Yıldız eṭrāfındaki pavyonlarla binālari ʿaynı ẕevāt refāḳatıyla gezdim. Burası ḥamamına, revirine, çamaşırḫānesine, muṭbaḫına, ṣuyına varıncaya ḳadar her şeyi mevcūd vāsiʿ ve mükemmel bir yerdir. Ancaḳ muṣluḳlarıñ çoğaltılması gibi ufaḳ baʿż-i bir taʿmīrāta muḥtācdır. Birde yanındaki bāğçeniñde ilḥāḳıyla eṭrāfa tel örgü ile ṭutulursa mükemmel bir müʾessese olur. Ḫalıcıoğlı bināsı ġayr-i müsāʾid oldığından buraya naḳli içün emir vermiş isemde el-ān orada bulınan Gümüş ṣuyı ʿaskerī ḫastaḫānesiniñ naḳlini beklemek lāzımdır. Bunıñ içünde maḳāmāt-i ʿāʾidesine mürācaʿat-i lāzime ve mükerrerede bulundım. Ancaḳ bu binālar yalñız Ḫalıcıoğlı dārü'l-eytāmını istiʿāba kāfīdir.

Balmumcı çiftliği dārü'l-eytāmı: Erkek dārü'l-eytāmıdır. Bu dārü'l-eytāmı pek mükemmel buldım. Müdīr Mevlūd beğ cidden ġayūr ve kārāşinā bir ẕātdır. Mumāileyh ġayr-i müsāʾid bir bināyı ʿādetā yoḳdan ve boḳlıḳ içinde müsāʾid ve temiz bir şekle ṣoḳmış. Her şey temiz, yataḳḫāneleri, depoları, dersḫāneleri, ḫelāları, çamaşurḫāne, ḥamam ve muṭbaḫını gezdim, dolāblara varıncaya ḳādār açdırub baḳdım. Çocuḳları ṣıra ṣıra dizdirüb başlarına, iç çamaşurlarına, vücūdlarına varıncaya ḳadar yegān yegān diyecek derecede muʿāyene etdim. Her şey yolında idi. Kel, uyuz, traḫom ve bitden es̱er yoḳdı. Ṭalebe gürbüz, terbiyesi pek yolında idi. Eğer dārü'l-eytāmlarıñ hepsine bu ẕāt gibi müdīrler bulunabilirse mesʾele kendiliğinden ḥall olunur. Kendisine teşekkür etdim. Müḳāfāta lāyiḳdir.

Bu dārü'l-eytāmıñ bir mıḳdār taḫṣīṣāt verilerek muṣluḳları tezyīd, Avrupadaki mü'essesāt-i mümāṡiledeki gibi çimentodan iki ṭaraflı yüz yıḳayabilecek oluḳlar - ki pek ufaḳ bir para ile olur - yapılması, yemekḫāneler vüsᶜatca ġayr-i kāfī oldığından aḫırıñ bir azıcıḳ maṣrafla yemekḫāne ḥāline ferāġı ve ḫademeler için bir maḥall inşāsı, ḫademeler maḥalliniñ āḫūr ḥāline ifrāġı, orada mevcūd ve vaḳtīyle Vaḥīdü'd-dīn ṭarafından General Harringtonuñ iḳāmetine verilmiş olan köşkiñ cihet-i taṣarrufīyesiniñ tedḳīḳiyle imkānı ḥālinde mü'esseseye devri, mevcūd yemekḫāneniñ zemīniniñ mozayiḳ ile döşenmesi, ḫāric mekteblere devām eden ṭalebeniñ levāzım-i tedrīsīyesiniñ bu senelik daḫi verilmesi keyfīyetleri itmām edilirse mü'essese tamāmıyla maṭluba muvāfıḳ olur.

Vālide bāġı dārü'l-eytāmı: - Ḳız dārül-eytāmıdır. Buradada kemāl-i diḳḳatla ᶜaynı teftīşātı yapdım. Müdīr Ferīdūn beğdir. Ġayūr, işine ehil bir ẕāt oldığını gördim. Buradada her şey'i yolunda buldım. ᶜAynı teşekküri bu mü'essese müdīrinede yapdım. Talṭīf lüzūmını bunıñ içinde ḥiss etdim. Burada daḫi lüzūmı ḳadar taḫṣīṣāt verilerek ana ṣınıfı levāzımını çocuḳlara ṭaraḳ, elektrīk motorınıñ taᶜmīri, yuḳarı ḳata bir ṣu deposı, içme ṣuları içün Şanberlan filtreleri, ṭıbāḫat ve ütü dersleri içün hilāl-i aḥmerden İngilīzlerden ṣatın alınmış olan baraḳalardan dört ᶜadediniñ verilmesi, ḳaṣīrü'l-başar çocuḳlara gözlik, çamaşır ḳurutmaġa maḫṣūṣ bir ṣöndirme, ḥamamıñ tevsiᶜ ve taᶜmīri, binānıñ ḳış teneffüsḫānesi yapılması lāzım gelen zemīn ḳatınıñ müsāᶜadesine mebnī bir mıḳdār daha aşaġı indirilüb mozayiḳle tefrīşi ve nıṣıf olan pencereleriniñ tevsīᶜi ile mükemmel bir dārü'l-eytām olur. El-ān bu mü'essesede 316 yetīm vardır. Ḳuvve'-i istiᶜābīyesi ise 250dir. Bu mıḳdāra tenzīli lāzımdır.

Çaġlayan dārü'l-eytāmı: - Ḳız dārü'l-eytāmıdır. Ehemmīyetlice bir taᶜmīre muḥtācdır. Bu dārü'l-eytāmı ġāyet pis ve intiẓāmsız [13] buldım. Müdīrīyeti münhall olub müdīr muᶜāvininiñ yed-i idāresinde bulunıyordı. Muᶜāvin beğ ẕekā ve maᶜlūmātca basīṭ olub hīçbir vaḳit bir dārü'l-eytām idāre edecek ḳıymetde değildir. Ḥattā muᶜāvinlikde yapamaz. Belki bu ẕāt bir ḳalemde muḳayyid olur. Burada ṭalebe ve hey'et-i taᶜlīmīye arasında partizanlıḳ vardır. İyi bir müdīre, taᶜmīrāt içün taḫṣīṣāta muḥtācdır.

Burada ġarīb bir şey buldım. Ben gelir gelmez dersḫāneleri dolaşır iken derḥāl yuḳarıdaki yataḳḫānelerdeki her ḳaryolanıñ ayaḳ ucına hīç ḳullanılmamış yeñi birer ḥavlu ḳonmışdı. Ḥavluları muᶜāyene edüb hīç ḳullanılmamış olmasınıñ sebebini ṣordım. Sükūt ile ḳarşılandım. Ḥāl bu ki ābdesḫāne arasında paçavradan daha aşaġı bir bez aṣılmış, bütün ṭalebe oña ellerini, yüzlerini siliyorlardı. Bu saḳāmeti takdīr ile berāber añlatmaġa çalışdım. Bu, dārü'l-eytāmlarda eskidenberi gelen ve iᶜtiyād ḥālini bulan süs, yaldız, göz boyamanıñ gülünc bir ḥādiṡesi idi.

İşte buradadır ki İstanbul ṣıḥḥīye müdīrīyetiniñ otomobiliniñ bir çamurlıġına:"Açız!", dīğer muḳābiline: "Yalan, ṭoḳız!" iᶜbāreleri parmaḳla ṭoz üzerine yazılmışdı.

Burada 635 yetīm vardır. Ḳadrosı 500 olmaḳ münāsibdir. Bunlar arasında 110 müteḥaḳḳiḳ, 50 şübheli traḫomlı, bir mıḳdār lenfatik ve ʿuḳad-i müteżācimeʾ-i lenfavīyeyi ḥāvī ḳızlar vardır. Traḫomlıları Beğḳozıñ ḳaṣr ḳısmına ʿācilen naḳl etmek lāzımdır.

Ḥalıcıoğlu dārü'l-eytāmı: - Erkek dārü'l-eytāmıdır. Maṭbūʿātda eñ dağdağayı mūcib olan dārü'l-eytām budır. Bināsı pek ġayr-i müsāʾiddir. Muḫtelif maḳṣadlarla ṣıḥḥīye vekāletini, hükūmeti tenḳīd ve teḳbīḥ etmek isteyenler burayı mis̱āl ittiḫāẕ ederek bütün dārü'l-eytāmaları dile dolamışlardı ve bu nümūneden istiḫrāclar yapıyorlardı. Ḥāl bu ki bu müneḳḳidler, ġazeteciler Balmumcı ve Vālidebāğı dārü'l-eytāmlarını ziyārete vekālet ṭarafından İstanbul ṣıḥḥīye müdīrīyeti vesāṭetiyle daʿvet edildikleri ḥālde icābet etmemişlerdi. Mādām ki ḥaḳḳdan baḥs̱ ediyorlar bunlarıñda iyiliğini yazmağı unutmamalı, hīç olmazsa ʿumūm dārü'l-eytāmları mevżūʿ-i maḳāl etmemeli idiler. İşte bizdeki işler böyledir!!! Dārü'l-eytāmları ziyāret etmediklerini beyān eden bir iki mebʿūs̱ arkadāş resmī ves̱īḳa ḥālinde bulınan taḥḳīḳātına göre yalñız Ḫalıcıoğlunıñ alt ḳatında yalñız bir ḳoğuş ve sāde bir ābdestḫāneyi görmekle iktifā etmişlerdir. Cüzʾden külle istiḫrāc yapmaḳ ḫaṭā-ālūd bir taʿbiyedir. Hem Ḫalıcıoğluda iyi dārü'l-eytāmlarla berāber ʿaynı şerāʾiṭ altında idi. Parasızlıḳlarıda müsāvī idi. Neden onlar iyi, bu iyi değildi??? İşte üzerinde tevaḳḳuf edilecek bir noḳṭa! Şunı tebārüz etdirmeli ki müdīrleriñ şaḫışları mühimm rol oynamaḳdadır.

Binānıñ ʿadem-i müsāʾidesi kimseniñ ḳabāhatı değildir. Yıldızdaki bināların alınabilmesi ancaḳ ṣoñ zamānlarda müyesser olabilmişdir. Ḥattā henūz bi'l-faʿal işġāl etmek imkānı ḥāṣıl olmamışdır.

Yataḳḫāneler temiz idi. Ġazetelerde mevżūʿ-i baḥis̱ edilen ḳundırasız çocuḳlar burada idi. Teftīşimde ancaḳ yalın ayaḳ 10 - 15 çocuḳ vardı. Mevcūd ise 700 idi. Ṭabīʿīdir ki yetīmlere müʾessese içinde her gün güzel derilerden yapılmış foṭinler giydirilirse taḫṣīṣāt tükenir, çocuḳlar ḳundırasız ḳalabilirler. Yetīmleriñ dāḫilde yazın yalın ayaḳ gezmeleri her cihetle iyidir ve lāzımdır. İçerüde giyilecek ayaḳ ḳabı ya ʿādī ucuz bir deriden sandal ṭarzında bir şey ve ḥattā ṭaḳunyadır. Elbiseler ḳaba ḳūmāşlardan yapılmalıdır. Zengin milletlerdede böyledir. Ḫaṭā eñ güzel ve süsli foṭinleri giydirmek iʿtiyādında idi ki bir nevʿi mīrās̱ yedilikdir. Buña teʾeḫḫür etmiş avansda bir sebebdi. O es̱nāda eskiyen ḳundıralar ikmāl edilememişdi. Çocuḳlarıñ çamaşırları, her şeyleri vardı. Eksik ḳundıralarda ikmāl ediliyordı. Burada kel çoḳca idi. Bitli çocuḳlarda vardı. Taḥṣīl gevşekdi. Çocuḳlarıñ terbiyesi nāḳısdı. İdārede ḳayıdsızlıḳ, ṭalebede intiẓāmsızlıḳ meşhūd idi. Kāğıdḫāne deresi boyınca firār etmiş [14] ikişer, üçer dolaşan ṭalebe vardı. Mūsīḳī ve ḳundıracılıḳ muʿallimi eski müdīr-i ʿumūmīniñ ḥārr partizanlarından idi. Bu ẕāt istediği fikirde olabilir. Faḳaṭ ṭalebe arasına tefrīkada ilḳā ediyordı. Bu ṭarzda sözleri ve telḳīnātı ẕāten vekāletce maʿlūm idi. Eşyālarınıñ yüklemesinde eski müdīr-i ʿumūmīniñ kendisi ve efrād-i ʿāʾilesi isimleri muḥarrer ölçüler ẓuhūr etmekle edilen taḥḳīḳātdan bu ölçüleriñ ḳundıralarınıñ yapıldığı añlaşıldı. Muḥāsebe ḳaydına mürācaʿat edildikde bu ḳundıralarıñ bedeli olan meblağıñ mektebce tesellüm edilmediği görildi. Żabıṭ varaḳası ṭutıldı. Defterde bu ḳundıralarıñ es̱mānınıñ tesellümüne dāʾir ḳayıd bulunsa idi diyecek yoḳdı. Derileri verilmiş olsa bile bu ḳayıda lüzūm vardı. Muʿallim-i mumāileyh dārü'ṣ-ṣināʿasınıñ mesāʿīsine dāʾir bir defter bile ṭutmamışdı. Bu muʿallim ʿaynı zamānda yanına bir Ermeni ḳundıracı usṭada almışdı. Yetīmlerden biri :"Benim anamı babamı öldiren Ermenilerden başḳa bize usṭa yoḳmıydı? Bunıñla çalışamayız.!" demişdi.

Müʾessese müdīri baña dirāyetlice, idāreye ḳābilīyetli bir ẕāt ḥissini verdi. Mevcūd teẕebẕübi müdīriñ bir ṭaraf teşkīl etmiş olanlarıñ telḳīnāt ve teʾs̱īrāt ile ḥiss-i vaẓīfe arasında tereddüde düşmesine, teʾs̱īrātıñ daha ġālib gelmiş olmasına ḥaml etmek ṣūretiyle tefsīr etdim.

Ne yalan söyleyeyim, vaḳtiyle ġazeteleriñ feryādı ʿayyūḳa çıḳdığı vaḳit büyük bir heyecāna ḳapılmış, İstanbula bu heyecānla gelmiş ve müʾesseseyi pek fena bulacağımı ẓann ile telaş etmiş idim. Meşhūdātım hīçde böyle çıḳmadı. Telāşım zāʾil oldı. Ẕāten ben çekildikden ṣoñra o tenḳīd ve feryādlarda bitmişdir. Buda pek belīġ bir ṣūretde maʿnīdār olsa gerekdir.

Vaḳtiyle ġazetelerde dārü'l-eytāmıñ bu bināya naḳlinden dolayı idāre-i sābiḳeyi müdāfaʿa ve vakāleti ithām eden muʿārıżlarda vardı. Ḥaḳīḳat şudı ki bu dārü'l-eytāmıñ oraya nakli vekāletiñ istifsārı üzerine bi'ẕ-ẕāt sābıḳ müdīr-i ʿumūmı Ṣalāḥu'd-dīn beğ ṭarafından inhā ṣūretiyle vāḳiʿ olmışdı. Bundan dolayı ben mumāileyhi taẖṭiʾe etmem. Keẕā muʿārıżlardan bir ḳısmıda bir iki dārü'l-eytāmıñ lağvıyla ʿadedleriniñ beşe tenzīline hucūm eylemişdi. İşte bu lağv ve tevḥīddendir ki Ḫalıcıoğlu dārü'l-eytāmı meydāna gelmişdi. Bunıñda sebebi taẖṣīṣātıñ ʿadem-i kifāyesi ve bīlüzūm-i masrafdan tevaḳḳī olub bu tevḥīdle yeñi dārü'l-eytāmıñ idāre, taʿlīm ve sāʾir meṣārifi taṣarruf edilmişdi. Birde devr-i sābıḳda Bebekde Arnavud çocuḳlar ve müdīrle müʾesses olan dārü'l-eytām bir Arnavud kolonisi, hem Ferīd paşanıñ polis müdīri Arnavud Taḥsīnıñ ve baʿż-i işğāl ordusı żābiṭ ve ajanlarınıñ ḳulübi ḥālinde idi. Bu sebeblerlede bu müʾesseseniñ lağvı ve çocuḳlarıñ dīğerlerine tevzīʿi lāzımdı. Türk gibi düşünenleri, Türk gibi çalışanları, Türk gibi konuşanları vaṭansızıñ öz evlādı gibi bağrına baṣar, faḳaṭ bu millet kendisine nefʿīy olmıyacaḳlar için neden para ṣarf etsin? Kendi elimle ḳarġa beslemek ve balı üstüme alamam. Türk yurdında Türkden ve Türklikden başḳasına taḥammül etmek benim için mümkin değildir.

Beğḳoz dārü'l-eytāmı: - Ẕükūra maẖṣūṣdır. İyicedir. Baʿż-i taʿmīrāta muḥtācdır. Eğer o taʿmīrāt yapılırsa pek aʿlā olur. İstanbula ḥareketimden epiyice evvel burası traẖomlılar ẖastaẖānesi ḥāline ḳonmışdı. Dīğer binādan pek uzaḳ olan ḳaṣr ṭarafdaki ʿadedi 121 olan ẕükūr ṭalebeyi dīğer dārü'l-eytāmlara naḳl ve tevzīʿ ederek orasınıda ḳızlara maẖṣūṣ traẖom ẖastaẖānesi ḥāline ḳonmağı münāsib buldım. Bu ḥālde Beğḳoz müʾessesesi fennī çalışır ve gece gündüz orada ḳalır bir keḥḥāl ve maʿīyetinde iki küçük ṣıḥḥīye meʾmūriyle hem bir göz ẖastaẖānesi, hem bu ẖuṣūṣda bir tecrīdẖāne olur. Hemde ṣanʿat, ders ve veẓāʾifine devām eder. Buranıñ müdīri doḳtor Enver beğ çalışmaḳdadır. Faḳaṭ heyʾet-i taʿlīmīye ve idārīyeniñ bir ḳısmı mütemādiyen müdīriñ icrāʾātına māniʿ olmaġa, müʾesseseyi ʿāciz biraḳmaġa ve perīşān göstermeğe ṣarf-i māḥaṣal etmişlerdir. Ḥattā avansıñ gecikmesinden parasız ḳalan müʾessese müdīri bir gün müteʿahhidden borcla ekmek almaġa [15] çalışır iken muʿallimlerden baʿżıları müdīriñ arḳasından müteʿahhide vermemesini başlarıyla işāret etmeği bile yapmışlardır. Mevżūʿ-i baḥis̱ muʿallimler ẕekā ve ʿirfānada değersiz edilir. Bu müʾesseseyi ziyāretimde - ki uzun müddet ḳaldım ve gece ḳarañlıḳda döndim - bu muʿallimlerden biri o ḳādār mühimm mesāʾil arasında şikāyet edecek bir şey aramış olacaḳ ki bula bula noḳṣān diye bir yoḳuşıñ ḳaldırımınıñ ḳışın ḳaydığından şikāyet etmiş, bitden baḥs̱ eylemiş ve bitiñ neden ẓuhūr etdiği suʾālıma yaġdan ḥāṣıl oldığını söylemek gibi aʿẓamī bir cehālet göstermişdi. Ḥāl bu ki eski ʿaskerī ḳundıra fabriḳasına ʿāʾid olan bu maḥallde yıllardanberi insānlar bir aşaġı, bir yuḳarı yürümişlerdir. Ḳaldırımlar tabīʿī ḳullandıḳca düzlenir. İstanbul soḳaḳlarınıñ hemān hepside böyledir. Hemān herkesde ʿömrinde bu ṣūretle birḳaç defʿa düşmiş olabilir. Ḥāl bu ki bunlar düşmeklerindende baḥs̱ etmeyorlardı. Avrupadada böyle olur. Ḳayub düşenlerde çoḳ bulunur. Onlar ara ṣıra böyle ṭaşları çekiçlerle pürüzli bir ḥāle ḳorlar. Dārü'l-eytāmda bu muʿallim ṭalebesiyle bu işi pek aʿlā yapabilirdi ve yapmalı idi. Bu ẕevāt ṭalebeyide tefrīḳaya sevk ve müdīr ʿaleyhine taḥrīk ediyorlardı. Bu ḳadar cehl ve münāsebetsizlik içinde olan iki muʿallim ile ẕāten idāresi bozuḳ olan bir ānbār meʾmūrını ʿazl etdim ki bu ṣoñıncınıñ rüʾyet edilen ḥesābātı bunı müʾeyyeddir.

Bu müʾessesede lüzūmından fażla mālzeme vardır.

Ḳaṣırda ābdesth̲āne, yemekh̲āne, muṣluḳlar, ṣu deposı, çāyıra nāẓır ḳapınıñ taʿmīri, dīger ḳısımda muṣluḳlarıñ ikmāli üzerine ṣundırma yapılması, damlarıñ aḳtarılması, teneffüsh̲āneniñ camlarınıñ ikmāli, ābdesth̲āne ḳoḳusınıñ izālesi için iki ḳapı ʿilāvesi lāzımdır. Bunlarda ehemmīyetsiz bir maṣrafla olur.

Bu bābda fażla tafṣīlāt İstanbul ṣıḥḥīye ve muʿāvenet-i ictimāʿīye müdīrliğine yapılan ve bir nüsh̲ası vekālete gönderilmiş olan 5661 numero ve 23 Teşrīn-i evvel tārıh̲li teblīġimde vardır.

Sālifü'l-ʿarż müʾessesātıñ teftīşini bitirmiş idim. Biġados ile Terilya dārü'l-eytāmlarını ziyāret etmek üzere iken ṣıḥḥīye vekāletinden istiʿfām vāḳiʿ olmışdır. Daha evvelce Terilya ḥaḳḳında yapdırmış oldığım ve nezdimde bulınan müteʿaddid ve mufaṣṣal raporlarıda leffen teḳdīm ediyorum. Burada ḥudūd ṣıḥḥīyesi işleri ile epeyce meşġūl olmaḳ ister iken oñada vaḳit ḳalmamışdır. Bu işleri müteʿāḳib İstanbuldan Bursa, İzmir, Aṭana, Ḳayṣeri ṭarīḳiyle ora müʾessesātını bi't-teftīş ʿavdet etmek fikrinde idim. Ṣırası düşmiş iken ʿarż edeyim ki ḥudūd ṣıḥḥīyesinde eski ḳarantina idāresiniñ teṣfīyesi işi mühimmdir. Ḥudūd ṣıḥḥīyesi teşkīlāt ve müʾessesātını ḳonferansdaki müddeʿāmızı is̱bāt için mükemmel bir ṣūretde yeñiden ḳurmaḳ nāmūs ve şeref-i millīmiz muḳteżāsıdır. Bu dāʾireyi mevcūd parası ile Avrupadaki ems̱āli fevḳine īṣāl pek mümkin ve ḳolaydır.

Dārü'l-eytāmlar ḥaḳḳında müṭāla'a'-i 'umūmīye:
Bizde dārü'l-eytām pek yeñi ve ḥarb-i 'umūmī mü'essesātındandır. 2 Nīsān 1333 tārīḫli ve 9 māddeli ḳānūn iledir ki ma'ārif neẓāretine merbūṭ ve bir müdīrīyet-i 'umūmīye olarak te'sīs olunmışdır. Bu ḳānūna bir müddet ṣoñra bir ẕeyil yapılmışdır. Bir az ṣoñra bir irāde ile dārü'l-eytāmlar meclis-i idāresi laġv edilerek bu veẓā'if meclis-i ma'ārif-i kebīre tevdī' olunmışdır. 2 Teşrīn-i evvel 336 tārīḫli dīger bir irāde dārü'l-eytāmları ma'ārif neẓāretinden fekk edüb dāḫilīye neẓāretine rabṭ etmişdir. Ḥükūmet-i millīyeniñ te'essüsinden ṣoñra dārü'l-eytāmlar 338 senesi büdcesi ḳānūnı ile dāḫilīyeden fekk olunaraḳ ṣıḥḥīye ve mu'āvenet-i ictimā'īye vekāleti emir ve idāresi altına vaż' edilmişdir.

333 ḳānūnınıñ altıncı māddesi bu mü'esseseleriñ idāresi için niẓāmnāmeler tanẓīmini āmir eden yönde tekāsül edilüb idāre şaḫṣī fikirlerle yürütilmişdir. İşte bu noḳṣān ve şaḫṣī fikir ve ẕihnīyetdir ki dārü'l-eytāmlarda [16] bize gelinceye ḳādār büyük herc-ü-mercle tevlīd etmiş, bunları nāṣevāb istiḳāmetlerde yürütmiş ve bu istiḳāmetlerde muḫtelif i'vicāclar, temevvücler ḥuṣūle getirmiş, bunlarda ṭabī'atıyla bu mü'esseseleriñ teraḳḳīlerine māni' ve bugünki ḥāle sebeb olmuşdır. Dārü'l-eytāmlar ṣıḥḥīye vekāletine devr olundıġı zamān bu noḳṭa'-i esāsīyeyi naẓar-i it'tibāra alaraḳ Anadoludaki bu nev'i mü'esseseleri şaḫṣī ve ḫaṭāyāk olacaġı ṭabī'ī bulınan veche ve istiḳāmetlerden ḳurtarmaḳ için derḥāl bir niẓāmnāme ile naẓarīden ziyāde 'amelī olmasına pek diḳḳat etdiğim bir ders proġramını uṣūlı dā'iresinde tertīb eyledim. O vaḳit niẓāmnāmeleriñ Millet Meclisinden geçmesi uṣūl-i ittiḫāẕ edilmiş oldıġından hey'et-i vekīle yalñız ta'līmātnāme yapmaḳ ṣelāḥīyetini ḥā'iz bulundıġından işi te'eḫḫürden viḳāye içinde adına ta'līmātnāme diyerek hey'et-i vekīleye sevk eyledim. O eṣnāda ilk Lozana ḥareketim vāḳi' oldıġından doḳtor Tevfīḳ Rüşdī beğ efendi ta'līmātnāmeyi ba'ż-i ta'dīlāt icrāsı ṣūretiyle hey'et-i vekīleden geçirmişdir. İ'tirāf ederim ki bu ta'dīlāt fikir ve ḳanā'atıma nāmuvāfıḳ bir ṣūretde vāḳi' olmışdır. Herne ṣūretle olursa olsun muṭā' olub derḥāl İstanbulda dāḫil olmaḳ üzere her ṭarafa ta'mīm edilmişdir. Bu noḳta çoḳ mühimmdi. Çünki hīçbir mü'esseseyi niẓāmnāme ve ta'limātnāmesiz idare etmek mümkin olmaz. Nitekīm vekālete geldiğim zamān vekālet idāre'-i merkezīye umūrını tanẓīm içinde bir ta'limātnāme ḳaleme almış idim. Her gün bir tekemmül 'ilāvesi için taṭbīḳini te'eḫḫür ediyordum. Hepsini birden taṭbīḳ edecekdim. Ġāyesiz, rūḥsız, niẓāmsız işler elbet ta'bīr-i maḫṣūṣ ile, çorbaya döner, menfī ve mü'essef netīceler verir. 'Alā'l-'acele yapılan tekemmülātsız niẓāmātda hemān öyledir.

Ma'a'l-esef bu günki ḳānūn ve ta'līmātnāme ve bi'l-āḫara ġaybūbetim eṣnāsında yapılmış olan dāḫilī ta'līmātnāmede aḥkāmı mefsūḫ, yekdīğerini nāḳıż mevādd mevcūddır. Binā'en 'aleyh hey'et-i vekīleye sevḳ etdiğim projeyi esās ṭutaraḳ bunları yeñiden ve mükemmelen yapmaḳ lüzūmı derkārdır.

Fikir ve maḳṣadım bu maḥallinde tedḳīḳlerden ṣoñra mu'āvenet-i ictimā'īye ve dārü'l-eytāmlar müdīr-i 'umūmīsi ile müfettiş, güzīde dārü'l-eytām müdīrlerinden bir ḳaçını, ḫāricden müteḫaṣṣıṣ, ṣan'at ehli bir ḳaç ẕātı ṭoplayub İstanbulda bir hey'et teşkīl etmek ve bu ḫuṣūṣda Avrupa mü'essesāt-i mümāṣilesindende istifāde ederek bir ḳānūn, bir niẓāmnāme, bir taᶜlīmātnāme, bir ders ve ṣanᶜat proġramını bu heyᵓetle berāber tertīb eylemekdi. Ḥattā bu heyᵓete iḥżārī māhīyetde bir zemīn-i müẕākere olmaḳ üzere bir ḳānūn lāyıḥası ile mevcūd taᶜlīmātnāmeler taᶜdīlen bir niẓāmnāme müsveddesi, bir umūr-i ḥesābīye ve iᶜāşe ve ilbās taᶜlīmātnāmesi ḥāżırlamış bulunıyordum. Bunlardan baᶜżīlarını emir ṣūretinde teblīġde eylemiş idim. Evvelce ḥāżırlamış ve taᶜmīm etmiş oldığım ders proġramı ise fikrimce bir iki ufaḳ ḳuṣūrı istis̱nā edilince pek muvāfıḳ proġramdır. Bināᵓen ᶜaleyh bunları derḥāl yapmaḳ lāzımdır. Bunlarsız bu müᵓesseseler yolına ḳonamaz.

Müsāᶜadeñizle müṭālaᶜātımı şu ṣūretle taṣnīfen yürüteceğim:

I.- Darü'l-eytāmlarda eski vażᶜīyet.
II.- Dārü'l-eytāmlarda yeñi vażᶜīyet.
III.- Dārü'l-eytāmlardan beklenen ġāye ve bu müᵓeseselere verilecek vecih ve istiḳāmet.
IV.- Iṣlāḥāt.

I.- Eski vażᶜīyet. - Bu idāreniñ ṣıḥḥīye vekāletine geçdiği zamān gördiğimiz şekil, vażᶜīyet ve aḥvāl-i sābiḳeniñ şimdiye ḳādār tedḳīḳinden ḥāṣıl olan maᶜlūmāt ve ḳanāᶜatım bervech-i ātīdir:

1.- Dārü'l-eytāmlar ḳuyūd ve şurūṭdan ᶜārī ᶜādetā başı boş iṭlāfına sezā bir ṣūretde ḳalmış, başda bulınan ẕātıñ ḳābilīyet-i idāresi, sevīyeᵓ-i ẕekā ve ᶜirfānı, şaẖṣī emelleri, ẕihnīyet ve hevesleri ile idāre edilmiş ve şaẖṣī meyelān ve ġāyelere doġru yürütülmişdir. Bize ḳadar taṭbīḳāt görmiş olan bu şaẖṣī idāre ve ġāyeniñ süs, ẓevāhir-i muᶜaḳḳile, aristoḳratik terbiye, ẖayāl ve naẓarīye, ḥāṣılı bir <ḥayāt-i muẖayyele> taᶜbīriyle ẖülāṣası pek muṣībdir. [17] Yetīm çocuḳlarından vekīl, müşīr, artist, şāᶜir, ilẖ. yetişdirilmek istenmiş, ṭaşcı, ḳundıracı, āşcı, terzi gibi ḥayāt-i ᶜumūmīyeye muṭābıḳ ve muvāfıḳ şaẖışlar küçük ve ᶜādetā naẓar-i ḥaḳāretle görülmişdir. Süsleri gösterir foṭoġraf ḳolleksiyonları ve bir ṭaḳım ġayr-i ḥaḳīḳī istatistikler herkese ilk olaraḳ gösterilerek bunlarla göz ḳamaşdırmaḳ ġayreti bol bol gösterilmişdir. Vaḳtıyla İstanbul meclis-i mebᶜūs̱ānında benimde gözim bunlara ḳamaşaraḳ istenen taẖṣīṣātı - eks̱erīyet ᶜaleyhinde iken - müdāfaᶜa ederek ḳabūl etdirmeğe muvaffaḳ olmışdım.

2.- Taẖṣīṣātıñ bir ḳısm-i mühimmi o vaḳit ḥesābsız yaşayan bu müᵓesseselerde süs, ḳonser, żiyāfet, hediye, müdīr-i ᶜumūmīye her dārü'l-eytāmda bir dāne pek güzel mefrūş ve ẖidmetcisi ile berāber yapılmış yataḳ odaları, müdīrlere derslerde ᶜilāvesi ṣūretiyle maᶜāşlarınıñ tezyīdi ilẖ. gibi mevādda ṣarf edilüb çocuḳlarıñ - kesilmek ṣūretiyle - ġıdāsı esef-āmīz bir ḥālde tenzīl edilmişdir ki o devreye ᶜāᵓid cedāvil-i erḳām bunı bāliġ bir ṣūretde ifāde etmekdedir. Buña mā vażᶜ-i lehiniñ ġayriye ṣarf derler ki büdce ḳānūnınada muġāyirdir. Zamān-i ᶜācizīde bu süs ve isrāfāt derḥāl refᶜ edilmişdir.

3.- Yine erḳāmıñ ifādesine göre lüzūmından pek fażla me᾿mūr ḳullanılmışdır. Ḳayırmaḳ uṣūlıda ḥükümrān olmışdır. Bu iki māddeniñ ḫülāṣa᾿-i taᶜbīri isrāfdır.

4.- Çocuḳlarıñ ṣıḥḥatları ihmāl edilmiş, sū᾿i veya ᶜadem-i kifāye᾿-i taġaddīden verem fażlalaşmış, baḳımsızlıḳdan traḫom, kel vasīᶜ bir sāḥa işġāl eylemişdir.
5.- İlk te᾿sīsde bir derece meydāna gelen terzilik, yapıcılıḳ gibi ṣanᶜatlar ilġā edilerek dārü'l-fünūnlara şākerd yetişdirmek ġayretine düşülmiş, ḥattā Avrupaya bile taḥṣīle yüzlerce yetīm gönderilmişdir. Bu yetīmleriñ Almanyada dūçār oldıḳları aḥvāl-i perīşān, bir ḳısmınıñ naṣıl ġayr-i müfīd ve ḥattā yüz ḳarası ᶜanāṣır oldığı maᶜlūmdır.

6.- Aḫlāḳ diḳḳat ile taᶜḳīb edilecek ṣūretdedir.

7.- Yetīm olmıyan bir taḳım çocuḳlar dürlü iltimāslarla ḳabūl edilmişdir. Bunlarıñ içinde muḫtelif ẕevāt-i ᶜilmīye āḳrabāları olan, anası ḥattā babasıda bulınan çocuḳlar bile vardır.

8.- Mütārekeniñ ibtidāsında Anadoluda bulınan 61 dārü'l-eytāmıñ ilġāsıyla biñlerce yetīmler soḳaḳda bıraḳılmış ve bunlarıñ bir ḳısmı İstanbula getirilmişdir. Anadolu mü᾿esseseleriniñ eşyāsı taṣfiye edilüb bir ḳısmı İstanbula sevḳ edilmiş, bir ḳısmı yoḳ bahāsına ṣatılmış ve es̱mānı şunıñ bunıñ elinde ḳalmışdır. Bu ḥareket büyük bir facīᶜayada sebeb vermişdir. Yetīmler Ḥaydarpaşaya geldikce Ermeniler yüzlerce Türk çocuḳlarını Ermeni diyerek cebren alub Ermeni dārü'l-eytāmlarına yerleşdirmiş, Ermeni terbiyesiyle büyütmeğe başlamışlardır. Bi'l-āḫara Ermeniler mü᾿esseselerimizdende bu çocuḳlardan ṭoplamaġa devām etmişlerdir. ᶜAcabā bu ḥāl ilk meşhūd olunca çocuḳlar İstanbula getirilmeğe yine neden devām edilmişdir? ᶜAcabā o vaḳit İstanbulda baᶜż-i meḥāfilde ḥükümrān olan ᶜanāṣır-i ġayr-i müslime ve işġāl ḳuvvetlerini memnūn etmek ẕihnīyetinin bunda bir daḫl ve te᾿s̱īri varmıdır? Ermeniler ṭarafından bu ṣūretle alınmış bir çocuġı bu defᶜa Ḥalıcıoġlı dārü'l-eytāmında gördim. Aṭanaya naḳl edilmiş iken istirdād edilüb getirilmişdi. Bīçāre yavru o ḳadar başḳalaşmışdı ki şīvesi bile ermenileşmişdi. Baña, ḥālā Aṭanada ḳalmış olan hemşīresini getirmekliğimi ricā ediyor ve hüngür hüngür aġlayordı. Babasını, anasını, memleketini ṣordım. Pek vāżiḥ bir ṣūretde söyliyordı. Ḥattā onlarıñ Ermeniler ṭarafından ṣūret-i şehādetinide bilmekde ve taṣvīr eylemekde idi. Bu manẓara ḥużūrında bütün metānetim ṣarṣıldı. Bu münāsebetsiz ḥareketiñ dīğer bir maḥẕūrıda iḳtiṣādī cihetidir. Her memleketde bu gibi mü᾿esseseler maᶜīşeti eñ ucuz maḥallerde te᾿sīs edilir. Bizde ise ucuz yerlerden eñ pahalı yerlere getirilmiş ve ṭoplanmışdır. Sebeb diye binā mes᾿elesi mevżūᶜ-i bahis̱ olamaz. Anaṭolınıñ baᶜż-i maḥallerinde bu tecemmüᶜler içün muvāfıḳ binālar bulmaḳ mümkindir. Nitekim vaḳtīyle Ḳayṣeride Zenci[18]derede münāsib binā bularaḳ bugün biñe ḳarīb yetīmi bulınan bir dārü'l-eytāmı Ḫālide ḫanım edfendi himmetleriyle açmışdıḳ. Baᶜż-i ẕevātıñ iştirākıyla hey᾿et-i idāresini teşkīl etdiğimiz bu yurda Amerīḳalılarıñda muᶜāveneti te᾿mīn olunmışdı. Ṣoñ zamānlarda Anadolınıñ muḫtelif maḥallerinde münāsib binālar arayor ve buluyordım. Niyetim İstanbuldaki dārü'l-eytāmları ucuz olan bu maḥallere naḳl etmek, buradaki ʿaded ve izdiḥām ve maṣrafı azaltmaḳdı.

9.- Mevcūd binālarda dārü'l-eytāmlar için lāzım ve pek mühimm olan çoḳ muṣluḳ, çoḳ ḫelā, ilḫ. gibi tertībāt-i maḫṣūṣa yapılmasında tekāsül edilmişdir.

10.- Müʾesseselerde sinni mütecāviz yetīmler mütemādīyen beslenmiş, ḥattā ḫāricde müreffeh denecek kār ve kesbi olan insānlarla müʾesseseler birer pansyon, daha doğrısı ʿimāretḫāne ḥāline getirilmişdir. Yediḳulede buñlara maḫṣūṣ bir pansyon daḫi mevcūd idi ki ṭarafımızdan ḳapatılmışdı.

11.- Sūʾ-i istiʿmālāta dāʾir bir şey söylemek doğrı değildir. Bu cihet teşkīl etdiğim heyʾet-i taḫḳīḳīye tedḳīḳātı netīcesine bağlıdır.

II.- Yeni vażʿīyet. - Bu vażʿīyet yegān yegān taṣvīr edildi. Onlarıñ hemān ʿumūmīde eskiden müdevver veya netīceleridir. O taṣvīr ve maʿlūmātdan istiḫrācen heyʾet-i ʿumūmīyesi iʿtibāriyle denebilir ki vażʿīyet-i ḥāżire binālarda pekde mühimm olmıyan taʿmīrāt lüzūmı, yeñi baʿż-i teʾsīsāt noḳṣānı, ṣanʿatıñ ibtidāʾī derecede olışı, dersleriñ o ḳadar yolında olmamasıdır. Keẕā terbiye ve aḫlāḳıñ hepsinde maṭlūb derecede olmaması, avans ḳānūnınıñ teʾeḫḫüriniñ iʿāşe ve ilbāsı baʿż-i ṣuʿūbetlere dūçār etmesi keyfīyetleri vardır. Binaʾen ʿaleyh ṣoñ avans ḳānūnında Anaṭolı dārü'l-eytāmları taḫṣīṣātı olan 110.000 lirayı 300.000 liraya iblāġ etdirdiğimden şimdi vekālet bu parayı güzelce tevzīʿ eder. Çocuḳlara millī bir ġāye, āslen verilmemişdir. Ṭalebe eks̱erīyetle şımarıḳ ve iṭāʿatdan çıḳmış olub müdīr ve muʿallimleri, icrā-yi nüfūẕ edemeyen babalar vażʿīyetine ḳoymuşlardır. Bunlardan başḳa eñ şāyān-i teʾessüfi baʿżīlarında heyʾet-i idāre ve taʿlīmīyeniñ - ki hemān hepsi eskidenberi mevḳiʿlerindedir - teʾs̱īr ḫārici ile iki fırḳa olub ṭalebeyi ālet-i nifāḳ etmiş olmalarıdır. Bunıñ ne ḳadar ġayr-i ḳābil-i ʿafv bir ḫaṭā oldığı vāreste-i īżāḥdır. Baʿżı ġazeteler müʾessese müdīr ve muʿallimlerinden maḳāleler almışlar, nifāḳı körüklemişler, āmirleri ʿaleyhine taḥrīk ile anarşī iḥdās̱ eylemek istemişler, onları vaẓīfeleri zaʿam ve ḫilāfına olan dārü'l-eytāmlara hīçde temās etmeyen siyāsī iḥtirāṣlarına ālet etmişlerdir. Bildiğimiz bir ġazeteniñ böyle niḳābları altında ne çirkin, ne iğrenc ve ġas̱eyān āver ṣuratlar oldığını biz biliriz.

Ḥāṣılı evvelce meclis-i ʿālīde ḳullandığım taʿbīri ḳullanaraḳ derim ki dārü'l-eytāmlar maṭlūb derecede değildir; kendime ḫaṭṭ-i ḥareketim her şeyʾi - velev ki ḳuṣūr benimde olsa - oldığı gibi söylemekdir. Nitekim öyle yapdım. Şimdide öyle yapıyorum. Faḳaṭ şunıda söyleyeyim ki vażīyet müneḳḳidleriñ taṣvīr etdikleri gibide değildir. %80 veya 90 mübālaġa etmişlerdir.

Burada şunıda söylemek lāzımdır ki sābıḳ müdīr-i ʿumūmī dārü'l-eytāmlar ḥaḳḳında tenḳīdāt başlamadan ancaḳ 3 - 4 ay evvel ʿazl edilmişdi.

III.- Beklenen ġāye, verilecek veche ve istiḳāmet: - Dārü'l-eytāmlarıñ ġāyesi evvelā milletiñ yetīmlerini ölümden ḳurtarmak; yaʿnī żiyāʿ-i nüfūs ile mücādele; ilk ve esās hedef işte budır. Bu ġāye teʾmīn olundıḳdan ṣoñradır ki bu yetīmleri memlekete ḫudā-yi nābit bir ṣūretde nāfiʿ olan sāde iki ḳol vażʿīyetinden daha yuḳarı derecede nāfiʿ ḳılmaḳ için taʿlīm ve terbiye etmekdir. Ṣoñ zamānlarda baʿż-i fikirler ve baʿż-i ẕevāt dārü'l-eytāmlarıñ her şeyden evvel bir terbiye bir pedaġoji mesʾelesi oldığını ileri sürerek bu müʾesseseleriñ ṣıḥḥīye vekāletindeñ fekkiyle maʿārif vekāletine rabṭını iltizām etmişlerdi. Bu iltizām gözgöre saḳāmeti iltizāmdan, ġayr-i fennī yola gitmekden, eski ḫaṭāyı yeñilemekden başḳa bir şey değildir. Maʿārifden dāḫilīyeye, dāḫilīyeden ṣıḥḥīyeye, ṣıḥḥīyeden [19] maʿārife! Yine noḳṭa-i ʿazīmete! İşte bir ḫalḳa-i fāside!!! Dārü'l-eytāmlar her şeyden evvel muʿāvenet-i ictimāʿīye müʾesseseleridir. Maʿārif vekāleti normal terbiye-i ʿumūmīye müʾesseselerini idāre eder. Sinn-i taḥṣīldeki normal çocuḳlarla meşġūl olur. Yetīmlerde evvelā ictimāʿī bir anormallıḳ vardır. Onlar arasında sütde olan çocuḳlar bile bulunur. Dārü'l-eytāmlar mevżūʿ ve maẓrūfında körler, dilsizler, ʿaceze ve ilḫ. gibi ʿanāṣırda olan anormal müʾesseselerdendir ki onlarda idāmeʾ-i ḥayāt, ḥıfẓ-i ṣıḥḥa ve terbiye, hemde terbiyeniñ anormal şekilleri müştereken mevcūd bir muʿāvenet-i ictimāʿīye veẓāʾifi meyānında bulınmaḳdadır.

Bunlarıñ iḳtiṣād vekāletine devride hīç bir tecrübe ve miṣāle istinād etmeyen, ṣırf ʿindī fikir ve ḫayāldan ileri bir tavṣiyedir.

Bu müʾesseselerde süs dersleriyle ḫayālī insānlar ve siyāsī roller oynayacaḳlar, yāḫūdda aġniyā evlādı gibi bir ḥayāt sürecek kimseler yetişdirmek sīstemine ḳatʿīyen vedāʿ etmelidir. Yetişdirecekleri çocuḳlar ḥayāt-i ḥaḳīḳīyeniñ maṭlūbı ṣūretde yetişmelidir. Yetīmler memleketiñ bir ḥaḳīḳī ve esāsī ṣınıfı olan ve memleketimiziñ eñ muḥtāc oldığı ṣanʿatkārlar basīṭ ve ʿamelī insānlar olaraḳ meydāna geldi. Bir yetīm, yurdı terk edeceği güne geldiği vaḳit ḫāricde ḥayātını ḳazanabilecek ḳābilīyetde ve böyle bir maʿrifet-i ʿilmīye ile mücehhez olmalıdır. Dārü'l-eytāmlar istihlāk evleri ḥālinden çıḳub müstaḥṣil ocaḳlarına inḳılāb etmelidir. Ṣanʿata tāmm ḳuvveti verdikden ṣoñra dersleride ilk tedrīs derecesini geçmemelidir. Faḳaṭ bu günki maʿārif ilk tedrīs proġramıda üzerinde pek düşünülecek bir proġramdır. Fażla maḥmūl, dimāġ-i etfālı fażla silāḫlarla silāḫlanub yükden çökmiş cengāverler gibi çökerten ve ḥayāt-i ʿamelīyeye lüzūmı olmayan ṣırf naẓarī ve mektebden çıḳar çıḳmaz, ḥattā ṣınıf geçer geçmez unutulan bilgilerle doludır. Bu maḥmūlīyet ġayr-i ḳābil-i taḥammüli īżāḥ ve dersleriñ çoġınıñ lüzūmsızlığı ifāde için meṡelā eñ yaḳın bildiğim kendi taʿrīf edeyim. Ḥesābdan aʿmāl-i erbaʿa, kesr-i ʿādī ve aʿşārī, tenāsübler, fāʾiż-i mürekkebler, müṡelleṡāt ve loġaritmalar oḳudım, iki mechūllı muʿādeleler ḥall etdim, düstūrlarla defterler doldırdım. Faḳaṭ baña ḥayāta girdikden ṣoñra aʿmāl-i erbaʿa, biraz kesr-i aʿşārī ve tenāsübden başḳa ḥesāb lāzım olmadı. Dīğerlerini kāmilen unutdım. Hendesede keẕā böyledir. Ne eşek daʿvāları ḥesāb etmedik! Avrupada gördiğim yeñi cereyān ve Rusyanıñ bi'ẕ-ẕāt tedḳīḳ etdiğim yeñi mektebleri ṣırf ʿamelīdir. El yalñız ḳalem ṭutub dīğer āletlerde becermeksiz olmaz. Ḳalemle berāber çekiç keserde ṭutar. Bizde ḳalemden başḳa bir şey ṭutamıyan ve bir çivi çaḳamıyan nice insānlar vardır. Bu adamlar ḥayātda ne ḳādār eksikdir. Rusyadaki mekteblerde hendese oḳutulmaz. Oradaki ilk mektebdeki şākerde daḫi keserle rende ve destere ile model yapdırırlar. Modeli yapdırır ikende ḫaṭṭ, ʿamūd, zāvīye ilḫ. lüzūmlı hendese mevāddını māddī olaraḳ öğretirler ve hendese hemān hemān bunlardan iʿbāret olur. Maʿārifiñ ilk mektebler içün dersleri değil, ders proġramını ḥāvī bir kitābı vardır ki sāde o başlı başına bir mecelledir. Ya onlarıñ ders kitābları kāç cild teşkīl eder? Maʿārif vekāletinde bulundığım zamān ilk mekteb proġramını tenḳīḥ ve ıṣlāḥ içün projeler ḥāżırlamaḳda bulunmış idim. Diplomatik bir meʾmūrīyetle ve vekāletden infikākım bunlarıda yarı bıraḳmışdı. Dārü'l-eytāmlar içün yapdığım ders proġramıda bu rūḥda, bu şekildedir. Yetīmlere iḳtiṣādī rūḥı, ṣanʿat muḥabbeti ile berāber Türklik rūḥunıda şiddetle vermek mühimm bir ġāyedir.

IV. - Iṣlāḥāt: - Bunlar müṭālaʿāt-i mesrūdeniñ ḫülāsası ve heyʾet-i ʿumūmīyesi iʿtibārıyla mādde bimādde ber vech-i ātīdir:

1.- Dārü'l-eytāmları muʿāvenet-i ictimāʿīye müdīrīyet-i ʿumūmīyesine merbūṭ bir baş müdīrīyet yaʿnī bir ḳalem ve bir baş ile tevḥīd ve terkīb ve bir küll olaraḳ idāre etmelidir.

2.- İdāre, ḥesāb, taʿlīm ve terbiye içün niẓāmnāme, taʿlīmātnāme, proġram derḥāl ve iḥtiyāca muvāfıḳ bir ṣūretde [20] yapılub eñ ʿādī müfredāt ḳadar tesbīt edilüb herkese vaẓīfesi vāsiʿ ve s̱ābit bir ṣūretde bildirilmeli, işler makina gibi bir ḥāle ḳonmalıdır. Bütün dārü'l-eytāmlarıñ idāresi yeknasaḳ ve s̱ābit ḳılınmalı. Bunıda bu müʾessese müdīrlerinden dirāyetlileri ve ehil dīğer ẕevāt ile ve her müdīriñ kendine göre yapdığı bir ṭaḳım taʿlīmātnāmeleride müṭālaʿa ederek tertīb etmek lāzımdır. Ḫülāṣa bu başı boş idāreye bir dizgin ṭaḳmalıdır.

3.- Dārü'l-eytāmlarıñ ʿadedleri: - Her dārü'l-eytāmıñ yetīm, meʾmūr, muʿallim ʿaded ve ḳadroları, taḫṣīṣātlarınıñ mıḳdārı tesbīt olunmalı ve bunlar hīç bir sebeb ve bahāne ile değişmemelidir.

4.- Büdce ve taḫṣīṣāt mesʾelesi eñ mühimm ḳısımlardandır. Bu müʾesseseleriñ vāridātı eṣāsen si ḳare üzerine ṭarḥ edilen kesr-i munżammdır. Bunı rejiden mālīye vekāleti alır, faḳaṭ müʾesseselere hepsini vermez. 340 büdcesi projesinde Büyük Millet Meclisine bu kesr-i munżammıñ ʿumūmī ṣūretde tażʿīfi demek olan %10 mıḳdārına iblāğını teklīf etmiş idim. Bu ṣūretle iki mīlyondan fażla vāridāt ḥāṣıl olacaḳdır. Ḥāl bu ki şimdiki taḫṣīṣāt İstanbul için 350.000, bütün Anaṭolı içün 210.000 liradır ki pek ġayr-i kāfīdir. Doğrıdan doğrıya vekālet üzerinde aʿẓamī 7.500 yetīm vardır. Bunıñ 3000 ḳādarı İstanbuldadır. Para yetīm mīḳdārıyla Anaṭolı ve İstanbulda maʿkūsen münḳasımdır. Bundan başḳa Anadoluda maḥallī idārelerince, eṣḥāb-i ḫayrātca açılubda idāre edilemiyerek vekāletden muʿāvanet ṭaleb veya vakālete kāmilen devr olunmağı ricā eden ve devr olınan bir ṭaḳım dārü'l-eytāmlarda vardır.

Bu vażʿīyete göre bu meblağıñ mecmūʿ-i yekūninden her yetīm başına senede yüz lira ḳadar bir para düşer ki şehrī 8 lira demekdir ve ġayr-i kāfīdir. Bu ḥesābda dārü'l-eytāmlara yardımıda naẓar-i iʿtibāra almaḳ lāzımdır. O ḥālde yetīm başına daha az bir para düşüyor demekdir. Bu ṣūretle bu 8 lira 6 ḥattā beş liraya ḳādārda tenezzül eder. İstanbul dārü'l-eytāmları müstaḳill bir büdceye mālik oldığından onıñ 450.000 biñ lirası kāmilen İstanbula ṣarf olunmaḳdadır. Bu taḳdīrde Anadoludaki yetīmleriñ ḥālini naẓar-i iᶜtibār ve inṣāf ve merḥamete vażᶜ ederim. Anadolunıñ mevcūd 210.000 lirasınıñ 40.000 ḳādārı ḫuṣūṣī dārü'l-eytāmlara muᶜāvenete giderse geri ḳalan 170.000 lira ile 4.500 yetīm ne yapar? Bu paradan yetīm başına şehrī 365 ġuruş iṣābet eder ki sāde ḳurı ekmeğe yetişmez!

Hāl bu ki buña ᶜilāveten ve daha mühimm olan dīger bir müşkil vardır ki oda ḥavāle ᶜaḳabesidir. Bu ᶜaḳabeyi geçecek babayiğit yoḳ gibidir. Ḥavāle tanẓīm ve sevḳi haftalarıñ, baᶜżen aylarıñ işidir. Ḥavāle maḥalline varıncada ekṯer maḥall ḥavāleyi tesvīye edemez. Terbiye dārü'l-eytāmındaki ḥādiṯeniñ başlıca sebebi ḥavāle mesᵓelesidir. Bu müᵓesseseniñ müdīri ḥavālesini naḳden alabilmek içün bi'ẕ-ẕāt Burusaya gitmeğe, uzun müddet uġraşmaġa, bināᵓen ᶜaleyh müᵓesseseyi boş bıraḳmaġa mecbūr ḳalmışdı. Bundanda parasızlıḳ, sefālet ve müᵓesseseniñ işleriniñ görülmesi geri ḳalmış, intiẓāmı gitmişdir. Rejiden alınacaḳ para esāsen ḫalḳıñ ṣırf yetīmler içün verdiği bir iᶜānedir ki Reji ṭarafından cibāyet olunur. Mālīye vekāletiniñ vesāṭatına mürācaᶜat edilmeksizin doġrıdan doġrıya bu para Rejiden banḳaya ṣıḥḥīye vekāleti emrine tevdīᶜ edilmelidir. Ḥāl böyle iken birde üstine avanaḳ çıḳamaması binerse - - - nitekim ṣoñ buḥrān bu idi.

ᶜAmelī müteḫaṣṣıṣların raᵓyına göre çocuḳ başına ayda 10 lira kāfīdir. Benim añladığıma göre buña iki lira daha żamm olunursa iyi olur.

Burada mühimm bir noḳṭa daha vardır. Oda çocuḳ başına maḫṣūṣ 10 liranıñ baᶜż-i maḥallde tefrīḳ olunmasına raġmen ᶜumūmīyetle iᶜāşe, ilbās, levāzım-i sāᵓire ve heyᵓet-i idāre ve taᶜlīmīye maᶜāşātına ṭopdan verilmesidir. Görgüme göre bundan teşvişāt ẓuhūra gelmekdedir. Vāḳıᶜā meᵓmūrlara bir mıḳdār teşebbüs-i ibtidāᶜī, ṣelāḥīyet ve ḥattā vüsᶜatlıca bir [21] manövra sāḥası vermek çoḳ iyi, bende ṭarafdārı isemde meᵓmūr dirāyetli ve vaẓīfeşinās oldığı vaḳit iyi netīce veren bu sīstem ḳābilīyetsiz ve hüsn-i istiᶜmāldan uzaḳ oldığı taḳdīrde tamāmıyla mużırr oluyor. İᶜāşe, ilbās gibi mevāddı ḳalem ḳalem ayırmaḳ hele maᶜāşātı büsbütün tefrīḳ etmek selāmet-i idāre nāmına lāzımdır. Büdceleriñ ᶜadem-i intiẓāmı avanslara mürācaᶜat, birde kendi ẕāt ve māhīyeti iᶜtibārıyla ḥavāle tertībiniñ ġayr-i muntaẓam olması dolayısıyla maḫṣūṣātıñ uzun fāṣılalar ve intiẓāmsız olaraḳ verilebilmesi keyfīyeti cezrī bir ṣūretde ḥall etdikden ṣoñra büdcesini her dārü'l-eytāmıñ evvelden bilinmesi, işe başlamadan evvel her ay ibtidāsında o ayıñ taḫṣiṣātını avans ṣūretiyle ele almasını ḳaṭᶜī bir ṣūretde teᵓmīn etmelidir. Bunlarsız ᶜadem-i intiẓāmlarıñ öñine durmaḳ muḥāldır.

5.- Binālar taᶜmīr, eksikleri ikmāl edilmelidir.

6.- Heyᵓet-i idāre ve taᶜlīmīyede baᶜż-i tebeddülāt yapılmalıdır. Ḫidmetlerim eṯnāsında uġradığım müşkillerden bir mühimmide personeldir. Her adımımda personeliñ derece'-i iḳtidār ve vażīfeye derece'-i ʿalāḳası mühimm bir maraż ve engel ḥālinde tebārüz etmişdir. İyi personelsiz iş görmek deveye ḫendek atlatmaḳ ḳabīlindendir. Bu devletiñ mühimm bir mes'eleside budır. Ehil me'mūrlar, şāmil taʿbīri ile me'mūr ṣınıfını yetişdirmelidir.

7.- Mü'esseselerden fırḳa fikrini, şu veya bu şaḫsa merbūṭīyet ve minnetdārlığı, ḳapılara intisāb ve bendeliği kökinden çıḳarub atmalıdır. Başdaki ẕevātıñ sāde ʿaleyhinde değil, ḥattā lehinde olanlarıda şiddetle tecziye edüb onları - ne leh ve ne ʿaleyde - ṣırf vaẓīfeye rabṭ ve ḥasr etmelidir. Bunıñ içünde bu zavallıları her rūzgārla devrilir bir duruşdan ḳurtarmalıdır. Çelikden bir disiplin iḳāmesi eñ mühimm bir keyfīyet olaraḳ tevażżuh eder.

8.- Ḳızlara her şeyden evvel yemek pişirmek, çamaşır yıḳamaḳ, ütü yapmaḳ, biçki ve dikiş, bunlardan ṣoñra el işleri öğretmelidir. Onlarıñ ḥayātına lāzım olan bunlardır. Bu sefer İsviçrede ḳız mektebine memede çocuḳlar getirmişler, ṭalebelere baḳdırdıḳlarını ve bu ṣūretle bu işi bile ve bi'l-ʿamel öğretdiklerini gördim.

Erkeklere dīvārcılıḳ, ṭaşçılık, demircilik, marangozlıḳ, ḳundıracılık ve terzilik gibi sāde ve ḳolay ṣanʿatlar öğretmelidir. Faḳaṭ bunlarıñ hepsi birden her dārü'l-eytāmda açmaḳ doğrı değildir. Çūnki o ḥālde hepside şimdi oldığı gibi ibtidāʿī bir ḥālde ḳalır. Bu ṣanʿatlarıñ bir ḳısmını bir, dīğer ḳısmını dīğer mü'esseseye verilmelidir.

Vaḳtiyle bir dārü'l-eytām köyi yapmağa, yetīmleri birbiriyle evlendirerek zirāʿat etdirmeğe teşebbüs̱ etmiş isekde ya ṣavlıñ doğru olmamasından veya mü'esseseniñ müdīriniñ ḳābilīyetsizliğinden maṭlūb netīce istiḥṣāl edilememişdir. İkinci şıḳ doğru olmaḳ lāzımdır.

Ehemmīyetine binā'en tekrār edeyim ki her dārü'l-eytām ancaḳ bir veya iki ṣanʿatı ḥāvī olmalıdır. Münḥaṣıran bir veya iki ṣanʿatı talīm etmek, az yapmaḳ istemek, ḳöti dağıtmayub tekṣīf etmek muvāfıḳdır. Bizlerdeki saḳīm ẕihnīyetde dā'imā eñ iyiyi ve ḥattā birden yapmağı istememizdir. Fiʿilīyātda ise kötüsini daḫi çoḳ defʿa yapamayız. Çoḳ iyi az iyiniñ düşman canıdır. Ve işleri azdan, küçükden başlayub tedrīcī tekāmüle ve zamāna terk ve ḥavāle etmelidir.

9.- Maḥallerinde müteşekkil bir ḳomisyonıñ uṣūlı dā'iresinde taḥḳīḳāt ve taṣvībi ve vekāletiñ muvāfaḳatı olmaḳsızın mü'esseselerde hīç bir yetīm ḳabūl edilmemelidir. Ben bu emri ḳaṭʿī ṣūretde verdim. Çūnki her yerde müdīrler bir ṭaḳım ẕevātıñ nüfūẕı altında mütemādīyen ve şerā'iṭi ġayr-i ḥā'iz, pederleri mevcūd çocuḳları almaḳdadırlar. Bu ṣūretle ḳadrolar yükselmekde ve taḫṣīṣātlar ise ʿaynı ḥālde ḳaldığından sefālet baş göstermekdedir. Müdīrler mecbūr ve maʿẕūrdır. Ḳabūl etmemezlik edemezler. Bugün İstanbulda bu işlerle hīçde bir münāsebeti olmadığı ḥālde ve bu emr-i ḳaṭʿīye rağmen bir mevḳiʿ-i ʿaskerī'-i mühimmi işġāl eden bir ẕāt ḥattā cebren dārü'l-eytāmlara çocuḳlar ḳayd etdirmekdedir. 40 - 50 çocuğa iyilik edeyim derken büdceniñ ḥālini bilsede bu ẕāt

3000 çocuğa ne kötülik [22] etdiğini añlasa!!! Bu emriñ ne dereceye ḳadar merʿī oldığını derḥāl bu vaḳʿa ile görüyorum. Vekāletden çekilmiş isemde emir şaḫṣımıñ değil vekāletiñ şaḫṣīyet-i maʿnevīyesine ʿāʾid olub vācibü'r-riʿāye ve'l-etbāʿdır. ʿAcaba ẕāt-i devletleri ṭarafından bu emir geri alınmışmıdır? Alınmışsa diyecek yoḳdır. Alınmamışsa ne fecīʿ vażʿīyet!!!

Bugün müʾesseselerde bu ṭarzda, şerāʾiṭine ġayr-i muvāfıḳ çoḳ çocuḳ ve ḥattā kehiller mevcūd oldığından bunları taḥḳīḳ etdirmiyordım. Hepsini çıḳartacaḳ idim. Derḥāl bunları çıḳarmalı. Şimdiye ḳādār yetīmleriñ ḳayd ve ḳabūlına dāʾir pekde ṣarīḥ şurūṭ yoḳdı. Bu şarṭlar şöyle olmalıdır:

[Evvelā babası şehīd ve anasız veya ʿāciz analı çocuḳlar, s̱ānīyen - yaʿnī bunlardan yer artarsa - anasız, babasız ve ʿāciz aḳrabālı çocuḳlar, s̱ālis̱en babasız ve ʿāciz analı ve aḳrabālı çocuḳlar]

10.- Traḫomlılar mesʾelesi güniñ mühimm mesʾelelerindendir. Traḫomlı ḳızlarıda Beğḳoza ṭoplayub tecrīd etmek lāzımdır. Beğḳoza gece gündüz müʾessesede ḳalacaḳ fennī çalışacaḳ iyi bir göz müteḫaṣṣısı taʿyīni żarūrīdir.

11.- Yetīmleriñ muḫtelif derecede vereme dūçār olanlarıda mühimm bir mesʾele teşkīl ediyor. Memleketimizde henūz bir verem sanatoryomı yokdır ki bunlar oraya sevk edilsin. Ḫastalıḳları ġayr-i ḳābil-i şifā bir ṣūretde ilerilemiş olanlar müʾesseselerde ḳalamazlar. Faḳaṭ bunları - baʿżan senelerce ḫastalıḳlarını ṭaşıyub ölmediklerinden - ḫastaḫānelerde ḳabūl edemez. Çūnki uzun uzadıya bīsūd bir ṣūretde işġāl etdirüb yatağını yoḳ ḥāline getiremez. Bunları hem rāḥat bir döşekde ölümi günine īṣāl etmek hemde tecrīd edüb sālimler arasında bir menbaʿ-i sirāyet olmaḳdan menʿ etmek lāzımdır. Bu mesʾelede ḥalli żarūrī bir mesʾeledir. Ben bir çāre bulamadım. Mesmūʿātıma göre İstanbul muvāzene-i ḫuṣūṣīyesi gelecek sene 100 yataḳlı bir verem ḫastaḫānesi açacaḳmış, oraya sevk edilerek sirāyetleri menʿ edilebilir. Faḳaṭ bu yüz yataḳ İstanbulıñ tecrīdi lāzım yüzlerce veremlilerinden verem yetīmlere artacaḳmıdır?

12.- Artıḳ dilimizi düzeltmek żarūreti herkesce teslīm edilmişdir. Dārü'l-eytāma öksüz yurdı, nitekim dārü'l-ʿacezeye yoḳsul yurdı, ilḫ. diyerek resmī iṣṭilāḥātı türkceleşdirmek ẓarūrīdir. Ehemmīyetsiz ve zāʾid göreceklerīñ mevcūd olmasına rağmen tavṣīyesinden kendimi alamadım.

13.- Mühimm bir mesʾelede meʾẕūn ve meʾẕūnelere maḫrec tedārikidir. Bir yetīmi birkaç yıl ḳarnını doyurub, bir az oḳutub soḳağa atmaḳ veya ḥadd-i sinn-i niẓāmīye vuṣulından ṣoñrada ḥayāta atamıyaraḳ müʾesseselerde kör besler gibi beslemekde maʿrifet değildir. Ḥālā dārü'l-eytāmlarda 17 - 25 yaşlarında ḳoca insānlar vardır. Her yetīm muṭlaḳā kendi kendine ekmeğini çıḳaracaḳ bir ḥāle getirilmelidir.

Bu müʾesseseleri birer dārü'ṣ-ṣinaʿī ḥāline ḳoyub, bu çocuḳları birer ṣanʿat ṣāḥibi edüb müʾessesede bulındıḳları müddet ẓarfında el emeklerinden ḥāṣıl olacaḳ meblaġı birikdirerek kendilerine sermāye yapmaḳ ve bir dükkān açub yerleşdirmek veya ḳalfalıḳla plase etmek behemehāl lāzımdır.

Ṣıḥḥīye vekāletiniñ yetīmler içün yapacaġı en mühimm bir maḫrecde bunlardan küçük ṣıḥḥīye me'mūrı, ḫastabaḳıcı, hemşīre, ebe yetişdirmesidir. Ḳābīlīyetlerine göre çocuḳlar bu ḳısımlara tefrīḳ edilir. Ḫastaḫānelerde ʿamelīyāt ve naẓarīyāt içinde yetişdirilir. 340 büdcesi içün küçük ṣıḥḥīye mektebini açmaḳ üzere taḫṣīṣāt vażʿ etmişdim. Dārü'l-eytāmlardan birini bu mekteb ḥāline ifrāġ etmek fikrinde idim.

Keẕā zirāʿat, orman, ilḫ. mektebler için sā'ir vekāletler meccānī ṭalebe mevḳiʿlerini tercīḥan yetīmlere taḫṣīṣ etmelidir.

14.- Dārü'l-eytāmlardaki yetīmleriñ tevārüs̱ etdikleri emvāl ve emlāk ya yüz üsti ḳalmış, veya şunıñ bunıñ yed-i intifāʿına geçmişdir. Bunlarıñ tes̱bīt edilüb banḳa veya dīğer şekildeki bir mü'essese ile idāresi mes'elesi pek düşünilmesi [23] lāzım bir keyfīyetdir. Bu ṣūretle çoḳ yetīm sermāye ve iş bulmış olur ve yetīmlerden mütemevvil olanlar nevʿ-i māllarına görede taʿlīm ve techīz edilir. Henüz bu ḫuṣūṣda mütebellür bir fikrim yoḳdır.

15.- Vekāletde her iş erbirden ve fikrī bir taḫmīn ve maṣa başı mesāʿīsinden ʿibāret bir ṭarz ile ru'yet edildiğinden bu işler ʿamelī ve erḳām ve istatistiḳler, ves̱ā'iḳ-i vuḳūʿāt ve iḥtiyāca muvāfıḳ bir şekle ifrāġ olunmalıdır. Bunıñ için vālidi bulundıġım istatistiḳ müdīrīyetine küşāyiş ve faʿālīyet verilmesini pek ricā ederim.

İşte bu esās noḳṭalar yapılırsa dārü'l-eytāmlarıñ mükemmelen īfā-yi vaẓīfe edecekleri, milletiñ bu mü'esseselere ṣarf etdiği paranıñ ḥāṣılāt-i müfīdesi görileceği muḥaḳḳaḳdır. Bi'l-ḫāṣṣa ṣanāyiʿ ḳöḳlenirse yetīmler elbise, ḳundıra, ekmek gibi hem kendi iḥtiyāclarını taṭmīn, hemde kendilerine sermāye cemʿ ederler. Hemde bir ḳaç yıl içinde bu mü'esseseleri ḫazīne-i millete pek az bār edecek ve vāridātda getirirler. Ẓannımca bu ṣūret ve ḥāliñ taṭbīḳi bizi hīç olmazsa şimdilik bir ecnebī müteḫaṣṣıṣa mürācaʿatdan vāreste ḳılacaḳdır. Çoḳ aʿlā iş görmek için ecnebī müteḫaṣṣıṣ istenecekdir. Bize ise iyice bir iş kāfīdir. Elverir ki esās ḳurulsun. Zamānla, taʿḳīble ḳıṣvā-yi tekāmüline vāṣıl olur. Ve bu ince iş derecesidir ki ḥāl ve şānımıza muvāfıḳdır. İḥtiyācımıza muṭābıḳdır.

Bu sūretle dārü'l-eytāmlarıñ iṣlāḥı zor değil ḥattā pek ḳolaydır. Efendim.

İstanbul, 26 Teşrīn-i s̱ānī 339
Sinob mebʿūs̱ı
Rıżā Nūr

Stempel: Riẓa Nur Kütübḫānesi 1340 Sinob

BERICHT I

حضور عالی مفتشی‌لرینه

٦٨٠
٨٩

مفتش بك افندی حضرتلری

سیواسك تبدلات هوائیه‌سنی ارائه ایدن مخصوص آلتیله بر جدول ربطاً تقدیم قلندی.

اولجه دخی عرض اولندیغی وجهله رصدخانه‌مزده عادی بر ترمومترو ایله بورونه بارومترودن باشقه احوال هوائیه‌یی ارائه ایده‌جك منتظم بر واسطه‌مز اولمدیغندن سفیرلکدن تقدیم قیلنان (غوری) فابریقه‌سنك ویردیکی سیاهه میانده آلات هوائیه دخی ادخال ایدلمه ایدی سفیرلك اوزرینه مذکور سیاهه طبیعتیله لری قالمدیغندن دیکرلری ایله آلات هوائیه دخی [امضا] اشبو اکرچه درسعادتده تحدیکی حالده بیله بر بارومترو واعظمی اصغری ترمومترو تدارك ایتمك ممکن ایسه بنده‌کز بو خصوصده براز دها ایلری‌یه کیده‌رك استانبولده موجود اولان عادی ومعدنی بارومترولری آلمقدن ایسه براز دها صرف ایده‌رك اوروپادن جیوه‌لی بارومترو جلب ایتمسی واعظمی اصغری ترمومترولر ومقیاس المطرینك ابیاریك تدارك ایتمسنی آرزو ایدیورم چونکه:

سیوه‌ده اوتوز سنه‌دنبری بر تسبوریخ رصدخانه‌سنك بر شعبه‌سی برقاچ پارچه‌دن عبارت ووقتیله منتظم آلات هوائیه‌سی واردر بو آلاتك آلتوندغلی واسیل افندی اقامتخانه‌سنده براجاجی نظارت ایدر. کونده اوچ دفعه اولچوب اوزره قید ایتدیکی ارقامی درسعادتك تبدلات هوائیه‌یه تلغرافله درسعادت شعبه‌سنه ایصال والآن دخی شهریه جدول تنظیم ایده‌رك ارسال ایدردی. حال حرب دولاییسیله بیلکه دیاربکر بر دیرلیه تلغراف تعطیل ایدلمه ووقتیله منتظماً شهریه جداول ایصال ایتمکده بولنمشدر. بناءً علیه محکلمزده سنه‌لردنبری تشکیل ایتمش اولان بویله بر رصدخانه موسسه‌سنه فایق رصدخانه‌مزده دها منتظم بر اوبسرواتوار وجوده کتیرمك جداً لازم اولدیغی سیواسك موقع طبیعیسی دخی اساساً بونی استلزام ایتدیکنده اولدیغندن شمدیلك بو صورتله اداره مصلحت ایدیلرك حربك ختامنده بو خصوصده بر چاره جسته تحریکنی استرحام ایدر وعرض احترامات ایلرم افندم حضرتلری ١ کانون اول ١٣٣١

سرطبیب
[مهر]

Bericht I

Ḥużūr-i ʿālīʾ-i müfettiş-i ekremīye 680/89

Müfettiş beğ efendi ḥażretleri

Sinobıñ tebeddülāt-i havā'īyesini irā'e eder ṭoḳuz aylıḳ bir cedvel rabṭen taḳdīm ḳılındı.

Evvelce daḫi ʿarż olındıġı vecihle ḫastaḫānemizde ʿādī bir termometro ile bozuḳ bir barometrodan başḳa aḥvāl-i havāʾīyeyi irā'e edecek muntaẓam bir vāsıṭamız olmadıġından seferberlikden muḳaddem Fransada (Ġuji) fabriḳasına verdiğimiz sipāriş meyānında ālāt-i havāʾīye daḫi idḫāl edilmiş idiysede seferberlik üzerine meẕkūr sipāriş ṭabīʿatiyle geri ḳaldıġından diğerleri gibi ālāt-i havāʾīye daḫi gelmemişdir. Gerçi Dersa'ādetden şimdiki ḥālde bile bir barometro ve aʿżamī-aṣġarī termometro tedārik eylemek mümkin isede bendeñiz bu ḫuṣūṣda bir az daha ileriye giderek İstanbulda mevcūd olan ʿādī ve maʿdenī barometroları almaḳdan ise bir az daha ṣabr ederek Avrupadan cīvalı bir barometro celb edilmesini ve aʿẓamī-aṣġarī termometroları̄ñ ve miḳyās-i ruṭūbetiñ eñ iyileriniñ tedārik edilmesini ārzū ediyorum, çūnki:

Sinobda otuz senedenberi Petersburġ raṣadḫānesiniñ bir şuʿbesi, birḳaç parçadan ʿibāret ve faḳaṭ muntażam ālāt-i havāʾīyesi vardır. Bu ālāta Altunoğlı Vasil efendi isminde bir eczācı nežāret eder. Günde üç defʿa olmaḳ üzere ḳayd eylediği yiğirmidört sā'atıñ tebeddülāt-i havāʾīyeyi telġrafla Dersaʿādet şuʿbesine īṣāl ve her ay daḫi şehrīye cedveli tanẓīm ederek irsāl ederdi. Ḥāl-i ḥarb ṭolayısıyla yalñız yiğirmidört sā'atda bir verilan telġraf taʿṭīl edilmiş ve faḳaṭ muntaẓaman şehrīye cedāvili irsāl edilmekde bulınmışdır. Binā'en ʿaleyh memleketimizde senelerdenberi teşekkül etmiş olan böyle bir düşmān müʾessesesine ḳarşı ḫastaḫānemizde daha muntaẓam bir observatuvar vücūde getirmek cidden lāzım oldıġı gibi Sinobıñ mevḳiʿ-i ṭabīʿīsi daḫi esāsen bunı istilzām etdirmekde oldıġından şimdilik bu ṣūretle idāreʾ-i maṣlaḥat edilerek ḥarbıñ ḫitāmında bu ḫuṣūṣda bir çāreʾ-i ḥasene taḥarrīsini istirḥām eder ve ʿarż-i iḥtirāmāt eylerim efendim ḥażretleri.

1 Kānūn-i evvel 1331
Serṭabīb
Stempel: Aḥmed bin Ṭāhir

Anlagen: Zwei schwer leserliche Tabellen über meteorologische Messungen.

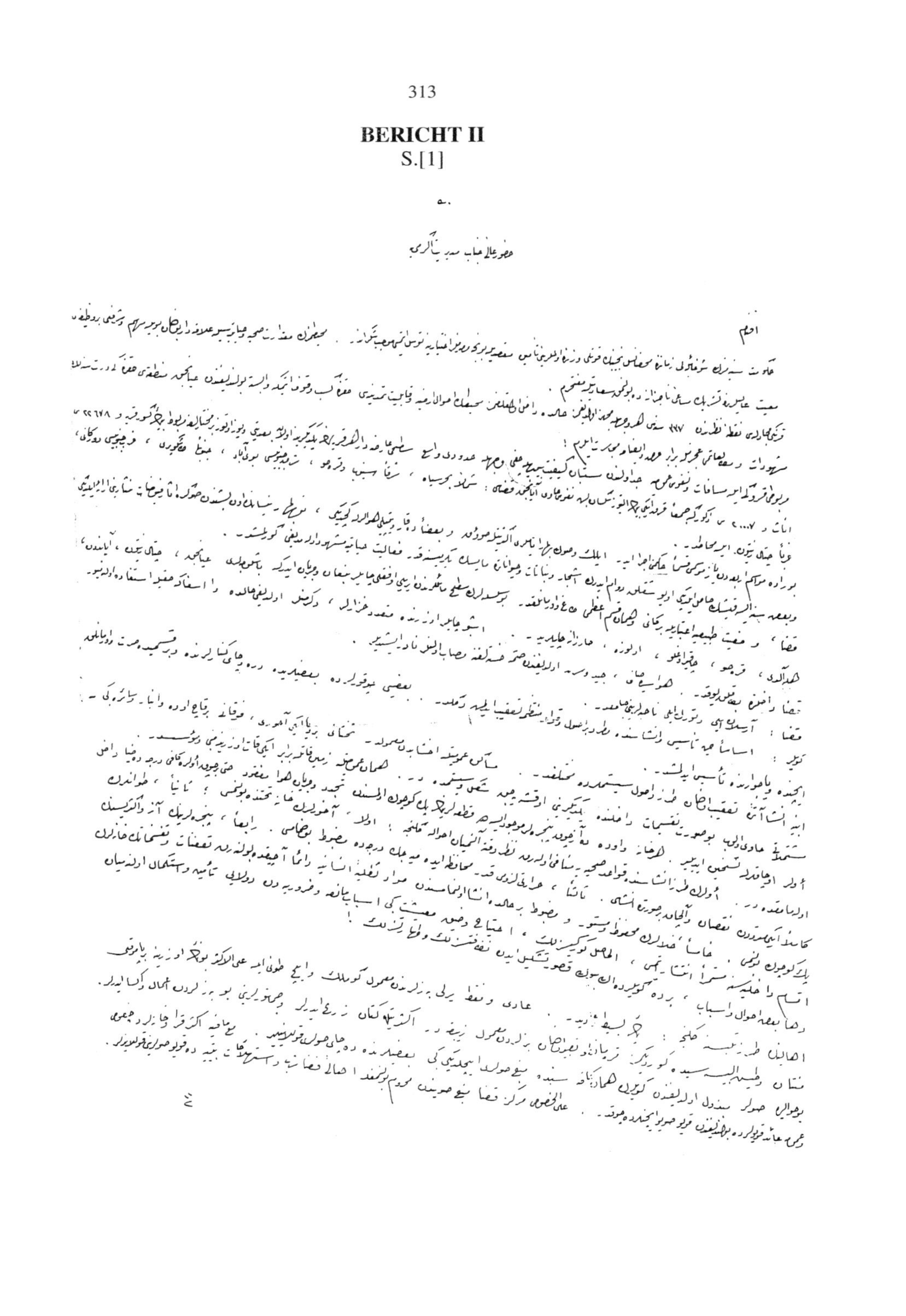

BERICHT II

S.[1]

۵۰

حضور عالی جناب مدیریت [illegible]

افندم

[illegible] ۲۲۷ [illegible] ۶۷۸ [illegible]

[illegible] ۲۰۰۷ [illegible]

قضا [illegible]

قضا : [illegible]

[illegible]

BERICHT II

S.[2]

[illegible] سطحی بحردن مرتفع [illegible] و طوپراغك قوهٔ انباتیه‌سی [illegible]

اهالیسی [illegible] صورت [illegible] ایدیلر [illegible] آزدر. کوبرلك [illegible] بناءً علیه اهالینك بالنسبه غدالری [illegible]

[illegible] سبزه وات [illegible] آزدر [illegible] جویز، کراز، ترنجبیل [illegible]

[illegible] بو هوالر آرمود، الما، کستانه [illegible] صانجاق [illegible] آران [illegible] موجود اولوب اکثر [illegible] انسان

[illegible] اعمال و احتیاجات [illegible] ایدیلر. بال آریلری [illegible]

[illegible]

[illegible]

Bericht II

[1] Ḥuzūr-i ʿālī- cenāb müdīrīyet-i ekremīye

Efendim
Ḥükūmet-i senīyemiziñ şu ġāʾileli zamānında maḥżā nesl-i necībiniñ ḳuvvetli ve zinde olmalarını teʾmīn maḳṣādıyla bunca maṣraflar iḫtiyārına tevessül etmesi mūcib-i şükrāndır. Muḥītimiziñ muḳadderāt-i ṣıḥḥīye ve ḥayātīyesiyle ʿalāḳadār bulınan böyle mühimm ve şerefli bir vaẓīfede maʿīyet-i ʿālīlerinde teşrīk-i mesāʿīʾ-i nācizānede bulınmaḳ saʿādetiyle müfteḫirim.

Frengī mücādelesi noḳṭaʾ-i naẓarından 337 senesi her vecihle mücehhez oldıġımız ḥālde dāḫil olmaḳlıġımız muḥīṭiñ aḥvāl-i arżīye ve ḳābilīyet-i temeddünīyesi ḥaḳḳında kesb-i vuḳūf etmeğe vābeste bulındıġından ʿAyancıḳ mıntıḳası ḥaḳḳındaki dört senelik meşhūdāt ve müṭālaʿātımı ʿaczimle berāber ʿarż ve īżāḥa mücāseret eylerim:

Merbūṭī ḳroki ile mesāfāt ve nüfūs-i ʿumūmīye cedāvilinden müstebān keyfīyet buyurılacaġı vecihle ḥudūdı vāsiʿ-i saṭḥī ʿārizedār her ḳaryeniñ yekdīğerine olan buʿdīyeti ve yüzotuzbir muḫtārlıġa merbūṭ biñ küsūr ḳarye ve 22678i ināṣ ve 20007si ẕükūr, ki cemʿan ḳırḳikibiñ altıyüzseksanbeş nüfūsı ḥāvī Ayancıḳ ḳażāsı: şimālan Baḥr-i Siyāh, şarḳan Sinob ve Ḳaraṣu, şarḳ-i cenūbīsi Boyābād, cenūban Ṭaşköpri, ġarb-i cenūbīsi Devreḳani, ġarban Çatalzeytūn ile muḥāṭdır.

Burada mevāsim-i arbaʿadan yaz mevsimi ḳısmen ḥükmini icrā eder. İlk ve ṣoñ bahār eyyāmları ekṯerīyetle ṣoʾuḳ ve baʿżanda ḳar ve tipili havālarla geçdiği, nevbahār Nīsānıñ onbeşinden ṣoñra aṯār-i füyūżāt niṯārını irāʾe eylediği ve baʿż-i sene ise ḳışıñ ḥāṣıl eylediği uyuşıḳlıḳ devām ederek eşcār ve nebātāt ve ḥayvānātıñ Māyısıñ yiğirmisine ḳadar faʿālīyet-i ḥayātīye meşhūd olamadıġı görilmişdir.

Ḳażā, vaṣfīyet-i ṭabīʿīye iʿtibārıyla bürkānī ve hemān ḳısm-i aʿẓamı ṭaġ ve ormanlıḳdır. Bu silsileleriñ saṭḥ-i māʾillerinden irili ufaḳlı çaylar nebeʿān ve cereyān eder ki başlıcaları: ʿAyancıḳ, Çatalzeytūn, Ayandun, Helealdı, Ḳaraṣu, Çaḳıroğlu, Arbuze, Ḫarzane çaylarıdır. İşbu çaylar üzerinde müteʿaddid ḫizārlar, değirmenler oldıġı ḥālde vā esfā ki ḥaḳḳıyla istifāde olınamıyor. Ḳażā dāḫilinde baṭaḳlıḳ yoḳdır. Havāsıda ṣāf, ceyyid ve serin oldıġından ṣıtma ḫastalıġına muṣāb olanlar nādir işidilir.

Ḳażā: Arslanili ve Türkili nāḥiyelerini cāmiʿdir.

Köyler: Esāsen ṣeyr-i teʾsīs ve inşāsında muṭṭarid bir uṣūl ve ḳavāʾid-i munṭaẓame taʿkīb edilmiş değildir. Baʿżısı çuḳurlarda baʿżılarıda dere ve çay kenārlarında ve bir ḳısmıda ṣırt ve ormanlıḳ içinde veya cıvārında teʾsīs edilmişdir.

Ebniye inşāʾātında taʿḳīb olınan ṭarz ve uṣūl-i sistemlerde muḫtelifdir. Mesākin ʿumūmīyetle aḫşābdan maʿmūldır. Taḥtānī bir veya iki āḫūrı, fevḳānī birkaç oda ve anbar vesāʾire gibi müştemilātı ḥāvī olub bu ṣūret-i taḳsīmāt dāḫilinde yekdīğerini oḳşayacaḳ şekil ve sistemdedir. Hemān ʿumūmīyetle zemīn ḳatla berāber iki ḳat üzerine mebnī ve müʾessesdir.

Evler ocaḳlarla tesḫīn edilir. Her ḫāne ve odada az çoḳ pencereler mevcūd isede ḳıṭʿaları̃ pek küçük olmasından teceddüd ve cereyān-i havā mefḳūd, ḥattā birçoḳ evlere kāfī derecede żiyā dāḫil olamamaḳdadır.

Evlerĩ ṭarz-i inşāsında ḳavāʿid-i ṣıḥḥīyeye münāfī olaraḳ naẓar-i diḳḳata alınmayan aḥvāla gelince: Evvelen, āḫūrları̃ ḫāne taḥtında bulınması; s̱ānīyen, ṭavanları̃ kāmilen iki metrodan noḳṣān ve alçaḳ bir ṣūretde inşāsı; s̱ālis̱en, ḥarāreti lüzūmı ḳadar muḥāfaẓa edemiyecek derecede mażbūṭ bulınmaması; rābiʿan, pencereleri̇nĩ az ve eks̱erīsinĩ pek küçük bulınması; ḫāmisen, ḫelāları̃ maḥfūẓ ve mestūr ve mażbūṭ bir ḥālde inşā olınmamasından mevādd-i ṣüflīyeʾ-i insānīye dāʾimā açıḳda bulınaraḳ taʿaffünāt ve tefessüḫātı̃ ḫānelerĩ aḳsām-i dāḫilīyesine müstemirren intişār etmesi.

El-ḥāṣıl görgisizlik, iḥtiyāc ve żayḳ-i maʿīşet gibi esbāb-i māniʿe ve żarūrīyeden dolayı teʾmīn ve istiḳmāl olınamayan daha baʿż-i aḥvāl ve esbāb, birde köylerde ẽ büyük ḳuṣūr teşkīl eden neẓāfetsizlik ve ṭahāretsizlik!

Ahālīnĩ ṭarz-i telebbüsine gelince: Pek basīṭ ve ʿādīdir. ʿĀdī ve faḳaṭ yerli bezlerinden maʿmūl gömlek ve iç ṭonı ile ʿalā'l-eks̱er bunı̃ üzerine bir pamuḳlı mintan ve ṭış elbīseside gördiğimiz ḳara manṭo taʿbīr olınan bezlerden maʿmūl zıbḳadır. Eks̱erīyetle kettān zerʿ ederler ve çamaşurlarını bu bezlerden iʿmāl ve iksā ederler.

Bu ḥavālīde ṣular mebẕūl oldığından köylerĩ hemān kāffesinde menbaʿ ṣuları içildiği gibi baʿżılarındada çay ṣuları ḳullanılır. Maʿa mā fīh eks̱er-i ḳurā ve ḫānelerde ḫuṣūṣ ve ʿumūma ʿāʾid ḳuyularda bulındığından ḳuyu ṣuyu içenlerde çoḳdır. ʿAlā'l-ḫuṣūṣ merkez ḳażā menbaʿ ṣuyından maḥrūm bulınmaḳla ahālīʾ-i ḳażā şurb ve istihlāḳāt-i beytīyede ḳuyu ṣularını ḳullanırlar.

[2] Ahālīnĩ ṭarz-i teġaddīsi daḫi ṣūret-i telebbüsi gibi basīṭ ve ʿādīdir. ʾEt pek az yerler. Köylerĩ eks̱erīleri saṭḥ-i baḥrdan mürtefiʿ ve havānı̃ bārid ve mütebeddil ve ṭopraġı̃ ḳuvveʾ-i inbātīyeside ġayr-i müsāʿid bulınmasından ve bunları̃ hepsinden ziyāde görgisizlik ve ʿaṭāletden dolayı sebzevāt yetişdirilmediğinden sebze yemeğide az yerler. Bināʾen ʿaleyh ahālīnĩ başluca ġıdāları ṭārḫāna, faṣulya ve mıṣır çorbaları, bulġurlı ḥamur işleri, yoġurt, ayran, pançar ve yumurṭadır. Bu ḥavālīde armud, elma, kesṭane, cevīz, kiraz, ḳızılcıḳ, ṭaġ yemişi gibi meyveler pek mebẕūl olmaḳla yaş yemişlerden pekmez iʿmāl ve iḫtiyācāt-i beytīyelerinden fażlalarını fürūḫt ederler. Bal arıları besleyanlarda mevcūd olub eks̱er-i ballar ṭutaḳ ḥattā fażlasıda insānı tesmīm edebilir.

Meşrūbāt-i küʾūlīye istiʿmālına inhimāḳ yoḳdır, faḳaṭ meşrūbāt-i küʾūlīye istiʿmāl edenlerde yüzde yiğirmi rāddesindedir.

Ahālīniñ teşekkülāt-i bedenīyelerine gelince: Ötedenberü ẓann ve taḫayyül edilan ṣāfīyet ve meḥāsin-i aḫlāḳīye mürūr-i ezmān ve aʿṣārla maḥḳūm-i süḳūṭ ve inḥiṭāṭ olaraḳ bu günki köylilerde o ṣāfīyet ve nezāhet-i muḫayyele yerine ḥiyel ve desāʾis, ḳanāʿatsızlıḳ, ʿadem-i s̱ebāt, ṭamāʿ, ḥaset, iṭāʿatsızlıḳ, ḫōdbīnlik, lā-siyemmā ḥufūẓāt-i nefsānīye ve ḥissīyāt-i şehvānīyeye şiddet-i inhimāḳ ve temāyül gibi aḫlāḳsızlıḳ ve sūʾ-i istiʿmālāt ḳāʾim olmuşdır. İşte bu gibi vücūd-i beşeriñ eñ müʾes̱s̱ir hāzim ve muḫribi olan mefsedet-i aḫlāḳīye ve sūʾ-i istiʿmālāt teʾs̱īrātından ve ḳısmen kesbī ve irs̱ī ʿillet-i efrencīye ile maʿlūl olmalarından dolayı ahālīde teşekkülāt-i bedenīyece günden güne bir inḥiṭāṭ-i tedrīcī ḥāṣıl olaraḳ şimdiki adamlar o derece zinde ve ḳavīyü'l-bedenīye olmayub hemān ekṡerīyetle orta boylı, cılız ve żaʿyıf heykellerdir. Bir ʿaṣır evvel burada yetişenleriñ teşekkülāt-i bedenīyece tāmm ve ḳavī mehībü'l-manẓar adamlar olduḳları rivāyet olındığı ḥālde bunlarıñ aḥfādı olan insān-i ḥāżireniñ teşekkülāt-i bedenīyece daha noḳṣān ve daha ḫafīf ve cılız olmaları suḳūṭ-i aḫlāḳīyeniñ sūʾ-i istiʿmālātca teraḳḳīniñ eñ ḳaṭʿī bir nümūneʾ-i delāʾilindendir.

Bundan başḳa cılız ve żaʾyıfu'l-bünye olmalarınıñ esbāb-i mühimmesinden biride vaḳit ve zamānda teʾehhül ve izdivāc edilmemesidir. Zīrā gencler şebābetiñ hemān ilk devrelerinde izdivāc eyletdirilmekde ve ḥāl bu ki bir mevsimsiz teʾehhül ve izdivācıñ bi'l-vucūh mużırrāt-i dāʾimīsi oldığı vāreste-i ʿarż ve īżāḥdır. Böyle vaḳitsiz izdivāclar maḥṣūllarınıñda ḫafīfü'l-bünye olmaları şübhesizdir.

Çocuḳlarıñ ṭarz-i teğaddīside basīṭdir. Üç aylıḳ oldığı bir zamāndan iʿtibāren eṭʿimeʾ-i muḫtelife yedirilür. Bir yaşına vāṣıl olan bir rencber çocuğı hemān ebeveyniñ yediği mevādd-i eṭʿimeyi akl ederler. Zürrāʿıñ eṭfāla verdikleri terbiye ṭabīʿatıyla cāhilāne ve rencberānedir. Bir kere köyli ebeveyin çocuḳlarına terbiye verdiklerini ve bunıñ ṣūret-i icrā ve idāresini ve ḥattā kendileriniñ birer mürebbīye mevḳiʿinde bulındḳlarını bilmezler. Eṭfāl tekellüme, eşyā ve maḥṣūṣāta iḫāleʾ-i naẓar-i diḳḳata başladığı zamānlardan iʿtibāren muğālaṭaya maḥkūm edilir. Kuşāyış-i eẕhān ve ittisāʿ-i efkāra ḫādim esbāb istikmāl ve irāʾe olınmaz, kendilerine fikr-i tedḳīḳ verilmez, ḫāricle iḫtilāṭ etdirilmez, mütevaḥḥişāne bir ḥayāta alışdırılır. Dāʾimā tehdīdler, iḫāneler içinde ve hemān ʿumūmīyetle her şıkk māhīyete ḳarşu bīgāne olaraḳ büyütilir. Zīrā hiç bir şeyden ḫaberdār olmayan ve yalñız kendi muḥīṭi demek olan köyiniñ aḥvāl ve ʿādātından başḳa bir şey ve ḥattā yarım sāʿat cıvārındaki dīğer bir köyiñ teʿāmül ve ʿādātından bī-behre bulınan cāhil bir baba ve ananıñ yed-i terbiyesinde yalñız iḥtiyācāt-i ḥayvānīyeleriniñ teʾmīn-i istikmālı ne gibi esbāba mütevaḳḳıf ise onlar öğretilir. Beş yaşına ḳadar bu ṣūretle geçer, bundan ṣoñra cāhil ve ʿilm-i ḥāl-i dīnīsini bile bilmekden ʿāciz muʿallim ḳıyāfetinde bir ṭaḳım

ʿaṭale ve muġālaṭa-perdāzānıñ raḫleʾ-i cehāletine, ḫalḳaʾ-i mutaʿaṣṣıb ve ḫurāfātına tevdīʿ ve devām etdirilir. Seneniñ s̱ulsı ḳadar bir müddet gider gelir, bir iki sene nihāyetinde gūyā taḥṣīl-i ibtidāʾīyi ikmāl etmiş gibi mekteb denilan o dar muġālatayı terk eder. Faḳaṭ yine ecvef ve ṣıfru'l-yad bulınur. Eṭfāl-i ḳurā kāmilen bu terbiyeyi görür, başḳa bir şey bilmezler ve o gerinmekde ṣānki maṭlūb ve mültezem değildir. Ve'l-ḥāṣıl zavallı maʿṣūmlar ḫudā-yi nābit eşcār gibi büyüyüb giderler.

Ḳābilīyet-i temeddünīyelerine gelince: Bu bābdaki ḫāṣṣeleride Anaṭolınıñ bilād-i sāʾire ahālīsinde görilan istiʿdād ve liyāḳatdan pek farḳlıca değildir.

Dereceʾ-i faʿālīyetleri: Ahālīniñ yegāne medār-i taʿayyüşı zirāʿat bulınması ve bā-ḫuṣūṣ ḳuvveʾ-i inbātīyece faḳīr olan arāżīniñ senede bir ḳaç defʿa sürilmek īcāb etmesi ve sāʾire meṣāliḥ-i ẕātīyeʾ-i mütenevvʿīyeleri īcābātdan odun ve sāʾire gibi iḥtiyācāt-i żarūrīyelerinden ḳısm-i aʿẓamını bi'ẕ-ẕāt kendileri tedārik ve teʾmīn mecbūrīyetinden dolayı bütün bir sene ẓarfında faʿālīyet-i mütemādīye ḥükümfermādır.

Mārrü'l-beyān ḳavāʾid-i ṣıḥḥīye ḫilāfında cereyān eden aḥvāl ve vuḳūʿāt ve icrā eylediği teʾs̱īrāt-i mużirre ve taḫrībāt ahālīniñ aḥvāl ve ḥarekātı naẓar-i tedḳīḳ ile muʿāyene olınacaḳ olur ise hemān onda sekiziñ ḳavāʾid ve taʿrīfāt-i ṣıḥḥīye ḫilāfında oldıġı görileceğinden bi't-ṭabiʿ bu yüzden mütevellid muẓırrāt ve taḫrībātda lā-yuʿadd ve lā-yuḥṣādır. İşte bu sebebden frengī ḫastalıġına dūçār olmayan [3] ḫānelere pek az teṣādüf olınur. Ḫastaḫānemiziñ küşādındanberi s̱abt-i defter edilan maʿlūlīn-i efrencīyeniñ mıḳdārı nüfūs-i ʿumūmīye mıḳdārıyla muḳāyese olınacaḳ olur ise ḳażāmızda frengī yüzde dört nisbetinde ḳalıyor isede ḥaḳīḳatda bu nisbetden fażla olsa gerekdir. Çūnki heyʾet-i mecmūʿası bir menʿ-i yegāneden münşaʾib hezār biñ eşkāl ve tenevvüʿāt-i kes̱re gösteren ve bes̱reʾ-i mużīʾe ve büs̱ūr-i mutaẓarrıre gibi uyuza müşābihatlı olan ve ʿalā'l-eks̱er görüldiği vecihle uyuzla maʿan icrāʾ-yi ḥükm eden frengīniñ her dürlü nümāyişini birer ferd-i merżā ẓann ederek ḫastalıġını ketm edenler pek çoḳdır.

Fuvayeler: Sāḥilden iʿtibāren ṭaġ eteklerine ḳadar devām eden dere ve çaylarıñ kenārlarındaki ḳurālardır. Başlucaları Sinob ve İnebolı ḥudūdiyle hemcıvār bulınan ḳaryelerdir.

Ḳaryeler pek taġınıḳ ve beş altı ḫāneden ʿibāret olan ufaḳ köyleriñ ḫāneleriyle yekdīğerinden mütebāʿiddir. Bu mütebāʿiddir ki ġayr-i meşrūʿ ictimāʿları ḳolaylaşdırmaḳda ve dolayısıyla frengīniñ tekes̱s̱ür ve seyrātına bādī olmaḳdadır.

Bināberīn bugün sertāc-i iftiḫārımız olan vücūd-i ʿālīleri riyāsetiyle taḳayyüdāt ve teşebbüs̱ātları, bir ferdi olmaḳla mübāhī oldıġım maʿīyetleriniñ kemāl-i ciddīyet ve keremiyle ihtimām-i vaẓīfe ve ġayretleri ḳarşusında değil ḳażāmızda, bütün dāʾireʾ-i manāṭıḳ-i ʿalīyelerinde ergeç bu büyük düşmanı maġlūb etmeğe muvaffaḳ olacaġımızdan memleketimiz milel ve aḳvām-i sāʾireye ġıpṭafermā olacaḳ derecede yeñiden uzun boylı güçli ḳuvvetli bahādırlar ittiḥāf eyleyecekdir. Her şeyde tekāmül māżīdeki noḳṣān ve ḳuṣūrları velev acı daḫi olsa bile ḥaḳīḳat nāmına anları görüb iʿtirāf ederek derk ve istiḳbālda o noḳṣānları ikmāl ile olacağından bu sāḥada görilecek ḳuṣūrlarımızıñ ḥüsn-i nīyet ve emelimize bağışlanacağına ümīdvār oldığımıñ ʿarzıyla emirlerine muntaẓırım. Fermān.

Fī 5 Ḳānūn-i evvel sene 336
ʿAyancıḳ seyyār frengī ṣıḥḥīye meʾmūrı: Ḥüseyin ...

BERICHT III

S.[1]

۲٦ ذی القعده ٦

كرزه قضاسی برنجی قسم

قره دڭز ساحلنده سینوب و صامسون لوالری آراسنده شمال غربیدن جنوب شرقی‌یه دوغری منحرف
بر وضعیتده شرقاً قره دڭز و بافره قضاسی شمالاً یینه قره دڭز و سینوب لواسی ایله آیانجق جنوباً
بوی آباد و وزیرکوپری غرباً یینه بوی آباد قضالری آراسنده کائن اورمانلق و طاغلق بر قطعه
اراضی اولوب مساحهٔ سطحیه‌سی تقریباً ٦٥ – ٧٠ کیلومتره مربعی راده‌سنده‌در. نفوس
موجوده‌سی ٤٤٠٠٠ ... دن و تشکیلات ملکیه‌جه
یکی جمع نامیله بر ناحیه‌دن و سکسان آلتی عدد قریه‌دن مرکبدر.

تشکلات ارضیه نقطهٔ نظرندن طبیعی اراضی برکاینه‌دن اولوب ساحل بحره همان عمودی بر صورتده
تسلسل ایدن طاغلر و اتکلرندن جریان ایدن اوچ عدد چای قضایی شعاعیك بر طرزده
اوچ قطعه‌یه تفریق ایلمکده‌در. الده ارتفاع آلتی آلنمه امکان اولمادیغندن طاغلرك
حقیقی یوکسکلکی حقنده قطعی بر رقم ویریله‌مز ایسه‌ده بین الاهالی الڭ مرتفع عد ایدیلن
و موجود و احلاطجق قاشلری، صارنج زیارت تپه‌سی، کوللی قراغی، سرکه‌جك، کوبلجه
قاشلری کبی مواقع ٦٠٠ – ٧٠٠ متره ارتفاعی تجاوز ایده‌مه‌مکده‌در. کذا اورمان
اداره‌لرنجه احصا ایدلمه احصائیات و مساحه جدوللری اولمادیغندن اورمانلرڭ درجهٔ
ثروت و هکتارا اعتباریله وسعتی معلوم دکلدر. آنجق الیوم طاغلرك اوندن اوچی کثیف اورمانلر
... علی الوسط کویلیلره قورولوقلی احتیاجاتی بیتیرلرینه مساعد ذاتکیسی ده ...
... اوتلاقلق ... قالمسه تپه‌لرك عبارتدر
اورمانلر الڭ چوق چام جنسنك صاری و قاره نوعلری، میشه، قره‌ییشه، کوکنه و قاین
آغاجی اجناسنی حاویدر.

هاو... ملر یوکسلمه و اورمانلری مقدما انقراضه یوطلمه اولان جبالده درجهٔ حرارهٔ نسیمیك
تحولاتی ایله وقوعه کلن انقباض و انبساط کبی تأثیرات حکمیه، یاغمور صولری، الکتریکیت کبی عوامل
جویه و صولرك و هوانك ترکیباتنده‌کی مواد الحمضیه‌نك تأثیراتیله حامضه قاربون ۲ یوصون، نباتات
سفلیه تشکلی کبی کیمیوی و حیاتی حادثات قشر ترابی‌یی تفتیت و تحویل ایلمکده‌در. بو زمره‌دن اولمق
اوزره بولانی، کورسکو قریه‌لری جوارنده شاهینه قایا، صارنج قارشیسنده اچیوه طاغ
یماجوه جوارنده یماجوه طاغی، کورسوفته جوارنده شیخ حسین تپه‌سی چای آغزنده الچیکی
و کزلی و شاهینه قایالری ذکره شایاندر. بویله‌جه کدیکلمکده اولان جبالك کوندن کونه
ارتفاعلرینی غائب ایده‌رك سطح ترابیده تحولات دائمه‌یی موجب اولمقده‌در.

ساحلدن اعتباراً داخله دوغری کیدلدکجه علی التدریج ارتفاع باشلار. چونکه بر اراك مرتفع حد خط
اقصادن معدود اولان صارنج، صاره صافه، سرای بیوك طاغ، یایلقیه کبی منطقه‌لرده
زمینك کتله حالنده سرت غره‌سی و غرانیت طاشلریله بعض قسملرنده داها زیاده منقلت
چاقل طاشلری و مسامه‌لی قوملر فحمیت کلس طاشلرندن ترکب ایلدیکی مشهود اولور.
شو سببدن دولایی بو قسم اراضی اوزرنده صولرك دوکت کسب ایده‌میه‌جکندن رطوبت مجراقلری
و تفسخ اوجاقلری حصول کلمز. موافق حفظ صحت بر زمینه و صفتکجه شایسته اولور.

BERICHT III

S.[2]

بو قاریده بشهمانیك صورتنده تقسیم ایتدیكمز وجهله قریلر بو جبالك اتكلرنده و سطحلرنده، قسماً زروه واوكا یقیه اقسامده بولوندقلرندن خط بالالاردن كچه‌رسیاح بولوندیغی موقعك طرفیننده كی قرایی قویه باقیشی سیرایدر، خط بالا اوزرنده اولدقچه مساعد یایلالر واردر. حیواناته مرعی خدمتی ایفا ایلر ساحه یقیند شدقچه زمینه داها زیاده فحمیت كلسی له واك ساحل و مجرالر جوارنده چولقلر طوپراقدن مكوندر. بوصوك قسمده طوغد وكره مبدأ وچاقلری چالیشیر.

[illegible]

با فره نك آلاچام ناحیه سیله خط فاصل تشكیل ایدن [جاروبت] چایی.
بسه چام تپه‌لرینك اتكلرندن نبعان و صاغدن صولدن انضمام ایدن شعبات تالیه ایله بربیلرك كوبلی آغزی قریه سی صولنده بیراقارق جلوبیه نام موقعده دكزه دوكولور. بوچاینك مجراسی غیر منتظم و طاشلق اولدیغی كبی صوییده مبذول اولمادیغندن مجرا لوتسیعه الویرشلی دكلدر. طولی ۲۰ كیلومترده تخمین ایدلمكده در.

قانلی چای صفوه داغ، اوزون اوز داغلرینك اتكلرندن نبعان و جانبی شعبه‌لر آلارق جنوبدن شمال شرقی‌یه متوجه وچای آغزی موقعنده دكزه منصب اولور. منطقه‌نك اك زنكین برصویی اولوب منبعه یقینه دیكی جمع موقعنده ایلك بهارده كچید ویرمدیكی كوبلر واقعدر. مجراسی طاشلق و بعض محللرنده قایالقلر ایچندن جریان ایلدیكندن سیر سفائنه الویرشلی اولاماز. طولی قرق بش الی كیلومترده تقدیر ایدیلیور. منبعنده هر بری مقدم صوقوتیله متحرك كراسته فابریقه‌سی موجود ایكن الیوم هپ خرابیت و عطالتده در.

صارمسان [illegible] اوزون اوز و چیشتلیه یایلالرینك اتكلرندن نبعان و اك‌دره كاهندن اوقوعه تفك شعبات جانبیه اخذ ایده‌رك شمال شرقی‌یه توجهله یاپقل ودره یری موقعلری آره‌سنده دكزه دوكولور. بوده دیكرلری كبی یازین آزالدیغندن و مجراسی قسماً چوراقده و طاشلق اولدیغندن سیر و سفره قابلیتی یوقدر. طولی الی كیلومترده تقدیر اولنیور.

قوروكچید چای بو صوینك تباغی زیاده منحنی و بیلانقاوی اولدیغندن بو اكم ویرلیسه صعارنجی وصورغون اتكلرندن نبعان و آهیسته بعض شعبات آلرق چاقیدا غلی اسكله‌سی جوارنده دكزه منصب اولور. بوصوینك منبعه یقینه بر كراسته فابریقه‌سی موجوددر. طولی اوتوز بش كیلومتره یقیندر.

نقلیه

اشبو صولر فیضان زمانلرنده رسوبات عضویه و باجمله طوپراغی نقل ایده‌رك مستوی اقسامده ترك ایلكده اولدقلرندن كری قالان غیر قابل نفوذ كیل اوزرنده بطاقلقلر تشكیل ایلر. بواقسام

Bericht III

[1] Gerze ḳażāsı

Birinci ḳısım

Ḳaradeñiz sāḫilinde Sinob ve Ṣamsun livāları arasında şimāl-i ġarbīden cenūb-i şarḳīye doġrı münḥarif bir vażʿīyetde şarḳan Ḳaradeñiz ve Bafra ḳażāsı, şimālan yine Ḳaradeñiz ve Sinob livāsı ile Ayancıḳ, cenūban Boyābād Vezīrköpri, ġarban Boyābād ḳażāları arasında kāʾin ormanlıḳ ve ṭaġlıḳ bir ḳıṭʿaʾ-i ārāżī olub mesāḥaʾ-i saṭḥīyesi taḳrīben 65 - 70 kilometro murabbaʿı rāddesindedir. Nüfūs-i mevcūdesi 34.000 müslim, 2481 ġayr-i müslim olmaḳ üzere cemʿan 36.481 sekeneden ve teşkīlāt-i mülkīyece Yeñicumʿa nāmıyla bir nāḥiyeden ve seksen altı ʿaded ḳaryeden mürekkebdir.

Teşekkülāt-i arżīye noḳṭaʾ-i naẓarından ṭabīʿatı arāżīʾ-i bürkānīyeden olub sāḥil-i baḥra hemān ʿumūdī bir ṣūretde teşekkül eden daġlar ve eteklerinden cereyān eden üç ʿaded çay ḳażāyı şematiḳ bir ṭarzda üç ḳıṭʿaya tefrīḳ eylemekdedir. Elde irtifāʿ āletiyle alınmış erḳām olmadıġından daġlarıñ ḥaḳīḳī yüksekliġi ḥaḳḳında ḳaṭʿī bir raḳam verilemezsede beyne'l-ahālī eñ mürtefiʿ ʿadd edilen Armudcuḳ ve Aḫlāṭcıḳ ḳaşları, Ṣariḫ ziyāret tepesi, Gölli ḳuraġı, Serkecek, Küplice ḳaşları gibi mevāḳiʿe 600-700 metro irtifāʿı tecāvüz edememekdedir. Keẕā orman idārelerince iḥżār edilmiş iḥṣāʾīyāt ve mesāḥa cedvelleri olmadıġından orman- larınıñ dereceʾ-i s̱erveti ve hektar iʿtibārıyla vüsʿatı maʿlūm deġildir. Ancaḳ el-yevm daġlarıñ onda üçi kes̱īf ormanlarla mücehhez, beşi ʿalā'l-vasaṭ köylilere ḳorulıḳ gibi iḥtiyācāt-i beytīyelerine müsāʿid ve ikiside sūʾ-i idāre ve isrāf sebebiyle maḥv edilmiş ve ʿüryān ḳalmış tepelerden ʿibāretdir.

Ormanlar eñ çoḳ çam cinsiniñ ṣarı ve ḳara nevʿileri, meşe, ḳara meşe, gürgen ve ḳayın aġacı ecnāsını ḥāvīdir.

Ḥādd-i meyillerle yükselen ve ormanları muḳaddeman inḳırāż bulmış olan cibālda dereceʾ-i ḥarāreʾ-i nesīmīniñ vuḳūʿa gelen inḳıbāż ve inbisāṭ gibi teʾs̱īrāt-i ḥikemīye, yaġmur ṣuları, elektrikīyet gibi ʿalāʾim-i cevvīye ve ṣularıñ ve havānıñ terkībātındaki mevālidü'l-ḥumūżeniñ teʾs̱īrātıyla ḥāmiż-i ḳarbon, yoṣun, nebātāt-i süflīye teşekküli gibi kīmyevī ve ḥayātī ḥādis̱āt ḳışr-i türābīyi teftīt ve taḥvīl eylemekdedir.

Bu zümreden olmaḳ üzere Bolalı, Gürsökü ḳaryeleri cıvārında Şāhīnḳaya, Ṣariḫ ḳarşısında Açıḳdaġ, Yamacıḳ cıvārında Yamacıḳ daġı, Körsüfet cıvārında Şeyḫ Ḥüseyin tepesi, Çayaġzında Iṣṣız deñizi ve Şāhīnḳayaları ẕikre şāyāndır. Böylece gedikleşmekde olan cibālıñ günden güne irtifāʿlarını ġāʾib ederek saṭḥ-i türābīde taḥavvülāt-i dāʾimeyi mūcib olmaḳdadır.

Mesāḫilden iᶜtibāren dāḫile doġrı gidildikce ᶜalā't-tedrīc irtifāᶜ başlar. Bunıñla berāber eñ mürtefiᶜ ve dāḫilī aḳsāmdan maᶜdūr olan Ṣariḫ, Ṣarmısaḳ, Saray, Büyükdaġ, Yayḳın gibi mınṭıḳalarda zemīniñ kitle ḥālinde sert ġresī ve ġranit ṭaşlarıyla baᶜż-i ḳısımlarında daha ziyāde mütefettit çaḳıl ṭaşları ve mesāmātlı ḳumlarla faḥmīyet-i kils ṭaşlarından terekküb eylediği meşhūd olur. Şu sebebden dolayı bu ḳısım arāżī üzerinde ṣular rükūdet kesb edemiyeceğinden ruṭūbet miḫrāḳları ve tefessüḫ ocaḳları ḥuṣūle gelemez. Muvāfıḳ ḥıfẓ-i ṣıḥḥat bir zemīn ve ṣıfata biḥaḳḳın şāyeste olur.

[2] Yuḳarıda şematik ṣūretde taḳsīm etdiğimiz vecihle ḳaryeler bu cibālıñ eteklerinde, vasaṭlarında, ve ḳısman zirve ve oña yakın aḳsāmda bulındıḳlarından ḫaṭṭ-i bālālardan geçen bir seyyāḥ bulındığı mevḳiᶜiñ ṭarafeynindeki ḳurāyı ḳuş baḳışı seyr eder. Ḫaṭṭ-i bālā üzerinde olduḳca müsāᶜid yaylalar vardır. Ḥayvānāta merᶜā ḫidmetini īfā eyler, sāḥile yaḳınlaşdıḳca zemīn daha ziyāde faḥmīyet-i kilsīli ve eñ sāḥil ve mecrālar cıvārında ṣalṣāllı ṭopraḳdan mükevvendir. Bu ṣoñ ḳısımda ṭuġla ve kiremīd ocaḳları çalışır.

Şarḳdan ġarba doġrı enhārı taᶜḳīb edelim:
Bafranıñ Alaçam nāḥiyesiyle ḫaṭṭ-i fāṣıl teşkīl eden **„Celevit“** çayı: Beşçam tepeleriniñ eteklerinden nebeᶜān ve ṣaġdan ṣoldan inżimām eden şuᶜabāt-i tālīye ile birikerek Köyliaġzı ḳaryesini ṣolında bıra-ḳaraḳ Celevid nām mevḳiᶜde deñize dökülür. Bu çayıñ mecrāsı ġayr-i muntaẓam ve ṭaşlıḳ oldıġı gibi ṣuyıda mebẕūl olmadıġından mecrā tevsīᶜe elverişli değildir. Ṭūlı 30 kilometre taḫmīn edilmekdedir.

Ḳanlı çay: Ṣoġuḳ daġ, Uzunöz daġlarınıñ eteklerinden nebeᶜān ve cānibī şuᶜbeler alaraḳ cenūbdan şimāl-i şarḳīye müteveccih ve Çayaġzı mevḳiᶜinden deñize munṣabb olur. Mınṭıḳanıñ eñ zengin bir ṣuyı olub menbaᶜına yaḳın ve Yeñicumᶜa mevḳiᶜinde ilkbahārda geçid vermediği günler vāḳiᶜdir.

Mecrāsı ṭaşlıḳ ve baᶜż-i maḥallerinde ḳayalıḳlar içinden cereyān eylediğinden seyr-ü-sefāʾine elverişli olamaz. Ṭūlı ḳırḳbeş elli kilometre taḳdīr ediliyor. Munṣabbında ḥarbdan muḳaddem ṣu ḳuvvetiyle müteḥarrik keraste fabriḳası mevcūd iken el-yevm ḥāl-i ḫarābīyet ve ᶜaṭāletdedir.

Ṣarmısaḳ: Uzunöz ve Çişangīr yaylalarınıñ eteklerinden nebeᶜān ve güẕergāhından ufaḳ tefek şuᶜabāt-i cānibīye aḫẕ ederek şimāl-i şarḳīye teveccühle Yayḳıl ve Dereyeri mevkiᶜleri arasında deñize dökülür. Buda dīğerleri gibi yazın azaldıġından ve mecrāsı ḳısmen çoraḳ ve ṭaşlıḳ oldıġından seyr-ü-sefer ḳābilīyeti yoḳdır. Ṭūlı elli kilometre taḳdīr olunıyor.

Ḳırḳgeçid çayı: Bu ṣuyıñ yataġı ziyāde münḥanī ve yılanḳāvī oldıġından bu isim verilmiş. Ṣarnıc ve Ṣorḳun eteklerinden nebeᶜān ve ehemmīyetsiz baᶜż-i şuᶜabāt alaraḳ Çaḳıroğlı iskelesi cıvārında deñize munṣabb olur. Bu ṣuyıñ menbaᶜına yaḳın bir keraste fabriḳası mevcūddır. Ṭūlı otuzbeş kilometreye yaḳındır.

Baṭaḳlıḳ:
İşbu ṣular feyeżān zamānlarında rüsūbāt-i ᶜużvīyeyi ve balçıḳlı ṭoprağı naḳl ederek müstevī aḳsāmda terk eylemekde olduḳlarından geri ḳalan ġayr-i ḳābil-i nüfūẕ kil üzerinde baṭaḳlıḳ teşekkül eyler. Bu aḳsām ise aᶜẓamī sekiz kilometre murabbaᶜı bir saṭıḥ bile işġāl eylemiyeceği cihetle yerine göre tefcīr veya mecrāyı iṣlāḥ ve taᶜmīr veya teybīs gibi ᶜamelīyelerden birine mürācaᶜatla ve ahālīniñ ġayret ve saᶜyından bi'l-istifāde pek az maṣrafla ṣıḥḥat içün żararsız bir ḥāle ifrāġ edilebilir.

Maᶜden:
Arāżīniñ derece ve neviᶜ-i maᶜdenīyeti ḥaḳḳında ḥafriyāta ve keşfiyāta müstenid bir maᶜlūmāta ṣāḥib değilsekde Yaᶜḳūblı Yurṭan ḳaryeleriniñ cıvārında ve daha sā'ir baᶜż-i maḥallerde maᶜden kömüri ās̱ārına teṣādüf olunmaḳda imiş.

Nebātāt:
Ormanlarda ṣaḥlebīye faṣīlesine ᶜā'id ṣaḥleb, çiydem, dātūrā istramoniyum, serḫasī mü'enneṣ, gelincik, papatya, ḳaṣabalarda ıḫlāmūr gibi nebātāt ve eşcār mevcūddır.

[3] **Zirāᶜat:**
Sāḥilī ḳısımlarda buğday, arpa, mıṣır, noḫud, baḳla, faṣulya, mercimek gibi ḥubūbāt ve tütün, dāḫilī ve cibālī ḳısımlarda bunlarla berāber daha ziyāde, siyez, gernik, keten, faṣulya zerᶜ edilir. Senevī birkaç yüz ṭon mıṣır, buğday, arpa ve tütün iḫrāc edilir. Ḳaṣabanıñ eṭrāfı bāğlarla muḥāṭ olub evvelce mevcūd olan üzümlere ᶜāriż olan Filoḳsera ḫastalığından bugün bāğçeler ḫarāb olmuş, ancaḳ incir, dut, nar, elma, armud, ḫurma, erik, ḳızılcıḳ, şeftali ve sā'ire gibi es̱mār yetişmekde ve bu da iḥtiyāc-i maḥallīyi te'mīn eylemekde bulunmışdır.

Ḥayvānāt-i ehlīye:
Gerzeniñ ṭavuḳ ve ḫorosları herneḳadar bir ḳıymet ve maᶜrūfīyet-i ḳadīmeyi ḥā'iz iseler maᶜa'l-esef bu gün bu cinsiñ nesli inḳırāż bulmaḳ üzeredir. Kuş ḥayvānātından dīğerlerine rağbet büyük değildir. Yumurṭacılıḳ ciddī bir ṣanᶜat ve kār te'mīn eylemekde ve beherinde 1440 yumurṭa bulınan ṣandıḳlardan bir haftada 25 - 50 ṣandıḳ iḫrācāt yapılmaḳdadır.

Ḥayvānāt-i vaḥşīye:
Ḳışıñ dağlarda ḳurd, çaḳāl, yaban ṭomuzı, ayı, tilki ṣayd ederler. Yaban ṭomuzları zerᶜīyāta, bi'l-ḫāṣṣa mıṣıra büyük żararlar īrāt eylemekdedir. Bu sebebden geceleri tarlalarda ṣabāḥa ḳadar teraṣṣud ederler. Av zamānı ḳışın köyliler müctemiᶜan dağları ṭarama ūṣūlı arayaraḳ ve bir kısmıda geçid noḳṭalarında tüfenk tetikde oldığı ḥālde ürkütmiş oldıḳları avı telef ederler. Porṣuḳ, ṣamur, gelincik gibi ḥayvānāt daḫi mevcūd isede nādiren teṣādüf edilir.

İkinci ḳısım

İḳlīm:
Gerze ḳażāsı Asya-yi Türkī taḳsīmāt-i ṣıḥḥīye derecesi olan +15° ve +25° ḫuṭūṭ-i mütesāvīyü'l-ḥarāreleri arasında kā'in olmaḳla berāber fuṣūl-i arbaᶜanıñ müddet-i devāmına ve iḳlīminiñ gösterdiği ve bizim 335 - 336 senelerindeki tedḳīḳātımıza naẓaran daha ziyāde muᶜtedil eḳālīm meyānında taᶜdāda şāyān görülmekdedir.

Mevāsim:
Ḳış: Kānūn-i evveliñ ġāyesi ve baᶜżan Kānūn-i s̱ānī haftası mebdeᶜdır. Mārt nihāyetine ḳadar devām edüb takrīben yüz gün imtidādı vardır. Köyliler bu mevsimde ḳar tipilerine maᶜrūż ḳaldıḳlarında incimāda dūçār olurlar. Her sene birḳaç kişi müncemiden vefāt eylemekdedir.

Bahār: İlkbahārda Nīsān mebde' ve Ḥazīrān ṣoñı ġāyedir. 92 gün devām eder. Bu mevsimde baᶜżan ḳırḳ gün ḳadar ṣıra ile birer mıḳdar yaġmur yaġar. Baᶜżanda tamāmen ḳuraḳ giderek zirāᶜata ẓarar tevlīd eder. Yaġmurlar geçen senelerde ve ātīde ᶜarż edileceği vecihle ḥarāret-i havāᶜīyeniñ toḫumı düşkün bir derecede olunca ruṭūbet-i nısbīye derecesi artaraḳ kışdan sürüklenüb gelmiş olan āfāt-i ri'evīye kesb-i vaḫāmet eyler.

Ḥazīrān Eylūl evāsıṭına ve baᶜżanda ġāyesine ḳadar inkişāf eden yaz 80 - 89 günden fażla devāma mālik değildir. Sāḥilī ve vasaṭ ḳısımlar ḥaṣādlarını bu zamānda idrāk ederler.

Eylūl ortasıyla ġāyesinden başlayan ṣoñbahār Kānūn-i s̱ānīye ḳadar devām eder. 100 - 110 gün taḥmīn edilir. Seneniñ buraca eñ uzun mevsimidir. Yazı geç giren cebelī ḳısımlarda [4] ḥaṣād mevsimini teşkīl eyler. Ve baᶜżanda Eylūl ve Teşrīnlerde başlayan sürekli yaġmurlarla ḥaṣād vaḳti gecikerek köyli maḥṣūlını iḳtiṭāf edemez. Yıġını yaġmur altında terke mecbūr ḳalırlar.

... ...:

Seneler *)	Ḳış			İlkbahār			Yaz			Ṣoñbahār		
	vu.	aṣ.	aᶜ.	vu.	aṣ.	aᶜ.	vu.	aṣ.	aᶜ.	vu.	aṣ.	aᶜ.
335	-2	0	-7	+6,4	+2	+15	+28	+24	+40	+10	+8	+12
336	-1	+2	+4	+9	+5	+18	+27	+23	+38	+12	+10	+20

*) vu. = vusṭā
aṣ. = asġarī
aᶜ = aᶜẓamī

Derece-i yübūset ve ruṭūbet:
Ruṭūbet-i nısbīye derecesi ancaḳ mıḳyās-i ruṭūbet ile ḳābil-i taḳdīr bir keyfīyet isede yine tedḳiḳātımıza istināden beyān eyleriz ki: Ruṭūbet-i nısbīye ḳışın muᶜtedil, ilkbahārda meşbūᶜ, yazın öğleden evvel ṭoḳuza ḳadar ziyādece ve ṭoḳuzdan ṣoñra yābisīdir. Ṣoñbahārda ise ṣabaḥları daha ḫafīf ve faḳaṭ ikindiye doğrı yine meşbūᶜ ve aḳşam üsti lodos vezānıyla tamāmen yübūset kesb eder. Dereceʾ-i ḥarāretiñ yüksekliği ile mesbūṭan mütenāsib olan ruṭūbet-i işbāᶜīye keyfīyetini māddī ṣūretde teṡbīte ḫidmet eden ālāt-i ṭıbbīyeden eṭibbāya tevdīᶜi dereceʾ-i vücūbdadır. Mesrūdāt-i sālifeye naẓaran ilk ve ṣoñbahārlarda bu soğuḳ ruṭūbet romatizmalar iḥżār ve tevlīd etmekle berāber ẕātü'l-ḳaṣabāt, ẕātü'r-riʾe, ẕātü'l-cenb ve tederrün-i riʾe gibi emrāżı alevlendirir.

Rūzgār: Ḳışın ve ḳısmen ṣoñbahārda ḳażāda ġāyet şiddetli bir rūzgār vežān olmaḳdadır: Lodos! Lodosıñ dereceʾ-i şiddeti fırṭına derecesi olan s̱ānīyedeki 20 - 25 metre sürᶜatıda tecāvüz eyler. Limandaki çifte demirli yapılara demir ṭaratır. Bu serīᶜ havā cereyānları ruṭūbet-i nısbīyeyi belᶜ eylemekle berāber ḳışın büyük ṣoğuḳlar tevlīd eder. Ḳar tipileri ve incimād vaḳᶜaları bu sebebden taḥaddüs̱ eyler. Faḳaṭ ilkbahārda havā-yi nesīmīdeki ṣu nicārı tekās̱üf eylemekle berāber rūzġārlar hemān maᶜdūm ḥükminde ve ḥarāret-i havāᶜīyede taḥavvül ġayr-i maḥṣūṣ derecede bulunmaḳla taḥaṣṣul eyleyen sis ruṭūbet-i nısbīyeyi bakterīye ṣoğuḳ algınlıḳlarını ve bundan mütevellid ḥastalıḳları iḥżār eyler.

Yazın: Gündüzleri gündoğdısı ve ḳarayel kertelerinden münāvebe ile vizān olur. Ṭoprağı ve havā-yi nesīmīyi tecfīf eyler. Bu sebebden havā-yi cevvī ṭoḳuzdan ṣoñra daha tāze ve yābis ve taṭhīr edilmiş bir ḥāldedir. Gece ise saṭıḥları taşaᶜşuᶜ-i ḥarāretle ṣoğuyan cisimleriñ neşr etdikleri ḥarāret ve vādīler boyınca ẓuhūr eden muᶜtedil ve latīf [dışarı rūzgārları] rūzgārları tevlīd eyler.

Miḳyās-i maṭar derecesi:
336 senesi ṣoñbahārında ḳırḳyedi gün yağmur yağmış ve bi'l-mesāḥa 540 milimetre bir s̱iḫan peydā eylemişdir. Maᶜa mā fīh bir senede ḳażāya düşen yağmur miḳyās-i maṭarla ölçülürse vusṭā olaraḳ 1000 ilā 1600 milimetreyi muḥāfaẓa eyler.

[5] **Miyāh-i maᶜdenīye:**
Gerze ḳaṣbasına 5 - 7 kilometre mesāfede iki üçyüz metre mürtefīᶜ olan Acıṣu ḳaryesi dāḫilinde bir maᶜden ṣuyı mevcūdır. Bu ṣu beyne'l-ahālī [Acıṣu] nāmıyla maᶜrūfdır. ᶜAṣır-dīde ḳavlağan ağaçlarınıñ cüẕūrı öñinde bir metre ḳaṭrında ve bir buçuḳ metre derinliğinde ᶜādī dīvār ṭāşlarıyla örülmiş olan bir ḳuyunıñ ḳaᶜrından ve cıdārlarından nebeᶜān eder. Bu ṣu yarım ᶜaṣırdanberi burada ve bu ḥālde nebeᶜān eylemekde imiş. Yazın ve ḳuraḳ mevāsimde dereceʾ-i ḥarāreti +11° - +15° rāddesinde ziyāde ḥāmiż-i ḳarbon ġazını ḥāvīdir. Menbaᶜ, yağmur ve irtişāḥ ṣularıyla ṣulandığında ṣuyıñ ḥāmiżīyet ve ġazīyet ḳuvveti azalır. Ḥarb-i ᶜumūmīden evvel cıvār ḳażā ve livālardan tebdīl-i havā maḳṣadıyla buraya żuᶜafā ve nuḳahā gelmekde ve şimāl rūzġārlarına maᶜrūż olan bu tenhā Çerkes köyinde bir müddet ārām ve iktisāb-i ḳuvvet ederek ᶜavdet

eylemekde imişler. Gerze ḳaṣabasında serin ṣu olmadığından yazda ṣucılar imtizāclı taḫta fūçīlar içinde ḳaṣabaya naḳl ve fürūḫt ederler. Ṣu hāżım, miᶜdevī ve müferraḥdır. Ve ḫalḳca muᶜteberdir. Buradan ṣuyı bir metrelik bir değnek ucına ṭaḳılmış olan taḫtadan bir yalaḳ ile çeküb içdikden ṣoñra yere bıraḳırlar. Ṣu yevmīye 100 litre ḳadar ṣarf edilebilir. Gece terāküm eyler. Ḳuyunıñ üsti her neḳadar şemsīyevārī bir tertībātla örtülmiş isede toz, ṭopraḳ, yapraḳ ve sāᶜire ānḳāż-i ᶜużvīyeye açıḳdır. 335 senesi Dersaᶜādetde ṣūret-i ḫuṣūṣīyede taḥlīl etdirerek istiḥṣāl eylediğim rapor ṣūretini ber vech-i ātī ᶜarż ederim:

Ṣu muᶜāyenesi raporı:

Kīmyāger
Ḫulūṣī ᶜAzīz
Ṣıḥḥīye müdīrīyet-i ᶜumūmīyesi kīmyāḫānesinde
Numero 1744:

Berrāḳ manẓarada, mılḥī lezzetde ve serbest ḥālinde ġaz ḳarboniği ḥāvī olan işbu maᶜden ṣuyı +100 derece᾽-i ḥarāretde 3,925 ġram ḫülāṣa᾽-i yābis terk etdiği ve pek cüzᶜī mıḳdārda ḳlorsodyum ile s̱ānī faḥmīyet ḥālinde kils, magnezi, ḥadīd-i alumini, sud, potas ile es̱er sīlīs iḥtivā edüb ḥāmiżī᾽-i ḳalevī maᶜden ṣuları evṣāfında oldığı bi'l-muᶜāyene tebeyyün eylemişdir.
1 Nīsān 335 kīmyāger
Ḫulūṣī ᶜAzīz

Bu ṣuyuñ alt eteklerinde daha az mıḳdārda olmaḳ üzere daha ḫafīf iki ṣu mevcūd isede şayān-i istifāde değildir. Ḳażā dāḫilinde ḳaplıca yoḳdır.

[6] **Üçinci ḳısım**

ʿUmūmī nüfūs,ʿırḳ ve dīn üzerine nüfūs taḳsīmātı:

ʿAşāʾir:
Gerze ḳażāsı dāḫilinde göçebelikle yaşayan ahālīʾ-i aṣlīye yoḳdır. Faḳaṭ Vezīrköpri ḥavża ṭaraflarında ḳışlayan göçebeʾ-i ʿacem muhācirleri yazın çay vādīlerinde ḫayme-nişīn oldıḳları, buralarda ḥayvānāt-i feresīye otlataraḳ tırampa etdikleri ve baʿżılarınında civār çiftliklerde gündelikci olaraḳ çalışdıḳları görülmekdedir. Göçebeʾ-i ʿacem muhācirleriniñ eks̱erīsi ḥīlekār oldıḳlarından göçlerini ḳaldırdıḳları es̱nāda götirebildikleri ḥayvānātıda aşıraraḳ ṣavuşurlar; ve āḫir ḳażālarda bunlarıda değişirler, değişdirirler.

Lisān-i ʿumūmī:
Türkcedir. Şīveʾ-i lisān baʿż-i farḳlarla İstanbul lehcesinden çoḳ uzaḳ değildir. Kelimāt ve maṣdar ṣoñlarında ġalīẓ telaffuẓ yoḳdır. Geliyorum geliyim, gidiyorum gidiyim gibi. 93 ḥarbında ve bundan evvel iskān edilen Çerkes ve Gürciler lisān-i millīleriyle görişirler. Ve millīyetlerini muḥāfaẓaya pek sāʿīddirler. Rum köyliler eks̱erīyetle Rumcayı bilmezler. Ana dilleri Türkcedir.

Ṭarz-i telebbüs:
Şehirde: Yeknasaḳ bir ḳıyāfet-i millīye yoḳ gibidir. Eṣnāf ḳısmı uzunca bir palṭo, şalvar, fes üzerinde bir yazma veya āġābānī ṣarılı; zengince olanlar ḫurma çekirdeği şeklinde gümüş düğmeli baṣma veya pāzenden mintan, yerli ṭoḳuma bezinden don, gömlek, caket, setre, panṭalon, palṭo, ābdest ve mesḥ içün ḳolaylıḳ żımnında yumuşaḳ müsellī bir ḳundıra.

Gemiciler: Caket, geniş panṭalon, iki ṭarafı düğmeli yelek, gencler bacaḳları pek dar bir zıbḳa, keçi derisinden yumuşaḳ çizme, çapula. Ḳumaşdan bir cebken, ve āl fes veya yazma ṣarılı fes, uclarında gümüş ṭokalar, ṣallanan bir bel ḳayışı ve ʿalā-l eks̱er yan ṭarafda bir ṭabancayı ḥāmil bulınurlar.

Ḳadınlar: Eks̱erīsi ʿādī pamuḳ çarşaf, ḳalın bez peçe, baṣma uzun entārī, yerli bezinden çamaşır, ḳulaḳlarda altun küpe. Boynunda dereceʾ-i s̱ervetine göre bir daneden yiğirmibeş daneye ḳadar ḥamāʾilvārī beşi bir yerde altunī Maḥmūdīye dizin altunları ve buña mümās̱il ḥilyāt, ayaḳda yarım isḳarpin ve ḳaloş ḳundıra-i ḫiristyān. Ḫiristiyān ẕükūr ve ināṡı zamāna mürāʿātkārdır.

Köylerde: Nişānlıḳ baṣma ve gelinlik içün dallı ve çoḳ renkli ḳumaşlardan māʿadāsını kendileri nesc ederler. Erkekler başlarına beyāż yüñden başlıḳ, baʿżılarında fes ve ṣarıḳ, yelek biçimi ḳısa çepken, ḳeten ṭoḳuması ḳalın beyāż gömlek, yüñ ḳuşaḳ, beyāż yāḫūd siyah yüñden ṭoḳuma don, devlāk çarıḳ. Köy ḳadınları seṭrencli māvī beyāż çarşaf, ḳırmızī peştemal, üç etekli entārī, baş örtüsi ṭaşırlar. Ḫiristyān köylilerde ḳıyāfetce bu sīstemdedir.

Ṭarz-i maᶜīşet:
Şehirde: Derece-i ḥāline göre mütenevviᶜ eṭᶜime, et, sebzevāt, balıḳ, müslimlerde cumᶜa ve eyyām-i mübāreke akşamlarında, ḫiristyānlarda ise pazar yorṭisi günleri muᶜtenā bir yemek olmaḳ üzere ḫamur işi nāmıyla ḫamurdan yapılaraḳ içerisine yüksük dolusı ḳıyılmış et, yāḫūd yoġurt ḳonılaraḳ ṭabḫ edilir. [7] Muḳaddemleri yemek daᶜvetlerinde yiğirmi ḳabdan fażla nefīs eṭᶜime iḫżārıyla misāfir aġırlanmaḳda iken bu günki maᶜīşet darlığı bu gibi müsrifāne ᶜādātıda ilġā eylemişdir. Faḳīr pek çoḳ basīṭ bir maᶜīşete ḳāniᶜdir. Sāde ṣoya faṣulya, mıṣır çorbaları, bulġur pīlāvı, mevsiminde ṣalamura edilmiş ḫamsī, usḳumru, palamuṭ balıḳları, öküz ve ḳoyun, keçi baş ve ayaḳları ve zeytūn başlıca ġıdālarındandır. Çocuḳlara [öğün] ḫāricinde yağlı, yoġurtlı ekmek verilir. Her eviñ müştemilātı meyānında bir fırūn mevcūd olub ḳadınlar evleriniñ ekmeğini haftada bir defᶜa kendileri iᶜmāl ederler. Erkekleriñ bir ḳısmı vaḳtı iyice ise öğle yemeğini çarşı fırūnında pide ve külbaṣtı yapdıraraḳ ayrı tenāvül eder.

Köyde maᶜīşet: büsbütün sādedir. Köyli ṭabīᶜaten albüminli aġẕiyeye raġbet etmez ve edemezde. Bināᶜen ᶜaleyh ṭavuḳ, yumurṭa gibi ḳıymetdar ḥāṣilātını şehirde ṣatar, kendisi mıṣır çorbāsı, arpa, siyez ekmeğiyle kifāf-i nefs eder. Mübārek günler içün ṣaḳladığı yaġı īcābında küçücik bir parçayı büyücek bir tencereye ḥaşlamaḳ ṣūretiyle ḳoḳusından istifāde teᵓmīnine çalışır. Birçoḳ köyler faḳr ve żarūretden pek acınacaḳ bir ḥāldedir. Bunlarıñ ḫāricden çoban ṣatun aldıḳları çoḳ kere maᶜa'l-esef ki vāḳiᶜdir.

Ṭarz-i iştiġāl:
Şehirde: Yemenicilik, kayıḳcılık, balıḳcılıḳ ve eṣnāf-i ᶜādīye mevcūddır. Yemenicilik burada ḳadīm ve epiyice teraḳḳī bir ṣanᶜat olub yiğirmi ḳadar ustası mevcūddır. Ṣanᶜat içün lüzūmlı mevādd-i ibtidāᶜīyeyi bir çoḳ ᶜamelīyāta tābiᶜ ṭutdıḳdan ṣoñra [her yemenici ᶜaynı zamānda debbāġda oldıġından] evleriniñ āvlūsında büyük taḫta oluklar içerisine atar, çam ḳabuġı, meşe meyvesi vesāᵓire gibi ṭaninli mevāddı içerisine ḳaynar ḥālinde ᶜilāve ederek debāġatınıda icrā eyler. Herneḳadar bu maḫlūllar deriyi teᶜtīd ve tefessüḫden menᶜ edersede ᶜużvī ḳoḳular neşrindende ḫālī değildir. ᶜUmumī bir debāġat evi açılaraḳ daha fennī şekilde şu ṣanᶜatıñ tekāmüline çalışmaḳ memlekete pek müfīd bir ḫidmet olabilir.

Balıḳcılıḳ: Her sene vaḳt-i muᶜayyenlerinde palamuṭ, usḳumrı ve küllīyetli ḫamsī ṣayd edilir. Senevī birkaç yüz fıçī balıḳ iḫrāc edilir. Tifilin nāmıyla müvellidetü'l-ḥayy ṣınıfından bir cins balıḳ ḳurşunla avlanaraḳ yağından istifāde edilir. Bu yaġ ḳalın oldıġından ṣanāyiᶜde ... müstaᶜmeldir. Senevī üçyüz tenekeden ziyāde iḫrācāt vardır.
Sanāyiᶜ-i sāᵓire şāyān-i diḳḳat değildir.

Köyde: Bir mıḳdār rencberlik, kerastecilik, ṭuğlacılıḳ işleri görilir.

Aḫlāḳ, maʿārif
Bu bāb altında şāyān-i müṭālaʿa olan bu baḥs̱i: evvelā ḳaṣabanıñ genc, kāhil, musinnlerinde, s̱ānīyen inās̱, s̱ālis̱en ḳurāda tedḳīḳ edelim:

1.- Ḳaṣabada **genclerde** taḥṣīl maḥallī rüşdīye mektebinde iḳmāl edilir. Eṣnāf evlādı, yemenici, ḳaṣāb, baḳḳāl, ḳāhveci, ḳayıḳcı, balıḳcı, ilḫ. ṣınıflarına dāḫil olurlar. Veyāḫūd devāʾir-i ḥükūmetde inḥilāl edecek ḳapucılıḳ, mübāşirlik, kātiblik gibi bir ḫidmete intiẓāren mülāzemet veya ḫāne-i pederde istirāḥat eylerler. Mekteblerimiziñ ve ḳısmen muʿallimlerimiziñ ḥāl-i ḥāżırda genc dimāğlara fikrī ve irādī bir terbīye vermekden çoḳ uzaḳ yaşadıḳlarından bu çocuḳlarda teşebbüs̱-i şaḫṣī bilgisi ṣıfırdır. 14 - 15 yaşı hedef ittiḫāz etdiğimiz bu genclerde Balḳan ve ḥarb-i ʿumūmī gibi iki mühimm müʾes̱s̱irāt-i māddīye ve maʿnevīye bāriz bir süḳūṭ-i rūḥīyi intāc eylemişdir.

[8] Bu bir ḥarb aḫlāḳıdır ki: istiḥḳār yerine ḥubb-i ḥayāt, vaṭanperverlik yerine lāḳaydīlik, fażīlet ve meḥāsin-i aḫlāḳī ise teʾmīn-i maʿīşete maʿṭūf dolanbaclı bir kār belʿ etmişdir. Maʿa hāẕā bu tālī zümrede fażāʾil-i aḫlāḳīye ile müteḥallıḳ olanlar ender değildir. Fuḥşīyāta inhimāḳ ziyāde değildir.

b.-**Kāhiller**: 25 - 55 yaş arasını hedef ittiḫāẕ eyliyoruz. Buda eşrāf ve ağniyādan ve tālī olarak vasaṭ ṭabaḳadan terekküb eyler.

Eşrāf ve ağniyā: ʿAvām içün bir noḳṭaʾ-i temerküz olan bu zümre ictimāʿī kitleye ḥayāt-i ḥaḳīḳīye yolını gösterecek bir ẕihnīyete mālik olmamaḳla berāber tārīḫī ḳadīm bir ʿanʿaneye tabʿan ḫalḳa meşʿalkeş olurlar. Köylüniñ mesāʿīsi ḳıymetiniñ yarıya tenzīlinden ḥāṣıl olan fażla temettüʿ az zamānda bāliġ oldıġı yekūn ile bu zümreyi günden güne mālan semirtir. Ḥalḳ içün lüzūmlı bir ḥareket ḳuvveden faʿala çıḳmaya nāmzed değildir. Bunlarıñ menāfiʿ-i ẕātīyeleriyle iḥtimāl-i müṣādeme mevcūddır.

Vasaṭ ṭabaḳa: Her dürlü fikir ve ḥiss cereyānlarından āzāde, āsūde bir dimāġ, taḥṣīl hemān yoḳ mertebesinde meẕemmet-i lisānīye müteraḳḳī, rehber-i ḥarekāt meşʿalcılarıdır.

c.- **Müsennler**: ʿİbādāt ve ṭāʿāt ile iştigāldan umūr-i dünyevīye ile ʿalāḳadār olmaya diḳḳatları gūyā ki müsāʿid değildir. Meʾyūs, nümīd, bī-ḥiss, ḳaṣabada ẕükūr vaḥīdatu'z-zevcedir.

2.- **Ḳadınlar**: Zevceleri üzerinde oldıḳca nüfūẕa mālik olan ḳadınlarıñ yüzde ṭoḳsanbeşi maʿārif-i ibtidāʾīye de görmemişdir. Beyinlerinde dīrī ḳöricilik ve yekdīğerleriniñ ḫuṣūṣī ve maḥremīyetleriyle ve bunları tecessüsle vaḳit geçirmesini severler. Evini iyi idāre edebilir. İḳtiṣādīyātına ḥākimdir. Ziynet altunlarına rağbeti çoḳdır. Ḫuṣūṣī destgāhlarda ḫānesiniñ giyeceğini doḳurlar.

Fuḫşīyāt yoḳ isede maḥdūd olmaḳ üzere saḥḥāḳaya mübtelā olanları mevcūddır. Tesettüre riʿāyet ziyādedir. Sinn-i izdivāc muʿayyen olmayub [ḳısmet]e bağlıdır. Muḥāfaẓa'-i s̱ervet endīşesiyle aḳrabā arasındaki evlenmeler veḳāyiʿ-i müteʿaddiddir.

3.- **Köylüde aḫlāḳ ve maʿārif**: Köyli fażā'il-i aḫlāḳīye iktisābı içün öğredici ve göstericilerden büsbitün maḥrūmdır. Bu rehberler ʿaṣrımızıñ icābına göre ḳurulmış mektebler, ve köyli başlarınıñ eridebileceği şekilde pişirilmiş serbest terbiye'-i fikrīye dersleridir. Köylide iyi aḫlāḳ naṣıl olabilir? Onıñ dimāğı ocağınıñ yanıbaşında ḳomşularınıñ içinde ve nihāyet ḥudūd temellüği dāḫilindeki vuḳūʿāt cereyānlarında aldığı tenebbüh ve inṭibāʿa bağlıdır. Bunıñ içün bugün o eski ṣāf ve metīn ḳavī secīyeli ʿırkı bulmaḳ ne ḳadar müteʿassirdir! Ḥarb seneleri ḥarb yoḳsullıḳları köyliyi eñ çoḳ ezmişdir. Bundan başḳa ṣapan başına geçen ve tarlada alın terleri döken bir rencber çocuğı cidāl-i ḥayāta gūyā ki aʿşār mültezimiyle başlar. Mültezim ḥaḳḳını fersaḥ fersaḥ tecāvüz etmiş muṭālebe ḳalḳışır, köylüniñ bunı vermemek içün ancaḳ tek bir yolı vardır: ḥīle!

Onı yalancı, sāḫtekār ve her şey'inde ʿāmilleriñ eñ başlıcası aʿşār ġavġasında uğrayacağı mağlūbīyet ve bilerek ḥaḳḳını żāyiʿ etmek ḫüsrānıdır. Bu uğurda ne ḥükūmetden nede köylüsiniñ ileri gelenlerinden bir ḥimāye ve şefḳatcıḳ bulamaz.

Köyli verās̱eten misāfir-mercīdir. Yedirüb içirmek oña bir ẕevḳdir. Ṭoprağı naẓarında eñ çoḳ ʿazīz ve sevgilidir. Bu ḥaḳīḳata mebnī köyli ġāye'-i āmālını zirāʿata ṣāliḥ olsun olmasun geniş ṭopraḳlarda rekz etmişdir. O iʿtibārla bir ḳaç dönüm tarlası olan bir ḳadın eğerçi ḳocasını ġā'ib edebilir, faḳaṭ hiç bir vaḳitde ṭul bıraḳılmaz.

[9] Onaltı onsekiz yaşında bir gence ḳırḳ, ḳırḳbeş yaşında ṭams̱ı inḳıṭāʿa uğramış bir kadın tenkīḥ edilir.

[Ocaḳ yandırmaḳ] bu köyli naẓarında memdūḥ bir şey'dir.

İşte ʿalā'l-eks̱er bu ṭarzda ḫāṭib ile maḫṭūbe beyninde ictimāʿīyātıñ lüzūmlı şarṭları aranılmadığından ʿā'ile geçimi çoḳ fena olur. Ṭalāḳ vuḳūʿātı çoḳ görülmese bile ḥürmet-i ʿā'ile ḥissi silinir ve gizli fuḥşīyāta yol açar.

Ṭaʿāvün-i ictimāʿī: Odun, keraste tedāriki, zirāʿat ve ḥarās̱et gibi işlerde birbirlerine muʿāvenetleri görilir. Faḳaṭ faraẓā bir gece eşḫāṣ-i memhuvve taʿarrużına uğrayan ḳomşusınıñ istimdādına ḳoşmaḳ içün cür'ete az mālikdir. Bundan başḳa baʿżan bir veya birḳaç köy, ḥattā baʿżan bütün bir nāḥiyeniñ köyleri bir ġurub ehl-i ḳurā cebbār, ẓālim ve māżīsi lekeli bir şirrīriñ rıbḳa'-i taḥakküminden ḳurtulamayacaḳ derecede zebūn ve ḫaracgüẕārdır. Ve bu bozġunlıḳ onları ḥükūmete mürācaʿat ve iẓhār-i şikāyetden alıḳoyarda! İş başında bulınanlar bu cihetleri yaḳīnen tedḳīḳ edemediklerinden bu maraż-i ictimāʿī köylümizi her gün bir parça daha bitirir ve sefīl bıraḳır. Müşterek bir tehlike öñinde aldıḳları şu çirkin lā-ḳaydīlik emsālıyla pek çoḳ defʿa meşhūd ki: köyliyi mutażarrır ve perīşān etdi. 93 seferinde ve ondan bir evvelki Türk - Rus ḥarbında muhāceret ṣūretiyle ḳażā ve cıvārına ilticāʾen gelenleriñ sermāye nāmına mālik oldıḳları yegāne şey hiç şübhesiz ki: ʿażalātlarındaki ʾenerji ve iḳtidārdan başḳa bir şey değildi. Bugün ise memleketde geleniñ maʿnā-yi tāmmıyla ṣāḥib-i aṣlīden çoḳ ziyāde mevḳiʿ ve s̱ervet ṣāḥibi olmışdır. Yarım ʿaṣırdaki şu inḳılāb ancaḳ milletcileriñ: bir yandan muḥāfaẓaʾ-i millīyete mutaʿaṣṣıbāne ṣarılmalarından ve dīğer ṭarafdan sekeneʾ-i aṣlīye ḥaẕerine iddiḫār-i s̱ervet içün sirḳat, ġaṣb, taʿaddī, ḳatl gibi afʿal-i zorbāzāneye ictisār etmiş olmasından taḥaddüs̱ eylemiş bir keyfīyetdir. Türk ana ṭopraġındaki refāhını azar azar kemiren bu milletciler Çerkes ve Gürcilerdir. İntiḳām ṣūretiyle ḥaşma uğrayan bir Türk yavaş yavaş irādeʾ-i müdāfaʿasını ġāʾib eder. Bu milletcileriñ bi'l-ḫāṣṣa yaşlıları ġāyet müttaḳī ve dīndār ve ḥaḳşinās oldıḳlarını ilāve edelim.

Köyli ḥükūmet emirlerine çoḳ iṭāʿatkārdır. Biraz terbiye edilmek şarṭıyla ḥayātını istiḥḳār ḥissi çoḳ derindir. ʿİlme ḥürmet ve raġbeti ziyāde olmaḳla berāber bu iḥtiyācını taṭmīn edecek vesāʿiṭ oña tehyiʾe edilmemişdir. Ḳażāda Meḥmedṭīrī, Çeçesleṭān, Aḳçekisḳażı, Yoluyeren, Abdaloğli ḳaryelerinde olmaḳ üzere idāreʾ-i ḫuṣūṣīyeniñ altı mektebi mevcūddır.

ʿAnʿanāt ve yerli iʿtiḳādāt-i bāṭıle:

1.-Ḳaṣabada: Velīme cemʿīyetlerinde çahārşanbe güni güveyiniñ yārānı damadı ḥamama götürürler. Güveyi orada ahenk ve ṭarab ile yıḳandıḳdan ṣoñra vaḳt-i maḥāllı iyi ise [Ḳuğle] tepesinde icrā edilecek olan at yarışına ḥareket ederler. Birinci, ikinci, üçinci gelen ḥayvānlarıñ boyunlarına pāzen baṣma aṣılır, aḳşama doğrı filika yarışı icrā edilir. İki, baʿżan üç filiḳa limanıñ medḫālından iʿtibāren dört beş çifte oldıġı ḥālde yarışa başlar. Sāḥil üzerinde temevvüc eden bayraġı eñ evvel alanlar birinci ʿadd olınur. Mükāfātan ṭāʾifeye ḳuzı ile bir żiyāfet verilir. Perşanbe güni aḳşam üsti gelini ḫāneʾ-i māderāneden almaḳ üzere erkekler öñde ve ḳadınlar arḳada oldıġı ḥālde [gelin almacaya] gidilir. Duʿālar oḳunur ve para ile naʿta delālet etmek üzere pirinc ṣaçılır. ʿAynı vecihle zevciñ ḫānesi öñindede bu merāsim tekrār edilir. Cumʿa gecesi yatsı namāzından ṣoñra ilāhīlerle ve ufaḳ mehtāblar ve fişenkler yaḳılaraḳ güveyi eviniñ ḳapusı öñine gelir. Duʿāgū evfā bir duʿā okur, orada mevcūd bulınan velīsiniñ elini öpdiḳden ṣoñra güveyi birḳaç yumruḳ veya çürük yumurṭa żarbeleri alaraḳ sürʿatla içeriye vāṣıl olur. ʿAlā's-semer gelen rüfeḳā ve aḳrānı güveyi ḥamama götürürler.

[10] Bu cumʿa güni ... [ṣamet] günidir. Gelin bir köşede oṭurur, yüzini żamḳlı yaldızla müdevver şekillerle tezyīn ederler. Buña gelin yazma denilir. Bu es̱nāda baʿżı hevesgār yaşlı ḳadınlarda yazılırlar. Pazar güni aḳşamı damad el öpmek içün ḳāʾin pederiñ ḫānesine çağırılır.

Keşḫāya gitmek: Birḳaç aḳşam ṣoñra baʿżan bir vesīle ile dāmādı dışarı çağıraraḳ köşe başına gizlenmiş ṭuran arḳadāşları aralarında bulınan merkebe tersine bindirirler, boynına zil ṭaḳaraḳ ḳahvelere ṣoḳarlarmış.

2.- Tevellüdāt vuḳūʿında loḫūsa görmek içün ʿāʾilesine göre katlama denilen ṣaç üzerinde pişirilerek yağlanmış yāḫūd ṭavada yağda ḳızartılmış [gözleme], bir peşkīr, birḳaç arşun baṣma veya küçük ḳıymetde bir altun hedīye ile gidilir.

3.- Bir vefāt vuḳūʿında ḳırḳ gün ṣoñra müteveffānıñ şād-i ruḥānīyeti içün mevlid-i şerīf oḳutdırılaraḳ aḥibbā ve eviddāya yemek verilir, duʿā edilir.

4.- Ṣoñ seneler içinde ḳadınlarıñ ṭarīḳat-i Naḳşibendīyeye heves intisābları görülmekdedir. Dervīş ḳadınlar: Bunlar ʿalā'l-eks̱er kāhile ve müsinnelerden mürekkebdir. Şeyḫlerinden istifāże ederek devāmlı bir ṣūretde evrād ve eẕkār-i tilāvet ederler.

5.- Emrāż-i ḥumuvvīye heẕeyānlarına ʿilel-i ʿaṣabīyeye [dışarılıḳ] nāmı verilmekde ve çareʾ-i izālesi żımnında nusḫa ve oḳuyıcılığa mürācaʿat edilir. Oḳuyıcılar ḫastayı gördikden ṣoñra marażını geceleyin incir dibinden geçmek, „göl üzerine baṣmaḳ", soḳağa ṣu dökmek gibi bir şeyʾe ʿaṭf ederler.

6.- Köylerde düğün: Davul ve zurna ile köçek oynataraḳ güreş yapılır, ve gelin getirilirken ṭarafından havāya silāḥ atılır. Cumʿa güni ḫāneʾ-i zifāf öñinde güreş ve şenlik yapılır. Tūfeği olanlar düğün eviniñ bacasını hedef ittiḫaẕ eyliyerek yüzlerce fişenk yaḳarlar ve bacayı yıḳarlar. Düğün rüsūmı budur.

7.- Ṭoruḳ durma taʿāvun-i ictimāʿī maḳṣadıyla; bir ḳış odunınıñ celbi, bir yere keraste naḳli gibi aḥvāl ẓuhūrında bir hafta evvel [imece oḳur] iʿlān eder, ve başa bir ḳoyun, keçi veya ṭana vaʿd eder. Bu iʿlāna aḥibbā ve ḳomşuları birer ḳoşum odun veya keraste ile mukābele ederler. İmeciler tamām olunca ṭoruḳ durma başlar. Dört beş çift ḥayvānıñ zorluḳla cer edebileceği büyük bir s̱iḳleti bir çifte ḳoşarlar. Çiftiñ ṣāḥibi bütün bir şiddet ve ṣavletle ḥayvānları döğmeğe başlar. Ḥayvān bu fecīʿ ʿaẕāb altında ağırlığı zorlayabilirse baḫtiyārdır. Bu saḳīm ʿādet cins-i baḳarı żaʿyıflatmaḳda oldığı gibi ḥimāyeʾ-i ḥayvānāt ḥiss-i insānīsine muğāyirdir. Nöbetle köyliler imece ve ṭoruḳ durmaya devām ederler.

8.- Köyleriñ eñ mürtefiʿ ve güçlikle çıḳılır tepelerinde bir ṭaḳım velīler medfūn oldığı ḳanāʿata bināʾen eyyām-i maḫṣūṣada bu gibi [ziyāret yerine] gidilir. Orada ekmek ve sāʾir yiyecek tevzīʿ edilir.

9.- Ḳaṣabaya onbeş kilometre mesāfede Çeçesṭān nāmıyla bir türbe mevcūddır. Bu ẕātıñ ḥażret-i Muḥammed, ṣallā'llāh ʿaleyh ve sallam, ṣıhrīyet ve ṣeḥābetiyle mütevātirdir. Köylilerce baʿż-i emrāżıñ işfāsı içün gidilir. Ẕāt-i müşārünileyhiñ nāmına iżāfe olınan köyde bir zāvīye ve bir semāʿatḫāne ve bir şeyḫ oṭası mevcūd isede eẕkār ve evrādda bulunurlar.

10.- Havā ḫastalığı: Bu ağlab-i iḥtimāl herhangi bir marażi ḥādd-i ḥumuvvīye verilen ism-i ʿumūmīdir. Böyle bir ḫastayı tazeden tazeye ve ḥarāret-i ġarīzīyesi ṣoğumamış bir ḳoyun derisine ṣararaḳ ve içerisine bolca bahārāt ḳataraḳ ḫasta içinde oldıġı ḥālde dikerler. Ḫasta boynınıñ eṭrāf-i süflīyesi ḫāric olmaḳ üzere bu ṭulum içinde ḳaç sāʿat ḳalabilirse bıraḳılır. Ġayr-i ḳābil-i nüfūẓ olan bu post içinde fecīʿ bir ṣūretde terk-i ḥayāt edenler işidilmekde oldıġı gibi, iyi olanlarda varmış! Bu gibi ʿadetler maḫv edilmek üzeredir.

[11] 11.- Baʿż-i defʿa ḳırlanġıçlarıñ geldiġi ve faḳaṭ kimseye duyurmadan ṣavuşdıġı işidiliyor. Ḳırlangıç sādd-i şeyḫī, dāʾü'z-zerḳe gibi rüʾyetden maḥrūm edici ḫastalıḳları iyi edeceġini beyān ve iʿżālı ile bir mıḳdār para çekmek ve ḫastasınıñ nāṣiyeʾ-i ṣudġīye veya cidārīyesine yapışḳan bir yaġı ilṣāḳ ederek süḳūṭından evvel ṣavuşur. Oni arayanlar bulamazlar.

Ḥalḳıñ ṭabābete ḳarşı vażʿīyeti: ġāyet müsāʿiddir. Ve günden güne bu raġbet artmaḳdadır. 17 Ḥazīrān 35de Gerzeye muvāṣalatım ve 9 Ḥazīrān 337de müfāraḳatım vuḳūʿa gelmiş ve min ḥayṣi'l-mecmūʿ 23 ay 22 gün ẓarfında ber vech-i ātī mürācaʿat ẓuhūr eylemişdir:

ʿAded-i mürācaʿat:	
Beher altı aylıḳ müddet:	Nüfūs:
335 senesi Temmuz ibtidāsından Kānūn-i evvel ġāyesine ḳadar	600
336 senesi Kānūn-i ṣānīsinden Ḥazīrān ġāyesine ḳadar	900
337 senesi Temmūzından Ḳānūn-i evvel ġāyesine ḳadar	1100
337 senesi Ḳānūn-i ṣānī ibtidāsından Ḥazīrān ona ḳadar	1300
Yekūn	3900

Bi't-ṭabʿi bu erḳāma muʿāyenāt-i ʿadlīye, münākaḥāt, jandarma, bekci, mekātib vesāʾire dāḫil değildir.

Neẓāfete riʿāyet:
Ḳaṣaba evlerinde āşıkārdır. Faḳaṭ çarşı ve maḥallāt aralarında süprünti mevcūd. Belediyeler ise lā-ḳayd ve ʿāṭildir. Çamaşırlarda ziyādece müʾeẕẕiyāt lekesi menẓūr olur. Ṣābūnı daha müşkülātla tedārik edebilen köylilerde ise temizlik aranılmamalıdır. Ṣıcaḳ külkī ṣu ile camaşır yıḳarlar. Köy evleri bütün bütün pis ve perişāndır. Divarlarda deriler, çarıḳ, altı kirli çorab ve sāʾire ve sāʾire acılı. Yorganlar siyāh, müʾeẕẕiyāt mebzūl; şayān-i esefdir ki müslümān köyleri ḫiristiyānlarıñki ḳadar temiz ve neẓāfete riʿāyetkār değildir.

Bünyevī teşekkülāt:
Vasaṭ derecededir. İri ʿaẓmī, ferṭ-i nümüvv ʿażalı ile besīlenmiş olanlar pek enderdir. Ecdādımızıñ mālik olduḳları ṣıḥḥat-i kāmile ve ġāyeʾ-i ḫayāl olan büyük ḳudret-i bedenīyelere ne ḳadar az teṣādüf etmekdeyiz. Emziceden ʿasabī, demevī, lenfevī ḳısımları görüliyor.

Dördinci ḳısım

Ḫastaḫāne
Ḳażā dāḫilinde el-yevm ḫastaḫāne mevcūd değildir. Birḳaç yataḳlı bir dispanser açılmışdır. Faḳaṭ Kuğle tepesinde bir memleket ḫastaḫānesiyle bir bāb-i rüşdīye mektebi inşāsı içün ʿamelīyāt-i ibtidāʾīyeye başlanmışdır. İnşāʿat ahālīniñ himmet ve ġayretiyle mevcūda getirilecekdir. Taḥaḳḳuḳ etmiş altıyüz lira rāddesinde teberruʿāt mevcūd olub nıṣfından fażlası taḥṣīl edilmiş ve maḥfūẓ bulınmışdır. Mevḳiʿin ehemmīyeti, nüfūs kes̱reti ve ḫalḳıñ iḥtiyāc, ārzū ve mefāhereti naẓar-i iʿtibāra alınınca şimdiye ḳadar memleket ḫastaḫānesi açılmaması cidden şāyān-i teʾessüf görilir.

[12] **Eczāḫāneler**:
Ḳaṣaba dāḫilinde el-yevm iki eczāḫāne mevcūddır. Bunlardan birisi Muṣallā cāmiʿi cıvārında, maḥkeme ittiṣālındadır. İsmi [Gerze eczāḫānesi] [Ḥācī ʿĀkif efendizāde İḥṣān] Ḳadergerde mülkīye eczācı mektebinden meʾẕūndır. Dīğeri Ṣaḥīrīye maḥallesinde kāʾin [Şifā eczāḫānesi][müteḳāʾidinden eczācı biñbaşı Fevzī] ṭıbbīyeʾ-i ʿaskerīye eczācı ḳısmından meʾẕūndır. Her iki eczāḫāne daḫi fevḳü'l-ʿāde mükemmel ʿadd edilemezler.

Mekātib:
Ḳaṣabada ẕükūra maḫṣūṣ bir rüşdīye mektebi, bir muṣallā ibtidāʾī mektebi, bir inās̱ rüşdīyesi, bir ibtidāʾī ve ḫuṣūṣī inās̱ ḳısmı ve bir dānede ẕükūr ve inās̱ Rum ibtidāʾīsi mevcūddır. Müslim ẕükūr ṭalebe mecmūʿı 320, inās̱ ṭālibe mecmūʿı 220, ḥiristiyān şākerdān ise 75dir. Ẕükūr rüşdīye mektebi limana nāẓır ve iskele üzerinde aḫşāb bir binā olub altı devre üzerinedir. Şerāʾiṭ-i havāʾīye ve żiyāʾīyesi iyidir. Vasaṭ derecede çalışırlar. Yüzde üç żaʿyıf ve faḳīrü'd-dem çocuḳ bulınur.

Muṣallā mektebi: Muṣallā cāmiʿi cıvārında bir muʿallim oṭası ve bir dersḫāneden mürekkebdir. İzdiḥām ziyādedir. Bir muʿallim, bir muʿāvin, bir mübāşir vardır.

İnās̱ rüşdīyesi: o cıvārdadır. Üst ḳatda bir büyük birde çoḳ küçük, zemīn ḳatda ise ṭavanı alçaḳ ve żiyāsı ġayr-i kāfī, dīğer bir küçük olmaḳ üzere üç oṭalıdır. Burasıda müzdaḥimdır. Teneffüsḫāne, bāğçe, ḥavlı gibi müştemilātdan maḥrūm bulunmaḳla ḥıfẓ-i ṣıḥḥat eṭfāla muvāfıḳ değildir.

İnās̱-i ibtidāʾī: İḫtiyār bir ḳadın ṭarafından istikrā edilen küçük bir oṭada ders oḳutulur.

Rum mektebi: Kilisalarınıñ ḥavlısınde kāʾin olub nisbeten vāsiʿ isede ḫarābedir. Ṭalebe arasında maḥdūd cereb vaḳʿaları görilir. Āfāt ve indifāʿāt-i efrencīye görülmemişdir.

Medāris:
Muṣallā cāmiᶜi cıvārında on ḥücreyi ḥāvī bir medrese ve bir kitābḫāne mevcūd isede metrūk ve nesyen mensīyen ḳalmaḳla Mārt 337de aḫẕ-i ᶜasker şuᶜbesi ittiḫāẕ ḳılınmış idi. Ḥayāt-i islāmīyeyi idāme ve ifāże etdirecek ᶜulemā-yi münevvereye muṣdir olmasını ḳuvvet-i ḳalb ile temennī eyleriz.

Ḫānlar:
Ḥasbü'l-īcāb merkeze inen köylileriñ beytūteti içün çarşı içinde ᶜAlī ustanıñ ḳahvesi ve dört oṭası mevcūddır. Boyābādla Gerze arasında naḳlīyāt yapan ḳaṭırcılar yazın ağaç diblerinde, ḳışın bu ḫānda ve ḳahve peyklerinde ārām ederler.

Otel:
Ṣūfīniñ oteli nāmıyla bir otel vardır. Taḥtında ḳahvesi, fevḳinde dört oṭası, yedi sekiz ḳaryolası mevcuddır. Ṣāḥibi temizliğe merāḳlıdır. Müşterī yolunmaz.

Ḥamamlar:
Merkezde iki ḥamam mevcūd olub bunlardan birisi Ḥesābcı Aḥmed āġānıñ ḥamamı ḥāl-i faᶜālīyetdedir. Dīğeri Köşk ḥamamı nāmıyla bir grup vereṣeye ᶜā'id olub ᶜaṭāletdedir. Ṣuyı olmadığından yazın şehriñ ṣuları azalır ve ḥamamcı ile Köşk maḥallesi arasında ṣu nizāᶜları ẓuhūr eyler.

Fabriḳa:
Çayları taᶜdād etdiğimiz vaḳit Çaḳıroğlı ve Çayağzı keraste fabriḳalarını ẕikr eylemiştik. Bunlardan başḳa fabriḳa ismine sezā bir mü'essese yoḳ isede çayların̄ mecrāsı üzerinde otuz ḳadar ḥizār, yaᶜnī keraste biçmek içün destereleri ṣu ḳuvvetiyle müteḥarrik tertībātlar vardır. Yüksek bir oluḳ içinden şāḳūlen süḳūṭ eden ṣu öñindeki dişli çarḫı, o daḫi bir manīvela iᶜānesiyle çelik bir destereyi taḥrīk ve gidüb gelen ḥareketi iᶜṭāsıyla kütükleri ḳaṭᶜ eyler. ᶜĀdī ṣu değirmenleri daḫi bu ḳabīl basīṭ tertibātdan ᶜibāretdir.

[13] **Mebānīniñ ṭarz-i miᶜmārīsi**:
Mebānī yüzde ṭoḳsansekiz aḫşābdır. Ḫāricen ḳaplama taḫtası maḳāmında bir metre ṭūl ve beş sāntīm ᶜarżında ince gürgen taḫtalarıyla mestūr olub baᶜżıları kireç ṣıvalı ve baᶜżıları muḫtelif boyalarla mülevvendir. Bu ebniyede hiçbir zevḳ-i selīm eṣeri görülemez. Ve bütün evler birbiriniñ müşābihidir. Birinci ḳat, ikinci ve baᶜżılarında üçinci ḳat mevcūd isede binā ḫāricen göründiği gibi olmayub ḳābil-i süknā bir veya iki oṭası mevcūddır. Bināyı büyük başlayub yarım bıraḳmaḳ ve itmāmını evlād-i ẕükūra terk etmek ᶜādet ḥükmindedir. Ḳaṣabada biñe tecāvüz ḫāne mevcūddır. Köy evleri beş on santim ṣaḫnına mālik çam ḳalaṣlarınıñ iki başları çentiklenerek birbiri üzerine bindirme ṣūretiyle vücūde getirilmiş çivisiz ḥücrelerden ᶜibāret olub ekṣerīsiniñ altında ḥayvān aḫırları mevcūddır. Ṣāḥibiniñ derece'-i ṣervetine göre dört beş oṭayı muḫtevīdir. Her oṭada bir ocaḳ ve sekiz on santimetre murabbaᶜılıḳ bir pencerecik bulınur. Oṭa żiyā ve havādan maḥrūm gibidir. Ḳaṣabada tiyatro, sinema, belediye

bāġçesi gibi mevāḳiᶜ yoḳdır. İki kārgīr cāmiᶜ ve keẕā bir ᶜadedde nā-tamām cāmiᶜ mevcūddır. Birde Rum kilisesi vardır.

Şehriñ ve köyleriñ vażᶜīyeti:
1.- Ẕeyl - 2: Ḳaṣabanıñ meżᶜīyet-i ṭabīᶜīyesi şarḳa doġri imtidād etmiş bir şibh-i cezīredir. Şibh-i cezīre deñize doġri uzandıḳca armud şeklinde incelenir. Ve on metre mürtefiᶜ bir tepe ile müntehī olur. [Köşk tepesi] şibh-i cezīre deñizden 5 - 20 metre ḳadar mürtefiᶜ, ṭarafeyni ve zemīni ṭabaḳāt-i ṣaḫravīyeden mürekkeb olub yan ṭaraflara doğrı ḫafīf versanlar ᶜarż eder.

Mebānī: Yarım aṭanıñ şimāl ḳısmında şimāla nāẓır, cenūb ḳısmında ise o ḳısma nāẓırdır. Faḳaṭ ṭış deñiz şerāʾiṭ-i havāʾīye ve telāṭum-i emvāca açıḳ oldıġından seneden seneye deñizleriñ ve ṣuların tehācümiyle sāḥil ḳısmı ṣağlam ṣaḫravī bir zemīn ḳadar nöbet benöbet yıḳılub göçmekdedir. Bu sebebden bu cihetde ḫāneler sāḥilden bir az uzaġa inşā edilmiş ve şimāl rüzgārlarına ḳarşı cebhe alınmaya pekde raġbet gösterilmemişdir. Taḳrīben otuzbeş sene evvel Köşk maḥallesinde ẓuhūr eden büyük bir yangında şehriñ üçde ikisi muḥterik olmuş ve bi'l-āḫare yeñiden yapılan inşāʾāt içün oldıḳca bir pilan gözedilmişdir. Köşk birūnından Muṣallāya ḳadar geniş bir ana cāddesi mevcūd olub ḫāneler bunıñ ṭarafeynindedir. Ve bu anacāddeye mülāḳī olanlar dīğer ᶜamūd soḳāḳlar dāḫi aṭa aṭa tefrīḳ edilmişdir. Münḥaṭṭ ḳısımda ve dereniñ ṣağındaki ḳısım ise ġayr-i muntaẓam evlerle çirkin bir maḥalledir. Gerze limanı Ḳarayel, Baṭı, Lodos rüzgārlarına ḳarşı maḥfūẓdır. Limanıñ ᶜumḳı beş metreden pekde fażla değildir. Büyük merākib-i baḥrīye barınamaz. Deñiz içinde ve burun öñinde ṭaş yığınları mevcūddır.

2.- Köyleriñ vażᶜīyeti: ᶜAlā'l-ekṡer dağ kenarlarında, tepelerde, vādī ve yamaclarda oldıġını ẕikr etmiş idik. Arāżī ᶜārıżalı cebelī tarlalar birbirinden yarım, bir iki, üç sāᶜat fāṣılalı oldıġından köyli içün ṭopraġınıñ yanı başında bulunmaḳ mecbūrīyeti ve ḥükūmetiñ ise ᶜadem-i ᶜalāḳası sebebiyle herkes istediği bir tepeye, bir ormana evciklerini yapmış, köy teşkīli ḥissini duymamış ve duyurmamışlardır.

Ḫelālar:
Ḳaṣabada: Şehir ṭabᶜīyatan versan üzerinde ve ḳanalizasyona çoḳ elverişli oldıġı ḥālde ḫelālar çuḳurlardan ᶜibāret ḳalmışdır. Yaġmurlarla berāber lağım ṣuları ṣu yollarına geçer. Çuḳurları birḳaç senede bir defᶜa yanıbaşındaki dīğer bir ḥafreye dökerler veyāḫūd deñize atarlar. Köylerde: lağım çuḳurlarıda olmadıġından eviniñ bir yanında terākūm eder. Buraya aḫırlarıñ maḥṣūlātınıda ṭaşıyaraḳ mevsiminde hepsini muḫteliṭen tarlasına döker, bu sebeble dīdān-i üsṭüvāne şehirde ve köyde eñ keṡretle şüḥūd olur.

Ḥarb-i ᶜumūmī içinde: Lağım ḳanalizasyonınıñ dereceʾ-i ehemmīyetini taḳdīr ve ḫalḳı teşvīḳ eden ḳāʾim maḳām Ṭurmuş beğ lağım inşāsına başlatmış ve ḳırḳ elli metre ḳadar vücūde getirilmişken bu ẕātıñ vücūdiyle ḳāʾim olan inşāʾāt sekte'-i taʿlīḳe uġramışdır. El-yevm belediyesinde [600] lira lağım parası mevcūd olub bir dest-i himmete muntaẓar bulunmaḳdadır.

[14] Ḳabristān mevḳiʿi ve vażʿīyet-i coġrafīsi:
Ḳaṣaba: Bir ʿaṣır evvel yüz elli ḫāneden ʿibāret olmasına naẓaran Muṣellā denilen ve el-yevm Ḥamīdīye maḥallesi dāḫilinde bulunan bir servistān-i muʿtebere ittiḫāz edilmiş ve ṣoñraları şehir vüsʿat kesb etdikce mezārlıḳ dāḫilinde maḥṣūr olub ḳalmışdır. Dā'iren mādār bir buçuḳ metre irtifāʿında bir dīvārla muḥāṭdır. Muḥīṭi bir buçuḳ kilometreden fażladır. Ve bir buçuḳ ʿaṣırdanberi emvāt ile artıḳ ḥāl-i işbāʿya gelmiş ve geçmişdir. Bundan başḳa ḫariṭada görüldiği vecihle Ḥamīdīye ṣuyı ḳabristānıñ cenūb ḳısmını ḳaṭʿ ederek meḳābir arasından cereyān eyler. Şu ṣūretle mevādd-i ʿużvīyeniñ ṣuya tereşşüḥ eyleyeceği şübhesizdir. Şehriñ on daḳīḳa uzaḳ bir mesāfesinde feraḥfezā ve ḳısmen aġaclıḳdan mürekkeb yeñi bir ḳabristān açılmış isede buraya defn edilenler ġurebā kimselerdir. Yerliler eski ḳabristānda ecdādı yanına defn olunmaḳ emelini taʿḳīb eder. Ḳaṣabanıñ havā-yi nesīmīsini meḳābir havā-yi müteġayyirinden ḳurtarmaḳ içün buraya cenāze gömülmeniñ hemān menʿi ve taʿṭīli derece'-i vücūbdadır. Bu ṣūretle şehriñ havāsı ṣāfīyet kesb eyliyeceği gibi birḳaç sene ṣoñrada mükemmel feraḥfezā bir belediye bāġçesi ittiḫāẕ edilebilir.

Ḳurā ḳabristānı: Ḥudūdlarından çoḳ ḫāricde hemān şāhiḳalarda çam, meşelik gibi aġaçlıḳlarda ġunūde'-i sükūn ve inzivādır.

Cıvārdaki baṭaḳlıḳlar, mevkiʿ, dest, esbāb, ḳurudulması:
Enhār baḥṣındada ʿarż etdiğimiz vecihle baṭaḳlıḳ taʿbīrine şāyān durġun ṣu yataḳları yoḳ gibidir. Ancaḳ mecrālar üzerindeki baʿż-i münḥaṭṭ ve vāsiʿ ārāżīde feyeżānıñ getirdiği balçıḳlı ṭopraḳ üzerinde terekküdāt-i żarrīye şühūd olur. Başlıcası Ḳanlıçay mecrāsında Yeñiḫücʿe mınṭıḳası, Çaḳıroġlı deltası ve Çayaġzı münṣabblarıdır. Vüsʿatca 5 - 8 kilometre rāddesindedir ki buda yerine göre tefcīr ... bir yataḳ teşkīli ve teybīs gibi āhālī-yi maḥallīye yardımıyla ḥayyiz ḥuṣūle gelebilir. Sāḥilde ḳaṣabaya cıvār ufaḳ dereciklerdede daha küçük rükūdet mınṭıḳacıḳları vardır. Şehirde açıḳ ḫelā çuḳurlarınıñ durġun saṭıḥlarında ve incir aġaclarınıñ kenīn yapraḳları üzerine intiżāc şebnemleri üzerinde sivri sinekler yumurṭlayabilirler. Çoḳ şükür ki: bunlar Kūlekī cinsidir. Ve Anofel Çaḳıroġlı ve Ṣarmısaḳ çayı cıvārlarında ve çay aġzında bulınur. Dīğer yerlerde bulunmaz. Ḳan muʿāyenesinde ziyāde Tersiyana ve baʿżanda Tropiḳa ʿalāmetleri müşāhede edilmekdedir.

İçilen ṣular:
Ḳaṣabada üç menbaʿ ṣuyı ṣarf ve istiḥlāk edilir. Ẕeyl-i ḫariṭa: Köşk ṣuyı, Ḥamīdīye ṣuyı, çarşı ṣuyı.

Köşk ṣuyı: Birisi ḳaṣabadan iki kilometrelik mesāfede münḥaṭṭ bir daġ eteğinden nebeʿān eyleyen, dīğeri bu menbaʿa dörtyüz metre ḳadar bir mesāfeden demir borı ile getirilerek ᶜilāve olınan [Enkel ṣuyı] nāmıyla o mevkiᶜden ẓuhūr eden ṣulardan mürekkebdir. Şu bu ictimāᶜ noḳṭasından iᶜtibāren ufaḳ bir meyl ile iᶜvicāclı bir ḫaṭṭ taᶜḳīb eyleyerek ḫorāsān ve kireçle yapılmış ᶜādī bir mecrādan isāle olınur. Bu ḳanal ṣuyıñ mecrāsındaki bāġ ve bāġçeleriñ ṣāḥibleri ṭarafından açılaraḳ birçoḳ niḳāṭda istiᶜmāl edilir. Ve ḳaṣabaya girinceye ḳadar müteᶜaddid mevāḳiᶜde şu ṣūretle televvüs̱ede dūçār olur. Bu ḥāliñ menᶜi ve müstemirren taᶜḳībi derece'-i elzemīyetdedir.

[15] Ḥamīdīye ṣuyı: Ḳaṣabaya birḳaç kilometre mesāfededir ve içinde bir ceviz aġacınıñ cüzūrına yaḳın nebeᶜān ve ᶜaynı ṭarzda bir mecrā ile isāle olınur. Mecrāsını bāġ ve bāġçeler ve şehre dāḫil oldıḳdan ṣoñra ḳabristānıñ cenūb ḳısmını bir başdan dīğer başa teşkīl eder. Binā'en ᶜaleyh bu ṣuyıñ istiḥlākı daha çoḳ maḫzūrlıdır.

Çarşı ṣuyı: Buda hemān bu derece bir mesāfeden bir bāġ içinden nebeᶜān eyler, dīğerlerindeki ūṣūl ve ṭarz ile isāle olınur ve buda televvüs̱e müsā'iddir.

Evṣāf-i ḥikemīye ve kimyevīye: Köşk ṣuyı menbaᶜında +10, Ḥamīdīye ṣuyı +11 ve Çarşı ṣuyı +10dur. Her üçide menbaᶜlarında bir tecrübe mincedine ḳonulub beyāż bir kāġıdla baḳılsa mā'imtraḳ bir renk verir. Her üçide +40°ye ḳadar tesḫīn edilse ḳoḳu vermezler. Ve keẕā ne bulanıḳlıḳ ve nede cüz'ī küllī nāḫoşluḳ es̱eride yoḳdır. Kimyevī taḥlīl vesā'iṭi olmadıġından bu ḫuṣūṣ ḥaḳḳında bir maᶜlūmāt serd edilemez. Ancaḳ her üçide ve bitaḥḳīḳ ṣoñ iki ṣu daha fażlaca olmaḳ üzere güẕergāhlarında faḥmīyāt-i ḳils teressübātı terk ederler.

Köylerde ṣular: Eks̱erīyetle menbaᶜ ve baᶜżı yerlerde dere ṣuları içilir. Menbaᶜlar ḫelālardan uzaḳdadır. Köylileriñ menbaᶜları daha temizdir. Ve evler müteferriḳ oldıḳlarından bu ṣūretlede televvüs̱ maḥẕūr olmaz.

Beşinci kısım

Emrāż-i muᶜtāde ve beledīye:
Köylerde pek münteşir, %30 ilā 60 rāddesinde dāʾi cereb ve biñde beş nisbetinde ḳerāḥ-i cild-i müşᶜar eḳtima ve hemān herkesde mebẕūl bir ṣūretde dīdān-i üsṭüvānīye ve yüzde bir iki nisbetinde dīdān-i şerītīye mevcūddır.

Emrāż-i cildīyeniñ ve cerebiñ ziyādeliği neẓāfete riᶜāyetsizlikdir. Cereb eñ evvel Ṭrabzon muhācirleriyle ve terḫīṣ olınan ᶜaskerlerle gelmiş ve edvīye teḏāvīsi görmediklerinden taᶜammüm ve intişār eylemişdir. Bu ṣūretle yüzde beş beṣrevī ve aḳıtmavī şekle münḳalib olaraḳ hele nevzād ve eṭfālda vaḫīm ıżṭırābātı müʾeddī olmaḳdadır. Meccānī ... pomaṭesi tevzīᶜi ile āfetiñ öñe geçilmesi temennīye şāyāndır. ᶜAsḳaridleriñ ziyāde görülmesi: Ṣu mecrālarınıñ lağım ve sāʾire ile televvüṡinden ve çiy sebzeleriñ eklinden, şerīṭ ise iyi pişirilmemiş luḫūm ve paṣdırma ṣuçūḳ yenilmekden taḥaṣṣul eylemekdedir. Başḳaca ṣāyān-i diḳḳat muᶜtād ve beledī ḥālinde ḥüküm süren bir ḫastalıḳ görülmez.

Mevsim ḫastalıḳları: Ḥariṭamızda tepreş renk ile gösterilen manāṭıḳda ve ḳaṣabada münferid ḥālinde ṣıtma ḫastalığı, ṣoñbahār ve ḳışda ẓuhūr eden ẕātü'l-ḳaᶜbāt, ẕātü'r-riʾe ve ḥummā-yi serīᶜü'z-zevāl şeklinde inkişāf eden ṣoğuḳ algınlıḳları, ḳış ve ilkbahārda rīʾeʾ-i mafṣalīyeʾ-i ḥādde ve müzmine müşāhede eylemekdeyiz.

Frengī ve fuḥş: Sinob ḫastaḫānesi ḳuyūdātına baḳılınca frengī %3-4 ḳadar göriniyor. Faḳaṭ bu nisbet büsbütün ḫaṭādır. Ve on beş sene evvelki teşkīlātda vażᶜ edilmiş bir nisbet olub bir yandan tedāvī, dīğer ṭarafdan eski ḫaṭālarıñ taṣḥīḥi ṣūretiyle bu nisbet biñde üçe tenzīl edilecekdir. Esāsen ḳaṣabada fuḥş ender olmaḳla berāber Yamacıḳ, Ḳarlı, Ṣarıyar, Köyliağzı gibi mınṭıḳalar ḥesābdan ḫāric ṭutılınca [16] fuḥşda hemān yoḳ denilebilir. Bel ṣoğuḳluğı ᶜaskerden, kārdan ᶜavdet eden kühūlda biñde beş nisbetinde mevcūddır.

Verem: Biñde altıyı tecāvüz eder. Ve taḥtü'l-ḥadd seyr-i taᶜḳīb eyler. İltihāb-i ᶜaẓm-i derenī, dāʾi pūt, verem-i ebyaż, inṣibāblı ẕātü'l-periṭon dereni, ḫanāzīrīyet, iltihāb-i ᶜaḳrāt-i lenfāᶜīyeʾ-i derenīye vaḳᶜalarıda bu nisbeti yükseltir. Ahalīniñ yüzde ṭoḳsanbeşi hemān aşılıdır. Ve seneden seneye yüzde onbeş mücerred aşı yapılır. Bu güne ḳadar hiçbir çiçek vaḳᶜası görmedik.

Ḳuş palazı: 335 senesinde biri vefāt, dīğeri serom zerḳiyle şifāyāban netīcelenen iki difteri vaḳᶜası ẓuhūr etdi. Vaḳᶜa tekerrür eylemedi.

Boğmaca öksürüği: Mekātib şākerdānıyla dīğer eṭfāl arasında onbeş aydanberi süᶜāl-i dīkī ḥüküm sürmekde idi. Mübtelā olan eṭfāl bi'ṭ-ṭabiᶜ tecrīd ve mektebe gönderilmekden menᶜ olunmaḳda idi. Bugün ḫastalıḳ sönmişdir.

Ḳaba ḳulaḳ: Modada olan bir ḫastalıḳ varsa o da ṣalġın ʿindeʾ-i nekefīyeʾ-i iltihābīdir. Veḳāyiʿiñ hepsi bilā iḫtilāṭ şifā ile netīcelenmişdir. Bunlarda tedābīr-i muḳtefīyeye tābiʿ ṭutulmaḳdadır.

Ḥummā-yi şibh-i tifo: vaḳʿası iki senede iki vaḳʿa görülmiş ve teşḫīṣi ḫastalıġıñ seyrine göre serīrī olaraḳ vażʿ edilmişdir.

Ḳanlı dizanteri: Eşkāl-i serīrīyesini ʿarż eden ḫastalıḳlara büyük yaġmurları müteʿāḳib teṣādüf olunmaḳdadır. Kāhillerde şifā ile eṭfālda baʿżan vefiyāt ile netīcelenmekdedir.

Sirāyet yolları: Bi'l-münāsebe dāʾimā serd etdiğimiz vecihle ṣu yolları ve ḫelā çuḳurlarınıñ şekl-i ḥāżırı sirāyet içün dāʾima büyük rol oynamaḳ istiʿdādındadır. 332 veya 333 senesi ẓarfında yazın ẓuhūr eden ve Ṭrabzon muhācirleriyle gelen ḳolera vibriyonları ṣulara ḳarışaraḳ vaḫīm bir Asya ḳolerasını meydāna getirmişdir. İki ay ḳadar devām eden ṣalġın yevmīye 5 - 15 ḳadar vefiyātı mūcib olmaḳda imiş. Bu ṣalġın eṣnāsında bi'l-ḫāṣṣa ṣularıñ māddī bir ṣūretde żabt-ü-rabṭı muḳtefī iken bi'l-ʿakis ṣu yollarını bozaraḳ ve güẕergāhdan daha ṣuyı televvüṣe müsāʿade edilerek cürṣümeʾ-i marażīyelere yol açıḳ bıraḳılmışdır. Nüfūsca bādī oldıġı telefāt ve ḥummādan ḳorḳan ḫalḳıñ ekṣerīyeti cıvār köylere ve bāġlara giderek kendilerini ḫalḳla ve dīğerleriyle temāsdan menʿ etmişler ve ṣularını ḳaynataraḳ içmek ṣūretiyle teḥlīḳeyi girībān eylemişlerdir. Bināʾen ʿaleyh ḫelā çuḳurları ve ṣu mecrāsı şu şekl-i mesrūdda ḳaldıḳca memleket dāʾimā ḳolera, ḥummā-yi şibh-i tifo, dizanteri gibi intānī ḫastalıkaların hücūmuna her zamān açıḳdır.

ʿAḳlī ʿaṣabī ḫastalıkalar: Pek nādirdir. Şāyān-i baḥṣ ve maḳāl değildir.

Cüzām-i ʿaṣabī: Çırnıḳ ḳaryesinde dört beş nüfūs-i efrāddan mürekkeb bir ʿāʾilede ʿaṣabī cüzām mevcūddır. Faḳaṭ köylilere iḫtilāṭları olmadıġından ḳorḳunc ʿadd edilmezler isede bunlarıñ daha ḫuṣūṣī bir miskinḫāneye alınaraḳ orada baḳılmaları ve ḥayāt-i ictimāʿīyeden tamāmen uzaḳlaşdırılmaları muvāfıḳ olur müṭālaʿasındayım, efendim. İki ḳıṭʿa ḫariṭa merbūṭdır.

[17] **Gerze ḳażāsı nüfūs-i ʿumumīyesini ʿırḳ ve dīn üzerine gösterir cedvel**:

	İnāṣ	Ẕükūr	Yekūn
Ermeni	207	260	467
Rum ortodoḳs	1.032	992	2.024
Çerkes	147	121	268
Gürci	175	183	358
Türk	16.614	14.324	30.938
Yekūn	17.975 !*	16.080 !*	34.055
	18.175	*15.880*	

(! : im Originaltext!)*

[18] **Nüfūs ḳuyūdātına göre Gerze ḳażāsınıñ 336 senesindeki tevellüdāt ve vefiyātı:**

		Ermeni	Rum	İslām	ᶜUmumī tevellüdāt
Tevel-lüdāt	ināṣ	0	0	125	125
	ẕükūr	0	1	165	166
	yekūn	0	1	290	291

		Ṣaġīr	Kebīr	Ṣaġīr	Kebīr	ᶜUmumī vefīyāt
Vefiyāt	ināṣ	0	1	9	46	56
	ẕükūr	0	4	12	351	367
	yekūn	0	5	21	397	423

Bu arḳām ṣıḥḥata ḳarīb değildir.

[19] **Gerze nüfūsı ḳuyūdātına göre yedi aylıḳ tevellüdāt ve vefiyāt-i ʿumūmīye grafiği:**

ʿAdedler:	336 Teşrīn-i evvel	336 Teşrīn-i s̱ānī	336 Kānūn-ı evvel	337 Kānūn-ı s̱ānī	337 Şubāṭ	337 Mārt	337 Nīsān
110							
100							
90							
80							
70							
60							
50			*unleserlich!*				
40							
30							
20							
10							
0							

Bu erḳām ṣıḥḥata hiç ḳarīb değildir!

[20] **Gerze ḥükūmet ṭabābeti ḳuyudātına göre yedi aylıḳ tevellüdāt ve vefiyāt ġrāfīġi:**

ʿAdedler:	336 Teşrīn-i evvel	336 Teşrīn-i s̱ānī	336 Kānūn-ı evvel	337 Kānūn-ı s̱ānī	337 Şubāṭ	337 Mārt	337 Nīsān
150							
140							
130							
120							
110							
100							
90							
80							
70							
60							
50			*unleserlich!*				
40							
30							
20							
10							
0							

Bu ārḳām ṣıḥḥata çoḳ ḳarībdir!

Gerze ḳażāsı , doktor Bahaʾüd-dīn.

BERICHT IV

S.[1]

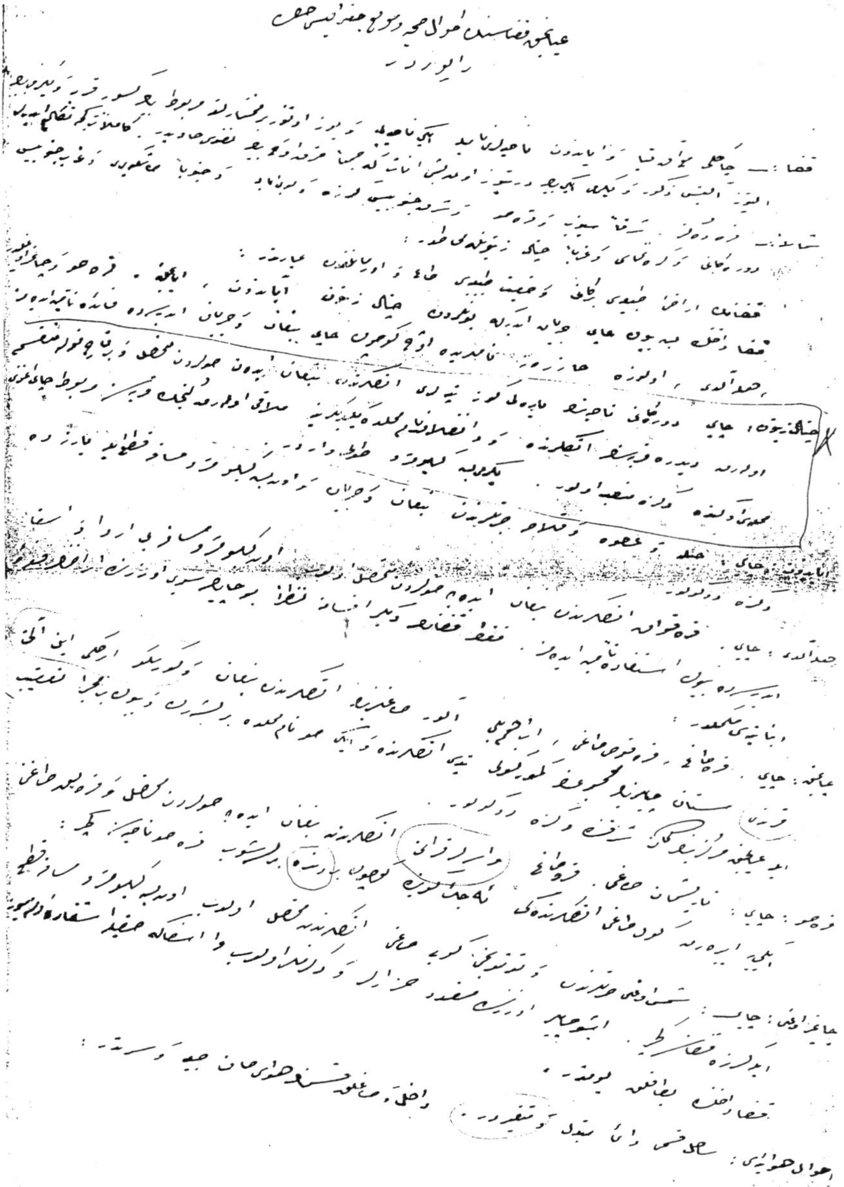

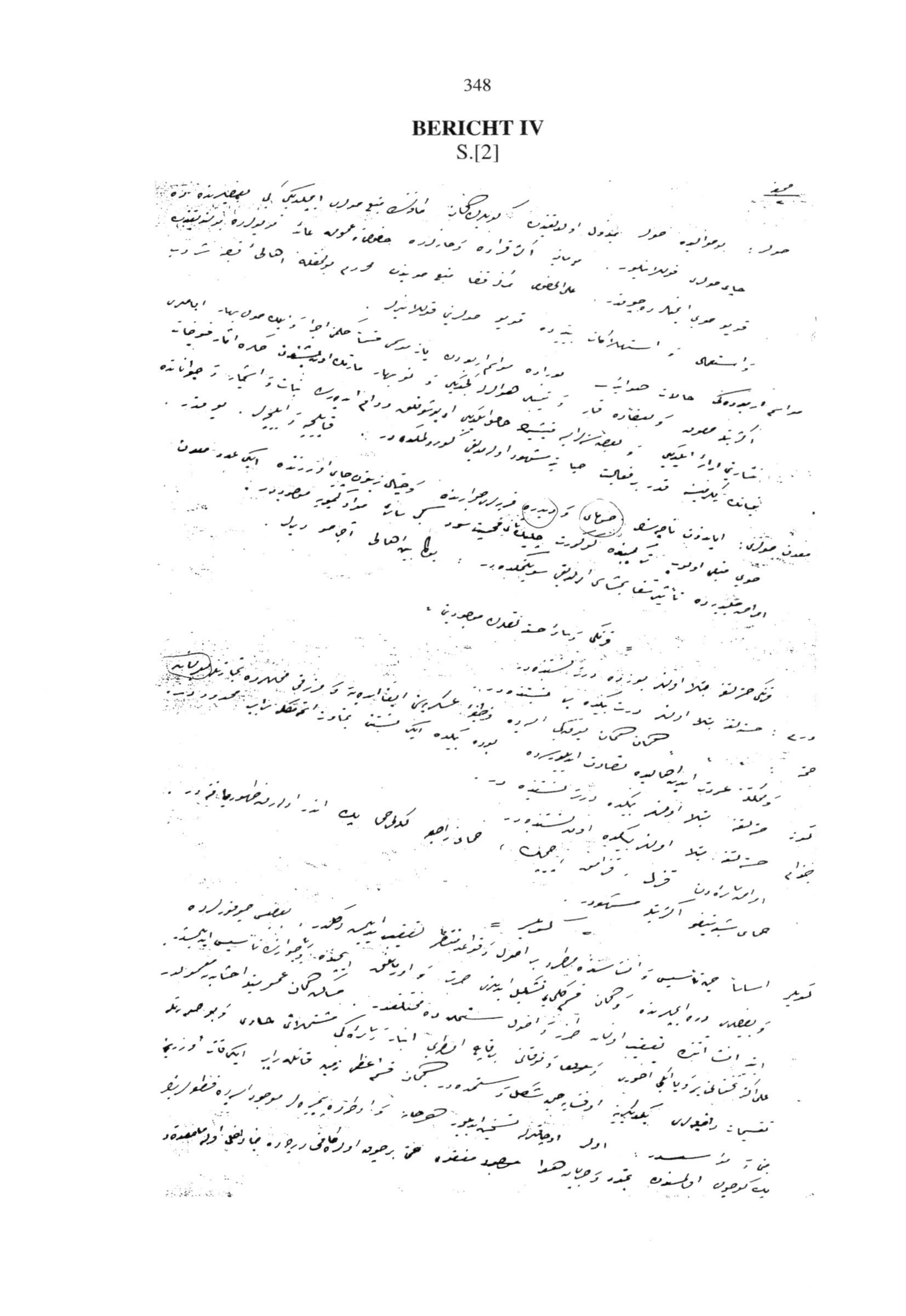

BERICHT IV

S.[2]

[illegible]

Bericht IV

[1] ʿAyancıḳ ḳażāsınıñ aḥvāl-i ṣıḥḥīye ve mevḳiʿ-i coġrafīsi ḥaḳḳında rapordır

Ḳażā:
Çañlı maʿa Aḳḳaya ve Ayandun nāḥiyeleri nāmıyla iki nāḥiyeyi ve yüzotuzbir muḫtārlıġa merbūṭ biñ küsūr ḳarye ve yiğirmibiñaltıyüzaltmış ẕükūr ve yiğirmiikibiñdörtyüzonbeşi inās̱, ki cemʿan ḳırḳüçbiñ nüfūsı ḥāvīdir. Kāmilen Türkçe tekellüm ederler.

Şimālan Ḳaradeñiz, şarḳan Sinob ve Ḳaraṣu, ve şarḳ-i cenūbīsi Gerze ve Boyābād, ve cenūban Ṭaşköpri ve ġarb-i cenūbīsi Devrekani ve Küre ḳaẓāsı ve ġarban Çatalzeytūnla muḥāṭdır. Ḳażānıñ arāżīʾ-i ṭabīʿesi bürkānī, ve vaṣfīyet-i ṭabīʿīyesi ṭaġ ve ormanlıḳdan ʿibāretdir.

Ḳażā dāḫilinde beş büyük çay cereyān eder ki bunlardan Çatalzeytūn, Ayandun, Ayancıḳ, Ḳaraṣu ve Çaġıroġlıdır. Helealdı, Obuze, Hazrene nāmlarında üç küçük çay nebeʿān ve cereyān edersede fāʾide teʾmīn edemez.

Çatalzeytūn çayı Devrekani nāḥiyesinde Yaralıgöz tepeleri eteklerinden nebeʿān eden ṣulardan müteḥaṣṣıl ve birkaç ḳola münḳasım olaraḳ Didere ḳaryesiniñ eteklerinde ve Vanḳılaḳ nām maḥallda yekdīğerine mülāḳī olaraḳ Dilencik ḳaryesine merbūṭ Çayaġzı maḥallesi öñinde deñize munṣabb olur. Yiğirmibeş kilometro ṭūlı vardır.

Ayandun çayı Cile ve ʿAṣve ve Ḳelaṣe ṣırtlarından nebeʿān ve cereyān ve onbeş kilometro mesāfe ḳaṭʿ ile Yarezde deñize dökülür.

Helealdı çayı Ḳaraḳavaḳ eteklerinden nebeʿān eden ṣulardan müteḥaṣṣıl olub on kilometro mesāfeyi irvā ve işḳā edersede büyük istifāde teʾmīn edemez. Faḳaṭ ḳażānıñ dīğer aḳsāmına naẓaran bu çayıñ seyri üzerinde arāżīniñ ḳuvveʾ-i inbātīyesi mükemmeldir.

ʿAyancıḳ çayı Ḳaraṭaġ, Ḳaraḳöṣe ṭaġı, İbrāḥīm beli, Alur ṭaġlarınıñ eteklerinden nebeʿān ve Körseked, Erikli ile Altı Ḳerendi müstebān çaylarınıñ mecmūʿınıñ Kömürköyi tepesi eteklerinde İkiṣu nām maḥallda birleşerek büyük bir mecrā taʿḳīb ile ʿAyancıḳ merkeziniñ hemān şarḳında deñize dökülür.

Ḳaraṣu çayı : Narpişman ṭaġı, Ḳaraṭaġ ve ... ḳurāsı eteklerinden nebeʿān eden ṣulardan müteḥaṣṣıl ve Ḳarabüḳ ṭaġını ikiye ayıraraḳ Gülṭaġı eteklerindeki ʾEcek köyünde küçük bir ... birleşüb Ḳaraṣu nāḥiyesine geçer.

Çağıroğlı çayı: Şemsoğlı ṣırtlarından ve Tütünci köyi ṭağı eteklerinden müteḥaṣṣıl olub onbeş kilometro mesāfe ḳaṭᶜ ile Gerze ḳażāsına geçer. İşbu çay üzerinde müteᶜaddid ḥazārlar ve değirmenler olub vā esfā ki ḥaḳḳıyla istifāde olınamıyor. Ḳażā dāḫilinde baṭaḳlıḳ yoḳdır.

Aḥvāl-i havāʾīyesi: Sāḥil ḳısmı dāʾimā muᶜtedil ve müteḳayyiddir. Dāḫilī ṭağlıḳ ḳısmıñda havāsı ṣāf, ceyyid ve sertdir.

[2] Ṣular: Bu ḥavālīde ṣular mebẕūl oldığından köyleriñ hemān ḳāffesinde menbaᶜ ṣuları içildiği gibi baᶜżılarındada çay ṣuları ḳullanılıyor. Maᶜa mā fīh eks̱er-i ḳurāda ve ḫānelerde ḫuṣūṣa ve ᶜumūma ᶜāʾid ḳuyularda bulundığından ḳuyu ṣuyı içenlerde çoḳdır. ᶜAlā'l-ḫuṣūṣ merkez ḳażā menbaᶜ ṣuyından maḥrūm bulınmaḳla ahālīʾ-i ḳaṣaba şurūb ve istiᶜmāl ve istihlāḳāt-i beytīyede ḳuyu ṣularını ḳullanırlar.

Mevāsim-i arbaᶜadaki ḥālāt-i havāʾīyesi: Burada mevāsim-i arbaᶜadan yaz mevsimi ḳısmen ḥükmini icrā ve ilk ṣonbahār eyyāmları eks̱erīyetle ṣoʾuḳ ve baᶜżanda ḳar ve tipili havālarla geçdiği ve nevbahār Mārtıñ onbeşinden ṣoñra as̱ār-i füyūżāt nis̱ārını irāʾe eylediği ve baᶜż-i seneler ise ḳışıñ ḥuṣūl eylediği uyuşuḳlıḳ devām ederek nebāt ve eşcār ve ḥayvānātda Nīsānıñ yiğirmisine ḳadar bir faᶜālīyet-i ḥayātīye meşhūd olamadığı görülmekdedir. Ḳaplıca ve ılıcalar yoḳdır.

Maᶜden ṣuları: Ayandun nāḥiyesinde Ṣumay ve Didere ḳaryeleri cıvārında ve Çatalzeytūn çayı üzerinde iki ᶜaded maᶜden ṣuyı menbaᶜı olub terkībinde kükürt, çelik, s̱ānī faḥmīyet-i sud gibi sāʾir mevādd-i kīmyevīye mevcūddır. Emrāż-i cildīyede teʾs̱īr-i şifā baḫşāsı oldığı söylenmekdedir. Buna beyne ahālī Acıṣu derler.

Frengī ve sāʾir ḫastalıḳlarıñ mevcūdīyeti:
Frengī ḫastalığına mübtelā olan yüzde dört nisbetindedir.
Verem ḫastalığına mübtelā olan dört biñde bir nisbetindedir.
Ṣıtma ḫastalığına mübtelā hemān hemān yoḳ gibi isede vażīfeʾ-i ᶜaskerīyesini īfā edene ve merzağī maḥallerde ticāretle bulınan ve memlekete ᶜavdet eden ahālīde teṣādüf edilirsede buda biñde iki nisbetini tecāvüz etmemekle berāber maḥdūddır.
Göz ḫastalığına mübtelā olan biñde dört nisbetindedir.
Cüzām ḫastalığına mübtelā olan biñde on nisbetindedir.
Emrāż-i sāʾireden ḳızıl, ḳızamıḳ, çiçek, ḥummā-yi rāciᶜe, lekeli ḥummā pek ender olaraḳ ẓuhūr-yāftedir. Ḥummā-yi şibh-tifo eks̱erīyetle meşhūddır.

Köyler:
Köyler esāsen ḥīn-i teʾsīsi ve inşāsında muṭṭarid bir uṣūl ve ḳavāʾid-i muntaẓame taᶜḳīb edilmiş değildir. Baᶜżısı çuḳurlarda ve baᶜżıları dere içlerinde ve hemān ḳısm-i küllīsi teşkīl edilen ṣırt ve ormanlıḳ içinde veyā cıvārında teʾsīs edilmişdir. Ebniye inşāᶜatında taᶜḳib olınan ṭarz ve uṣūl-i sistemlerde

muḫtelifdir. Mesākin hemān ᶜumūmīyetle aḥşābdan maᶜmūldır. ᶜAlā ekser taḥtānī bir veyā iki āḫūrı ve fevḳānī birkaç oṭayı, anbar ve sāʾire gibi müştemilātı ḥāvī ve bu ṣūretle taḳsīmāt-i dāḫilīyeleri yekdīğerine oḳşayacaḳ şekil ve sistemdedir. Hemān ḳısm-i aᶜẓamı zemīn ḳatla berāber iki ḳat üzerine mebnī ve müʾessesdir. Evler ocaḳlarla tesḫīn edilür. Her ḫāne ve oṭada pencereler mevcūd isede ḳıṭᶜalarınıñ pek küçük olmasından teceddüd ve cereyān-i havā mefḳūd ve ḥattā birçoḳ evlere kāfī derecede żiyā dāḫil olamamaḳdadır.

[3] Evleriñ ṭarz-i inşāsında ḳavāʾid-i ṣıḥḥīyeye münāfī olaraḳ naẓar-i diḳḳata alınmayan aḥvāla gelince: Evvelen: āḫūrlarıñ kāmilen ḫāne taḥtında yaᶜnī zemīn ḳatında bulınması; s̱ānīyen: ṭavanlarıñ hemān kāmilen iki metrodan noḳṣan ve alçaḳ bir ṣūretde inşāsı; s̱alis̱en: ḥarāreti lüzūmı ḳadar muḥāfaẓa edemiyecek derecede mażbūṭ bulınmaması; rābiᶜan: pencereleriñ az ve eks̱erīsiniñ pek küçük bulınması; ḫāmisen: ḫelālar maḥfūż ve mestūr ve mażbūṭ bir ḥālde inşā olınmadığından mevādd-i ġāʾiṭe dāʾimā açıḳda bularaḳ taᶜaffünāt ve tefessüḫātıñ ḫāneleriñ aḳsām-i dāḫilīyesine nüfūẕ ve intişār etmesi. Ve'l-ḥāṣıl görgüsizlik, iḥtiyāc, ẓayḳ-i maᶜīşet gibi esbāb-i māniᶜe ve żarūrīyeden ṭolayı teʾmīn ve istikmāl olınamayan dahā baᶜż-i aḥvāl ve esbāb ve birde köylilerde eñ büyük ḳuṣūr teşkīl eden nežāfetsizlik ve ṭaharetsizlikdir.

Ahālīniñ ṭarz-i telebbüsi:
Pek basīṭ ve ᶜādīdir. ᶜĀdī ve faḳaṭ yerli bezlerden maᶜmūl gömlek, iç ṭonı ve ᶜalā'l-eks̱er bunıñ üzerine bir pamuḳlı mintan ve ṭış elbīseside gördüğimiz ḳara manto bezinden ve keten bezinden maᶜmūl ẓıbḳa ve ḳıṣa bir mintandandır. Eks̱erīyetle keten zerᶜ ederler ve iç çamaşurlarını ḥattā ḫāricī elbīselerini ketenden iᶜmāl ve iksā ederler.

Köylüleriñ yüksek ṭabaḳayı teşkīl eden ağniyānıñ eks̱erīsi şalvar ve ᶜabā iksā edüb panṭolon ve çeket giymek ᶜādet edinmemişlerdir. Ahālī kāmilen fes ḳullanır. Anıñ üzerine Çengel köyi yazması ve abāyı ṣararlar.

Ḳadınlarıñ ṭarz-i telebbüsine gelince: Keten bezinden maᶜmūl bir boygömleği ve gömlek yaḳalarıyla don paçaları ibrişim işleme ve baş örtüsi altında nezīk taᶜbīr edilen müdevver uçurtma tertībinde iki ḳordon gibi uçlarına fantazi içün gümüş paralar bağlanmış ve bu nuskanıñ raʾsda tespīti içün çeñe altında bir bağı vardır. Ṣarı elvān gömlekleriñ üzerine ḳıṣaca veyā baṣmadan maᶜmūl bir mintan ve yaḳası Maḥmūdīye altunından ziynet olaraḳ bir iki iğne ile tespīt ve bu iğneye ilik taᶜbīr ederler. Ve büyücek bir şalı mintan olarak bellerine iksā ederler. Köylerde çarşaf ve tesettür içün başḳa bir elbīse giyilmez.

Ṭarz-i teġaddī:
Ahālīniñ ṭarz-i tegaddīside ṣūret-i telebbüsi gibi basīṭ ve ᶜādīdir. Et pek az yerler. Ḳażānıñ mürtefiᶜ ḳısmında havānıñ bārid ve ṭopraġınıñ ḳuvveʾ-i inbātīyeside ġayr-i müsāʾid bulınmasından ve bunlarıñ hepsinden ziyāde

görgüsizlik ve ᶜaṭāletden ṭolayı sebzevāt yetişdirilmediğinden sebzeyide az yerler. Binā᾽en ᶜaleyh ahālīniñ başluca ġıdāları tarḫana, mercimek, faṣulya çorbāları, bulġur pilavı, ayran, yoġurt, patates, ḳaymaḳ ve yumurṭadır. Faṣulya, patates ve ḳabaḳ gibi sebzevāta müteᶜalliḳ mevādd-i ġıdā᾽īye sāḥil ḳısmında yetişdirilüb dāḫilde ancaḳ üç beş ḳaryeye münḥaṣırdır. Ḳısm-i aᶜẓamīde bundan bulamaz. Köylerde meşrūbāt-i kü᾽ūlīyeye īnhimāḳ yoḳdır. Meşrūbāt-i kü᾽ūlīye istiᶜmāl edenlerde evvelce yüzde on nisbetinde idiysede ḥāl-i ḥāżırda hiç yoḳ gibidir.

Ahālīniñ teşekkülāt-i bedenīyesi:

Ahālī᾽-i ḳurāda ötedenberi ẓann ve taḫayyül edilen ṣāfiyet ve meḥāsin-i aḫlāḳīye mürūr-i irfān ve ḫuṣūṣiyle ḥarb-i ᶜumumīniñ te᾽s̱īriyle ṣüḳūṭ ve inḥiṭāṭa uġrayaraḳ bu günki köylülerde o ṣāfiyet, o nezāhet-i muḫayyele yerine ḥiyal ve desāyis, ḳanāᶜatsızlıḳ, ᶜadem-i s̱ebāt, ṭamaᶜ ve ḥadd-i iṭāᶜatsızlıḳ, ḫōdbīnlik ve ḥufūẓāt-i nefsānīye [4] ve ḥissīyāt-i şehvānīyeye şiddetle inhimāk ve temāyül dalmaṣıyla maᶜārifetsizlik yüzinden aḫlāḳsızlıḳ ve su᾽i istiᶜmāl ḳā᾽im olmışdır. İşte bu gibi vücūd-i insānıñ eñ mü᾽es̱s̱ir hādim ve muḫarribi olan su᾽-i istiᶜmālāt te᾽s̱īrātındañ ḳısmen kesbī ve irs̱ī ᶜillet-i efrencī ile maᶜlūl olmalarından ve daha birçoḳ esbāb-i ṣıḥḥīye-i sā᾽ireden ṭolayı ahālīde teşekkülāt-i bedenīyece günden güne bir inḥiṭāṭ-i tedrīcī ḥāṣıl olaraḳ şimdiki adamlar o ḳadar zinde ve ḳavīyü'l-bedenīye olmayub hemān eks̱erīyetle orta boylı ve żaᶜyıf heykellerdir. Bundan başḳa vaḳt-i zamānından evvel izdivāc edilmesidir. Te᾽essüflerle görüldiği vech ile burada daḫī gençler şabābetiñ hemān ilk devrelerinde yaᶜnī onbir ile onyedi yaşlarında izdivāc etdirilmekde ve böyle vaḳitsiz izdivāclar maḥṣūllarınıñda żaᶜyıfü'l-bünye olacaḳları şübhesizdir. Binā᾽en ᶜaleyh abā ve ecdādları gibi ᶜaẓīmü'l-heykel, ḳavīyü'l bedenīye tuvānā adamlar olmayub onda dördi ḳıṣa, onda dördi orta ve onda ikisi uzunca boyludır. Baᶜż-i ᶜā᾽ileler lisebeb-i ... ... tenāsülden maḥrūm ḳalmaḳla berāber nihāyet üçden ziyade çocuġı ber-ḥayāt bulınan bir ᶜā᾽ileye nādiren teṣādüf olınur. Eks̱erīyā ḳadınlarıñ ṭoġurdıġı çocuġı kemāle īṣāl edemiyenleri yüzde beş nisbetindedir. Çocuḳlarıñ ṭarz-i teġaddīsi basīṭdir. Üç aylıḳ oldıġı zamāndan iᶜtibāren eṭimᶜe᾽-i muḫtelifeye alışdırılıyor. Bir yaşına vāṣıl oldıġı zamān bir rencber çocuġı ebeveyniniñ yediği mevādd-i eṭimᶜeyi akl edebilür.

Çocuḳlarıñ ṭarz-i terbiyesi:

Ahālī᾽-i ḳurānıñ eṭfāle verdikleri terbiye ṭabīᶜatiyle cāhilānedir. Bir kerre köyli ebeveyin çocuḳlarına terbiye verdiklerini ve bundan ṣūret-i icrā ve idāresini ve ḥattā kendileriniñ birer mürebbiye mevḳiᶜinde bulındıḳlarını bilmezler. Eṭfāl tekellüme, eşyā ve maḥsūsata iḥāle᾽-i naẓar-i diḳḳata başladıġı zamānlardan iᶜtibāren muġālaṭaya maḥkūm edilür. Küşāyiş-i ez̠hān ittisāᶜ-i efkāra ḥādım esbāb-i istikmāl ve irā᾽e olınmaz. Kendilerine fikr-i tedḳīḳ verilmez. Ḫāricle iḫtilāṭ etdirilmez. Mütevaḥḥişāne bir ḥayāta alışdırılur. Dā᾽imā tehdīdler, iḫāneler içerisinde büyür. Eṭfāl-i ḳurā hemān aᶜẓamīyetle māhīyetine ḳarşu bīgāne olaraḳ büyütülür. Zīrā hiçbir şeyden ḫāberdār bulınmayan ve yalñız kendi muḥīṭi demek olan köyiniñ medenīyetinden ve ᶜādātından başḳa bir şeye vāḳıf olmayan cāhil bir baba ve valīdeniñ yed-i terbiyesinde yalñız iḥtiyācāt-i ḥayvānīyeleriniñ te'mīn ve istiḳmāliyle yiyecek ve içecek ve ... nıñ tedāriki ne gibi esbāba mütevaḳḳıf ise onları öğretebiliyor. Beş yaşına vāṣıl oldıġı zamān cāhil ve ʿilm-i ḥāl-i dīnīsini bile bilmekden ʿāciz muʿallim kıyāfetinde bir ṭāḳım ʿaṭale ve muġālaṭa-perdāzānıñ raḥle-i cehāletine ḥalḳa-i taʿaṣṣub ve ḫurāfātına tevdī ve devām etdirilür. Bir iki sene nihāyetinde gūyā taḥṣīl-i ibtidāsını ikmāl etmiş gibi mekteb denilen o dar muġālaṭayı terk eder. Faḳaṭ yine cāhil ecvef ve ṣıfru'l-yad bulınur. Maʿārif neẓāretinden küşād edilen gerçi ibtidā'ī mektebleriñ üçi Ayandun nāḥiyesi ve ḳurāsında ve ikisi Çañlı maʿa Aḳḳaya nāḥiye ve ḳurāsında olmaḳ üzere pek maḥdūddır. Ḳażānıñ vüsʿatına kāfī gelmemekde olub zavallı maʿsūmlar ḫüdā-yi nābit eşcār gibi büyüyüb giderler.

[5] **Ahālīniñ derece-i faʿālīyet ve ḳābilīyet-i taḥrīrleri**:
Bu ḳażā bir zirāʿat ve rencber memleketidir. Ahālīniñ yegāne medār-i maʿīşeti zirāʿat bulınması ve bā-ḫuṣūṣ ḳuvve'-i inbātīyece faḳīr olan arāżīniñ defāʿatla sürülmesinden ve sā'ir meṣāliḥ-i ẕātīye'-i mütenevvʿīleriñ īcābātından odun kömür gibi iḥtiyācāt-i ẓarūrīyelerindeñ ḳısm-i aʿẓamını bi'ẕ-ẕāt kendileri tedārik ve te'mīn mecbūrīyetinden ṭolayı bütün bir sene ẓarfında faʿālīyet-i mütemādīye ḥüküm-fermādır. Bundan başḳa ḥāṣılāt-i zirāʿīyeleriniñ iḥtiyācdan fażla olan ḳısmı li-ecli't-ticārete, ormandan getirdikleri odun, kömür, keraste gibi eşyāları Çatalzeytūn ve ʿAyancıḳ pazarlarına naḳl ve fürūḫt ve ormanlarda ṭomruḳ, ... gibi ḫuṣūmātda ṭogrıdan ṭoġrıya kendi maʿrifetiyle idāre ve īfā olınageldiğinden bütün bir sene ẓarfında faʿālīyet-i mütemādīye mecbūrīyeti taḥtında maḥkūmdırlar.

Ḳābilīyet-i taḥrīrīyeye gelince: Bu bābdaki ḥāṣṣeleride Anaṭolınıñ bilād-i sā'ire ahālīsinde görülen istiʿdād ve liyāḳatdan pek farḳlıca değildir.

Ahālīniñ ṭabābeṭe ḳarşu vażʿīyeti: Ḳażā-yi meẕkūrda frengī ḫastalıklarınıñ tedāvīsi içün ahālī'-i himmetmendān ṭarafından fevḳü 'l-ʿāde bir saʿy-i ġayretle bir ḫastaḫāne vücūda getirilmesi ve birçoḳ frengī ḫastalıġıyla maʿlūl kesānıñ ḳābil-i şifā ile netīcelenen ḫastalıḳlarınıñ kendilerinde ṭabābete ḳarşu ḥürmet ve riʿāyetlerini oldıḳca artırmışdır.

Ṭaġlarıñ irtifāʿıyla yaġan yaġmurlarıñ mīḳdārı ḥaḳḳındaki mütālaʿāt vesā'iṭ-i fennīyeniñ mefḳūdīyetindeñ taʿyīn ve taḳdīr edilemamişdir.

Ḥayvānāt-i ehlīyeden ve vaḥşīyeden ḳoyun, keçi, at, ḳaṭır, merkeb, öküz, inek ve manda ehl-i zürrāʿ altında bulınmaḳda, felāḥat ḥayvānāt-i baḳarīye ile icrā edilmekdedir. Kümes ḥayvānātı olaraḳ ṣeyrek mıḳdārda ḳaz, ṭavuḳ bulınmaḳdadır. Ḥayvānāt-i vaḥşīye olaraḳ ormanlarda ḳurd, çaḳāl, ayı, ṣanṣar ziyāde mıḳdārda bulınub ve yabanī kedi ṣeyd edilerek postları berāber ticāret-i iḫrāc edilür.

Fī 21 Temmūz sene 337
ʿAyancıḳ ḥükūmet ṭabīb-i sābıḳı: İsmā'īl

BERICHT V

S.[1]

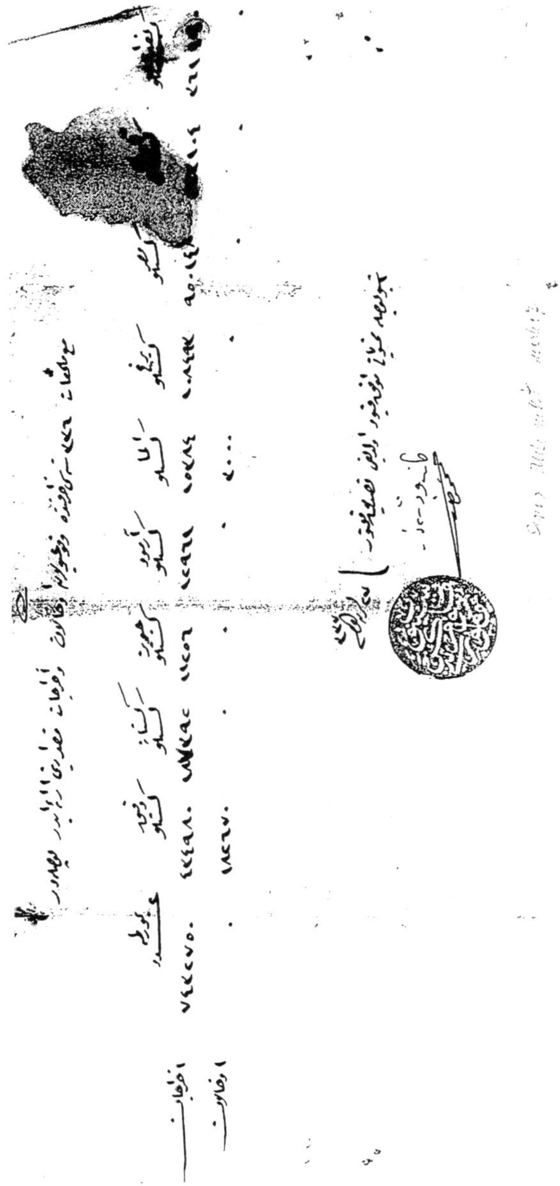

BERICHT V

S.[2]

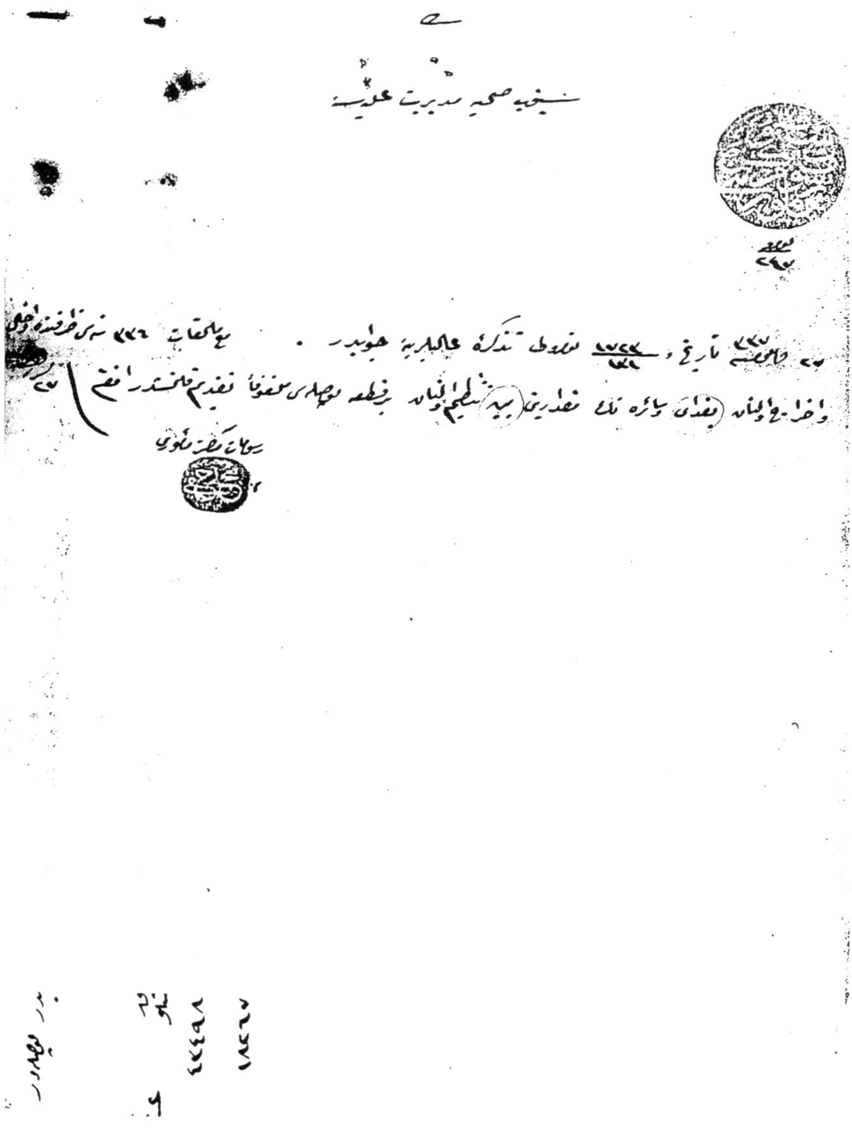

Bericht V

[1] **Ma'a mülḥaḳāt 336 senesi żarfında vuḳūʿ bulan idḫālāt ve iḫrācāt mıḳdārını irāʾe eden puṣıladır.**

	İḫrācāt	İdḫālāt
Buğday	361.190 kilo	
Arpa	5?3.104 kilo	
Mıṣır	950.148 kilo	
Pirinç	108.493 kilo	
Elma	15.384 kilo	3.000 kilo
Armud	12.961 kilo	
Ceviz	11.256 kilo	
Kestane	187.392 kilo	
Daḳīḳ	434.980 kilo	182.670 kilo
Yumurta	7.432.750 ʿaded	

İşbu puṣıla muḥteviyātı muvāfıḳ-i ḳuyūd oldığı taṣdīḳ ḳılınur.
Fī 27 Teşrīn-i evvel 337

Kātib ...
Ḥüseyin ...
(Stempel): Sinob rüsūmāt merkezi...

[2] **Sinob ṣıḥḥīye müdīrīyet-i ʿālīyesine**

(*gleicher Stempel*)
Nūmero: 247

27 Teşrin-i evvel 337 tārīḫ, 1723/131 nūmeroli tezkereʾ-i ʿālīlerine cevābdır.

Maʿa mülḥaḳāt 336 senesi żarfında idḫāl ve iḫrāc olınan buğday ve sāʾireniñ mıḳdārını mübeyyin tanżīm olınan bir ḳıṭʿa pusılası mevḳūfen taḳdīm ḳılınmışdır efendim.

27 Teşrīn-i evvel 337
Rüsūmāt merkez meʾmūrı

(Stempel) : Meḥmed ...

BERICHT VI

S.[1]

[illegible]

Bericht VI

[1] 338 senesi merkez ḳażāsınıñ ṣıḥḥī ve ictimāʿī raporı ile bir senelik mesāʿīʾ-i ʿācizidir

Merkez ile ḳurā dāḫil oldıġı ḥālde Sinob ḳażāsı 33.372 biñ nüfūs ḥāvī olan ḳażā yetmişbeş ḳaryeden ʿibāretdir. Her ḳarye 3 - 8 maḥallātdan mürekkebdir.

Ṣıtma: Ḳażānıñ hemān her ḳaryesinde ṣıtma muṣābīyetine teṣādüf edilür isede bi'l-ḫāṣṣa Sinob ḳażāsınıñ şimālinde Ṣarıḳum, Aḳsaz, Ḳaragöl nāmlarıyla maʿrūf olan ḥavālīʾ-i merzaġīde iskān eden ahālīniñ cümlesi „ḳaşkesī" ḥālinde oldıġını ve senede bu ḥavālīde bulınan ḳurā ahālīsinden tesemmüm-i merzaġīden 10 - 15 şaḫṣīyet vefāt etdiği, bundan otuz ḳırḳ sene muḳaddem bu cıvārda iskān eden ḫāne 400-500 iken ḥāl-i ḥāżırda tereddüt etmiyerek 150 ḫāneye nüzūl etmiş diyebilirim. Bu ḥavālīden uzaḳ ve mürtefiʿ bulınan mevāḳiʿdeki ḳurā ahālīsinde görilan ṣıtma ise yaz günlerinde mandalarını otlatmaḳ üzere bu merʿāya sevḳ etdiklerinden mandalarıñ bir ḳażāya maʿrūż ḳalub ḳalmadıġı ḫuṣūṣında bir ḳaç gün mezḳūr mevḳiʿde vaḳit geçirmekde iken Anofeller vāsıṭasıyla aşılanmalarından tevellüd etmekdedir. Sābıḳ ṣıhhīye müdīri muḥterem doḳtor Saʿīd beğ efendiniñ himmetiyle meclis-i ʿumūmīʾ-i livāca muḥāsebeʾ-i ḫuṣūsīye büdcesine ḳurāda ṣıtma mücādelesi ḫuṣūsında iyice bir mıḳdār taḫṣīṣāt važʿıyla Dersaʿādetden sipāriş edilmiş meccānī Sulfato ḳomprimerlerinden senede birkaç defʿalar merzaġī ḥavālīdeki ahālīye muntaẓam ve bol bol yapılan tevzīʿāt ve ṣūret-i istiʿmālları meʾmūrīn-i ṣıḥḥīye ṭarafından tefhīm edilmek üzere eski senelere naẓaran yüzde ḳırḳ nisbetinde azaldıġı ḳanāʿatındayım. ʿĀcizleri ṭarafından 338 senesi ẓarfında 330 ṣıtmalı şaḫṣa ḳaryesi heyʾet-i iḫtiyārīyesi muvācehesinde 4614 ʿaded meccānī Sulfato ḥābbı tevzīʿātı yapılmışdır. Faḳaṭ ḳurā ahālīsi ṣıtmadan ḫudā-nekerde yevmīye üç beş vefiyāt verse bile mübāyaʿa ṣūretiyle Sulfato alub istiʿmāl etmiyeceklerinide çekinmiyerek ʿarż edebilirim. Bunları şu maraż-i müzminden muḥāfaẓa etmek içün birinci çāre merzaġī maḥalldeki ahālīye şāfī, vāḳī ṣūretiyle bilā istisnā, dīğer mevāḳiʿdeki ahālīden ṣıtma nöbeti görilanlarada mebẕūl mıḳdārda meccānī Kinin tevzīʿ etmekle ḳābil olabilecekdir.

Frengī: ʿAḳla ḥayret verecek derecede ḳażāmızda frengīli şaḫış olmıyan hiçbir ḳarye yoḳ desem ṭoġrı söylemiş olurım. Yalñız frengīli olmıyan iki ḳarye vardır. Bunlardan birisi Ḳaraṣu mınṭıḳasından Veysel diğeri Ḳabalı mınṭıḳasından Aḳkiraç ḳaryeleridir.

Fuvaye olan manāṭıḳ Ḳaraṣu mınṭıḳasıdır.

Sebeb-i sirāyet: Köy ahālīsiniñ sevīyeʾ-i ʿilmīyesiniñ noḳṣānlıġından nāşī ṣıḥḥat ne oldıġını bilmediğinden bu ḫastalıġı gizlediklerinden ve birde Ḳaraṣu mınṭıḳası ile Ṭanḳal mınṭıḳası ahālīsiniñ fuḥşiyāta olan fażlaca inhimāḳıdır.

Bu ḫastalığıñ sebeb-i sirāyetine sedd çekmek ve azalmasına yegāne çāre birkaç senelik tecrübeʾ-i ʿācizānemi ṭaleb-i ʿafv ile ʿarża cürʾet ediyorum, şöyle ki:

1. Her ḳarye heyʾet-i iḫtiyārīyesi ve bā-ḫuṣūṣ her ḫāne reʾīsi böyle bir ḫastalıḳdan şübhelendikleri zamānda meʾmūrīn-i ṣıḥḥīye veyāḫūd nāḥiye müdīrlerine ve ḳaraġol ḳumandanlarına derḥāl maʿlūmāt ʿiṭā etmek mecbūrīyetinde bulındırılmalı ve maʿlūmāt alan meʾmūrīn derḥāl ḥastayı merkeze sevḳ etmelidir.

2. Ayaḳ tedāvīli ḫuṣūṣında taʿyīn edilan bir meʾmūr vaẓīfesinde müsāmaḥakārāne ḥareket etmemek şarṭıyla rükūb-i nüzūle muḳtedir olmıyanlardan ġayri maʿlūlīn-i efrencīye merkez tedāvīye müdāvim olacaḳlarını ümīdim vardır. Faḳaṭ şuda şarṭdır ki jandarma ḳaraġolları, nāḥiye müdīrleri ve āmir-i ṣıḥḥīsi ve meʾmūrīn mürācaʿatını isʿāf etsun. Birde vaẓīfe gören meʾmūrlar vaẓīfesinde tekāsül edüb etmiyeceği ḫuṣūṣında dāʾimī bir kontrol meʾmūrı elzemdir.

Verem: Beldeniñ aksām-i muḫtelifesinde verem basilleriniñ icrā-yı taḫrībāt yapdığı müşāhede edilmekde isede ḳurāda eñ ziyāde teṣādüf edilen (ʿuḳad-i lenfaviye, sillü'r-riʾe)dir. Köy ahālīsi iṣṭilāḥınca ġudde veremine ... veyāḫūd köstebek, riʾe vereminede ince ḫastalıḳ denilmekdedir. Maʿa'l-esef ḳażāmızda bāḫuṣūṣ Türk ṭopraġında vereminñ tedāvīsi ḫuṣūṣında Sanatoryum olmadığı içün bu gibi ḫastalara ḥīn-i teṣādüfde ḳuvvetli aġzīye ekli ve ṭabībe mürācaʿatı tavṣīye edilmekdedir. Merkez-i livāda „sillü'r-riʾe"den vefāt [2] edenleriñ eşyālarını taḥaffuẓḫāneye götirmek ve ḫānelerini Süblime maḫlūliyle dezenfekte etmek şarṭıyla taṭhīrāt-i fennīyeleri bi'ẕ-ẕāt icrā edilmekdedir.

Emrāż-i sārīye: Ḳażāmızda iyice bir zamāndır teṣadüf edilmemiş iken emrāż-i sārīye taḥarrīsinde sene 338 tārīḫinde Sekliyecan ḳaryesinde biribirine mücāvir iki ḫāneden birisinde iki aylıḳ bir çocuḳ, dīğer ḫānede bir sene muḳaddem Baṭumdan gelen bir ḳadın ile bir çocuḳ, ki cemʿan üç çiçek ḥastalıġından mübtelā olmış vaḳʿa devr-i tefellüs ḥālinde görüldiği ḫastalar hemān bir ḫāneye tecrīd edilerek eṣnā-yi taḥḳīḳātda filyasyonik ... ṣūretiyle Boyābād ḳażāsından gelme „ʾelekci" taʿbīr edilen seyyār Ermeni Ḳıbṭīleri ṭarafından oldığı meẕkūr Ermeniler Boyābād ve Sinob ḥudūdı olan Ṭanżīr ḳaryesinde taʿḳībāt netīcesi yaḳalanub meẕkūr maḥallde jandarma vāsıṭasıyla muḥāfaẓa edilerek merkeze hemān maʿlūmāt iʿṭā edildiği alınan emir üzerine Ermenileriñ ʿumūmīyetle eşyāları ḳazʿān dāḫilinde ḳaynatdırılub ve kendilerine ḥamam etdirildikden ṣoñra çiçek aşısı taṭbīḳ edilerek ḳaraġoldan ḳaraġola teslīmen Boyābāda gönderildiler. Sekleyecan ḳaryesindeki çiçek vaḳʿasına ḳarşu ṣıḳı ḳordon vażʿ edilerek yiğirmi iki gün meẕkūr maḥallde taṭhīrāt ve telḳīḥāt ve ḳordon teftīşliğini bi'ẕ-ẕāt īcrā eyliyerek lehü'l-ḥamd başḳaca bir sirāyete meydān verilmeden ḫastalığıñ mündefiʿ oldığını maʿa'l-memnūnīye ʿarż eylerim.

Ḳażāmızıñ nüfūs-i ʿumūmīyesi merkezde dāḫil oldığı ḥālde 33.372 nüfūsa karşı üç küçük ṣıḥḥīye meʾmūrı ve bir aşı meʾmūrı olmaḳ üzere cemʿan dört meʾmūrīn-i ṣıḥḥīyeden ʿācizleri 1.235 birinci, 4.272 ikinci, ki cemʿan 5.607 şaḫṣa çiçek aşısı taṭbīk etdiklerine naẓaran her meʾmūr kendi ḥesābına bu ḳadar bir aşı yapdığı ḥālde nüfūs-i ʿumūmīyeniñ senevī dörtde üçine aşı yapıldığı añlaşılıyor ki, her ḳażānıñ meʾmūrīn-i ṣıḥḥīyesi ciddī bir ṣūretde böyle mesāʿī gösterecek olursa livā dāḫilinde çiçek vaḳʿasınıñ ẓuhūrına meydān verilmiyeceği ḳanāʿatı tevlīd etmekderdir.

Ḳızamıḳ: Livā ve ḳurāda selīm ṣūretde ḥusūlet eden ḳızamıḳ ḫastalığıda müşāhede edilmiş isede ḳurā mekteb muʿallimleriniñ iḫbārātı üzerine üç dört vaḳʿaya gidilerek lāzim gelen naṣāyıḥ-i ṣıḥḥīye ile taṭhīrāt-i fennīye icrā edildiği.

Ḳolera: Rusyada ẓuhūr eden Ḳolera vaḳʿasından mezkūr sevāḥilden gelen merākib-i baḥrīye yolcı ve ṭāʾifeleriniñ taṭhīrāt-i fennīyeleriniñ icrāsı ve portuvar muʿāmelesi īfāsı ve aşı taṭbīki ḫuṣūṣında çand defʿalar taḥaffuẓḫāneye ʿazīmet edilerek mezkūr muʿāmelāt ṭarafımdan īfā edildiği sevḳiyāt-i ʿaskerīyede dāḫil oldığı ḥālde 338 senesi ẓarfında 476 şaḫṣada Ḳolera aşı ʿamelīyesi yapılmışdır.

Vebā: İzmir ve Dersaʿādet mūrādātına ḳarşu gelen sefāʾiniñ yolcı ve ṭāʾifelerinden aşı taṭbīḳ edil*(me?)*miş olanlara her defʿasında gemiye gidilerek seneʾ-i mezbūrede 250 kişiye vebā aşısı taṭbīḳ edilmişdir.

Bundan māʿadā ḳurāda her ḳaryeniñ ṭopoġrafya-yi ṣıḥḥīsiniñ tanẓīmi ḫuṣūṣında her ḳaryede birkaç gün ḳalmaḳ ve taḥḳīḳāt yapmaḳ üzere ʿuhdeʾ-i ʿācizine tevdīʿ edilen 31 ḳaryeniñ topografya-yi ṣıḥḥīsi bīlā mehlā maḳāma taḳdīm edildiği, ḳażāda bulındığım müddetce mekātib-i resmīye ve ḫuṣūṣīye ṭalebe ve ṭālibātına ve hicret eden ġayr-i müslim ahālīye ṭarafımdan çiçek aşısı taṭbīḳ edildiği ve ʿumūm eṣnāf murāḳabeʾ-i ṣıḥḥīyeye tābiʿ ṭutıldığı ve muġāyir ḥareketde bulınanlar ḥaḳḳındada taʿḳībāt-i ḳānūnīyeye tevessül edildiğine mebnī bir senelik rapor-i ʿācizi olub bi't-tanẓīm taḳdīm ḳılındı, efendim.

Fī 18 Ḳānūn-i s̱ānī , sene 339
Merkez küçük ṣıḥḥīye meʾmūrı
...

BERICHT VII

S.[1]

عاجلدر تحریریه

آیاس

(آباندون - توران ایلی) نامیله برناحیه

مرکزی اولمق ... مستعد ... هدألری موقعنه نقلی حقنده (١٣٣٦)

سنه‌سی مقام والایه واقع اولان استفسار اوزرینه مجلس عمومی لوائک

مذکور اجتماعنده کیفیت بالتذکر اوزمان مجلس مذکوره ریاست ایدن موقف

ذهنی بکا بالذات مشاهداتنه استناداً قضانک بواسقاری تأییراً ایله ناحیه مرکزینک

نقل ایدلمک ایستندیکی (هدألری) نک اولدقجه معمور برکوی اولمقی و نفیسده

کویلر بولمقی واحوالکه بوکویلرک استقبالده برشهر حالنی دوشونه‌جکلری

وهدألرینک بر چارشوسی، اولدقجه محفوظ بر لیمانی بولمقی وذاتاً جوارینک

کویلرک تحمیل ... سوقیاتنک بولیان واسطه‌سیله یاپیلدیغی و بوراسی ناحیه مرکزی اولورایسه

اهالیک اعانه‌سیله بر انبار و حکومت قوناغی انشاسی تأمین ایدیله‌جکنی و اعانه‌نک

قسم اعظمنی هدألرینک ویره‌جکنی بیان ایمسه و مجلسده قضایی تشکیل ایدن

عبدالقادر وادهم افندیلرک عینا ... تأیید و تصویب ایمسه ... بولنمقدر

ناحیه مرکزینک بولندیغی آباندون موقعنده هدألره نقلنه ... کانون اول ١٣٣٦

تاریخلی اجتماع اتفاقیله قرار ویرلمش و قرار واقع اداره عمومیه و ولایات قانوننک

احکامنه موجبنجه انفاذ ایدلمکله برابر کیفیت داخلیه وکالت جلیله‌سنه تقدیم

اولنمش ایدی.

BERICHT VII

S.[2]

چونکه مجلس عمومئ ولایتده صوک اجتماعده مباحثه اعضاسی علی بك طرفندن ویریلن
تقریرده : (هنداوی توحیدتک ناحیه مرکزی اتخاذینه قطعیا الویرشلی اولمادیغی
کبی مرجحه بو خصوصده — فقط محاکمه بر مصلحتدن بشقه — برچوقده
واقع اولماسه اولدیغندن و آرزوی عمومیه اصلا ناحیه مرکزینک
کالهاوه اسکی موقعنده قالمسنده بولندیغندن اهالیه بو آرزوی صدوقده فقط
ایرتسنده طولایی ناحیه مرکزی انشاسی ایچون اعانه درج ایدیله حکومتجه تقوعنی
اولان یاپیله بیلدیکی وباناءعلیه ناحیه مرکزینک اسکی موقعنه نقلیله خلقک آرزوی عمومیسنه
تطمینی تکلیف ایدلمه) و بو خصوصده اوجوار قریه‌لر هیئات اختیاریه‌سنجه
برده مضبطه تودیع اولنمشدر.
مقام ولایتجه ، اوچ سنه اول مجلس عمومینک تکلیفی و اعضالرینک تصویبی اوزرینه
اتخاذ واجرا ایدیلن بر قرارک اوچ سنه صکره بو یله بیتر بر تقریر و بر مضبطه ایله بلا
تدقیق نقضه ایدلمه موافق قانون اولمامیه مرجح و ادارهٔ عمومیهٔ ولایات قانوننک بوکبی
خصوصاتی محلی مجالس عمومیه‌لرینه تودیع ایتمسی ؛ احتیاجات محلیه‌یی دها یقیندن

Bericht VII

(Encümene verilecek)

[1] **ʿAyancık taḥrīrātı**

fī 23 Mayıs 340

2128
107

(Ḳażānıñ sāhilinde vāḳiʿ) Ayancık sāḥilinde vāḳiʿ eskiden (Ayandun - Türkili) nāḥiyesiniñ bulındıġı (Ayandun - Yaraz) iskelesiniñ bir nāḥiye merkezi olmaġa ve teraḳḳīye ġayr-i müsāʾid bulınmasına mebnī nāḥiye merkeziniñ daha müsāʾid-i teraḳḳī olan Helealdı mevḳiʿine naḳli ḥaḳḳında 1336 senesinde maḳām-i vālālarında vāḳiʿ olan işʿār üzerine meclis-i ʿumūmīʾ-i livānıñ seneʾ-i mezkūrda ictimāʿında keyfīyet bi'ẗ-teẕekkür:

O zamān meclis-i mezkūrda riyāset eden mutaṣarrıf Ẕihnī beğiñ bi'ẕ-ẕāt müşāhedātına müsteniden ḳażānıñ bu işʿārını teʾyīd ile „nāḥiye merkeziniñ naḳl edilmek istenildiği (Helealdı)nıñ oldıḳca maʿmūr bir köy oldıġını ve yaḳınındada köyler bulındıġını ve iḥtimāl ki bu köyleriñ istiḳbālda birleşmek çāresini düşüneceklerini ve Helealdınıñ bir çarşusı, olduḳca maḥfūẓ bir limanıda bulındıġı ve ẕāten cıvārındaki köyleriñ tekmīl deñiz sevḳīyātında bu liman vāsıṭasıyla yapıldıġını ve burası nāḥiye merkezi olur ise ahālīniñ iʿāneleriyle jandarma ve ḥükūmet ḳonaġı inşāsı teʾmīn edileceği ve iʿāneniñ ḳısm-i aʿẓamınıda Helealdıniñ vereceğini" beyān eylemiş ve meclisde ḳażāyı temsīl eden ʿAbdü'l-ḳādir ve Edhem efendilerde ʿaynı müṭālaʿayı taʾbīr ve taṣvīb etmiş bulındıḳlarında nāḥiye merkeziniñ bulındıġı Ayandun mevḳiʿinden Helealdıya naḳline 29 Ḳānūn-i evvel 1336 tārīḫli ictimāʿda ittifāḳla ḳarār verilmiş ve ḳarār vāḳiʿ idāreʾ-i ʿumūmīyeʾ-i vilāyet ḳānūnınıñ üçinci māddesi mūcibince infāz edilmekle berāber keyfīyet dāḫilīye vekālet-i celīlesiniñde taṣvībine iḳtirān eylemiş idi.

[2] Bu sene meclis-i ʿumūmīʾ-i vilāyetiñ ṣoñ ictimāʿında ʿAyancık aʿżāsı ʿAlī beğ ṭarafından verilmiş taḳrīrde: (Helealdı mevkiʿiniñ nāḥiye merkezi ittiḫāẕınıñ ḳaṭʿīyen elverişli olmadıġı gibi maḥallindede bu ḫuṣūṣda - ḳāʾim maḳāmıñ bir müṭālaʿasından başḳa - bir ṭalebde vāḳiʿ olmamış oldıġından ve ārzū-yi ʿumūmīdede kāmilen nāḥiye merkeziniñ kamā kāna eski mevkiʿinde ḳalmasında bulındıġından ahālīniñ bu ārzūsı ḫilāfında naḳl edilmesinden ṭolayı nāḥiye merkezinde inşāsı içün iʿāne derc edilen ḥükūmet ḳonaġınıñda el-ān yapılamadıġı ve bināʾen ʿaleyh nāḥiye merkeziniñ eski mevkiʿine naḳlıyla ḥalḳıñ ārzū-yi ʿumūmīsiniñ taṭmīni teklīf eylemiş) ve bu ḫuṣūṣda o cıvār ḳaryeler heyʾet-i iḫtiyārīyesince tanẓīm edilen birde mażbaṭa tevdīʿ olınmışdır.

Maḳām-i vilāyetce, üç sene evvel maḥallī ḥükūmetiniñ teklīfi ve aʿżālarınıñ taṣvībi üzerine ittiḫāẕ ve icrā edilen bir ḳarārıñ üç sene ṣoñra bunca temīz bir taḳrīr ve bir mażbaṭa ile bilā tedḳīḳ naḳż eylemiş muvāfıḳ-i ḳānūn olamıyacağından ve idāreʾ-i ʿumūmīyeʾ-i vilāyet ḳānūnınıñ bu gibi ḫuṣūṣātı maḥallī mecālis-i ʿumūmīyelerine tevdīʿ etmiş; iḫtiyācāt-i maḥallīyeyi daha yaḳınan [3] taḳrīr edecekleri mülāḥaẓasına maʿṭūf bulınılmaḳdan üç sene evvel bu ḳarārı veren meclisde ḫalefleri şimdi o ḳarārı ceffü'l-ḳalem naḳż etdikleri ḥālde seneʾ-i ātīde gelecek aʿżānıñ ārzū-yi ẕātīlerine göre bu seneki ḳarāra muḫālif beyān-i teklīfāt ve müṭālaʿada bulınaraḳ ikinci ḳarārı da naḳż ve tebdīl etmeleriniñ müstabʿid olmadığı ve bināʾen ʿaleyh ʿalāḳadār devāʾiriñ müṭālaʿāt ve tedḳīḳātını almadan ve maḥallen iyice tedḳīḳāt, taḥḳīḳātda bulınmadan nāḥiye merkeziniñ tekrār eski mevkīʿine naḳli ḥaḳḳında bir ḳarār ittiḫāẕınıñ muvāfıḳ olamıyacağı dermiyān eylemiş olmasına rağmen meclisce eks̱erīyetle nāḥiye merkeziniñ eski mevḳiʿi olan Ayanduna naḳline ḳarār verilmiş idi. Esbāb-i mesrūde ṭolayısıyla herhangi bir ḫissiyātıñ taḥt-i teʾs̱īrinde verilen meclisiñ bu ḳarārına ḳarşı idāreʾ-i ʿumūmīyeʾ-i vilāyāt ḳānūnınıñ yüzotuzbeşinci māddesi mūcibince iġrāż eylemiş ve esbāb-i maḳbūle ve ḳānūnīyeye müstenid olmaḳsızın her sene aʿżānıñ keyf ve ārzū-yi ẕātīsine göre tebeddül etmesi melḥūẓ bulınmış oldığından muḳarrerāt-i meẕkūreniñ infāẕı maḥẕūrdan sālim olmadığı ve ḳurānıñ yekdīğerine buʿd ve mesāfesi, yaz ve kış iki merkeziñ ḳaryeler yollarıyla güẕergāhlarınıñ inḳıṭāʿa uğrayub uğramadığı, āsāyişiñ teʾmīni, efrād-i ʿaskerīyeniñ celbi, muḳarrerāt-i ʿadlīyeniñ icrāsı ve'l-ḥāṣıl her şuʿbeʾ-i idāre noḳtaʾ-i naẓarından esāslı bir ṣūretde hangi merkez muvāfıḳ olacağınıñ maḥallde tedḳīḳ ve taḥḳīḳi lāzım geleceği dāḫilīye veḳālet-i celīlesine ʿarż eylemiş idi. Vekālet müşārünileyhādan alınmasına 29 ve 30 Mārt 1340 tārīḫli iki ḳıṭʿa taḥarriyāt-i ʿumūmīye ṣūreti leffen irsāl ḳılınmış olmaḳla şu ṣūret-i işʿāra ve bālāda serd olınan ḫūṣūṣāta göre bu ḫuṣūṣda ʿāriż ve ʿamīḳ taḥḳīḳāt ve tedḳīḳātda bulınılaraḳ netīcesiniñ bā mażbaṭa işʿārı lüzūmı tebliġ olınması.

26 M. de yazıldı.

BERICHT VIII

S.[1]

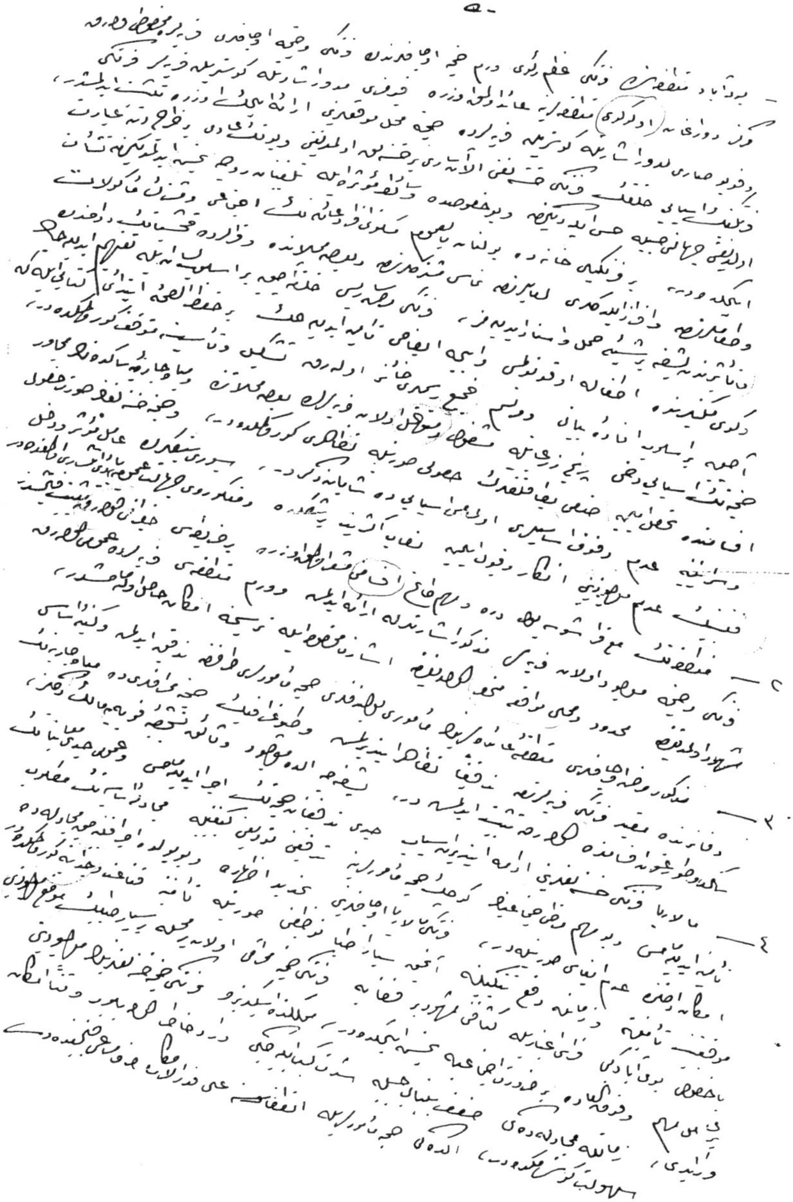

BERICHT VIII

S.[2]

[illegible]

٥ [illegible]

٦ [illegible]

٧ [illegible]

٨ [illegible]

٩ [illegible]

Bericht VIII

[1] 1.- Boyābād mıntıḳasınıñ frengī, ʿaẓm-i riʾevī, verem, ṣıtma ocaḳlarından frengī ve ṣıtma ocaḳları ḳaryelere maḫṣūṣ olaraḳ merkez, Durağan, Uluḳöy mıntıḳalarına ʿāʾid olmaḳ üzere ḳīrmızī müdevver işāretle gösterilen ḳaryeler frengī, ve ḳoyu ṣarı müdevver işāretle gösterilen ḳaryelerde ṣıtma maḥall-i mevḳiʿlerini irāʾe etmek üzere tesbīt edilmişdir. Frengīniñ Asyayī ḫalḳıñ frengī ḫastalığını el-ān sārī ḫastalıḳ olmadığını ve bunıñ ʿādī bir ḫurācdan ʿibāret oldığını cehāleti ḥasebiyle ḥiss eylediğinden ve bu ḫuṣūṣda vesāʾiṭ-i müʿessire ile telkīnāt-i rūḥīye taḥsīn edilmediğinden neşāʾet etmekdedir. Bir frengīli ḫānede bulınan bi'l-ʿumūm meskūnı efrād-i ʿāʾileniñ ictimāʿī ve müşterek maʾkūlāt ve taʿāmlarından ve ifrāz eyledikleri luʿāblarından temās-i müştereklerinden ve baʿż-i maḥallātda ve ḳurālarda fuḥşīyātıñ devāmından ve teʾsīrinden başḳa bir şeyʾe ḥaml ve isnād edilemez. Frengī marażi sārīsi ḫalḳa açıḳ bir üslūb-i lisān ile tefhīm edilecek ve ḳöy mekteblerinde eṭfāla oḳutulması ve iyice īfāsı teʾmīn edilecek bir ḥıfẓu's-ṣıḥḥaʾ-i ibtidāʾī kitābı ile ki açıḳ bir üslūb-i ifādeʾ-i beyānı ve mürtesim cemiʿ resimleri ḥāʾiz olaraḳ teşkīl ve teʾsīsine müteva ḳḳıf görülmekdedir. Ṣıtmanıñ esbābı daḫi pirinç zerʿīyatıyla meşğūl ve mütevāṣıl olan ḳaryeleriñ baʿż-i maḥallātında ve miyāh-i cārīyeʾ-i sākireniñ mücāvir aḳsāmında taḥaṣṣul eyleyen ṣunʿī baṭaḳlıḳlarıñ ḥuṣūlı ṣūretiyle tezāhüri görülmekdedir ve ṣıtma ḫastalığınıñ ṣūret-i ḥuṣūl ve sirāyetine ʿadem-i vuḳūf-i esāsīleri olmaması esbābıda şayān-i ẕikrdir. Sivri sinekleriñ ʿāmil-i müʾessir ve daḫl-i ... ʿadem-i mevcūdīyetini inkār ve ḳabūl eyleyen niṣāb ekserīyet bir şekilde ve menkūrevī cehālet-i ʿumūmīyeye bādī ... olmaḳdadır.

2.- Mıntıḳanıñ maʿa ḳurā şose, yol, dere ve mühimm tağ efsāfı müşʿar olmaḳ üzere bir ḫariṭa-i coğrafī olaraḳ tesbīt ḳılınmışdır. Frengī ve ṣıtma mevcūd olan ḳaryeler mezkūr işāretlerle irāʾe edilmiş ve verem mıntıḳası ḳaryelerde ʿumūmī olaraḳ şuhūd olmadığından maḥdūd ve maḥallī mevāḳiʿe münḥaṣır oldığından işāret-i maḫṣūṣa ile tersīmine imkān ḥāṣıl olamamışdır.

3.- Mezkūr maraż ocaḳları mıntıḳaʾ-i ʿāʾideleriniñ meʾmūrı bulındıḳları ṣıḥḥīye meʾmūrları ṭarafından tedḳīḳ edilmiş ve künyeʾ-i esāsī defātirinde muḳayyid frengī ḳaryelerinden tedḳīḳan teẓāhür etdirilmiş ve ṭopoğrafik ṣıtma miḥrāḳlarıda miyāh-i cārīyeniñ sākit ve ṭurğun aḳsāmında olaraḳ tesbīt edilmişdir. Başḳaca elde mevcūd veṣāʾiḳ-i teşcīʿeʾ-i ḳavīyeye mālik değiliz.

4.- Malarya frengī ḫastalıḳlarını idāme etdiren esbāb cārī tedḳīḳāt-i ṣıḥḥīyeniñ icrā edilmamiş ve ʿumūmī ciddī muʿāyenātıñ teʾmīn edilemamiş ve bu mühimm maraż-i ictimāʿīniñ gerçek ṣıḥḥīye meʾmūrlarına tedḳīḳini tevdīʿini keyfīyetiyle mücādeleʾ-i esāsīyeniñ maṭlūb imkān dāḫilinde ʿadem-i īfāsı ṣūretiyledir. Frengī malarya ocaḳlarını taḥdīd-i iẓhāra ve bu yolda icrā ḳılınacaḳ mücādelede muvaffaḳīyet teʾmīnine ve zamānla defʿ-i tenkīline ancaḳ seyyār etıbbāʾ tavẓīfi ṣūretiyle teʾmīnine ḳanāʿat-i vicdānīye görülmekdedir. Bāḫuṣūṣ Boyābād gibi ḳurāsı iʿtibāriyle keṣāfeti meşhūd bir ḳażāya frengī ṣıtma miḥrāḳı olan bir maḥalle bir seyyār ṭabībiñ mevḳiʿ-i mevcūdīyeti bir ʿāmil-i mühimm ve fevḳü'l-ʿāde bir żarūret-i ictimāʿīye taḥsīn etmekdedir. Memleketde eskidenberü frengī ṣıtma ḫastalıḳlarınıñ mevcūdīyeti var idi. Zamānla mücādeledeki żaʿf-i ... ḥasebiyle şirret kesb eyliyecegi vārid-i ḫāṭır olabilür ve fennen imkān-i ṣuhūlet göstermekderdir. Eldeki ṣıḥḥīye meʾmūrlarıyla inṭifāsına ʿalā ḳadri'l-imkān ṣarf-i mesaʿī ḳılınmaḳdadır.

[2] 5.- Malarya yeñi intānlarınıñ nüks vaḳʿalarıniñ zamān vuḳūʿatı gösterir elde tedḳīḳāt yoḳdır. Yalñız müʾessese'-i ṣıḥḥīyeye mürācaʿat eyleyen ve fuḳarāʾ-i ḫalḳa iʿṭā ḳılınan ve esāmīleri bulınan bir defter mevcūddır. Ṣoñ beş senelik istatistiğiñ iḫrācı ġayr-i mümkindir. Çūnki buña ʿāʾid defātir yoḳdır. Nüks vaḳʿalarınıñ zamān-i vuḳūʿı muḫtelif mevāsimde nümāyān olmaḳda ise yaz ve ṣoñ bahār mevsimlerinde tekes̱s̱ür ve teşekküli görülmekdedir. Aġlab-i iḥtimāl pirinç tarlalarınıñ maʿrūż bulınacaġı toḫum zamānı ṣunʿī cedāvil-i arżīye ve zemīnīyeniñ ṣularla terākümi ṣıralarında ḥāṣıl olan ṭabīʿī baṭaḳlıḳlarda ẓuhūr ve cevelān ederek hayātdār ve neşv-ü-nemāsını iktisāb eyleyecek sivri sinekleriñ mevcūdīyeti ʿāmil-i müʾes̱s̱ir görülmekdedir. Nüks vaḳʿalarınıñ zamānını taʿyīn ve tes̱bīt etmek ciddī ve ʿumūmī bir mücādeleʾ-i esāsīyeye mütevaḳḳıf olacaġı bedīhīdir.

6.- Mālāryā mıntıḳalarınıñ ve ṣıtma köyleriñ baʿż-i aḳsāmında maḥdūd olaraḳ Gök Irmaġıñ ḥāṣıl eylediği istiṭāleʾ-i arżīyede müteşekkil ṣunʿī ḫafīf baṭaḳlıḳlar küçük ʿamelīyāt ile ḳābil-i izāledir. Büyük vāsiʿ ʿamelīyāta ʿarż-i iḥtiyāc edecek büyük merzaġī baṭaḳlıḳlar ḳażā dāḫilinde mevcūd değildir.

7.- Fuḳarā-yi ḫalḳa meccānen verilmek üzere dāʾiremizde 38 senesi ḳaydına teṣādüf edilmamışdır. 39 senesinde Uluköy mıntıḳasında ṣıtmalı ḫalḳa 300 ʿaded Kinin ḥabbı yiğirmi santiġramlıḳ olaraḳ tevzīʿ edilmişdir. Ḥesāba göre 60 ġramdır. 40 senesinde Uluköy ve Duraġan mıntıḳalarında ṣıtmalı efrāda tevzīʿ edilmek üzere ellibeş tüb verilmişdir. Şu ṣūretle manātıḳda ṣarfiyāt yekūni 200 ġramdır. Ve merkezdede ṣarfiyāt yekūni 340a ʿāʾid olmaḳ üzere elli tübdir, cemʿan 300 ġramdır. Muhācirīne tevzīʿ olınmaḳ üzere 200 ġram Kinin iʿṭā edilmişdir. Cemʿan 500 ġramdır. Beledīye eczaḫānesiniñ ṣoñ üç senelik ṣarfiyāt yekūni eczāḫāneʾ-i mez̤kūrede istatistiḳ ḫālinde ḳaydları olmadıġı gibi eski defterleri daḫi çarşu ḥarīḳinde yanmışdır. Zirāʿat bānḳasında ṣoñ üç senede ṣarfiyāt yekūni yedi kilodır. Eñ ziyāde Kinin ṣarfiyātı baḳḳal ve kökci esnāfında olmaḳdadır. Taḥmīnī bir ṣūretle senede beş kilo ṣarf olındıġı iẓhār ḳılınmaḳdadır. Ṣıtma ile mücādeleʾ-i fennīyeyi ḳaryelerde ṣıtmalı efrāda tevzīʿ edilmek üzere ḳaryelere bir ay vaẓīfeʾ-i ḥareket eyleyen küçük ṣıḥḥīye meʾmūrlarına ve merkezdede mürācaʿat eyleyen ṣıtmalı eşḫāṣına ḥükūmet ṭabībi ṭarafından bi'l-muʿāyene tevzīʿ ve iʿṭā ḳılınmaḳdadır. Mücādelede ḳan muʿāyenesi içūn vesāʾiṭ yoḳdır ve muṣāblarında kvartana, tersiyana, tropika olaraḳ mıḳdārını işʿār eylemek ġayr-i mümkindir. Müzmin ṣıtmalı efrāda teṣādüf edilmekdedir. Tropika nevʿī kes̱īr görülmekdedir.

8.- Kinin tevzīʿātı ṣıḥḥīye meʾmūrları ṭarafından mā vażʿ-i lehine ṣarfı taʿḳīb ve ḳontrol edilmekdedir, ve uṣūl-i istiʿmāli ḥaḳḳındaki taʿrīfede lisānan īżāh ve efhām edilmekdedir. Frengī marażı ḥaḳḳında oldıġı gibi ṣıtma ḫastalıġı ḥaḳḳındada açıḳ ifādeli bir kitābıñ köy mekteblerinde tedrīsi istifādeli görülmekdedir.

9.- Mıntıḳada Anofel cinsinden sivri sineklere teṣādüf edildiği gibi irili ufaḳlı mütevassıṭ cisim ve şekilde ʿādī sineklerde mevcūddır. Ḳaḥṭ ve pirinç zerʿīyātiyle iştiġāl eden ḳaryelerde ve miyāh-i cāre kenarlarında ve rākid sākid ṣular ṣathında ve cıvār maḥallātda teṣādüf ʿalā'l-ekṯer olınmamaḳdadır. Ve eşcār-ı ...yi ḥāmil olan ḳaryelerde daḫi şuhūd olmaḳdadır, yüksek maḥallātda görülmemekdedıir.

[3] 10.- Frengī müdāvātı ḥaḳḳında taʿḳīb edilen proje uṣūl ḳażā-yi merkez, Duraġan ve Uluköy mıntıḳalarını ḥāvī olmaḳ üzere üç mıntıḳaya ifrāz edilmişdir. Merkez mıntıḳası frengīlileri dispansere mürācaʿat ederek devreʾ-i tedāvīleri taʿḳīb olınur. Dīğer iki manāṭıḳda meʾmūrı bulındıġı ṣıḥḥīye meʾmūrları ṭarafından merkez ittiḫāẕ olınan ḳaryelere eşḫāṣ-i maʿlūl gelerek devreʾ-i tedāvīleri taʿḳīb olınur ve şırınġaları taṭbīḳ olunmaḳdadır. Haftalıḳ Salisilat dö merkür māyiʿ zeytisi şırınġası taṭbīḳātı uṣūlı mevcūd ve ḳabūl olunmışdır. (İki ay tedāvīye tābīʿdir; iki ay istirāḥat iʿṭā edilür; yazıñ mebdeʾinden ṣoñ bahārıñ nihāyetine ḳadar). Ḳışın mevsimiñ ve arẓıñ müşkilāt-i ṭabīʿīyesi ḥasebiyle istirāḥat devresi ḥuṣūle gelmekdedir. Ve bu ṣūretle dört sene devreʾ-i tedāvī taʿḳīb olunmaḳdadır. Dispanserlere ḳabūl ve tedāvī içün yatırılanlara yevmī Biiyodürmerkür şırınġası ve çocuḳlara cıva merhemi tedāvīsi taṭbīḳ olunmaḳdadır. İyodür Potasyum ve ... ʿadem-i mevcūdiyetine bināʾen verilmemekdedir. Şırınġa teʾsīriyle iltihāb-i ḥafleʾ-i īvīye görilen eṣḫāṣa istiḥżār edilmiş cıva ḥabbları bir müddet iʿṭāsı fāʾideli görülmekdedir. Dispanserlere yeñi yollanan ve yeñi muṣāb frengīliler ve emrāż-i efrencīyesi ġālib göziken ve devreʾ-i ṣānīye ve ṣāliṣede bulınan ve Neʾo-Salvarsan taṭbīḳine lüzum-i iḥtiyāc görilen eşḫāṣ-i maʿlūla bir ay tedāvī yatırılmaḳdadır.

11.- 38, 39 senelerinde Neʾo-Salvarsan ṣarfiyātı ḳaydı defterlerde müşāhede edilmamişdir. Yalñız 340 senesinde dispanseriñ Neʾo-Salvarsan ṣarfiyātı 6,40 ġramdır.

338 senesi ẓarfında devr-i ṣānī ẕükūr 25, ināṣ 18; ṣāliṣ ẕükūr 2, ināṣ 1: cemʿan 46;
339 senesi ṣānī ẕükūr 9, ināṣ 21; ṣāliṣ ẕükūr 10, ināṣ 19: cemʿan 59;
340 senesi ṣānī ẕükūr 14, ināṣ 26; ṣāliṣ ẕükūr 0, ināṣ 2: cemʿan 42dir.

12.- Eski seneler frengīlileri dāḫil olmaḳ üzere bi'l-muʿāyene 79 ẕükūr, 171 ināṣ olmaḳ üzere cemʿan 250 kişiye ṣıḥḥat şehādetnāmesi iʿṭā ḳılınmışdır.

13.- Mıntıḳada ḥayāt-i fuḥşa atılmış yalñız beş ḳadın şimdiye ḳadar emr-i maḫṣūṣ tedḳīḳan jandarmadan muʿāyeneye sevḳ edilmişdir. Maraż-i zührevīye maᶜlūl olmadıḳları teẓāhür etmişdir. Esbab-i sukūtları ictimāᶜī faḳr ve żarūretleridir. Zevceleri yoḳdır. Yalñız ikisiniñ birer çocuğı vardır. Melek 25, ... 31, Nacīye 32, ᶜĀʾişe 28, Keẕbān 40 senelerindedir. Bu ḳadınlarıñ muāᶜyenāt-i ṣıḥḥīyesi açıḳ olaraḳ ve iᶜfā-yi tenāsülīyeleri Spekulum vāsıṭasıyla muᶜāyenāt-i naẓarīyeleri icra ḳılınıyor. Ḥarḳaʾ-i bevle mübtelā olanları yoḳdır.

14.- 13 māddelik rapor bervech-i bālā bā tanẓīm taḳdīm ḳılındı.

12 Teşrīn-i s̱ānī 340
Boyābād ḥükūmet ṭabībi

...

BERICHT IX

S.[1]

١ – [illegible]

٢ – [illegible]

٣ – [illegible]

٤ – [illegible]

٥ – [illegible]

٦ – [illegible]

٧ – [illegible]

٨ – [illegible]

٩ – [illegible]

١٠ – [illegible]

١١ – [illegible]

١٢ – [illegible]

١٣ – [illegible]

[illegible]

Bericht IX

[1] Mādde 1.- Mıntıḳam dāḫilinde frengī ve ṣıtma ocağı bulınan mıntıḳalar ḫariṭada gösterilmişdir. Ṣıtmalı bulınan ḳaryeler çeltik tarlaları mevcūd bulınan ḳaryelerdir. Bu ḳaryelerde sivri sinekler mebẕūl bulınmasından ilerü gelmekdedir. Frengī ise ötedenberü irs̱īdir.

Mādde 2.- Devr-i evvel, devr-i s̱ānī āfātınıñ ziyāde bulındığı ḳaryeler ḫariṭada işāret edilmişdir. Mıntıḳam dāḫilinde verem yoḳ gibidir. Buda tedḳīḳāt ve taḥḳīḳāt netīcesinde añlaşılmaḳdadır.

Mādde 3.- Meẕkūr maraż ocaḳları: Frengī ocağı olan maḥaller seyyār eṭibbā᾿ ṭarafından tedḳīḳ edilmişdir. Ves̱ā᾿iḳ ise dispanserde mevcūd ḳuyūdātdır.

Mādde 4.- Malarya, frengī: Bu ḥastalıḳları idāme etdiren esbāb malaryalı çeltik tarlalarında beş māh terāküm eden ṣulardan ilerü gelmekdedir. Frengī ise ötedenberü irs̱ī olmaḳla berāber yeñi muṣāb olanlarda ṭabībe mürācaᶜat etmemekden ilerü gelmekdedir. Bu ḥastalıḳlarda eskisi gibidir.

Mādde 5.- Malaryanıñ nüks vaḳᶜalarınıñ zamānı Nīsān māhında şiddet tezāyüd eder. Eylūl māhında azalır. Bunıñda esbābı Nīsān māhından Eylūl māhına ḳadar çeltik tarlalarında terāküm eden ṣularda mevcūd bulınan sivri sineklerden ilerü gelmekdedir. Bundan dolayı çeltik tarlaları bulınan mintıḳalarda ṣıtmalı muṣāb pek çoḳdır. Buda tedḳīḳāt ve taḥḳīḳāt netīcesinde añlaşılmışdır.

Mādde 6.- Malarya mıntıḳalarınıñ ve ṣıtmalı köyleriñ izālesi mümkin maḥallī sebebler yoḳdır, çünki bu sebebler çeltik tarlalarıdır, bunlarında izālesi mümkin değildir.

Mādde 7.- Mıntıḳam dāḫilinde fuḳarā-yi ḫalḳa meccānen verilmek ve ṣıtma ile mücādele eylemek üzere 38 - 39 senelerinde ne mıḳdār Kinin ṣarf edildiği maᶜlūm değildir. 340 senesinde daḫi mıntıḳam dāḫilinde ṣarf edilmemişdir. Emr-i tedāvī żımnında ṣıtma ile mücādele᾿-i fennīyeyi köylerde ṣıtma ile muṣāb bulınanlara meccānen Kinin tevzīᶜ etmek üzere mücādele᾿-i fennīye icrā edilmekdedir, Ṣıtma mücādelemizde ḳan muᶜāyenesi yoḳdır.

Mādde 8.- Kinin tevzīᶜi: Verilen Kininiñ muṣāb köyli şaḫṣıñ eline tamāmiyle tevdīᶜ ve uṣūl-i istiᶜmālı taᶜrīf edilmek üzere tevzīᶜ edilmekdedir.

Mādde 9.- Mıntıḳamızda sivri sinekleriñ cinsi „Anofel" cinsidir. Başḳa sivri sineklerde vardır. Bunlarda çeltik tarlaları bulınan mıntıḳalarda mebẕūldır. Yüksek havādār köylerde yoḳ gibidir. Buda tedḳīḳāt ve taḥḳīḳāt netīcesinde añlaşılmışdır.

Mādde 10.- Frengī müdāvātı ẖuṣūṣunda taʿḳīb edilen bürūze uṣūl: Frengīde teşaẖẖuṣ yapılur yapılmaz serīʿ bir tedāvī yapmaḳ lāzımdır. Frengī cīva ile Arseniḳ mürekkebātı, Salvarsan veyāẖūd Neʾo-Salvarsan ve İyodürle tedāvī olınur. Cīva esās tedāvīyi teşekkül eder ve tercīḥan ʿażaleʾ-i ṣafṣāfiyet-i zeybaḳ şerbetḳesi tedāvī cedveli mūcibince taʿḳīb edilür. Dispansere devr-i evvel, s̱ānī, s̱ālis̱ āfātı ile maʿlūl olub emrāż mevcūdesi üzerinde bulınanlar dīspansere yatırılur.

Mādde 11.- 38, 39, 40 senelerinde mınṭıḳam dāẖilinde Neʾo-Salvarsan ṣarf edildiğine dāʾir ḳayda teṣādüf edilmemişdir. Bu seneler żarfında mınṭıḳam dāẖilinde:

38 senesinde s̱ānī ẕükūr 6, s̱ālis̱ ẕükūr 17, s̱ānī inās̱ 9, s̱ālis̱ inās̱ 3; cemʿan yekūn: 35;

39 senesinde s̱ānī ẕükūr 10, s̱ānī inās̱ 9, s̱ālis̱ inās̱ 7; cemʿan yekūn: 26;

40 senesinde s̱ānī ẕükūr 3, s̱ānī inās̱ 7; cemʿan yekūn: 10.

Mādde 12.- Mınṭıḳam dāẖilinde 340 senesi ẓarfında bi'l-muʿāyene şifāyāb oldıġı añlaşılanlardan 15 ẕükūr, 27 inās̱ olmaḳ üzere cemʿan 42 nüfūsa ṣıḥḥat şehādetnāmesi verilmişdir, buda ḳaydan s̱ābit bulınmaḳdadır.

Mādde 13.- Mınṭıḳam dāẖilinde köylerde ḥubbāt-i fuḥşa atılmış kadınlar varsada baʿżı köylerde yoḳdır. Bunlarda yapılan tedḳīḳāt ve taḥḳīḳāt netīcesinde añlaşılmaḳ mümkin değildir. Merkez ḳaṣabada mevcūd vardır. Bunlarda şimdiye ḳadar muʿāyeneye tābiʿ değil idi. Bundan böyle muʿāyeneʾ-i ṣıḥḥīyeye tābiʿ tutulmaḳdadır. ʿAdedi merkezce maʿlūm değildir.

Fī 28 Teşrīn-i evvel 340
Mekez dispanser ṣıḥḥīye meʾmūrı
... ...

BERICHT X

S.[1]

ـ ۱ ـ

ماده ۱ – منطقه‌مز اراضیسی فرنك و صوی [illegible] حریطه اوزرنده اشارت مخصوصه ایله کوسترلمشدر. [illegible] تصادف اولنه‌مامشدر.

ماده ۲ – منطقه‌نك قرا، نهر، یول [illegible] مقیاسلی حریطه‌ده ترسیم ایدلمشدر [illegible] بوریاله [illegible] و [illegible] اولان محللر موجود ایسه حریطه اوزرنده اشارت مخصوصه ایله کوسترلمشدر.

ماده ۳ – [illegible] منطقه‌یه عائد اولان [illegible] بر [illegible] بر دفتر و [illegible] جمیع [illegible] یوقدر.

ماده ۴ – [illegible] استعمال ایدیله‌جك حراره [illegible] موجود اولدیغی [illegible] بطاقلق و [illegible] یوقدر. [illegible] ایسه [illegible] موجود [illegible] اراضیسی [illegible] عادتا [illegible] اجتماع [illegible]. درجه حرارت [illegible] اجتماعیه [illegible] ادخال ایدیله و استعمال ایدلمه‌لی [illegible] و ملبوسات سائره [illegible] تطهیرات [illegible] تابع اولمامه‌لیدر [illegible] ۲۸ و ۲۹ سنه‌لرنده [illegible] مصاب [illegible] ایدلیه ده [illegible] ۳۴۰ سنه‌سنده [illegible] مشاهده ایدلمه‌مشدر [illegible] یوقدر.

ماده ۵ – [illegible] نقل و [illegible] زمانده [illegible] تدقیقات [illegible] موجود دکلدر. [illegible] زمان [illegible] اولدقجه [illegible] زمانده [illegible] حاصل اولان [illegible] بطاقلقلر [illegible] صولری [illegible] اولدیغی [illegible] تحقیقاته کوره [illegible] صرف اولندیغی [illegible] ایدلمکده‌در. [illegible] صرف اولندیغی [illegible] ایدلمکده‌در.

ماده ۶ – [illegible] منطقه‌لرنده [illegible] محدود بطاقلقلر واردر. [illegible] عملیات [illegible] موجود اولمدیغی [illegible] اجتماع [illegible] ایدلمکده‌در. [illegible] و [illegible] متوقفه بطاقلق [illegible] یوقدر.

ماده ۷ – [illegible] منطقه‌ده [illegible] ۳۰۰۰ [illegible] ۳۰۰۰ [illegible] حکومت طبابتنه تقدیم قلنمشدر. کذا ۳۴۰ سنه‌سنده منطقه‌مزه [illegible] حکومت طبابتنه تقدیم قلنمشدر. [illegible] ۲۹ [illegible] حفظ ایدلمکده‌در. خلاصه ۲۹ سنه‌سنده ۷۵ غرام [illegible] ۳۴۰ سنه‌سنده [illegible] ۴۴ غرام [illegible] ایدلمکده‌در. [illegible] یوقدر.

ماده ۸ – [illegible] اولدیغی سؤال ایدلمکده‌در. [illegible] هیئت [illegible] ایدلمکده [illegible] اعتبار [illegible] حکومت [illegible] استعمال [illegible] اعطا اولنمقده‌در.

BERICHT X

S.[2]

مادہ ۹ – منطقه‌ده‌کی سیوری سنکلرك بر قسمی آنوفل جنسندن و دیگر قسمی کولکس جنسندندر. مذکور سیوری سنکلر پرنج زرعیاتیله مشغول اولان قریه‌لرده چوقدرلر.
سببی مایس ابتدالرندن نهایتنه قدر ترلالرده کولارده متراکم صولردر. پرنج زرعیاتیله مشغول اولمایان قریه‌لرده و کنده‌لرده پرنج اکلمز [illegible] یرلرده ده بتاقلق
حسبیله مذکور قریه‌لرده دخی سیوری سنکلر آز مقدارده موجوددر. یایلالرده قریه‌لرده قطعیاً یوقدر. چلتك زرعیاتچه [illegible] قریه‌لرده [illegible]
حیز موجوددر. چلتك زرعیاتنک [illegible] ایدن قریه‌ده [illegible] بعضاً [illegible] بولنقده‌در. سببی اکثریا [illegible]
[illegible] محللرده [illegible] ده.

مادہ ۱۰ – فرنگی مداواسی حقنده تعقیب ایدیلان [illegible] نئوسالوارسان تزریق ایدلمسی اصولیدر. [illegible]
[illegible] استعمال ایدلمکده‌در. [illegible]
[illegible] فرنگی مصابلری [illegible] بولنقده‌در.

مادہ ۱۱ – منطقه داخلنده [illegible] نئوسالوارسان تطبیق ایدلمشدر – ثانی ذکور ۸ ثانی اناث ۱۲ ثانی ثالثه اناث ۱ ثالثه ذکور ۱ ثالثه اناث ۱ جمعاً ۹ ذکور
۱۴ اناث ۸ [illegible] ۴ ذکور ثانی ۹ اناث ثانی ۷ ذکور ثالثه ۱۲ اناث ثالثه که جمعاً ۱۱ ذکور ۲۲ اناث ۲۹ [illegible] ذکور ثانی
۱۶ اناث ثانی که جمعاً ۲۶ [illegible] ۲۲ [illegible] منطقه داخلنده [illegible]

مادہ ۱۲ – ایدیلن تداوی و اجرای معاینات نتیجه‌سی منطقه داخلنده ۵۲ ذکور ۱۱۹ اناث که جمعاً ۱۷۲ کیمسه‌یه صحت شهادتنامه‌سی ویرلمشدر.

مادہ ۱۳ – منطقه داخلنده و قصبه‌ده کرك [illegible] فاحشه‌لره عائد بر قید یوقدر. [illegible] فاحشه [illegible] قطعیاً
[illegible] موجود [illegible] معاینه و تداوی [illegible]
[illegible] تحدید ایدلمشدر. منطقه حقنده‌کی معلومات و مشاهداتم بوندن عبارت اولدیغی
عرض اولنور افندم ۱ [illegible] ۲۴۰

[illegible]

[illegible]

Bericht X

[1] Mādde 1.- Mıntıḳam dāḫilinde **frengī ve ṣıtma** ocağı ḫariṭa üzerinde işāret-i maḫṣūṣa ile gösterilmişdir. Vereme teṣādüf olınamamışdır.

Mādde 2.- Mıntıḳanıñ ḳurā, şose, yol ilḫ. āḳsāmı müşʿar 1/40.000 miḳyāsında ḫariṭada teressüm edilmiş ve ṭaleb buyurılan baṭaḳlıḳ ve merzaġī olan maḥaller mevcūd ise ḫariṭa üzerinde işāret-i maḫṣūṣa ile gösterilmişdir.

Mādde 3.- Ḫastaḫāne defterinden mıntıḳama ʿāʾid olanlar ṭarafımdan birer birer künye numerosı ṣırasiyle bir deftere alınmışdır. Başḳaca hiç bir veṣāʾiḳ yoḳdır.

Mādde 4.- Malarya: Pirinç zerʿīyātıyla iştigāl eden ḳurālarda ötedenberü yaz ve ḳış mevcūd oldığı esbābı: Çeltik baṭaḳlığı ve sivri sinekleriñ fażla bulınması yüzindendir.

Frengī ise eskidenberü mevcūd bir ḫastalıḳdır. İdāmesine sebeb müştereken ʿāʾile arasında ictimāʿī meʾkūlātıñ ekliyle ḥayāt-i fuḫşa atılmış ḳadınlar ve cehālet-i ictimāʿīyedir.

Verem: Baʿż-i ḳurāda sefālet-i ictimāʿīye netīcesi żaʿf-i faḳrü'd-deme mübtelā kimselerde teṣādüf edilmekdedir. Esbāb-i maḫṣūṣası ḫāricden idḫāl edilen ve istiʿmāl edilmiş elbīseleriñ ve melbūsat-i sāʾireniñ taṭhīrāt-i fennīyeye tābiʿ olamaması yüzinden ve tefekkürāt-i elīme merāḳ netīcesi 38 ve 39 senelerinde maḥdūdan muṣābı mevcūd idiysede lehü'l-ḥamd 340 senesinde ḫāl-i faʿālīyetde müşāhedesi yoḳdır.

Mādde 5.- Malarya intānlarınıñ nüks vaḳʿalarınıñ zamān ve vuḳūʿını gösterir elde tedḳīḳāt-i lāzime mevcūd değildir. Yalñız pirinç tarlalarınıñ maʿrūż bulındığı toḫum zamānı cedāviliñ ṣularla terākümi zamānıda yaʿnī Nīsān ibtidāsından Ağustos ġāyesine ḳadar ḥāṣıl olan ṭabīʿī baṭaḳlıḳlardan ṣıtmanıñ nüks zamānları tekeṣṣür eden sivri sinekler ḥasebiyle ḥāl-i faʿālīyete geçdiği añlaşılmaḳdadır. Diğer aylarda nisbeten muṣābı azdır. Çūnki sivri sinekler ḥāl-i faʿālīyetde bulınamıyorlar. Müʾessese-i ṣıḥḥīyemize mürācaʿat eden ṣıtmalıḳlı kimselere göre ḳaydımız vardır. Resmī, ġayr-i resmī eczāḫāneler, Zirāʿat banḳası ve ḳażā dāḫilinde bütün baḳḳāl eṣnāfları ṭarafından ve dāʾire-i ṣıḥḥīyemiz daḫi dāḫil oldığı ḥālde eylediğim taḥḳīḳata göre beher sene içün onbeş kilo Kinin ṣarf olundığı taḫmīn edilmekdedir. Şu ḥesāba naẓaran ṣoñ beş sene ẓarfında yetmişbeş kilo Kinin ṣarf olındığı taḫmīn olınmaḳdadır.

Mādde 6.- Malarya mıntıḳalarında ve ṣıtmalı köyleriñ baʿż-i aḳsāmında maḥdūd baṭaḳlıḳlar vardır. Mütevassıṭ ʿamelīyāt ile izāle edilecek maḥaller mevcūd olabilür sebeb taḥaddüṣī ṣu mecārīleriniñ bir maḥallde ictimāʿī ḫāliyledir. Çeltik eken ḳaryelerde cedāvil-i maḫṣūṣa ile ve ḳanal vāsıṭasıyla yekdiğerinden tarlalar tefrīḳ olınmışdır. Büyük ʿamelīyāta mütevaḳḳıf baṭaḳlıḳlar bu mınṭıḳada yoḳdır.

Mādde 7.- Fuḳarā-yi ḫalḳa ve ṣıtmalı görilen şaḫṣa meccānen Kinin iʿṭā etmek üzere 39 senesinde mınṭıḳama gönderilan Kininiñ beher ʿadedi yiğirmibeşer santiġramlıḳ olmaḳ üzere 300 Kinin ḫabbı gönderilmişdir, ve 300 ʿadediniñde ʿaynı sene ẓarfında ṣarf mażbaṭası ḥükūmet ṭabābetine taḳdim ḳılınmışdır. Keẕā 340 senesinde mınṭiḳama beher tübde onar ʿaded yiğirmibeşer santiġramlıḳdan elli tüb görilmişdir ve meẕkūr elli tübden şimdiye ḳadar yiğirmibir tübiñ ṣarf edildiği ve ṣarf mażbaṭaları ḥükūmet ṭabābet-i ʿalīyesine taḳdīm ḳılınmışdır. Mütebāḳī 29 ʿaded tüb yedimde ḥifẓ edilmekdedir.

Ḫülāṣa 39 senesinde 75 ġram kendi ṣarfiyātım ve bedeli muḳābilinde beledīye eczāḫānesi, Zirāʿat banḳası ve sāʾir dükkānlarıñ ṣarf yekūnı ondört kilo ṭoḳu-zyüzyiğirmibeş ġramdır. 340 senesinde kendi ṣarfiyātım 42 ġram, resmī ve ġayr-i resmī eczāḫāneleriñ, Zirāʿat banḳasınıñ ve baḳḳālları ñ cemʿan ondört buçuḳ kilo taḫmīn edilmekdedir. Mürācaʿat edenlere Kinin tevzīʿātından başḳa hiçbir uṣūl-i tedāvīde bulunılmamışdır ve ḳan muʿāyene vesāʾiṭi yoḳdır. Bināʾen ʿaleyh eşkāli ḥaḳḳındada maʿlūmāt-i fennīye yoḳdır.

Mādde 8.- Meccānī Kinin tevzīʿātı: Herhangi bir ḳaryeye varıldıḳda heyʾet-i iḫtiyārīyeye emrāż-i sārīye ve sāʾir ḫastalıḳlar meyānında ṣıtmalı kimseler olub olmadığı suʾāl edilmekdedir. Ṣıtmalı mevcūd oldığını ifāde eden heyʾete ḫastanıñ kendisiniñ gelmesini teklīf üzerine ṣıtmalı bi'ẕ-ẕāt gelir, ṭarafımdan görilür, kendisine heyʾet-i iḫtiyārīye müvācehesinde bir veya iki tüb verilir; bir köyde ḳaç kişiye bāliġ olursa ʿumūmına ayrı ayrı kendilerine verilir ve tüb içe-rüsindeki taʿrīfeyi köylüniñ añlayabileceği vecihle uṣūl ve ṣūret-i istiʿmāli ʿarż edilür, ve tevzīʿāt icrā ḳılındıḳdan ṣoñra isimlerini müşʿar heyʾet-i iḫtiyārīyeden mażbaṭa āḫẕ edilür ve baʿżan ṣıtması müzmin olanlara üç tübe ḳadar iʿṭā olın-maḳdadır.

[2] Mādde 9.- Mınṭıḳamdaki sivri sinekleriñ bir ḳısmı Anofel cinsinden, diğeri ʿādī büyük ve küçük sineklerdir. Meẕkūr sinekler pirinç zerʿīyātıyla meşġūl olan ḳaryelerde mebẕūldır. Sebebi Māyıs ilā Eylūl nihāyetine ḳadar tarlalar ve göllerde müterākim ṣulardır. Pirinç zerʿīyātiyle meşġūl bulınan ḳurāya yaḳın olan ve kendileri pirinç ekmezlersede yaḳınlığı ḥasebiyle meẕkūr ḳaryelerde daḫi sinekler az mıḳdarda mevcūddır. Yaylalı ḳaryelerde ḳaṭʿīyen yoḳdır. Çeltik zerʿīyātı yapmayan baʿż-i ḳaryelerde yazın üç māh ḳadar ṣıtma mevcūddır. Çeltik zerʿīyātıyla iştiġāl eden ḳaryede ḳış mevsiminde baʿżan ṣıtmalı bulın-maḳdadır. Sebebi eks̱erī cedāviliñ ve baṭaḳlıḳlar ḳurursada ḳurumayan maḥallerde maḥdūdan görilmekdedir.

Mādde 10.- Frengī müdāvātı ḥaḳḳında taʿḳīb edilan proje sekiz hafta üzerine ötedenberü tertīb edilmiş bir uṣūl üzere mınṭıḳamda sekiz günde bir defʿa büyü-klere bir ġram ṣafṣāfīyet-i zeybaḳ şerbetḳesi, küçüklere onbeş ilā yiğirmi ġram cīva merhemi istiʿmāl edilmekdedir. Dispansere köylerde taḥrībāt es̱nāsında yeñi bulınan muṣāblarla s̱ālis̱e naḳl olunmamış s̱ānī devrelilerden emrāż-i faʿālīyesi mevcūd bulınan frengī muṣābları yatırılmaḳ üzere sevḳ olınmaḳdadır.

Mādde 11.- Mıntıḳam dāḫilinde ṭarafımdan hiç Neʾo-Salvarsan taṭbīk edilmamişdir. S̱ānī ẕükūr 8, ṣānī inās̱ 12, s̱ānī s̱ālis̱e inās̱ 1, s̱ālis̱e ẕükūr 1, s̱ālis̱e inās̱ 1, cemʿan 9 ẕükūr, 14 inās̱ 38 senesine ʿāʾid; keẕā 4 ẕükūr-i s̱ānī, 9 ināṣ-i s̱ānī, 7 ẕükūr-i s̱ālis̱e, 13 ināṣ-i s̱ālis̱e, ki cemʿan 11 ẕükūr 22 ināṣ 39 senesine ʿāʾid; keẕā 10 ẕükūr-i ṣānī, 16 ināṣ-i ṣānī, ki cemʿan 26 frengīli şaḫıṣlarıñda 340 senesinde mıntıḳam daḫilinden tevārīḫ-i muḫtelife ile dispansere yeñiden ḳayd ile taḥt-i tedāvīsine alındıḳları ḳaydan sābit oldıġı.

Mādde 12.- Edilen tedāvī ve cerī ṣāyınāt netīcesi mıntıḳam dāḫilinden 53 ẕükūr 119 ināṣ, ki cemʿan 172 kimseye ṣıḥḥat ṭahāretnāmesi verilmişdir.

Mādde 13.- Mıntıḳam dāḫilinde ve ḳaṣabada gerek resmī ve gerekse ġayr-i resmī fāḥişelere ʿāʾid bir ḳaydım yoḳdır ve ḳarye heyʾet-i iḫtiyārīyelerine bu gibi fāḥişeler sūʾāl olındıḳda ḳaṭʿīyen olmadıġını beyān eylemekdedirler. Ṭabīʿdir ki baʿż-i ḳurālarda mevcūd isede hiçbir ṣūretle şimdiye ḳadar muʿāyene ve tedāvīye tābīʿ ṭutulmamış idi ve ḫirfetü'l-yol muṣābīde ara ṣıra görilmekde isede mıḳdārı taḥdīd edilmamişdir.

Mıntıḳam ḥaḳḳındaki maʿlūmāt ve müşāhedātım bundan ʿibāret oldıġı ʿarż olınur, efendim.

Fī 31 Teşrīn-i evvel sene 340
Ṭuraġan ve Uluköy mıntıḳaları küçük ṣıḥḥīye meʾmūrı
...

BERICHT XI

S.[1]

٥٠

نخبه
١

زراعت وطاقت جلبه

S.1

١ : حدود طول وعرض درجه لری :

شمالده قره دکز شرقده جانیك آماسیا جنوب وغربندن قسطمونی ولایتیله همحدود
اولانه سینوب ولایتی ۲۱ ، ۲۲ نجی طول دائره لریله ۴۱ و ۴۲ نجی عرض دائره لری
آره سنده تقریبا ۸۶۰۰ کیلومترو مربعی اراضی لی حاوی . قسم اعظمی طاغلق برساحه
عبارتدر . گول ایرمق وادیسی حرف نظر ایدیلیرسه سینوب ولایتی همان عموماً طاغلق و طاشلقدر
عبارت اوله مانلقده .

٢ : تقسیمات ملکیه سی :

سینوب ولایتی تقسیمات ملکیه اعتباریله مرکز ، بویآباد ، گرزه ، عیانجوق قضالرینه آیرلمشدر .
مرکز قضاسی قره صو ناحیه سیله برناحیه ایله تمیمه ایکی قریه لی احتوا ایدر .
گرزه قضاسی ، ینگیجه ناحیه سیله ۸۷ قریه لی احتوا ایدر .
عیانجوق قضاسی ، توراق ایلی و عثمانلی ناحیه سی ناحیه لیله ایکی ناحیه و ۱۲۶ قریه دن عبارتدر .
بویآباد قضاسی ، طوراغان ناحیه سیله برناحیه ایله یوز سکسان بش قریه لی احتوا ایتمکده در .

٣ : اقلیم :

سینوب ولایتی اقلیم اعتباریله معتدل حاره دن معدوددر . ایلك بهار ایکون وسطی درجه
یاز ایکون اعظمی ۲۷° اصغری ۱۶° صوك بهار
حرارت اعظمی ۱۱° اصغری ۵° ، قیش ایکونده اعظمی ۱۲° اصغری ۱۰,۵°
ایکون اعظمی ۲۷° اصغری ۱۵,۵° یاز ایکون ۲۰۰۰°
قبول ایدیلور . درجه حرارت بلوطلری ایسه ایلك بهار ایکون ۹۵۰°
صوك بهار ایکون ۱۹۸° قیش ایکون ده ۱۲۰۰° درجه حرارت وسطی اولارق قبول ایدیلورکر
جمعاً سنه نك درجه حرارت کونی ۶۲۰۰ در . وبولکون سنه نك درجه حرارت وسطیسی
ایسه اعظمی ۱۹° اصغری ۱۲° اولارق قبول اولونور . بوراده ال صوغوق
آی شباط آییدر . بوآیده درجه حرارت بلوطی ۱۴۷ در .

BERICHT XI

S.[2]

٤ : یاغمورلر : برسنه‌ده یاغان یاغمورلرك مقدار وسطیسی ٢٧٢ میلمترو اولوب برسنه‌ده یاغمورلی کونلرك عدد وسطیسی ٤٦ — ٥٠ راده‌سنده‌در . ال زیاده یاغمور یاغان آیلر تشرینلر ایسه‌ده بعضاً مایس آیلرنده برقاچ کون متمادیاً وشدتله یاغمور نزول ایدر . آرك الیك بر — وزرك صوك بر طرفدن شدتله نزول ایدن یاغمورلردن اکثریا سیللر حصول کلرك دره‌ده الحاق بولنان اراضی جوبانه اهمیتلی برصورتده خسارات ابه کتیرمکده‌در . الیك بلده‌ده جوار طاغلردن قارلرك آنی برصورتده ایریوب صولرك ترایدندن بوی‌آباددن کچن کول ارماغی بوی‌آباد چایلریله عیانجه قره‌صو وقبالی چایلری طغیان نتیجه‌سی اولرق جوارنده تصادف ایتدیکی اراضی‌یه اهمیتلی خسارات ایقاع ایتمکده‌در .

٥ : روزکارلر : برسنه‌ده ال زیاده اسه‌له روزکارلر برنجی قره‌یل ١٢٧ ایکنجی کونطوغیسی ١١٧ اوچنجی درجه‌ده یلدیز ١٩ کونده‌در .

٦ : میاه جاریه : ولایتدن جریان ایدن میاه جاریه‌دن اولونور صرف‌نظر دره‌لرین تشکل ایدن اوخاقه قانلی چای ، جلوید چایی ، آتلی نهری ایله ناصیله ، کول ارماغی ، قزیل ارماغی ، تخل اجلاله ، ایریجه چای ، بوی‌آباد ، عیانجه ، قره‌صو ، قره‌لجه ، صامساحه چایی ، قزیل ارماغی ، تخل ارماغی قزیل صو تام محلندن ظهور ایده‌رك ٩٥٠ کیلومترو طولنده برمسیر تعقیب ایده‌رك وزیرکوپری ایله بوی‌آباد بعده کرته ایله باقره قضالری تحدید صورتیله دوام ایده‌رك قره دکزه منصب اولور مجراسی عارضه‌لی و سریع الجریان اولمسندن سیر سفائنه قابل اولمدیغی کبی اکثرا بلده‌ده قارلرك ایریمسندن برموجه‌ده اراضیك خساراته سبب ویرمکده‌در . طغیان ایده‌رك صیغوبدن کچر کول ارماغی ، صه‌صه‌ی قضاسنك یاللی صه‌غندن نبعان ایده‌رك بوی‌آباد قضاسنه داخل اولور ماسه‌کوپری قضاسی باشندن باشه قطع ایتدکدن صوکره اون بش ساعتلك مسافه قطع ایتدکدن صوکره بورادن کچه‌رك رواری تعقیب ایده‌رك قریبی اولدیغندن قزیل ارماغه بوراده کچیه برنساعت مسافه‌ده حسه دکیه قریبی تیزیل ارماغ ناحیه‌سنه اغلان ... کیلومترودر . یول ویران موقعنده قزیل ارماغه دوکلور . کول ارماغنك ... صورتنده اولدیغی ... ده راضی طرفینه ارتفاع نظراً مسافه ال زیاده ساحه‌ده حبلنك خصوصاً استفاده ایدلمکده یالکز صداشو ساحه‌ده ال زیاده حبلنك زرلارینك تخریب اولدیغی . استفاده ایدلمکده ایسه‌ده طغیان نتیجه‌سنده بعضاً حبلنك زرلارینك تخریب ایدلمکده اولدیغی .

Bericht XI

[1] **Zirāʿat vekālet-i celīlesine**

1.- Ḥudūd ṭūl ve ʿarż dereceleri:
Şimāldan Ḳara Deñiz, şarḳdan Canik Amasya, cenūb ve ġarbından Ḳasṭamonı vilāyete hemḥudūd olan Sinob vilāyeti 31 - 33ünci ṭūl dāʾireleriyle 41 ve 42nci ʿarż dāʾireleri arasında taḳrīben 8600 kilomtero murabbaʿı ārāżīyi ḥāvī ve ḳısm-i mühimmi ṭaġlıḳ bir sāḥadan ʿibāretdir. Gök Irmaḳ vādīsi ṣarf-i naẓar edilirse Sinob vilāyeti hemān ʿumūmīyetle ṭaġlıḳ ve ṭaşlıḳdan ʿibāret ormanlıḳdır.

2.- Taḳsīmāt-i mülkīyesi:
Sinob vilāyeti taḳsīmāt-i mülkīye iʿtibārıyla merkez, Boyābād, Gerze, ʿAyancıḳ ḳażālarına ayrılmışdır. Merkez ḳażā Ḳaraṣu nāmıyla bir nāḥiye ile yetmişiki ḳaryeyi iḥtivā eder. Gerze ḳażāsı Yeñi Cumʿa nāḥiyesiyle 87 ḳaryeyi iḥtivā eder. ʿAyancıḳ ḳażāsı Türkili ve ʿOs̱mānlı nāḥiyesi nāmıyla iki nāḥiye ve 134 ḳaryeden ʿibāretdir. Boyābād ḳażāsı Ṭuraġan nāmıyla bir nāḥiye ile yüzseksanyedi ḳaryeyi iḥtivā etmekdedir.

3.-İḳlīm:
Sinob vilāyeti iḳlīm iʿtibārıyla muʿtedileʾ-i ḥārreden maʿdūddır. İlkbahār içün vasaṭī dereceʾ-i ḥarāret aʿẓamī 11°, aṣġarī 0°, yaz içün aʿẓamī 27°, aṣġarī 16°, ṣoñbahār içün aʿẓamī 27°, aṣġarī 15,5°, ḳış içün aʿẓamī 13° aṣġarī 10,5° ḳabūl ediliyor. Dereceʾ-i ḥarāret yekūnleri ise ilkbahār içün 950°, yaz içün 2000°, ṣoñbahār içün 1950°, ḳış içün 1300° dereceʾ-i ḥarāret-i vasaṭī olaraḳ ḳabūl olınur ki cemʿan seneniñ dereceʾ-i ḥarāret mecmūʿı 6200°dir. Ve bütün seneniñ dereceʾ-i ḥarāret vasaṭīsi ise aʿẓamī 19°, aṣġarī 13° olaraḳ ḳabūl olınur. Burada eñ ṣoġuḳ ay Şubāṭ ayıdır. Bu ayda dereceʾ-i ḥarāret yekūnı 147dir.

[2] **4.-Yaġmurlar:**
Bir senede yaġan yaġmurlarıñ mıḳdār-i vasaṭīsi 372 milimetro olub bir senede yaġmurlı günleriñ ʿaded-i vasaṭīsi 46 - 50 rāddesindedir. Eñ ziyāde yaġmur yaġan aylar Teşrīnler isede baʿżan Māyıs aylarında birkaç gün mütemādīyen ve şiddetle yaġmur nüzūl eder. Gerek ilkbahār ve gerek ṣoñbahār ẓarfında şiddetle nüzūl eden yaġmurlardan eks̱erīyā seylāblar ḥuṣūle gelerek dere eṭrāfında bulınan ārāżī ḥubūbātına ehemmīyetli bir ṣūretde ḫasārāt-i vaḳīʿīye getirmekdedir. İlkbahārda cıvār ṭaġlardan ḳarlarıñ ānī bir ṣūretde eriyüb ṣularıñ tezāyüdinden Boyābāddan geçen Gök Irmaḳ Boyābād çaylarıyla ʿAyancıḳ Ḳaraṣu ve Ḳabalı çayları ṭuġyān netīcesi olaraḳ cıvārında teṣādüf etdiği arāżīyi dehşetli ḫasārāt īḳāʿ etmekdedir.

5.- Rūzgārlar:
Bir senede eñ ziyāde esen rūzgār birinci Ḳarayel/147, ikinci Günṭoğışı/117 üçünci derecede Poyraz/19 gündir.

6.- Miyāh-i cāriye:
Ufaḳ tefeḳ derelerden ṣarf-i naẓar olınursa vilāyetden cereyān eden miyāh-i cāriyeden Ḳızıl Irmaḳ, Gök Irmaḳ nāmıyla iki nehri ile Celevid çayı, Ḳanlı çay, Ṣarmısaḳ çayı, Ḳırḳ Geçid, Ḳaraṣu, ʿAyancıḳ, Boyābād, Ayrıca çayı, Ḳızıl Oğlan gibi çaylar mevcūddır.
Ḳızıl Irmaḳ, Ḳızılṭaġ nām maḥalldan ẓuhūr ederek 950 kilometro ṭūlında bir mesīr taʿḳīb ederek Vezīrköpri ile Boyābād baʿdehu Gerze ile Bafra ḳażālarını taḥdīd ṣūretiyle devām ederek Ḳara Deñize munṣabb olur. Mecrāsı ʿārıżalı ve serīʿü'l-cereyān olmasından seyr-ü-sefer ḳābil olamadığı gibi ilkbahārda ḳarlarıñ erimesinden ṭuġyān ederek bir çoḳ arāżīniñ ḫasārına sebebīyet vermekdedir.
Gök Irmaḳ: Ṭaṭay ḳażāsınıñ Babay ṭağından nebeʿān ederek Ḳasṭamonıdan geçer Ṭaşköpri ḳażāsını başdan başa ḳaṭʿ etdikden ṣoñra Boyābād ḳażāsına dāḫil olur. Burada geniş bir vādī taʿḳīb ederek onbeş sāʿatlik mesāfe ḳaṭʿ etdikden ṣoñra Boyābād Ṭuraġan nāḥiyesine bir sāʿat mesāfede Ḥasandiken ḳaryesi öñinden Ḳızıl Irmaġa dökülür. Gök Irmağıñ ṭūlı taḳrīben 200 kilometerodur. Gölviran mevḳiʿinde Ḳızıl Irmaġa ḳadar bulınan mesāfe dāḫilinde nehriñ ṭarafeynine .... fennī bir ṣūretde olduḳca istifāde edilmekde bi'l-ḫāṣṣa işbu sāḥada eñ ziyāde çeltik ḫuṣūṣında istifāde edilmekde isede ṭuġyān netīcesinde baʿżan çeltik tarlalarınıñ taḫrīb oldıġı.
[3] **Çelevid çayı** Alaçam sāḥasıyla Gerze ḳażāsına tābiʿ Yeñi Cumʿa nāḥiyesiniñ ḫaṭṭ fāṣlıdır. Beşçam tepesinden çıḳar. Otuz kilometro ṭūlındadır. Ṭarafeynindeki ārāżīyi tehdīd etmekden başḳa hiçbir fāʾidesi yoḳdır. Seyr-ü-sefer ḳābilīyeti yoḳdır.
ʿAyancıḳ, Ḳırḳgeçid ve Ḳaraṣu çayları vilāyetiñ eñ taḫrībkār ṣulardandır. Her sene ṭuġyān ederek ṭarafeyninde bulınan ārāżīyi taḫrīb ederek ḫasārāt-i küllīye īḳā etmekdedir. İşbu ṣular nāḥiyeniñ ancaḳ bir değirmen çevirecek mıḳdārda ḳalırlar. Ḳarlarıñ erimesiyle ḥuṣūle gelen seylāblardan ṭuġyān ederek ḫasārāt yapmaḳdadırlar. Sürʿatları serīʿ oldıġından taḫrībātıñ öñine geçmek ḳābil olamamaḳdadır.

7.-Teşekkülāt-i arżīye
Sinob vilāyeti teşekkülāt-i arżīye noḳṭaʾ-i naẓarından zamān-i ṣānīye ʿāʾid tebāşīrī ve jurazīdir. Terkībāt iʿtibārıyla ḳlorinli, tebāşīr, kil, ḳum, marin, ḥadīdī ṭabaḳalardan müteşekkildir. Arāżī hemān ʿumūmīyetle tebāşīrī isede baʿż-i manāṭıḳda bi'l-ḫāṣṣa Sinob yarım aṭasında şekil iʿtibārıyla arāżīʾ-i volḳanīyeden oldiġı gibi Boyābāddan Gök Irmaḳ cıvārına teṣādüf eden arāżī lavlarınıñ arāżīʾ-i volḳanīyeden bulındıġı añlaşılmaḳdadır. [4] Sinobdan Gerzeye ḳadar sāḥilden altı sāʿat dāḫile ḳadar bulınan arāżīniñ alt ṭabaḳaları tamāmen killi olması ṭolayısıyla her dāʾim heyelāna müsāʾid ve işbu ḥāliñ sāḥil aḳsāmında pek bāriz ve

āşikār bir ṣūretde arāżīniñ bir ḳısmı her sene heyelān ṣūretiyle deñize aḳub gitmekdedir.

8.- Arāżīniñ taḳsīmi:
Sinob vilāyetiniñ her ṭarafında arāżī ufaḳ parçalara münḳasımdır. Sinob vilāyetinde lüzūmlı dönimi iḥtivā edecek çiftlik ṣāḥibleri onı tecāvüz etmez. Esāsen Boyābād müstes̱nā, Sinob, Gerze,ᶜAyancıḳ ḳażālarındaki arāżī mümbit olmaḳla berāber ormandan açılmış ārāżī yalñız Boyābādda Ḳızıl ve Gök Irmaḳ sāḥalarında yine ufaḳ parçalara münḳasım olmaḳ şarṭıyla müstes̱nā düz ve o merāya müşābih vādīlere teṣādüf edilmekdedir.

9.- Uṣūl-i münāvebe ve tütüncilik:
Vilāyetiñ hiçbir ṭarafında muntaẓam münāvebe taᶜḳīb edilmez. Esāsen arāżī dar olması dolayısıyla taᶜḳīb edilan münāvebe iki senelik olub birinci sene buğday veya arpa veya yulaf, ikinci sene mıṣır, üçinci sene ḥubūbāt zerᶜ edilmekdedir. Boyābādda bir sene pirinc, ikinci sene buğday veya arpa zerᶜ edilmekdedir. Vilāyetde ḫuṣūṣī ᶜamele yoḳdır. Esāsen arāżī ufaḳ parçalara münḳasım olması ḥasebiyle zürrāᶜ kendi iḥtiyācāt-i zirāᶜīyesini bi'ẕ-ẕāt īfā etmekdedir. Yalñız tütün zirāᶜatında bu uṣūl değişir. Sinob vilāyeti tütün zirāᶜatınıñ teraḳḳīsini ve tezyīd-i zerᶜīyātı teᵓmīn eden yerli ḫalḳ olmayub Ṭrabzon ḥavālīsinden ḥarb-i ᶜumūmīde hicret ederek ḳısmen tavaṭṭun eden ḫalḳ ṭarafından ortaḳcılıḳ ṣūretiyle yetişdirilmekdedir. Maᶜa hāẕā yerli ḫalḳ tütüniñ ṣūret-i zerᶜ tīmārı yaparaḳ ḳurutma uṣūllarını tamāmen öğrenmiş, günden güne tütün zerᶜīyātına germīyet verilmekde oldığı ve seneden seneye gerek kemmīyet ve gerekse keyfīyet iᶜtibārıyla artmaḳda oldığı ātīdeki istatistiḳlerden keyfīyet müstebān buyurılacaḳdır.

Eñ ziyāde ᶜameleye iḥtiyāc mess eden tütün zerᶜīyātıdır. Buradaki tütüncilik yevmīye ile olmayub arāżī ṣāḥibi ortaḳcınıñ bir senelik iḥtiyācātını, yaᶜnī yiyeceğini ve yatacağını teᵓmīn etmekle mükellefdir. Buña muḳābil ortaḳcı bir sene ẓarfında bütün ᶜamelīyāt-i zirāᶜīyeyi icrā eder, fide dikme, yapraḳ alma, denk yapmağa, yaᶜnī tütüniñ zerᶜinden Reji anbārına vażᶜ edilinceye ḳadar çıḳan maḥṣūl yarı yarıya taḳsīm edilerek devām etmekdedir. Tütün maḥṣūlı bu şekilde seneden seneye bir nisbet-i mütezāyide ile artmaḳda ve zürrāᶜıñ yüzini güldirmekdedir. ᶜAmele her zamān pek mebẕūl ve ucuz tedāriki mümkindir. Aḫīren iskān edilan mübādeleleriñ tütün zirāᶜatını teks̱īr ve nefāsetiniñ teᵓmīnine yardımları meᵓmūldır. ᶜAmele yevmīyesi yazın 100 ve 150, ḳışın 70 ilā 100 rādesindedir.

10.- Uṣūl-i zirāᶜat:
Vilāyetiñ uṣūl-i zirāᶜatı pek ibtidāᵓī ve ḳurūn-i vusṭā derecesindedir. Boyābād ḳażāsınıñ baᶜż-i manāṭıḳı müstes̱nā vilāyetiñ hemān her ṭarafında naṭas yapılmamaḳdadır. Buna sebeb ḫaṣādı müteᶜāḳib ḳuraḳlığıñ uzun müddet devāmı, ᶜaynı zamānda pek ağır olan bu ṭopraḳları [5] ḳara ṣapanıñ parçalamaḳda müşkilāt çekmesi ṭolayısıyla buralarda ṣoñ bahārda nüzūl edecek yağmurlara

intiẓāren yalñız bir defʿa, o da ağızlarda, mışır naṭaslarında ise toḫumı ataraḳ yeñiden naṭas yapmaḳsızın ḳapatmaḳdan ʿibāretdir. Bu ḥālde yapılan ḥafriyāt ve zerʿīyātdan zürrāʿ bire beş, nādiren sekiz on rāddesinde maḥṣūl almaḳda ve elde edilen maḥṣūlıñ mevādd-i ecnebīye ile maḫlūṭ bulınmasından seneʾ-i ātīye içün toḫum yapılamıyacaḳ derecede bulınıyor. Bu sebeblerden köyli yeñi toḫumı ḫāricden tedārik veya ʿayniyle zerʿ etmekdedir. İşte bu şekil zirāʿatı iṣlāḥ ve iyi toḫum elde etmek içün naṭas uṣūlını īfā etmek içün mecbūrīyet-i ḳānūnīyeniñ vażʿı ve ḥükūmetiñ bunı şiddetle taʿḳīb etmesi ẓarūrīdir.

11.- Gübre:

Sinob vilāyetinde mevcūd ḥayvānātdan istiḥṣāl olınan çiftlik gübresiniñ ḳısm-i küllīsini tütün tarlalarına ve pek cüzʾī bir ḳısmını mışır ve sebzelere atılmaḳdadır ki ḥubūbāt bu gübreden hiç bir vecihle istifāde etmemekde esāsen her sene beklendirilmeksizin zerʿ edilan arāżīniñ ḳuvveʾ-i nāmeʿesi günden güne azalmaḳda ve bi'n-netīce ʿaḳāmete sürüklenmekdedir. Buña sebeb gübreniñ kifāyetsizliğidir. Yeşil gübre ḳaṭʿīyen ḳullanılmaz. Kimyevī gübrelere gelince ḫalḳıñ her işine oldığı gibi bundada görgiye tābiʿdir. Bunıñ içün ḥükūmet bu vilāyet zirāʿatını kimyevī gübrelere alışdırmaḳ içün aʿẓamī fedākārlıḳlar iḫtiyār ederek her köyde ehl-i merāḳa müberrā-yi tecrübe meccānen verilmek ṣūretiyle kimyevī gübreleriñ teʾmīni ḳābil olabilir. Bundan başḳa köylerde ḥayvānātdan terāküm etdirilan gübreleriñ ḥālī bıraḳılmayub bunları fennī bir ṭarẕda derci ḫuṣūṣında māddeʾ-i ḳānūnīye ile mecbūr ḳılınması ṣūretiyle toḫum gübreleriñ kuvvetini ... ... żīyāʿına meydān vermemiş ve hemde çiftçiniñ gübre yüzinden iḫlāl olınan ṣıḥḥatınıñ veḳāyesi ḳābil olabilecekdir.

12.- Ḥubūbātıñ taṭhīri ve ʿilāclanması:

Vilāyetiñ her ṭarafında geçen sene taṭbīḳ edilen bu uṣūlıñ fevāʾidi bugün yavaş yavaş añlaşılmaḳdadır. Bu sāyede köyli dāʾiremize mürācaʿat ederek toḫumlarıñ taṭhīrini istemekdedir. Bu ḥāl ḳalbur makinalarınıñ taʿmīmine ṭoğrı mühimm bir ḫaṭve atılmışdır. Bir sene ẓarfında vilāyetde idḫāl edilen elli ʿaded ḳalburdan onsekizi Mayer, ikisi Hayd, mütebāḳīsi Maru olmaḳ üzere tamāmen köylü eline geçmişdir. Bu ḫuṣūṣda merkez ḳażā tamāmen techīz edilmişdir. Ḥālen merkez, Gerze, Boyābād ve ʿAyancıḳ ḳażālarınıñ işbu ḳalburlardan lüzūmı mıḳdārınıñ mübāyaʿa edilmesi içün bu sene idāreʾ-i ḫuṣūṣīye būdcesine fażla mıḳdār taḫṣīṣātıñ vażʿıda teḳerrür etmişdir. Bugün Boyābādda yedi, ʿAyancıḳda beş, Gerzede dört ḳalbur makinası ḥāl-i faʿālīyetdedir. Bu ḥāl gösteriyor ki, vilāyetde toḫum taṭhīri bir emr-i vāḳiʿ ḥālini almışdır.

ʿİlāclama keyfīyetine gelince: Geçen sene baʿż-i aḳsāmda taṭbīḳ edilen uṣūl ḫalḳ üzerinde ḥaḳīḳī bir teʾsīr yapamamışdır. Buña sebeb murāḳıblarıñ zirāʿat meʾẕūnı olmaması ve ḫalḳa lāyiḳi vecihle toḫum [6] taṭhīriniñ añlatılamaması; ṭolayısıyla bi'ẕ-ẕāt baʿż-i ḳurālarda taṭbīḳ etdiğim ʿilācıñ ḥiss-i teʾs̱īri görilebilmişdir. Bu sene içün yeñiden taṭbīḳine ḳalḳışılmış isede şerāʾiṭ-i maṭlūbeyi ḥāʾiz murāḳıbıñ henüz bulınamaması yüzinden toḫum taṭhīrine devām edilmekle berāber henüz zerʿīyāta ibtidār edilmediğinden ʿilāclama uṣūlına başlanmamışdır. Maᶜa hāẕā şerāʾit-i maṭlūbeyi ḥāʾiz murāḳıb bulındıġı taḳdīrde ᶜilāclanmaġa başlanılacaġı.

Vilāyetimizde toḫumlarıñ eñ melūs ḳısımları sāḥil mınṭıḳasını teşkīl eden ḳaryelerdir. Bināʾen ᶜaleyh taṭhīrātı daha ziyāde bu mınṭıḳalarda taṭbīḳ etmekdeyiz. Maᶜa hāẕā dīğer manāṭıḳıñ taṭhīrinede ehemmiyet verilmekdedir. Yalñız ḳalburlarıñ her köye mecbūrī bir ṣūretde tevzīᶜine emr-i vekālet-i penāhīlerine intiẓār olınmaḳdadir. Bu sāyede vilāyetimiz az zamān ẓarfında temiz ve iyi maḥṣūl alabileceği ḳavīyen meʾmūldır.

13.- Merᶜā:
Vilāyet arāżīsiniñ ḳısm-i küllīsini teşkīl eden ormanlar oldıġından merᶜā ve muntaẓam çayırlıḳlar yoḳ denecek derecededir. Dāḫilī Anaṭolıda oldıġı gibi ḥayvānātıñ raᶜyına maḫṣūṣ ayruca merᶜā yoḳdır. Burada herkes ḥayvānātını yā kendi arāżīsi dāḫilinde veyāḫūd başı boş olaraḳ ötekiniñ berikiniñ arāżīsinde gezdirmekdedir ki bu ḥāl birçoḳ fenalıḳlarıñ ve baᶜżan ḳatl ḳażālarına sebebīyet vermekdedir. Her çiftçi zerᶜ etdiği arāżīniñ cihāt-i arbaᶜasını aġac veya tel örgülerle taḥt-i muḥāfaẓaya almaḳ mecbūrīyetindedir ki bu ḥāl çiftçiniñ birçoḳ fuẓūlī meṣārife ḳatlanmaḳ mecbūrīyetinde bıraḳmaḳdadır. Bi'l-ḫāṣṣa bī-ḳudret olanlar içün bu pek müşkil bir işdir. Bunıñ içün ġarbī Anaṭolıda oldıġı gibi buralardada herne ṣūretle olsursa olsun ḳurā ḥayvānātınıñ ṭoplı bir ḥālde çobanlara tevdīᶜi ṣūretiniñ mecbūrīyet-i ḳānūnīye ile taḥt-i teʾmīne alınması ṣūretiyle vilāyete ḥayvān yüzınden birçoḳ fenalıḳlarıñ öñi alınacaġı vāresteʾ-i īżāhdır. Arāżīniñ ṭarlıġı ṭolayısıyla ṭabīᶜī çayırlıḳlardan ṣarf-i naẓar ṣunᶜī çayırlıkalarıñ iḥdāṣına ġayret olınacaḳdır.

14.- Ālāt-i zirāᶜīye:
Vilāyetimizde ālāt-i zirāᶜīyeniñ neşr-ü-taᶜmīmine yaḳın zamāna ḳadar ġayret edilmemiş ibtidār-i selefim ṭarafından 339 senesinde birḳaç ᶜaded Rudsaḳ pullıġı ile bir iki ᶜaded Maru ḳalburı celb edilmiş. Ḥāl bu ki çiftçi bu ālātı pek güçlükle ḳol etmişdir. 341 senesi muvāzeneʾ-i ḫuṣūsīye büdcesinde vilāyetiñ bu noḳṣānı teʾmīn edilerek bunıñ içün 20.000 līrā ālāt-i zirāᶜīye taḫṣisṣātı vażᶜ edilerek bu para ile bu güne ḳadar 250 çift ve tek tekerlekli Rudsaḳ ve Bahuz pullıḳlarıyla bir ᶜaded Hükezşerānī ḫarman makinası, bir traḳtör ve otuza ḳarīb ḳalbur makinası ile yayıḳ ve arıcılıġa müteᶜalliḳ ālāt-i zirāᶜīye celb ve bunlarıñ ḳısm-i mühimmi zürrāᶜıñ pīş istifādesine vażᶜ edilmişdir. Ālāt-i zirāᶜīyeniñ toḫum taṭhīrinde ᶜarż edileceği vecih üzere ḳarasapanla yapılan ḥafriyātdan elde edilen ḥāṣılātıñ yüzde elli nisbetinde mevādd-i ecnebīye ile maḫlūṭ bulınması taṭhīrāta verilan ehemmīyetiñ bu ṣūretle ḥafriyāt yapıldıḳca toḫumlarıñ ıṣlāḥı ve bi'n-netīce ḥāṣılātıñ temiz olaraḳ pazarlara sevḳi ḳābil olamıyacaḳdır. Bināʾen ᶜaleyh ḳaraṣapanı [7] ilġā ederek yerine pullıḳ iḳāmesiniñ teʾmīni żımnında bir māddeʾ-i ḳānūnīye ṣūretiyle ḫalḳa taṭbīki esbābınıñ istikmālı lāzımedendir.

Vilāyetimizde bir iki demirci dükkānından başḳa taᶜmīrḫāne yoḳdır. Ālāt-i zirāᶜīyeniñ bu vilāyetde taᶜmīmi netīcesi işbu ālātı taᶜmīr edecek taᶜmīrḫāneleriñ vücūdı şarṭdır. Buña bināʾen 925 senesi idāreʾ-i ḫuṣūṣīye büdcesinde bir taᶜmīrḫāne teᵓsīsi içün teşebbüs̱ātda bulunılacağı vāresteᵓ-i ᶜarż-i beyāndır.

Şuᶜabāt-i zirāᶜīyeden merkez ḳażāda tütün, fındıḳ ve patates, Gerze ve ᶜAyancıḳ ḳażālarında tütün, fındıḳ, Boyābādda sebze zirāᶜatınıñ teks̱īriyle berāber ipekcilik, pamuḳ ve patates zirāᶜatınıñ teks̱īri ḳudret-i fāṭire eşcār-i müs̱mire ḫuṣūṣında bu vilāyeti eñ münāsib olaraḳ ḫalḳ etmişdir. Yalñız vücūd-i eşcārıñ ticārete emrāż ve tufeylāta ḳarşı mücādele etmekle berāber burada iyi cins meyveler yetişdirilmek üzere muntaẓam ṣāf eşcār-i müs̱mireye maḫṣūṣ müstaḳilen vilāyet dāḫilinde bir fidanlığıñ iḥdāsı lāzımdır.

15.- Sebzecilik:
Vilāyetde az çoḳ her nevᶜi sebze yetişebilir. Boyābād ḳażāsı sebzecilik ḫuṣūṣında fevkü'l-ᶜāde müsāᵓid, ṣuyı mebẕūl ve her nevᶜi sebze yetişdirilmesine sāᵓik, bi'l-ḫāṣṣa laḥana, pıraṣa, paṭlıcan, büber, faṣulya. Hele laḥananıñ bolca zamānında ᶜadedi 15-20 ḳıyye ḳadar yetişmekdedir.

16.- Emrāż ve ḥaşarāt:
Ḥayvānat-i mużirre żımnındaki ḳānūn vilāyetimizde tamāmen taṭbīḳ edilmiş ve ..... taṭbīḳīyesi ḥaḳḳında yapılan mücādele netīcesi ---- tāriḫ ----- numerolu raporla vekālet-i celīleye ᶜarż edilmişdi. Sene ġāyesine ḳadar bu sene yapılan mücadele

(zwei Seiten – [6 u. 7] in der Handschrift - fehlen!)

[8] **Mülāḥaẓāt ve müṭālaᶜāt-i ᶜumūmīye:**
Hükūmet-i cumhūrīyemiziñ çoḳ ḳavī ᶜazm-i irādesi sāyesinde ᶜaṣırlardanberi köklenmiş taᶜaṣṣub ve cehāletiñ temelinden ḳurtuldığından dolayı surūr içinde çalḳalanan memleket ḫalḳınıñ şu ḥāli çiftçilerimizin saᶜyını tehdīd eden ᶜavāmiliñ ḳānūn şeklinde berṭaraf edileceği güniñ çoḳdan geldiğini ḥattā geçdiğini bile ḫāṭırlatmazmı?

Müstaḥṣilleri aᶜşār belīyesinden ḳurtarılmaḳla zirāᶜatımızıñ teraḳḳīsi yolında pek büyük bir adım atıldığını bir senelik istiḥṣālāt-i zirāᶜīyemiz pek güzel is̱bāt etdi. Faḳaṭ şu cihet ġayr-i ḳābil-i inkārdır ki: ḳaraṣapanla ḥafriyātıñ memleketde devām etdiği müddetce istiḥṣālātıñ tezāyüdi maḥdūd bir sāḥaya münḥaṣır ḳalacaḳdır. Bi'l-ᶜumūm Türkiye ṭopraḳlarında pullıkla ḥafriyāt yapılaraḳ toḫumlarda yapılan ihtimāmātda ihmāl olmamaḳ şarṭıyla maḥṣūlāt-i zirāᶜīyesiniñ daha üç dört mis̱li tezāyüd edeceği āşikār bir ḥaḳīḳatdır. Köylümiziñ bir türlü ayrılamadığı [görgisi] ve el-ān ḳullandığı ḳaraṣapanı farḳında olmaḳsızın ellerini bağlayan eñ ḳavī zinciridir. Zamānıñ bu zinciride ḳıracağına ḳaṭᶜīyetle emīniz. Yalñız şurası derpīş olınmalıdır ki tedrīcī olaraḳ zirāᶜatımızı teraḳḳī ve inkişāfa zamānımız ḳaṭᶜīyen müsāᵓid olmadığından memleketimiziñ ḥaḳīḳaten bir çiftçi ocağı oldığını yaḳın bir ātīde is̱bāt edilecekdir. Bunıñ içün temennīyātımızıñ vekālet-i celīlelerine ḫoş telaḳḳī buyurılmalıdır. Zirāᶜatda müteraḳḳī olan memleketleriñ teraḳḳiyāt-i zirāᶜīyesi tedḳīḳ olındıḳda çoḳ eskiden ḳullandıḳları ṣapanlardan tedrīcen vāż geçmek ṣūretiyle bu güniñ mükemmil pullıḳlarını ḳabūl edinceye ḳadar ḫaylī zamān geçdiği naẓar-i diḳḳatı celb eder. Faḳaṭ o memleket ḫalḳı pullığa ṭogrı olan ālāt-i zirāʿīye teraḳḳiyātını taʿḳīb ṣūretiyle tedrīcan belkide derece'-i ḳuṣvāya vāṣıl oldıḳları bugün onlarıñ ibtidā'ī ḥāllerinde ḳullandıḳları ālāt ile çiftçilik yapdığımızın henüz farḳına varıyoruz. Binā'en ʿaleyh onlara yetişebilmek içün fiḳren, bedenen bütün kuvvetimizle ḳoşmaḳ ve mümkin olduğı ḳadar serīʿ bir ḥareketle onlarıñ vāṣıl oldıḳları sevīyeye yetişmesek bile aramızda pek az bir farḳ ḳalıncaya ḳadar uğraşmaḳ mecbūrīyetindeyiz. Bütün menāfiʿ ve muḥsinātı irā'e ṣūretiyle iṣbāt edilan pullığı ḳol etmemek köylümiz maʿa'l-esef taʿannüd eylemekdedir. Pullıḳla ḫafriyātıñ çiftçilikdeki ehemmīyeti āşikār oldığından bunıñ istiʿmālini mecbūrīyet ḥāline ḳalb ve bunı bir mādde'-i ḳānūnīye ile te'yīd ṣūretiyle memleketiñ bu eñ mühimm yarasınıñda ʿācilen tedāvīsi bugün içün żarūrīdir. Vaẓīfe dolayısıyla istiʿmālindeki bütün ḳolaylıḳları göstererek pullığıñ [9] ḫafriyātdaki ḳavā'idini īṣbāt ve köylü bu vażʿīyet ḳarşusında iʿtirāf olınacaḳ bir cihet bulamayınca o zamān [görgi]sine istiʿnādla ben babamdan bunı gördim diyor ki bu ḥāl ḳarşusında köyliyi irşād ile mükellef olanlarıñda ʿāciz ḳalmaḳda oldığını iʿtirāf etmeliyiz.

Medenīyet yolında atalarımızdan menḳūl ẓihnīyetle yaşamaḳ bugün içün naṣıl mümkin değilse dedelerimizden ḳalma ḳaraṣapanlarla çift sürilemiyeceğini ve köylüniñ babasından gördiklerini değil, gösterilenleri yapmaḳ mecbūrīyetinde bulındığını añlatmaḳ ve bu ḥāle māniʿ olmaḳ memleketimiziñ çiftçiliği içün ḥayātī bir mes'eledir.

Teraḳḳī yolında vesā'iṭ-i ḥāżireniñ her dürlü yeñiliklerinden istifāde çarelerini arayan ve onı taʿḳībden çekinmeyen Türk milletiniñ bu gibi zirāʿī ḫuṣūṣātda daha ziyāde ihmālkār ṭavranmasına niçün müsāʿade etmelidir. Bi'l-ʿumūm zirāʿatı müteraḳḳī memleketlerde pullıḳla ḫafriyāt ḳabūl edilmiş iken memleketimizde ḳaraṣapanla ḫafriyāt yapıldığını görmeğe daha ne zamāna ḳadar taḥammül etmelidir?

Vilāyetimizde elde edilan buğday maḥṣūlātı ʿumūmīyetle marīż ve nıṣfından ziyādesi mużırr toḫımlarla maḫlūṭdur. Vekālet-i celīle büdcesinde ʿaẓīm fedākārlıḳlarla toḫımlıḳlarımızı ıṣlāḥ yolında ṣarf etdiği bunca mebāliğiñ ḳaraṣapanıñ memleketde istiʿmāl olındığı müddetce heder olub gideceği bir yarasıdır.

Erbāb-i iḫtiṣāṣ pek iyi taḳdīr buyurırlar ki ekilen toḫım ne ḳadar taṭhīr olınsa ve ne ḳadar ʿilāclansa lāyıḳıyla ḫafriyāt yapılmadıḳca melūs olan bir tarlaya atılan toḫım ertesi sene yine ʿaynı ḥāle gelecekdir ki şu ḥāle naẓaran gerek triyörlerden, gerek ʿilāclamadan elde edilecek netīce hemān hemān hiç müşābesinde ḳalacaḳdır. Binā'en ʿaleyh ilk evvel ḳaraṣapanla ḫafriyātıñ menʿ edilmesi ve zirāʿatımızıñ teraḳḳī yöninde engel olan ismiyle müsemmī ḳaraṣapanıñ ortadan ḳaldırılaraḳ çiftçilerimiziñ kāmilen pullıḳla techīz olınmaḳ ṣūretiyle nūrlandırıldığı gün köylünıñ ḳurtuluş günidir.

2.-Ḳara Deñiz sāḥiliniñ bi't-taḫṣīṣ vilāyetimizin sāḥilden on sāᶜat dāḫile ḳadarki sāḥada bulınan köyleriñ evleri yekdīğerine çarpıḳ ve yarım sāᶜat mesāfede ayrı ayrı aḳsāma ayrılmış bulınmaları gerek āṣāyiş gerek maᶜārif gerekse ictimāᶜīyāt ve zirāᶜat noḳṭa'-i naẓarından teraḳḳī etmek imkānını selb etmekdedir. Hükūmet-i cumhūrīyemiziñ aᶜşār gibi bir zinciri ḳaldırmaḳla köylü refāha ḳavuşmış isede bu ḥāl onıñ maᶜnevī olan ġıdāsını tamāmen verememişdir. Binā'en ᶜaleyh bu sāḥalarda [10] ṭağınıḳ ḥālde bulınan köyleriñ tevḥīdi ve ġarbī Anaṭolıda oldığı gibi oba ḥālinde ifrāğı taḳdīrinde az zamān ẓarfında iḳtiṣāden, zirāᶜatan, ictimāᶜan yükselmesi ḳābil olabileceği maᶜrużıyla işbu sāl raporı maᶜa teferruᶜāt bi't-tanẓīm taḳdīm ḳılındı, efendim.

Sinob vilāyeti zirāᶜat me'murı
12 Teşrīn-i s̱ānī sene 341

BERICHT XII

S.[1]

١٢٨٥ [illegible] ٢٢١ [illegible]

[illegible] ١٨ [illegible]

٢٢٢٢.٢٠ [illegible] ١٢١٩ [illegible]

[illegible] ١.٠ [illegible]

[illegible]

٦٨٢ ×× [illegible] ٢٨ [illegible] ١٥ [illegible]

[illegible] ١١٨٢ [illegible]

[illegible] ٦٨٢ [illegible]

[illegible] ١٠ [illegible]

الیوم محفوظ بولنمقده در .

١٢٩٥ ×× [illegible] ١٨١ [illegible]

[illegible] ١ ×× [illegible]

[illegible] ١ ××× [illegible] ١٢٩٥ [illegible]

[illegible]

[illegible] × [illegible] ١٤ [illegible]

[illegible]

[illegible]

[illegible] ١٢ [illegible]

[illegible] [illegible]

[illegible] [illegible]

× ٩٢.١٨/٢ [illegible]

×× ٩٢.١٨/١٤ [illegible]

XII.1

BERICHT XII

S.[2]

[illegible]						
[illegible]	کیلو	[illegible]	کیلو	[illegible]	کیلو	[illegible]
١٩٦	·	٨٢٠	٦	٠٦٦	٧	[illegible]
٥٤٠	٤٤	٤٤٠	٤	٧٧٠	٤٧	[illegible]
٨٥٤	٢٩		٢	٨٥٤	٤١	[illegible]
٨٩٤	١٠١	٨٧٠	٦	٧٦٤	١٠٨	[illegible]
٦٠٤	١١٩	٩٨٠	٢٤	٥٨٤	١٤٤	[illegible]
٩٤٩	١٤	٨٤٧	٢	٧٦٦	١٧	[illegible]
٨٠٤	٢٩	١٦٠	٦	٩٦٤	٢٥	[illegible]
٩١٥	٢٤	٥٥٠	٨	٤٦٥	٢٢	[illegible]
٢٦٠	٦٤	·	٧	٢٦٠	٧١	[illegible]
٢٤٠	٢	١٤٠		٤٥٠	١	[illegible]
٧٨٦	·	٢٧٠		٠٥٦	[illegible]	[illegible]
٨٤٨	١٥١	٩٠٠		٧٤٨	١٥٢	[illegible]
٦٦٦	٢٦	٤٤٥	٢	٠٠١	٤٠	[illegible]
١٥٨	٧	٤٠٠		٤٥٨	٧	[illegible]
٢٨٢	٦٢٥	٤٧٢	٧٥	٠٥٤	٧٠١	یکون

[illegible]

[illegible]

Bericht XII

[1] Ġuruş 1685

321 senesinden Sinob ḫastaḫāne᾿-i ʿumūmīsi içün Dersaʿādetde Frengīden mübāyaʿa edilan muʿālece es̱mānını ḥāvī sened olub duyūn-i ġayr-i muntaẓam defterine 18 Eylūl 324 tārīḫ ve 248 numero ile ḳayd edilmiş oldığından es̱mānı bi't-taḥṣīl tüccār-i mümāileyhe gönderilecekdir.

2222,30

1319 senesinde Sinob ḫastaḫāne᾿-i ʿumūmīsi ʿilāveleri içün mübāyaʿa edilan eşyā ile üstādīye es̱mānını ḥāvī olan sened olub duyūn-i ġayr-i muntaẓam defterine fī 10 Kānūn-i evvel 324 tārīḫ ve 848 numeroda ḳayd olınmış ve bu maṣraf ḫastaḫāneniñ evvelce mevcūd vāridātından ṣarf oldığından bi't-taḥṣīl māl ṣandūġına yazılaraḳ ḫastaḫāneye īrād gösterilecekdir.

Evrāḳ-i naḳdī ** ġuruş 683,20

Boyābādıñ Gökçuḳur ḳaryesinden Ḫaṭīb oġlı Ṣādıḳ bin Maḥmūd fī 28 Teşrīn-i s̱ānī 926 tārīḫinde ḫastaḫāneye dāḫil olaraḳ fī 15 Kānūn-i s̱ānī 927 tārīḫinde vefāt etmekle yedinde zuhūr eden 1183 buçuḳ ġuruşdan vaṣīyeti üzerine beşyüz ġuruş cenāzesine ṣarf edilmiş ve mütebāḳī ḳalan 683 buçuḳ ġuruş varaḳa᾿-i naḳdīsi zevād-i ʿā᾿ilesine verilmek üzere mevālīne is̱bāt-i verāset etdirilmiş ḫastanıñ 215/3 numero fī 15 Kānūn-i s̱ānī 927 tārīḫinde ṣıḥḥīye müdīrīyetine yazılaraḳ henüz evrāḳ-i müs̱bītesi vürūd etmediğinden el-yevm maḥfūẓ bulınandır.

1395 **

bir gümüş sāʿat **, bir gümüş ḳordon

Ṭrabzon vilāyetine tābiʿ Rizeniñ Çaḳıllı ḳaryesinden Meḥmed oġlı Aḥmed bin Yūnīs fi 18 Kānūn-ı s̱ānī 332 tārīḫinde ḫastaḫāneye mürācaʿatla maʿlūlīn-i efrencīyeden olmasına binā᾿en taḥt-i tedāvīye alınmış ve maʿẕeret-i meşrūʿesine binā᾿en iki gün me᾿zūnīyet verilerek bālāmıza ʿavdet etmemişdir. Ḫastaḫāneye teslīm eylediği 1395 ġuruş ile bir ʿaded gümüş sāʿat ve bir ʿaded taḳma gümüş ḳordonı mevcūddır.

Evrāḳ-i naḳdī ġuruş 500 *

Boyābādıñ Ġāzīdere ḳaryesinden Caʿfer oġlı Şaʿbān bin ʿÖmer fī 4 Eylūl 927 tārīḫinde taḥt-i tedāvīye alınaraḳ yevmī elli ġuruş ücret-i iʿāşe olaraḳ ʿalā'l-ḥesāb alınan beşyüz ġuruş mevcūd-i ṣandıḳ bıraḳılmışdır.

----

* 3/8/930, 531/92 numerolu taḥrīrātla meclis-i ḫuṣūṣīyeye yazılmışdır.

** 31/8/930, 543/96 numerolu taḥrīrātla māl ḳalemine yazılması defterdārlıġa yazılmışdır.

Bervech-i bālā muḥarrer oldıġı vecihle ʿaynen ikibiñbeşyüzyetmişsekiz buçuḳ ġuruş evrāḳ-i naḳdī ve seneden üçbiñṭoḳuzyüzyedi ġuruş otuz pāra ve bir ʿaded gümüş sāʿat maʿa ḳordonı miyānemizde devr-ü-teslīm edilmişdir.
Fī 12 Eylūl 927
Kātib-i lāḥiḳ Kātib-i sābıḳ
M. Şākir ʿĀbidīn

[2] **Anbarda mevcūd ḳalan erzāḳ**

Erzāḳıñ envāʿi	Bir aylıḳ müdevver erzāḳ		8 Eylūl 927 ilā Eylūl ġāyesine ḳadar ṣarfiyāt		Mevcūd ḳalan erzāḳ	
	kilo	ġuruş	kilo	ġuruş	kilo	ġuruş
sāde	7	016	6	820	--	196
ṭuz	47	770	4	230	43	540
ṣābūn	49	854	2	0	39	854
ṣoġan	108	762	6	870	101	892
pirinc	144	584	24	980	119	604
şeʿrīye	17	766	3	837	13	929
maḳarna	35	964	6	160	29	804
ḳurı faṣulya	33	465	8	550	24	910
ġaz	71	260	7	0	64	260
üzüm	1	350	0	120	1	230
peynir	1	56	--	270	--	786
noḫud	152	748	--	900	151	848
şeker	30	001	3	335	26	666
zeytūn yaġı	7	458	--	300	7	158
Yekūn	701	054	85	372	625	682

Ber vech-i bālā ondört ḳalem erzāḳ-i mütenevvʿīye bi'l-varaḳ miyānemizde devr-ü-teslīm edilmişdir.
Kātib-i lāḥiḳ Kātib-i sābıḳ
M. Şākir ʿĀbidīn

Ḫastaḫāne kātib-i sābıḳı ʿĀbidīn efendi ile lāḥiḳ kātib Meḥmed Şākir efendi aralarında derūn-i cedvelde muḥarrer oldıġı vecihle eşyā-yi mīrīye, erzāḳ-i mütenevviʿe ve ʿaynīyāt ve senedāt olaraḳda altıbiñdörtyüzseksanaltı ġuruş on pāra ve muḫtelifātdan müdevver bir ʿaded gümüş sāʿat maʿa ḳordonıñ devr-ü-teslīm edildiği taṣdīḳ ḳılunır.
13 Eylūl 927

Heyʾet-i idāre reʾīsi	aʿżā	aʿżā	aʿżā
ser ṭabīb vekīli:	meclis-i merḳūme müdīr vekīli	belediye aʿżāsından	eczācı
...	...	...	Seyfu'd-dīn

BERICHT XIII

S.[1]

٣ ـ ساده / جنوب ولايتى حوران قضاسى تقسيم ايدلمش اولور ايسه آراضى عموميه نك يوزده يكرميسى دور يوزده قرقى سليلى بالو يوزده
قرقى ويرانه ودكلريله عبارتدر .

٤ ـ ولايت آراضيسى تشكيل ايدن حورانلر شامل اولان عائد نباتاتى زروعاتى [illegible] عبارتدر . كرك عشاير نباتات قلوريتى
نباتات ... كلى ، قوم ، ماريه و حمدى ... تصادف ايدلديكى بعضاً ... بالخاصه ... اوده ... محررلر ...
تصادف ايدلديكى ... وضعيت ... عشاير ... قوناغى ... اوراده آثارى
ابتدائيه لار كورلرده در . حوران تشكيل ايدن ... موجود اولديغى ... عبارتدر .
كون ... تشكيل ايدن ... كول ... بعضاً محللرده ... سيستم و كاكل ... تصادف
ايدلمكده در . ... عشاير ولايت آراضى ... تقسيم ايدلمكده در ... اصلى ... كيالى ...
داخل ... فاكلتى و ماريتى [redacted] صفاتيه عبارتدر . ... قدر ولايت حورانلرى ... ايدلمه ...

٥ ـ ولايتده ... كوى موجوددر . بو مقدارده ... اوراده نباتاتى داخلده ... اوده در . كويلر ...
اولديغى ... كوناغى ... بو اعتبارله ... اوده ... محلاته ... اوده
كيزمل تحويتنده در . ... ولايت داخلنده ... كوى ... كركيه
ايدر ... ساير مصارف ... اعلى ... قوتيل ... ولوت
اولوبه كارلرى ... قوتيل ... صالح ... كونلرى ... اوده ...
بعض يوده ٥٠ ... قدر ... قوتيل ... استفاده ... اولمقده
... آلتنده ... استفاده ايدلمكده ... در . كون ...
... ايدلمكده ... عشاير ... اعلى ...

٥ ـ ولايت آراضى ... مقدارنه ... ايدلمه ... محلاته ...
... ايدلمكده در .

آ ـ زراعته صالح آراضى ... دونمدر .

ب ـ [illegible] آراضى يوقدر .

ت ـ كويلرين آراضى تخميناً ... دونمدر .

ث ـ ... آراضى يوقدر .

ج ـ ... آراضى تخميناً ١٠٠٠ دونمدر .

٦ ـ زراعته ... ١٠٠٠ دونم ... آراضى ... دونم ... آراضى ...
دونمده ... يوقدر .

٧ ـ

٨ ـ ... آراضى يوقدر .

٩ ـ ... آراضى ... اوله ... واردر . ... اوده ...
... كيلرته عائد اولور .

١٠ ـ اقليم : ... مقدارى ... كوردلر ...
... قيد ... اوله

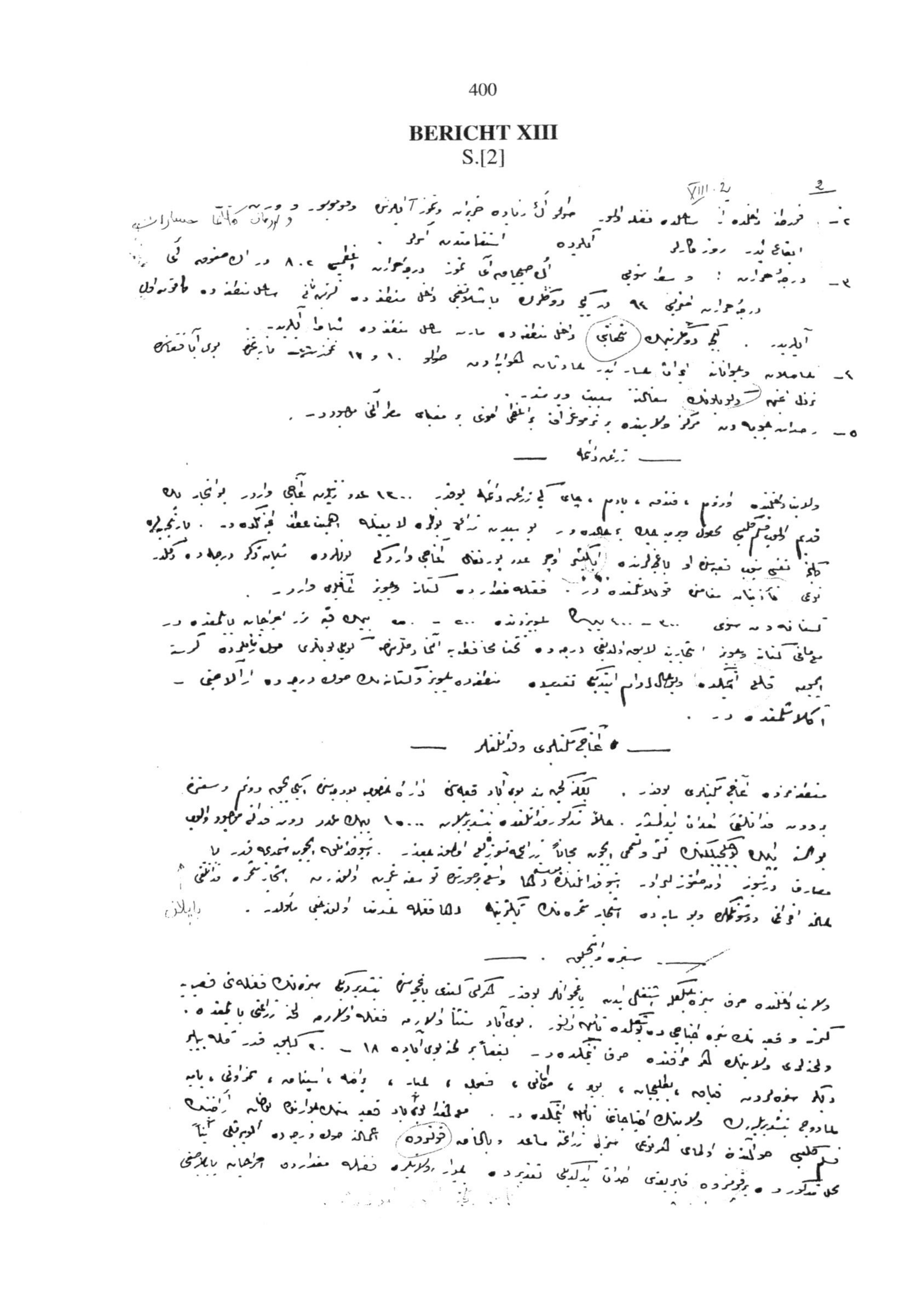

BERICHT XIII

S.[2]

[illegible]

Bericht XIII

[1]Mādde 2: Sinob vilāyetini ṭopoġrafik noḳṭaʾ-i naẓarından taḳsīm edecek olur isek ārāżīʾ-i ʿumūmīyeniñ yüzde yiğirmisi düz, yüzde ḳırḳı meyilli bayır, yüzde ḳırḳı orman ve dağlardan ʿibāretdir.

3: Vilāyet ārāżīsini teşkīl eden ṭopraḳlarıñ esāsı zamān-i s̱ānīye ʿāʾid tebāşīrī jurazī ... şistlerden ʿibāretdir. Terkībāt iʿtibārıyla tebāşīr ve ḳlorinli tebāşīrler, kil, ḳum, maren ve ḥadīdī ṭabaḳalarına teṣādüf edildiği gibi baʿż-i manāṭıḳda bi'l-ḫāṣṣa Boyābādda indifāʿī ṣuḫūrlardan marenlere teṣādüf edildiği gibi Sinob ḳaṣabasınıñ cihet-i şarḳīyesinde vāḳiʿ yarım aṭanıñ vażʿīyet-i jeolojīye iʿtibārıyla ḳadīmde feverān etmiş bir volḳanıñ ās̱ārını īrāʾe eder lavlar göstermekdedir. Ṭoprağı teşkīl eden mevādd-i esāsīyede ḳısmen irtibāṭ mecvcūd oldığı gibi ḳısmen irtibāṭdan ʿārīdir. Boyābād Gökırmaḳ vādīsini teşkīl eden ṭopraḳlar kül rengini andırmaḳla berāber baʿż-i maḥallerde istiḥāleye uğraḳ şist ve ḳalker tepeciklerine teṣādüf edilmekdedir. Netīce iʿtibārıyla vilāyet ārāżīsi iki aḳsāma taḳsīm edilmekdedir: biri dāḫil, dīğeri sāḥil; mesāḥil aḳsāmı yapışḳan killi ḥadīdī; dāḫil aḳsāmı derin ḳalkerli ve marenli ṭabaḳātdan ʿibāretdir. Şimdiye ḳadar vilāyet ṭopraḳları muʿāyene edilmemişdir.

4: Vilāyetde dörtyüzaltmışaltı köy mevcūddır. Bu mıḳdārdan yüzi ovada, mütebāḳīsi dağlıḳ ve yamaçlardadır. Köyler arasında muntaẓam yollar olmadığı içün ḳış günlerinde seyr-ü-sefer pek müşkildir. Bu iʿtibārla köyli pazara sevk edeceği maḥṣūlāt-i mezrāʿīyeyi ṣoñbahārda getirmek mecbūrīyetindedir. Şubāṭ ve Mārt aylarında nādiren sevḳīyāt yapılır. Vilāyet dāḫilinde Ḳızıl Irmaḳ, Gök Irmaḳ nehirleri cereyān eder. Bundan başḳa Çelevid, Ḳaraṣu ve Ḳayalı çayları gelir ki, bunlarda isḳādan ṣarf-i naẓar mühimm ḥasārāt īfā etmekdedirler. Ḳızıl ve Gök Irmaḳ nehirleri seyr-ü-sefere ḳābilīyetleri yoḳsada Ḳızıl Irmaḳ üzerinde ṣalma ṣūretiyle Bafraya odun naḳlīyātı yapılır. İrtifāʿı baʿżı yerde 50 santīm, baʿżı meyillerde ikibuçuḳ metreye ḳadar çıḳar. Ḳızıl Irmaḳdan ḥālen hiçbir istifāde olunmamaḳdadır. Yalñız Gök Irmaḳdan ṭarafeyndeki ārāżīde istifāde edilmekde ve çeltikler ṣuları kāmilen bu nehirden alınmaḳdadır. Gök Irmaḳdan yapılmaḳda olan bu istifādeye muḳābil baʿż-i senelerde ṭuġyān netīcesi olaraḳ ʿaẓīm ḥasārāta ibḳā etmekden ḫālī ḳalmaz.

5: Vilāyet ārāżīsi ova, dağlıḳ ve sāḥil nāmıyla üç mınṭıḳaya taḳsīm edilebilir. Ova mınṭıḳasında ḳısmen pirinc ve mıṣır, sāḥil mınṭıḳasında mıṣır ve ḥubūbāt, dağlıḳ kısımlarda kāmilen ḥubūbāt yayılmaḳdadır.

a.- Zerʿīyāta ḥaṣredilen ārāżī dönümdir.

b.- Henūz işlenmiyen ārāżī yoḳdır.

t.- Merʿāya elverişli ārāżī taḥmīnen yiğirmi biñ dönümdır.

s̱.- Çayırlıḳlara ḥaṣredilen ārāżī yoḳdır.

c.- ... müteʿāḳib zerʿīyāta elverişli ārāżī taḥmīnen 10.000 dönümdir.

6: Zerʿīyāta maḫṣūṣ şu ḳadar dönüm ārāżīde 100.000 dönümi ṣu başar ābī ārāżī 200.000 dönümi ṣu başmaz vasaṭ ārāżī 100.000 dönümide żaʿyıf ārāżīdir.

7:

8: Metrūḳ ārāżī yoḳdır.

9: Mınṭıḳada ṣāḥib-i ārāżī olmayan ve istīcār mecbūrīyetinde ḳalan köyli yoḳdır. Ortaḳ uṣūlı vardır. Buda dörtde bir vasaṭ ārāżīde üçde bir ābī ārāżīde yarıya olub toḫumı hangi ṭaraf verirse toḫum kendisine ʿāʾid olur.

1: İḳlīm: Senevī yaġan yaġmurıñ mıḳdārı ve tevzīʿātı meyānındadır. Seneniñ eñ fażla yağmurlı ayları Teşrīn-i evvel, Teşrīn-i s̱ānī, Mārt ve Nīsān aylarıdır. Aʿẓamī yübūset ayları Ḥazīrān, Temmūz ve Aġustos aylarıdır. Ḳuraḳlıḳ zamānlarında çiğ düşmez. Ḳar Kānūn-i evvel ... .

[2] 2: Furṭına dāḫilde az, sāḥilde fażla olur. Ṭolu eñ ziyāde Ḥazīrān ve Temmūz aylarında vuḳūʿ bulur ve ormana kullamā ḥasārāt īḳāʿ eder. Rūzgārlar aylarında istiḳāmetden eserler.

3: Derece-i ḥarāret : Vasaṭ-i senevī . Eñ ṣıcaḳ ay Temmūz, dereceʾ-i ḥarāret aʿẓamīsi 802 dir. Eñ ṣoġuḳ ay ; dereceʾ-i ḥarāret aṣġarīsi 94 dir. Gece doñlarınıñ başlanġıcı dāḫil mınṭıḳada Teşrīn-i s̱ānī, sāḥil mınṭıḳada Kānūn-i evvel aylarıdır. Gece doñlarınıñ ... dāḫil mınṭıḳada Mārt, sāḥil mınṭıḳada Şubāṭ aylarıdır.

4: Ḥāṣılāta ve ḥayvānāta īrās̱-i ḥasār eder. Ḥādis̱āt-i havāʾīyeden ṭolu 10 ve 17 Temmūz sene 126 Mārtında Boyābād ḳażāsında nüzūl etmiş dolu beldeniñ sefāletine sebebīyet vermişdir.

5: Raṣadāt-i cevīyeden merkez vilāyetde bir termoġraf, bir aʿẓamī-aṣġarī, bir mıḳyās-i maṭar āleti mevcūddır.

Zirāʿat-i dāʾimīye

Vilāyet dāḫilinde üzüm, fındıḳ, bādem, çāy gibi zirāʿāt-i dāʾimīye yoḳdır. 1200 ʿaded zeytūn aġacı vardır. Bu eşcār pek ḳadīm olub ḳısm-i küllīsi maḥṣūl vermiyecek bir ḥāldedir. Bu sebebden zürrāʿda bunlara lāyıḳıyla ehemmiyet ʿaṭf etmemekdedir. Nārencīyelere gelince nefsī Sinob ḳaṣabasında ev bāġçelerinde ikişer üçer ʿaded portoḳal aġacı vardır ki bunlarda şayān-i ẕikr derecede değildir. Nevʿī teʾezzīnāt maḳāmında ḳullanılmaḳdadır. Fażla mıḳdārda kestane ve ceviz aġaçları vardır. Kestaneden senevī 300-400 biñ, cevizdende 200-250 biñ ḳıyye ḳadar iḫrācāt yapılmaḳdadır. Maʿa mā fīh kestane ve ceviz eşcārına lāyıḳ oldığı derecede taḥt-i muḥāfaẓaya alınmadıḳlarından köyli bunları ṣoñ zamānlarda kereste içün ḳallʿ etmekde ve bu ḥāl devām etdiği taḳdīrde mınṭıḳada ceviz ve kestaneniñ ṣoñ derece azalacaġı añlaşılmaḳdadır.

Aġaç mektebleri ve fidanlıḳlar

Mınṭıḳamızda aġaç mektebleri yoḳdır. Yalñız geçen sene Boyābād ḳaṣabasında idāreʾ-i ḫuṣūṣīye būdcesinde iki buçuḳ dönüm vüsʿatında bir dut fidanlıġı iḥdās̱ edilmişdir. Ḥālā meẕkūr fidanlıḳda yetişdirilan 15.000 (biñ) ʿaded dut fidanı mevcūd olub bu sene ipek böcekçiliğiñ neşr-ü-taʿmīmi içün meccānen zürrāʿya tevzīʿ olunacaḳdır. İşbu fidanlıḳ içün şimdiye ḳadar yapılan meṣārif dörtyüzonṭoḳuz liradır. İşbu fidanlıḳda bu sene daha vāsiʿ bir ṣūretde tevessüʿine ġayret olunaraḳ eşcār-i müs̱mire fidanlıġı ḥāline ifrāġı düşünilmekde ve bu sāyede eşcār-i müs̱mireniñ teks̱īrine daha fażla ḫidmet olunacaġı meʾmūldır.

Sebze ve etcilik
Vilāyet dāḫilinde ṣırf sebzecilikle iştigāl eden bāġçevānlar yoḳdır. Herkes kendi bāġçesinde yetişdirdiği sebzeniñ fażlasını ḳaṣabaya getirir ve ḳaṣabanıñ sebze iḥtiyācıda bu şekilde teʾmīn olınur. Boyābād müstes̱nā olaraḳ fażla olaraḳ laḫana zirāʿatı yapılmaḳda ve laḫanaları vilāyetiñ her ṭarafında ṣarf etmekdedir. Baʿżan bir laḫana Boyābāda 18 - 20 kiloya ḳadar gelebilir. Dīğer sebzelerden ḳabaḳ, paṭlıcan, biber, ṭomates, faṣulya, ḫıyar, pıraṣa, ıspanaḳ, semiz otı, bamya, ḥavuc yetişdirilerek vilāyetiñ iḥtiyācātını teʾmīn etmekdedir. Maʿa hāẕā Boyābād ḳaṣabasınıñ cıvārında bulınan ārāżīniñ ḳısm-i küllīsi ṣu altında olması her nevʿī sebze zirāʿatına müsāʾid ve bi'l-ḫaṣṣa ḳonserve iʿmālinde ṣoñ derece elverişli ānīyen maḥall-i mezḳūrda bir ḳonserve fābrīḳası iḥdās̱ edildiği taḳdīrde cıvār vilāyetlere fażla mıḳdarda iḫrācāt yapılacağı tüccār bābınca elde ... .

[3] **Zerʿīyāt**
1.- Vilāyet dāḫilinde iki nevʿī ḥubūbāt zirāʿatı vardır: yazlıḳ, ḳışlıḳ; ʿaynı zamānda şu şekilde münāvebe ṭaʿḳīb olınur. Gök Irmaḳ vādīsinde birinci sene çeltik iki defʿa çapa görür; mıṣır veyā bōstān, üçinci sene ḥubūbāt ekerler. Merkez, ʿAyancıḳ, Gerze ḳażālarında ise münāvebe birinci sene ḥubūbāt, ikinci sene çapa görür, mıṣır veyā bōstān ekerler. Şu ḥālde üç ḳaẕāda iki senelik münāvebe taʿḳīb olınur. Ārāżīsi vāsiʿ olan yaylalarda ise bir sene ḥubūbāt, bir sene diñlenmeye, üçinci sene yine ḥubūbāt ekerler. Vilāyetde yapılan zerʿīyāt nevʿīleri buğday, arpa, pirinc, mıṣır, ..., yulaf, çavdar, darı, burçaḳ, mercimek, ḳabaḳ, keten, noḫud, faṣulya, tütün, ṣoğan, ṣarmısaḳdan ʿibāretdir.
2.- Vilāyetde yalñız Boyābād ḳażāsında ırmaḳ vādīlerinde çiftlik gübresi ḳullanılıyor. Merkez, ʿAyancıḳ, Gerze ḳażālarında gübreyi eks̱erīyā tütün tarlalarına atarlar. Fażla gübre olursa ḥubūbātıda gübrelerler. Vilāyetde yeşil gübre ḳullanmaḳ muʿtād değildir. Kīmyevī gübre ise bu sene ilk defʿa Gerzede tütün tarlalarında biñ kilo ḳadar tecrübe olmaḳ üzere istiʿmāl edildi. İstiʿmāl edilen gübre kibrītīyet-i potasdır. Vekāletiñ tenbīh etdiği maḥallden celb edildiğinden muʿāyenesi yapılub yapılmadığı mechūldır.
3.- Vilāyetde ḳābil-i isḳā ārāżī yüzde yiğirmi nisbetinde olub bunıñ ḳısm-i küllīsi Boyābādıñ Gök Irmaḳ vādīsindedir. Boyābād mıṣır ve çeltiklerinden başḳa fevkü'l-ʿāde ḳuraḳ zamānlarda buğday arpalarıda isḳā ederler. Merkez, Gerze, ʿAyancıḳ ḳaẕālarında yalñız çaylarıñ vādīlerinde zerʿ edilen mıṣırı isḳā ederler. Çoban ve sāʾireniñ isḳāsı yoḳdır. Yapılan isḳā ṭabīʿī olub, ṣaḳā vesāʿiṭ ile vilāyetimizde isḳā yapılmıyor. Bināʾen ʿaleyh ārāżī yüzde yiğirmi ṣulanır, yüzde seksanı ṣulanmaz.
4.- <Darı ḳırmaḳ> uṣūl-i zirāʿatı ġayr-i maʿlūmdır. Es̱nā-yi ḥafriyātda diñlendirmede bu gibi niḳāṭ-i mühimmeye diḳḳat edilmez.

Toḫumluḳ
1.- Mülġā zirāʿat nežāreti zamānında Boyābād ḳażāsına Yunan taʿbir olınan Ḳızılca Vardar buğdayı tevzīʿ ḳılınmış, mezḳūr buğday iyi netīce verdiği cihetle baʿż-i maḥallerde el-ān zerʿiyātına devām olunmaḳdadır. Maʿa mā fīh vilāyetimizde iki senedenberi īdḫāl edilen triyörler sāyesinde zürrāʿ kendi toḫumlığını

tamāmen taṭahhur etdikden ṣoñra zerᶜ etmekdedir. Bu sene elde edilen maḥṣūlınıñ ḳısm-i küllīsi ḳabaḳ-i delice ve Yunan mużırrından ᶜārī oldıġı şükrānla görülmekdedir. İki senedenberi vilāyetiñ her ṭarafında toḫumlıḳlara fevḳü'l-ᶜāde ehemmīyet verilerek hiç olmazsa triyörden geçirmek ve ᶜilāclamadan toḫum atdırmamaḳ içün ṣoñ derecede ṣarf-i mesāᶜī edilmekdedir. İki senedenberi göz ṭaşıyla ᶜilāclamada taṭbīḳ edilmiş ve bu muᶜaḳḳadla geçen sene bi'l-ᶜumūm ḳurāya meccānen göz ṭaşı tevzīᶜ ve ṣerāne istiᶜmalları bi'l-ḫaṣṣa irāʾe edilmişdir. Bu senede imkānı nisbetde göz ṭaşıyla berāber Ampulin ile ᶜilāclamaya devām edilmekdedir.
2.- Toḫum taṭahhurı içün Mard, Mayer ve Hayd triyörleri istiᶜmāl edilmekdedir. Maᶜa mā fīh triyörlerden eñ ziyade taᶜammüm eden ve zürrāᶜ üzerinde eñ iyi teʾsīr yapan Mard triyörleridir. Merkez-i ḳażā tamāmen triyörle techīz edilmiş, Boyābādda yedi, Gerzede 9, ᶜAyancıḳ ḳażāsında sekiz triyör verilmişdir. Bu ḳażālarıda merkez miṡillu hiç olmazsa ... birer triyör teʾmīnleri ḫuṣūṣında çalışılmaḳdadır.
3.- Toḫumlarıñ ıṣlāḥı içün idāreʾ-i ḫuṣūṣīye büdçesinde vażᶜ edilmiş taḫṣīṣatla yiğirmidört ᶜaded Mard triyöri mübayaᶜa edilerek iki sene müddetle dört taḳsiṭde teᶜeyyüd etmek şarṭıyla ḳurāya tevzīᶜ edilmişdir.

Toḫumlıġıñ iḥżārı içün vilāyetimizde müʾessesāt yoḳdır. Bu gibi müʾessesātıñ burada iḥdāsı şayān-i ārzūdır. Vilāyetimiz ḥubūbātı pek ḳarışıḳ oldıġından böyle bir müʾessesede iyi cinsler ıṣlāḥ edilerek tedrīcī ve faḳaṭ mecbūrī verildiği taḳdīrde az zamān ẓarfında iyi cins buġdaylarıñ yetişdirilmesi ḳābil olacaġı añlaşılmışdır.

[4] **Nümūne tarlaları**
1.- Vilāyetimizde nümūne tarlası yoḳdır.
2.- Vilāyetde lüzūm görilecek bir maḥallde bir nümūne tarlası iḥdāṡ etmekle ve orada fenniñ taṭbīḳātını ve bu muḥīṭde neler yetişebileceğini göstermesi iᶜtibārıyla pek büyük fevāʾid tevlīd edebilir.

Ḥubūbātı muḥāfaẓa içün vilāyetiñ her ṭarafında köylerde her çiftçiniñ ḫuṣūṣī āḥşāb anbārı vardır. Ḳaṣabalarda yalñız Boyābādda ḥubūbāt ticāretiyle iştiġāl eden tüccārlarıñ ṭaş ānbārları vardır ve ḥubūbātı buralarda muḥāfaẓa ederler.

Ālāt-i zirāᶜīye
1.- Köyliler ṭarafından ḥālā istiᶜmāl edilen ālāt-i basīṭeden ḳara ṣapan ḳullanılmaḳdadır. Ḳullanılan ṣapanıñ mıḳdārı 18 biñ ᶜadeddir. Ṣoñ iki sene ẓarfında vilāyetiñ merkez ḳażāsıyla mülḥaḳātında dörtyüzi mütecāvīz mesnedli ve mesnedsiz çapan ve beş ᶜaded ṭırmıḳ vardır.
2.- Dīğer ālāt-i cedīdeden dört traḳtör mevcūddır. İşbu taḳtörlerden birisi Fordson, birisi Agriyoti, biri Sanderson ve biride Nātıḳ sīstemidir. Meẕkūr büyük ālāt-i zirāᶜīyeden ikisi idāreʾ-i ḫuṣūṣīyeniñ, dīğerleri eşḫāṣa ᶜāʾiddir. Eşḫāṣa ᶜāʾid traḳtörlerden Fordson traḳtöri pek eski olub istiᶜmāl edilemiyecek derecededir. Aḫīren Gerze ḳażāsı zürrāᶜı ṭarafından alınan Nātiḳ sistemi traḳtöriñ şoför bulunamaması yüzinden ḥālā tecrībesi yapılamamışdır. Ḥāl-i

ḥāżırda gerek ḳuvve᾿-i muḥarreke gerekse çift içün İngilīz sīstemi Sanderson traḳtöri ḳullanılmaḳdadır. Bundan başḳa Herḳer Şeratini fabriḳasınıñ bir ḫarman makinası vardır. Meẕkūr makina tecrübelik ve zürrāʿya reḳlam olmaḳ üzere idāre᾿-i ḫuṣūṣīye maʿrifetiyle mübāyaʿa edilmişdir. Gerek ḫarman makinası ve gerek Sanderson traḳtöri her ikisi muntaẓam iş yapmaḳdadır. Traḳtör ve ḫarman makinaları me᾿mūrīn-i zirāʿīye ṭarafından işletilmekdedir. Makinalarıñ yapdığı işiñ gerek mükemmelīyeti ʿaynı zamānda ṣuhūlet ve ḳavā᾿idi re᾿yü'l-ʿayn zürrāʿya gösterilmek şarṭıyla el-ān cedīde᾿-i zirāʿīyeniñ tesettür ve taʿmīrine doğru çalışılmaḳdadır.

3.- 926 senesi idāre᾿-i ḫuṣūṣīye zirāʿī büdcesinden vażʿ edilen ālāt-i zirāʿīye taḫṣīṣātıyla muḥtācīn-i zürrāʿya meccānen yüz ʿaded tek mesnedli Rudsaḳ pullığı tevzīʿ edildi. Bunlardan başḳa yüzaltmış ʿaded dozerḳulaḳlı KV marḳalı Rudsaḳ SPB 5 numerolı avanteretli otuz ve tek mesnedli yüz ʿaded ki cemʿan üçyüzṭoḳsan pullıḳ tevzīʿ ve iki sene müddetle müsāvī taḳsīṭde zürrāʿya tevzīʿ edildi. Bundan başḳa vilāyet toḫumlarınıñ ıṣlāḥı maḳṣadıyla idāre᾿-i ḫuṣūṣīye büdcesinden yiğirmidört Mard fabriḳasınıñ triyörleri keẕālik iki sene müddetle eñ müressem ḳurāya tevzīʿ edildi. ʿAynı zamānda Zirāʿat Banḳası delāletiyle Alḳan Maya maʿmūlatınıñ on sekiz ʿaded triyöride merkez ḳażā-yı ferāġa bedeli muḳābilinde tevzīʿ ḳılınmaḳla berāber yapılan teşvīḳāt netīcesinde ve ḫattā müsā᾿id olan zürrāʿyada bedeli muḳābilinde beş ʿaded Mard triyöri celb edilerek faʿālīyete ircāʿ edilmişdir. Boyābād ḳażāsında istiʿmāl edilmek üzere bir ʿaded çeltik ḳalburı tevzīʿ ḳılınmışdır.

4.- Ḥafriyāt ve ḫarman makinalarınıñ yedek ālātını İstanbuldaki acenteler vesāṭetiyle te᾿mīn edilmekde ve bu ḫuṣūṣda müşḳilāta teṣādüf olunmamaḳdadır.

5.- Pullıḳ ve dīğer ālāt iʿmālı içün yerli fabriḳalardan ḥālen mevcūd değildir.

6.- Ḫuṣūṣī ve muntaẓam taʿmīrḫāneler yoḳdır. Maʿa hāẕā ufāḳ mıḳyāsda taʿmīri muḥtāc olacaḳlarıñ ībḳāʿı ḳābil ve mümkindir.

7.- Ḥükūmete ʿā᾿id taʿmīrḫāne yoḳdır. Maʿa hāẕā vilāyetde günbegün taʿammüm edegelmekde olan ālāt-i mütenevviʿe᾿-i zirāʿīyeniñ ācilen taʿmīrine iḥtiyācı ḳaṭʿī olacağı pek āşikār oldığından vilāyetimizdede her nevʿī te᾿sīsatı ḥāvī bir taʿmīrḫāneniñ iḥyāsı pek lāzımdır.

8.- Mınṭıḳamızda nāfiʿa ve zirāʿat idāreleriniñ iştirākıyla yüzyiğirmibeş lira ücret-i maḳṭūʿe ile bir makinist istiḫdām edilmekdedir.

[5] 9.- İdāre᾿-i ḫuṣūṣīyeye ʿā᾿id traḳtör ve ḫarman makinası me᾿mūrīn-i zirāʿīye maʿrifetiyle köylerde işledilmekdedir. ... geçen sene merkezde üç ḳaryede yiğirmibeş ..., ve bu sene Boyābād ḳażāsında iki ḳaryede ḥubūbāt ḫarmanı ve bir ḳaryede çeltik ḫarmanı yapılmışdır. Bu makinalardan idāre᾿-i ḫuṣūṣīyeye bir menfaʿat te᾿mīn edilmemişdir. Yalñız yapılan meṣārifāt köylü ṭarafından te᾿diye edilmiş makinalara ʿā᾿id amortī ve makinist ücreti alınmamışdır. Esāsen makinalarıñ köylüye yapdığı ḫidmetiñ ṣırf bir teşvīḳ maḳṣadıyla yapılmaḳda ve fevā᾿idini taḳdīr eden köylü sene᾿-i ātīyede kendileri ṭarafından makina tedārik edecekleri ḳavīyen me᾿mūldır.

10.- Mınṭıḳamızda yapılan tecārib netīcesinde ḥayvānātıñ ḳuvve᾿-i cerīyeleri ve ārāżīniñ vażʿīyeti naẓar-i diḳḳata alınaraḳ düz maḥallerde ve vādīlerde Rudsaḳ fabriḳasınıñ çift mesnedli ve avanteretli pullıḳları bayır ve yama(ç)larda eñ muvaffıḳ pullıḳlar ṣoñ model KW6 marḳalı Rudsaḳ düz ḳulaḳlı pullıḳlardır. Ḳara ṣapana alışıḳ olan köyli ancaḳ bu şekildeki pullıḳlara alışdırmaḳ ḳābil olmışdır. Bu pullıḳlarıñ tīz-ü-taᶜmīmi içün birçoḳ ḳurāda pullıġı bi'ẕ-ẕāt ve ḳażālarda me᾿mūrīn-i zirāᶜīye maᶜrifetiyle işletmek ve göstermek ṣūretiyle ve ondan ṣoñra ancaḳ köylüyi iḳnāᶜ etmek mümkin oldıġı içün pullıḳlarıñ tīz-ü-taᶜmīmine bu yolda ṣarf-i mesāᶜī edilmekdedir.

11.- Büyük makinaların tīz-ü-taᶜmīmi içün ḥükūmet aᶜẓamī muᶜāvenet ībrāz etmekde isede mıntıḳamız ārāżīsi daha doġrusı vāsiᶜ ārāżīye mālik çiftlikāt aṣḥābı olmadıġından ve esāsen zürrāᶜnıñ ḳısm-i küllīsi ellerindeki ārāẓīniñ pek küçük parçalardan ᶜibāret bulunması ve sermāyeleriniñ azlıġı büyük makinalarıñ işlemesi bir az müşkil olacaḳdır. Zürrāᶜnıñ ceḥāleti iştirākı ḳābil olamıyor. Maᶜārifiñ taᶜammümi sāyesinde ilerüde zürrāᶜıñ iştirāk ṣūretiyle büyük makinalara raġbet göstermeleri ḳavīyen me᾿mūldır. Zürrāᶜ yedinde traḳtör gibī ālāt-i zirāᶜīye olmadıġından mevādd-i müştaġile şimdilik idāre᾿-i ḫuṣūṣīye traktörlerinde ḳullanılmaḳdadır.

12.- Mevādd-i müştaġile piyasadan mübāyaᶜa edilürse pek pahalıya māl olacaḳdır. Meṣārifātını ḳoruyamaz.

13.- Zirāᶜat-i müteḥaffir mevādd-i müştaġileniñ müteḥaffiren zirāᶜat işlerinde ḳullanılmaḳda oldıġı ve esāsen ḥāl-i faᶜālīyetde şimdilik bir traḳtöriñ bulunması sū᾿i istimāliñ vuḳūᶜı me᾿mūl değildir. Ancaḳ traḳtörler tekeṣṣür etdiği taḳdīrde ḳontrolda müşkilāta teṣādüf edileceğinden bu gibi mevādd-i müştaġileniñ püryatması şayān-i tercīḥ görülmişdir.

Emrāż ve ḥaşarāt

1.- Ehemmiyetli ṣūretde mıntıḳamızda īrāt-i ḫasār eden emrāż ve ḥaşarāt yoḳdır. Baᶜż-i senelerde muḫtelif aḳsāmda elma ve armudlarda ... ḥaşeresi mevcūddır. Bu sene mevsiminde meẕkūr ḥaşere ile taḫṣīṣāt verildiği taḳdīrde mücādele icrāsı derpīş edilmekdedir.

2.- Ḥaşerelerden bu ay muᶜāyene laboratuvarlara gönderilmemişdir.

3.- Henüz mücādele taṭbīḳ edilmemişdir.

4.- Mücādele taṭbīḳ edilmediğinden bu ḫuṣūṣda hangi mücādeleniñ daha muvāfıḳ olacaġı kesdirilmez.

5.- Mücādele yapılmadıġından bu ḫuṣūṣda maᶜārif daḫi iḫbār edilmemişdir.

6.- İḥtiyāten ṭaleb edilen mücādele mālzemesi vaḳtinde gelmişdir.

7.- Mücādele içün me᾿mūr istiḫdām edilmedi.

8.- Mücādele iḥtiyācı görildiği taḳdīrde köylilerden istendiği nisbetde celb etmek mümkindir.

9.- Köylice kendi ḫastalıkaları içün bile ḳānūnı taṭbīḳ ṣūretiyle icrāᶜāt yapılabilir. Bizce kendi kendine emrāż ve ḥaşarātla mücādele etmezler. Behemeḥāl ḳānūnı taṭbīḳ ve cebir ṣūretiyle yapılır.

10.- Mıntıḳamızda çekirge yoḳdır. Bina᾿en ᶜaleyh bu uġurda maᶜārif yapılmamışdır.

11.- Mıntıḳamızda müstevlī bir şekil alan yabānī domuz vardır. Ḳurt, tilki pek azdır. Fāre yoḳdır. 926 seneleri ẓarfında 2800 domuz itlāf edilmiş ve itlāflarına devām olunmaḳdadır. Yabānī domuzlarıñ itlāfı ḥayvānāt-i mużırre ḳānūnınıñ tamāmı taṭbīḳiyle yapılabilmekdedir. Her köye köpek vüsᶜat ve cesāmetine varmaz. Evvelā ḳurbīyetine naẓaran mükellefīyet uṣūlı taṭbīḳ edilerek bu sāyede

mıntıḳamızda yabānī domuzlarıñ imḥāsına doġru yürünilmekde ve muvaffaḳīyet ḥāṣıl olmaḳdadır. Daha iki sene ḳānūnca böyle taṭbīḳ edildiği taḳdīrde yabānī domuzlardan çiftçi tamāmen ḳurtılacaġı kavīyen meʾmūldır.
[6] 12.- Ş̱imdiye ḳadar fişenk ve 200 kilo bārūtdır.
13.- Mezrūᶜātıñ emr-i muḥāfaẓası ve ḥaşarātla mücādelesi içün teşekḳülāt yoḳdır.
14.- Mezrūᶜāt ve mefrūşātıñ muḥāfaẓasıyla ḥaşarātıñ emr-i muḥāfaẓasına yardım etmek ve doġrıdan doġrıya zirāᶜat idārelerine merbūṭ olmaḳ üzere köy zirāᶜat bekçileriniñ iḥdāsı ḳaṭᶜīyen elzemdir. Bi'l-ẖāṣṣa ḥayvānāt uṣūlı bulunmıyan vilāyetimizde bekçileriñ vücūdına iḥtiyāc vardır. Bunı ḳānūnī bir şekilde teʾmīni żarūrīdir.

8.- Mıntıḳamızda yaġẖāne ve südẖāne yoḳdır. ... kendi sütlerini bi'z-ẕāt işlerler, buda ancaḳ vilāyetiñ iḥtiyācātını teʾmīn eder. H̱ārice iẖrācāt yoḳdır. Tereyaġınıñ vasaṭī fiʾatı 150-200, peyniriñ kilosı 80-100 ġuruşdır. Bir litre sütiñ fiʾatı vasaṭī 15 ġuruşdır.

Post derileri ekṣerīyetle ḳurudularaḳ debāġlanmadan ẖārice iẖrācāt yapılur. Oġlaḳ ḳuzı derileri iẖrācātı oldıḳca fażladır. Senevī 10.000 ḳadar oġlaḳ ve 6000 ḳadar ḳuzı derisi yapıldıġı cidden s̱ābitdir. Av derileri iẖrācātı senevī 53.354 ᶜadeddir. Baġırṣaḳ 4900, yapaġı 5000, tiftik 14.879 kilodır. İdẖālāt 1679 kilo baḳarīye derisi 14309 ᶜadeddir 9997 ᶜaded av derileri, 2685 kilo tiftik idẖālātı yapılur.
9.- Yüñ ticareti hemān cüzʾīdir. Eñ yaḳın pazar maḥalleri ḳaṣabalardadır. Bir kilo yapaġı 75 ġurūşdır.
11.- Vilāyetde keçide ḳoyunda köylü içün iḳtiṣādīdir. Her ikiside iḥtiyāc nisbetinde besletildiğinden keçi veyāẖūd ḳoyun yekdīğerine tercīḥ edilemez. Vāsiᶜ merᶜālar olmadıġı içün tekes̱s̱üri ḳābil değildir.
12.- Mevcūd ḥayvānlar yazı ve ḳışı merᶜālarda geçirirler. Pek ṣoġuḳ ve ḳarlı zamānlarda ot ve ṣaman, meşe yapraḳları, Boyābādda çeltik ve darı ṣaplarıyla taġaddī olınurlar. Ġıdā tedārīki müşkil oldıġından genç ḥayvānātıñ lāyıkıyla teġaddīsi teʾmīn içün köyli nezdinde icrā-yi nüfūẕ ḳābil değildir.
13.- Baᶜż-i senelerde ḥucreʾ-i ᶜazmīye ve ... gibi ẖastalıkalar ẓühūr etdiği vāḳiᶜdir. Īḳāᶜ etdiği żarar ... dir. H̱asār veyā ... vilāyetimize sirāyetine māniᶜ olmaḳ üzere īcāb eden tedābīr ve ḳontrol tamāmen yapılmışdır.

BERICHT XIV

S.[1]

١٤٠

تجارت

سوقوق بر حالده در.

ولایتك حیات و فعالیت تجاریه‌سی پك [illegible] نه سیواسده و نه ده دیگر مراکزده

مهم مؤسسات تجاریه موجود دگلدر. بو اعتبار ایله سیواس ولایتك وضعیت تجاریه‌سی هیچ ده

ایلرلمش دگلدر. نقودك آزلغی، [illegible] سرمایه، صنایع و تجارت یوللرینك

مفقودیتی و وسائط نقلیه‌نك ابتدائیلگی حیات تجاریه‌نك انکشافنی موجب اولمقده در.

خصوصیله ولایتك هنوز [illegible] اقتصادی فعالیتی پك محدود بر افقده در.

بنا علیه حیات اقتصادیه‌نك بو محرومیت الیمی ولایتك [illegible] ثروت حقیقیه‌سنده

استفاده‌ی [illegible] قطعیه بر عفانه تماما قیلیقده در. سیواس فعلی بر مرشدك یاناشمه

خلاصه، داها دوغریسی تجارتله اشتغال ایدن زمره

بر انقلاب اقتصادیه محتاجدر.

اقتصادیاته علملك اك بسیط متعارفه‌لرندن بیله جدی بر صورتده بی خبردر

حالنده‌یه، مملکت وضعیت جغرافیه‌سی اعتباریله تجارتك ترقی و انکشافی ایچون بر چوق

وسائط طبیعیه‌یه مالکدر. نه قادار یازیق‌که تجارت بیلکسنك نقدانی بونلره استفاده‌ی

تحدید ایتمکده در.

ولایتك باشلیجه تجارتی؛ [illegible] بغدای، آرپه، مصر، یرنج کی حبوبات متنوعه ایله

کتان، توتون، پچورط، طوزلو بالیق، دری، بسنانه، الما، آیوا و جویز کبی جهت باشلیجه

اخراجات یاپیلمقده.

ولایتده خارجدن باشلیجه اخراجات یاپیلمه‌سی

اوجماق اخراجاتی؛ سیواس مرکزه لیمانلریله آیا گیه التلمه‌سیدر.

BERICHT XIV
S.[2]

تجارت داخلیه ایسه علی العاده و بیك ابتدائی برحالده در.

ولایت داخلنده سنه‌لك بعض کونلرنده (آیانجق) [قصبه‌لرده] (هده‌آلدی)، (اینه‌تور) و (آیانشون)
قریه‌لرنده کوبوك‌آباد قصبه‌سنه یاریم ساعت مسافه‌ده (چهارشنبه) ایله (آیه‌اولیون) نامنده آتلی
محلده بازارلر قورولور. بو بازارلرده هر نوع امتعه تجاریه ایله مختلف الجنس حیوانات آلیم
صاتیمی اجرا ایدیلیر. مذکور بازارلر داخلی تجارت نقطه‌نظرندن برخیلی فوائدی کورولمکده‌در.

ادخالات :

تجارت اوطه‌لری : مرکز ولایتده‌کی تجارت اوطه‌لری لفظاً بر موجودیتی
... نظامنامه موضوعه
واردر. بونلرک اعضالری هیچ بر فعالیت کوسترمه‌مشلردر. ... تین نظامنامه‌یه
عدد مرتبه منتخب و منتخب اولاجق اعضاده بولونماسی سببیله
کدره تین تشکیلات وجوده کتیریلمه‌یه قادار مذکور اوطه‌لر الغا ایدلمشدر.

شرکتلر : سینوب ولایتنده قضالر داخلنده تشکل ایتمش محلی شرکتلر موجود دکلدر. یالکز
بلچیقا صوقریه‌لی، تاباکوس، استاندارد ویل، دغانه، شرقه، بابالیه
توتونه اوزرینه معامله ... مثللری واردر.
شرکتلرینه وکیل ... ایتمسه اوله‌رق شرکتلر بر ...
بویاباد قصبه‌سنده (۱۸) بیك لیرا سرمایه ایله تشکل ... ایتمش
(ابوزك وباغت شرکتی) ایله، آیانجق قصبه‌سنده (۲۰) بیك لیرا سرمایه‌لی (اتورك قاپتانج یوره‌سی)
نامنده بر شرکت موجوددر. بو شرکت مانیفاطوره وتجاریه اوزرینه اجرای معاملات ایتمکده‌در.

Bericht XIV

[1] Ticāret

Vilāyetiñ ḥayāt ve faʿālīyet-i ticārīyesi pek sönük bir ḥāldedir. Ne Sinobda nede dīğer merākızda mühimm müʾessesāt-i ticārīye mevcūd değildir. Bu iʿtibārla Sinob vilāyetiniñ vażʿīyet-i ticārīyesi çoḳ endīşenākdır. Nüfūsıñ az ve dağınıḳlığı, sermāye, ṣanāyiʿ ve ḳara yollarınıñ mefḳūdīyeti ve vesāʾiṭ-i naḳlīyeniñ ibtidāʾīliği ḥayāt-i ticārīyeniñ inḫisāfını mūcib olmaḳdadır. Ḫuṣūṣiyle vilāyetiñ hinterlandınıñ dar olması iḳtiṣādī faʿālīyeti pek mahdūd bıraḳmaḳdadır. Bināʾen ʿaleyh ḥayāt-i iḳtiṣādīyeniñ bu maḥrūmīyet-i elīmi vilāyetiñ şurūt-i ḥaḳīḳīyesinden istifādeyi muṭlaḳ bir ʿaḳāmete maḥkūm ḳılmaḳdadır. Sinob ḳıymetli bir mürşidiñ yaratacağı bir inḳılāb-i iḳtiṣādīye muḥtācdır. Ḫalḳ, daha doğrısı ticāretle iştiġāl eden zümre iḳtiṣādīyāt ʿāleminiñ eñ basīṭ müteʿārifelerinden bile ciddī bir ṣūretde bīḫaberdir. Ḥāl bu ki memleket vażʿīyet-i coğrafīyesi iʿtibārıyla ticāretiñ teraḳḳī ve inkişāfı içün birçoḳ vesāʾiṭ-i ṭabīʿīyeyede mālikdir. Ne ḳādar yazıḳdır ki ticāret bilgisiniñ fıḳdānı bütün istifādeleri teḥdīd etmekdedir.

Vilāyetiñ başlıca ticāreti: Buğday, arpa, mıṣır, pirinc gibi ḥubūbāt-i mütenevviʿe ile keten toḫumı, keraste, tütün, yumurṭa, ṭuzlu balıḳ, darı, kestane, elma, armud ve cevīz içinden ʿibāretdir. Vilāyetden ḫārice başḳa mühimm iḫrācāt yapılmaz.

İḫrācāt iskeleleri: Sinob, Gerze limanlarıyla Ayancıḳ iskelesidir.

[2] Ticāret-i dāḫilīye ise ʿalā'l-ʿāde ve pek ibtidāʾī bir ḥāldedir.

Vilāyet dāḫilinde seneniñ muʿayyen günlerinde (Ayancıḳ) ḳaṣabasıyla (Healdı), (Tanetur) ve (Ayandun) ḳaryelerinde ve Boyābād ḳaṣabasına yarım sāʿat mesāfede (Çahārşanbe) ile (Aynuyun) nāmlarında iki maḥallde panayırlar görülür. Bu panayırlarda her neviʿ emtiʿaʾ-i ticārīye ile muḫtelifü'l-cins ḥayvānāt alım-ṣatımı icrā edilir. Meẕkūr panayırlarıñ dāḫilī ticāret noḳṭaʾ-i naẓarından bir ḫaylī fevāʾidi görülmekdedir.

İdḫālāt:

Ticāret odaları: Merkez ve mülḥaḳātdaki ticāret odalarınıñ lafẓī birer mevcūdīyetleri vardır. Bunlar senelerdenberi ciddī hīçbir faʿālīyet gösterememişlerdir. Niẓāmnāme mūcibince ʿaded-i mürettebde münteḫab ve münteḫib olabilecek aʿżāda bulunmaması ḥasebiyle yeñi niẓāmnāmeye göre yeñi teşkīlāt vücūda getirilinceye ḳadar meẕkūr heyʾetler ilġā edilmişdir.

Şirketler: Sinob ve Gerze ḳażāları dāḫilinde teşekkül etmiş maḥallī şirketler mevcūd değildir. Yalñız tütün üzerine muʿāmele yapan Şarḳ, Duḫan, İstandardoil, Tabakus, Belçika Ṣoḳobel şirketleriniñ vekīl ve mümes̱s̱illeri vardır.

Boyābād ḳaṣabasında 18 biñbeşyüz līrā sermāye ile teşekkül etmiş onbeş şerīkden mürekkeb bir (Türk Debāġat Şirketi) ile Ayancıḳ ḳaṣabasında 20 biñ līrā sermāyeli (Türk Ḳazanc Yurdı) nāmıyla bir şirket mevcūddır. Bu şirket manifaṭura ve baḳḳālīye üzerine icrā-yi muʿāmelāt etmekdedir.

[3] **Ṣanāyiʿ:**

Sinob vilāyeti ṣanāyiʿ noḳṭaʾ-i naẓarından pek geri ḳalmış bir ḥāldedir. Her ṭarafda uyanan, azçoḳ inkişāfa yüz ṭutan teraḳḳīyāt-i ṣanāʿīyeye muḳābil vilāyet dāḫilinde bi'l-ʿakis bu sāḥada pek maḫṣūṣ bir tedennī görülmekdedir.

Sinobuñ nıṣf ḥattā rubbʿ ʿaṣır evvel pek meşhūr olan ḳuyumcılarından ḫuṣūṣiyle ḥabısḫāneʾ-i ʿumūmīde ceviz ve abanosdan ṣedefli siġara ḳuṭuları ile aġızlıḳları, nāʿlın, çekmeçe ve sehpā ve sāʾire gibi maʿmūlāt-i ṣanāʾīyesinden bugün es̱er ḳalmamışdır.

Ḳuyumcılıḳ bi'l-ḫāṣṣa pek müteraḳḳī olub bunlardan biri muḳaddeman Avrupa ṣanāyiʿ sergilerinden birine gönderdiği telṭārī fincān ẓarflarıyla sāʾir baʿż-i gümüş āvānīden dolayı madalya almışdır. Sinob limanında vaḳtıyla büyük yelken gemileri inşā edildiği gibi tüfenkci ve işlemeci gibi ḥirfet erbābıda maʿrūf ve mebẕūl idi.

Ṣanāyiʿ-i maḥallīyeniñ başlıcaları şunlardır: ṣanāyiʿ-i nescīyeden;

[4] **Fabriḳa ve dārü'ṣ-ṣınāʿiyeler**: Sinob vilāyeti müʾessesāt-i ṣınāʿīyesi iʿtibārıylada pek faḳīrdir. Mevcūd müʾesseseler ḥāl-i ḥāżır teraḳḳīyāt-i ṣınāʿīyesiniñ taṭbīḳ etdiği uṣūl ve vesāʾiṭden maḥrūmdır.

a) Merkez ḳażāsı müʾessesāt-i ṣınāʿīyesi: Sinob ḳaṣabasınıñ dāḫilinde (13,5) bārgīr ḳuvvetinde buḫārla müteḥarrik bir, ḳaṣaba ḫāricinde ve Bāġçeler nām maḥallde müceddeden teʾsīs edilmiş (15) bārgīr ḳuvvetinde kez̲ālik buḫārla müteḥarrik bir, ki cemʿan (2) un fabriḳası mevcūddır.

[Unterschiede im zweiten Blatt: Birde Sinob ile Gerze arasında (Çobanlar) iskelesinde(3) bārgīr ḳuvvetinde buḫārla müteḥarrik bir un fabriḳası vardır.]

Bunlardan māʿadā ḳaṣabada (1)debāġḫāne ile (5) balıḳ ṭuzlama maġāzası vardır.

b) Gerze ḳażāsı müʾessesāt-i ṣınāʿīyesi: Bu ḳażānıñ merkez ḳażāsınıñ ḥudūd noḳṭasında ḳāʾin (Çaḳıroġlı) iskelesinde biri hem ṣu, hem buḫārla müteḥarrik (12) bārgīr ḳuvvetinde bir (keraste fabriḳası) ile kez̲ālik buḫārla müteḥarrik (15) bārgīr ḳuvvetinde birde (un fabriḳası) vardır.

Muḳaddeman Dereyeri, Ḳoylus nām maḥallerde müteᶜaddid ṭuġla ve kiremid ocaḳları mevcūd idi.

c) Boyābād ḳażāsı müʾessesāt-i ṣınāᶜīyesi: Biri Boyābād ḳaṣabası dāḫilinde (28) bārgīr ḳuvvetinde, dīğeri ḳaṣabaya onbeş daḳīḳa mesāfede ve (Ḳalᶜe bāġçeleri) nām maḥallde (60) bārgīr ḳuvvetinde buḫārla müteḥarrik iki (un fabriḳası) ve (Elek ṭağı) ormanı ḳurbında (Acı ṣu) nāmıyla maᶜrūf maḥallde (32) bārgīr ḳuvvetinde keẕālik buḫārla [5] müteḥarrik bir (keraste fabriḳası) vardır.

[Bunlardan başḳa eks̱er köylerde ṣu ile müteḥarrik birçoḳ un değirmeni ve keraste ḫazārları mevcūddır.

Şirketler: .... *wie oben!!*]

Yollar, köpriler ve vesāʾiṭ-i naḳlīye:
Sinob vilāyeti dāḫilinde (97) kilometrolıḳ bir şoseden başḳa yol mevcūd değildir. Bu iᶜtibārla vilāyetiñ yola olan iḥtiyācı pek şedīddir. Ḳara yollarınıñ mefḳūdīyetinden nāşīdir ki Sinobıñ ticāreti sönük bir ḥāldedir. İki üç senedenberi bu sāḥada ṣarf edilen mesāᶜīye raġmen vücūda getirilen yollar memālikiñ ḥayāt-i iḳtiṣādīye ve idārīyesini tanẓīm hiçde ḳāfī dercede değildir. Şu ḳādār ki yol mükellefīyeti ḳānūnınıñ müstemirren taṭbīḳi sāʾir senede müs̱bet netāʾic istiḥṣālı meʾmūldır. Boyābād müstes̱nā olmaḳ üzere dīğer ḳażālarıñ merkez vilāyetle muvāṣalası patiḳa denilen ṭuruḳ-i basīṭe iledir. Bu sebebden Gerze, Ayancıḳ ḳażālarıyla münāḳalāt eks̱erīyetle baḥran icrā edilmekdedir. Bināʾen ᶜaleyh faᶜālīyet-i idārīyeden mühimm bir ḳısmınıñ bu sāḥada teks̱īfi ṣāyān-i ārzūdır.

Vilāyetiñ yolları biri ṭuruḳ-i ᶜumūmīye, dīğeri ṭuruḳ-i ḫuṣūṣīye olmaḳ üzere iki ḳısımdır. Ṭuruḳ-i ᶜumūmīye: Sinob - Boyābād şosesinden ᶜibāretdir. Merkez-i vilāyet ile Boyābādıñ münāsebāt-i ᶜumūmīyesi bu şose ile icrā edilir. Sinob - Boyābād şosesi (97) kilometro ṭūlında olub bundan hemān yarım ᶜaṣır evvel ᶜamelīyeʾ-i muṭlaḳe uṣūliyle inşā edilmişdir. O zamāndanberi ciddī bir ṣūretde baḳılmamış olan bu şose bugün birçoḳ noḳṭalarda muḥtāc-i [6] taᶜmīr bir ḥāldedir. Boyābād - Ṭaşköpri şosesi ise tesviyeʾ-i turābīyesi ve ṭaş tertībātı noḳṣān olub müceddeden inşāya muḥtācdır.

Ṭuruḳ-i ḫuṣūṣīye: Vilāyet ḫuṣūṣī yolları içün esāslı teşebbüs̱āt ancaḳ iki sene evvelinden başlar. Maᶜa mā fīh henüz itmām edilmiş yol mevcūd değildir. Meclis-i ᶜumūmīniñ beş sene ẓarfında vücūda getirilmesini tes̱bīt etdiği ve iki senedenberi inşāsına başlanan yollar ber vech-i ātīdir:

1.- Gerze - Ṭanġal yolı: İki senedenberi inşāsına devām edilmekde olan bu yol Aḥmedyeri ḳaryesi ittiṣālında Sinob - Boyābād şosesine iltiḥāḳ etmek üzere ( ) kilometrodan ᶜibāretdir.

2.- Sinob - Ḳaraṣu yolı: Bu yol Boyābād şosesiniñ 5inci kilometrosından iltiḥāḳ etmek üzere nāḥiye merkezine mümted olub ( ) kilometrodır. Maʿa mā fīh henüz pek az ḳısmı inşā edilebilmişdir.
3.- Boyābād - Ṭaşköpri şosesi:
4.- Boyābād - ʿO̱smāncıḳ şosesi:
5.- Ayancıḳ - Yeñi cumʿa - Ṭaşköpri şosesi:
6.- Ayancıḳ - Yeñi cumʿa şosesi:

Ṣoñ 3 - 6ıncı yollar vilāyetiñ iḳtiṣāden inkişāfında mühimm birer ʿāmil olması naẓar-i diḳḳata alınaraḳ beş sene ẓarfında ikmāl-i inşāsı takarrür etmiş ve ṭuruḳ-i meẕkūreniñ baʿż-i maḥallerde inşāsına ibtidār olunmışdır.

Ḳöpriler: Vilāyet dāḫilinde biri Sinob - Boyābād şosesi üzerinde ( ) kilometroda vāḳiʿ (Ḳabalı), ikincisi Boyābād - Ṭaşköpri üzerinde (İpsiroğli), üçıncisi Sinob - Ayancıḳ güẕergāhında ve Yalñızca nām maḥallde (Ḳarakol) ḳaryesi ḳurbında (Yalñızca köprisi)dir. Bunlardan İpsiroğli ve Yalñızca ḳöprileri ṭaş, Ḳabalı ḳöprisininde yalñız ḳāʿideleri ṭaşdır. Aḳsām-i sāʾiresi aḫşābdır.

[7] Bunlardan māʿadā Ayancıḳ çayı üzerinde ve Sinob - Gerze güẕergāhında ve Ṭaşbāġ nām maḥallde birer ṭaş ḳöpri inşāsı meclis-i ʿumūmīniñ mesāʿī proġramı meyānında dāḫildir.

Vesāʾiṭ-i naḳlīye: Vilāyet dāḫilinde vesāʾiṭ-i naḳlīyeniñ eñ mühimmi (ḳağnı arabası) teşkīl eder. Münāḳalāt-i berrīyeniñ yüzde altmışı bunıñla icrā edilir. At, ḳaṭır, merkeb ile de münāḳalāt teʾmīn olunur. Gerze ve Ayancıḳ ḳażālarıyla münāḳalāt üçer, dörder ṭonluḳ ḳayıḳlarla icrā edilir.

Ṣayd-i berrī ve baḥrī:
Ḳara avcılığı:
Deñiz avcılığı:

[8] **340 senesi iḫrācātını mübeyyin cedveldir.**

Nevʿī	**Sinob iskelesinden iḫrācāt**	**Gerze**	**Ayancıḳ**	**Boyābād**
un	841,98 kilo			50.000 çuval
buġday, arpa	*99565*			
pirinc	188357 kilo			75.000 kilo
	48246			
ḳurı faṣulya	9585 kilo			20.000 kilo
	1590			
taze ve ḳurı	129161 kilo	233522	250 bīñ	20.000 kilo
meyve	*26823*	liralıḳ	liralıḳ	(ḥubūtīye içi)
ṭuzlı balıḳ	452,95 kilo	yumurṭa	yumurṭa	
(palamuṭ,	*66744*	tütün	keraste	
ḫamsī)				
sāde yaġ	925 kilo	keraste,	elma,	20.000 kilo
	1110	ḥubūbāt	armud	
yüñ	4708 kilo	mütenevviʿe	kestane,	15.000 kilo
	4505	cüzʾī balık,	tütün	(tiftik)
		odun ve	iḫrāc olun-	
		kömür iḫrāc	maḳdadır	
		olunmaḳdadır.		
darı	1754 kilo			
	6961			
keraste, odun	91401 kilo			
ve kömür	*14995*			
yapraḳ tütün	367641 kilo			
	285995			
yumurṭa	1.283.040 ʿaded			1.000.000 ʿaded
	30469			
canlı ḥay-	2.253 (ḳoyun, öküz, ṭavuḳ)			
vānāt	*15669*			
şehriye				150.000 kilo
mıṣır				150.000 kilo
buġday				250.000 kilo
	kıymet-i muḫammenesi 612652 lira.			

ber vech-i bālā emteʿaʾ-i ticārīye ve ḥayvānāt-i mütenevviʿeniñ ḳıymet-i ʿmuḫtemelleri bulınacaḳdır ve yazılacaḳdır.

BERICHT XV

S.[1]

[illegible]

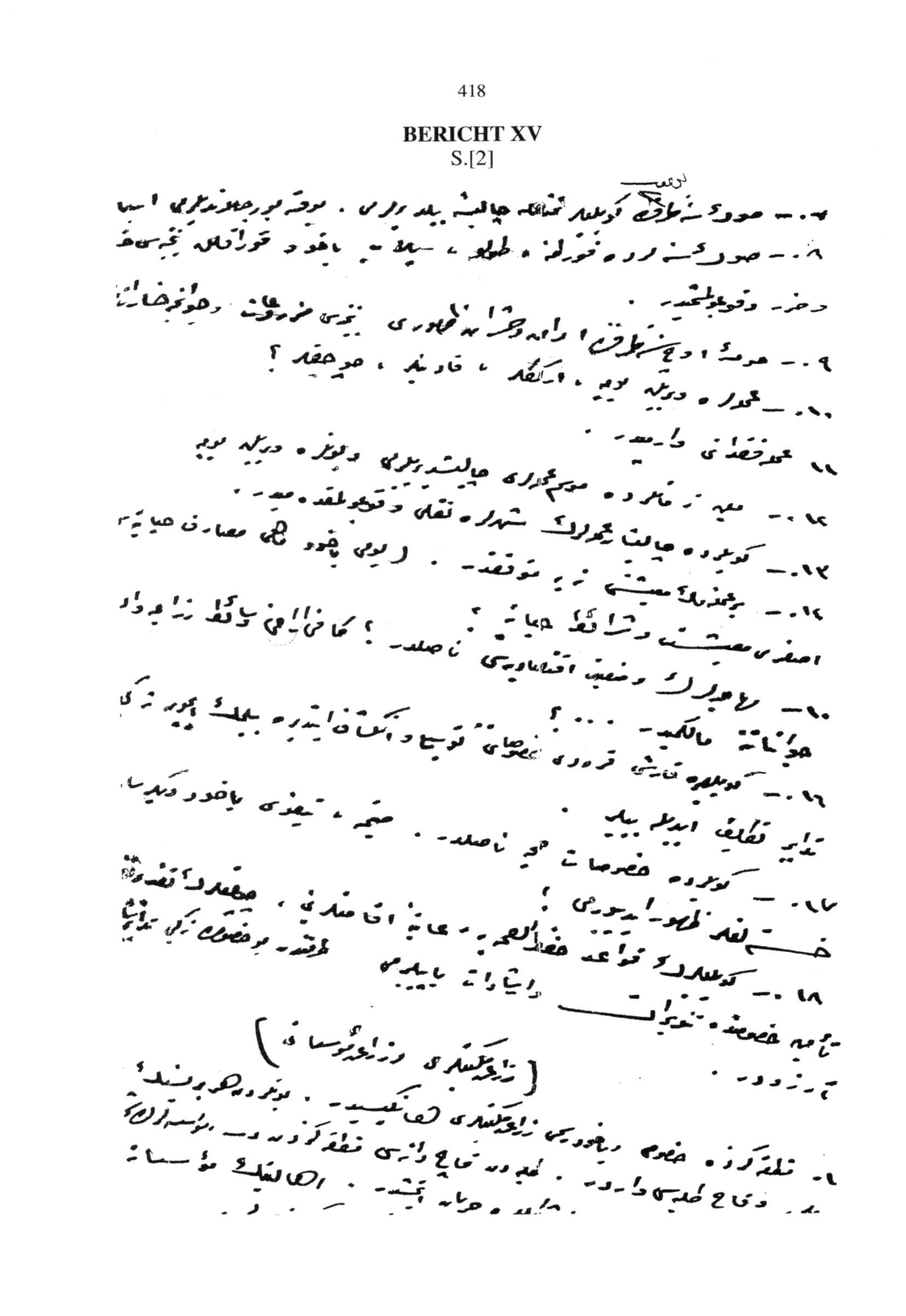

BERICHT XV

S.[2]

٧ .— [illegible]

٨ .— [illegible]

٩ .— [illegible]

١٠ .— [illegible]

١١ .— [illegible]

١٢ .— [illegible]

١٣ .— [illegible]

١٤ .— [illegible]

١٥ .— [illegible]

١٦ .— [illegible]

١٧ .— [illegible]

١٨ .— [illegible]

[illegible]

١ .— [illegible]

Bericht XV

[1] ?
2.- ... ücret-i naḳlīyeleri mâni‘ olacaḳ derecede yüksekmidir.
3.- Vesā’iṭ-i naḳlīye tanẓīm ve iṣlāḥ ve o nisbetde ne gibi teklīfler yapılabilir.

Piyasa ve maḫrec

1.- Mıntıḳanıñ maḥṣūlāt-i maḥallīyesi içün maḫrec teşkīl eden maḥaller nelerdir. Mıntıḳada mevcūd vāsıṭa
2.- Mutavassıṭ tüccārlarıñ maḫrec ve fī’yat teşkīli üzerinde ne gibi te’s̱īrleri vardır. Ara tüccārlar ... māl ṣāḥiblerine icābetde ve muẓāheret-i mālīyede bulunılırmı. Yoḳsa iḫtā ṭarīḳle ehven fī’yatla elde etmek ṭarafını ta‘ḳīb ederler?
3.- Mu’ayyen bir taṣnīfe tābi‘ ... piyasaya çıḳarılan maḥṣūlāt nelerdir? Maḥṣūlāt-i müḫtelife’-i mühimmeniñ piyasaya çıḳarılan nev‘ileri mes̱elā tütün, yapağı, afyon, yoğurt ḳaç ṣınıf üzerine piyasaya çıḳarıldığı ve isimleri.
4.- Cihāt piyasasına çıḳarılan maḥṣūlātıñ anbalajı ṭarzı? Bu ḫuṣūṣda teklīf?
5.- Maḥṣūlāt-i mühimmeniñ Temmūz māhı ẓarfında cihāt-i piyasasınca vāṣıl oldıḳları vusṭā fī’yatları ve ‘ilāvesi.

Ṣanāyi‘-i zirā‘īye :

1.- Mıntıḳada mevcūd ṣanāyi‘-i zirā‘īye hangileridir? Mes̱elā değirmenler şeker fabriḳaları, nişāsta fabrīḳaları, ... ḫāne, şarāb, sirke, bu mü’essesātıñ derece’-i fa‘ālīyetleri, bunlarda meşġūl ‘amele mıkdārı ve ... .
2.- Bu gibi sanāyi‘-i zirā‘īye mü’essesātınıñ te’sīs ve inkişāfı şāyān-i ārzū ne gibi tedābir teḳlīf edilebilir?

Büyük çifçileriñ, köylileriñ, ‘ameleniñ vaż‘īyet-i iḳtisādīyeleri

1.- ‘Umūmīyet i‘tibariyle ṣoñ maḥṣūlāt naṣıldı?
2.- Büyük çiftlik ṣāḥibleri çiftliklerini bi’ẕ-ẕāt idāre ediyorlarmı, ve hangi şerā’iṭle?
3.- Büyük çiftlik ṣāḥibleriniñ nezdinde çiftlik idāre me’mūrları zirā‘at-i cedīdeye vāḳıfmıdırlar?
4.- Çiftliklerini bi’ẕ-ẕāt idāre eden veya idāre me’mūrı ... ... edebiliyorlarmı yoḳsa borclanıyorlarmı, sebeb?
5.- Köylileriñ ḥayvān iḥtiyācı varmıdır.
6.- Köylileriñ arāżīye iḥtiyācı varmıdır.
[2] 7.- Ṣoñ sene ẓarfında köyliler ... çalışabildilermi. Yoḳsa borclandılarmı. Esbābı.
8.- Ṣoñ senelerde furṭına, ṭolu, seylāb yāḫūd ḳuraḳlıḳ netīcesi ḫasārāt ve żarar vuḳū‘ bulmışmıdır.
9.- Ṣoñ üç sene ẓarfında adāḳ ve ḥaşarāt ẓuhūrı netīcesi mezrū‘āt ve ḥayvānca ḫasārāt mevcūdmı?
10.- ‘Amelelere verilen yevmīye : erkekler: , ḳadınlar: , çocuḳlar: ?

11.- ʿAmele fıḳdānı varmıdır.
12.- Muʿayyen zamānlarda mevsim ʿameleleri çalışdırılırmı ve bunlara verilen yevmīye .
13.- Köylerde çalışan ʿameleleriñ şehirlere nakli vukūʿ bulmaḳdamıdır.
14.- Bir ʿameleniñ maʿīşeti neye mütevaḳḳıfdır. (Yevmī yāḫūd māhī meṣārif-i ḥayātīyesi) . Aṣġarī maʿīşet ve şerāʾiṭ-i ḥayātīye?
15.- Muhācīrleriñ važʿīyet-i iḳtiṣādīyesi naṣıldır? Kāfī arāžī vesāʾiṭ-i zirāʿīye ve iş ḥayvānātına mālikmidir?
16.- Köylilere ḳarşı ḳredi ḫuṣūṣātını tevsīʿ ve inkişāf etdirebilmek içün ne gibi tedābīr taṭbīḳ edilebilir.
17.- Köylerde ḫuṣūṣāt-i ṣıḥḥīye naṣıldır. Ṣıtma, tifüs yāḫūd dīğer sārī ḫastalıḳlar ẓuhūr ediyormı?
18.- Köylileriñ ḳavāʿid-i ḥıfẓu'ṣ-ṣıḥḥaya riʿāyetine iḳāmetlerini, çocuḳlarıñ naḳdīlerini teʾmīn ḫuṣūṣunda tenvīrāt ve işārāt yapılırmı,
ṭarafından bu ḫuṣūṣda ne gibi tedābīr şāyān-i ārzūdur.

Zirāʿat mektebleri ve zirāʿat müʾessesātı

1.- Mıntıḳanızda ḫuṣūṣī veyāḫūd resmī zirāʿat mektebleri hangisidir. Bunlardan herbiriniñ ḳaç muʿallimi ve ḳaç ṭalebesi vardır. Ṭalebeden ḳaç dānesi mıntıḳanızdandır. Müʾesseseleriñ şimdiye ḳadar olan devreʾ-i tekāmüli ne şekilde cereyān etmişdir. Ahālīniñ müʾessesāta ḳarşı olan ʿalāḳaları nedir? ve bu ʿalāḳayı ne gibi şekilde gösteriyorlar?
2.- Mıntıḳanızda başḳaca zirāʿat mekteblerine iḥtiyāc varmıdır. Genc çiftçiler çiftlik müdīri [3] olmaḳ ve bi'ẕ-ẕāt çiftlik idāre edebilmek ḳābilīyeti içün īcāb eden ... nerelerden ve naṣıl teʾmīn ediyorlar.
3.- Mektebiñ esās meʾẕūnları mıntıḳanız dāḫilinde çalışıyorlarmı ve bunlarıñ idāre ve ʿilim ḳābilīyetlerinden kendilerde bir şey öğrendiklerine ḥükm olınabilirmi.
4.- Herbir mektebe ʿāʾid arāžī veya çiftlikleriñ işletilmeleri ve važʿīyet-i zirāʿīyeleri naṣıldır? Bunlar ... ḳābil-i teʾyīd her sene bir ḥāṣılāt-i ṣāfīye müşāhede olınabiliyormı yoḳsa her sene ... .
5.- Bu mekteblerde ṭalebe ve ḥattā ḫāricden bile mürācaʿat edebileceklerini dāʾim ṣūretde eñ ṣoñ teraḳḳīyāt-i zirāʿīye ile irtibāṭlarını teʾmīn ve bilgilerini tecdīd ve tezyīd edebilecek kütübḫane ve ... ġazeteler tamāmen mevcūd mıdır.
6.- Mekteb-i muḥīṭde ālāt-i zirāʿīye ve fennī eşkāl-i zirāʿīye ... ... medār-i ...mi?

Meʾmūrīn-i zirāʿīye

1.- Mıntıḳañızda ... ne gibi meʾmūrīn-i zirāʿīye vardır.
2.- ... ... nelerdir.
3.- Dāʾirede ... ... ne ḳadar devām ediyor?
4.- Senede muʿāmele gören evrāḳ ... ḳaçdır.
5.- Yapılan işler arasında muʿāmelāt ve eşkāl-i mālīye mühimm bir zamānıñızı işġāl ediyormı? Yevmī sāʿat mesāʿīñiziñ yüzde ḳaçı ḳadardır.
6.- Dāʾire ḫāricinde yapılan mesāʿī nedir. Beher meʾmūrıñ ḳaç gün resmī seyāḥatları vāḳiʿ... .İşbu seyāḥatlardan maḳṣad ne idi ve netīceleri nasıldı ?

7.- Me᾿mūrīn-i zirāᶜīye köyli ve eṣḥāb-i arāżī üzerinde ṣāḥib-i nüfūẕ mıdır. Ve onları teşvīḳ ve teşcīᶜ ṣūretiyle bir netīce elde ediyorlarmı?
8.- Me᾿mūrīn-i zirāᶜīye içün muᶜāmelāt ve bilgilerini tezyīd ve ... teraḳḳīyāt-i fennīye ile dā᾿imī temāsı te᾿mīn çāreleri varmıdır. Ve nelerdir.
9.- Ālāt-i zirāᶜīye ve zirāᶜat ... varmıdır. Ve nelerdir.
10.- Me᾿mūrīn-i zirāᶜīyeniñ faᶜālīyet-i resmīye ve şaḫṣīyelerini tezyīd ve daha muᶜteber ... ... beyān edilebilir.

Netīce᾿-i ᶜumūmīye

... ...

... ...

4. LITERATURVERZEICHNIS

ABDÜLAZIZ Bey: *Osmanlı Adet, Merasim ve Tabirleri*. 2 Bde. (İstanbul 1995).
ADANIR, Fikret: *Geschichte der Republik Türkei*. (Mannheim 1995).
AHMAD, Feroz: *The Young Turks: The Commitee of Union and Progress in Turkish Politics 1908-1914*. (Oxford 1969).
Ders.: "Tal'at Bey (Pasha)". In: EI^2, Bd.10, S.161.
Ders.: *İttihatçılıktan Kemalizme*. (İstanbul 1985).
AĞUİÇENOLĞLU, Hüseyin: "Die Mediziner als Avantgarde der politischen Umgestaltung seit der Tanzimat-Periode". Wird erscheinen im: *Sammelband der Internationalen Turkologen-Konferenz 2002 Mainz*.
AKARLI, Engin Deniz: *The Problems of External Pressures, Power Stuggles, and Budgetary Deficits in Ottoman Politics under Abdulhamid II. (1876-1909): Origins and Solutions*. (Univ. Diss. Princeton University 1976).
AKÇAM, Taner: *Armenien und der Völkermord*. (Hamburg 1996).
AKPINAR, Alişan: *Osmanlı Devletinde Aşiret Mektebi* (Istanbul 1997).
AKŞİN, Sina: *Jön Türkler ve İttihat ve Terakki*. (İstanbul 1980).
Ders.: *31 Mart Olayı*. (İstanbul 1972).
AKTAR, Cengiz O.: *L'Occidentalisation de la Turquie*. (Paris 1985).
ALDERSON, A. D.: *The Structure of the Ottoman Dynasty*. (Oxford 1956).
ALI, *Basiret gazetesi imtiyaz sahibi: İstanbulda Elli Yıllık Önemli Olaylar*. (İstanbul 1976).
ANADOL, Cemal: *Tarih Işığında Ermeni Dosyası*. (İstanbul 1982).
ANASTASSIADOU, Meropi: *Salonique, 1830-1912: Une Ville Ottomane à l'Age des Réformes*. (Leiden [u.a.] 1997).
ANDERSON, Mathew. S.: *The Eastern Question 1774-1923: A Study in International Relations*. (London 1966).
ANDREW, Peter (Hrsg.): *Ethnic Groups in Turkey*. (Wiesbaden 1989).
ARAI, Masami: *Turkish Nationalism in the Young Turk Era*. (Leiden 1992).
ARMSTRONG, H. C.: *Der graue Wolf: Das Leben des Diktators Mustafa Kemal*. (Berlin 1933).
ASAN, Âkil: *Mustafa Kemal Atatürk: Aus Reden und Gesprächen*. (Heidelberg 1981).
ATATÜRK, Kemal: *Nutuk*. 3 Bde., 10. Aufl. (İstanbul 1970).
Ders.: *Die neue Türkei 1919-1927. Rede vom 15.-20.Oktober 1927*. Band 1: *Der Weg zur Freiheit 1919-1920*. Band 2: *Die nationale Revolution 1920-1927*. (Leipzig 1928).
AVŞAR, Bozkurt Zakir: *Bir Muhalifin Portresi: Dr. Rıza Nur*. (İstanbul 1992).
AYDIN, Suavi: *Modernleşme ve Milliyetçilik*. (Ankara 1993).

AYDEMIR, Şevket Süreyya: *Tek Adam*. 3 Bde. 4. Aufl. (İstanbul 1969).
Ders.: *İkinci Adam*. 3 Bde. (İstanbul 1966-1968).
Ders.: *Enver Paşa*. 3 Bde. (İstanbul 1970).
BACQUE-GRAMMONT, Jean-Louis: "Memorial of the Ottoman Society Through the Funeral Steles of Sinop." In: *Scripta Hierosolymitana*, 35. (Jerusalem o.J.).
Ders. u. VATIN, Nicolas: "Stelae Turcicae VI, Stéles Funéraires de Sinop." In: *Anatolia Moderna - Yeni Anadolu* 3. (Paris 1992).
BALİ, Rifat N.: *Cumhuriyet Yıllarında Türkiye Yahudileri: Bir Türkleşme Serüveni (1923-1945)*. (İstanbul 1999).
Başbakanlık Devlet Arşivleri Müdürlüğü: *Osmanlı Belgelerinde Ermeniler (1915 - 1920)*. (Ankara 1994).
BAŞOĞLU, Bekir: *Boyabad ve Çevresi Tarihi*. (Boyabad 1972).
BAYUR, Hikmet: *Türk İnkilabı Tarihi*. 3 Bde. (Ankara 1940-1967).
BEHAR, Cem: *Osmanlı İmparatorluğunun ve Türkiyenin Nüfusu 1500 – 1927*. 2 Bde. (Ankara 1996).
BELEN, Fahri: *Siyasi ve Sosyal Yönleriyle Türk Kurtuluş Savaşı*. 2. Aufl. (Ankara 1983).
BELL-FIALKOFF, Andrew: *Ethnic Cleansing*. (London 1996).
BENOIT-MECHIN: *Mustapha Kémal ou la Mort d'un Empire*. (Paris 1954).
BERARD, Victor: *La Révolution Turque*. (Paris 1909).
BERKES, Niyazi: *The Development of Secularism in Turkey*. (Montreal 1964).
Ders.: *İkiyüz Yıldır Neden Bocalıyoruz?* (İstanbul1965).
BİLÂL, Şimşir N.: *Malta Sürgünleri*. (İstanbul 1976).
Ders. (Hrsg.): *British Documents on Ottoman Armenians*. 2 Bde. (Ankara 1982-1983).
Ders.: *The Genesis of the Armenian Question*. (Ankara 1984).
BIRKEN, Andreas: *Die Provinzen des Osmanischen Reiches*. (Wiesbaden 1976).
BLEDA, Mithat Şükrü: *İmparatorluğun Çöküşü*. (İstanbul 1979).
BOESCHOTEN, H. E.: "Why transcribe Ottoman Turkish Texts." In: *Manuscripts of the Middle East* 3 (1988), S. 23-26.
BOLAND, Weli Bey: *Praktisches türkisches Lehrbuch*. (Stuttgart 1917).
BOZDAĞ, İsmet: *Abdülhamid'in Hatıra Defteri*. (İstanbul 1975).
BOZGEYIK, Burhan: *Devrimler Cinâyeti*. (İstanbul 1993).
BRAUDE, Benjamin u. LEWIS, Bernard (Hrsg.): *Christians and Jews in the Ottoman Empire. The Functioning of a Plurial Society.* 2 Bde. (New York [u.a.] 1982).
Ders.: "Foundation Myths of the Millet System". In: **BRAUDE, Benjamin u. LEWIS, Bernard** (Hrsg.): *Christians and Jews in the Ottoman Empire: The Functioning of a Plurial Society*. Bd.1: *The Central Lands* (NewYork [u.a.] 1982) S. 69ffr.
BULUT, Faik: *Devletin Gözüyle Türkiye'de Kürt İsyanları*. (İstanbul 1991).

v. CAUZIG, Franz: *Von Constantinopel nach Istanbul*. (unverkäufliche Privatauflage).
CASTELLAN, Georges: *Histoire des Balkans: XIVe - XXe siècle*. (Paris 1991).
CEBESOY, Ali Fuat: *Milli Mücadele Hatıraları*. (İstanbul 1960).
ÇADIRCI, Musa: *Tanzimat Döneminde Anadolu Kentleri'nin Sosyal ve Ekonomik Yapıları*. (Ankara 1991).
ÇAĞALI-GÜVEN, Gül (Hrsg.): *Kâmil Paşa'nın Anıları*. (İstanbul 1991).
CARZOU, Jean-Marie: *Un Génocide Exemplaire*. (Paris 1975).
ÇAVDAR, Tevfik: *Talât Paşa*. (Ankara 1995).
ÇETINER, Yılmaz: *Son Padişah Vahdettin*. 4. Aufl. (İstanbul 1993).
ÇETINSAYA, Gökhan: "Abdülhamid'i Anlamak: 19. Yüzyıl Tarihçiliğine bir Bakış." In: *Sosyal Bilimleri Yeniden Düşünmek*. (İstanbul 1998). S.137ff.
ÇİÇEK, Kemal: (Hrsg): *The Great Ottoman-Turkish Civilisation*. 4 Bde.. (Ankara2000).
DANİŞMEND, İsmail Hami: *İzahlı Osmanlı Tarihi Kronolojisi*. (İstanbul 1971).
DAVISON, Roderic H.: *Reform in the Ottoman Empire 1856-1876. (*Princceton, NJ 1963).
Ders.: *Essays in Ottoman and Turkish History 1774-1923: The Impact of the West*. (Huston 1990).
DENY, Jean: *Grammaire de la Langue Turque*. (Paris 1920).
Ders.: *Principe de Grammaire Turque*. (Paris 1955).
DERINGIL, Selim: *The Well-Protected Domains: Ideology and the Legitimation of Power in the Ottoman Empire 1876-1909*. (New York 1998).
DESCHNER, Günther: *Saladins Söhne: Die Kurden - das betrogene Volk*. (München 1983).
Deutsche Welle-Dokumente: *Atatürk in deutscher Sicht*. (Köln 1982).
DUDA, H. W.: *Vom Kalifat zur Republik: Die Türkei im 19. und 20. Jahrthundert*. (Wien 1948).
DUMONT, Paul u. GEORGEON, François: "La mort d'un empire (1908-1923)". In: **MANTRAN, Robert** (Hrsg.): *Histoire de l'Empire Ottoman*. (Paris 1989).
Ders.: *Mustafa Kemal invente la Turquie moderne*. (Brüssel 1997).
DURU, Kâzım Nami: *İttihat ve Terakki Hatıralarım*. (İstanbul 1957).
DÜNDAR, Fuat: *İttihat ve Terakki'nin Müslümanları İskân Politikası (1913-1918)*. (İstanbul 2001).
Enzyklopädie des Islam. 4 Bde. u. Ergänzungsband. (Leiden und Leipzig 1913-1938).
The Encyclopaedia of Islam; New Edition; Bd. 1-12. (Leiden 1960ff).
EREN, Ahmet C.: *Türkiyede Göç ve Göçmen Meselesi*. (İstanbul 1966).
EREN, Güler (Hrsg.): *Osmanlı*. 12 Bde. (Ankara 1999).
ERENTÖZ, Cahit u. KETİN, İhsan (Hrsg.): *Türkiye Jeoloji Haritası: Sinop*. (Ankara 1962).

ERGIN, Muharrem: *Osmanlıca Dersleri*; 9. Aufl.. (İstanbul 1987).
FARAH, Caesar (Hrsg.): *Decision Making in the Ottoman Empire*. (Kirksville 1993).
FEIGL, Erich: *Ein Mythos des Terrors*. (Freilassing 1986).
FINDLEY, Carter V.: *Bureaucratic Reform in the Ottoman Empire: The Sublime Porte 1789-1922*. (Princeton 1980).
Ders.: *Ottoman Civil Officialdom*. (Princeton 1989).
FLEMMING, Barbara: "Türkische Handschriften." In: **WOLFGANG VOGT** (Hrsg.): *Verzeichnis der orientalischen Handschriften in Deutschland*. (Wiesbaden 1968).
v. FLOTWELL: "Stromgebiet des Qyzyl Yrmak (Halys). Tour Sinob Boyabad." In: *Petermanns Mitteilungen aus Justus Perthes' Geographischer Anstalt*. (Gotha 1895).
FORTNA, Benjamin C.: *Imperial Classroom: Islam, the State and Education in the Late Ottoman Empire*. (Oxford 2002).
GENÇ, Mehmet: *Osmanlı Imparatorluğunda Devlet ve Ekonomi*. (İstanbul 2000).
Genelkurmay Başkanlığı Harp Tarih Dairesi: *Türk İstiklâl Harbi*. 6Bde. (Ankara 1962-1968).
GEORGEON, François u. DUMONT, Paul (Hrsg.): *Vivre dans l'Empire Ottoman*. (Paris 1997).
Ders.: *Aux Origines du Nationalisme Turc: Yusuf Akçura (1876-1935)*. (Paris 1980).
Ders.: "La formation des élites à la fin de l'empire ottoman." In: *Revue du Monde Musulman et de la Méditerranée*" 72 (1995).
GIBB, Hamilton u. BOWEN, Harold: *Islamic Society and the West: A Study of the Impact of Western Civilization on Moslem Culture in the Near East*. 2 Bde. (London 1962-1963).
GLASNECK, Johannes: *Kemal Atatürk und die moderne Türkei*. (Berlin 1971).
GOLOĞLU, Mehmet: *Milli Mücadele Tarihi*. 5 Bde.. (Ankara 1968-1971),
GÖÇEK, Fatma Müge: *Rise of Bourgeoisie, Demise of Empire: Ottoman Westernization and Social Change*. (NewYork [u.a.] 1996).
GÖKALP, Ziya: *Turkish Nationalizm and Western Civilization*. (New York 1959).
GÖKDEMİR, Oktay: "Osmanlı Tütün Tarımında Reji Koruculuğu ve Sivil Direniş." In: *Tarih ve Toplum* 32,190 (1999).
GÖZTEPE, Mümtaz Tarık: *Osmanoğullarının Son Padişahı Vahideddin Gurbet Cehenneminde*. (İstanbul 1968).
Ders.: *Sultan Vahideddin*. (İstanbul 1969).
GRONAU, Dietrich: *Mustafa Kemal Atatürk oder Die Geburt der Republik*. (Frankfurt a.M. 1994).
GUST, Wolfgang: *Der Völkermord an den Armeniern*. (München 1993).
GÜRÜN, Kâmuran: *Ermeni Dosyası*. (Ankara 1983).

HANİOĞLU, Şükrü M.: *Bir Siyasal Örgüt Olarak Osmanlı İttihat ve Terakki Cemiyeti ve Jön Türklük (1889-1902).* (İstanbul 1985).
Ders.: *Preparation for a Revolution. The Young Turks, 1902 -1908.* (Oxford 2001).
Ders.: *Osmanlı İttihad ve Terakki Cemiyeti ve Jön Türklük.* (İstanbul 1985).
HEYD, Uriel: *Language Reform in Modern Turkey.* (Jerusalem 1954).
Ders.: *Foundations of Turkish Nationalism.* (London 1950).
HEPER, Metin: *The State Tradition in Turkey.* (Walkington 1985).
HERZOG, Christoph: *Geschichte und Ideologie: Mehmed Murad und Celal Nuri über die historischen Ursachen des osmanischen Niedergangs.* (Islamkundliche Untersuchungen; 199). (Berlin 1996).
HOCAOĞLU, Mehmet: *Abdülhamit Han'ın Muhtıraları.* (İstanbul?).
HOFMANN, Tesa (Hrsg.): *Der Völkermord an den Armeniern vor Gericht: Der Prozess Talat Paşa.* (Göttingen 1980).
HÖSCH, Edgar: *Geschichte der Balkan-Länder: Von der Frühzeit bis zur Gegenwart.* (München 1993).
İNALCIK, Halil u. QUATAERT, Donald (Hrsg.): *An Economic and Social History of the Ottoman Empire 1300-1914.* (Cambridge 1994).
Ders.: *Studies in Ottoman Social and Economic History.* (London 1985).
Ders.: "Imtiyazāt, II. The Ottoman Empire". In: *EI*[2]*, Bd.3, S.1179ff.*
Ders.: "Istanbul". In: *EI*[2], Bd.4. S.224ff.
İRTEM, Süleyman Kâni: *Abdülhamit Devrinde Hafiyelik ve Sansür.* (İstanbul 1999).
İslâm Ansiklopedisi. İslâm Âlemi Târih, Coğrafya, Etnografya ve Biografya Lugatı. 13 Bde. (İstanbul 1950-1986).
İslam Ansiklopedisi. (neue Auflage, Bd.1 ff.). (İstanbul 1988–2000).
ISSAWI, Charles: *The Economic History of Turkey 1800-1914.* (Chicago 1980).
IRMAK, Sadi: *Kemal Atatürk: Leben und Werk des Gründers der neuen Türkei.* (Istanbul 1981).
JELAVICH, C. u. B.: *The Establishment of the Balkan National States 1804-1920.* (London 1977).
KANSU, Aykut: *Politics in Post-Revolutionary Turkey 1908-1913.* (London 2000).
Ders.: *The Revolution of 1908 in Turkey.* (Leiden 1997).
KARAALIOĞLU, Seyit Kemal: *Türk Edebiyatçılar Sözlüğü.* (İstanbul 1982).
KARABEKIR Kâzım: *İttihat ve Terakki Cemiyeti 1896-1909.* (İstanbul 1993).
Ders.: *İstiklâl Harbimiz.* 2. Aufl. (İstanbul 1969).
KARAL, Enver Ziya: *Osmanlı Tarihi.* 8 Bde. (Ankara 1988).
Ders.: *Osmanlı İmparatorluğunda İlk Nüfus Sayımı.* (Ankara 1943).
KARAOSMANOĞLU, Yakup Kadri: *Vatan Yolunda: Milli Mücadele Hatıraları.* (İstanbul 1958).
KARPAT, Kemal H.: *Ottoman Population 1830-1914. Demographie and Social Characteristics.* (London 1985).

KAYALI, Hasan: *Arabs and Young Turks: Ottomanism, Arabism, and Islamism in the Ottoman Empire, 1908-1919*. (London 1997).
KESKIN, Hakkı: *Die Türkei vom Osmanischen Reich zum Nationalstaat: Werdegang einer Unterentwicklung*. (Berlin 1981).
KILIÇ ALİ: *Kılıç Ali Hatıralarını Anlatıyor*. (İstanbul 1955).
Ders.: *İstiklâl Mahkemesi Hatıraları*. (İstanbul 1955).
KIRAN, Ahmed Bedevi: *İnkılâp Tarihimiz ve İttihad ve Terakki*. (İstanbul 1948).
Ders.: *İnkılâp Tarihimiz ve Jön Türkler*; (İstanbul 1945).
KIRÇAK, Çağlar: *Meşrutiyetten Günümüze Gericilik (1876-1950)*. (Ankara1989).
KISAKÜREK, Necip Fazıl: *Ulu Hakan II. Abdülhamîd Han*. 4. Aufl. (İstanbul 1981).
KISSLING, Hans Joachim: *Osmanisch-Türkische Grammatik*. (Wiesbaden 1960).
KOCABAŞ, Süleyman: *Kendi İtiraflarıyla Jön Türkler Nerede Yanıldı. Hayaller - Komplolar - Kayıplar (1890-1918)*. (İstanbul 1991).
KODAMAN, Bayram: *Abdülhamid Devri Eğitim Sistemi*. (Ankara 1991).
KOLOĞLU, Orhan: "Rıza Nur Nasıl bir Kaynak." In: *Tarih ve Toplum*, 26,154 (1996).
Ders.: *Ne Kızıl Sultan ve ne Ulu Hakan, Abdülhamit Gerçeği*. (İstanbul 1987).
KORNRUMPF, Hans Jürgen: *Die Territorialverwaltung im östlichen Teil der europäischen Türkei vom Erlass der Vilayet-Ordnung (1864) bis zum Berliner Kongress (1878) nach amtlichen osmanischen Veröffentlichungen*. (Islamkundliche Untersuchungen; 40). (Freiburg 1976).
KÖSSLER, Arnim: *Aktionsfeld Osmanisches Reich: Die Wirtschaftsinteressen des deutschen Kaiserreiches in der Türkei 1871-1908*. (New York 1981).
KREISER, Klaus: *Der Osmanische Staat 1300-1922*. (München 2001).
KREUTEL, Richard: *Osmanisch-Türkische Chrestomatie*. (Wiesbaden 1965).
KURT, Yılmaz: *Pontus Meselesi*. (Ankara 1995).
KUSHNER, David: *The Origins of Turkish Nationalism*. (London 1977).
KÜÇÜK, Cevdet: *Osmanlı Diplomasisinde Ermeni Meselesinin Ortaya Çıkışı 1878-1897*. (İstanbul 1984).
KÜTÜKOĞLU, Mübahat S.: *Osmanlı Belgelerinin Dili (Diplomatik)*. (İstanbul 1994).
LANDAU, Jakob (Hrsg.): *Atatürk and the Modernisation of Turkey*. (Boulder, Col. 1984).
LEWIS, Bernard: "Ottoman Observers of Ottoman Decline." In: *Islamic Studies*, 1 (1962), S. 71-87.
Ders.: *Islam et laicité: La naissance de la Turquie moderne*. (Paris 1988).
Ders: *Kaiser und Kalifen*. (München 1996).
Lexikon für Medizin - Ethik - Recht. (Freiburg 1989).
LEWIS, G.L.: Turkish Grammar; Oxford 1984.
LODERMANN, Jürgen u. POHL, Manfred: *Die Bagdadbahn*. (Mainz 1989).

Ders.: *Von Stambul nach Bagdad. Die Geschichte einer berühmten Eisenbahn.* (München 1999).
LORENZ, Richard (Hrsg.): *Das Verdämmern der Macht. Vom Untergang großer Reiche.* (Frankfurt/M 2000).
MACKENZIE, Compton: *Gallipoli Memories.* (London 1965).
de MALEVILLE, Georges: *La Tragédie Armenienne de 1915.* (Paris 1931).
MANGO, Andrew: *Atatürk.* (London 2000).
MANTRAN, Robert (Hrsg.): *Histoire de l'Empire Ottoman.* (Paris 1989).
Ders.: *Histoire d'Istanbul.* (Paris 1996).
MANZENREITER, Johann: *Die Bagdadbahn als Beispiel für die Entstehung des Finanzimperialismus in Europa (1872-1903).* (Bochum 1982).
MARDİN, Şerif: *The Genesis of Young Ottoman Thought.* (Princeton 1962).
MATUZ, Josef: *Das Osmanische Reich.* 2. Aufl.. (Darmstadt 1990).
MAYR, Joachim: "Das türkische Finanzjahr." In: *Der Islam;* 36 (1961). S. 264-268.
McCARTHY, Justin: *Muslims and Minorities: The Population of Ottoman Anatolia and the End of the Empire.* (New York 1983).
McCULLAGH, Francis: *The Fall of Abd-ul-Hamid.* (London 1910).
MECERIAN, Jean: *Le Génocide du Peuple Arménien.* (Beirut 1965).
MERAY, Seha u. OLCAY, Osman: *Osmanlı Imparatorluğunun Çöküş Belgeleri.* (Ankara 1977).
v. MOLTKE, Helmuth: *Briefe über Zustände und Begebenheiten in der Türkei aus den Jahren 1835-1839.* (Nördlingen 1987).
MUMCU, Ahmet: *Tarih Açısından Türk Devriminin Temelleri ve Gelişimi.* 11. Aufl. (İstanbul 1988).
MÜHLMANN, Carl: *Der Kampf um die Dardanellen* 1915. (Berlin 1927).
Ders: *Das deutsch-türkische Waffenbündnis im Weltkriege.* (Leipzig 1940).
NUR, Rıza: *Hayat ve Hatıratım.* 4 Bde.. (İstanbul 1967).
OKDAY, Şefik: *Büyükbabam Son Sadrazam Tevfik Paşa.* (İstanbul 1986).
Ders.: *Osmanlı'dan Cumhuriyete.* (İstanbul1988).
OREL, Şinasi u. YUCA, Süreyya (Hrsg.): *The Talât Paşa Telegrams: Historical Fact or Armenian Fiction?* (Lefkosa 1986).
ORTAYLI, İlber: *İmparatorluğun en Uzun Yüzyılı.* (İstanbul 1987).
Ders.: *Tanzimattan Cumhuriyete Yerel Yönetim Geleneği.* (İstanbul 1985).
Ders.: *Gelenek'den Geleceğe.* 4.Aufl. (İstanbul 2001).
OWEN, Roger: *The Middle East in the World Economy 1800-1914.* (London 1993).
ÖKE, Mim Kemal: *The Turkish War of Independence.* (Ankara 1991)
ÖLÇEN, Ali Nejat: *Osmanlı Meclisi Mebusanında Kuvvetler Ayırımı ve Siyasal İşkenceler.* (Ankara 1982).
ÖZEGE, Seyfettin: *Eski Harflerle Basılmış Türkçe Eserler Kataloğu.* (İstanbul 1977).
ÖZKIRIMLI, Atilla: *Türk Edebiyatı Ansiklopedisi.* 4 Bde. (İstanbul 1982).
ÖZON, Mustafa Nihat: *Osmanlıca - Türkçe Sözlük.* 7. Aufl.. (İstanbul 1987).

ÖZTUNA, Yılmaz: *Resimlerle Türkiye Tarihi*. (İstanbul 1972).
ÖZYÜKSEL, Murat: *Osmanlı Alman İlişkilerinin Gelişim Sürecinde Anadolu ve Bagdat Demiryolları*. (İstanbul 1988).
PAKALIN, Mehmet Zeki: *Osmanlı Tarih Deyimleri ve Terimleri Sözlüğü*. 3 Bde.. (İstanbul 1946, 1951, 1954).
PALMER, Alan: *Verfall und Untergang des Osmanischen Reiches*. (München 1994).
PANZAC, Daniel (Hrsg.): *Histoire Economique et Sociale de l'Empire Ottoman et de la Turquie (1326-1960)*. (Paris 1995).
Ders. (Hrsg.): *Turquie, la croisée des chemins*. (Aix-en-Provence 1988).
Ders.: *La Peste dans l'Empire Ottoman*. (Leuven 1985).
Ders. (Hrsg.): *Les Villes dans l'Empire Ottoman. Activités et Sociétés*. 2. Bde.. (Paris 1994).
Ders.: "L'Enjeu du Nombre". In: **PANSAC, Daniel** (Hrsg.): *Turquie, la croisée des chemins*. (Aix-en-Provence 1988).
PARMAKSIZOĞLU, İsmet: *Tarih Boyunca Kürttürkleri ve Türkmenler*. (Ankara 1983).
POHL, Manfred: *Von Stambul nach Bagdad. Die Geschichte einer berühmten Eisenbahn*. (München 1999).
PROKOSCH, Erich: *Studien zur Grammatik des Osmanisch-Türkischen unter besonderer Berücksichtigung des Vulgärosmanisch-Türkischen*. (Freiburg 1980).
QUATAERT, Donald: *Social Desintegration and Popular Resistance in the Ottoman Empire, 1881-1908: Reactions to European Economic Penetration*. (New York 1983).
Ders.: "The Age of Reforms 1812-1914". In: **INALCIK, Halil u. QUATERT, Donald**: *An Economic and Social History of the Ottoman Empire 1300-1914* .(Cambridge 1994) S. 777ff.
Ders.: *The Ottoman Empire 1700-1922*. (Cambridge 2001).
RAMSAUR, Ernest Edmonson Jr.: *The Young Turks, Prelude of the Revolution of 1908*. (Beirut 1965).
REDHOUSE, James W.: *A Turkish and English Lexikon*. (Beirut 1987).
Ders.: *Redhouse Yeni Türkçe - İngilizce Sözlük*. (İstanbul 1968).
REID, Yames J.: *Crisis of the Ottoman Empire: Prelude to Collapse 1839-1878*. (Stuttgart 2000).
RILL, Bernd: *Kemal Atatürk*. (Reinbek/Hamburg 1987).
"Rıza Nur": in: *Grand Larousse Encyclopédique*. Bd. 9, S.301.
Türk Ansiklopedisi. Bd. 25. S.344.
Yurt Ansiklopedisi. Bd.9; S.6826.
SAKARYA, İhsan: *Belgelerle Ermeni Sorunu*. 2. Aufl.. (Ankara 1984).
v. SANDERS, Liman: *Fünf Jahre Türkei*. (Berlin 1920).
v. SCHOEN, Walter: *Die Hölle von Gallipoli*. (Berlin 1937).
SELEK, Sabahattin: *Anadolu İhtilâlı*; 2Bde. 8.Aufl. (İstanbul 1987).

SHAW, Stanford J. u. SHAW, Ezel Kural: *History of the Ottoman Empire and Modern Turkey*. Bd. 2: *The Rise of Modern Turkey 1808-1975*. (Cambridge 1977).
Ders: "Sultan Abdülhamid II." In: *Tanzimatın 150. Yıldönümü Uluslararası Sempozyumu (Bildiriler)*. (Ankara 1991).
Ders.: *Studies in Ottoman and Turkish History*. (İstanbul 2000).
Ders.: "The Ottoman Census System and Population 1831-1914". In: *International Journal of Middle-East Studies*, 9 (1978).
"Sinop": in: *Hayat Tarih Mecmuası*. Ocak 1968, sayı 12, S. 211.
İslam Ansiklopedisi. Bd. 10. S. 683.
Tarih Mecmuası. Sayı 12, Ocak 1968, S.210.
Türk Ansiklopedisi. Bd. 24. S.108.
Türkiye 1923-1973 Ansiklopedisi. Bd. 4. S.108.
Yurt Ansiklopedisi. Bd. 9. S. 6746.
Sinop İli: *Cumhuriyet Öncesi ve Sonrası Eğitim*. (Sinop 1998).
Sinop Valiliği: *Sinop: Türkiye'nin Kuzey Ucundaki Cennet* (Sinop o.J.)
Sinop 93 Jahrbuch. (Ankara 1993).
İl Turizm Envanteri 1995. (Sinop 1995).
Sinop Valiliği İl Özel Müdürlüğü ve İl Turizm Müdürlüğü Broşürü. (Sinop o.J.).
Sinop Valiliği Sanayi ve Ticaret İl Müdürlüğü: *Cumhuriyetimizin 75. Yılında Sinop İlinin Ekonomik ve Ticari Durumu Raporu*. (Sinop 1999).
SOMEL, Selçuk Akşin: *The Modernization of Public Education in the Ottoman Empire 1839-1908: Islamization, Autocracy and Discipline*. (Leiden 2001).
STEINBACH, Udo: *Die Türkei im 20.Jahrhundert*. (Bergisch Gladbach 1996).
STERN, Bernhard: *Jungtürken und Verschwörer*. 2. Aufl.. (Leipzig 1901).
STEUERWALD, Karl: *Almanca - Türkçe Sözlük*. (İstanbul 1992).
Ders.: *Türkisch - Deutsches Wörterbuch*. (Wiesbaden 1972).
SÜREYYA, Mehmet u. ORANSAY, Gültekin: *Osmanlı Devletinde Kim Kimdi?*. 9 Bde. (Ankara 1969).
ŞEHSUVAROĞLU, Bedi N.: *İstanbulda 500 Yıllık Sağlık Hayatımız*. (İstanbul 1953).
ŞERIF Paşa: *Bir Muhalifin Hatıraları, İttihat ve Terakkiye Muhalefet*. (İstanbul 1990).
Tanzimat'tan Cumhuriyet'e Türkiye Ansiklopedisi. 6 Bde.. (İstanbul 1985).
TERNON, Jves: *Tabu Armenien, Geschichte eines Völkermordes*. (Frankfurt 1981).
TOKGÖZ, Dündar: *Sinop Tarihi, Turizm ve Eski Eserler Rehberi*. (Ankara 1973).
TRUMPENER, Ulrich: "German Officers in the Ottoman Empire (1880-1918)." In: **WALLACH, Yehuda L.** (Hrsg.): *Germany and the Middle East 1835-1939; Internatioanl Symposium, April 1975; Jahrbuch des Instituts für deutsche Geschichte, Beiheft 1*. (Tel Aviv 1975).
Ders.: *Germany and the Ottoman Empire 1914-1918*. (New York 1989).
TUNAYA, Zafer Tarık: *Osmanlı İmparatorluğundan Türkiye Büyük Millet Meclisi Hükümeti Rejimine Geçiş*. (İstanbul 1956).

TUNCAY, Hasan: *Ziya Gökalp*. 3. Aufl. (İstanbul 1978).
TUNÇAY, Mete u. ZÜRCHER, Erich Jan (Hrsg.): *Socialism and Nationalism in the Ottoman Empire 1876-1925*. (London 1994).
Turkologischer Anzeiger. Nr.1ff. (Wien).
Türk Ansiklopedisi. 33 Bde. (İstanbul [u.a.] 1968-1984).
Türk Dili ve Edebiyatı Ansiklopedisi. 8 Bde. (İstanbul 1977-1998).
Türkiye 1923-1973 Ansiklopedisi. 4 Bde. (İstanbul).
TÜTENGIL, Cavit Orkan: *Atatürkü Anlamak ve Tamamlamak*. (İstanbul 1998).
UMAR, Bilge: *Türkiyedeki Tarihsel Adlar*. (İstanbul 1993).
UNAT, Ekrem Kadri (Hrsg.): *Dünya'da ve Türkiye'de 1850 yılından sonra Tıp Dallarındaki İlerlemelerin Tarihi*. (İstanbul 1988).
URAS, Esat: *The Armenians in History and the Armenian Question*. (Istanbul 1988).
URSINUS, Michael: "Zur Diskussion über "millet" im Osmanischen Reich." In: *Südostforschungen, München*, 48 (1989). S. 195ff..
Ders.: "Millet." In: *EI²*. Bd.7. S. 61ff..
Ders.: *Quellen zur Geschichte des Osmanischen Reiches und ihre Interpretation. (*Istanbul 1994).
Ders.: "Byzanz, Osmanisches Reich, türkischer Nationalstaat: Zur Gleichzeitigkeit des Ungleichzeitigen am Vorabend des Ersten Weltkrieges." In: **LORENZ, Richard** (Hrsg.): *Das Verdämmern der Macht: Vom Untergang großer Reiche*. (Frankfurt a.M. 2000).
VANER, Semih: *Modernisation Autoritaire en Turquie et en Iran*. (Paris 1991).
VANLY, Ismet Chérif: *Kurdistan und die Kurden*. Bd. 2*: Türkei und Irak*. (Göttingen 1986).
VATIN, Nicolas (Hrsg.): *Oral et Ecrit dans le Monde Turco-Ottoman*. (Aix en Provence 1996).
VEINSTEIN, Gilles (Hrsg.): *Salonique 1850 – 1918: La "Ville des Juifs" et le Réveil des Balkans*. (Paris 1993).
VOGT, Wolfgang (Hrsg.): *Verzeichnis der orientalischen Handschriften in Deutschland*. (Wiesbaden 1968).
WALLAH, Jehuda (Hrsg.): *Germans and the Middle East 1835-1939. International Syposium*, April 1975. Als Beiheft 1 zum *Jahrbuch des Instituts für Deutsche Geschichte* (Tel-Aviv 1975).
Ders.: *Anatomie einer Militärhilfe: Die preußisch-deutschen Militärmissionen in der Türkei 1835-1919*. (Düsseldorf 1976).
Wüstefeld - Mahler'sche Vergleichungs-Tabellen zur muslimischen und iranischen Zeitrechnung mit Tafeln zur Umrechnung orient-christlicher Ären. Neubearbeitung von Bertold Spuler. (Wiebaden 1961).
WIETING Pascha: *Gülhâne Festschrift zum 10jährigen Bestehen des kaiserlich-osmanischen Lehrkrankenhauses Gülhâne*. (Leipzig 1909).
YAĞCİOĞLU, Eşref: *İttihat ve Terakki'nin Son Yılları*. (İstanbul 1992).

YALMAN, Ahmet Emin: *Yakın Tarihte Gördüklerim ve Geçirdiklerim*. 4 Bde.. (İstanbul 1970).
YAMES, Robert Rhodes: *Gallipoli*. (London 1965).
YERASIMOS, Stéphane: *Istanbul 1914-1923*. (Paris 1992).
YILDIRIM, Nuran: "Tanzimat'tan Cumhuriyet'e Koruyucu Sağlık Uygulamaları". In: *Tanzimat'tan Cumhuriyete Türk Ansiklopedisi*. Bd.5, S.1320ff.
YILMAZ, Hüseyin: *İnkılâb Kurbanları*. 2. Aufl.. (İstanbul 1991).
Yurt Ansiklopedisi; Türkiye, İl İl, Dünü, Bugünü, Yarını. 11 Bde. (İstanbul 1981-1984).
YILMAZ, Mehmet: "XIX. Yüzyılda Osmanlı Devleti'nin Muhaciri İskân Politikasi". In: **EREN, Güler** (Hrsg.): *Osmanlı*. Bd 4, S.587ff.
YÜCE, Nuri: "Akçura, Yusuf: Türk siyaset adamı." In: *İslam Ansiklopedisi*. Bd. 2. (Istanbul 1989). S. 228f.
ZENKER, Julius Theodor: *Türkisch - Arabisch - Persisches Handwörterbuch*. (Hildesheim 1994).
ZÜRCHER, Erik Jan: *The Unionist Factor*. (Leiden 1984).
Ders.: *Turkey: A Modern History*. (London [u.a.] 1993).

Heidelberger Studien zur Geschichte und Kultur des modernen Vorderen Orients

Begründet von Anton Schall als Heidelberger Orientalistische Studien
Herausgegeben von Michael Ursinus, Christoph Herzog und Raoul Motika

Band 1 Rosemarie Höll: Die Stellung der Frau im zeitgenössischen Islam. Dargestellt am Beispiel Marokkos. 1979.

Band 2 Abdulghafur Sabuni: Laut- und Formenlehre des Arabischen Dialekts von Aleppo. 1980.

Band 3 Faleh Hussein: Das Steuersystem in Ägypten von der arabischen Eroberung bis zur Machtergreifung der Ṭuluniden 19-254/639-868 mit besonderer Berücksichtigung der Papyrusurkunden. 1982.

Band 4 Manfred Kropp: Die Geschichte der "reinen Araber" vom Stamme Qaḥṭan. Aus dem Kitab našwat aṭ-ṭarab fi ta riḫ ǧahiliyyat al- Arab des Ibn Sa id al-Maġribi. Herausgegeben und übersetzt, eingeleitet und kommentiert von Manfred Kropp. 2., verbesserte Auflage. 1982.

Band 5 Franz-Christoph Muth: Die Annalen von aṭ-Ṭabari im Spiegel der europäischen Bearbeitungen. 1983.

Band 6 Ephrem Malki: Die syrische Handschrift Berlin Sachau 220. 1984.

Band 7 Ahmed Hebbo: Die Fremdwörter in der arabischen Prophetenbiographie des Ibn Hischam (gest. 218/834). Vorwort von Anton Schall. 1984.

Band 8 Franz-Christoph Muth: Der Kalif al-Manṣur im Anfang seines Kalifats (136/754 bis 145/762). 1987.

Band 9 Widad Goussous: Volkskundliche arabische Texte aus Marokko. Aus der Sammlung des Konsuls Karl Emil Schabinger Freiherr von Schowingen (1877 - 1967) herausgegeben, übersetzt und untersucht. 1988.

Band 10 Hans Ferdinand Uhrig: Das Kalifat von al-Ma mun. Aus den Annalen von aṭ-Ṭabari übersetzt und unter Heranziehung der sonstigen bedeutenden Quellen ausführlich erläutert. 1988.

Band 11 Salma Abu-Ghosh: Das islamische Unterhaltsrecht nach al-Kasani. Eingeleitet, übersetzt und kommentiert. 1989.

Band 12 Klaus Dieter Streicher: Die Männer der Ära Naṣir: Die Erinnerungen des Dust Ali Ḫan Mu ayyir al-Mamalik. 1989.

Band 13 Manfred Kropp: Die äthiopischen Königschroniken in der Sammlung des Däǧǧazmač Ḫaylu. 1989.

Band 14 Antoine Choulhod: Marun Abbud (1886-1962). Ein libanesischer Denker, Kritiker und Literat. 1989.

Band 15 Gottfried Hagen: Die Türkei im Ersten Weltkrieg. Flugblätter und Flugschriften in arabischer, persischer und osmanisch-türkischer Sprache aus einer Sammlung der Universitätsbibliothek Heidelberg. Eingeleitet, übersetzt und kommentiert. 1990.

Band 16 Rainer Hermann: Kulturkrise und konservative Erneuerung. Muḥammad Kurd Ali (1876-1953) und das geistige Leben in Damaskus zu Beginn des 20. Jahrhunderts. 1990.

Band 17 Mohamed Ait El Ferrane: Die Ma na-Theorie bei Abdalqahir al-Ǧurǧani (gestorben 471/1079). Versuch einer Analyse der poetischen Sprache. 1990.

Band 18 Johannes Ebert: Religion und Reform in der arabischen Provinz: Ḥusayn al-Ǧisr aṭ-Ṭarâbulusî (1845-1909) - Ein islamischer Gelehrter zwischen Tradition und Reform. 1991.

Band 19 Andreas H. E. Kemke: Stiftungen im muslimischen Rechtsleben des neuzeitlichen Ägypten. Die schariatrechtlichen Gutachten (Fatwas) von Muḥammad ᶜAbduh (st. 1905) zum Wakf. 1991.

Band 20 Mohamed Attahiri: Kriegsgedichte zur Zeit der Almohaden. 1992.

Band 21 Beate Ridzewski: Neuhebräische Grammatik auf Grund der ältesten Handschriften und Inschriften. 1992.

Band 22 Alexander Scheidt: Das Königreich von al-Karak in der mamlækischen Zeit. 1992.

Band 23 Susanne Krone: Die altarabische Gottheit al-Låt. 1992.

Band 24 Annette Oevermann: Die "Republikanischen Brüder" im Sudan. Eine islamische Reformbewegung im Zwanzigsten Jahrhundert. 1993.

Band 25 G. Wilhelm Nebe: Text und Sprache der hebräischen Weisheitsschrift aus der Kairoer Geniza. 1993.

Band 26 Aly Abd el-Gaphar Fatoum: Der Einfluß des Islamischen Rechtsgutachtens (Fatwå) auf die ägyptische Rechtspraxis. Am Beispiel des Musikhörens. 1994.

Band 27 Anja Pistor-Hatam (Hrsg.): Amtsblatt, *vilayet gazetesi* und unabhängiges Journal: Die Anfänge der Presse im Nahen Osten. 2001.

Band 28 Raoul Motika: Die politische Öffentlichkeit Iranisch-Aserbaidschans während der Konstitutionellen Revolution im Spiegel der Täbriser Zeitung *Āẕarbāyǧān*. 2001.

Band 29 Volker Adam: Rußlandmuslime in Istanbul am Vorabend des Ersten Weltkrieges. Die Berichterstattung osmanischer Periodika über Rußland und Zentralasien. 2002.

Band 30 Horst Unbehaun (ed.): The Middle Eastern Press as a Forum for Literature. 2004.

Band 31 Hüseyin Ağuiçenoğlu: Die Turko-Tatarische Presse der Dobrudscha 1898-1940. Annotierter Katalog. Unter Verwendung der Vorarbeiten von Volker Adam. 2004.

Band 32 Tobias Heinzelmann: Heiliger Kampf oder Landesverteidigung? Die Diskussion um die Einführung der allgemeinen Militärpflicht im Osmanischen Reich 1826–1856. 2004.

Band 33 Robert Langer / Raoul Motika / Michael Ursinus (Hrsg.): Migration und Ritualtransfer. Religiöse Praxis der Aleviten, Jesiden und Nusairier zwischen Vorderem Orient und Westeuropa. 2005.

Band 34 Heinrich Sixtus: Die anatolischen Provinzen Sinop, Isparta, Urfa, Bayezid und Gaziantep in den 1920er Jahren. Nach amtlichen Berichten der lokalen Gesundheitsbehörden mit besonderer Berücksichtigung der Provinz Sinop. 2005.

www.peterlang.de